LA PÉRICOPE DE BALAAM
(*NOMBRES* 22-24)
LA PROSE ET LES « ORACLES »

FONDATION SINGER-POLIGNAC

LA PÉRICOPE DE BALAAM
(*NOMBRES* 22-24)

LA PROSE ET LES « ORACLES »

PAR

Hedwige ROUILLARD

Docteur ès Lettres

ÉTUDES BIBLIQUES

(Nouvelle série. N° 4)

PARIS

LIBRAIRIE LECOFFRE

J. GABALDA et Cie Éditeurs

rue Bonaparte, 90

—

1985

ISBN 2-85021-015-3
ISSN 0760-3541

AVANT-PROPOS

L'idée de ce travail a pris naissance à Jérusalem, à la suite d'un mémoire sur *Nb* 22, 21-35, « L'ânesse de Balaam », écrit au cours de l'année 1978-1979. Mes remerciements vont donc tout naturellement à l'École Biblique et Archéologique Française, dont les professeurs et la bibliothèque ont tant facilité mes recherches. En particulier, je n'exprimerai jamais l'étendue de ma gratitude au Professeur François Langlamet qui non seulement n'a cessé, malgré l'éloignement, de m'encourager et de me guider, mais en outre, avec une conscience et un dévouement sans limites, m'a apporté le concours inestimable de sa science et de son acribie pour la révision et la préparation du manuscrit. Ma reconnaissance aussi s'adresse tout particulièrement au Très Révérend Père Pierre Benoit, qui a accepté de le publier dans la collection « Études Bibliques » dont il est le directeur.

Ce travail ne serait pas ce qu'il est sans les précieux conseils de Monsieur André Caquot, Professeur au Collège de France, qui a bien voulu en assurer la direction, m'indiquant les écueils à éviter et les routes à emprunter. Il en a suivi de près l'élaboration, et je tiens à le remercier très vivement. Je ne manquerai pas non plus d'exprimer ma reconnaissance à Monsieur Mathias Delcor, Directeur d'Études à l'École Pratique des Hautes Études, dont les observations m'ont été d'un grand profit, de même que celle de Monsieur Valentin Nikiprowetzky, alors Professeur à la Sorbonne ; j'adresse à la mémoire de ce dernier une pensée spéciale de gratitude.

Pour ne pas retarder la publication, j'ai entrepris d'éditer sans grands changements cette étude achevée en juin 1983 ; l'état de la recherche ayant peu évolué, je me suis bornée à quelques compléments bibliographiques, qui n'ont pas imposé à mes conclusions de modifications décisives. J'ai tenu compte des remarques avisées de Monsieur Bernard Renaud, Professeur de Sciences Bibliques à la Faculté de Théologie Catholique de Strasbourg, et lui sais gré de me les avoir communiquées.

A l'Institut d'Études Sémitiques, la présence attentive et les avis judicieux de Monsieur Bernard Delavault, comme les suggestions pertinentes de Messieurs André Lemaire et Basile Aggoula, et de

Madame Sylvie Lackenbacher au Cabinet d'Assyriologie, m'ont beaucoup aidée. Je veux leur dire ici toute ma gratitude, ainsi qu'à Messieurs Henri Cazelles et Joseph Trinquet, qui m'ont largement ouvert la Bibliothèque Œcuménique et Scientifique d'Études Bibliques.

Jérusalem, septembre 1984.

INTRODUCTION

La péricope de Balaam (*Nombres* 22-24) est tôt apparue comme un épisode bien circonscrit, formant une unité en soi à l'intérieur du livre des Nombres en particulier, et du Pentateuque en général. Les chapitres 22 à 24 du livre des *Nombres* retracent en effet l'histoire des tentatives successives, faites par Balaq, roi de Moab, pour convaincre le devin Balaam de maudire Israël qui campe en face de lui, dans les steppes de Moab, à la hauteur de Jéricho. Ces tentatives aboutissent à des échecs répétés puisque Balaam, loin de maudire ce peuple, prononce sur lui quatre oracles de bénédiction. L'épisode tranche donc sur le reste du livre des *Nombres*. Tout d'abord, il rompt avec les chapitres qui le précèdent et le suivent immédiatement. Aux chapitres 20 et 21 sont décrites les premières victoires sur les habitants cananéens de Transjordanie. Le chapitre 25 relate les fautes commises par les Israélites en pays de Moab où ils s'adonnent au culte de Baal-Peor. Dans l'intervalle, vient s'inscrire la curieuse aventure de Balaq et Balaam, qui ne trouve aucun répondant non plus dans les autres chapitres du livre des *Nombres*.

Mais en même temps, la péricope de Balaam n'est pas dépourvue de tout lien avec le contexte qui précède et qui suit immédiatement. En effet, le chapitre 21 se situe déjà en Transjordanie, puisque les Israélites y conquièrent le pays de Siḥon, roi des Amorites, juste au nord du territoire de Moab. Quant au péché d'idolâtrie commis par les Israélites à Baal Peor, il a lieu à l'endroit même où Balaq mène Balaam pour qu'il profère ses troisième et quatrième oracles.

De la même manière, l'épisode de Balaam apparaît comme un îlot dans l'ensemble du Pentateuque. On y voit surgir deux personnages qui n'y reparaîtront pas, sauf une brève allusion à la mort tragique de Balaam en *Nb* 31,8 et 16, mais il s'agit d'un combiné tardif des traditions littéraires contenues en *Nb* 22-24 d'une part, et *Nb* 25 d'autre part. Fait remarquable, c'est le seul cas, dans l'ensemble de la Bible même, où l'on voit Israël d'un point de vue *non israélite*, et où l'on ne le voit *que* de ce point de vue. Mais en même temps, ce texte contient nombre d'expressions, qui semblent *reprises littéralement* d'autres passages appartenant à d'autres livres bibliques, notamment de *Gen* 13; 22; 28; 49; d'*Ex* 1; 10. Des liens certains unissent donc *Nombres* 22-24 au reste du Pentateuque.

C'est cette double et paradoxale situation de fait : isolement *et* insertion dans le livre des *Nombres*, isolement *et* insertion dans l'ensemble du Pentateuque, qui a déterminé les orientations diverses et souvent contradictoires, prises par la critique qui étudia ces trois chapitres; et c'est le constat de nombreuses divergences entre les exégètes qui a suscité cette nouvelle étude sur l'épisode de Balaam.

Soulignons maintenant rapidement ces divergences. Pour cela il faudra mener de front une réflexion sur l'histoire de la critique de cette péricope, et des considérations sur celle de la critique du Pentateuque en général, car les deux ont évolué en profonde symbiose et c'est là que se nouent les raisons d'être de l'étude ici présentée.

Jusqu'au milieu du XIXe siècle, la notion même de critique littéraire, c'est-à-dire de distinction entre des sources ou des strates rédactionnelles différentes, n'était pas encore entrée dans les esprits. La plupart des auteurs faisaient remonter l'ensemble du Pentateuque à l'époque de Moïse et souvent en attribuaient la composition à Moïse lui-même. Cette attitude s'appliquait aussi, bien évidemment, à l'épisode de Balaam. Pourtant quelques commentateurs, déjà frappés par certaines contradictions internes au texte, formulaient l'idée de « sources » différentes. De fait le texte se caractérise à la fois par des répétitions, ou doublets, et des contradictions, qui ne pouvaient pas, à la longue, ne pas inciter les exégètes à soupçonner l'existence de plusieurs écrivains, au moins deux. Certaines données semblent radicalement incompatibles : Balaam est-il originaire de Pethor, ville lointaine située près de l'Euphrate, ou du pays limitrophe de Moab, à savoir Ammon? Arrive-t-il accompagné de l'ambassade, composée des dignitaires et des anciens de Moab et de Madian, que lui avait dépêchée le roi Balaq, ou seulement escorté de ses deux jeunes serviteurs, comme l'indique le début de l'épisode de l'Ânesse? Plus important : Balaam est-il un devin païen, qui va prendre les augures et sacrifier à Baal Peor, ou un prophète israélite qui consulte Yahvé, Dieu unique d'Israël, et lui offre des sacrifices parfaitement orthodoxes? Le texte présente tour à tour ces différents aspects, et donne donc lieu à diverses possibilités d'interprétation.

C'est ici que le débat propre à *Nombres* 22-24 vient s'articuler sur la discussion concernant l'ensemble du Pentateuque. Certaines difficultés rencontrées dans notre péricope lui sont spécifiques quant au contenu, sans doute, mais leur forme (précisément doublets, contradictions) est commune à l'ensemble du Pentateuque (j'entends principalement *Genèse, Exode,* et le reste du livre des *Nombres*). En revanche, elle partage avec ces mêmes livres d'autres difficultés, qui sont absolument identiques, tant par le contenu que par la forme : ainsi l'alternance des noms divins Yahvé/Elohim, le respect ou le non-respect des versions anciennes pour cette alternance, et leurs tentatives d'harmonisation et d'uniformisation.

Tant au XIXe qu'au XXe siècle il n'a pas manqué, disions-nous, d'exégètes « conservateurs » pour croire en l'authenticité mosaïque de *Nombres* 22-24. De façon corollaire, à leurs yeux l'historicité des faits qui y sont relatés ne fait pas de doute. Balaam en personne aurait rapporté les événements au camp israélite [1], c'est de lui que Moïse en reçut le récit, que peut-être il dut traduire [2]. Il n'est pas inexact de dire que, d'une certaine manière, cette tradition exégétique s'étend au moins jusqu'à W. F. Albright puisque ce dernier admet l'authenticité des « oracles » [3].

Mais, dès le début du XIXe siècle, apparaît une lignée critique. J. S. Vater [4], par exemple, voit dans ces trois chapitres une compilation rédigée par l'auteur de l'Hexateuque à partir de traditions orales et écrites, tandis que W. M. L. De Wette [5] émet l'idée que la péricope forme une entité séparée du reste du Livre des *Nombres*.

Ici, il faut observer que deux ensembles, en *Nombres* 22-24, retiennent particulièrement l'attention des savants, et servent spécialement comme critères d'analyse : ce sont d'une part l'épisode de l'Ânesse (*Nb* 22, 21-35), d'autre part les quatre « oracles » ou poèmes (*Nb* 23, 7b-10 ; 18b-24 ; 24, 4b-9 ; 15b-24). C'est à partir des tensions et des incohérences repérées entre ces morceaux et le reste du texte que se constituera l'idée selon laquelle la péricope risque de n'être pas un tout homogène, mais bien plutôt un ensemble de pièces hétérogènes ajustées les unes aux autres. Et c'est d'ailleurs à propos de deux problèmes différents, mais non disjoints, que ces deux sections jouent le rôle de discriminants privilégiés : d'une part le problème littéraire : unité ou hétérogénéité de la péricope ; d'autre part le problème historique : authenticité des événements rapportés. Ce problème

1. E. W. HENGSTENBERG, *Die wichtigsten und schwierigsten Abschnitte des Pentateuchs*, Erster Theil : *Die Geschichte Bileams und seine Weissagungen*, Berlin 1842. F. WOBERSIN, *Die Echtheit der Bile'amsprüche Num. 22-24* (Inaugural-Dissertation zur Erlangung der Licentiatenwürde der Hochwürdigen Theolog. Fakultät der Universität Rostock), Gütersloh 1898.

2. J. C. F. STEUDEL, Die Geschichte Bileams und Seine Orakel (Num. 22-24) auf's neue exegetisch beleuchtet und ihrer gehörigen Stelle wiedergegeben, *Tübinger Zeitschrift für Theologie*, 1831, p. 66-69. — L. REINKE, *Die Weissagung Bileams, 4. Mos. 24, 15-19, Beiträge zur Erklärung des alten Testaments*. Bd. 4, Münster 1855, p. 177-287.

3. W. F. ALBRIGHT, The oracles of Balaam, *JBL* 63, 1944, p. 207-233.

4. J. S. VATER, *Commentar über den Pentateuch*. Dritter Theil, Halle 1805.

5. W. M. L. DE WETTE, *Beiträge zur Einleitung in das Alte Testament*. Zweiter Band : *Kritik der Israelitischen Geschichte*, Erster Teil : *Kritik der Mosaischen Geschichte*, Halle 1807.

historique se subdivise lui-même en ce qui redevient alors un problème littéraire (mêlé cependant d'historique) : en admettant qu'ils relatent, au besoin en les déformant, des faits plus ou moins authentiques, les textes sont-ils contemporains de ces événements, ou postérieurs à eux, et se bornant à reprendre des traditions orales et écrites sur ces événements ? C'est en combinant ces différents types de données, et en prenant position à leur sujet que les auteurs se distinguent les uns des autres.

On pourra par exemple, comme fait A. G. Hoffmann [6] en 1823, contester l'authenticité des faits évoqués en *Nb* 22-24 et tenir l'épisode de l'Ânesse pour une insertion d'origine différente. C'est même une quasi-constante chez les exégètes que de lier les deux questions, non-authenticité historique et hétérogénéité littéraire, en sorte que souvent leur façon de poser et de résoudre le problème revient à le poser et le résoudre dans les termes du sous-problème historico-littéraire décrit plus haut. En particulier, des savants se succédant sur une aussi longue période que H. Oort [7], F. de Hümmelauer [8], P. Heinisch [9], M. H. Segal [10], s'accordent à penser que *Nb* 22, 22-35, où l'on voit se manifester la colère divine devant le départ de Balaam, et ce en contradiction avec les v. 20-21 du même chapitre, dans lesquels Balaam s'en allait avec la permission expresse de Dieu, ne saurait être qu'une fable d'origine étrangère insérée dans le chapitre 22.

En marge de cette grande tendance se rencontrent quelques points de vue originaux, étayés sur l'une ou l'autre des aspérités contenues dans ce texte, qui n'en manque pas. L'une d'entre elles est la redondance formée par la succession de 22, 2a et 4b : « Et Balaq fils de Ṣippor »/« et Balaq fils de Ṣippor était le roi de Moab en ce temps-là ».

A. Knobel, en 1861 [11], y lit un indice de la réutilisation par le Yahviste d'un document primitif, antérieur à sa propre rédaction, le v. 2a lui servant précisément à harmoniser le premier et la seconde.

De son côté, M. M. Kalisch, en 1877 [12], offre l'exemple séduisant d'un conservatisme outrancier mêlé d'une étonnante liberté, liberté qui

6. A. G. HOFFMANN, Article Bileam, dans *Allgemeine Encyclopädie der Wissenschaften und Künste*. Zehnter Theil, Leipzig 1823, p. 184-185.

7. H. OORT, *Disputatio de pericope Num. XXII : 2 - XXIV, historiam Bileami continente*, Lugduni-Batavorum 1860.

8. F. de HÜMMELAUER, *Commentarius in Numeros* (CSS), Paris 1899.

9. P. HEINISCH, *Das Buch Numeri* (HS), Bonn 1936.

10. M. H. SEGAL, *The Pentateuch, its Composition and its Authorship and Other Biblical Studies*, Jérusalem 1927.

11. A. KNOBEL, *Die Bücher Numeri, Deuteronomium und Josua* (KeH), Leipzig 1861.

12. M. M. KALISCH, *Bible Studies*. Part I. *The Prophecies of Balaam (Numbers XXII. to XXIV.) or the Hebrew and the Heathen*, London 1877.

se perdra au fur et à mesure que se fixera l'hypothèse documentaire. Un tel mélange recoupe d'ailleurs partiellement l'intrication historico-littéraire mentionnée précédemment : conservatisme renvoie à la fois à présomption d'homogénéité littéraire et d'authenticité historique : la péricope, dans l'ensemble écrite à l'époque de David, formerait un tout autonome. Liberté aussi renvoie à homogénéité littéraire, mais par la négative : l'épisode de l'Ânesse, ainsi que la fin du quatrième poème à partir de 24, 18, auraient été ajoutés plus tard. La totalité de la péricope elle-même aurait par la suite été insérée dans le Pentateuque.

Il est d'autant plus intéressant de constater qu'à la même époque exactement (1876), J. Wellhausen [13] formule son hypothèse des sources. Il ne l'a certes pas inventée, les termes et les notions de yahviste et d'élohiste étaient apparus et avaient été utilisés comme instruments d'analyse avant lui [14], mais c'est lui qui leur donne leur forme classique. Par ailleurs Wellhausen, en plus du fait qu'il arrive à un moment de l'exégèse biblique où les théories ne sont pas encore parvenues à un stade d'élaboration tel qu'elles se soient figées, possède le sens, sinon de l'histoire, du moins du concret, des *realia*, une solide connaissance, pour l'époque, de la culture arabe, notamment bédouine, son génie enfin, et sa puissante capacité de synthèse ; la théorie sera donc à la fois souple et riche, capable d'intégrer, pour les interpréter, des éléments et des considérations bien extérieurs à la simple critique littéraire, qualité que l'on cherchera vainement chez certains de ses successeurs. Enfin, dernier point et non le moindre, c'est un peu la péricope de Balaam qui offre à Wellhausen l'occasion de mettre au point la théorie des sources. Disons qu'avec quelques autres passages du Pentateuque, *Nb* 22-24 constitue un ensemble privilégié sur lequel, à cause de phénomènes littéraires remarquables, tels que les nombreux doublets, répétitions et reprises, la théorie des sources trouvait un champ d'application particulièrement adéquat. Par conséquent, et inversement, cette péricope a été un des lieux où s'est cristallisée la théorie. Mais, nous le verrons plus loin, et W. Gross [15] l'a fort bien observé, cette position de force par rapport à la théorie se renverse immédiatement, et pour les mêmes raisons en position de faiblesse. L'arme est à double tranchant. La contrepartie est que, précisément, dès lors que, à la suite d'une analyse renouvelée de la péricope, tombent les arguments en faveur de telle ou telle composante de la théorie, celle-ci risque de s'effondrer tout entière. C'est le cas,

13. J. Wellhausen, Die Composition des Hexateuchs. II. Die Erzählung der übrigen Bücher des Hexateuchs, *JDTh* 21, 1876, p. 531-602.

14. Notamment par A. Knobel et W. Vatke.

15. W. Gross, *Bileam, Literar- und formkritische Untersuchung der Prosa in Num 22-24,* München 1974, p. 15.

singulièrement, de rien de moins que l'existence de l'Élohiste! W. Gross note qu'à partir du moment où l'Élohiste disparaît de *Nb* 22-24 (comme l'implique son analyse de la prose), c'est tout l'Élohiste en tant que tel qui, évacué d'une position-clé, s'évanouit purement et simplement.

Le complément obligé de cette « fixation » de la théorie des sources est l'apparition et l'officialisation du rédacteur R^{JE}. En outre, on peut dire qu'après J. Wellhausen, les cadres mis en place par le maître de Berlin y demeurent, de plus en plus rigides, mais que, paradoxalement, le contenu en varie de la manière la plus large qui soit; le paradoxe n'est d'ailleurs pas si grand, étant dû au fait que plus on s'avance dans le temps, moins les cadres de l'analyse sont déterminés de l'intérieur par leur contenu même (comme ils l'étaient encore avec Wellhausen), et plus ils revêtent au contraire l'allure de concepts « plaqués » de l'extérieur et presque interchangeables (voir p. 21-22).

Un trait caractéristique de Wellhausen, et qui découle directement des qualités signalées plus haut (critique littéraire large, ouverte à des éléments extra-littéraires), est qu'il découpe le texte en vastes unités. Un H. Holzinger, en 1903 [16], tout en proposant sensiblement les mêmes attributions littéraires, pulvérisera le texte en unités beaucoup plus petites que les blocs dégagés par Wellhausen.

On n'énumérera pas ici les différentes opinions émises par les exégètes concernant les quatre poèmes. Il suffit de dire qu'elles divergent encore beaucoup plus les unes des autres qu'en ce qui concerne la prose. Comme si la force et l'originalité des « oracles » s'étaient imposées aux exégètes, brisant en quelque sorte le carcan de la théorie des sources, ou du moins lui résistant. A part Wellhausen qui attribue en 1876 les deux premiers poèmes à J et les deux derniers à E pour, en 1899, inverser cette répartition, et Dillmann [17] qui, dès 1886, pense que son B (= E) du chapitre 23 et son C (= J) du chapitre 24 comportaient chacun trois « oracles » dont le rédacteur fit deux, de manière générale les savants tiennent les poèmes pour des pièces indépendantes à l'origine et rattachées ou intégrées par la suite au cadre prosaïque. Par exemple, selon A. von Gall [18], en 1900, tous les poèmes sont exiliques et ni J ni E n'en comportait initialement. B. Baentsch [19], en 1903, pense que le premier poème put préexister à l'Élohiste. Les doublets que sont 23, 22 et 24, 8a lui apparaissent comme les restes de poésies plus anciennes auxquelles J et E auraient

16. H. H. Holzinger, *Numeri* (KHC), Tübingen, Leipzig 1903.

17. A. Dillmann, *Die Bücher Numeri, Deuteronomium und Josua* (KeH), Leipzig 1886.

18. A. Freiherr von Gall, Zusammensetzung und Herkunft der Bileam-Perikope in Num. 22-24, dans *Festgruss für Bernhard Stade*, Giessen 1900, p. 2-47.

19. B. Baentsch, *Exodus-Leviticus-Numeri* (HK), Göttingen 1903.

donné des formes différentes. H. Holzinger[20], au contraire, en 1903 également, date tous les poèmes d'après l'Exil; et pourtant, les deux ensembles constitués par le premier et le second, d'une part, le troisième et le quatrième d'autre part, lui semblent contenir des expressions parallèles attestant l'existence jadis, chez J, d'au moins un poème ressemblant fort à celui que l'on trouve chez E. L'opinion de C. H. Cornill[21], en 1908, reflète en même temps l'incertitude de la recherche et les efforts pour inscrire la critique littéraire dans un contexte historico-géographique : Cornill ne sait si J et E donnèrent des formes différentes à des oracles initialement indépendants des documents, ou si les poèmes n'étaient pas déjà J, sous leur forme actuelle; le premier et le second, plus anciens, porteraient la marque éphraïmite; le troisième et le quatrième, judéens, seraient de facture élohiste.

Un renouveau méthodologique important (et nécessaire) survient avec H. Gressmann[22], en 1910. Ce dernier s'intéresse d'abord à la critique de la forme et du genre, ainsi qu'à l'histoire de la tradition. D'après lui, J et E ne sont pas des auteurs individuels, mais des écoles d'écrivains des IXe et VIIIe siècles. Faisant la part belle à la tradition orale, il résout vite les difficultés internes au texte. Les trois premiers poèmes seraient des chants nationaux, avec pour « Sitz im Leben » les cérémonies de Gilgal célébrant les victoires de Saül, le quatrième un chant royal. La méthode de Gressmann ne lui permet pas de répondre à toutes les questions suscitées par la péricope, en particulier celle que posent les rapports entre les poèmes et les documents J et E de la prose, ni d'éviter certaines inconséquences, telles que, par exemple, la déduction, du fait que la prose ne se comprend pas sans les poèmes, mais les présuppose au contraire, d'un autre fait, à savoir que prose et poèmes datent de la même époque. Quant à l'épisode de l'Ânesse (*Nb* 22, 21-35), il y faudrait voir le résidu d'un conte mythologique populaire antérieur à Saül. Gressmann modifie ses positions en 1913[23] : tout en continuant à attribuer à E l'ensemble de la prose, il suit von Gall quant à la datation, bien postérieure, des troisième et quatrième poèmes. Mais il se voit obligé d'introduire un second et un troisième niveau à l'intérieur de E.

Tout en critiquant Gressmann, S. Mowinckel[24], comme ce dernier,

20. H. HOLZINGER, *Numeri* (KHC), Tübingen, Leipzig 1903.

21. C. H. CORNILL, *Einleitung in die kanonischen Bücher des Alten Testaments*, Tübingen 1908.

22. H. GRESSMANN, *Die älteste Geschichtsschreibung und Prophetie Israels (von Samuel bis Amos und Hosea)* übersetzt, erklärt und mit Einleitungen versehen (SAT. Zweite Abteilung : *Prophetismus und Gesetzgebung des Alten Testaments im Zusammenhang der Geschichte Israels*. Bd I), Göttingen 1910.

23. H. GRESSMANN, *Mose und seine Zeit. Ein Kommentar zu den Mose-Sagen*, (FRLANT NF 1), Göttingen 1913.

24. S. MOWINCKEL, Der Ursprung der Bil'amsage, *ZAW* 48, 1930, p. 233-271.

porte un intérêt particulier à l'étude et à la détermination des genres littéraires et voit dans l'état actuel des textes le point d'aboutissement final d'un long et complexe processus de traditions. Les troisième et quatrième poèmes furent composés avant la division du royaume, de manière autonome. Ils n'attestent aucune relation entre Balaam, dont ils contiennent une auto-présentation, et Balaq. C'est pour leur donner un cadre que sous les Omrides, à l'époque du conflit entre Moab et Israël, naquit la légende populaire sur Balaam et Balaq. Recevant de la tradition orale l'histoire toute faite, J s'est borné à la rattacher aux Amorites. Quant à l'étiquette E, elle n'est pas univoque, mais s'applique aussi bien à l'ensemble des traditions, soit écrites soit orales, qui se sont développées sur plusieurs siècles, qu'à l'Élohiste qui, après 587 et en Juda, les consigna par écrit, sans disposer pour les temps anciens d'autre source que J. La différence entre E et J (dont dépend E quant à la tradition) est d'ordre idéologique : E apposerait à J le sceau d'une pensée plus religieuse et spiritualisée. Les deux premiers poèmes, présupposant l'histoire de Balaam sous sa forme élohiste, auraient été composés sous Josias (640-609) par l'auteur responsable des variantes E de la légende, et par lui intégrés dans cette histoire.

Comme il appert de cette revue, l'hypothèse des documents peut se monnayer à l'infini, et avec des méthodes ou des approches nouvelles (en amont), et avec des résultats différents (en aval), mais on ne peut guère se défendre de l'idée que les mêmes cartes sont toujours rebrassées, sans trouvaille décisive, et ce jusqu'à M. Noth inclus, en 1948 puis en 1966[25].

Un cas typique de cette situation est la controverse qui opposa, en 1938-1939, O. Eissfeldt à W. Rudolph : celui-ci[26] était arrivé à la conclusion qu'à J préexistait une histoire sur Balaam incluant les deux premiers poèmes, et datant de la fin de l'époque des Juges ; de même l'épisode de l'Ânesse, ainsi que les troisième et quatrième poèmes, pièces autonomes datant respectivement de l'époque de Saül et de David. Mais Eissfeldt[27] exploite les faiblesses de ces analyses (notamment concernant les identifications géographiques et l'utilisation des noms divins) pour revenir à l'hypothèse J-E la plus classique, avec deux récits parallèles comprenant chacun deux oracles. Aucun oracle n'est indépendant, et ce sont exclusivement les oracles qui permettent de dater la prose ; du troisième et du quatrième se dégage

25. M. Noth, — *Überlieferungsgeschichte des Pentateuchs*, Stuttgart 1948 et Darmstadt 1966.
— *Das Vierte Buch Mose, Numeri* (ATD), Göttingen 1966.

26. W. Rudolph, *Der « Elohist » von Exodus bis Josua* (BZAW 68), Berlin 1938.

27. O. Eissfeldt, Die Komposition der Bileam-Erzählung. Eine Nachprüfung von Rudolph's Beitrag zur Hexateuchkritik, *ZAW* 57, 1939, p. 212-241.

l'affirmation, signée J, d'un pouvoir politique sans limite ; l'éthique et la religiosité, bref, la spiritualité plus élevée des deux premiers, d'ailleurs dépendants des derniers, trahissent la facture élohiste. En fait, à soixante ans d'intervalle, la roue tourne et retourne presque à son point de départ.

A compter de cette époque (environ les années quarante), se dessinent principalement trois lignes de recherche. La première nous intéresse moins, c'est celle qui poursuit la direction décrite ci-dessus : essayer d'accommoder, toujours moyennant quelques variantes de surface, mais sans réel changement en profondeur, l'hypothèse des documents avec les développements récents des sciences auxiliaires de l'exégèse. Nous la retrouvons avec M. Noth en 1948 puis en 1966, J. de Vaulx en 1972 [28], et L. Schmidt [29] en 1979. Une autre tendance fait retour aux positions conservatrices, adeptes de l'« authenticité » et de la date ancienne, notamment des poèmes : mais précisément, comme ces auteurs viennent après l'hypothèse documentaire, et non avant, ils peuvent la critiquer, en particulier au nom de documents extra-bibliques : le premier est W. F. Albright qui, en 1944 [30], adopte une position à la fois originale et extrémiste en datant les quatre poèmes entre le milieu du XIIIe et la fin du XIIe siècle : toutefois il n'en situe la mise par écrit que sous David et Salomon. Albright trouve un écho fidèle chez L. M. Pakozdy [31], selon qui le texte écrit fut probablement fixé dès le Xe siècle, les oracles pouvant remonter aux XIIIe et XIIe siècles. En 1974, D. Vetter [32] également suit Albright, tant dans la reconstruction qu'il propose du texte que dans les datations qu'il suggère pour les poèmes. Du point de vue de l'histoire des traditions, Vetter désigne les poèmes comme étant des « modèles de bénédictions » (« Segensschilderung »). Les promesses de bénédiction se retrouvant dans les traditions patriarcales (à son avis, postérieures), il existe une relation entre la conception de la bénédiction dans la Genèse et celle qu'expriment les poèmes de *Nb* 23-24. Balaam aurait vécu au XIIIe siècle, et les « oracles » lui seraient contemporains. Pareille datation l'induit à émettre de sérieux doutes sur leur appartenance aux sources du Pentateuque. Dans la même ligne encore, et sans grande originalité, D. N. Freedmann [33], en 1980, situe la composition des

28. J. de Vaulx, *Les Nombres*, Paris 1972.

29. L. Schmidt, Die alttestamentliche Bileamüberlieferungen, *BZ* 23, 1979, p. 236-261.

30. W. F. Albright, *The Oracles of Balaam.*

31. L. M. Pakozdy, Theologische Redaktionsarbeit in der Bileam-Perikope (Num 22-24). Von Ugarit nach Qumran. Beiträge zur alttestamentlichen und altorientalischen Forschung, dans *Festschrift O. Eissfeldt* (BZAW 77), Berlin 1958, p. 161-176.

32. D. Vetter, *Seherspruch und Segensschilderung. Ausdrucksabsichten und sprachliche Verwirklichungen in den Bileamsprüchen von Numeri 23 und 24*, Stuttgart 1974.

33. D. N. Freedmann, — Early Israelite Poetry and Historical Reconstruction,

poèmes au XIe siècle ou tout au début de la monarchie. Ce n'est pas pour des raisons semblables à celles d'Albright et de son école qu'A. Rofé[34], en 1979, critique l'application au « Sefer Bileam » de l'hypothèse documentaire, mais au nom des failles repérées dans la reconstruction des documents en 22, 2-21. Les poèmes de 24, indépendants de la saga, seraient plus anciens. L'épisode de l'Ânesse (22, 23-35), tourne en ridicule les facultés prophétiques de Balaam chantées en 24. Avec Jonas et 1 R 13, auxquels il est apparenté, il appartient à la littérature prophétique qui réfléchit sur les fondements de la prophétie. Il ne s'agit pas d'un conte folklorique primitif, mais d'un récit tardif et sophistiqué reflétant le changement d'attitude deutéronomique à l'égard de Balaam.

Il n'est pas inexact de considérer l'entreprise de W. Gross[35] comme une tendance en soi bien qu'il en soit l'unique représentant, car son étude est si originale que justement elle mérite d'être classée dans une catégorie spéciale. Disciple de W. Richter[36], il en applique pour la première fois la méthode de critique littéraire et de critique de la forme à un texte du Pentateuque. Il met en œuvre des instruments d'analyse véritablement nouveaux, producteurs de résultats inédits et passablement libérateurs. Gross, par ailleurs, refuse d'examiner les quatre poèmes qui lui semblent poser des problèmes forts différents de ceux de la prose, et renvoyer à de tout autres textes de l'Ancien Testament. A l'inverse, la prose lui semble pouvoir être étudiée « sans que soit supposé, concernant les poèmes, davantage que leur existence et une vague compréhension de leur contenu » (p.18).

Gross divise la péricope en quatre unités :

E 1 (22, 4c-6. 7a*c-21.36abc.*37-41 ; 23, 1. 2abc*.3.4a.5a*b-7b. 11-13b. 14-18b.25 ; 24, 11.25).

E 2 (23, 26-30 ; 24, 1abd. 2.3 ab. 10. 12-15 ab).

E 3 (22, 2. 3ab. 4*ab).

E 4 (22, 22-34.35).

Il ne propose pas de date pour E 1, récit exemplaire sur l'obéissance prophétique (p. 200). En E 2, Balaam n'est plus celui qui reçoit la parole, le messager, mais un extatique en proie à l'esprit (p. 323). Alors qu'en E 1 Israël ne combat pas et ne constitue pour

dans *Symposia Celebrating the Seventy-fifth Anniversary of the American Schools of Oriental Research* (1900-1975), Cambridge MA 1979, p. 86-96.

— *Pottery, Poetry, and Prophecy. Studies in Early Hebrew Poetry*, Winona Lake 1980, p. 80-92.

34. A. Rofé, *« The Book of Balaam » (Numbers 22 : 2-24, 25). A Study in Methods of Criticism and the History of Biblical Literature and Religion with an Appendix : Balaam in the Deir 'Alla Inscription*, Jérusalem 1979 (en hébreu).

35. W. Gross, *Bileam*.

36. W. Richter, *Exegese als Literaturwissenschaft. Entwurf einer alttestamentlichen Literaturtheorie und Methodologie*, Göttingen 1971.

Moab qu'une menace potentielle, en E 2, ce sont les préliminaires de la Conquête. C'est E 2 qui, le premier, atteint le stade rédactionnel permettant l'insertion dans l'ensemble du Pentateuque (p. 325). E 1 forme un tout n'appartenant ni à J ni à E. L'appartenance de E 2 et E 3 aux documents, sans être exclue, n'est pas vraisemblable. Le terminus ad quem de E 2-E 3 est Mi 6,5 (postexilique), le terminus post quem, les troisième et quatrième poèmes qui datent au plus tôt de l'époque de Saül et David. Tout ce que l'on peut dire, c'est que E 2 + E 3 furent composés à l'époque royale, sans doute vers la fin (p. 330). Gross n'avance aucune datation pour l'épisode de l'Ânesse, tradition orale sur un voyageur, qu'emprunta un auteur pour, l'insérant en E 1, tourner Balaam en dérision (p. 368-369).

Si j'ai voulu rouvrir ici le débat, c'est que :

* 1 - L'autonomie de l'épisode semblant évidente, toute tentation pour l'inclure dans une explication globale du Pentateuque paraissait viciée à la base, et risquer de manquer les difficultés du texte et les solutions qui lui convenaient.

* 2 - Les hypothèses proposées, tant celles qui se situaient à l'intérieur d'une conception globale sur le Pentateuque que celles qui prétendaient se limiter aux seuls trois chapitres de *Nb* 22-24, n'étaient pas satisfaisantes :

a) Concernant la théorie des deux sources, on a vu combien elle-même, sous une façade monolithique, était loin d'être unitaire, au point qu'il se trouve parfois plus d'affinités entre tel exégète rejetant l'hypothèse documentaire, et tel autre qui l'accepte, qu'entre tous ceux qui, d'une manière ou d'une autre, s'en réclament. Certains exégètes pensaient que les « oracles » provenaient de morceaux plus anciens, éventuellement d'emprunts à la tradition orale, qui avaient été ultérieurement insérés dans la prose par les auteurs de celle-ci ou par des rédacteurs. Quant aux dates, elles variaient à l'extrême. Si le Yahviste « classique » était généralement situé aux IXe - VIIIe siècles, et l'Élohiste au VIIe, combien d'autres possibilités étaient encore suggérées ! La première composition des « oracles » du chapitre 24 pouvait remonter aux XIIIe ou XIIe siècles selon Albright et son école, mais la rédaction finale seulement aux XIe ou X^e^. Selon d'autres, von Gall ou Holzinger par exemple, tous les oracles étaient postexiliques. Par ailleurs, les exégètes se contredisaient les uns les autres dans les attributions respectives qu'ils faisaient de tel ou tel verset, à J ou à E.

b) Par conséquent, ils infligeaient au texte des manipulations et des corrections pour le faire cadrer avec leur théorie. Ce phénomène était particulièrement flagrant à propos des noms divins (cf. *infra*).

* 3 - L'hypothèse documentaire et la théorie sur les sources du Pentateuque, bien qu'elle ait régné sur un siècle entier d'exégèse, et règne encore, n'a pourtant jamais fait l'unanimité. De plus (mais ceci vient de cela), elle subit depuis neuf ans des attaques en règle et répétées, d'origines diverses, mais convergeant pour l'affaiblir considérablement.

Gross a bien montré que le grand défaut des tenants de l'hypothèse documentaire est d'avoir confondu, au point d'en faire un argument circulaire, donc vicieux, la critique littéraire et l'attribution aux documents; il ne manque pas une occasion de dénoncer, d'abord chez Wellhausen, puis chez tous ses épigones, «le cercle méthodologique de la distinction des sources qui mélange la critique littéraire et l'attribution des sources. C'est à partir de textes particuliers que s'échafaude la théorie des sources. Aussitôt qu'elle est établie, on retourne au texte particulier et on l'interprète de façon forcée en se fondant sur cette base» (p. 29). Et précisément concernant les noms divins, il fait valoir que leur utilisation comme critère d'attribution aux documents J et E dérive directement de la confusion précédente. La faiblesse d'un tel critère interdit de l'appliquer méthodiquement, et seul. Pour en avoir usé et abusé, combien se virent contraints de corriger, ici Yahvé en Elohim, là Elohim en Yahvé, afin de faire cadrer le texte avec leur théorie! Rien ne montre mieux la circularité du procédé. Gross plaide enfin pour que l'on ne mêle pas les arguments de langue («sprachliche Gründe») et les arguments de contenu («sachliche Gründe»).

Wellhausen n'est pas toute la théorie documentaire; d'ailleurs celle-ci, on l'a vu, est loin d'être un bloc monolithique. En outre, les épigones de Wellhausen se montrèrent souvent péremptoires et dogmatiques, là où la maître se contentait de prudentes hypothèses. Pourtant, la pensée du grand initiateur a pesé sur un siècle d'exégèse. Il ne faut donc ni majorer ni minimiser son influence. Gross (p. 28-30) a bien fait la critique de ses principes, au nom d'une saine rigueur méthodologique. Sur deux exemples concrets, pour lesquels je crois avoir trouvé une solution positive, je voudrais illustrer rapidement cette critique.

La théorie des deux sources J-E souffre de deux faiblesses qui d'ailleurs sont liées :

a) - les critères de distinction et d'attribution sont fragiles : Wellhausen reconnaît que l'indication donnée par les noms divins n'est pas au-dessus de tout soupçon; dans sa première analyse de l'épisode, il ne doute pas que 23 soit J, à cause des préparatifs de la divination «frisant le paganisme» et de l'expression «Yahvé vient à la rencontre» (*Ex* 5, 3; 3, 18); mais il se voit finalement obligé d'inverser ses attributions, classant 23 E et 24 J. Il se rend, dit-il, aux raisons de

Dillmann ; d'après celui-ci, 22, 2-21. 36-41 ; 23, 1-26 reviennent à B (= E), à la fois à cause du nom Elohim, et de l'origine euphratéenne donnée à Balaam dans cette strate ; et 22, 22-35 ; 24, 1-19 à C = J, qui fait de Balaam un Madianite et, dans les deux poèmes de 24, chante le règne de David. En fait, regarde-t-on les raisons apportées par Wellhausen à l'inversion qu'il opère dans l'attribution respective de 23 et 24, les critères de Dillmann semblent avoir peu joué : « d'après 23, 7, on a fait venir Balaam d'Aram, donc le chapitre 23 appartient à E. En revanche, 24, 12 s. s'accorde avec 22, 18, verset que j'ai précédemment, et à juste titre, attribué à J ; donc le chapitre 24 appartient à J » (p. 350). Cette palinodie se chante à l'occasion d'un seul verset dont Wellhausen étend la caractérisation et l'attribution (d'ailleurs non moins douteuses que la première fois) à l'ensemble du chapitre alentour. Ce fait montre que :

b) - au départ, aucune des deux strates rédactionnelles ne possédait de contenu ni de caractéristiques propres ; c'étaient des formes vides qui, peu à peu, s'érigèrent en entités, presque en hypostases. On se mit à y voir des caractéristiques et un contenu spécifiques : ceux que l'on venait de leur donner, et de façon combien opportuniste, le paragraphe précédent l'a prouvé.

1° 22, 37-38 (reproche de Balaq et réponse de Balaam) sont *rivés* l'un à l'autre au plan littéraire (voir chapitre 3, p. 129). Ils constituent l'une des quatre grandes vagues qui reviennent périodiquement scander le récit (les trois autres sont 22, 17-18. 20 ; 23, 11-12. 25-26) et où s'énonce l'essentiel du message de la première strate. Or Wellhausen, dès sa première édition (et il n'en démord pas dans la troisième, malgré les objections de Kuenen), exclut le v. 38 du récit J ; il pense que les v. 37 et 39 sont la continuation du récit J, dont font partie 21a et 22-34. Ses arguments sont une somme de déductions faites à partir de présupposés et d'interprétations aisés à démonter :

a) en J, Balaam rebrousse chemin, comme il le propose au v. 24 ; le v. 35, où l'ange l'autorise à poursuivre sa route, est, comme par hasard, une addition de R^{JE} ;

b) partant, c'est le roi en personne qui doit aller chercher Balaam ; on écarte donc le v. 36 qui, précisément, annonce la venue de Balaam au-devant du roi ;

c) on retient le v. 37, où le roi reproche à Balaam de n'être pas venu, mais bien sûr en éliminant l'hypothèse, avancée par Kuenen et d'autres, que ce reproche concerne le refus opposé à la première ambassade (22, 5-14), et non la seconde (22, 15-21) ; on rejette l'éventualité, pourtant séduisante, que la paronomase infinitive *hl' šlḥ šlḥty* signifie « N'ai-je pas dû envoyer ambassade sur ambassade ? », exprimant ainsi le mécontentement du roi obligé d'envoyer une *seconde* ambassade pour être obéi ;

d) on écarte encore, comme par hasard, le v. 38 où précisément Balaam dit à Balaq : « Voilà, je suis venu à toi. »

Ces v. 36 et 38, mis de côté pour la circonstance, seront évidemment attribués à E. Qui ne voit la faiblesse d'un tel échafaudage, surtout confrontée à la force positive de l'argument, que 37 et 38 sont littérairement rivés l'un à l'autre ?

2° Un regard jeté sur les quatre poèmes, indépendamment de leur relation avec la prose, montre que chacun entretient d'étroits rapports avec les trois autres ; d'une simple analyse littéraire il résulte que les deux « oracles » de 23 portent la marque d'un seul et même auteur, et que les deux autres les citent en leur empruntant, ainsi qu'à *Gen* 27 et 49, des versets entiers qu'ils intègrent assez mal (24, 8b cf. 23, 22 ; 24, 9 cf. *Gen* 49, 9 et 27, 29). Les versets qui s'intégraient harmonieusement à l'ensemble poétique, dans les deux premiers « oracles », ne sont plus, dans les deux derniers (surtout 24, 3b-9), que des pièces maladroitement rapportées. Donc, quelque datation que l'on propose pour ceux de 23, ils sont nécessairement antérieurs à ceux de 24. Mais le Yahviste de Wellhausen est plus ancien que son Élohiste. Avant le revirement de 1899, la répartition de Wellhausen (23 J, 24 E) concordait avec les résultats, résumés ci-dessus, de l'analyse littéraire intrinsèque. Après cette volte-face dont nous avons constaté la légèreté, la nouvelle attribution (23 E, 24 J) s'oppose radicalement aux conclusions de l'analyse purement littéraire ; ou plutôt, le démenti infligé par une patiente analyse littéraire à cette distribution toute formelle et théorique prouve une fois de plus l'infirmité, pour ne pas dire la vacuité, de cette dernière.

D'ailleurs, en se reniant pour rejoindre Dillmann, Wellhausen se fait illusion : il ne s'éloigne pas moins de Dillmann que de lui-même puisque le B (= E) de Dillmann est plus ancien que son C (= J) ! La position de Wellhausen en 1876 concordait avec celle de Dillmann, non certes quant à la répartition des deux documents, mais quant à l'ancienneté respective et réciproque de 23 et 24.

On voit sur deux exemples à quelles inconséquences et quelles contradictions mène le maniement irréfléchi d'une théorie, vide par surcroît. Non seulement nous retrouvons le cercle dénoncé par Gross, mais nous voyons l'origine du système : un certain opportunisme (la théorie s'est élaborée au gré de revirements hâtifs et inconsidérés) et, corollaire, sa stérilité : fait d'a priori, trop général et trop rigide, il rend aveugle au texte concret, et empêche de rendre compte de ses caractéristiques propres.

Encore ne s'agit-il ici que de la genèse de l'hypothèse documentaire, et des remous qui l'agitèrent à ses débuts : la contrepartie de ses faiblesses et de ses incertitudes, c'est qu'elle se cherchait encore, et donc restait relativement souple et malléable. Mais les héritiers de Wellhausen la figèrent définitivement, et dangereusement pour l'exégèse à venir. Certains textes ou passages furent érigés en modèles de la strate yahviste ou de la strate élohiste, surtout par Smend et à sa suite Eissfeldt; de même certaines expressions, notamment par Holzinger. Ce fut le cas, en particulier de *Nb* 22-24 : 23 devint le *type* du texte élohiste, 24, le *type* du texte yahviste, bref, des références. Conséquence, ils servirent de critère pour l'attribution d'autres textes aux mêmes strates : selon qu'un autre passage biblique comportait les mêmes expressions que 23 ou 24, on l'attribuait à E ou à J. Pour qui se rappelle les incertitudes et les revirements du début, il y a de quoi frémir en voyant les résultats de l'arbitraire érigés en dogmes. Tel est le dernier développement, le plus vaste de tous, du cercle dénoncé par Gross.

Quatre poèmes (23, 7b-10; 18b-24; 24, 3b-9; 15b-24) se trouvent enchâssés dans la prose du *Nb* 22-24. Gross les avait a priori écartés de son champ d'investigation, les jugeant trop éloignés de la prose par leur caractère, et la problématique qu'ils impliquaient. Or d'une part ces quatres poèmes offrent en eux-mêmes au moins autant d'intérêt que la prose, d'autre part le texte biblique, qu'on le veuille ou non, consiste en une étroite imbrication de ces poèmes dans la prose. On observe, de plus, l'existence entre eux de nombreux échos et réminiscences littéraires. Il fallait rendre compte de cet état de choses.

L'écriture même de la péricope de *Nombres* 22-24 est fort subtile et élaborée. C'est pourquoi l'on a voulu en suivre et en respecter de très près les moindres inflexions. Critique textuelle et critique littéraire y sont étroitement liées; à trop sérier l'une et l'autre on risquait de « manquer » irrémédiablement le texte. C'est en quoi l'on nuancera l'affirmation de Gross (p. 64) : « en particulier, la critique textuelle ne devrait pas se servir d'arguments de critique littéraire. » S'il faut de la rigueur, celle-ci n'est pas incompatible avec une certaine souplesse. D'ailleurs, la méthodologie de Richter n'inclut pas la critique textuelle, le premier niveau dans le série des méthodes étant celui de la *critique littéraire*. Il y a là, semble-t-il, un pas franchi, un saut, dangereux pour la suite de la méthode.

Celle qui fut utilisée ici est assez pragmatique. On se borne à un principe général, respecter le plus possible le texte massorétique : mais quand ce dernier est inintelligible, donc impossible à sauver, on choisit la solution la plus conforme à l'esprit du texte, et qui s'éloigne le moins de sa lettre. On ne repousse a priori aucune suggestion, aucune lumière venue d'aucune source. On commence bien sûr par interroger les versions, mais si elles ne donnent pas satisfaction, on recourt aussi bien aux commentaires patristiques qu'à l'exégèse rabbinique : en effet, on croit devoir profiter aussi bien de traditions anciennes, perdues, et dont il resteraient les seuls témoins, que d'associations d'idées souvent riches de sens. Dans la mesure où ils paraissent éclairants, on utilise également les parallèles qu'offre l'épigraphie, tant araméenne qu'assyrienne et ougaritique. D'une manière générale, il faut aussi avoir foi en l'intuition : pour comprendre le style de l'écrivain, repérer sa manière propre, retrouver éventuellement, par de libres rapprochements, le sens perdu du mot, une allusion, un double sens. On procède donc au «coup par coup», avançant verset par verset; c'est seulement à la fin de longues analyses qu'il semble possible de dégager des structures, de détecter de grands ensembles, et de proposer des datations historiques.

Ce constant va-et-vient entre critique textuelle, littéraire et historique suscitera des objections. Le texte impose une telle méthode. En face d'un autre texte, moins copieux en répétitions et en variations, on devrait adopter une démarche différente, moins analytique, moins attentive aux infimes détails. S'il faut chercher une certaine rigueur, c'est celle qui nous garde à la fois des divagations de l'imagination, et des présupposés, celle que donne l'attention portée à la cohérence interne du texte lui-même. Mais cette dernière, il faut aussi, et d'abord, l'avoir sentie. Quant aux présupposés, on espère n'avoir pas succombé au cercle vicieux méthodologique dénoncé avec raison par Gross, et qui consiste à confondre analyse littéraire et attribution des sources.

Le programme de Richter intégrait, après la critique littéraire et la critique de la forme, celle du genre, de la tradition, de la composition et de la rédaction; mais Gross s'est arrêté après les deux premières. La recherche biblique ne saurait en rester à ce stade; la présente étude s'efforce donc, sans prétendre d'ailleurs y parvenir complètement, d'élaborer des hypothèses sur les genres littéraires auxquels pourraient se rattacher les différents morceaux de notre épisode, ainsi que sur les traditions dont il est constitué, sa composition, et sa rédaction. Elle ose proposer des dates.

J'analyserai donc la prose et les poèmes de manière continue, au fil du texte. Gross a dressé de beaux tableaux montrant la structure des différentes unités prosaïques. C'est une représentation statique. Le texte, riche en reprises et modifications, requiert aussi une approche dynamique, dans la durée, comparable à une analyse musicale. L'analogie est justifiée par la présence de leitmotive, thèmes et variations. A figurer de grands blocs immobiles, on ne voit que les identités, on nivèle les différences; or, la prose fonctionne d'après le procédé de la différence dans la répétition. Ces variations infimes de verset à verset font avancer le texte, marquent un progrès continu. Nous ne les apprécierons qu'en avançant pas à pas, avec lui.

L'analyse montrera qu'il faut rendre sa valeur à la notion d'auteur. Le texte est très *écrit* et ne se comprend que comme tel. Il s'y décèle des goûts et des habitudes de style qui, maniés avec la rigueur nécessaire pour éviter le cercle dénoncé plus haut, pourront être utilisés par la critique littéraire et même textuelle.

Il apparaîtra sans doute contraire à une telle approche, d'abord *inventive*, d'annoncer les grandes divisions, strates rédactionnelles repérées dans le texte. Ne faudrait-il pas les redécouvrir pas à pas, au fil de l'exposé ? Mais le lecteur voudra savoir où il va. Ici la démarche de l'exposition s'écarte un peu de celle de l'invention.

Réservant aux analyses à venir le soin de les fonder, l'introduction livre les seuls résultats. Les niveaux suivants ont été décelés :

1° 22, 2-21 ; 22, 36-23, 1-26 (légèrement prédeutéronomique).

2° 22, 22-35 (conséquence et produit immédiats de la réforme deutéronomique).

3° 23, 27-24, 6 (réaction, d'époque exilique, contre l'épisode de l'Ânesse).

4° 24, 7-19 (ensemble légèrement postérieur, peut-être immédiatement post-exilique).

5° 24, 20-22 (datation indécise, peut-être l'époque d'Esdras et Néhémie).

6° 24, 23-24 (époque d'Alexandre).

On le voit, la notion d'auteur individuel accorde à ce genre d'auteur la faculté d'être à la fois prosateur et poète. Cette opinion, sans jamais avoir été explicitement combattue, le fut souvent implicitement, dans la mesure où le simple constat de la coexistence de ces deux genres littéraires différents conduisait les exégètes à leur supposer automatiquement deux origines distinctes.

En 1855, Reinke pose une question dont la naïveté fait sourire, et il y répond avec prudence : « On ne peut déterminer avec certitude si la langue dans laquelle Balaam exprima ses révélations était celle dans laquelle nous la possédons, ou si Moïse les a traduites dans la langue de son peuple, car on ne sait pas de façon tout à fait certaine si Balaam parlait la même langue qu'Israël ou un dialecte apparenté, peut-être l'araméen. Mais si l'on réfléchit que les peuples voisins se comprennent mutuellement, et que ce que nous connaissons, du point de vue linguistique, des Moabites et des Édomites, a sans aucun doute une grande parenté avec la langue hébraïque, alors Balaam peut très bien avoir parlé la même langue qu'Israël » (p. 219).

En 1967, des inscriptions araméennes sont trouvées à Deir ʿAlla, dans la vallée du Jourdain. On est frappé à la fois de la ressemblance avec le texte biblique et de la différence. Ressemblance dans la forme même : le titre de la première combinaison : *spr blʿm br bʿr ʾš ḥzh ʾlhn* « Inscription de Balaam fils de Beor, l'homme qui voyait les dieux » ressemble fort à 24, 3b-4 et 15b-16. Ressemblance dans le contenu : Balaam reçoit des dieux une visite nocturne, au cours de laquelle ceux-ci lui communiquent un oracle. Balaam réunit le lendemain ses amis et leur transmet cet oracle. Les similitudes de détail abondent ; on les signalera au fil de l'exégèse[37]. Mais les différences sont : la langue, de l'araméen ou un dialecte caranéen (ammonite?)[38], mais non de l'hébreu évidemment ; le contenu : certains dieux ont tenu conseil et chargé une déesse de produire les ténèbres ; Balaam interprète le

37. Sur l'inscription de Deir 'Alla voir encore : — J. NAVEH, The date of the Deir 'Alla Inscription in Aramaic Script, *IEJ* 17, 1967, p. 256-258. — J. HOFTIJZER, The Prophet Balaam in a 6th Century Aramaic inscription, *BA* 39, 1976, p. 11-17. — J. HOFTIJZER and G. van der KOOIJ, *Aramaic Texts from Deir 'Alla,* (Documenta et Monumenta Orientis Antiqui 19), Leiden 1976. — A. CAQUOT et A. LEMAIRE, Les textes araméens de Deir 'Alla, *Syria* 54, 1977, p. 189-208. — J. A. FITZMYER, Recension de J. HOFTIJZER et G. van der KOOIJ, *Aramaic Texts from Deir 'Alla, CBQ* 40, 1978, p. 93-95. — H. P. MÜLLER, Einige alttestamentliche Probleme zur aramäischen Inschrift von Der 'Alla, *ZDPV* 94, 1978, p. 56-67. — Der neu gefundene Bileam-Text aus Deir 'Alla, XX. Deutscher Orientalistentag 1977 in Erlangen, *ZDMG Suppl.* 4, 1980, p. 128-130. — Die aramäische Inschrift von Deir 'Alla und die älteren Bileamsprüche, *ZAW* 94, 1982, p. 214-244. — G. RINALDI, Balaam al suo paese, *BeO* 20, 1978, p. 51-59. — G. GARBINI, L'iscrizione di Balaam Bar-Beor, *Henoch* I 1979, p. 166-188. — J. NAVEH, recension de J. HOFTIJZER et G. van der KOOIJ, *Aramaic Texts from Deir 'Alla*, dans *IEJ* 29, 1979, p. 133-136. — S. A. KAUFMANN, The Aramaic Texts from Deir 'Alla, *BASOR* 239, 1980, p. 71-74. — M. DELCOR, Le texte de Deir 'Alla et les oracles bibliques de Bala'am, *Congress Volume Vienna 1980,* Leiden 1981. p. 52-73. — Bala'am Pâtôrâh, « interprète de songes au pays d'Ammon », d'après Num 22, 5. Les témoignages épigraphiques parallèles, *Sem.* 32, 1982, p. 89-91. — M. WEINFELD, The Balaam Oracle in the Deir 'Alla Inscription, *Schnaton* 5-6, 1982, p. 141-147 (en hébreu). — J. A. HACKETT, *The Balaam Text from Deir 'Alla* (Harvard Semitic Monographs 31), Scholars Press 1984.

Ces diverses études ne manquent pas d'établir tel ou tel rapprochement avec le texte biblique. En s'y reportant, on constatera leurs divergences. On se fiera le plus à celles qui trouvent le moins de ressemblances, se défiant de la tendance à projeter sur l'inscription des lectures influencées par *Nb* 22-24.

38. Jusqu'à ces derniers temps, les épigraphistes optaient le plus souvent pour l'araméen. Toutefois, dès 1969, F. M. CROSS (*BASOR* 143, p. 13-14) considérait que l'écriture était ammonite. J. NAVEH (p. 135) observe que l'écriture a beau être araméenne, la langue n'est pas nécessairement de l'araméen. On sait que les Ammonites utilisaient l'écriture araméenne pour transcrire leur langue propre, un dialecte cananéen. J. C. GREENFIELD aussi (recension de l'édition originale dans *JSS* 25, 1980, p. 248-252) conteste qu'il s'agisse d'araméen. Il signale des traits de langue connus également en moabite, et en hébreu michnique, « The language may best be classified as a Canaanite dialect, in all likelihood Ammonite. » (p. 251). C'est également l'opinion d'E. PUECH, développée dans sa communication au 1er Congrès International d'Archéologie Biblique, Jérusalem, avril 1984 (étude à paraître) : la langue serait un dialecte cananéen local, de type ammonite, et la paléographie également ammonite, de type local, malgré certaines influences araméennes incontestables, et qui s'expliqueraient par la situation de « marche » de cette région, à une époque où le royaume d'Aram s'étendait fort au Sud. Avec ce jugement convergent les conclusions de J. A. HACKETT dans sa toute récente monographie : « I have presented that the script of the inscription is related to the script of the later Ammonite inscriptions, and that the dialect is more closely related to the South Canaanite dialects of the first half of the first millenium B. C. E. than the Aramaic » (*op. cit,* p. 125). Signalons encore la suggestion particulière d'A. ROFÉ, selon laquelle il pourrait s'agir de madianite.

présage en décrivant le désastre qu'il annonce : malheurs (inversion de l'ordre naturel), inquiétude et détresse. Balaam semble essayer diverses pratiques magiques pour soustraire une déesse au pouvoir des dieux. Ces tentatives réussissent puisque le cataclysme prend fin, et que l'ordre est restauré. La seconde combinaison contient une description du monde inférieur. C'est, dit Levine [39], « a variation on the theme of the Sumero-Akkadian myth known as 'The Descent of Ishtar' ». Le rôle de Balaam consiste à rétablir la déesse de la fertilité dans sa fonction de protectrice du pays.

Levine a bien dégagé les points communs aux deux Balaam, et aussi les divergences qui, fait intéressant, sont des inversions. Alors qu'à Deir 'Alla les pratiques divinatoires et magiques font l'objet du respect de l'écrivain, la présentation qu'en donne le récit biblique est négative. Dans la tradition biblique, la puissance divine protège les victimes présumées des pouvoirs de Balaam, les Israélites ; à Deir 'Alla, c'est Balaam qui agit pour protéger son peuple contre les puissances divines destructrices. Dans la Bible, Balaam est sans pouvoir face aux décrets de Yahvé ; à Deir 'Alla, il contrevient aux décrets divins. La tradition biblique illustre donc la suprématie de Yahvé. Enfin, les inscriptions de Deir 'Alla, comme les traditions bibliques anciennes, tracent de Balaam un portrait élogieux.

A cause de ce mélange de ressemblances flagrantes et d'inversions remarquables, se pose le problème du rapport entre le texte biblique et l'inscription araméenne. On ne peut l'éluder, car la comparaison donne l'impression d'une parenté, non pas inconsciente et fortuite, mais consciente et voulue.

Corollaire : il ne s'agit pas d'une parenté vague, due au fait qu'Israélites et peuples transjordaniens partageaient les même traditions, plus ou moins orales. C'est une parenté littéraire, entre deux *textes* dont l'un, connaissant l'autre, a voulu l'imiter en s'en démarquant et en réagissant contre. D'autant que, nous le verrons, le texte biblique est très écrit, peut-être même scolaire et que, de son côté, l'inscription présente les caractéristiques d'un texte scolaire [40]. P. Kyle

39. B. A. LEVINE, The Deir 'Alla Plaster Inscriptions, *JAOS* 101. 2, 1981, p. 195-205, recension de J. HOFTIJZER et G. van der KOOIJ, *Aramaic Texts from Deir 'Alla*, Leiden 1976.

40. Voir A. LEMAIRE, *Les écoles et la formation de la Bible dans l'Ancien Israël* (OBO 39), Fribourg et Göttingen 1981, n. 67, p.92 : L'auteur pense que l'inscription de Deir 'Alla (sur plâtre) « représente probablement l'affichage du *spr bl'm br b'r 'š ḥzh 'lhn* suivant les termes mêmes de l'intitulé de l'inscription (cf *Syria* LIV, 1977, pp. 189-208, spéc. p. 194) et il n'est pas impossible que cet affichage se situe dans le cadre d'une école ». Sur l'utilisation des textes bibliques comme références pour l'enseignement donné dans l'école royale, p. 68 ; sur la copie des textes « classiques », textes de références dans l'enseignement, « morceaux choisis », p. 73.

Mc Carter[41] s'appuie sur ce texte pour décrire le dialecte local d'une communauté araméophone, la langue littéraire indigène de Transjordanie méridionale et des régions voisines (d'origine cananéenne). A son avis il existait, avec des variantes régionales, un véhicule littéraire commun à Israël, Juda et Moab (voir les séquences narratives élégantes de la stèle de Mesha' et la poésie de la bouteille inscrite de Tell Siran).

Se pose alors la question qui, en exégèse biblique, survient toujours lorsque deux textes présentent des affinités : qui a influencé qui? D'après Kyle Mc Carter, les quatre premières lignes de l'inscription araméenne montrent que l'auteur biblique connaissait la tradition transjordanienne sur Balaam[42]. Mais on lui répondra :

— 1° C'est de textes qu'il s'agit, et pas seulement de traditions.

— 2° Il faut davantage de preuves, et meilleures, pour montrer que l'influence eut bien lieu dans le sens Deir 'Alla-Bible, et non l'inverse.

C'est ici que la question jadis posée par Reinke (Balaam prononça-t-il d'emblée ses oracles en hébreu, ou la langue originale était-elle de l'araméen, en sorte que Moïse dut traduire?) cesse d'apparaître naïve et, recevant un éclairage nouveau, devient actuelle; mieux, elle aide à résoudre le problème posé aujourd'hui par la présence, de part et d'autre du Jourdain, de ces deux textes symétriques mais contraires : la version originale du texte biblique hébreu pourrait bien être ce texte araméen ou ammonite daté, par les épigraphistes, entre le milieu du VIIIe siècle et + 25 ans.

Pareille affirmation d'entrée de jeu paraîtra gratuite. Je ne veux que situer le débat, et indiquer une piste. Les analyses qui suivent, en dégageant les caractéristiques de chaque niveau rédactionnel (style, représentation de Balaam, idéologie) fourniront en leurs temps les arguments nécessaires.

On s'attendait à trouver *Nb* 22-24, texte-bannière de la théorie des deux documents, mais où elle s'avère en même temps si faible, parmi les premières cibles de la critique qui s'en prend aujourd'hui à l'hypothèse documentaire[43]; c'était la proie de rêve : superbe et sans défense. On s'étonne de l'y chercher en vain : la péricope ne fait l'objet d'aucune étude dans cette perspective, à peine a-t-elle l'honneur d'une

41. P. Kyle McCarter, Jr, The Balaam Texts from Deir 'Alla : The first Combination, *BASOR* 239, 1981, p. 49-60.

42. Comme le remarque E. Puech dans sa recension de l'édition originale (*RB* 85, 1978, p. 114-117, p. 116), s'il ne fait pas de doute que le visionnaire Balaam bar Beor est le prophète Balaam connu par la Bible, le texte de Deir 'Alla ne fait aucune allusion à une tradition israélite.

43. Concernant le débat actuel sur le Pentateuque, on lira avec profit *JSOT* 3, 1977, p. 2-60.

mention chez Van Seters[44], Tengström[45] et Rendtorff[46], et encore, de biais, à l'occasion de questions annexes. Pourquoi ce décalage entre la place primitive, considérable, de l'épisode dans l'hypothèse documentaire, et l'oubli où le tient l'actuelle mise en cause de ladite hypothèse? N'est-ce que négligence ou inconséquence de la part des critiques?

Ce mépris est un indice : sans l'avoir étudiée, les critiques ont senti que, malgré les apparences d'une position bien établie, la péricope de *Nb* 22-24 ne possédait pas, dans l'hypothèse documentaire, un statut égal à celui de *Gen* 12 ou 15, valeurs sûres des strates yahviste et élohiste; pour le bien et la force de leur critique, ils ont préféré s'en prendre à celles-ci plutôt qu'à *Nb* 22-24 dont l'histoire de la recherche a montré que, même au plus fort de la théorie documentaire, celle-ci n'avait jamais fait l'unanimité, et qu'il s'était toujours trouvé des exégètes, comme Löhr en 1927 ou Rudolph en 1938, pour refuser de l'appliquer à ces trois chapitres. D'ailleurs, à propos de quel autre morceau du Pentateuque lit-on ce qu'écrit le Talmud (Baba Bathra 14a) sur cette péricope : «Moïse écrivit son propre livre, puis la section de Balaam, et le livre de Job»[47]? Sans minimiser la contribution du présent travail aux recherches actuelles sur le Pentateuque, gardons-nous d'en exagérer l'importance.

44. J. Van Seters, *Abraham in History and Tradition*, New Haven and London, 1975, p. 153.

45. S. Tengström, *Die Hexateucherzählung*, Eine literaturgeschichtliche Studie, Uppsala 1976, p. 100 n. 38 et p. 148.

46. R. Rendtorff, *Das überlieferungsgeschichtliche Problem des Pentateuch*, (BZAW 147), Berlin - New York 1977, p. 92 et p. 155 n. 6.

47. La même idée apparaît dans le Talmud de Jérusalem, en *Soṭa* 20b. Cette affirmation vient cette fois à propos du livre de Job : «Moïse a écrit les cinq livres de la loi; plus tard, il a écrit à part le chapitre de Balaq et Balaam; puis il a écrit le livre de Job».

On s'est, de propos délibéré, abstenu de proposer une traduction continue de *Nb* 22-24. Elle n'a été jugée ni nécessaire, ni même utile dans la mesure où il eût fallu l'accompagner de nombreuses notes pour justifier, nuancer ou compléter tel ou tel choix, ce qui eût fait double emploi avec l'analyse proprement dite.

Dans la mesure du possible, les sigles ont été évités. Toutefois, au fur et à mesure que l'analyse identifiait des strates rédactionnelles, et donc des auteurs différents, il a paru plus simple de les appeler par des lettres et des chiffres. Par conséquent :

La prose de 22, 2-23, 26 (moins 22, 22-35) .. = N1.
La fable de l'Ânesse (22, 22-35) .... = N2.
Le premier poème (23, 7b-10) .... = P1.
Le second poème (23, 18b-24) .... = P2.
La prose de 23, 27-24, 3a .... = N3.
Le début du troisième poème (24, 3b-6) ..... = P3 A.
La fin du troisième poème (24, 7-9) .... = P3 B.
La prose de 24, 10-15a .... = N4.
Le début du quatrième poème (24, 15b-19) .... = P4.

Chacun de ces sigles désigne tantôt le passage du texte biblique, tantôt son auteur. Mais le contexte interdit toute équivoque.

CHAPITRE PREMIER

LA PROSE DE *NB* 22, 2-21

Le v. 1 du chapitre 22 n'appartient pas à l'épisode proprement dit. C'est la formule stéréotypée qui relie, dans le livre des *Nombres*, les étapes successives des Israélites progressant au désert vers la Terre Promise. Il est traditionnellement attribué au rédacteur sacerdotal.

La péricope de Balaam commence au v. 2 : « Et Balaq fils de Ṣippor vit tout ce qu'Israël avait fait aux Amorites. » L'auteur rattache son épisode au chapitre 21 v. 32 : « Moïse envoya reconnaître Yazer; ils s'emparèrent de ses dépendances et Moïse chassa les Amorites qui s'y trouvaient. » Les v. 33-35, concernant Og roi de Bashân, sont parfois tenus pour une addition ultérieure. Il n'est pas impossible que le premier auteur de la péricope ait voulu enchaîner son histoire avec celle de la conquête en prenant pour modèle le début de *Jos* 2. Voici les points communs :

1) Envoi en reconnaissance : *Nb* 21, 32 et *Jos* 2, 1. De plus, la région géographique est celle de Jéricho.
2) Constat de l'intrusion israélite et information sur elle : *Nb* 22, 2.4.5 et *Jos* 2, 2.
3) Envoi d'un message à la seule personne susceptible de chasser les Israélites intrus : *Nb* 22, 5. 6 et *Jos* 2, 3. Dans les deux cas, le roi (ici de Moab, là de Jéricho) prend cette mesure.
4) La personne sollicitée prend le contre-pied de l'ordre, et vient au secours des Israélites, Raḥab par un stratagème, Balaam par ses « oracles ».
5) Cette personne est doublement étrangère aux Israélites :
   a) elle est, par définition, « Gentille »;

b) elle est marginale et ambivalente même au sein du peuple païen : ici une prostituée, là un devin.

6) Elle fait profession de foi yahviste, reconnaissant les miracles opérés par le Seigneur en faveur d'Israël : la sortie d'Égypte. La victoire sur les Amorites sert aussi d'argument, mais seulement dans le discours de Raḥab (*Jos* 2, 10). En *Nb* 22, elle provoque la crainte de Balaq (v. 2).

7) Voici les expressions ou tournures communes :
Nb 22, 2 : *wyr' blq...'t kl-'šr ʿśh yśr'l l'mry*
Jos 2, 10 : *ky šmʿnw...'t 'šr ʿśytm lšny mlky h'mry*
Nb 22, 5 : *wyšlḥ ml'kym 'l-blʿm...lqr'-lw l'mr*
Jos 2, 3 : *wyšlḥ mlk yryḥw 'l-rḥb l'mr*
Nb 22, 5 : *l'mr hnh ʿm yṣ' mmṣrym hnh ksh 't- ʿyn h'rṣ*
Jos 2, 2 : *l'mr hnh 'nšym b'w hnh hlylh mbny yśr'l lḥpr 't-h'rṣ*
Nb 22, 6 : *wʿth lkh-n' 'rh-ly 't-hʿm hzh ky-ʿṣwm hw' mmny*
Jos 2, 3 : *hwṣy'y h'nšym hb'ym 'lyk 'šr-b'w lbytk ky lḥpr 't-kl-h'rṣ b'w*

On le voit, la structure simple de *Jos* 2 fut bouleversée et compliquée par l'auteur de *Nb* 22 parce qu'il s'agit d'un texte plus élaboré et soumis à bien d'autres influences littéraires que celle de *Jos* 2. De plus, par-delà les analogies de contenu et de forme, il faut souligner le déplacement de l'intention, le recentrement, pourrait-on dire : si le nationalisme constitue le dénominateur commun aux deux textes, il est, en *Nb* 22-23, traité à travers un prisme absent de *Jos* 2, à savoir la question de la prophétie. Les auteurs ne rapprochent jamais les deux textes au plan littéraire ; à peine si quelques-uns (Strack par exemple) évoquent Raḥab, aux côtés de Balaam, Job et Jéthro, comme figure de non-Israélite reconnaissant Yahvé.

Les chapitres 20 et 21 des *Nombres* sont connus des auteurs successifs de 22-24 ; les multiples affinités de langue existant entre les premiers et les derniers, à tous les niveaux rédactionnels, le prouvent : elles sont trop nombreuses, sur si peu de chapitres, pour être fortuites [1]. Mais les auteurs de 22-24 les affectent à des types de textes radicalement différents de 20-21, sans commune mesure. La concomitance des deux phénomènes vaut d'être signalée : elle donne l'impression d'une véritable greffe. La suite de l'analyse permettra d'y revenir à plusieurs reprises.

Dans un tel cadre littéraire, il serait malvenu de prétendre résoudre l'épineux problème des Amorites : ce serait s'égarer, puisque l'allusion de 22, 2 aux Amorites ne sert que de « crochet » entre les deux chapitres. Quant au v. 1, c'est un « raccord » posé encore ultérieure-

1. Voir chapitre XI.

ment par le rédacteur final du livre des *Nombres*, pour unifier les différents épisodes sous la rubrique « itinéraire de la conquête en Transjordanie » : la formule, stéréotypée, scande les chapitres 20-21, et surtout le chapitre 33, unanimement attribué au rédacteur sacerdotal.

La mention des Amorites est détachée de toute base historique, telle du moins que l'on puisse prétendre l'appréhender. Ce n'est donc pas du point de vue de l'histoire qu'il faut l'envisager, mais du point de vue littéraire et presque rhétorique.

1) Elle rattache 22 à 21, nous l'avons vu.
2) Elle fait partie des signes invoqués pour prouver l'élection d'Israël.
3) Elle apparaît ici dans une formule stéréotypée « voir tout ce que... a fait » employée à cet effet.

1° Certes, les Amorites [2] sont mentionnés dans la Bible ailleurs qu'en

2. Sur les Amorites proprement dits, voir R. de VAUX, *Histoire ancienne d'Israël. Des origines à l'installation en Canaan*, Paris 1971 p. 68, 130, 199-200, 512-514, 522-524. Voir encore A. HALDAR, *Who were the Amorites*? (Monographs of the Ancient Near East n° 1), Leiden 1971; K.M. KENYON, *Amorites and Canaanites* (The Schweich Lectures 1963), London 1966.

Dans son article Num. 21 als Glied der « Hexateuch »-Erzählung, *ZAW* 58, 1940/41, p. 161-197, M. Noth consacre un excursus à l'emploi de *'mry* dans l'AT (p. 182-188) : la tradition de *Nb* 21, 21-31, sur Siḥon roi de Ḥeshbon serait une tradition indépendante qui nous serait parvenue grâce à l'historien deutéronomiste; l'histoire deutéronomiste aurait ensuite rattaché ce Siḥon au concept général d'« Amorite », qu'il aurait emprunté aux traditions sur la conquête présentes en Josué. D'après J. VAN SETERS (The Terms « Amorite » and « Hittite » in the Old Testament, *VT* 22, 1972, p. 64-81), les occurrences de « Amorite » dans les récits du Pentateuque ne permettent nullement de dater ceux-ci du second millénaire; au contraire, elles sont plutôt une affectation d'antiquité; l'usage de cette terminologie est avant tout rhétorique et idéologique : il s'agit de justifier des revendications territoriales et, par la même occasion, de représenter les nations énumérées comme l'archétype du mal. VAN SETERS se dit sceptique quant à l'historicité des récits sur la conquête des royaumes de Siḥon et Og. Il y voit plutôt des étiologies légitimant les revendications territoriales à l'Est du Jourdain. Il lui semble impossible de dater aucun texte mentionnant les Amorites ou les Hittites avant le VIIIe siècle. Le récit des Nombres sur Siḥon serait une *lectio conflata*, non des sources anciennes J et E, ni de traditions orales, mais de deux versions deutéronomiques présentes en *Dt* 2, 26-37 et *Jg* 11, 19-26 (The Conquest of Sihon's Kingdom : A Literary Examination, *JBL* 91, 1972, p. 182-197). VAN SETERS refuse l'opinion de BARTLETT (Sihon and Og, Kings of the Amorites, *VT* 20, 1970, p. 257-277), selon qui les titres « Siḥon, roi des Amorites » et « Og, roi de Bashan » seraient fort anciens, remontant à la tradition orale d'où E et le Deutéronomiste les auraient dérivés.

Selon M. WEIPPERT (The Israelite « Conquest » and the Evidence from Transjordan, dans F. M. CROSS, *Symposia celebrating the 75th Anniversary (1900-1975)* (ASOR 1979), p. 15-34, p. 22), le récit de la défaite de Siḥon et de Ḥeshbon ne reposerait sur aucune base historique authentique. Les conflits auraient eu lieu en réalité avec Moab, mais il fallait éviter de relater des affrontements entre Israël, d'une part, et les Édomites, Moabites et Ammonites d'autre part, à cause des liens de fraternité censés unir les trois derniers au premier. Voir aussi M. LIVERANI, The Amorites, dans D. J. WISEMAN, *Peoples of Old Testament Times*, Oxford 1973, p. 100-133. A la question : pourquoi l'auteur d'un certain passage préférait-il le terme « Amorite » au terme « Cananéen », il répond : 1°/ que ce peut être dû à des traditions différentes (on a souvent prétendu que l'Élohiste employait le premier, et le Yahviste le second) : 2°/ que la différence peut être

21, 21-32 auquel se rapporte 22, 2. 21, 13 signale le territoire des Amorites séparé de Moab par l'Arnon. Ils figurent toujours les habitants du pays antérieurs à la conquête ; ils sont parfois cantonnés à la Transjordanie (c'est le royaume de Siḥon), se retrouvent parfois à l'ouest (ce peuvent être les Philistins), parfois enfin désignent la « gens Canaanaea » (Mandelkern) dans sa totalité. On les rencontre en *Jg* 1, 34 ; 3, 5 ; 1 *S* 7, 14 ; 1 *R* 9, 20 ; *Ez* 16, 3. 45 où ils dénotent, de façon neutre, ou bien l'un des peuples habitant le pays à côté des Cananéens, ou bien l'un parmi les peuples cananéens, ou bien l'ensemble des Cananéens.

2° Le plus souvent, ils figurent dans des listes analogues mais dans le cadre d'un sermon montrant que Dieu a dépossédé les habitants du pays (parmi lesquels les Amorites) au profit d'Israël, ou bien, qu'Israël les battit lui-même. Voir *Gen* 48, 22 ; *Ps* 135, 11 ; 136, 19 ; 1 R 21, 26 ; 2 R 21, 11 ; *Jos* 3, 10 ; *Dt* 7, 1. Parfois aussi, le même argument sert, mais avec la mention des seuls rois Siḥon et Og (*Jos* 9, 10).

3° L'expression « voir, ou entendre dire tout ce que Dieu a fait pour Israël contre un ennemi » est un cliché exprimant la reconnaissance du Dieu d'Israël mais surtout, celle de l'élection d'Israël par un non-Israélite (Jéthro en *Ex* 18, 1. 8. 9). Elle est surtout deutéronomique (*Dt* 3, 21 ; 4, 3 ; 7, 18 ; 11, 4. 5. 6 ; 24, 9 ; 29, 1). Le tour employé en *Nb* 22, 2 lui est apparenté, mais unique, car le sujet n'en est pas Dieu mais Israël lui-même (l'intention restant la même). C'est *Jos* 9, 3 qui s'en rapproche le plus (« Les habitants de Gabaon apprirent ce que Josué avait fait à Jéricho et à Aï »), montrant d'ailleurs, vu sa proximité avec *Jos* 9, 9-10 (« Tes serviteurs viennent d'un pays très lointain à cause du Seigneur, ton Dieu, car nous avons appris sa renommée, tout ce qu'il a fait en Égypte et tout ce qu'il a fait aux deux rois des Amorites... »), que les deux sujets peuvent alterner.

Nb 22, 2 se présente donc comme le produit original de trois influences littéraires convergentes : l'histoire de la défaite infligée à

géographique, « Cananéen » s'appliquant aussi bien à la zone du Jourdain qu'à la région côtière, alors qu'« Amorite » est réservé à la population préisraélite de Transjordanie (p. 125). En outre, toute référence aux Amorites concerne le passé mythique de la Conquête, et des origines d'Israël ; le présent ne connaît que les Philistins, Araméens, Moabites, Édomites, etc. (p. 126). La mise au point la plus récente est apportée par T. Ishida (The structure of the Lists of the Pre-Israelite Nations, *Biblica* 60, 1979, p. 461-490, p. 466-467). De l'avis général, si le terme « Amorites », dans certains passages de la Bible, renvoie bien au terme géographique Amurru (qui, dans les lettres de Mari et les lettres d'Amarna, désigne une région ou un état spécifique de Syrie), les références bibliques aux Amorites présentés comme étant l'une des populations préisraélites sont, sinon dépourvues d'historicité, du moins vagues.

Siḥon en 21, le cliché concernant le sort infligé aux Amorites, et la formule stéréotypée sur la manifestation, aux yeux des non-Israélites, de l'élection d'Israël. S'il sonne assez deutéronomique, cela n'implique pas nécessairement qu'il faille le cantonner à la strate deutéronomique *stricto sensu*, surtout vu la liberté dont fait preuve l'auteur en la remodelant.

Le v. 3 semble contenir deux doublets : « Et Moab eut une fort grande peur du peuple, car il était nombreux ; et Moab fut dans l'effroi à la vue des fils d'Israël. » Ce redoublement a donné lieu à deux types d'explication :

1° Ce serait la première trace, très nette, de deux fils narratifs parallèles, et donc, un argument en faveur de la théorie des deux sources.

2° L'un des deux doublets serait une addition.

Le v. 3b ressemble comme un frère à *Ex* 1, 12b. Comparons-les :

- *Nb* 22, 3b : *wyqṣ mw'b mpny bny yśr'l*
- *Ex* 1, 12b : *wyqṣw mpny bny yśr'l*

Le premier type d'explication a permis d'attribuer les deux passages à un seul auteur, qui aurait contribué à la rédaction de l'ensemble du Pentateuque, ou même, de l'Hexateuque. On considère le plus souvent que c'est l'écrivain « élohiste »[3]. Le second type d'explication suppose que, l'analogie de situation aidant, un rédacteur ou un scribe a ultérieurement emprunté ce demi-verset à *Ex* 1, 12 pour l'insérer à la suite de *Nb* 22, 3a[4].

Le rapprochement entre les deux propositions est tout à fait justifié[5]. Mais aucune des deux solutions n'est satisfaisante. D'une

3. J. Wellhausen (1876 et 1899); A. Dillmann (chez qui B désigne la strate couramment appelée élohiste); R. Kittel; W.E. Addis; H.L.S. Strack; A. von Gall; B. Baentsch; H. Holzinger; O. Procksch; R. Smend; H. Gressmann; O. Eissfeldt; C.A. Simpson; G. Hölscher; J. Marsch.

4. M. Löhr; W. Rudolph; W. Gross.

5. Le verbe *qwṣ* est d'emploi rare. *Is* 7, 16b *t'zb h'dmh 'šr 'th qṣ mpny šny mlkyh* offre la même construction et suppose le même contexte obsidional que *Nb* 22, 3b et *Ex* 1, 12b. Les autres occurrences ne permettent aucun rapprochement (*Lév* 20, 33; *Gen* 27, 46; *Nb* 21, 5; 1 *R* 11, 25 et *Prv* 3, 11), si ce n'est qu'elles éclairent une nuance spéciale de *qwṣ*, à savoir l'idée de « dégoût ».

P.S. Cahen (*La Bible, Traduction Nouvelle, Pentateuque*, Tome Quatrième, *les Nombres*, 1833) observe que *gwr* signifie d'abord « se retirer ; l'homme craintif recule en arrière ». *qwṣ* survenait en *Ex* 1, 12 pour décrire le dégoût des Égyptiens devant le pullulement des Israélites, mais pas en *Ex* 10 où pourtant il eût exprimé à merveille le dégoût suscité par le nuage de sauterelles. Mais sa présence en *Ex* 1, assez incongrue par rapport à la situation, prouve le lien existant, dans l'esprit de l'auteur, entre *Ex* 1 et 10, c'est-à-dire entre les fils d'Israël et l'invasion des sauterelles. *Nb* 22, 3-6, appliquant explicitement aux Israélites la description réservée aux sauterelles en *Ex* 10, et qualifiant la réaction de Moab devant les Israélites du même terme « dégoût » que celle des Égyptiens devant les mêmes Israélites, se borne donc à exploiter et nouer les possibilités littéraires encore en germe et éparses en *Exode*. U. Cassuto (*A Commentary on the Book*

part, la première suppose une théorie globale sur la rédaction du Pentateuque ou de l'Hexateuque à laquelle on n'est pas forcé d'adhérer. D'autre part, les contacts entre le début de *Nb* 22 et *Ex* 1 sont plus riches et plus variés que ces deux seuls demi-versets. L'idée commune est celle d'un peuple, là, les Moabites, ici, les Égyptiens, s'effrayant de la présence, en face de son territoire, ou sur son territoire, des Israélites, qui lui apparaissent comme un peuple nombreux, fort, et menaçant. Une fois reconnue cette thématique, mettons en regard les expressions littérales communes aux deux textes :

Nombres 22	*Exode* 1
v. 3* : *mpny h'm m'd ky rb-hw' wyqṣ mw'b mpny bny yśr'l*	v. 7a : *wbny yśr'l prw wyšrṣw wyrbw wy 'ṣmw bm'd m'd*
v. 5 : *wyšlḥ ... l'mr hnh 'm*	v. 12aβb : *kn yrbh wkn yprṣ wyqṣw mpny bny yśr'l*
v.6aαy : *('t-h 'm hzh) ky- 'ṣwm hw' mmny*	v. 9 : *wy'mr 'l- 'mw hnh 'm bny yśr'l rb w 'ṣwm mmnw*
	v. 20b : *wyrb h'm wy'ṣmw m'd*

L'idée d'un pullulement dangereux est exprimée exactement dans les mêmes termes, mais beaucoup plus développée en *Ex* 1 qui ajoute, au v. 7b : «et le pays en fut rempli». Par ailleurs, on ne peut se défendre de l'impression qu'il y a une dépendance littéraire étroite entre les deux textes. Les réminiscences sont si précises qu'il faut convenir que l'auteur de l'un des deux a *connu* l'autre texte, et lui a carrément emprunté des fragments [6], à moins que ce ne soit un rédacteur ultérieur. Il ne semble pas audacieux d'affirmer que c'est *Nb* 22 qui est redevable à *Ex* 1, et non l'inverse. Bien que l'évocation du développement menaçant soit particulièrement harmonieuse et cohérente en *Ex* 1, on ne saurait tirer de *Nb* 22, 5b.6aα, beaucoup plus sobre et sec, un argument en faveur de l'emprunt. Mais le v. 3 ne peut faire illusion : *wygr mw'b mpny h'm m'd ky rb-hw' wyqṣ mw'b mpny bny yśr'l* forment doublets, et assez maladroitement. C'est donc le v. 3b qui vient d'*Ex* 1, 12b, et le reste suit : *Nb* 22, 5b.6aα vient d'*Ex* 1, 7a.9.20b. Il est encore trop tôt pour dire si le responsable de l'emprunt est l'auteur du v. 3a en personne, ou si c'est un rédacteur.

Au v. 4aα, *'l-zqny mdyn* a toujours fait difficulté : pourquoi Moab a-t-il comme interlocuteurs les anciens de Madian? La mention des *zqny mdyn* revient au v. 7a où, associés aux *zqny mw'b*, ils constituent l'ambassade envoyée à Balaam. Après ces deux versets, ils disparaissent de l'épisode. Dès les débuts de l'exégèse, c'est-à-dire dès les premiers targumim et les Pères de l'Église, on s'est interrogé sur la

of Exodus, Jérusalem 1951) écrit d'*Ex* 1, 9 : «C'est en termes semblables que la Tora parle d'un autre ennemi du peuple d'Israël, Balaq roi de Moab (*Nb* 22, 6 *ky 'ṣwm hw' mmny*).»

6. Paradoxalement, c'est le caractère littéral, servile, de la réminiscence, qui frappe d'invalidité l'hypothèse d'une même et unique strate littéraire pour les deux passages : un véritable auteur ne sait pas se copier ainsi ; d'un texte à l'autre il invente toujours.

raison de leur présence, et sur celle de leur disparition. Les explications n'ont d'ailleurs guère varié au cours des siècles, si ce n'est qu'à partir de la fin du XIXe siècle, on s'est mis à parler d'« additions » là où, auparavant, on s'efforçait de comprendre ce que tous ressentaient comme une incongruité du texte. Trois passages bibliques furent invoqués pour en rendre compte. En amont, *Ex* 2, 15-22 ; 3, 1 et, de façon connexe, 18, rapportant l'antique parenté par alliance qui unissait Israël à Madian (Jéthro, prêtre de Madian, fut le beau-père de Moïse), servirent à justifier la présence des *zqny mdyn* par la bonne connaissance qu'avaient d'Israël les Madianites. Les commentaires allant dans ce sens sont des midrashim, avoués ou non. Toujours en amont, le second passage allégué est *Gen* 36, 35, qui relate une défaite de Madian, battu par les Édomites dans la campagne de Moab. On en a tiré l'hypothèse d'une alliance Moab-Madian, au point même de supposer un « Royaume-Uni », et une alternance au pouvoir : le roi précédant Balaq aurait été un Madianite ! Ces hypothèses eurent leur succès dans la littérature rabbinique [7]. Le troisième groupe de textes invoqués est, en aval de *Nb* 22, 22-24, *Nb* 25, 6-18, la fameuse histoire de la faute d'un Israélite avec la Madianite Kozbi et de son châtiment par le prêtre Pinḥas. A cause de *Nb* 25, 16-17 : « Et le Seigneur parla à Moïse et lui dit : Serrez de près les Madianites, et frappez-les », on y associe souvent *Nb* 31, récit d'une expédition de représailles contre Madian. Dans un vaste amalgame, les commentateurs anciens y ont vu confirmation de la perfidie des Madianites à l'égard des Israélites, en même temps que leur bonne entente avec les Moabites (puisque tout se passait près de Baal Peor) ; plusieurs ont même pensé que les *zqny mdyn* n'étaient autres que les cinq rois de Madian tués lors de l'expédition de représailles (*Nb* 31, 8) [8]. C'est le cercle de textes qu'ont préféré les modernes pour y voir, presque à l'unanimité, l'origine d'une addition sacerdotale en *Nb* 22, 4 et 7 [9]. En effet, dans la théorie des quatre documents constitutifs du Pentateuque ou de l'Hexateuque, *Nb* 25 et 31 sont attribués au rédacteur sacerdotal. Cette dernière solution est plausible, et ne rencontre pas d'objection véritable, sauf que l'on se

7. C'est vraisemblablement au Targum du Pseudo-Jonathan que l'on doit l'initiative de cette fabulation. Il paraphrase ainsi le v. 4aα : « Et les Moabites dirent aux anciens de Madian, parce qu'ils ne formaient qu'un seul peuple et qu'un seul royaume jusqu'à ce jour. » Et il précise les modalités de ce « Royaume-Uni » à l'occasion du v. 4b, dont l'information venue trop tard et l'allure de glose ont toujours gêné, et appelé de nouvelles gloses : « Et Balaq fils de Ṣippor, madianite, était roi des Moabites en ce temps-là, mais non en d'autres temps, parce que c'était entre eux l'accord, que les rois viendraient alternativement d'un côté, et de l'autre. » — Rachi combine les solutions de la parenté Israël-Madian et de l'alliance Moab-Madian : « *'l zqny mdyn.* Pourtant, depuis toujours ils se haïssaient, comme il est dit (*Gen* 36, 35) : 'qui défit Madian dans la campagne de Moab', car Madian avait fait la guerre à Moab. Mais par peur d'Israël, ils conclurent un traité de paix. Pour quel motif Moab demanda-t-il conseil à Madian ? Comme ils avaient vu qu'Israël avait remporté une victoire d'une manière extraordinaire, ils se dirent : 'Leur chef a grandi en Madian, nous allons nous renseigner auprès d'eux sur sa particularité.' »

8. C'est par exemple l'opinion d'Ibn Ezra : *'l zqny mdyn. ytkn šhyw hḥmšh mlkym zqnym.*

9. C'est l'hypothèse couramment acceptée depuis WELLHAUSEN. Voir W. GROSS, p. 90.

demandera pourquoi le rédacteur a coupé court à ses additions après le v. 7 [10].

Mais peut-être la deuxième hypothèse, celle d'une bonne entente entre Moab et Madian, est-elle la plus juste, à condition de la formuler autrement. Il n'est évidemment pas question d'une alliance officielle, stable, entre deux nations. Madian était d'ailleurs trop éloigné géographiquement de Moab, séparé de lui par Édom. Mais les Madianites apparaissent aussi, et surtout, comme des nomades, des caravaniers, des marchands (voir *Gen* 37). Ils sont signalés par l'abondance des biens qu'ils possèdent (*Jg* 8, 24-26) ou convoient (*Is* 60, 6). Pourquoi n'auraient-ils pas, au hasard de leurs voyages caravaniers du sud-est vers le nord-ouest, noué des alliances passagères? C'étaient d'ailleurs plus des semi-nomades que des nomades purs : ils devaient donc avoir des traditions d'amitié et d'inimitié. En particulier, d'inimitié avec Édom, le voisin immédiat et toujours menaçant, et d'amitié avec Moab, peuple proche mais point immédiatement frontalier. Les routes commerciales des Madianites devaient pourtant traverser régulièrement le territoire de Moab; une tradition d'accueil et de résidence s'était peut-être établie, ainsi que des relations de commerce privilégiées entre les Moabites, surtout éleveurs et agriculteurs, et les Madianites, avant tout marchands. Il avait pu s'ensuivre une entente politique et guerrière solide bien que souple : cette hypothèse rendrait compte de *Gen* 36, 35, où il est rapporté que Hadad, roi d'Édom, « battit Madian dans la campagne de Moab ». Ce verset serait une preuve, à la fois des habitudes de coexistence pacifique, d'entente politique et guerrière entre Moab et Madian, et d'hostilité entre Édom et Madian [11].

10. D'après Flavius Josèphe (A.J. IV, § 101), Moïse envoya des troupes ravager le pays des Madianites. Or une alliance et une amitié ancestrales unissaient Moab et Madian (§ 102). Balaq envoya donc aux Madianites une ambassade leur demandant d'envoyer à Balaam leurs propres notables pour le prier de venir au secours de Moab (§ 104). Ce sont donc les seuls Madianites qui se font les intermédiaires de Balaq auprès de Balaam et ce, lors des deux ambassades (§ 105 et 107). Même après la venue de Balaq à la rencontre de Balaam, Josèphe rajoute la mention des Madianites au § 123 (correspondant à 23, 14 ou les *zqny mdyn* ont disparu depuis 22, 8) et au § 126 (correspondant à 24, 10 et 14). De toute façon, l'hypothèse de l'addition ne résout que le problème de l'apparition des *zqny mdyn*, et nullement celui de leur disparition à partir du v. 7. Au contraire : le responsable de l'hypothétique addition, scribe extérieur à la genèse du texte, se fût montré soucieux de cohérence et, à ce titre, eût complété mécaniquement toutes les mentions des *śry mw'b* avec celle des *zqny mdyn* ; à l'inverse, l'oubli où ils sombrent si rapidement s'explique beaucoup mieux dans la perspective d'un seul et même auteur, dont l'intérêt subjectif se déplace, se précise et se concentre au fur et à mesure qu'avance le récit, d'où une certaine liberté envers les règles de la vraisemblance et du réalisme.

11. Certains modernes ont opté pour l'authenticité, avec des nuances spécifiques à chacun : d'après Suttcliffe, les Madianites fournissent aux Moabites les chameaux rapides qu'il leur faut pour se rendre jusqu'à l'Euphrate. Déjà S. R. Driver (*An Introduction to the Literature of the Old Testament*, London 1950, édition 1891, p. 67) pensait qu'avec la double mention des *zqny mdyn* affleurait un autre texte exposant en détail quelles opérations menaient les Madianites en commun avec les Moabites. Dillmann, dès 1886, faisait de même, A. H. Van Zyl (*The Moabites*, Leiden, 1960,

Si tel était le cas, pourquoi la mention des *zqny mdyn* ne serait-elle pas en *Nb* 22, 4 et 7, doublement authentique ? D'une part, elle serait de la même venue que le reste des deux versets : lit-on le texte en lecteur « naïf », ni l'une ni l'autre ne forme aspérité, au contraire même, au v. 4aα, le discours de Moab serait privé de destinataire : « Et Moab dit ( ) : 'Voilà que la multitude...' » et ce serait moins harmonieux (en *Ex* 1, 9a, la parole de Pharaon est adressée à son peuple). D'autre part, on pourrait y voir la trace d'un fait réel : la présence pacifique des Madianites en territoire de Moab, et même, leur participation amicale à certaines démarches politiques. Certes, il ne faut pas trop presser le texte, ni surestimer son degré d'authenticité : plutôt que d'y chercher un souvenir exact de cette situation précise, mieux vaut n'y lire que l'attestation de cette habitude de bonnes relations unissant les Moabites aux Madianites, et dont l'auteur de notre récit aurait eu vent, soit qu'elle fût de notoriété publique, soit que lui-même fût particulièrement bien informé des réalités locales transjordaniennes. La mention, vite évanouie, des *zqny mdyn*, serait donc l'un des rares cas où affleurerait, dans ce récit éminemment *littéraire*, un peu de réalité. La suite de l'analyse fournira des arguments supplémentaires en faveur de cette hypothèse.

p. 122-123) déduit des v. 4aα et 7aα l'existence de contacts étroits entre Moab et Madian. DE VAUX, en 1971, pense que *Nb* 25, 6-18 (l'affaire madianite à Baāl Peor), s'il est de rédaction sacerdotale, n'en conserve pas moins une tradition ancienne : « ...garde-t-elle le souvenir que, dans cette région, nomadisaient des Madianites, qui fréquentaient aussi ce sanctuaire ? C'est possible, car les Madianites apparaissent à côté des Moabites dans l'histoire de Balaam, *Nomb.*, 22, 4 et 7. » La mention des Madianites dans l'épisode de Balaam est donc *invoquée* ici pour étayer l'authenticité de la tradition relatée en *Nb* 25, 6-18.

D'après O. EISSFELDT (Protektorat der Midianiter über ihre Nachbarn im letzten Viertel des 2. Jahrtausends v. Chr., *JBL* 87, 1968, p. 383-393, p. 385), *Nb* 22, 4 et 7 montre que Madian possédait en Moab des représentants, auxquels les Moabites devaient demander leur avis pour les questions importantes. Il signale l'amplification donnée par Josèphe au récit concernant les Madianites. Faut-il, avec EISSFELDT, aller jusqu'à envisager un protectorat des Madianites sur toute la région contrôlée plus tard par les Nabatéens, y compris la péninsule sinaïtique ? En tout cas, pense EISSFELDT, les Madianites avaient en Moab des représentants analogues au préfet des Philistins (*nṣyb plštym*) en Israël de 1 *S* 13, 3-4. Des représentants de Madian à l'intérieur de Moab on passe naturellement à l'idée d'une délégation chargée de représenter Moab à l'extérieur et composée de membres moabites *et* madianites. D'après W. J. DUMBRELL (Midian. A Land or a League ? ,*VT* 25, 1975, p. 323-337, p. 337), Madian n'était pas un territoire mais une ligue couvrant toute la région de Moab et s'étendant même à l'ouest du Jourdain. G. I. DAVIES, (*The Way of the Wilderness, a Geographical Study of the Wilderness Itineraries in the Old Testament*, Cambridge 1979, p. 64), signale la découverte, en Édom à l'est du golfe d'Aqaba, à Jezirat Fara'un et aussi à Timna, de poterie madianite décorée et datée de la fin de l'âge du Bronze. EISSFELDT cite une lettre d'ALBRIGHT d'après laquelle « The Midianites had overcome Moab and Edom, at least in part, some time before the events referred to in the tradition of *Num* 31. » ALBRIGHT (*Yahwe and the Gods of Canaan*, London 1968, p. 34) pense même que le clan madianite d'*Ex* 2, 18 (LXX de *Gen* 25, 3) de Reuel était aussi un clan d'Édom (*Gen* 36). Dans la lettre citée ci-dessus, il argue aussi du fait que le « roi » madianite Reqem avait le même nom que Pétra, ainsi nommé dans les inscriptions nabatéennes (J. STARCKY, Nouvelle épitaphe nabatéenne donnant le nom sémitique de Pétra, dans *RB* 72, 1965, p. 95-97) et chez JOSÈPHE (A.J. IV, § 161).

Le v. 4b a toujours étonné les commentateurs : pourquoi la précision : « Et Balaq, fils de Ṣippor, était le roi de Moab en ce temps-là » ne survient-elle que maintenant ? D'une part, elle semble venir trop tard, et comme une surcharge ; d'autre part, elle manque là où on l'attendait, c'est-à-dire au v. 2a, car Balaq n'y est présenté que par son ascendance, et non par sa fonction. Cette incongruité a fait penser, ou bien que le v. 4b appartenait à l'un des deux récits, celui où Balaq n'avait été encore ni nommé, ni présenté, ou bien que c'était une glose [12]. C'est une exception absolue qu'un personnage jouant dans une histoire le rôle d'un roi, et d'ailleurs présenté plus loin comme tel, ne le soit pas d'emblée. De là à conclure que Balaq n'était pas nécessairement roi, ni lié à Moab, ni non plus à la tradition concernant Balaam, il n'y avait qu'un pas, que d'aucuns ont franchi [13].

En outre, la formule de *Nb* 22, 4b *wblq bn-ṣpwr mlk lmw'b b't hhw'*, n'est pas celle avec laquelle on présente un roi : comparer par exemple avec 1 R 3, 39 *'kyš bn-m'kh mlk gt*. Dans le cas présent, il s'agit d'une

12. WELLHAUSEN, en 1876 comme en 1899, classe ce demi-verset J/E, alors qu'il attribue le v. 4a à E. GRESSMANN, en 1910, fait de même. D'après GROSS, « Tatsächlich hat 22, 4c die Gestalt einer nominalen Erzählungseröffnungsformel. » C'est aussi l'opinion de RICHTER, dans *Traditionsgeschichtlichte Untersuchungen zum Richterbuch* (BBB 18), Bonn 1966a, p. 12 ss. En vertu de ce principe, GROSS fait du v. 4b le début de sa première unité rédactionnelle.

13. Concernant l'indépendance primitive des traditions portant sur Balaq et sur Balaam, voir S. MOWINCKEL, *ZAW* 48, 1930, p. 238-241 ; M. NOTH, Überlieferungsgeschichte des Pentateuchs, Stuttgart 1948, p. 82 ; H. KARPP, Bileam, dans *Real-Lexicon für Antike und Christentum*, t. 2, p. 362 ; J. de VAULX, p. 257. Il est intéressant de remarquer que les textes bibliques postérieurs à *Nb* 22-24 et faisant allusion à cet épisode mentionnent toujours Balaam et Moab, mais pas toujours Balaq : ainsi *Dt* 23, 5 ; *Né* 13, 2. *Nb* 25, et les textes afférents à Baal Peor, *Nb* 31, 8.16, *Jos* 13, 22 ignorent l'existence de Balaq. Cependant, *Jos* 24, 9-10 et *Mi* 6, 5 associent les deux traditions. Parallèlement, les traditions touchant à la conquête de la Transjordanie évoquent toujours les affrontements avec les Amorites relatés en *Nb* 21 (*Dt* 1 ; 2 ; 3 ; 4 ; 31 ; *Jos* 2 ; 5 ; 8 ; 9 ; 12), mais quasiment jamais de rencontre avec Moab, encore moins avec Balaq. Le seul passage qui pourrait être objecté, *Jg* 11, 17-18 et 25, constitue moins un contre-argument qu'un argument venant renforcer la thèse de la fiction : Israël aurait envoyé des messages aux rois d'Édom et de Moab, leur demandant de traverser pacifiquement leurs territoires respectifs : « Il en envoya aussi au roi de Moab ; mais il ne voulut pas. Et Israël demeura à Qadesh. Et il marcha par le désert, et tourna le pays d'Édom et de Moab, et vint du côté du soleil levant au pays de Moab, et ils campèrent au-delà de l'Arnon, mais ils n'entrèrent pas dans les limites de Moab, car l'Arnon était la limite de Moab. » Ici, Israël évite tout affrontement avec Moab, et le roi de Moab, qui reste anonyme, n'est pas censé être Balaq. Le v. 25, cependant, semble contredire cette affirmation : « Et maintenant, vaux-tu donc mieux que Balaq, fils de Ṣippor, roi de Moab ? A-t-il jamais contesté contre Israël ? A-t-il jamais combattu contre eux ? » Les deux versets sont extraits d'un message adressé par Jephté aux Ammonites ; mais le v. 25 mentionnant nommément Balaq, roi de Moab, fils de Ṣippor, paraît être un combiné maladroit de la première tradition (le refus des v. 17-18) sur le roi anonyme de Moab, et de la titulature donnée en *Nb* 22-23. En effet, le v. 25 peut-il prendre comme exemple d'attitude correcte envers Israël la conduite du roi de Moab qui, s'il ne s'est pas montré agressif, n'en est pas moins resté sur une défensive négative à l'égard du peuple élu ? Pareille incohérence trahit un amalgame entre deux traditions différentes, dont la première ne connaît pas Balaq comme roi de Moab.

proposition nominale, et le pays dont Balaq est roi n'est pas en *semikût* avec le substantif *mlk, mais lui est relié par la préposition l.* Autrement dit, *mw'b* n'est pas le génitif de *mlk*, mais son datif. Cette combinaison proposition nominale-substantif sujet-substantif prédicat, que détermine un troisième substantif datif du second grâce à la préposition *l*, est assez remarquable pour avoir retenu l'attention des grammairiens [14]. On ne trouve jamais de cas exactement analogue. Mais il est caractéristique que le premier substantif soit toujours un pronom ou un nom propre, le second, un nom de fonction, et le troisième, derechef un nom propre. *Gen* 14, 18 est à cet égard le plus proche de notre texte : *wmlky-ṣdq mlk šlm hwṣy' lḥm wyyn whw' khn l'l 'lywn* « Et Melchisédech, roi de Salem, fit apporter du pain et du vin *car il était prêtre de Dieu, le Très-Haut.* » Ce que permet la préposition *l*, c'est d'établir un lien privilégié entre le substantif prédiqué (ici *mlk*, là, *khn*), et le substantif ayant fonction de datif. Par ailleurs, dans l'ensemble plus vaste du verset, *Nb* 22, 4b ou *Gen* 14, 18b vient à la fin, comme un complément explicatif, et en même temps une sorte de parenthèse.

On a rapproché aussi l'étonnant v. 4b de *Nb* 22 de *Jg* 14, 4b [15],

14. Voir Joüon, *Grammaire de l'hébreu biblique*, § 130b. D'après ce dernier, « Le génitif est normalement évité et remplacé par *l* quand, le second nom étant déterminé, le premier est logiquement *indéterminé*. »

15. En fait, le v. 4b mêle plusieurs particularités : 1° C'est une phrase nominale sans copule exprimée. 2° Le complément de l'attribut du sujet n'est pas en semikût avec l'attribut, mais introduit par la préposition *l*. 3° La proposition est précisée par la locution temporelle *b't hhw'*. La combinaison de ces trois éléments aide-t-elle à savoir si la proposition est une manière d'ouverture, ou si elle est une glose additionnelle, ou si c'est une précision faisant corps avec ce qui précède et ce qui suit ? Les divers textes invoqués pour éclairer celui-ci seront toujours à prendre avec précaution, car aucun ne réunit la somme des trois composantes énumérées ci-dessus. *Gen* 14, 18 comporte bien les deux premières, mais non la troisième ; *Jg* 4,. 4 et 14, 4, signalés par A. Rofé, présentent certes la troisième, mais pas vraiment la première, puisque tous deux possèdent un vrai participe, et pas du tout la seconde puisque, ne sous-entendant pas la copule, ils n'ont ni l'attribut du sujet, ni le complément de cet attribut. A cause de la locution temporelle *b't hhw'*, A. Rofé a raison de rapprocher *Nb* 22, 4b de *Jg* 4, 4 et14, 4, mais tort d'identifier la précision concernant la domination des Philistins en Israël (*Jg* 14, 4) à celle qui introduit le personnage de Déborah en *Jg* 4, 4. Car si celle-ci est une figure entièrement nouvelle dans le récit *à partir du moment où est donnée la précision*, il n'en va pas de même pour les Philistins qui apparaissaient dès le v. 1 du chapitre 14, avec un statut imprécis, il est vrai. C'est à ce titre que *Nb* 22, 4 mérite davantage le rapprochement avec *Jg* 14, 4 qu'avec *Jg* 4, 4. C'est à ce titre aussi que *Jg* 4, 4 aurait plus de chances de constituer un début absolu d'histoire que n'en possède *Nb* 22, 4b, quoi qu'en pense Gross. De plus, Rofé tire de la présence et de la forme de *Nb* 22, 4b une preuve supplémentaire du fait que l'histoire de Balaam est une histoire indépendante, sans lien avec la suite du Livre des Nombres.

J. R. Wilch (*Time and Event.* An Exegetical Study of the Use of 'ēth in the Old Testament in Comparison to Other Temporal Expressions in Clarification of the Concept of Time, 1969, p. 49-50) démontre que les expressions *b't hhy'* (*Jg* 4, 4 et *Is* 20, 2) et *b't hhw'* (*Nb* 22, 4) « en ce temps-là » ne sont pas, comme on le dit souvent, « later glosses for clarification ». Wilch, à juste titre, traduit *b't hhw'* par « in the same situation » : Balaq était roi de Moab *à l'époque* précisément où les Israélites campaient dans les 'Arabôt Moab ; comme en *Jg* 4, 4 et *Is* 20, 2, *'t* désigne l'occasion en tant que telle, et non le moment temporel de l'occasion.

mais pour une analogie légèrement différente : *wb't hhy' plštym mšlym byśr'l* « Et en ce temps là, les Philistins dominaient sur Israël ». C'est encore une proposition nominale, avec la même référence temporelle. Compare-t-on les v. 1-4 des deux chapitres, la structure en est identique :

1° une action ;

2° une constatation *de visu* (*wyr'*), faisant suite à cette action ;

3° une parole (*wy'mr*), consistant en une description ou en un récit du spectacle (*'th* ou *r'yty*), que suit l'expression, soit de la crainte, soit du désir, relatif à ce spectacle ;

4° un ordre (*w'th* + impératif) visant à conjurer la crainte ou à satisfaire le désir ;

5° une proposition nominale, précision temporelle, (*b't hhw'* ou *hhy'*) sur la situation politique, semblant venir trop tard, car elle est vraiment présupposée par le bref récit qui précède [16].

Si l'on vient nous dire, après nous avoir parler des rapports de Balaq et Moab, ou de Samson et des Philistins, qu'à cette époque, tels étaient les rapports entre le premier et les seconds, cela a tout à fait l'air d'un effort, tardif, pour « rattraper » un oubli du narrateur. Glose ultérieure ou effet de style du premier ?

Revenons aux mentions de Balaq en *Nb* 22-24 : il n'est désigné à la fois par son patronyme et par sa fonction, à la façon classique (*blq bn-ṣpr mlk mw'b*) qu'en 22, 10, lorsque Balaam renseigne Dieu sur l'ensemble de la situation. Ailleurs, ou bien il ne reçoit qu'un seul des deux attributs (*bn-ṣpr* en 22,2.16 ; 23, 18 ; *mlk-mw'b* en 23, 7), ou bien (le plus souvent), il n'est désigné que par son nom. Il est délicat de trancher. Il est certain que 22, 4b *insiste* particulièrement sur la relation de royauté qui unissait Balaq à Moab à l'époque où est censée avoir eu lieu cette histoire, peut-être précisément parce que ce lien n'était pas si réel, n'était peut-être que le produit d'une fiction (aucun texte biblique, ni extra-biblique, ne l'atteste avant *Nb* 22-24) [17]. Mais

16. Signalons, entre *Nb* 22 et *Jg* 14, une interversion de l'ordre respectif de 4° et 5° phases : en *Nb* 22, 6a, l'injonction (*w'th* + impératif) suit la précision du v. 4b *wblq bn-ṣpwr mlk lmw'b b't hhw'*, alors qu'en *Jg* 14, 2b, l'ordre *w'th qḥw-'wth ly l'šh* précède la précision du v. 4b *wb't hhy' plštym mšlym byśr'l.*

17. Il est frappant de constater qu'en aval de la Bible aussi, Balaq disparaît sans laisser trace. G. VAJDA (Article Bal'am de l'*Encyclopédie de l'Islam,* Nouvelle Édition Tome I, p. 1014) signale que dans la tradition islamique la figure de Balaam absorbe celle de Balaq. Un texte pseudépigraphe syriaque du VIe siècle, « La caverne des trésors », atteste la renommée de Balaam en Transjordanie : « et quand Salomon arriva au bas de la montagne qui a nom Se'ïr, il y trouva l'autel que Pirozakar, Piorazah et Yazdod avaient bâti. Car ce sont des hommes que le géant Nimrod avait envoyés à Balaam, le prêtre de la montagne de Se'ïr, car il avait entendu dire de lui qu'il pratiquait la science des astres ; et quand ils arrivèrent au bas de la montagne, ils bâtirent là un autel au soleil ; Salomon le vit, et bâtit là une ville qu'il nomma Héliopolis, c'est-à-dire ' ville du soleil ' » (*Die Schatzhöhle,* herausgegeben von Carl Bezold, Leipzig 1888, p. 178-180 i-p). Mais nulle trace de Balaq. D'ailleurs l'inscription de Deir 'Alla ignore Balaq. On est tenté d'adopter la solution proposée par Ch. CLERMONT-GANNEAU, dans *Revue*

cela n'empêche pas de penser que ce demi-verset est bien de la même venue que le récit immédiatement précédent : ce serait un effet de retard calculé, pour feindre la liberté du récit oral, comme si le narrateur disait : « Ah, à propos, j'oubliais de vous dire, mais cela va de soi... » Justement, parce que cela ne va pas de soi du tout. Par un double paradoxe, cet effet très étudié trahirait donc un écart entre la fiction racontée et la réalité historique et, pour combler cet écart, un art consommé de la composition écrite [18].

LA PATRIE DE BALAAM

Au v. 5aα, *ptwr'* est une *crux* de l'exégèse. De l'interprétation de ce terme dépendent, et l'origine, et la fonction, de Balaam. La difficulté se résume ainsi : *ptwr'* doit-il être rattaché à la racine *ptr* « interpréter », et qualifie-t-il Balaam « l'interprète », ou est-ce un toponyme, Petôrah, qui désignerait le pays (ville ou contrée), où habitait le personnage ? Et, dans ce deuxième cas, où situer ce toponyme, dans les environs immédiats de Transjordanie, ou beaucoup plus loin, au nord-est, en Mésopotamie ?

Avant tout essai pour résoudre ce problème, remarquons qu'il comporte plusieurs données : *ptwr'* est immédiatement suivi de *'šr ʿl-hnhr*, puis d'une troisième expression *'rṣ bny-ʿmw*. *'šr ʿl-hnhr* a aussi fait difficulté : faut-il voir dans *hnhr* un cours d'eau local, ou l'Euphrate ? De plus, ne serait-ce pas une glose tirée de *Dt* 23, 5 *'t-blʿm bn-bʿwr mptwr 'rm nhrym* ? Enfin, *'rṣ bny ʿmw* « pays des fils de son peuple » n'est pas sûr textuellement. Tout effort pour élucider une des trois locutions indépendamment des deux autres est vain, et l'examen des versions anciennes, aussi bien que des divers commentaires, le prouve : toute compréhension de l'une d'elles a toujours impliqué celle des deux autres. De plus, on a souvent invoqué aussi *Nb* 23, 7 *mn-'rm ... mhrry-qdm*, pour expliquer 22, 5, mais ce passage n'est pas clair non plus.

Comme l'a montré Gross, la LXX s'est efforcée de reproduire littéralement l'hébreu, mais sans le comprendre : *Phatoura ho estin epi tou potamou gês hyiôn laou autou* [19]. La Vulgate a tranché en faveur de

Archéologique 33, 1877, p. 198, reprise par F. M. Abel (*Géographie de la Palestine*, Tome I, Paris 1933, 3e édition 1967, p. 383), suivant laquelle Balaq serait le héros éponyme de la Belqā, région comprise entre le Yabboq et l'Arnon. M. Noth (Israelitische Stämme zwischen Ammon und Moab, *ZAW* 60, 1944, p. 11-57, p. 25 n. 5) s'avoue non convaincu. Peut-être Balaq, sans être un héros éponyme produit par la tradition populaire de la Belqā, n'en est-il pas moins un personnage littéraire inventé par notre auteur qui le nomme d'après la région (Belqā) où le place sa fiction.

18. On pourrait citer, comme cas analogue de spontanéité affectée, de récit très écrit feignant le conte oral, « Les Lettres de mon moulin » ou « Les Contes du lundi », d'Alphonse Daudet.

19. Gross, p. 102 : « Ce substantif sans préposition ne s'intègre pas du point de vue syntaxique car le grec de cette époque ne connaît pas d'accusatif de but... Le traducteur a visiblement considéré la terminaison hébraïque *-ah* comme partie intégrante du nom.

la racine *ptr* « interpréter », mais a corrigé, en accord avec plusieurs manuscrits hébreux, *ʿmw* en *ʿmwn* : *ariolum qui habitabat super flumen terrae filiorum Ammon.* Ce double fait est d'ailleurs un phénomène généralisé dans la tradition textuelle de *Nb* 22, 5a : là où *ptwrh* est compris comme un toponyme, « la terre des fils de son peuple » est gardé ; mais là où il est rattaché à la racine *ptr* « interpréter », *ʿmw* devient *ʿmwn.* Est-ce le sentiment d'une incompatibilité, ou au contraire, celui d'une possibilité qui a guidé ces choix et ces exclusions ? Est-ce parce que Petôr était d'emblée placé sur l'Euphrate que la référence à Ammon semblait impossible, alors que le sens « interprète » rendait possibles une localisation et une identité ammonites de Balaam, très tentantes du point de vue textuel, et très plausibles du point de vue géographique ? Ce qui prouve que *ptwrh,* compris comme toponyme, est toujours considéré comme très lointain, en Mésopotamie, c'est qu'il n'est jamais associé à la correction de *ʿmw* en *ʿmwn* ; des quatre combinaisons réalisables, celle-ci n'est jamais réalisée, et l'on voit pourquoi. Mais pourquoi la quatrième et dernière, la combinaison de la racine *ptr* et du *ʾrṣ bny ʿmw* massorétique ne se trouve-t-elle jamais ? Elle aussi était possible en théorie. C'est peut-être dans la réponse à cette question que gît la solution de l'énigme.

La Peshitta a donc suivi exactement le même modèle que celui de la Vulgate, alors que le Targum d'Onqelos préférait la première combinaison, le toponyme syrien avec « les fils de son peuple » ; de même fait Saadia. Le texte samaritain (Polyglotte de Walton) tente une synthèse : il combine *ptrh* avec *ʾrṣ bny ʿmwn.* Le Targum samaritain de la même édition a *pšwrh dʿl nhrh ʾrʿ bny ʿmwn,* ce qui exclut la localisation syrienne, mais ne décide pas franchement en faveur de la racine *ptr, pšr* en araméen. Le texte samaritain de la triglotte de Barberini ne s'engage pas plus : il associe le *ptwrh* massorétique à la correction *ʾrṣ bny ʿmwn.* En revanche, le Targum samaritain de la Triglotte offre : *ḥršh dʿl nhrh ʾrʿ bny ʿmwn,* et *ḥršʾ* signifie « charmeur, sorcier » (voir Onqelos pour *Dt* 18, 10). La traduction arabe du samaritain propose *ʾl mbṣr,* « le voyant ». Elle aussi a les *bny ʿmwn.*

Deux Targumim sont remarquables, pour avoir contrevenu à la règle énoncée plus haut en combinant la racine « interpréter » avec les « fils de son peuple ». Ce sont Néofiti : *ptwrh ḥlmyyh dy ʿl gp nhrʾ ʾrʿ bny ʿmyh* « l'interprète des songes, qui était sur la rive du fleuve (au) pays des fils de son peuple », et le Pseudo-Jonathan. Celui-ci a commis la *lectio* la plus *conflata* que l'on pût rêver : *wbyt mwtbyh bpdn hyʾ ptwr*

De même la traduction, contraire à la syntaxe hébraïque, de *ʿl hnhr (article !) ʾrṣ bny ʿmw* par *epi tou potamou gès hyôn laou autou* fait douter de la compétence du traducteur grec. »

'l šmyh ptyr ḥlmy' why' mtbny' b'rm d'l prt 'r' dplḥyn wsndyn lyh bny 'm' «et la maison de sa demeure était à Padan, c'est Pethor d'après son nom l'interprète des songes, et elle fut construite en Aram qui est sur l'Euphrate, pays où l'honoraient et l'adoraient les fils de son peuple». Le Pseudo-Jonathan fait de *ptwr* un toponyme, qu'il place en Aram, sur l'Euphrate[20], mais il en donne lui-même l'étymologie d'après la racine *ptr* «interpréter», et garde, comme il est logique, *bny 'mw*.

Le mot *ptwr* ne survient que deux fois dans la Bible; outre notre passage, c'est en *Dt* 23, 5 : *'t-bl'm bn-b'wr mptwr 'rm nhrym*. Pour éclairer le nôtre, ce texte est suspect, car *ptwr* s'y trouve encore lié à la tradition sur Balaam, et cette fois clairement araméenne : il risque bien d'être une interprétation à la fois simple et tendancieuse, celle de l'école deutéronomique, des obscurités de *Nb* 22, 5a. En *Dt* 23, 5, *ptwr* est sans nul doute un toponyme, étant précédé d'une préposition. En va-t-il de même dans notre cas? Le *h* final fut souvent considéré comme un accusatif de direction. Ibn Ezra se contente de le rapprocher de *Gen* 37, 25, où est évoquée la descente des Ismaélites de Galaad en Égypte *mgl'd . . . mṣrymh*. Quant à la racine *ptr* au sens «interpréter», elle est, elle aussi, très bien circonscrite : on ne la rencontre qu'en *Gen* 40 et 41 (appartenant à la strate élohiste d'après Eissfeldt). C'est l'histoire de l'interprétation, par Joseph, des songes de l'échanson, du panetier, et de Pharaon. La concentration et la fréquence de la racine *ptr*, sous la forme du verbe *ptr*, ou du substantif *ptrwn*, y est remarquable. L'exercice de la fonction impliquée par *ptr* est mis en relation avec la nuit, puisqu'il s'agit de *ḥlwm blylh*. Il n'est nullement opposé à l'orthodoxie israélite de Joseph, ou plutôt, Joseph n'y consent que dans la limite de sa piété yahviste, il en réduit au maximum le pouvoir et la valeur, pour en rapporter tout le mérite à Dieu.

Il est certain qu'une cité appelée *Pi-it-ru*, située au confluent de l'Euphrate et du fleuve Irgamri ou Saguri, une vingtaine de kilomètres en aval de Karkémish, est attestée par l'inscription de Shalmanasar III (858-823 av. J.-C.), ainsi que par l'obélisque du même roi[21]. Mais cette

20. ORIGÈNE, fidèle à la LXX, traduit *ptwrh* par *Phatoura*, mais le Codex 130 porte en marge *ton hypègètèn*. Ce n'est pas une *lectio* aussi *conflata* que celle du Pseudo-Jonathan, mais elle procède du même raisonnement : devant un texte perçu comme ayant un double entendre, le traducteur se refuse à choisir un seul des deux sens et à exclure l'autre; il préfère donc *juxtaposer*, dans l'espace même de sa traduction, les deux sens qui, dans le texte original, se *superposent* à l'intérieur d'un seul et même terme univoque. Il *réalise* les deux significations qui, dans le texte initial, demeuraient à l'état de *possibles*.

21. Voir SCHRADER, *Die Keilinschriften und das Alten Testament*, Berlin, 1872, p. 65 et 1883, p. 115 s. Voir encore, du même auteur, *Keilinschriftliche Bibliothek. Sammlung von assyrischen und babylonischen Texten in Umschrift und Übersetzung*. Bd. 1, Berlin 1889, p. 132 s., 162 s., 172s. — La même ville, sous le nom de Pe-d-ru [î?], figure sur les listes de Karnak, parmi les conquêtes de Thoutmès III. Ce Pi-it-ru ne doit pas être

ville est bien loin de la Transjordanie, et il faut aussi se défier d'une double tentation : d'une part, celle de l'exégèse rabbinique, noircir la figure de Balaam au-delà de la présentation que nous en offre *Nb* 22-24, pour l'identifier à l'Araméen Laban, prototype du méchant vicieux[22], d'autre part, jouer sur la métathèse *ptr-prt*[23].

Dans la Bible, l'expression *'rṣ bny 'mw* est unique. En revanche, on trouve *'rṣ bny 'mwn* (*Dt* 2, 19.37; *Jos* 13, 25; 2 *S* 10, 2). L'expression *bny 'm* + suffixe est elle-même bien circonscrite : ou bien c'est *bny 'my* («les fils de mon peuple»; en *Gen* 23, 11 et *Jg* 14, 16), et à chaque fois dans la bouche d'un non-Israélite; ou bien c'est *bny 'mk* («les fils de ton peuple») et, excepté *Lév* 19, 18, c'est toujours en des textes prophétiques (presque exclusivement Ézéchiel : 3, 11; 13, 17; 33, 2.12. 17.30; 37, 18; à quoi s'ajoute *Dan* 11, 14), à propos des Israélites, et pour évoquer la relation privilégiée qui unit le prophète, en tant que prophète, à ses compatriotes. L'expression *bny 'mw* est donc, elle aussi, un *hapax*.

L'expression *'rṣ bny 'mw* fut rapprochée d'un nom de peuple mentionné sur l'inscription de la statue d'Idrimi, roi d'Alalaḫ. Ce dernier rapporte qu'il dut fuir à *Ammia* en Canaan où «habitaient des fils de la cité d'Alep, des fils des pays de Mukišhi et de Ni' et des guerriers du pays d'*Ama'u*». Cette dernière contrée se situerait entre Alalaḫ et Sfiré, et la ville d'*Ammia* serait l'*Imma* ou *Emma* où l'armée de Zénobie, reine de Palmyre, fut défaite par les troupes d'Aurélien, sur la route d'Antioche à Alep. La combinaison de la ville de *Pi-it-ru* et du pays d'*Ama'u* dans cette région est troublante, au regard du texte

confondu avec un autre Pi-it-ru mentionné dans les Annales d'Assurbanipal, et situé sur le Haut-Tigre. Voir, à cet égard, M. Delcor, Le texte de Deir 'Alla et les oracles bibliques de Bal'am, dans *Congress Volume Vienna 1980*, Leiden 1981, p. 52-73, p. 68-69.

22. Voir Ginzberg, *The Legends of the Jews*, Tome VI, *Moses in the Wilderness*, p. 123, n. 722. Cette vue procède initialement du Targum du Pseudo-Jonathan de *Nb* 22, 5 : *wyšlḥ wšdd 'zgdyn lwt lbn 'rmy hw' bl'm db" lmblw' yt 'm' byt yśr'l br b'wr dytpš mswg'y ḥkmtyh wl' ḥs 'l yśr'l zr" dbny bntyh wbyt mwtbyh bpdn hy'*... «Il envoya donc des messagers à Laban l'Araméen, c'est lui Balaam, qui désirait avaler le peuple de la maison d'Israël, fils de Beor, et qui était muet par suite de la grandeur de sa sagesse, et il n'épargna pas la race d'Israël, la race de leurs fils et de leurs filles, et la demeure de son habitation était à Padan ...» En *t.b. Sanh.* 105a, Balaam est d'abord identifié à Beor lui-même, puis Beor l'est à Laban : «Un Tanna enseigna: 'Beor, c'est Kūšan Riš'athaim, c'est Laban l'Araméen; Beor indique qu'il commit la bestialité; Kūšan Riš'athaim, qu'il commit deux crimes contre Israël : un à l'époque de Jacob et l'autre à l'époque des Juges. Mais quel était son vrai nom? Laban l'Araméen.'» Voir aussi Midrash Aggada, *Nb* 22, 21 : «Cette ânesse fut créée le soixante et unième jour de la création du monde et Jacob la donne à Balaam pour qu'il ne conseille pas à Pharaon de promulguer un mauvais édit contre ses descendants. Mais il n'en profita pas si ce n'est qu'il donna le conseil des Labanites à Pharaon.»

23. C'est la solution de Gressmann, *Die älteste Geschichtsschreibung und Prophetie Israels*, 1910, p. 58.

biblique. Toutefois, comme l'observe M. Delcor[24], d'une part situer *Ama'u* entre Alep et Karkémish n'est pas fondé, d'autre part, même cette localisation admise, il ne s'ensuit pas pour autant que Pi-it-ru appartienne au pays d'*Ama'u*, « distant en ligne droite d'au moins 150 km de Karkémish sur l'Euphrate ».

La proposition relative *'šr 'l-hnhr* soulève deux questions, qui sont d'ailleurs liées :

1° De quel fleuve s'agit-il ?
2° Est-ce une glose ?

L'ordre dans lequel on répondit fut souvent déterminant pour la *nature* même de la réponse. Jugeant que c'était une addition, nombre d'auteurs décidèrent que le scribe soucieux de préciser n'avait pu faire allusion qu'à l'Euphrate. Mais c'était déjà supposer une équivalence implicite entre *hnhr* et l'Euphrate ! Et donc, une réponse à la première question. On tourne en rond.

Dans la Bible, *hnhr* non précisé désigne le plus souvent l'Euphrate (*Ex* 23, 31 ; *Jos* 24, 2.14.15 ; 2 *S* 8, 3 ; 10, 16 ; 1 *R* 5, 1.4 ; *Ps* 80, 12 ; 72, 8 ; *Esd* 8, 36 ; *Né* 2, 7.9 ; 3, 7 ; 1 *Chr* 5, 9 ; 19, 16 ; 2 *Chr* 9, 26 ; *Is* 7, 20 ; 8, 7 ; 11, 25 ; 27, 12 ; *Mi* 7, 12). C'est certain. Mais il faut se défier d'un autre phénomène : quand *nhr* est précisé, le nom propre auquel il est associé est le plus souvent *prt*, ou encore, *'rm* (*Gen* 15, 18 ; *Dt* 1, 7 ; 11, 24 ; *Jos* 1, 4 ; 2 *R* 23, 29 ; 24, 7 ; *Jér* 46, 2.6.10 ; 1 *Chr* 18, 3). Deux autres cas se présentent encore :

1° *nhr* est déterminé par un autre nom propre que *prt* ou *'rm*, nom d'un autre fleuve pour lequel il n'y a aucune équivoque[25] ;
2° *hnhr* n'est déterminé que par l'article, et le contexte ne permet pas de trancher.

Nb 22, 5 appartient à cette catégorie, ainsi que *Gen* 36, 37. Le fait que *hnhr* seul désigne le plus souvent, sans équivoque, l'Euphrate, combiné avec le fait que *nhr* est le plus souvent associé de manière explicite avec l'Euphrate ou la mention d'Aram, a entraîné, pour les quelques cas demeurant absolument indéterminés, une décision

24. Voir S. Smith, *The Statue of Idri-mi* (Occasional Publications of the British Institute of Archaeology in Ankara n° 1), London 1949. La discussion la plus récente et la plus éclairante se trouve dans l'article de M. Delcor, *Le texte de Deir 'Alla et les oracles bibliques de Bal'am.* L'auteur y démontre l'impossibilité de l'identification de Petorah avec Pitru, et celle de l'assimilation de *'rṣ bny 'mw* au pays des Ama'u (p. 68-70). L'existence de l'inscription, conjointement avec le texte samaritain, la Vulgate, la Peshitta, et certains manuscrits hébreux, le convainc que Balaam est ammonite (p. 65 et 71). L'onomastique ammonite attestant l'existence d'un dieu *'m*, il propose de décomposer le nom *bl'm* en *bl* (Bel) et *'m* (« oncle paternel »). Voir dans le même sens, J. Lust, « Balaam an Ammonite », dans *Ephemerides Theologicae Lovanienses* 54, 1978, p. 60-61.

25. *nhr-kbr*, en *Éz* 1, 1.3 ; 3, 23 ; 10, 22 etc., *nhr gwzn* en 1 *Chr* 5, 26 ; *nhr 'hw'*, en *Esd* 8, 31.

immédiate et irréfléchie en faveur de l'Euphrate[26]. Mais rien n'y obligeait.

Voici les solutions proposées pour ce tissu d'énigmes :

— *ptwrh* se rattache bien à la racine *ptr* « interpréter », et pourtant, c'est effectivement un toponyme, à l'accusatif de direction ;

— *'šr 'l-hnhr* n'est pas une glose. *hnhr* désigne un wadi local de Transjordanie, mais une discrète allusion à l'Euphrate n'est pas exclue ;

— *'rṣ bny 'mw* ne doit pas être corrigé, et cependant, Balaam était sans doute ammonite.

Une dimension du texte n'a pas été envisagée par les exégètes, c'est la personnalité de l'auteur *écrivain.*

Toutes les difficultés exposées précédemment sont objectives, toutes les bifurcations de sens existent dans le texte. Mais justement, leur accumulation, en un point *critique* pour la connaissance des événements et la compréhension des personnages, invite à renverser la

26. Devant le terme *hnhr* nom déterminé par un nom propre de fleuve, l'interprète ne dispose que de deux solutions : ou bien tirer du contexte particulier une hypothèse spécifique concernant l'identité du fleuve en question ; ce sera une identification très locale, évidemment *ad contextum*, et point exempte de cercle vicieux méthodologique ; ou bien, fort des deux faits conjoints que *hnhr* seul désigne le plus souvent l'Euphrate sans équivoque, et que *nhr* est le plus souvent associé de manière explicite avec l'Euphrate, appliquer de *l'extérieur* cette identification d'un fleuve particulier anonyme à l'Euphrate, se pliant en quelque sorte à la loi du plus fort, ce qui n'offre pas de garanties de rigueur supérieures à celles de la solution « interne ».

En *Is* 19, 15, la première solution peut être utilisée sans risque d'erreur : *nhr* ne saurait ici désigner que le Nil ; en *Gen* 31, 21, *Ex* 23, 31, et 2 *S* 8, 3, les deux types de solutions convergent : vu le contexte, *hnhr* renvoie nécessairement à l'Euphrate. La difficulté demeure pour *Nb* 22, 5 et *Gen* 36, 37. En *Nb* 22, 5, les interprètes se sont servis de l'obscurité du contexte immédiat *(ptwrh* et *'rṣ bny 'mw)* pour faire converger la solution « interne » et la solution « externe » : avec l'aide de *Dt* 23, 5 *(mptwr 'rm nhrym)*, de l'attestation de la ville Pi-it-ru sise sur l'Euphrate, et de la renommée des devins babyloniens, on eut tôt fait de lire sous *'l-hnhr* une mention de l'Euphrate. En *Gen* 36, 37 il y avait une franche contradiction entre la solution « interne » et la solution « externe » : dans la liste des rois d'Édom, traduire *wymlk tḥtyw š'wl mrḥbwt hnhr* par « et régna à sa place Shaûl de Reḥovoth sur l'Euphrate » peut sembler surprenant ! C'est pourtant le choix proposé par nombre de Bibles, qui ont préféré la solution « externe », là où le contexte imposait l'idée d'un wadi édomite local.

Le problème se complique encore du fait que quelques exégètes ont prétendu, précisément, identifier l'un à l'autre le *nhr* de *Gen* 36, 37 et celui de *Nb* 22, 5, arguant de la mention, en *Gen* 36, 32, du premier roi d'Édom qui avait nom *bl' bn-b'wr.* Voir MARQUART (1896), CHEYNE (1898-1899), STAERK (1899). Selon SCHRADER (1902), le *nhr* de *Nb* 22, 5 ne serait autre que le *nḥl mṣrym*, c'est-à-dire le wadi el 'Arish ; d'après HOMMEL, ce serait le wadi Sirḥan. Il semble difficile d'aller jusqu'à cette identification, qui présuppose l'identification de Balaam avec Bela' roi d'Édom. On voit combien un sens local et particulier résiste mal aux pressions exercées par un sens extérieur au contexte et couramment admis, surtout quand le contexte, par son obscurité, y prête lui-même.

Outre que *nhr* peut désigner aussi bien un grand fleuve, comme l'Euphrate ou le Nil, qu'un mince wadi, Friedrich DELITZSCH observe (*Wo lag das Paradies,* Leipzig 1881, p. 47), que ce terme peut recouvrir la simple idée d'un canal.

perspective : ne procéderait-elle pas d'une organisation calculée, d'une intention de l'auteur? Ce dernier goûterait fort le double sens, mais d'une façon particulière : le texte même est univoque, mais il doit faire penser, à cause de son imprécision ou de sonorités voisines, à un autre texte possible, mais qui n'y est pas. C'est du flou recherché. Des trois chapitres 22-24 du livre des *Nombres,* Balaam ne reçoit *aucun titre.* C'est impensable dans l'Ancien Testament[27]. Il lui faut un nom de fonction : c'est *ptwrh* qui en tient lieu, sans toutefois l'être au plan grammatical, étant bien un accusatif de direction. La suite du texte montrera que la figure de Balaam est ambiguë, ou plutôt, que son sens ne se dessine que peu à peu. L'appeler d'emblée *nby'* ou *qsm* eût influencé trop vite le jugement. Le mettre à l'ombre de la racine *ptr* n'est certainement pas en sa défaveur (voir *Gen* 40-41), mais reste une garantie de neutralité; et, pour plus de prudence encore, le terme même désignant la fonction n'apparaît pas, il n'y est fait qu'allusion, grâce au toponyme. Quant au rapport de ce toponyme à la réalité historique et géographique, on peut l'envisager de plusieurs manières : ou bien il a réellement existé, en Transjordanie, un lieu-dit Pethôrah, qui tirait son nom de la fonction qu'y exerçait le plus fameux de ses résidents, un certain Balaam[28]; ou bien c'est une invention de l'auteur,

27. On n'en voit pas d'autre exemple. D'ailleurs, même parmi les cinq autres textes évoquant ce personnage, et dont aucun ne le présente sous un jour très favorable, seul *Jos* 13, 22 s'engage au point de lui décerner le titre de *qsm.*

28. Dont la présence en Transjordanie est attestée indépendamment de la Bible par l'inscription de Deir 'Alla et par le texte syriaque pseudépigraphe signalé p. 42 n. 17.

En outre, l'inscription monumentale n° 290 de Hatra (voir B. AGGOULA, Remarques sur les inscriptions hatréennes III, *Syria* 52, 1975, p. 181-206, p. 191) accrédite l'idée qu'un devin renommé ait pu donner le nom de sa fonction à l'endroit où il exerçait. On y lit en effet :

1 L'an 504 (193/192 de notre ère), le portique [qu'a construit Untel]
2 devin trésorier de Barmarên fils d'Untel
3 *PTWR' MHYMN' DBRMRYN*
3 président (aux frais) de sa propre maison [et il a construit aussi]
4 13 chambres et les a adjointes à l'en[ceinte orientale]
5 pour la vie de 'Abedsammyâ le roi [d'Arabie, le victorieux]
6 et pour la vie de la communauté de Barmarên [et pour sa vie à lui]
7 et pour la vie de toute sa famille [et de quiconque est aimé de lui].

Invoquant une inscription nabatéenne du téménos du grand temple de Pétra qui mentionne un *'Abdu ptwr'* (voir J. STARCKY et J. STRUGNELL, *RB* 73, 1966, p. 236-244) et deux autres inscriptions nabatéennes, l'une de Djôf et l'autre de Hégra, où STARCKY (*RB* 64, 1957, p. 198 et 210), à la suite de NÖLDECKE, traduit le même *ptwr'* par « interprète des songes », AGGOULA rapproche *ptwr'* de *passar* « expliquer un songe », et de l'arabe *fassara* « expliquer », et rappelle que les lexicographes syriaques ont forgé le terme arabe technique *fattâr* « interprète des songes », non attesté par les Arabes (p. 205). D'ailleurs *MHYMN'* observe-t-il p. 191 n. 1, peut être simplement un adjectif « digne de foi » qualifiant le devin.

Quant aux inscriptions n°s 62 et 68, où survient le même mot *ptwr',* AGGOULA garde le sens « table, autel »; de même A. CAQUOT avec « table » (*Syria* 32, 1955, p. 264-265) et J. STARCKY (*RB* 64, 1957, p. 210, n. 2) qui rapproche de l'akkadien *paššûru* (sumérien BAN-ŠUR) « table d'offrande ou de banquet ». Ce sens de « table » adopté pour

un nom symbolique, pure fiction narrative; ou bien, enfin, la renommée de cette ville sise sur l'Euphrate avait-elle atteint la Palestine (c'était le cas lorsque fut écrit *Dt* 23, 5), au point qu'un auteur palestinien, mentionnant le toponyme *ptwrh,* pût être sûr que ses lecteurs palestiniens penseraient à cette ville mésopotamienne, dont le nom n'avait sans doute rien à voir en soi avec la racine *ptr*[29].

certaines attestations de *ptwr'* rejoint le premier sens proposé par RACHI, à la suite de *Tanḥ.* Balaq 4, p. 84 et *Tanḥ.* B. 5 p. 134 pour le *ptwrh* de *Nb* 22, 5 : «Comme tout le monde envoie ses pièces de monnaie à un banquier *(šwlḥny),* ainsi tous les rois lui soumettaient leurs lettres.» De même qu'à l'araméen *ptwr* «table» correspond l'hébreu *šlḥn,* à l'araméen *ptwr'* «changeur» correspond l'hébreu *šlḥny.* Mais, comme IBN EZRA, RACHI ne doute pas, en dernier ressort, que l'explication littérale est *šm hmqwm* «le nom de l'endroit».

Sur l'existence d'une tradition en langue araméenne sur Balaam, voir encore L. YAURÉ, Elymas-Nehelamite-Pethor, *JBL* 79, 1960, p. 297-314.

29. Si Pi-it-ru est la ville conquise par Salmanasar III, elle devait avoir une certaine importance; pareillement, sa mention sur les listes de Thoutmès III implique une dimension non négligeable. Cela pour l'extension dans l'espace. De plus, l'inscription de Salmanasar III date de 860-825 av. J.-C., et les listes de Thoutmès III, d'environ 1500 av. J.-C. Cela représente un grand laps de temps : quoi de plus normal que son renom se soit étendu jusqu'aux parages de la Palestine aux alentours du VIIIe siècle av. J.-C.?

Cependant, *ptwrh* ne saurait être qu'une *allusion* à la ville Pi-it-ru, et non la résidence *effective* de Balaam. En effet, elle était située un peu au sud de Karkémish, non sur l'Euphrate, mais sur le Sajur, affluent occidental de l'Euphrate, et peu avant le confluent des deux fleuves. Le trajet de Moab à Pi-it-ru devait être long d'environ 640 km; comme le fait remarquer GRAY, les quatre voyages de l'épisode requéraient environ trois mois, le seul aller demandant plus de vingt jours. Même en tenant compte de la fiction narrative qui a sans doute démultiplié les allées et venues, est-il vraisemblable qu'un peuple en détresse, aux abois devant un danger imminent, ait pris le temps et le risque de mander un personnage demeurant si loin, et dont la réponse n'était même pas assurée?

A cet égard, les divergences existant entre les versions au sujet des deux seules attestations de Pethor dans l'Ancien Testament sont significatives :

— Pour *Dt* 23, 5b : *w'šr škr 'lyk 't-bl'm bn-b'wr mptwr 'rm nhrym lqllk* «et qui a loué (à prix d'argent) contre toi, Balaam, fils de Beor de Pethor en Aram-Naharaïm, pour te maudire», voici les versions grecque, latine et syriaque :

— *kai hoti emisthôsanto epi se ton Balaam hyon Beôr ek tès Mesopotamias katarasasthai se.*

— *et quia conduxerunt contra te Balaam filium Beor de Mesopotamia Syriae ut malediceret tibi.*

— *w'l d'grw 'lyk lbl'm br b'wr mn pytwr d'rm nhryn lmlṭk.*

Quant à *Nb* 22, 5a : *wyšlḥ ml'kym 'l-bl'm bn-b'wr ptwrh 'šr 'l hnhr 'rṣ bny 'mw lqr'-lw* «Et il envoya des messagers à Balaam, fils de son peuple, pour l'appeler», rappelons-en les versions grecque, latine et syriaque :

— *Kai apesteilen presbeis pros Balaam hyon Beôr Phathoura, ho estin epi tou potamou gès hyôn laou autou, kalesai auton.*

— *misit ergo nuntios ad Balaam filium Beor ariolum qui habitabat super flumen terrae filiorum Ammon ut vocarent eum.*

— *wšdr 'yzgd' lwt bl'm br b'wr pšwr' d'l nhr' l'r'' dbny 'mwn lmwryh.*

Pourquoi les trois versions n'ont-elles pas hésité à voir dans le *ptwr* de *Dt* 23, 5 un toponyme, alors qu'elles y ont répugné en *Nb* 22, 5? N'ont-elles pas senti la parenté existant entre les deux textes? Le fait qu'elles aient toutes trois résisté à la tentation de l'harmonisation est troublant.

Face à l'un ou l'autre des deux textes, elles ne sont pas non plus homogènes entre elles. Cependant, sans être identiques, la Vulgate et la Peshitta tendent à coïncider : elles

Les deuxième et troisième possibilités sont compatibles avec le

ont en commun de traduire *ptwrh* de *Nb* 22, 5 par l'idée non équivoque d'« interprète », et *ptwr* de *Dt* 23, 5 par l'idée non moins équivoque d'un toponyme. Particulièrement intéressante est la distinction marquée par la Peshitta entre les deux textes : avec *pšwr'*, elle a choisi de rendre fidèlement, quasi littéralement, le sens de la racine hébraïque *ptr* « interpréter », dont l'équivalent araméen strict est *pšr* mais seulement pour *Nb* 22, 5 ; pour *Dt* 23, 5, sans garder aucune référence à ladite racine, elle rend le toponyme par *pytwr*, là encore très fidèlement, puisqu'elle respecte le *taw* de *ptwr*.

N'est-il pas remarquable qu'en traduisant *Dt* 23, 5, où pourtant la connotation négative du mage mésopotamien est claire, la Vulgate et la Peshitta se soient abstenues de toute allusion à la racine *ptr* « interpréter », qu'elles avaient précisément élue en *Nb* 22, 5 à l'exclusion du toponyme ? Ce phénomène n'invite-t-il pas à penser qu'en *Nb* 22, 5 il y a autre chose, et plus, qu'en *Dt* 23, 5 ? La solution serait la suivante : *Dt* 23, 5 manifeste à l'égard de Balaam une intention négative, mais univoque : *ptwr* y est un toponyme désignant la ville Pi-it-ru sise sur le Sagur, près de son confluent avec l'Euphrate, et Balaam y figure en mage araméen. Les versions, sans toutes faire preuve de la même précision que la Syriaque, furent unanimes à rendre cette univocité. *Nb* 22, 5 est intentionnellement équivoque, et se défend d'influencer l'opinion du lecteur sur Balaam ; plus exactement, il livre un sens patent (*ptwrh* toponyme ; *'šr 'l-hnhr* renvoyant au lointain Aram-Naharaïm) qu'il contredit sans cesse et corrige au moyen du sens latent (*ptwr* « interprète » ; *'šr 'l-hnhr 'rṣ bny 'mwn*) ; ni le sens patent ni le sens latent ne sont d'ailleurs en eux-mêmes bien cohérents : avec le sens patent, l'allusion à la ville sur l'Euphrate est négative (figure du mage babylonien), mais la couleur négative se retrouve aussi avec le sens latent (les *bny 'mwn*) ; à l'inverse, les *bny-'mw* du sens patent demeurent parfaitement neutres ; mieux, l'auteur établit de l'un à l'autre un pont sémantique, l'« interprète » (sens latent) connotant aussi les pratiques mésopotamiennes (localisation patente). Bref, l'auteur s'efforce à la fois d'éveiller et d'égarer l'intelligence, de brouiller les pistes.

Les versions étaient *obligées* de choisir : l'accent disjonctif faible *t^ebīr*, placé sous *nhr*, invite à séparer le syntagme *ptwrh 'šr 'l-hnhr* du syntagme *'rṣ bny-'mw*, dont on fait alors une apposition au précédent : « à Pethor qui est sur le fleuve, (c'est-à-dire) la terre des fils de son peuple », ou encore : « l'interprète qui habite sur le fleuve (c'est-à-dire) (dans) la terre des fils de son peuple ». C'est la coupe retenue par la Peshitta. La Vulgate a préféré placer sous *nhr* un accent conjonctif qui le rattachait au syntagme suivant *'rṣ bny...*, d'où « super flumen terrae filiorum... ». Cette alternative recouvre exactement celle que nous évoquions quant à la détermination de *hnhr*. La Vulgate a choisi la détermination interne, par le seul contexte immédiat. En définitive, le sens latent, représenté par la Vulgate mieux encore que par la Peshitta, est paradoxalement celui qui renvoie sans doute au personnage de Balaam réel, historique, authentique : un devin ammonite. Et, verso du même paradoxe, le sens patent (la ville de Pethor près de l'Euphrate) ne doit pas être pris pour argent comptant, mais seulement comme un horizon allusif.

Pour en revenir au toponyme Pethor tel qu'il apparaît de manière univoque en *Dt* 23, 5, la différence entre le Septante et la Vulgate, d'une part, et la Peshitta, d'autre part, pourrait élucider une double question :

1° Le lieu Pethor mentionné en *Dt* 23, 5 est-il bien la ville Pi-it-ru mentionnée dans l'inscription de Salmanasar III et les listes de Thoutmès III ?

2° La connaissance (ou le souvenir) de cette ville s'était-elle perpétuée jusqu'aux époques où le texte hébreu fut traduit en grec, latin et syriaque, et avait-elle atteint les auteurs de ces différentes versions ?

La réponse à la seconde question est simple : ni les traducteurs grecs ni Saint Jérôme n'avaient connaissance de la ville de Pi-it-ru d'Aram Naharaïm, puisqu'ils l'ont passée sous silence, et consciemment : avec *ek tès Mesopotamias* et *de Mesopotamia Syriae*, ils traduisent *m'rm nhrym*, et non *mptwr 'rm nhrym*. Le cas est particulièrement flagrant pour la LXX qui, en *Nb* 22, 5, avait rendu *ptwrh* par *Phathoura* ; soit dit en passant, cela prouve bien, en retour, qu'elle avait alors traduit sans comprendre, se

double sens qui paraît attaché à *'šr 'l-hnhr*. D'une part, un wadi local, et là, il y a encore deux éventualités : ou bien il n'est pas nommé parce que ce n'est pas nécessaire, l'auditoire sait bien duquel il s'agit, ou bien il est nommé parce que l'auteur *veut* faire croire à l'auditoire qu'il le connaît trop bien pour qu'il soit besoin de le nommer (« sur le fleuve vous savez bien, là... »), précisément parce que nul ne le connaît, parce qu'il n'existe pas, parce que c'est une pure invention littéraire ; même affectation de naturel feignant le récit oral, en réalité très écrit, que dans la prétendue glose du v. 4b. D'autre part, *'šr 'l-hnhr* ne peut pas ne pas évoquer l'Euphrate, vu l'extension et la compréhension bibliques de *hnhr*, et la mention, immédiatement précédente, de *ptwrh*. Avec *'šr 'l-hnhr*, l'auteur joue donc sur un double sens :

1° il renvoie, ou feint de renvoyer à un wadi local, trop proche et trop connu pour devoir être précisé ;

2° il fait allusion, et là, de façon précise, à l'Euphrate, c'est-à-dire à la lointaine Mésopotamie, contrée mystérieuse dont la seule évocation devait « faire » exotique, et en même éveiller dans l'esprit du public palestinien israélite un soupçon, et peut-être de la répulsion à cause de la réputation de magie et de divination qui s'y attachait spontanément. Cela tient à la nécessité de piquer la curiosité de l'auditoire, tout en présentant Balaam au départ comme un personnage ambigu.

De même pour *'rṣ bny-'mw* : c'est bien une apposition aux deux expressions locales précédentes. Mais, comme ces dernières, bien loin de donner une indication avec un sens univoque, elle sème la confusion. Exactement comme *'šr 'l-hnhr*, elle se donne pour un détail géographique complémentaire, mais n'apporte rien, étant extrêmement vague ; de plus, la pensée du lecteur ne peut pas ne pas dériver vers l'expression, si voisine et si fréquente dans la Bible, *'rṣ bny 'mwn*. Cette résistance du texte massorétique à la pression de l'autre locution[30] parle en faveur de son authenticité ; l'argument, avancé par

montrant incapable, quand en *Dt* 23, 5 revient le même toponyme, de l'identifier et de la traduire pareillement. En revanche, l'auteur de la version syriaque connaissant ce toponyme puisqu'il le rend littéralement, *alors même qu'il s'était refusé à le faire en* Nb *22, 5, en choisissant la racine pšr « interpréter »* et c'est bien normal, si Pi-it-ru est une ville de la Syrie du nord-ouest.

La réponse à la première question est alors trouvée : le lieu Pethor mentionné en *Dt* 23, 5 a toutes chances d'être identique à la ville de Pi-it-ru d'Aram Naharaïm, puisque l'auteur de la Peshitta, sans subir l'influence d'aucune autre version ni même la sienne propre (vu son choix différent pour *Nb* 22, 5), a jugé bon de reproduire fidèlement le toponyme du texte hébreu, qu'il avait toutes chances de connaître déjà, par d'autres voies.

30. Dans l'hypothèse, sur laquelle nous reviendrons, où l'auteur du chapitre 22 aurait connu le chapitre 21 et aurait conçu l'épisode de Balaam pour l'y rattacher, la pression exercée par les *bny 'mwn* était particulièrement forte, puisqu'ils survenaient à deux reprises en 21, 24 : « Et Israël le frappa par le tranchant de l'épée, et prit possession de son pays depuis l'Arnon jusqu'au Yabboq, jusqu'aux fils d'Ammon ; car la frontière des fils d'Ammon était forte. »

certains, que *'rṣ bny-'mw* n'est qu'un truisme (« eine Binsenwahrheit »[31]), peut être retourné une fois compris le dessein de l'auteur : décevoir toujours l'attente du lecteur, sans pourtant cesser de la raviver par une éventualité de réponse ; et la réponse, c'est que Balaam *soit* un Ammonite. C'est la solution la plus simple et la plus vraisemblable, du point de vue géographique et historique. Mais alors, pourquoi le texte se refuse-t-il à le dire ? Comme pour *'šr 'l-hnhr*, c'est d'abord dans un but narratif : laisser le lecteur sur sa faim. Toutefois alors que *'šr 'l-hnhr* entraînait ce dernier sur la pente d'une représentation négative de Balaam (le mage mésopotamien), écrire *'rṣ bny-'mw* tout en sachant et en pensant que Balaam était bien ammonite, c'est retenir le lecteur sur cette pente négative, l'empêcher d'y glisser trop bas. L'Ammonite était une figure négative, dans l'Ancien Testament[32]. Balaam est au départ un personnage équivoque, et la série des trois expressions *ptwrh 'šr 'l-hnhr 'rṣ bny-'mw* y contribue grandement. Il ne faut que laisser entendre (au sens propre) qui il est, et en même temps, ouvrir à l'imagination d'autres allées, pour l'entourer d'un halo mystérieux. Corriger le texte massorétique, c'est lui retirer la richesse des sens qu'y déposa l'auteur.

31. Gross (*Bileam*, p. 106) cite aussi Cornelius a Lapide (*Commentarii in Sacram Scripturam*. Tome I. Pars II. Pentateuchum complectens. Édition de 1843, p. 895) : « Quis enim nescit Balaam habitasse in suo populo ? » C'est sans doute le sentiment d'un tel truisme, et le désir d'y échapper, qui ont induit deux écrits rabbiniques à rapporter le pronom personnel suffixé *-w* non pas à Balaam, mais à Balaq : ce sont le Midrash Rabbah : « Balaq était venu là, et c'était Balaam qui lui avait dit qu'il finirait par être roi » et Rachi : « *'rṣ bny 'mw*. Le pays de Balaq : il en était originaire, et celui-là (Balaam) lui avait prédit : 'Tu seras un jour roi'. » Ces reconstructions, procédant sans doute toutes deux du Targum du Pseudo-Jonathan sur *Nb* 22, 4b, mettent le doigt sur ce qui pourrait bien être la réalité sous-jacente à la fiction, à savoir que Balaq et Moab n'étaient pas liés *a priori*, que le lien entre eux est artificiel et factice, et que Balaq lui-même risque bien de n'être qu'un personnage de fiction.

Dussaud (Compte rendu de La Bible du Centenaire, 3e livraison du tome I, Nombres-Deutéronome, *RHR* 117, 1938 p. 235-237, p. 236) demande à juste titre : « Pourquoi les massorètes auraient-ils déformé 'ammon en 'ammô ? ». Mais il en tire la conclusion que « s'ils ont gardé cette dernière forme, c'est qu'il ne s'agissait pas d'Ammon ». Il suggère « l'ethnique conservé par les Egyptiens sous la forme *Amou* ». D'après Rudolph (*Der « Elohist » von Exodus bis Josua* [BZAW 68], 1938 p. 99), « à Pethor qui est sur le fleuve » est une glose, donc à supprimer. Il ne reste que *'rṣ bny-'mw*, qui ne soulève aucune difficulté parce que le narrateur suppose connue la fameuse patrie de Balaam. Curieusement pourtant, il concède la correction, proposée par Mowinckel, de *bny 'mw* en *bny qdm* : « Die Konjektur ist graphisch durchaus möglich. » (!).

32. Et pourtant, *Dt* 2, 17-23, repris par *Jg* 11, 12-28, rappelle la conduite clémente des Israélites à l'égard des Ammonites, lors de la traversée de la Transjordanie en direction de la Terre Promise : en épargnant Moab et Ammon, les Israélites obéissaient à l'ordre de Dieu, qui avait donné ces terres en héritage aux fils de Lot (d'après *Gen* 19, 37-38). Mais les fils d'Ammon sont par excellence les représentants des nations, dans ce qu'elles ont de plus odieux : outre l'ingratitude qui leur est spécifique (*Jg* 11, 14-28), et que l'on serait en droit de nommer félonie, ils sont associés à Aram, à Sidon, à Moab, et aux Philistins, dans le culte des Baals et des Astartés auxquels succombent d'ailleurs, faute suprême, les fils d'Israël (*Jg* 10, 6). Leurs attaques contre Israël constituent même le châtiment envoyé par le Seigneur pour punir cette faute (*Jg* 10, 7-8).

LE SCHÉMA DE L'EXODE

Le v. 5bαβ «Voici, un peuple est sorti d'Égypte; voici, il a couvert l'œil de la terre» contient une expression étrange *ksh 't-'yn h'rṣ*, qui ne se rencontre ailleurs qu'en *Ex* 10, 5 et 15. Il y a beau temps que les exégètes ont signalé cette correspondance[33]. Les tenants de la théorie documentaire en ont évidemment tiré argument pour attribuer les deux passages à la même strate rédactionnelle, en l'occurrence le document yahviste[34]. La présente étude ne prétend pas se prononcer *a priori* ni de façon globale sur cette théorie. Elle espère seulement, en des endroits précis, pouvoir dire si un message est de la même veine littéraire, et donc du même auteur ou de la même école qu'un autre passage littéraire, ou s'il n'en est qu'une copie, plus ou moins conforme, effectuée après coup par une autre main. D'une comparaison entre *Nb* 22, 3*.5.6aγ d'une part, et *Ex* 1, 7a.9.12aβ.b d'autre part, nous avons conclu, pour des raisons strictement littéraires, que notre texte avait fait un emprunt littéral à celui d'*Exode*. Avec cette nouvelle série de textes, poursuivons la comparaison, que nous compléterons d'une troisième et dernière série, *Nb* 22, 6a.11b, et *Ex* 1, 10 : voir tableau ci-contre.

La série «témoin» sera la seconde, à cause d'une image étrange, et unique dans l'Ancien Testament. Ce sont les deux conditions *sine quibus non*, originalité et extrême rareté, pour considérer ces passages comme susceptibles de caractériser, et même d'identifier, un auteur proprement dit, et non comme des locutions passe-partout attribuables, au mieux, à une école, au pis, à n'importe qui, c'est-à-dire à personne.

Pour décider si ces deux constellations jumelles sont ou ne sont pas du même auteur, il faut en considérer la cohérence littéraire avec le contexte. Les deux expressions de la constellation d'*Exode*, «couvrir les yeux de la terre» et «dévorer l'herbe des champs», sont profondément cohérentes avec leur contexte, de façon organique. Il n'y a pas d'image artificielle ni même recherchée, mais seulement la description, à la fois évocatrice et précise, d'un phénomène naturel : une invasion de sauterelles. La formule si frappante «couvrir les yeux de la terre» devient quasi normale, en tout cas compréhensible, car elle est accompagnée d'une explication «et l'on ne pourra plus voir la terre» (*Ex* 10, 5), «et la terre s'obscurcit» (*Ex* 10, 15). Il n'en va pas

33. ORIGÈNE, par exemple, dans son *Homélie* XIII, commente la requête de Balaq (v. 5-6) en établissant une analogie avec l'attitude de Pharaon en *Exode*. Quant à IBN EZRA, il ne commente pas l'expression *'yn h'rṣ ad locum*, mais se contente de renvoyer à son exégèse d'*Ex* 10, 5.

34. Voir EISSFELDT, *Hexateuch-Synopse*, 1922, p. 126-127, et 184. Également VON GALL, BAENTSCH, GRAY, HOLZINGER, PROCKSCH, GRESSMANN, HOTH, HÖLSCHER, MARSCH.

Nombres 22

L'invasion (peuple) et la voracité (bœuf)
v. 5bβ : ordre de message
hnh ksh 't-'yn h'rṣ

v. 4aγ : *klḥk hšwr 't yrq hśdh*
v. 11aβ : compte rendu du message
wyks 't-'yn h'rṣ

Exode 10

L'invasion et la voracité (sauterelles)
v. 5 : menace
wksh 't-'yn h'rṣ wl' ywkl
lr'wt 't-h'rṣ . . . w'kl 't-kl-h'ṣ
hṣmḥ lkm mn hśdh
v. 15 : réalisation
wyks 't-'yn kl-h'rṣ wtḥšk h'rṣ
wy'kl 't-kl-'śb h'rṣ w't
kl-pry h'rs . . . wl'-nwtr
kl-yrq b'ṣ wb'śb hśdh

Des pratiques magiques pour battre Israël et le chasser de son pays

v. 6a : *w'th lkh-n' 'rh-ly 't-h'm hzh*
'wly 'wkl nkh-bw w'gršnw mn-h'rṣ
v. 11bγ : *'wly 'wkl lhlḥm bw wgrštyw*

Exode 1

Des mesures pour empêcher Israël de se multiplier, de faire la guerre aux Égyptiens, et de sortir du pays
v. 10 : *hbh ntḥkmh lw*
pn-yrbh whyh ky-tqr' nh mlḥmh . . .
wnlḥm-bnw w'lh mn-h'rṣ

de même en *Nb* 22, 6a et 11b, où l'expression n'est éclairée d'aucune explication. On parvient certes à en saisir le sens global (pullulement du peuple), mais elle ne décrit plus la réalité. En *Ex* 10, 5 et 15, elle la peignait doublement, mais simplement : la terre s'obscurcit, d'abord parce que le nuage de sauterelles, passant entre elle et le soleil, voile ce dernier, l'éclipse, ensuite parce que ce nuage, une fois posé sur la terre et sur la végétation, empêche effectivement de les voir[35]. En *Nb* 22, 6a et 11b, ce n'est plus la description de la réalité, mais une métaphore. Et, paradoxe, c'est à l'heure même où l'on aurait besoin d'explications, puisque l'image est coupée de son enracinement dans le réel, que ces explications manquent. Mais justement, ce manque s'explique aussi : autant les explications étaient faites pour décrire le phénomène naturel de l'invasion des sauterelles, autant elles seraient inaptes à rendre compte de la métaphore appliquée au peuple en *Nb* 22, 6a et 11b. Nulle explication ne saurait ici rendre l'image cohérente avec le

35. Onqelos traduit *'yn šmš' d'r'* « l'œil du soleil de la terre » ce qui, pour n'être pas littéral, n'en rend pas moins l'idée d'assombrissement.

contexte, il n'en est pas qui vaille. En *Nb* 22, 6a et 11b, l'image est littérairement incohérente avec le contexte parce qu'elle n'émane pas de la situation, parce qu'elle est plaquée. La conclusion s'impose : c'est l'auteur de *Nb* 22 qui emprunte à celui d'*Ex* 10. La description naturelle ne peut pas précéder la métaphore artificielle, celle-ci ne peut pas lui être antérieure[36].

A l'inverse, la genèse explique le résultat présent : si l'image de *Nb* 22, 6a et 11b nous semble grossir à l'excès la réalité décrite, somme toute quelques tribus campant au désert, et nous paraît forcée, *c'est* parce qu'elle n'a pas été conçue à l'origine pour la représenter, fût-ce métaphoriquement.

La même solution expliquerait l'emploi inusité du *šwr* en 4a. D'habitude celui-ci symbolise la force, comme le *r'm*. C'est particulièrement le cas lorsqu'il représente Israël (*Dt* 33, 17). Le *šwr* n'est herbivore qu'une fois (*Ps* 106, 20) et alors il ne symbolise pas Israël, au contraire. Jamais, dans la Bible, ne se retrouve, comme ici, l'association *šwr* - herbivore - Israël. En 4a le *šwr* est herbivore, tout en figurant Israël. Pourquoi ?

Le taureau d'Israël est devenu herbivore à cause du contexte végétal importé d'*Ex* 10 par la métaphore des sauterelles sous-jacente aux versets 5 et 11. Cela donne un résultat inverse de la symbolique habituelle : au lieu que le taureau évoque la fécondité, il symbolise, avec les sauterelles, la voracité[37]. On comprend alors le caractère

36. Commentant *Ex* 10, 5, M. D. Cassuto écrit : « De même, *Nb* 22, 5 raconte que le roi de Moab dit du peuple d'Israël : *hnh ksh 't 'yn h'rṣ*, et peut-être y a-t-il l'intention de comparer le peuple aux sauterelles. » Aucun exégète n'a indiqué aussi clairement le passage de la description à la comparaison. Et en même temps, il apparaît que *Nb* 22, 5 ne développe pas la comparaison jusqu'au bout, puisque le texte ne compare pas explicitement le peuple aux sauterelles.

Toutefois, même s'il s'agit bien ici d'une dépendance littéraire intérieure à la Bible, l'image de « l'œil de la terre » n'est pas réservée à l'hébreu. A propos d'*Ex* 10, 15 et de *Nb* 22, 5.11, É. Dhorme écrit : « en akkadien l'idéogramme *igi* 'œil' fut parfois usité, de même que l'idéogramme *múš* 'visage, aspect', pour rendre le mot *mâtu* 'pays' » (*L'emploi métaphorique des noms de parties du corps en hébreu et en akkadien*, Paris 1923, p. 78).

37. Le seul texte où une tribu d'Israël soit explicitement comparée au *šwr* est *Dt* 33, 17 (*bkwr šwrw* : Joseph, à moins que Joseph ne soit le premier-né du *šwr*).

Quant au rapprochement (dû aux cornes) entre sauterelles et taureaux (*ṯrm*), il se voit déjà à Ugarit, en BH (= CTA 12), I, l. 30-32. L'identification entre les *aklm* « les Voraces » (l. 26) et les sauterelles fut d'abord proposée par A. S. Kapelrud dans Baal and the Devourers, *Ugaritica VI*, 1969, p. 319-332, p. 323-324. Voir aussi A. Caquot, M. Szcnycer et A. Herdner, dans *Textes Ougaritiques* Tome I, *Mythes et Légendes*, Paris 1974, p. 315-351, p. 328 et 340, n. i. Signalons, à l'inverse, que le pictogramme sumérien GUD « bœuf », le hiéroglyphe égyptien, l'idéogramme sinaïtique et le aleph phénicien passeraient aisément pour des profils d'insecte à cornes (voir G. R. Driver, *Semitic Writting from Pictograph to Alphabet*, Oxford 1948, 3e édition 1976, p. 54 et 142).

artificiel du v. 4a *'th ylḥkw hqhl*[38] *'t-kl-sbybtynw klḥk hšwr 't yrq hśdh.* Le thème de la voracité est développé en *Ex* 10 avec le verbe *'kl*, et fait partie intégrante du phénomène. Là encore, ce n'est pas une image, mais la description de la réalité. En *Nb* 22, 4a, outre que c'est seulement une comparaison, l'évocation est beaucoup plus brève. *'t yrq hśdh* apparaît comme une simplification de *kl-h'ṣ hṣmḥ lkm mn hśdh* (*Ex* 10, 5), et de *kl-'śb h'rṣ . . . kl-pry h'rṣ . . . kl-yrq b'ṣ wb'śb hśdh* (*Ex* 10, 15). Que l'auteur de *Nb* 22, 4a ait emprunté à *Ex* 10 le thème de la voracité et des bribes de vocabulaire végétal pour les transposer en thème de broutement, rendrait compte de son résultat bizarre.

Le fait littéraire de l'emprunt est difficile à contester. Mais, dira-t-on, pourquoi l'imputer à l'auteur du récit de *Nb* 22, plutôt qu'à un rédacteur ultérieur à qui le cliché *yṣ' mmṣrym* aurait servi de mot-crochet, de moteur ?

A cette objection deux réponses :

1° Supprime-t-on ces insertions, le récit prétendument original est d'une pauvreté si affligeante qu'il ne tient pas. C'est l'argument négatif.

2° Ces emprunts ne sont pas faits à la légère, le traitement infligé au texte de départ, que les analyses antérieures ont montré comme étant celui *d'Exode*, obéit à une intention plus précise : l'inversion du shéma de l'*Exode*. C'est l'argument positif. Le dénominateur commun est le thème du peuple trop nombreux et trop fort, qui en devient menaçant ; ce n'est pas un hasard si, dans les deux cas, c'est le même peuple : Israël. L'identité des expressions souligne l'inversion des situations : en *Nb* 22, un roi païen cherche des moyens de faire la guerre à ce peuple pour le chasser du pays ; en *Ex* 1, un roi païen cherche des moyens d'empêcher ce même peuple, actuellement esclave, de lui faire la guerre et de s'en aller du pays.

38. D'après L. Rost *(Die Vorstufen von Kirche und Synagoge im alten Testament* [BWANT 24], Stuttgart 1938, p. 9-10) *qhl*, en *Nb* 22, 4 ne désigne pas le peuple en son entier, mais les troupes représentant l'ensemble du peuple. Il n'est pas question, ici, d'un « conseil ». Mais *qhl* pourrait également signifier l'appel au combat des troupes d'Israël, comme sans doute en *Gen* 49, 6. Signalons, à titre d'anecdote, le sens de *qhl* d'après Fabre-d'Olivet : il le rattache à la racine *qh* « comme racine onomatopée elle exprime le cri imprévu que l'on jette pour effrayer, pour étourdir, pour mettre en fuite ». *qhl* serait « l'appel des bestiaux pour les faire rassembler ». Rost montre d'ailleurs que le sens fondamental est « appel pour un rassemblement ». Le mot ne revêt le sens liturgique « rassemblement de Yahvé » qu'à partir du *Deutéronome*. Il est significatif que la LXX, qui emploie *synagôgè* pour les sens non liturgiques, par exemple en *Éz* 38, 4 et 15, et *ekklèsia* pour le sens liturgique, comme en 2 *Chr* 30, 17, ait rendu *hqhl* de *Nb* 22, 4 par *hè synagôgè*.

C'est ici qu'il est pertinent de comparer la troisième série d'expressions analogues :

Nb 22, 6a.11b	*Ex* 1, 10
w'th lkh-n' 'rh-ly 't-h'm hzh ...	*hbh ntḥkmh lw*
'wly 'wkl nkh-bw w'gršnw mn-h'rṣ	*pn-yrbh whyh ky-tqr'nh mlḥmh*
'th lkh qbh-ly 'tw 'wly 'wkl lhlḥm bw wgrštyw	*wnlḥm-bnw w'lh mn-h'rṣ*

Aux impératifs de Balaq correspond le cohortatif de Pharaon; même recours au pronom personnel suffixé -*w* pour désigner le peuple honni; même emploi du verbe *lḥm* au *hiphil*; même usage de la locution *mn-h'rṣ*.

En revanche, en *Nb* 22, il s'agit de pratiques magiques, en *Ex* 1, de mesures politiques; en *Nb* 22, s'exprime un espoir (positif : *'wly 'wkl*) portant sur des actions (négatives : *nkh, hlḥm* et *grš*) du personnage qui parle, envers l'objet de son discours; en *Ex* 1, se dit une crainte (négative : *pn*) concernant des actions (négatives : *nlḥm* et *'lh mn*) de l'objet du discours, à l'égard du personnage qui parle. Le raffinement et la rigueur de l'inversion vont encore plus loin, puisque l'action négative sur laquelle porte, en *Nb* 22 l'espoir, en *Ex* 1 la crainte, est elle-même inversée, mais sur une base commune identique : en *Nb* 22, 11b, faire la guerre et chasser du pays; en *Ex* 1, 10b, faire la guerre et s'en aller du pays.

Dans cette troisième série, à cause de l'inversion systématique qui interdit la citation littérale, les expressions s'intègrent si bien dans l'ensemble de la phrase, sont si habilement fondues dans le texte de *Nb* 22, 6a et 11b, que l'on serait bien en peine de dire dans quel sens s'est fait l'emprunt, et même, d'affirmer qu'emprunt il y eut. Mais les deux séries précédemment comparées ne laissent pas de doute : il y a bien eu emprunt, et le texte original est *Ex* 1.

Nb 22, 3b.5b.6a. 11 est donc un cas très particulier de recours au schéma de l'*Exode*[39]. Paradoxalement, la cellule-mère, du point de vue

39. Voir D. Daube, *The Exodus Pattern in the Bible* (All Souls Studies 2), London 1963. *Nb* 22 possède l'originalité, qui le distingue de tous les autres textes, pourtant nombreux dans l'Ancien Testament, où apparaît le schéma de l'*Exode*, de citer mot pour mot le texte même où ce schéma prend sa source : *Ex* 1 et 10. *Nb* 22, 6 et 11 comporte le verbe *grš* «chasser» grâce auquel, nous l'avons vu, le souhait de Balaq inverse celui de Pharaon en *Ex* 1, 10, puisque ce dernier voulait, non pas *chasser* les Israélites, mais au contraire les *empêcher* de partir *(pn ... 'lh mn-h'rṣ)* : il est donc normal que le verbe *grš* soit absent d'*Ex* 1. Cependant, l'inversion se trouve en elle-même déjà en *Exode*, et avec elle, le mot *grš*, puisque Pharaon, qui se refusait à laisser partir *(šlḥ)* Israël d'un geste libéral, se voit bientôt contraint à le chasser *(grš)*. Daube (p. 30) met bien l'accent sur le lien causal unissant le fléau et l'acte de *grš* le peuple, mais ne souligne pas assez que *grš* (dans le cas de Pharaon, «être contraint, par la force, de chasser, par la force»), est le

littéraire, est l'un des clichés les plus répandus de l'Ancien Testament :

contraire strict de deux verbes qui eux-mêmes sont strictement opposés : d'une part, « empêcher, par la force, de partir », d'autre part, « laisser, spontanément, partir librement » *(šlḥ)*. C'est l'acte d'empêchement, autrement dit la négation de la permission *(šlḥ)*, qui entraîne l'obligation de chasser *(grš)*. *Ex* 6, 1 est formel à cet égard « Et Yahvé dit à Moïse : Tu verras maintenant ce que je ferai au Pharaon car par main forte il les laissera aller *(ky byd ḥzqh yšlḥm)* et par main forte il les chassera de son pays *(wbyd ḥzqh ygršm m'rṣw)*' », mais davantage encore *Ex* 11, 1 : « Et Yahvé dit à Moïse : 'Je ferai venir encore une plaie sur le Pharaon et sur l'Égypte ; après cela, il vous laissera aller d'ici *('ḥry-kn yšlḥ 'tkm mzh)* ; et même, au lieu de vous laisser aller, il vous chassera tout à fait d'ici *(kšlḥw klh grš ygrš 'tkm mzh)*'. »

Parlant du verbe *grš*, DAUBE dit donc très justement : « It figures only three times in the exodus, being justified essentially by the final plague : the Israelites are now looked on as such source of ill-luck that their masters cannot get rid of them to soon » (p. 30). Les trois occurrences en question sont *Ex* 6, 1 (J) ; 11, 1 (E) et 12, 39 (J). De ces faits, on peut déduire que l'auteur de *Nb* 22, 6 et 11 n'a pas non plus inventé l'inversion « empêcher de partir » / « chasser », mais qu'il en trouvait déjà le modèle dans l'évolution que subit l'attitude de Pharaon lui-même entre les chapitres 1 et 11 du livre de l'*Exode*. Corrélativement, au plan littéraire, le verbe *grš*, absent d'*Ex* 1, 7-12 d'où venaient pourtant les citations littérales de *Nb* 22, 3aβb. 5bα. 6a. 11b, moins *grš*, est aussi emprunté par notre auteur à ce même livre de l'*Exode* mais pris d'autres passages, sur le trajet que parcourt la conduite de Pharaon envers les Israélites du chapitre 1 au chapitre 11, c'est-à-dire, de la prise de conscience du pullulement des Israélites jusqu'au dernier fléau. La genèse littéraire de *Nb* 22, 3aβb. 4aγ. 5bβ. 6a. 11abβ est donc claire : l'auteur a puisé des citations littérales en deux passages de l'*Exode*, distants l'un de l'autre, le point de départ et presque le point d'arrivée du récit de l'esclavage israélite en Égypte : *Ex* 1 et 10 à savoir, l'éveil de la conscience pharaonique devant le danger hébreu, et l'invasion de sauterelles. Il a rassemblé ces citations, les a brassées, assemblées d'une manière nouvelle, et nouées en une seule gerbe qu'il a disposée en un seul endroit de son texte, soit tout au début. Pareillement, en ne gardant que l'idée de « chasser », il a « bloqué » en un seul moment, celui du résultat final, ce qui, dans l'*Exode*, s'accomplissait au cours d'un long processus évolutif inversant l'acte d'« empêcher de partir » en acte de « chasser ». Il a cueilli le verbe *grš* lui-même là où il le trouvait en *Exode*, c'est-à-dire entre les deux pôles de l'inversion, en *Ex* 6, 1 ou à la rigueur en 11, 1 ou 12, 39, qui précisément retracent le processus évolutif.

Toute assimilation entre le peuple d'Israël et le nuage d'insectes est-elle absente d'*Exode*? Au plan littéraire, *Ex* 1, 7 (*wbny yśr'l prw wyšrṣw wyrbw wy'ṣmw bm'd m'd wtml' h'rṣ 'tm* « Et les fils d'Israël fructifièrent et pullulèrent et multiplièrent, et devinrent extrêmement forts ; et le pays en fut rempli ») représente déjà le développement du peuple sous la forme d'un pullulement organique ; mais l'ensemble évoque plutôt des reptiles et des poissons que des insectes. D'ailleurs, le verbe *šrṣ*, rare, vient décrire, en *Gen* 1, 20.21 ; 7, 21 ; 8, 17 ; 9, 7, le grouillement de tout ce qui vit dans l'eau, et en *Ex* 7, 28, à propos du second fléau, les grenouilles. Au plan de la qualité de l'image, l'assimilation d'Israël aux sauterelles se trouve donc bien déjà en *Exode*, mais pas réalisée. Au plan des idées, le livre de l'*Exode* établit explicitement un rapport de causalité entre l'attitude de Pharaon à l'égard des Israélites et l'arrivée des sauterelles (*Ex* 10, 16-17) et, par conséquent, entre la présence du peuple et le nuage d'insectes : du lien causal à l'analogie il n'y a qu'un pas, que pourtant seul l'auteur de *Nb* 22 franchit délibérément. *Nb* 22, 4aγ. 5bβ. 11bβ se borne donc à réaliser des potentialités déjà contenues en *Exode*. Le processus inverse est impensable. Voilà un argument supplémentaire en faveur de la dépendance de *Nb* 22 à l'égard de l'*Exode*, et aussi un indice quant à l'identité de notre auteur : sa manière d'écrire trahit un lettré, connaissant les textes bibliques antérieurs, capable de les analyser, et d'en exploiter les possibles encore latents.

A l'idée d'une dépendance aussi étroite entre les deux séries de textes, certains objecteront que c'est un *topos* de représenter un peuple envahisseur comme un nuage

yṣ' mmṣrym[40]. La fonction idéologique de ce cliché est évidente, et nullement propre à *Nb* 22 : ranimer toujours la certitude de l'élection divine d'Israël, en ressassant le souvenir de l'une de ces manifestations les plus éclatantes, la Sortie d'Égypte. Mais ce banal cliché engendre des phénomènes littéraires remarquables :

1° Citations littérales, nombreuses et répétées, du texte où s'enracine (au point de vue historique et littéraire), le cliché lui-même : le livre de l'*Exode*.

d'insectes, et invoqueront *Jg* 7, 12 : « Et Madian et Amaleq et tous les fils de l'Orient s'étalaient dans la plaine aussi nombreux que des sauterelles ; et leurs chameaux étaient sans nombre, en multitude comme le sable sur le bord de la mer. » Mais qui ne voit la banalité de cette représentation, comparée à l'extrême originalité des images qui nous ont occupés ?

A propos de *Nb* 22, 5bγ, *whw' yšb mmly*, on se demandera si le verbe *yšb* ne renvoie pas non plus au schéma de l'*Exode*, soit comme citation littérale, soit de façon plus lâche. Daube (p. 24-25), observe justement : « It primarily means 'to sit', 'to dwell', 'to stay'. A derivative noun, however, *toshabh*, is specialized, signifying 'resident alien', 'sojourner', a common figure in antiquity ; and in not a few passages throughout the Old Testament the verb definitely has the connotation 'to live as a subject' be it as resident alien, hireling, slave or inferior wife. The Accadian *washabu*, too, in most cases implies dependence ... As for the exodus, it should be noted that the Israelites, on immigrating in Joseph's lifetime, are allowed 'to dwell' in Goshen or Egypt (*Gen* 45, 10 ; 46, 34 ; 47, 4.6.27 (J) ; 50, 22 (E), surely as a kind of guest-tribe. In actual references to the deliverance, however, the verb is met only three times. As the Israelites leave, we are informed that 'the dwelling' (*moshabh*, another noun from this verb) of the children of Israel who dwelt in Egypt was four hundred and thirty years ... (*Ex* 12, 40f., (P)) ... Subsequently they complain : 'Would we had died in Egypt when we dwelt by the fleshpots' (*Ex* 16, 3 (P)). The usual translation is 'when we sat', but the continuation 'for ye brought us out to kill us' — with the causative of 'to go out' *hoṣi'*, 'to bring out' — suggests a more pointed contrast between comfortable dependence and perillous freedom ... The contrast recurs in the third passage, in Mose's message to the king of Edom (*Nb* 20, 15 (JE) : 'We dwelt in Egypt ... and the Lord brought us out'. »

En s'appuyant sur 1 *S*, 13, 16, où *yšb*, en parallèle avec *ḥny*, désigne le campement d'une armée avant l'assaut, on se demandera si le *yšb* de *Nb* 22, 5bγ ne transforme pas sciemment les esclaves de Pharaon en armée hostile à Balaq. L'inversion du schéma de l'*Exode* se compléterait et se couronnerait de la sorte. Vu le peu d'occurrences de *yšb* au sens « ṣéjourner comme esclave » présentes dans le livre de l'*Exode* (deux seulement, et attribuées au document sacerdotal), il y a tout lieu de croire qu'en ce dernier cas l'inversion ne s'appuie pas sur une citation littérale, mais sur une connotation d'ensemble.

40. Voir W. Gross, Die Herausführungsformel. Zum Verhältnis von Formel und Syntax, *ZAW* 86, 1974, p. 425-453. Le verbe *yṣ'* n'est pas lui-même une citation tirée des passages de l'*Exode* empruntés par *Nb* 22 : *Ex*, 1, 10b exprime la crainte de Pharaon, parallèle inversé du souhait de Balaq, avec le verbe *'lh : pn-yrbh ... w'lh mn-h'rṣ*. Toutefois, *Ex* 11, 8 (J) (parole de Moïse à Pharaon, mais en réalité citation fictive d'une parole des serviteurs de Pharaon à Moïse), 12, 31 (E) (parole de Pharaon à Moïse et aux Israélites exprimant l'inverse de la crainte de 1, 10b, à savoir l'ordre de sortir) et 12, 41 (P) (narration), comportent tous trois le verbe *yṣ'*. La formule *yṣ mmṣrym* telle qu'elle se présente en *Nb* 22, 5bα et 11aα ne relève pas du complexe de citations analysé plus haut, mais simplement du *topos* étudié par Gross : l'alternance *'lh / yṣ'* en *Genèse* et *Exode* reflète peut-être seulement une différence de perspective, le premier verbe regardant vers l'avenir et la Terre Promise, le second tourné vers le passé et le pays de la servitude (p. 444).

2° Inversion radicale et systématique de la situation, et finalement, de la terminologie même, des textes d'*Exode*.

Le responsable de telles manipulations littéraires tient à montrer qu'Israël en marche vers la Terre Promise est si fort que son rapport aux nations est dans la droite ligne de ce qu'il était déjà avec l'Égypte, avant l'*Exode* et lors de l'*Exode*. L'action de Dieu en faveur d'Israël est donc constante[41]. Mais les citations veulent aussi prouver que cette action ne fait que croître et embellir, puisque les Israélites, libres et nombreux, sont devenus pour Moab ce qu'étaient les sauterelles pour l'Égypte, quand les Israélites, bien que déjà nombreux et menaçants, n'étaient encore qu'esclaves.

On avait plus haut envisagé l'objection que ces réminiscences d'*Ex* 1 et 10 fussent dues à un rédacteur ultérieur, et non à l'auteur même du corps du texte de *Nb* 22. La réponse est catégorique : c'est le premier auteur qui est responsable. A l'argument négatif que sans elles le texte ne tient pas, n'a quasiment pas de corps, ni même d'existence, s'ajoutent deux arguments, tirés de la qualité même des citations :

1° Du point de vue du résultat, ce sont elles, et elles seules, qui donnent au texte saveur et profondeur, bref, toute sa raison d'être.

2° Du point de vue de la genèse littéraire, l'enrobage (que sont les citations) apparaît comme impensable, impossible, indépendamment de l'enrobé, et inversement, à cause de l'intention qui préside aux citations, de leur qualité, et de la ténuité du reste, qui se dérobe à toute appréhension. D'ailleurs, peut-on encore parler d'enrobage et d'enrobé ? Qu'est-ce qui enrobe et qu'est-ce qui est enrobé ? Ne sont-ce pas plutôt les citations qui forment le corps du texte, le reste n'étant qu'un mince vêtement taillé et cousu exprès pour donner aux citations une valeur nouvelle, adaptée à la situation nouvelle impliquée en *Nb* 22 et chargée d'exprimer cette situation ?

En ce début de *Nb* 22, nous avons certes affaire à un « montage » de textes hétéroclites, mais cet arrangement est l'œuvre d'une seule main.

41. A propos d'*Ex* 1, 7, Cassuto note que le pullulement des Israélites est conforme aux promesses faites à Adam en *Gen* 1, 9 et Noé en 9, 1. Voilà une filiation des promesses, de leur formulation littéraire et de leur adaptation aux différents contextes narratifs qui mène tout droit aux « remplois » de *Nb* 22. Cassuto remarque aussi que les fils d'Israël ne reçoivent le nom de « peuple » qu'au v. 9, dans la bouche de Pharaon, après constat de leur multiplication ; en *Nb* 22, 3a, ils sont d'emblée *'m*. Enfin, Cassuto compte *sept* mots destinés à exprimer l'accroissement du peuple : *prw, wyšrṣw, wyrbw, wy'ṣmw, bm'd, m'd, tml' h'rṣ 'tm*. C'est le nombre de la complétude, de la perfection *(šlmwt)* et de l'harmonie : ce développement correspond au dessein divin. Nous retrouverons ce chiffre et cet esprit en *Nb* 22-23 dont l'auteur put, à cet égard aussi, s'inspirer d'*Ex* 1.

INSTRUMENTS DE DIVINATION OU SALAIRE DU DEVIN?

Au v. 7aβ, *wqsmym bydm* n'a jamais fait l'unanimité. Le sens en est-il «instruments de divination» ou «salaire du devin»?

Les versions anciennes étaient déjà partagées : ont choisi le sens «instruments de divination» la LXX, la version syriaque, le texte samaritain (ces deux dernières avec une variante significative, le suffixe possessif de la troisième personne du pluriel, «leurs» *qsmym*), Saadia, le Targum d'Onqelos; plus exactement, seuls se sont vraiment « engagés» en faveur du sens technique la LXX et Saadia, car ils ont traduit par des mots radicalement différents de *qsmym*, et non équivoques : *ta manteia, f'l't.* Les autres versions, toutes sémitiques, ont gardé le terme même de l'hébreu, ce qui leur évitait de se prononcer clairement, mais invite à penser qu'elles aussi inclinaient vers le sens instrumental, qui est le seul attesté dans l'Ancien Testament[42], En revanche, la Vulgate est seule à avoir tranché en faveur du sens «salaire» : *habentes divinationis pretium in manibus.*

42. Il faut comparer des grandeurs comparables : *qsmym*, forme masculin pluriel de *qsm*, ne se retrouve qu'en deux autres passages de l'Ancien Testament, textes quasiment jumeaux, où s'exprime sans détour le jugement deutéronomique et deutéronomiste sur les pratiques divinatoires. Ce sont :

Dt 18, 10 : «Il ne se trouvera chez toi personne pour faire passer par le feu son fils ou sa fille, consulter les oracles *(qsm qsmym)*, pratiquer l'incantation, la divination (*wmnḥš*), les enchantements» et :

2 *R* 17, 17 : «Ils ont fait passer par le feu leurs fils et leurs filles; ils ont consulté les oracles *(wyqsmw qsmym)*, pratiqué la divination *(wynḥšw)...*».

Dans les deux cas, *qsmym* est un accusatif employé en paronomase avec le verbe *qsm* de même racine. C'est certainement un accusatif de *l'objet effectué* («l'objet effectué est concret, et il est extérieur par rapport à l'action; il se distingue ainsi de l'objet *interne*... L'objet effectué, ainsi défini, est assez rare; on ne le trouve guère qu'avec le verbe de même racine (souvent dénominatif)» Joüon, § 125 p). D'après Joüon (§ 126), l'existence en hébreu d'un accusatif instrumental est douteuse; pourtant, faut-il rejeter l'hypothèse que *qsmym*, en *Dt* 18, 10 et 2 *R* 17, 17, soit en même temps, sinon un accusatif instrumental, du moins un accusatif de l'*objet affecté*? «Tandis que l'objet *affecté* est conçu comme préexistant à l'action, l'objet *effectué* est produit par l'action elle-même» (*ibid.* § 125p). La consultation des oracles comprend à la fois des objets (le «nécessaire», quel qu'il soit), instruments existant indépendamment de l'opération et sans le truchement desquels elle ne peut s'effectuer — ce serait l'objet affecté —, et une parole, une décision, résultat de l'opération — ce serait l'objet effectué —. Si l'on admet qu'en *Dt* 18, 10 et 2 *R* 17, 17, *qsmym* peut aussi désigner l'objet affecté, c'est-à-dire les instruments de la divination, alors *wqsmym bydm* de *Nb* 22, 7aβ pourrait éventuellement signifier «tenant à la main les instruments de la divination». Mais, on le voit, cette valeur d'objet affecté n'est même pas assurée dans les deux passages précités. La construction du syntagme en *Nb* 22, 7 n'a, en outre, rien à voir avec la leur : au plan syntagmatique, un tel emploi de *qsmym* est donc un *hapax* biblique. Son interprétation ne saurait s'appuyer sur d'autres textes que lui-même. *Ez* 21, 27 présente, il est vrai, un syntagme fort proche : *bymynw hyh hqsm yrwšlm* «dans sa main droite est la divination touchant Jérusalem»; le sens instrumental ici ne fait pas de doute; mais le mot est au singulier; par ailleurs, le v. 26 contient l'expression *lqsm qsm* «pour chercher un présage», qui nous renvoie, à la nuance du singulier près, aux deux exemples précédents, autrement dit, à l'alternative objet effectué ou objet affecté + objet effectué. La

Les autres Targumim aident-ils à résoudre le problème? Oui et non. *A priori*, on pourrait penser qu'ils ont choisi le sens « salaire », mais ce n'est pas si sûr. Le Pseudo-Jonathan propose *wmygdyn dsqmym ḥtymn bydyhwn*, que l'on traduit «et les objets de prix (récompensant) les présages scellés dans leurs mains». Le Yeroushalmi a compris *w'gryn ḥtymyn bydyhwn*, que certains traduisent «et les salaires scellés dans leurs mains», mais d'autres, «et les lettres de noblesse scellées dans leurs mains»; cette hésitation est due au fait que *'gr'* signifie «salaire», alors que *'ygr'* veut dire «lettre d'honneur, de recommandation». On le voit, c'est le terme *ḥtymym* «scellés», sans aucun équivalent dans le texte hébreu, qui incite à préférer le sens «lettres de noblesse». Mais que viendraient faire ici des lettres de noblesse? Et d'ailleurs, sont-elles censées accréditer la mission des ambassadeurs ou renfermer une confirmation officielle de l'invitation faite à Balaam, ou encore, donner à ce dernier des titres de noblesse dans la hiérarchie moabite, le «consacrer» devin officiel et attitré de Sa Majesté Balaq? On entre dans le midrash[43]. Ce qui, par ailleurs, rend méfiant à l'égard

présence, au v. 27, du même *qsm* au singulier, avec un sens instrumental non équivoque (donc le sens de l'objet affecté), parle aussi bien en faveur qu'en défaveur de la combinaison, au v. 26, des sens objet affecté + objet effectué.

Le commentaire d'Ehrlich illustre le rapport que nous supposons entre les deux expressions, et donc, entre la mécompréhension de la première et celle de la seconde; en outre, au sens concret et physique que tous s'accordent à donner à *bydm*, il préfère un sens métaphorique, moral : «Ueber seinen Gebrauch zur Bezeichnung des geistigen Besitzes sieh Esra 7, 25... Danach heisst *wqsmym bydm* und sie waren selber Meister in der Wahrsagungskunst. Das höchste Kompliment wurde dem Seher gemacht, indem man Berufsgenossen als Gesandte zu ihm schickte...»

On le voit, le glissement de *zqnym* à *ḥkmym* est indu; le sens instrumental donné à *wqsmym bydm* dépendant étroitement de ce gauchissement, on a toutes chances, en rendant à *zqnym* sa valeur proprement politique, d'aboutir, pour *wqsmym bydm*, au sens «honoraires de la divination». Il y aurait donc une compréhension erronée de *zqnym* par «habiles» qui entraînerait une compréhension erronée de *wqsmym bydm* par «tenant à la main les instruments de la divination» — le commentaire de Rachi «Toutes sortes de sortilèges, afin qu'il ne puisse dire : 'Je n'ai pas mon outillage sur moi'», souligne involontairement l'absurdité d'une telle éventualité —, et une juste interprétation «diplomatique» de *zqnym*, amenant une non moins juste interprétation de *wqsmym bydm* par «tenant à la main les honoraires de la divination».

43. Le premier sens donné par Rachi à *ptwrh*, «changeur», «banquier» («comme tout le monde envoie ses pièces à un banquier *(šwlḥny)*, ainsi tous les rois lui soumettaient leurs lettres *('grwtyhm)*»), livre peut-être la clé de la traduction que donnent de *wqsmym bydm* les Targumim de Jérusalem (*w'gryn ḥtymyn bydhwn* «et des lettres scellées étaient dans leurs mains»), et Néofiti (*wgryn dqsmyn ḥtymyn bydhwn* «et les salaires scellés des divinations dans leurs mains»).

Le Targum Néofiti traduit *wgryn dqsmyn ḥtymyn bydhwn*, que R. Le Déaut comprend «avec, dans leurs mains, les salaires scellés des divinations», ou «des bâtons *(lire : wgdyn)* de divination», ce qui ramènerait au sens instrumental, appuyé par *Sifré Dt* 171 (en référence à *Os* 4, 12) : «Qui est *qosem*? C'est celui qui saisit son bâton et dit : 'Irai-le ou n'irai-je pas?'.»

Le Targum samaritain araméen de la Triglotte de Barberini a *wqsmyhwn b'dymy*, et la version arabe *wḥkwm'thm b'ydyhm*; cette dernière, avec l'idée de «sagesse» et de «sentence, apophtegme», a opté pour la valeur instrumentale. Dillmann (*Lexicon*

du Yeroushalmi, c'est qu'il a donné à *zqnym* un sens très particulier, qui n'y est pas contenu : « sages » au sens technique, c'est-à-dire « qui détient et connaît des techniques de sagesse » ; et il a traduit par *ḥkmym* (comme ont fait Néofiti et le Targum samaritain de la Triglotte de Barberini), alors que le Pseudo-Jonathan, avec *sby*, et la version arabe de la Triglotte, avec *šywḫ*, sont fidèles à l'hébreu, qui signifie « gérontes ». La traduction, erronée, de *zqnym* par *ḥkmym*, est bien attestée dans la tradition rabbinique et ce phénomène nous éclaire, en retour, sur le vrai sens de *wqsmym bydm*[44]. D'après Rabbi Shemuel Hannagid Hassephardi le sens c'est *wdmy hqsmym* « et les salaires des divinations » (cité par Ibn Ezra)[45]. Les exégètes partisans du sens

linguae aethiopicae, Giessen 1864, réédition New York 1955) traduit l'éthiopien *mqsm* par *ominum captatio, sortilegium, augurium, divinatio, hariolatio, oraculum* en *Nb* 23, 23 ; *Dt* 18, 10.14 ; *Si* 31, 5 ; 1 *R* 6, 2 ; *Jos* 13, 22, mais par *divinandi praemium* en *Nb* 22, 7.

44. La traduction de *zqnym* par *ḥkmym* n'est pas innocente : elle quitte la sphère de l'âge et de la dignité qui lui revient naturellement, pour les régions de la science, de la sagesse et du savoir acquis grâce à de longues études. Si les deux aires sont contiguës, elles ne se recouvrent pas exactement. D'après Jastrow, le premier sens de *ḥkm* est « celui qui sait (les secrètes pensées des hommes) » *ḥkm hrzym* (*t.b. Ber.* 58a ; *m. 'Abot* 4, 1). Le deuxième sens est « savant, érudit », titre inférieur à Rabbi ; voir *t.b. Sanh.* 21a (réf. à 2 *S* 13, 3) : *'yš ḥkm lrš'h* « un homme qui s'y connaît en matière de perversité, un habile ». Le sens de *zqnym*, en l'occurrence, et quelle que soit la réalité qu'il recouvre, « sénateurs, messagers, ou dignitaires », est purement *politique* : il concerne la *représentation officielle*. C'est le sens que rendent le Targum d'Onqelos, la version samaritaine de la Polyglotte de Walton, le Targum du Pseudo-Jonathan, et la Peshitta, avec *sby* ou *sb'*, qui signifie en premier lieu « âgé, ancêtre », et en second lieu « officier de la maison royale » (*Qo Rab* 9, 18, expliquant *hmzkyr* de 2 *R* 18, 18). Mais une frange non négligeable de la tradition (Targum de Jérusalem, Targum samaritain de la Triglotte de Barberini) a opéré le glissement de la politique à l'habileté en traduisant *zqnym* par *ḥkymyn*.

Cette compréhension « habile » de *zqnym* ne fut pas sans incidence sur le sens donné à *wqsmym bydm* : si c'est au titre de leur savoir-faire et de leur habileté que les *zqnym* se rendent en délégation auprès de Balaam, alors ils vont à lui en hommes du métier, en égaux, en « confrères » ; ils possèdent, en matière de *qsm*, une compétence identique à la sienne ; ils appartiennent à la même corporation que lui. D'où le commentaire de Rachi pour *wqsmym bydm* : « Toutes sortes de sortilèges, afin qu'il ne puisse dire : 'Je n'ai pas mon outillage sur moi'. » Ibn Ezra commente *zqny mw'b* : « *wḥkmym* c'est-à-dire versés dans la science de la divination *(bḥkmt qsm)* et les *zqnym* n'étaient pas vraiment des *zqnym*, mais des *ḥkmym*. » Quant à *wqsmym bydm*, Ibn Ezra soutient, contre Samuel Hannagid, qu'il « envoya au *qwsm* des *qwsmym* comme lui afin qu'il ne pût différer en disant : 'je trouve que ce n'est ni le bon jour ni la bonne heure', car c'étaient des hommes versés dans son art. »

Dans la tradition rabbinique, c'est surtout aux *zqny mdyn* qu'est dévolue une compétence particulière en matière de magie : les instruments de la divination se trouvaient encore entre leurs mains (*Tanḥ.* B IV, 7 p. 135 ; *Tanḥ.* Balaq 5, p. 84 ; *Nb Rab.* 20, 8 ; *Midrash Aggada* sur *Nb* 22, 7).

45. Les exégètes traduisant par « honoraires de la divination » sont minoritaires : Lüther traduit « Lohn des Wahrsagens » et Kimḥi, à la suite de Samuel Hannagid, *dmy qsmym*, bien qu'il hésite entre ce sens et *myny qsmym*, d'après le *Midrash Rabbah* de *Nb* 20, 6, ou encore *mh yš ṣrykyn 'lyw m'nyny qsmym*. Voir aussi Rosenmüller (1824), Kalisch (1877), Dillmann (1886), Gray (1903).

instrumental ne peuvent invoquer la présence, dans l'Ancien Testament, d'autres occurrences de *qsmym* signifiant « instruments de divination », face à l'absence d'occurrences de *qsmym* voulant dire « salaire de la divination » ; nous l'avons vu, dans les deux seuls autres cas présentant *qsmym* au pluriel (*Dt* 18, 10 et 2 *R* 17, 17), ce terme employé comme accusatif paranomastique du verbe *qsm (qsm qsmym, yqsmw qsmym)* désigne sans doute à la fois l'instrument, l'acte, et le résultat de l'acte[46]. Rien à voir avec la formule *wqsmym bydm,* qui par sa forme est unique dans l'Ancien Testament. Pourquoi le sens alors, c'est-à-dire le contenu, n'en serait-il pas unique aussi ? D'autant que l'Ancien Testament offre trois cas analogues de substantifs employés dans le sens « paiement, rémunération », de l'action impliquée par le verbe de la même racine. Ce sont *p'lt (śkyr)* en *Lév* 19, 13 et en *Jb* 7, 2, « salaire du travail, gages », *bśrh* en 2 *S* 4, 10, « récompense de la bonne nouvelle » et *ygy' kpk* « le produit de ton labeur » en *Ps* 128, 2 et *Jb* 10, 3. Dillmann renvoie à 1 *S* 9, 7, 1 *R* 13, 7 ; 14, 3 ; 2 *R* 5, 15 ; 8, 8, et Gray à *Am* 7, 12 et *Mi* 3, 5 pour montrer que la consultation de voyants ou de prophètes n'allait pas sans présents. Il est peut-être même permis de penser que la mention et la place dans la phrase des *zqny mdyn* juste avant celles des *qsmym* n'est pas un hasard : les Madianites sont connus pour être des marchands itinérants, dont les caravanes convoyaient objets rares et denrées de prix (*Is* 60, 6 ; également *Jg* 8, 24-26 et *Nb* 31, 51-52, qui attestent un amoncellement de richesses). Pourquoi, au nom de leur coexistence pacifique, de leur tradition de bonne entente, et de leurs communs intérêts spécialement menacés en cette heure grave, les agriculteurs et bergers qu'étaient les Moabites n'auraient-ils pas sollicité la participation des Madianites *en nature,* c'est-à-dire en puisant dans les trésors qu'eux-mêmes n'avaient

46. Le problème posé par *wqsmym bydm* ne concerne que la *forme* de l'acte (instrument ou rémunération), et non son *contenu* ni sa légitimité ; le contexte n'offrirait d'ailleurs aucun élément permettant de préciser ce dernier, que nous tenterons d'éclairer à l'occasion de *Nb* 23, 23a *(ky l' nḥš by'qb wl' qsm byśr'l).*

En faveur du fait que *wqsmym bydm* désigne « les honoraires de la divination », T. Fahd (Une pratique cléromantique à la Ka'ba préislamique, *Sem.* 8, 1958, p. 54-79) signale que « la flèche était chose sacrée et appartenait au sanctuaire ; et c'est généralement devant l'idole que la consultation se faisait » (p. 72). Dans cette perspective, ou bien l'on pense à l'exécutant Balaam, et il possédait ses propres instruments de divination dans le sanctuaire dont il dépendait, ou bien l'on se tourne vers le bénéficiaire Balaq, et c'est dans les différents sanctuaires des hauts lieux moabites que devait servir le matériel qui y appartenait. De toute façon le transport par délégation s'avère inutile. De plus, Ibn Isḥāq rapporte que pour la consultation mantique on donnait au gardien de Hubal une somme de cent dirhams et une victime. Fahd ne sait s'il s'agit d'une simple rémunération donnée au sādin ou bien d'un partage entre le dieu et son gardien, de sorte que ce dernier touchait la somme d'argent et que la victime était sacrifiée au dieu (p. 73-74). En transposant à la situation de *Nb* 22-23, la part du devin serait les *qsmym*, remis par l'ambassade, et le premier *zbḥ* d'accueil, à Qiriat Ḥouṣôt ; celle de la divinité serait le *'wlh*.

sans doute pas ? La procession des *zqny mw'b* accompagnés *nécessairement* des *zqny mdyn* apparaîtrait donc comme le cortège paradoxal de personnages chargés de richesses, les mains pleines, de possédants qui apportent ce qu'ils ont, mais n'en sont pas moins en position de demandeurs.

Le Pseudo-Jonathan a donc peut-être vu juste en rendant *qsmym* par *mygdyn dqsmym* « toutes sortes de marchandises, de biens précieux pour récompenser à l'avance le travail consistant dans le *qsm* ».

LA PREMIÈRE ENTREVUE AVEC BALAAM

L'écrivain, au v. 8a, fait parler Balaam au style direct, alors qu'au v. 7b, il n'avait pas relaté la transmission du message au style direct, ni au style indirect, il ne l'avait pas même résumée, il l'avait juste rapportée *formellement*. La première parole de Balaam à nous être transmise l'est donc au style direct, et elle frappe par son caractère « direct » : décision et brièveté. Elle tient tout entière dans le v. 8a : « Passez la nuit ici et je vous rapporterai la parole selon que le Seigneur m'aura parlé. »

Sous un aspect banal, elle est intéressante parce qu'elle combine deux thématiques et phraséologies bien attestées l'une et l'autre dans l'Ancien Testament, mais habituellement disjointes. Le verbe *lwn* veut dire « passer la nuit » ; outre un certain nombre d'occurrences banales, il a deux emplois spéciaux : d'une part, la sphère de l'hospitalité (*Gen* 24, 54) avec, notamment, le même usage de l'impératif *lynw* (*Gen* 19, 2 ; *Jg* 19, 6.9 ou l'équivalent *brḥwb 'l-tln* « ne passe pas la nuit à la rue » en *Jg* 19, 21) pour exprimer l'invite à passer la nuit sous le toit de celui qui parle ; d'autre part, la sphère du contact privilégié avec Dieu. Dans ce deuxième cas, le schéma est bien établi : le personnage est en route, il est seul et à l'écart de toute vie humaine ; il passe la nuit sur place (*wyln šm* en *Gen* 28, 11 et 1 *R* 19, 9) et a un songe (*wyḥlm whnh* « il songea et voici » en *Gen* 28, 12), ou la parole de Dieu s'adresse à lui (*whnh dbr-yhwh 'lyw* en 1 *R* 19, 9). En *Nb* 22, 8-9, les deux thèmes sont à la fois unis et distincts, puisque c'est aux émissaires que Balaam offre l'hospitalité (v. 8aα) pour la nuit tout en promettant, avec une assurance où n'entre pas le moindre doute, de leur rapporter la parole de Dieu (v. 8aβ) dont la venue a effectivement lieu à partir du v. 9[47].

47. Le verbe *lwn* n'est pas le terme technique exact pour décrire la position de celui auquel Dieu vient par incubation ; le terme consacré est *škb* « être couché » ; c'est le seul employé en 1 *S* 3, 2.3.5.6.9.15 ; si le verbe *lwn* lui est associé (*Gen* 28, 11), c'est plutôt comme circonstance générale, préalable à l'incubation, que comme désignation de cet état proprement dit. Pourtant si, en 1 *R* 19, 5-6, l'angélophanie est précédée du seul verbe *škb* réitéré, en 1 *R* 19, 9, l'adresse à Élie de la parole du Seigneur suit le seul verbe *lwn*.

Au v. 8a se dessine un trait qui s'affirmera tout au long de l'histoire : Balaam n'hésite pas. Ni à faire *sincèrement* effort pour contenter la requête qui lui est faite, ni à définir d'emblée ses intentions et son ordre de priorité, ni à situer nettement sa position dans le cadre d'une relation personnelle, directe et réciproque avec Yahvé ; à l'offre d'hospitalité succède immédiatement la déclaration : « et je vous rapporterai la parole selon que Yahvé m'aura parlé ». L'ensemble formé par l'ajustement l'une à l'autre des trois propositions 8aβγδ est remarquable de simplicité : il est à la fois naturel et schématique. Ce trait caractérise d'ailleurs l'écriture de notre épisode et permet de poser déjà la question : Balaam est-il un personnage ambigu ? La réponse ne fait aucun doute : Balaam ne laisse aucune place à l'équivoque. Il confesse dès l'abord son obédience yahviste. Dès *Nb* 22, 8aβγδ, dès la première parole de Balaam, nous tenons, de la bouche même de Balaam, deux informations conjointes, nous avons la double assurance de sa relation directe et facile avec Yahvé, et sa parfaite conformité à la parole divine. Il ne diffère en rien, sur ce chapitre, d'un Samuel, d'un Élie, d'un Isaïe ou d'un Jérémie. Le *hiphil* du verbe *šwb* a deux grands types d'emploi :

1° le plus fréquent : « faire revenir (la main ou la colère) », c'est-à-dire, « annuler » (voir *Nb* 23, 20) ;

2° le moins fréquent : « répondre », qui se subdivise selon que c'est une réponse simple allant du locuteur à son destinataire (relation comprenant deux termes), ou une réponse transitive « faire un rapport » sur un spectacle que l'on a vu ou une parole que l'on a entendue (relation à trois termes, dont un absent, l'objet précisément de ce rapport).

Nb 22, 8aγ participe de ces deux sous-catégories : c'est une réponse après consultation, c'est « répondre comme a parlé un tiers que l'on était venu consulter », mais ce n'est pas foncièrement différent de la réponse simple. C'est seulement plus complet.

Le deuxième sens sert assez souvent à décrire l'action d'un médiateur entre le roi (ou le chef) et le peuple. La phrase *whšbty 'tkm dbr k'šr ydbr yhwh 'ly* atteste la continuité existant entre le messager du roi et le prophète de Dieu[48]. On y comparera *Ex* 19 où, en contexte prophétique (Moïse médiateur entre les anciens du peuple et Yahvé), Moïse fait le va-et-vient entre les deux pôles extrêmes : « Et Moïse vint et appela les anciens du peuple *(zqny h'm)* et mit devant eux toutes ces paroles (*wyśm lpnyhm 't kl-hdbrym h'lh*, voir *Nb* 23, 5 : «Et Yahvé mit une parole dans la bouche de Balaam » *wyśm yhwh dbr bpy bl'm*) que

48. Voir R. Rendtorff, Botenformel und Botenspruch, *ZAW* 74, 1962, p. 165-167, repris dans *Gesammelte Studien zum Alten Testament* 57, München 1975, p. 243-255.

Yahvé avait commandées. Et tout le peuple ensemble répondit et dit : 'Tout ce qu'a dit Yahvé, nous le ferons' (*kl 'šr-dbr yhwh n'śh,* voir le leitmotiv de *Nb* 22-24 *kl 'šr-ydbr yhwh 'tw "śh*) et Moïse rapporta à Yahvé les paroles du peuple *(wyšb mšh 't-dbry h'm 'l-yhwh)*. Et Yahvé dit à Moïse... » (*Ex* 19, 7-9). Voir encore 1 *R* 20, 9 : « Et il dit aux messagers de Ben-Hadad : 'Dites au roi, mon seigneur : 'Tout ce que tu as mandé à ton serviteur la première fois, je le ferai' (*kl 'šr-šlḥt 'l-'bdk br'šnh "śh* à comparer toujours au leitmotiv); mais cette chose-ci, je ne puis la faire' (*whdbr hzh l' 'wkl l'śwt* à confronter avec l'un des accompagnements du leitmotiv en *Nb* 22, 18b *l' 'wkl l'br 't-py yhwh l'śwt qṭnh 'w gdwlh*) et les messagers s'en allèrent et lui rapportèrent la parole *(wylkw hml'kym wyšbhw dbr)*. » Le contexte est ici mi-laïque mi-prophétique.

La double proposition *whšbty 'tkm dbr k'šr ydbr 'ly yhwh* n'a pas encore eu de précédent au cours des versets antérieurs; elle n'apparaît donc pas encore comme ce qu'elle est réellement, une ébauche incomplète, une première bribe annonciatrice du leitmotiv. On entend parler que l'homme du métier.

Le v. 8b fournit les premiers exemples ponctuels de la variation esthétique : l'invitation à passer la nuit sur place est lancée avec *lynw* et l'exécution en est relatée avec *wyšbw*; c'est l'un des cas typiques où l'alternance de vocabulaire fut utilisée pour prouver l'existence de deux récits parallèles et pour tenter la répartition du texte actuel entre l'un et l'autre.

Une enquête sur *lwn* et *yšb* arrive à prouver le contraire du résultat escompté par ceux qui manient inconsidérément l'argument de vocabulaire. Ainsi Eissfeldt, dans son *Hexateuch-Synopse,* attribue-t-il à J le passage où survient *lwn* et à E ceux où se rencontre *yšb*. Il se trouve alors conduit à distinguer l'invitation de Balaam, en 22, 8a, du récit de l'exécution qui suit immédiatement, en 22, 8b : « et les dignitaires de Moab demeurèrent avec Balaam » *wyšbw śry-mw'b 'm-bl'm.* N'est-ce pas un peu abrupt? Au v. 19aα, au cœur d'un ensemble J commencé depuis le v. 13b et censé continuer sans interruption jusqu'au v. 36 inclus, il doit soudain rendre à E ce qui *doit* être à E, en vertu de l'hypothèse documentaire : « et maintenant, je vous prie, demeurez ici, vous aussi, cette nuit » *w'th šbw n' bzh gm-'tm hlylh.* La première objection gît dans l'harmonie interne au texte et la méfiance à l'égard d'une dissection trop artificielle.

La seconde objection est fournie par Eissfeldt lui-même : sa *Synopse* attribue les emplois de *lwn* à trois strates rédactionnelles différentes : *Gen* 32, 22 (E); 24, 25 (E); 24, 33 (E); *Nb* 22, 8 (J); *Gen* 19, 2 (L); 28, 11 (E); 32, 14 (J); 31, 54 (J); 24, 54 (J); *Ex* 23, 18 (E); 34, 25 (J); *Jos* 3, 1 (L); 6, 11 (J); 4, 3 (L). Donc sa propre théorie se contredit. Était-ce la peine de disloquer un texte cohérent, *Nb* 22, 8, pour en arriver là?

La troisième objection, qui couronne les deux précédentes, est apportée par le verbe *yšb*. Si ce terme a effectivement un sens différent de *lwn*, car beaucoup moins précis (« s'installer » et non « passer la nuit »), tous deux n'en ont pas moins été sentis, à une certaine phase de l'évolution sémantique, comme équivalents et interchangeables. *Is* 65, 4a en fait foi : *hyšbym bqbrym wbnṣwrym ylynw* « ceux qui habitent des sépulcres et passent la nuit dans des lieux cachés ». En 1 *R* 19, le voyage d'Élie au mont Horeb, ont lieu deux rencontres successives avec le divin ; la première à Bershéba, après qu'Élie s'est assis *(wyšb)* sous un genêt, a prié, s'est couché et endormi (v. 4-5) ; la seconde, à l'Horeb même, lorsque Élie y passe la nuit (*wyln šm* au v. 9). Donc, dans le contexte du contact immédiat avec le divin, les verbes *yšb* et *lwn* ne sont évidemment pas synonymes, mais employés d'une manière équivalente, susceptibles d'une certaine alternance.

LES DIGNITAIRES DE MOAB

A peine réglée la question des *zqny mw'b wzqny mdyn*, le groupe disparaît pour faire place aux *śry-mw'b*. Si, comme le montre la présente analyse, il n'y a jusqu'ici qu'un seul récit, les *śry-mw'b* dénotent les mêmes personnages que les *zqny mw'b wzqny mdyn*. Cette identification ne va pas de soi. D'une part, que sont devenus les membres madianites de la délégation ? D'autre part, « les anciens » et « les dignitaires » sont-ils bien deux manières différentes de désigner les mêmes personnages ?

Les versions anciennes font bloc derrière le TM[49], mais la tradition

49. La LXX, et à sa suite, Origène, traduisent *zqnym* par *hè gerousia* ; c'est le terme désignant l'assemblée des anciens ou le sénat, à Sparte (Aristote, *Politique*, 1270 b 25) ; en Phrygie (Euripide, *Rhésus* 401) ; à Carthage (Aristote, *Politique*, 1272 b 38) ; à Rome (Plutarque, *Moralia* 789 E) ; en parlant des Anciens d'Israël (LXX d'*Ex* 3, 16.18, etc.). On peut se demander si l'institution sénatoriale était compatible avec la royauté, comme paraît le supposer *Nb* 22. Ce n'est pas sûr. Dans le cas contraire, deux solutions se laissent envisager : ou bien voilà une preuve supplémentaire du caractère artificiel et fictif de cet assemblage narratif ; la royauté de Balaq est une sorte de « pièce rapportée » au peuple de Moab dont l'instance dirigeante était une sorte de Sénat ; la fiction peut d'ailleurs avoir créé les *zqnym* eux-mêmes, sur le modèle des *zqny yśr'l* si présents dans l'*Exode* (*Ex* 3, 16.18 ; 18, 12 — épisode de Jéthro le Madianite) ; nous serions en présence d'un montage de toutes pièces. Ou bien les *zqny mw'b* ne valent que comme représentants, c'est-à-dire que le terme qui les désigne est l'équivalent de *ml'kym* « ambassadeurs ». L'Ancien Testament n'offre pas d'autres exemples de *zqnym* envoyés en ambassade, mais notre texte lui-même établit l'équivalence puisque *zqny mw'b wzqny mdyn* ne survient qu'en second lieu pour désigner les émissaires, en manière de précision, mais que leur toute première mention (v. 5) était *ml'kym*. Est-il superflu de rappeler que le deuxième sens de *gerousia* n'est autre que « ambassade », soit le sens exact de *presbeia* (voir Euripide, *Rhésus* 936 ; Platon, *République* 422 d ; Xénophon, *Cyropédie* II iv 1) ? Mais *presbeia* lui-même est susceptible de revêtir successivement chacun des trois sens proposés respectivement par *zqnym*, *śrym*, et *ml'kym* : 1° *presbeia* veut d'abord dire « ancienneté, droit d'ancienneté ou d'aînesse » (Aristote, *Politique* 1259 b 12) ; 2° par suite, « dignité, rang élevé » (Platon, *République* 509 b) ; 3° « députation, ambassade »

rabbinique, par les efforts d'imagination déployés pour la résoudre[50], reflète une difficulté réelle.

Depuis le début de l'histoire, outre les deux expressions mentionnées ci-dessus, l'ambassade fut aussi nommée simplement *ml'kym* (v. 5aα). Il est sûr que dans l'Ancien Testament, les trois termes ne renvoient pas aux mêmes fonctions. En 1 *S* 11, 3, ce sont les anciens de Jabèsh *(zqny ybyš)* qui traitent avec Naḥash l'Ammonite et envoient des *ml'kym* dans tous les confins d'Israël. En 1 *R* 20, 5 les *ml'kym* font un va-et-vient entre le roi Ben-Hadad d'Aram qui les a envoyés, et le roi d'Israël; ce dernier convoque tous les anciens du pays *(kl-zqny h'rṣ)* pour les consulter (v. 7), et sa réponse aux *ml'kym* n'est que l'écho fidèle du conseil donné par tous les anciens et tout le peuple (*kl-hzqnym wkl-h'm* au v. 8). Dans l'un et l'autre texte il s'agit évidemment de personnages différents, jouant dans l'histoire des rôles bien distincts. En revanche, en *Jg* 8, 14, « les principaux de Sukkoth et ses anciens *(śry skwt wzqnyh)*, soixante-dix-sept hommes » sont étroite-

(Platon, *République* 422 d) et « députés, ambassadeurs » (Xénophon, *Cyropédie* II iv 1). La LXX a fidèlement traduit *ml'kym* (v. 5), par *presbeis, zqnym* (v. 7), par *gerousia* et *śrym* (v. 8), par *archontes*; mais elle pouvait très bien, conforme au génie du grec, traduire à chaque fois par *presbeia*, à condition de comprendre à chaque fois ce terme d'après l'un des trois sens différents qu'il recouvre, respectivement les sens de *ml'kym*, de *zqnym* et de *śrym*. Ni le *gerousia* réel, ni le *presbeia* possible de la LXX ne nous renseignent donc sur l'identité des représentants envoyés par Balaq; d'ailleurs, les trois sens différents de *presbeia* se succèdent dans un ordre logique : de l'ancienneté à la représentation, en passant par la dignité; l'hébreu, de la représentation à la dignité, en passant par l'ancienneté, n'obéit pas à cet ordre logique, mais offre plutôt une série de points de vue différents.

La LXX rend *śrym* par *hoi archontes*. La Vulgate, tout en restant fidèle à l'esprit du texte hébreu, prend quelques libertés avec la lettre : elle rend *zqny mw'b wzqny mdyn* par *seniores Moab et majores natu Madian*; quant à l'alternance *śry mw'b* / *śry blq*, le latin ne la respecte pas : il traduit par le seul *principes*, ou bien y substitue des pronoms démonstratifs. Pour la traduction de *zqnym* par les différentes versions araméennes, se reporter à la note 44; elles rendent *śry (mw'b* ou *mdyn)* par *rwbn'* (Peshitta), *rbrby* (Onqelos et Pseudo-Jonathan), *rbrbny* (Néofiti), *rbny* (Targum samaritain).

D'après W. Dietrich (*Israel und Kanaan, Vom Ringen zweier Gesellschaftssysteme* [Stuttgarter Bibelstudien 94], Stuttgart 1979, p. 91-93), les *zqnym* et les *śrym* (du moins ceux d'*Is* 3, 13-15) sont respectivement les notables locaux (ayant autorité dans les villages et les petites villes) et les fonctionnaires royaux (ministres, officiers supérieurs, gouverneurs). Ce fait expliquerait pourquoi, bien que, dans notre texte, *zqnym* et *śrym* désignent successivement les mêmes groupes de personnages, l'auteur n'ait employé *zqnym* que lorsque les Madianites en faisaient partie, ne l'ait employé que là (les Madianites sont des notables locaux), et n'ait commencé à utiliser *śrym* et *śrym* exclusivement, que lorsque les Madianites eurent disparu de la scène (les membres moabites de l'ambassade sont des fonctionnaires royaux).

50. Voir *Tanḥ.* Balaq 5 p. 84, et à sa suite Rachi : « Les anciens de Madian avaient pris ceci comme critère : 'S'il vient avec nous dès la première fois, il y a du vrai en lui, mais s'il nous fait attendre, il ne pourra nous servir de rien'; c'est pourquoi quand il leur dit : 'Restez ici cette nuit', ils dirent : 'Il n'y a rien à espérer de lui !' et ils le quittèrent et s'en allèrent. Comme il est dit (v. 8) : 'Et les princes de Moab restèrent chez Balaam'; mais les anciens de Madian s'en allèrent. » De même *Tanḥ.* B, IV, 7, p. 135 et *Nb Rab.* 20, 8.

ment associés *en tant que représentant* la population de la ville. Associés, c'est-à-dire à la fois unis et distingués. Ce ne sont pas les mêmes personnages, mais le narrateur les joint ensemble dans son histoire parce que dans son histoire ils jouent un seul et même rôle, celui de représentants. Et ils ne l'intéressent que de ce point de vue. Le fait est flagrant en *Jg* 8, 16 où, relatant le châtiment exemplaire infligé aux *zqny h'yr,* il en oublie les *śrym,* qui pourtant avaient la même fonction de représentation : « Et il prit les anciens de la ville *(zqny h'yr),* et des épines du désert et des chardons, et en corrigea les hommes de Sukkoth *('nšy skwt).* » Bien que, dans cette histoire, les *zqnym* et les *śrym* soient deux groupes de personnages distincts, ils finissent par se confondre sous la plume du narrateur, parce que l'intérêt se concentre sur la valeur paradigmatique, pour l'ensemble des habitants, du châtiment infligé aux membres du sous-ensemble que forment leurs représentants. Tout est question de point de vue, et ce point de vue peut lui-même varier au cours d'un récit.

Jg 8 nous avait mis sur la voie de la solution ; 1 *S* 30, 26 nous y mène : « et il envoya (il c'est-à-dire David) du butin aux anciens de Juda, à ses compatriotes » *wyšlḥ mhšll lzqny yhwdh lr'hw.* Ici, le point de vue est interne, et l'emploi du terme *zqnym* s'inscrit même dans une temporalité, celle de l'histoire commune vécue par David et ses hommes (*'nšyw* au v. 31).

En *Nb* 22, les changements dans la dénomination des membres de l'ambassade sont dus certes à une recherche esthétique, mais la variation n'est pas purement formelle. Elle exprime aussi un déplacement de perspective, déjà entamé d'ailleurs avec le passage de *ml'kym* à *zqny mw'b wzqny mdyn.* Les *zqnym* ont certes qualité de représentants pour l'extérieur, comme en *Jg* 8 ; mais, comme en *Jg* 8 déjà et surtout, comme en 1 *S* 30, ils sont considérés de l'intérieur, sous l'angle de leur rapport avec leurs concitoyens (*Jg* 8), ou avec leur chef (1 *S* 30). Donc, tant que nous resterons à l'intérieur de Moab, c'est-à-dire jusqu'au v. 7a, il sera question des *zqnym ;* d'ailleurs, le débat concerne les intérêts moabites immédiats. Mais à peine sortons-nous des limites de Moab (c'est-à-dire au v. 7b, quand les émissaires rencontrent Balaam), les *zqnym* disparaissent et apparaissent les *śrym,* pour ne plus quitter la scène. Ce sont bien les mêmes personnages, mais vus de l'extérieur, par l'étranger auquel ils sont envoyés, sous l'angle de la représentation par excellence, bref, ce sont les dignitaires. En amont du v. 8, au v. 4aα, nous avons expliqué la mention des *zqny mdyn.* Mais la mention des *seuls zqny mdyn* ne nous étonnera plus : nous sommes à l'intérieur de Moab ; le *sujet* du verbe est *mw'b* c'est-à-dire indistinctement le groupe homogène Balaq et ses *zqnym.* Dans le cadre des relations intérieures à Moab, il faut pourtant à Moab un interlocuteur, mais qui ne soit pas lui-même, ni non plus un étranger véritable. Il fallait donc un peuple autre que Moab, mais qui lui ressemblât comme un frère, qui en fût un peu le double : Madian, dont on sait la tradition de bonne entente avec Moab, et ses édiles, les *zqny mdyn,* étaient tout désignés, s'imposaient, étaient peut-être même les seuls à remplir de telles conditions. Ainsi, les *zqny mdyn* ne sont plus seulement expliqués, ils sont exigés par le texte. Au v. 7aα *wylkw zqny mw'b wzqny mdyn,* le point de vue est en quelque sorte intermédiaire : il est encore intérieur à Moab, puisqu'on nous détaille la composition de l'ambassade ; partant, les membres de la délégation seront appelés *zqnym ;* mais ils s'éloignent déjà ; les *zqny mw'b* ne sont plus complètement confondus ni avec l'ensemble de Moab, dont ils sont les représentants, ni avec Balaq, dont ils sont les émissaires. C'est pourquoi ils sont bien mentionnés.

Le glissement de point de vue en point de vue permet d'expliquer encore, non seulement la subite disparition des *zqnym* au v. 8 et la soudaine apparition des *śrym,* mais aussi le fait que *mdyn* cesse d'être mentionné, et qu'allusion n'y soit plus jamais faite. La disparition de Madian a partie liée avec celle des *zqnym.* Dès lors que la frontière de Moab est franchie, dès lors que le point de vue devient extérieur, regard de l'étranger, peu importe la composition de l'ambassade. Au contraire, pour le bon fonctionnement et l'efficacité maximale de la représentation, il importe que la délégation ne semble qu'un bloc homogène et que tous fassent corps pour ne plus apparaître que comme les représentants de Moab, *śry-mw'b* [51].

LE PREMIER ENTRETIEN AVEC DIEU

L'assurance et la simplicité avec lesquelles Balaam, au v. 8, suppose et garantit implicitement son entretien avec Yahvé n'ont d'égales que la clarté et la simplicité avec lesquelles le narrateur relate cette venue de Dieu au v. 9. Elles se répondent exactement :

« Et Dieu vint à Balaam et dit : 'Qui sont ces hommes (que tu as) avec toi ?'. » Pareille simplicité suppose de part et d'autre une longue habitude, une familiarité : Balaam paraît faire son métier. *Nb* 22 diffère en cela de tous les autres textes de l'Ancien Testament. C'est pourquoi toutes les tentatives de rapprochement ou de comparaison avec d'autres passages bibliques se révèlent toujours plus ou moins inexactes. Les exégètes n'ont pas manqué en effet qui, animés d'une

51. Au v. 8, les émissaires sont les *śry mw'b* ; au v. 13, les *śry blq* ; au v. 14, les *śry mw'b* derechef ; au v. 17, les *'bdy blq* ; au v. 21, les *śry mw'b.* L'alternance systématique *mw'b-blq* procède peut-être d'une recherche d'élégance, à moins qu'elle ne soit un artifice littéraire pour forcer le lecteur à identifier Balaq et Moab, pour réduire l'écart historique, déjà constaté à l'occasion des v. 2aα, 3aα, 4aα et 4b, entre le personnage de Balaq et le royaume de Moab, pour continuer à brouiller les pistes d'une éventuelle enquête historique.

bonne intention, se sont employés à défendre Balaam contre les accusations de ceux qui s'acharnaient à voir en lui un devin païen, un retors, un pervers. Pour ce faire, ils l'ont quasiment assimilé à Abraham, Jacob, ou à Moïse, ou à Samuel, Élie, ou encore à Isaïe, Jérémie. Voulant démontrer à toute force que Balaam était un *verus propheta,* ils en ont faussé l'image. De fait, prend-on *Gen* 15, 1 («La parole de Yahvé fut adressée à Abram dans une vision»), 26, 2 («Yahvé lui apparut et dit»), 28, 12.13 («Il eut un songe ... Voici, Yahvé se tenait près de lui et lui dit»), 46, 2 («Et Dieu parla à Israël dans les visions de la nuit, et il dit»), 1 *S* 3, aucun de ces entretiens avec le divin ne correspond tout à fait à celui qui nous occupe.

Il n'y a pas correspondance au plan de la *qualité* : dans les autres cas il est question de vision ou de songe, le nôtre se contente de dire que Dieu vient la nuit et parle. Sans doute y a-t-il incubation, mais nous devons le supposer[52]. C'est donc peut-être simplement une différence *quantitative* : notre texte serait moins détaillé, plus elliptique.

En 1745, H. Benzelius, dans sa *Dissertatio philologica de Bileamo divino propheta*[53], se prend d'un beau zèle pour défendre Balaam contre les griefs de paganisme et d'impiété dont fourmille l'exégèse chrétienne des premiers siècles. Son discours est embarrassé, et cette gêne reflète la position délicate où il s'est mis : pour prouver que Balaam est bien un *verus propheta,* il le compare à David, Nathan, Gad. Il prend soin pourtant de dire qu'il ne faut pas tomber dans l'excès inverse comme l'ont fait certains savants hébreux, au point de l'égaler à Moïse, et de lui donner le pas sur tous les autres prophètes authentiques. Selon Benzelius, il y a, à part, Moïse, qui jouit du privilège d'une familiarité unique et simple avec Dieu, et puis, tous les autres *veri prophetae,* dont Balaam, qui reçoivent les titres de *hnby', hrw'h, hḥzh.*

Cette simplicité du rapport avec Dieu est précisément le cas de *Nb* 22, 8 ss, sans que soit pourtant prononcé aucun des termes mentionnés

52. Le texte ne contenant pas les mots «voir» ni «vision», nous ne sommes pas en mesure de dire s'il s'agit d'une expérience onirique transposée, selon l'interprétation que propose des visions MAÏMONIDE (voir A. GUILLAUME, *Prophétie et divination chez les Sémites,* 1re édition anglaise Londres 1938, traduction Paris 1950, p. 224-239). Toutefois l'Ancien Testament admet l'existence de visions indépendantes du rêve et, d'autre part, distingue la vision nocturne du songe (1 *S* 3, 1-4). Voir, à cet égard, A. CAQUOT, Les songes et leur interprétation selon Canaan et Israël, dans *Les songes et leur interprétation,* Paris 1959, p. 101-124, p. 109-111). On notera que si la fonction de Balaam *ptwr* se rattache bien à la racine *ptr* «interpréter», *Nb* 22 diffère de *Gen* 40-41 (récit de l'interprétation des songes des Égyptiens par Joseph, seul autre texte biblique où figure cette racine) en ce que, précisément, il n'y est pas fait mention de songe.

53. H. BENZELIUS, *Dissertatio philologica de Bileamo divino propheta* (Syntagma dissertationum in Academia Lundensi habitarum Tomus II), Frankfurt-Leipzig 1745, p. 37-55, p. 47-48.

par Benzelius ; la situation est implicitement la même que celle qui est décrite explicitement en *Nb* 12, 6-8 :

« S'il y a un prophète parmi vous, moi Yahvé, je me ferai connaître à lui en vision, je lui parlerai en songe. Il n'en est pas ainsi de mon serviteur Moïse, il est fidèle dans toute ma maison, lui ; je parle avec lui bouche à bouche, et clairement, non en énigmes ; et il voit la ressemblance de Yahvé. »

Mais, faute de détails, on ne peut dire si Balaam est ou n'est pas à mettre sur le même plan que les prophètes autres que Moïse, s'il communique avec Yahvé *bmr'h* et *bḥlwm* comme eux, ou *ph 'l-ph* comme lui. Des *modalités* on ne peut rien dire, mais pour la *qualité*, on peut reprendre le mot de Vitringa (cité par Benzelius) décrivant la relation de Moïse à Dieu : « *Hujus viri haec fuit praerogativa, ut in dubiis casibus Deum consulturus ... responsum ad interrogata ferret, voci humanae simili, familiari, communi, quali vir cum viro, amicus cum amico, in colloquiis amicae consuetudinis uti solet*[54]. » Si aucun vocable ne la définit, le texte tout entier l'implique : c'est simplement l'homme du métier. Voilà un statut unique dans l'Ancien Testament. Il n'y a ni récit de vocation, ni définition, ni dénomination. *Nb* 22 se présente comme une section de la vie de Balaam, entre un « avant » (la longue habitude que suppose la familiarité) et un « après » éventuel.

La question posée par Dieu : *my h'nšym h'lh ʿmk* « Qui sont ces hommes (qui se trouvent) avec toi ? » atteste la même simplicité et la même familiarité, tant pour le contenu que pour le ton que pour l'enchaînement immédiat, sans préambule, avec son arrivée.

L'Ancien Testament renferme un certain nombre de ces feintes questions divines. Le commentaire de Rachi sur *Gen* 3, 9 montre

54. Balaam double négatif de Moïse : la proximité exceptionnelle de Balaam avec Dieu a étonné le midrash qui l'interpréta au détriment du devin. Dans le *Midrash Tana Dve Eliahu*, non seulement Balaam est le prophète Gentil égal à Moïse, mais il le surpasse dans ses rapports avec Dieu (28, 14). Toutefois, on note la même hésitation que chez Benzelius : le *Midrash Tana Dve Eliahu* concède la supériorité de Moïse en deux autres points : Dieu lui parlait alors qu'il était debout, et dans une langue pure, non pas tronquée comme il faisait pour Balaam. Mais Balaam choit d'autant plus bas qu'il avait été élevé plus haut : *Nb Rab*. 20, 1, déplaçant ce parallélisme Moïse-Balaam, l'étend à l'opposition prophètes d'Israël-prophètes des nations. Rachi reprend ce thème : « Si l'on se posait la question : 'Pourquoi le Saint, béni soit-il, a-t-il fait reposer son Esprit majestueux sur un païen pervers ?' C'est afin que les autres nations n'aient pas l'excuse de dire : 'Si nous avions eu des prophètes, nous aurions retrouvé le bon chemin', aussi Dieu leur a-t-il donné des prophètes, et ceux-ci ont brisé les barrières (morales) du monde : car au début (les nations) respectaient les lois sexuelles, et celui-là (Balaam) leur a donné le conseil de s'adonner à la prostitution. » Rachi indique le nœud de la question : Balaam, païen, est investi d'un pouvoir prophétique non moindre que n'est celui des prophètes israélites.

qu'il avait repéré un motif littéraire: « *'kh*. Dieu savait où il était. Mais c'est une manière de commencer la conversation, afin qu'il ne soit pas surpris et incapable de répondre si Dieu lui annonce sa punition brusquement. De même à Caïn Dieu demande: 'Où est Abel ton frère (*Gen* 4, 9).' Et à Balaam: 'Qui sont ces hommes qui sont avec toi? (*Nb* 22, 9)'. C'est pour entrer en conversation avec eux. De même pour Ézéchias, à propos des messagers de Merodac Baladan (*Is* 39, 3). »

Quant à *Nb* 22, 9b : « Il (c'est-à-dire) Dieu voulait induire Balaam en erreur; celui-ci pensait : Donc, parfois, tout ne Lui est pas connu. Il n'a pas toujours la même présence d'esprit, eh bien, je veux trouver le moment propice où je pourrai maudire sans qu'Il s'en aperçoive. » La question divine serait ici à la fois une pierre de touche et une pierre d'achoppement sur laquelle aurait trébuché *(kšl)* Balaam[55].

Ibn Ezra, renvoyant à *Gen* 4, 9 : *wy'mr yhwh 'l-qyn 'y hbl 'ḥyk* « Et Yahvé dit à Caïn : 'Où est Abel ton frère?' » résume ainsi la forme et la fonction de la question divine : *ptḥwn wtḥlt dbwr* « ouverture et commencement du discours »; de même Mendelssohn : *lknws 'mw bdbrym* « pour entrer en conversation avec lui »; et Heidenheim : *mwd' lbynh* « information pour la compréhension », cités par Kalisch. Quant au contenu de la question, Ehrlich nie qu'il faille le comprendre : « Qui sont ces hommes qui sont chez toi? », car le texte eût porté : *'šr b'w 'l bytk*, comme en *Jos* 2, 3. « Ici il ne faut pas comprendre *'mk* en un sens local, mais du point de vue de la relation (cf. *Lév* 25, 35). Par conséquent, le sens de la question, de manière analogue à *Gen* 33, 5, est : 'quel rapport ces gens ont-ils avec toi?' »

N'est-il pas remarquable que *Gen* 3, 9 ait eu la faveur des « comparatistes »? La simplicité du récit édénique (« Et ils entendirent la voix de Yahvé Dieu qui se promenait dans le jardin au vent du jour »), l'habitude mutuelle qu'il suppose, résonnent des mêmes accents que *Nb* 22, 9 ss. Ce sont les deux textes dits « yahvistes », *Gen* 3, 9 et 4, 9, que citent le plus souvent les commentateurs et, quel que soit le crédit accordé à l'hypothèse documentaire, ce fait n'est pas dépourvu de signification quant à notre texte : le récit yahviste est toujours vanté pour sa simplicité, et réputé décrire une relation proche et facile entre l'homme et Dieu[56].

55. L. Ginzberg, *The Legends of the Jews*, T. III, p. 358-359 et T. VI, p. 125-126, n. 730. Les références sont *Nb Rab*. 20, 6.9; *Tanḥ*. B. IV, p. 136 et *Gen Rab*. 19, 11. D'après le Pseudo-Philon, Balaam répondit : « Pourquoi, Seigneur, mets-tu à l'épreuve la race des hommes? Ils ne sont pas capables d'y résister; car tu sais, plus qu'eux, tout ce qui était au monde avant que tu ne le fondes. Et maintenant, éclaire ton serviteur, que je sache si j'ai raison d'aller avec eux » (*Liber Antiquitatum Biblicarum* 18, 4).

56. Voir S. R. Driver, *An Introduction to the Literature of the Old Testament*, Edinburgh 1891, réédité en 1950, p. 119; G. Hölscher, *Geschichtsschreibung in Israel*, Lund 1952, p. 231; H. Cazelles, *Introduction à la Bible*, Tome II, *Introduction critique à l'Ancien Testament*, Paris 1973, p. 194-195.

Rachi signale encore très justement *Is* 39, 3-7 = 2 *R* 20, 14-18 où le roi Ézéchias est interrogé, non par Dieu d'ailleurs, mais par le prophète Isaïe : « Et Isaïe le prophète vint vers le roi Ézéchias et lui dit : 'Qu'ont dit ces hommes *mh 'mrw h'nšym h'lh* (en *Nb* 22, 9 : « Qui sont ces hommes ? » *my h'nšym l'lh*) et d'où sont-ils venus vers toi *(wm'yn yb'w 'lyk)* ?' » (en *Nb* 22, 20a, pendant et complément de 22, 9 : « Si c'est pour te voir que sont venus les hommes *'m-lqr' lk b'w h'nšym* »). Ézéchias dit : « Ils sont venus vers moi d'un pays éloigné, de Babylone. » Et (Isaïe) dit : « Qu'ont-ils vu dans ta maison *(mh r'w bbytk)* ? » (en *Nb* 22, 9 *'mk* et 20 *lqr' lk*). Les analogies sont évidentes.

Nul n'a songé à 1 *R* 19, 9, qu'il était cependant judicieux de mentionner. Nous nous en priverons d'autant moins que 1 *R* 19, récit de la retraite d'Élie au désert, fut signalé plus haut pour la présence des verbes *yšb* et *lwn* en contexte de révélation prophétique. Sauf qu'Élie en personne est le sujet du verbe *lwn*, le mouvement est identique à celui de *Nb* 22, 8-9 : « Là, il entra dans la caverne et y passa la nuit. Et voici, la parole de Yahvé vint à lui et lui dit : 'Que fais-tu ici, Élie ?' » *(wyb'-šm 'l-hm'rh wyln šm whnh dbr-yhwh 'lyw wy'mr lw mh-lk ph 'lyhw)*. L'ensemble respire la même familiarité que *Nb* 22, 9 ss.

La question de *Nb* 22, 9 a prêté à confusion. Selon l'opinion préalable qu'ils avaient de Balaam, les exégètes lui ont donné valeur d'inquisition et d'accusation, ou n'y ont vu qu'une simple demande d'information. L'analyse nous conduit à la ranger dans la deuxième catégorie.

LA RÉPONSE DE BALAAM À DIEU

La réponse de Balaam comporte d'abord un énoncé en style direct : « Balaq, fils de Ṣippor, roi de Moab, a envoyé vers moi » *blq bn-ṣpr mlk mw'b šlḥ 'ly*. C'est la reprise à la fois libre et fidèle, exacte et différente, du v. 5aα : « Et il envoya des messagers à Balaam, fils de Béor » *wyšlḥ ml'kym 'l-bl'm bn-b'wr*. *šlḥ ml'kym 'l* et *šlḥ 'l* sont deux expressions synonymes, aussi bien attestées l'une que l'autre dans l'Ancien Testament, pour évoquer l'envoi de messagers.

C'est la première et dernière fois, de tout le texte, que Balaq est nommé avec l'ensemble de sa titulature. Nous avons précédemment justifié la place et l'authenticité du v. 4b *wblq bn-ṣpwr mlk lmw'b b't hhw'* par la nécessité, pour l'auteur, de compenser, par le pseudo-naturel, l'absence de lien historique réel profond entre Balaq et Moab. Sous la rhétorique se creusait le vide de la fiction ; même si elle trahissait ce vide, elle était encore un pont, tout négatif qu'il fût, avec le réel de l'Histoire. Au v. 10, nous avons définitivement quitté l'Histoire pour entrer dans la fiction, royaume de la rhétorique ; celle-ci ne renvoie plus à rien d'extérieur à la fiction, même négativement. Il n'est donc pas sans importance que l'énoncé complet des titres de

Balaq ne se produise que maintenant : c'est seulement maintenant qu'il dispose du « laissez-passer » de la fiction. « Maintenant » si l'on regarde vers l'amont du texte, c'est-à-dire, « la première fois ». Mais regarde-t-on vers l'aval du texte, ce « maintenant » restrictif signifie aussi « la dernière fois ». Il fallait qu'à l'intérieur de la fiction Balaq *une fois* fût sacré, mais *une seule fois*.

Pourquoi une seule fois et pourquoi cette fois-là ? Parce que *Nb* 22, 10 est l'endroit du texte qui donne à Balaq la plus grande importance ; tout converge pour lui conférer le maximum de dignité. C'est la première fois que Balaam parle, et c'est avec Dieu qu'il s'entretient, au discours direct. Le dispositif mis en place pour déployer le prestige de Balaq dans toute son ampleur tient autant à la situation du v. 10bα dans le texte qu'à la forme et au contenu propres de l'énoncé. Voilà pour le comment, la manière. Mais à quelle fin l'auteur a-t-il choisi cette place précise ? C'est pour mieux montrer la rivalité qui va jouer tout au long de la péricope entre Balaq et Dieu. Que le lecteur sache, d'entrée de jeu, à quoi s'en tenir sur les positions respectives de Balaq et de Dieu : ils sont symétriques par rapport à Balaam, que tous deux sollicitent, et solliciteront encore. Comme pour le roi d'Assyrie en *Is* 10, 24-26 et 14, 4-26 (surtout v. 8-15), il n'est élevé si haut que pour être précipité plus bas, il est sacré parfaitement pour que soit mieux consacrée sa chute : il doit s'écrouler de toute sa hauteur. Mais justement, pareille *hybris* ne saurait figurer *en titre* deux fois dans le texte. C'est déjà trop d'une. Balaq ne s'en remettra pas. C'est pourquoi elle n'est suivie d'aucune autre.

On comprend alors que le rapport fait à Dieu par Balaam au sujet de l'ambassade moabite soit au style direct et détaillé (v. 10-11), là où le récit de l'exécution elle-même (v. 7bβ) n'était qu'un résumé très abrégé, presque elliptique. Le narrateur a beaucoup à dire, à faire sentir et à mettre en place lors de la première entrevue de Balaam avec Dieu, mais rien de spécial au moment de la communication à Balaam du message de Balaq ; les paroles ne redeviennent lourdes de sens qu'en présence de Dieu.

Ces v. 10-11 sont capitaux parce que s'y met en place l'ensemble du dispositif selon lequel fonctionnera la suite du texte. Signalons d'emblée l'apparition d'un second système de symétrie : la rivalité Balaam/Dieu par rapport à Israël. Balaq, eu égard au peuple élu, prête à Balaam un pouvoir, et lui demande une intervention qui constitueraient un détournement et une usurpation véritables des prérogatives divines à l'endroit d'Israël *si Balaam obtempérait*. Cette seconde symétrie est plus subtile que la première. Elle n'est pas *objective*, elle n'est pas inscrite dans la réalité de l'action comme était la rivalité Balaq/Dieu par rapport à Balaam ; elle est *subjective*, elle reflète les présupposés qui sous-tendent les actions du seul Balaq. Balaam lui-même ne la reprend pas à son propre compte, ne la fait pas sienne, quoi qu'en disent certains commentateurs rabbiniques qui tirent des v. 10-11 l'idée que Balaam y brave Dieu et y fait preuve d'une vanité démesurée[57]. Balaam lui-même se contente de retransmettre avec impartialité la teneur exacte du message qu'il a reçu. Cette seconde symétrie consiste, *dans l'esprit du seul Balaq*, à éliminer toute question impliquant le devin pour tout faire dépendre du seul Balaam. Tout au long du texte à venir, elle subira une correction, une rectification immédiates et systématiques qui réintroduiront à chaque fois la dimension divine méconnue ou refusée. C'est Balaam lui-même qui s'en chargera. Pour l'heure, au point du texte où nous en sommes, c'est d'abord à Dieu en personne qu'il revient d'opérer cette correction, ce dont il s'acquitte au v. 12.

Comme tous les exégètes l'ont remarqué, le v. 11 répète mot pour mot l'énoncé du message que, aux v. 5b-6, Balaq chargeait son ambassade de porter à Balaam. C'était au moment de l'envoi en mission. Dès le premier temps de la première ambassade, le narrateur prenait déjà soin de nous faire entendre le message de Balaq au style direct. Il tient à le recommencer lors de la troisième phase. Nous avons vu combien celle-ci, en tant que première entrevue entre Balaam et Dieu, était importante. Aucun mot prononcé à cette occasion n'est donc indifférent. Il se produit un effet dialectique entre le contenu d'une parole, l'endroit du texte où elle apparaît, la forme qu'elle revêt, et son impact.

Mettons en regard le message de Balaq tel qu'il est énoncé au premier temps (envoi en mission) et au troisième temps (retransmission à Dieu par Balaam). Sur le fond commun d'une grande ressemblance, d'une quasi-identité, nous verrons surgir d'infimes différences qui ne sont pas insignifiantes. Le tiers arbitre sera le texte d'*Ex* 1 et 10, puisqu'il est entendu que *Nb* 22 lui a fait un emprunt littéral.

57. Rachi, par exemple, commente ainsi le v. 10 : « *blq bn ṣpwr*, etc. Bien que je ne sois pas considéré à tes yeux, je le suis aux yeux des rois. » Il suit *Tanḥ*. Balaq 5, p. 84.

Nb 22, 5b-6	*Nb* 22, 11
hnh ‘m yṣ’ mmṣrym hnh ksh ’t-‘yn h’rṣ whw’ yšb mmly.	*hnh h‘m hyṣ’ mmṣrym wyks ’t-‘yn h’rṣ*
w‘th lkh-n’ ’rh-ly ’t-h‘m hzh ky-‘ṣwm hw’ mmny	*lkh qbh-ly ’tw*
’wly ’wkl nkh[58]*-bw w’gršnw mn-h’rṣ ky yd‘ty ’t ’šr-tbrk mbrk w’šr t’r yw’r*	*’wly ’wkl lhlḥm bw wgrštyw*
Ex 1, 9	
hnh ‘m bny yśr’l rb w‘ṣwm mmnw	
Ex 10, 5 (menace)	*Ex* 10, 15 (réalisation)
wksh ’t-‘yn h’rṣ	*wyks ’t-‘yn kl-h’rṣ*
	Ex 1, 10
	hbh ntḥkmh lw pn-yrbh wyhy ky-tqr’nh mlḥmh wnlḥm-bnw w‘lh mn-h’rṣ

Nous avons vu que l’auteur tenait à faire énoncer deux fois au discours direct le message de Balaq à Balaam. Mais l’endroit du texte et le locuteur ont changé. Au premier temps, c’est Balaq lui-même qui parlait ; au troisième temps, c’est Balaam qui retransmet un propos qui lui a déjà, au deuxième temps, été transmis par ambassade interposée. Le destinataire du discours n’est pas non plus le même : au

58. Au v. 6aγ, *’wkl nkh* a étonné : faut-il tenir *nkh* pour un imparfait subordonné au verbe *ykl* ? C’est la proposition de Gray, qui signale le cas, analogue, de *Lam* 4, 14 ; voir aussi S. R. Driver, *A Treatise on the Use of the Tenses in Hebrew*, Oxford 1892, 3e édition 1969, § 163, p. 206. Gray admet que cette construction, fréquente en syriaque et en arabe, est rare en hébreu. Par ailleurs, il ne méconnaît pas la difficulté d’abrupts changements de personne : *’wkl* première personne du singulier, *nkh* première du pluriel et *’gršnw* derechef première du singulier. Il suggère que pareille alternance se présentait déjà en *Nb* 20, 14.19 selon que le locuteur (c’est-à-dire le peuple) se concevait comme unité ou comme pluralité, ou encore, selon que le chef s’identifiait ou non avec la collectivité pour laquelle il parlait. Mais le v. 11 voit le retour en force de la première personne du singulier : *’wkl, grštyw* ; de plus, *’wkl* y est clairement suivi de l’infinitif *lhlḥm*. Gray n’exclut pas que *nkn* provienne de la corruption d’une forme infinitive dont la préformante *l* serait tombée par haplographie avec le *l* final de *’wkl*. König (*Syntax der Hebräischen Sprache*, Leipzig 1897, § 399 d) propose un infinitif piel inconnu *nkkh*. LXX et Peshitta ont traduit par la première personne du pluriel : *dynômetha pataxai, nškḥ nḥrwb*. Le Targum d’Onqelos rend les v. 6 et 11 de façon identique : *’kwl l’gḥ’*. Ibn Ezra avait déjà noté cette anomalie, et précisé qu’il fallait lire *lnkh*, non *lnkwt*, et que le sens était *lhkwt*. Rapprochant de *Dan* 9, 24, *lklh* il juge que *nkh* est *šm hpw‘l*, un nom verbal. Rachi envisage d’abord la solution de l’union-distinction du chef et de son peuple : « *nkh bw*. *’ny w‘my nkh bhm* ‘Moi et mon peuple les battrons’ », puis lance une autre hypothèse, extravagante, mais qui atteste l’existence d’une pierre d’achoppement : « C’est une expression de la Mishna : *my‘wṭ hw’ mnkh lw mn hdmym lhsr mhm m‘ṭ* ‘On lui déduit (*nkh* ‘défalquer’) du prix’ (*m. B. Meṣ.* 9, 2), c’est-à-dire, les diminuer quelque peu. » Strack suggère que *nkh* est, ou bien une première personne du pluriel de l’imparfait hiphil, ou bien dû à l’alternance distinction-union, ou encore que *’wkl* est une faute pour *nwkl*, causée par la présence de *’wly* qui précède immédiatement. La solution la plus simple semble celle d’Ibn Ezra : il faut voir en *nkh* un infinitif (qal ou piel) dépendant de *’wkl*, et l’haplographie de la préformante *l* n’est pas invraisemblable.

premier temps, ce sont les *ml'kym*, qui ne font qu'un avec Moab, même s'ils incluent des Madianites ; au troisième temps, c'est Dieu.

Nous savons, depuis le v. 8, que Balaam vit en familier de Dieu et n'hésite pas un instant à professer son obédience yahviste. Cette connaissance que nous avons de lui est une clef pour interpréter les divergences entre le discours direct du premier temps et celui du troisième temps. Celui des v. 5b-6 est nettement plus long que celui du v. 11. On retrouve l'exigence esthétique de l'écrivain qui, forcé de se répéter, s'efforce pourtant de se répéter le moins possible, et pour ce faire, d'abréger au maximum sa reprise. Mais ses critères d'abréviation seront précisément fonction du changement de locuteur et d'interlocuteur. Le v. 11 est une version « expurgée » des v. 5b-6[59], qui exprime avec discrétion mais netteté la position et le caractère éminemment religieux de Balaam, son attitude à l'égard d'Israël, et résulte aussi du sentiment que certains propos sont trop impies pour être prononcés devant Dieu, fût-ce comme citation. En conséquence :

— là où Israël n'était qu'un peuple *('m yṣ')*, Balaam reconnaît *le* peuple *(h'm hyṣ')* ;

— Balaam ne reprend pas la citation d'*Exode* soulignant la supériorité militaire d'Israël *('ṣwm hw' mmny)* ;

— Balaam élide le complément d'origine du verbe *grš* : *mn-h'rṣ*. Adopte-t-il implicitement le point de vue du peuple élu, pour lequel *h'rṣ* ne saurait désigner d'autre pays que la terre d'Israël ?

— Balaam omet la conclusion de Balaq *(ky yd'ty 't 'šr-tbrk mbrk w'šr t'r yw'r)*.

Pareille déclaration méconnaît Dieu, ou fait de Balaam l'égal de Dieu. Elle s'inscrit dans le cadre de la seconde symétrie dont nous avons fait état, la rivalité subjective Balaam/Dieu par rapport à Israël, celle qui n'advient que dans la pensée de Balaq. En aucune façon Balaam ne la pourrait citer.

En modifiant les propos de Balaq, il réduit au minimum les risques, qui sont doubles : d'une part, laisser croire qu'il identifie son intérêt à la cause de Moab ; d'autre part, se compromettre en tenant des propos aussi impies que ceux de Balaq. Et, après cette opération de « réduction » toute négative, l'auteur trouve encore moyen de lui faire exprimer de façon positive, dans le « réduit » verbal où il l'a conduit, sa fidélité yahviste.

59. Fait significatif, les versions ont assimilé au discours original (v. 5 b-6) le discours qui le rapportait (v. 11) :

— Pour *h'm hyṣ'* de l'hébreu, le samaritain, la LXX et la Peshitta lisent *'m yṣ'*.

— Pour *wyks*, la LXX, le Vaticanus, le samaritain, la Peshitta, ainsi que certains manuscrits hébreux lisent *whnh ksh*.

— Après *h'rṣ*, la LXX insère *whw' yšb mmly*.

— Pour *'th*, le samaritain et la Peshitta lisent *w'th*.

— Après *wgrštyw*, la LXX insère *mn h'rṣ*.

LA VARIATION LEXICALE 'rr/qbb

Aux v. 5b-6, toutes les mentions de l'acte de maudire se font, dans la bouche de Balaq, avec le verbe *'rr*. Le verbe *qbb* ne survient qu'au v. 11, au troisième temps, dans la bouche de Balaam citant Balaq. La péricope de *Nb* 22-24 emploie *'rr* en quatre occasions, mais le mot lui-même revient cinq fois (22, 6.12; 23, 7)[60]; *qbb* apparaît en huit occasions, mais le mot lui-même revient dix fois (22, 11.17; 23, 8.11.13.25.27; 24, 10). Ce qu'il y a de certain, c'est que le verbe *'rr* disparaît de la prose dès 22, 12 c'est-à-dire dès l'exécution de la première ambassade, et que s'il reparaît dans la poésie (*'rh-ly* en 23, 7, citation exacte de 22, 6), c'est pour disparaître définitivement, remplacé immédiatement par *qbb* qui en 23, 8 *(mh 'qb l' qbh 'l)* est traité comme le substitut exact de *'rr*. Par la suite, toutes les fois qu'il sera question de maudire (c'est toujours Balaq qui parle, soit pour ordonner de le faire, soit pour reprocher de ne l'avoir pas fait), ce sera avec le seul verbe *qbb*. De plus, *qbb* est employé une fois en paronomase infinitive, procédé prégnant (*gm-qb l' tqbnw* en 23, 25aβ) alors que *'rr* ne l'est jamais. On peut donc, sans exagérer, dire que le texte s'inscrit assez nettement sous le signe de *qbb*. Le sujet supposé du verbe est toujours Balaam sauf en 23, 8, où c'est Dieu; l'objet est toujours le peuple, sauf en 23, 8, où il est indéfini; le locuteur est toujours Balaq, sauf en 23, 8 où c'est Balaam et en 22, 12 où il faut distinguer entre locuteur cité (celui qui prononça en réalité la parole, et c'est Balaq), et locuteur citant (celui qui la prononce effectivement dans le présent du texte, et c'est Balaam).

Cette prépondérance de *qbb* dans la péricope est-elle le fruit du hasard ou s'explique-t-elle? Dans ce dernier cas, il y aurait donc une différence entre deux termes qui semblent *a priori* recouvrir le même champ sémantique[61].

60. Je ne compte pas *Nb* 24, 9bβ, dont l'analyse ultérieure montrera qu'il s'agit d'une citation de *Gen* 27, 29b, et faite par un autre auteur que celui qui nous occupe.

61. La LXX ne semble pas avoir distingué entre *'rr* et *qbb*. En effet, *katarômai* lui sert à la fois pour *'rr* (en 22, 6b et 12) et pour *qqb* (en 23, 11). Mais *arômai* lui sert aussi à la fois pour *'rr* (en 22, 6a) et pour *qqb* (en 22, 11 et 23, 8). Conséquence de cette indifférenciation : la LXX n'est pas cohérente dans sa traduction de chacun des deux termes : elle traduit *'rr* par *arômai* en 22, 6a et 23, 7, mais par *katarômai* en 22, 6b et 12. Elle traduit *qbb* par *arômai* en 22, 11 et 23, 8a, mais par *katarômai* en 23, 8b.11.13 et 26, et même *epikatarômai* en 22, 17! Cet *epikatarômai* traduit d'ailleurs *z'm* en 23, 7bβ. Hélas, elle rend les deux *z'm* de 23, 8b par *katarômai* ce qui ne les différencie plus des deux autres!

La LXX ne semble pas avoir attribué à ces trois verbes un sens ni une importance pour eux-mêmes, dans l'absolu, mais bien relativement les uns aux autres. Peut-être faut-il ne la considérer que comme un texte en soi, indépendamment de son rapport à l'hébreu. On verra alors qu'elle essaie de ménager une progression entre les trois vocables, notamment en 23, 7-8a : *Deuro arasai ... kai deuro epikatarasai ... ti*

On est frappé par la concentration presque exclusive des emplois bibliques de *qbb* en *Nb* 22-24. Hormis cet épisode, il n'en reste que trois. Le sens en est général en *Prv* 11, 26, et opposé de manière classique à la bénédiction : « Celui qui retient le blé, le peuple le maudit ; mais la bénédiction sera sur la tête de celui qui le vend. » Les deux autres occurrences se trouvent en *Jb* 3, 8 : « Que l'exècrent les maudisseurs du jour » *(yqbhw 'rry-ywm)* et 5, 3 : « Et soudain j'ai maudit sa demeure » *(w'qwb nwhw pt'm)*. Ce dernier cas, suivi de l'énumération des malheurs qui s'abattent sur la maison du maudit (« Ses fils sont loin de la sûreté... Sa moisson, l'affamé la mange... »), est conforme à l'esprit dans lequel notre texte utilise *qbb*. Mandelkern propose de *Jb* 5, 3 une exégèse intéressante : de sa formulation déterminée par *pt'm* « soudain », il tire un sens applicable à tous les emplois de *qbb*, l'idée de quelque chose qui arrive, se produit, se réalise en l'espace d'un instant, d'un éclair. L'intuition est intéressante, mais semble dépendre d'une confusion entre la racine *qbb* et la racine *nqb* « transpercer ».

Le verbe *nqb* a trois grands types d'emplois :

1° Dans nombre de cas, ce mot veut dire concrètement « transpercer » (notamment en *Jb* 40, 24 et 26).

2° Dans trois cas, *nqb* s'applique concrètement au nom de Dieu, qu'il a pour objet. « Transpercer le nom de Dieu » n'est rien d'autre que « blasphémer » (*Lév* 24, 11 et 16).

3° Dans plusieurs cas, *nqb* niphal, avec pour sujet *šmwt,* signifie « appeler nommément », « désigner » (*Nb* 1, 17 ; *Esd* 8, 20 ; 1 *Chr* 12, 31 ; 28, 15 ; 31, 19). *Is* 62, 2 est remarquable : « on t'appellera d'un nom nouveau que la bouche du Seigneur a prononcé » *(wqr' lk šm ḥdš 'šr py yhwh yqbhw)*. La qualité de l'appellation équivaut au sort même que connaîtra le peuple et, par ailleurs, le fait d'appeler présuppose l'acte physique concret d'énoncer le nom du peuple concerné.

Il reste quelques cas où les lexicographes hésitent entre une attribution à la racine *qbb* ou à la racine *nqb*[62].

arasômai hon mè kataratai kyrios. Mais cela non plus n'est pas exploité systématiquement.

Peut-être, cependant, la LXX a-t-elle senti *qbb* comme étant plus fort que *'rr*, car, sur quatre occurrences de *'rr*, elle en rend deux par *arômai* et deux seulement par *katarômai* alors que, sur les huit occurrences de *qbb*, deux seulement sont rendues par le verbe simple *arômai*, six bénéficiant des préfixes *epi* ou *epikata*. Proportionnellement, donc, le verbe simple *arômai* semble affecté plus spécialement à *'rr*. Mais peut-être l'assonance *'rr/arômai* a-t-elle joué. La Vulgate traduit uniformément *'rr* et *qbb* par *maledicere*. Elle rend *z'm* par *detestare*.

62. Ce sont précisément *Jb* 3, 8 : *yqbhw 'rry-ywm* ; 5, 3 : *w'qwb nwhw pt'm ; Prv* 11, 26 : *mn' br yqbhw l'wm*.

Scharbert[63] rejette l'éventualité d'un lien étymologique entre *qbb* et *nqb*. Il préfère envisager une parenté avec le tigré *qb* «dégrader, outrager, diffamer» et l'arabe *qabiba* «être mince, rare». Mais est-il interdit de penser qu'à une certaine époque de la tradition sémantique, il y eut contamination même s'il ne restait plus, à la date où fut rédigé notre texte, que le souvenir d'un geste concret? A l'origine, on devait transpercer un objet sur lequel était écrit le nom de ce que l'on voulait maudire, et l'on faisait ce geste en prononçant distinctement ce nom. Dans la suite de l'évolution sémantique, *nqb* et, dans une certaine mesure, *qbb,* sont parfois restés associés à l'idée de la prononciation concrète du nom, et de l'effet (plus souvent négatif que positif), sur l'objet ainsi nommé, de l'acte même de prononcer son nom.

Jamais on ne sera assuré qu'en *Nb* 22-24 *qbb* résonne assez de cette hypothétique contamination avec *nqb* pour permettre d'en induire toute la technique décrite plus haut, ni même un seul geste concret. Le texte ne fournissant aucun détail, jamais on ne saura si l'acte de *qbb* impliquait un geste, ni lequel. Sauf les sacrifices. Tout est sublimé au niveau prophétique de la parole. Il n'y a pas même d'action symbolique.

C'est ici qu'il faut envisager l'hypothèse plus simple d'une parenté entre *qbb* et l'akkadien *qabū* (attesté en ougaritique sous la formule *qb'*) signifiant tout simplement «parler». L'idée serait, là encore, l'acte d'énoncer. On rejoindrait alors Zohar III § 198b : «Rabbi Abba dit : 'Cet impie s'est servi des deux termes pour désigner la malédiction qu'il demandait à Balaam contre Israël : Tantôt il emploie le terme de *'arâ'* et tantôt celui de *'qabâ'*. Quelle différence entre l'un et l'autre?' Il dit à Laban : 'Cueille-moi des fleurs et jette-les dans le chaudron magique avec des têtes de serpents.' Mais quand Balaq s'est aperçu que Balaam avait plus de force dans la bouche que dans les pratiques magiques, il lui dit : 'Maudis *(qabâ)* ce peuple'», et l'explication que, en accord avec Tanḥuma, propose Rachi des *zqny mdyn* : «Pour quel motif Moab demanda-t-il conseil à Madian? — Comme ils avaient vu qu'Israël avait remporté une victoire d'une manière extraordinaire, ils se dirent : 'Leur chef a grandi en Madian, nous allons nous renseigner auprès d'eux sur sa particularité.' Ils leur répondirent : 'Toute sa force est dans sa bouche!' *('yn kḥw 'l' bqyw)*. Les Moabites dirent alors : 'Et bien, nous aussi nous allons les attaquer par un homme dont toute la force est dans la bouche!' *(b'dm škḥw bpyw).*»

63. J. Scharbert, «Fluchen» und «Segnen» im AT, *Biblica* 39, 1958, p. 1-26, p. 14. Cette éventuelle confusion entre la racine *qbb* et la racine *nqb* a conduit certains exégètes de *Za* 12, 10aβ à commettre, au plan sémantique, une confusion analogue : s'appuyant sur *Lév* 24, 11 où *wyqb* . . . *'t-hšm* est bien synonyme de *wyqll*, ils ont, pour le verbe *dqr* «transpercer», indûment glissé vers le sens «blasphémer». Kimḥi, déjà, refuse d'assimiler *qbb* et *nqb*.

C'est peine perdue de s'enquérir du sens de *qbb* pour trouver la raison de sa prépondérance sur *'rr* en *Nb* 22-24, si l'on ne s'interroge aussi sur la spécificité du sens de *'rr*. D'après Scharbert, *'rr* est étymologiquement lié à l'akkadien *arâru* « attacher, ensorceler », et à l'arabe *'arra* « chasser, débusquer »[64]. Les exemples de *Gen* 3, 14 et 4, 11, *Jér* 17, 5, *Nb* 22, 6 et 23, 7, invitent à comprendre par « maudire en excluant de la communauté » (« bannen und verbannen »). L'acte de *'rr* serait le propos de personnes déterminées, auxquelles le commun attribuerait un pouvoir mystérieux : ainsi de Balaam et des *'rry-ywm* de *Jb* 3, 8. Dieu, bien entendu, dispose aussi de ce pouvoir (voir *Gen* 5, 29 ; 12, 3 ; *Mal* 2, 2). Mais la forme la plus fréquente est *'rwr*, participe passif du *qal*, par lequel une autorité lance des malédictions qui sont fonction de ses intérêts, et conformes à ses ordonnances éthico-religieuses[65]. De toutes les racines exprimant une « parole mauvaise » *('rr, g'r, z'm, qll* et *qbb* ou *nqb)*, *'rr* serait l'indication la plus véhémente. L'origine magique n'en est d'ailleurs pas exclue (voir *Nb* 5, 18-27). D'après Scharbert, *qbb* aurait un sens beaucoup plus précis que *'rr* et se rapprocherait de celui de *qll* pi. qui signifie « als unbedeutend hinstellen, geringschätzen, für klein und unbedeutend erklären ». Scharbert en arrive à la conclusion qu'il n'y avait pas, dans l'Ancien Testament, de terme technique établi pour l'acte de maudire, mais de multiples tournures. Par ailleurs, il faut distinguer entre l'étymologie et la sémantique : les mots ont pu être sentis comme synonymes alors qu'ils avaient des origines très différentes. Mais le souvenir de la différence initiale a pu subsister grâce à une spécialisation des objets dans le cadre même d'une apparente synonymie : ainsi, en *Ex* 22, 27, *qll* et *'rr* sont employés parallèlement, mais le premier a comme objet *'lhym*, et le second, *nśy'*, c'est-à-dire un homme. Scharbert signale d'ailleurs que *'l', 'rr* et *z'm*, à la différence de *qll* et *qbb*, n'ont jamais Dieu pour objet. Même à l'intérieur du parallélisme sémantique, l'usage a pu garder quelque reste, fût-il inconscient, de la différence étymologique originale.

64. D'après W. Schottroff (*Der altisraelitische Fluchspruch*, p. 205), *'rr* caractériserait la tradition yahviste sur Balaam, *qbb* correspondant à la rédaction élohiste. Les analyses les plus éclairantes sont celles de H. C. Brichto, pour qui le sens de base de *'rr* serait la malédiction d'un point de vue opérationnel : c'est l'idée d'imposer, par une incantation ou tout autre procédé, un bannissement, une barrière, ou une paralysie, sur le mouvement ou d'autres facultés. Brichto montre qu'elle se module selon son objet : « If a spell is imagined as something like a magic circle, which bars what is within from that which is without, ... when applied to earth or rain it is a spell which bars fertility to men. When applied to men (or animals), it bars them from the benefits of fertility or association with their fellow creatures » (*The problem of « Curse »*, p. 114-115).

65. Voir J. Scharbert, article *'rr*, *Theologisches Wörterbuch zum Alten Testament*. La formule *'rwr* + l'objet maudit en phrase nominale, particulièrement remarquable en *Dt* 28, implique sanction de la communauté, sous forme de rejet ; de même à Qumrân et dans les écrits rabbiniques, où elle s'adresse à celui qui se sépare de la Torah.

En dernière analyse, nul doute qu'à une certaine époque de la tradition sémantique les deux termes *'rr* et *qbb* furent sentis et utilisés comme équivalents. *Jb* 3, 8 *yqbhw 'rry-ywm* en fait foi. Nul doute que c'est le cas de notre texte, où les deux vocables alternent systématiquement dans des propositions analogues sous tous rapports sauf celui-là :

— v. 6 : *lkh 'rh-ly* et v. 11 : *lkh qbh-ly* (ordre de Balaq);

— v. 12 : *l' tlk lt'r* (interdiction divine formulée avec *'rr* mais suivant immédiatement le v. 11 formulé avec *qbb* et relative à lui);

— 23, 7 : *lkh 'rh-ly y'qb wlkh z'mh yśr'l* (ordre de Balaq);

— 23, 8 : *mh 'qb l' qbh 'l wmh 'z'm l' z'm yhwh* (objection de Balaam).

Dans ces deux derniers versets, *qbb* est séance tenante substitué à *'rr*; du fait que *z'm* est le dénominateur commun aux deux phrases, on voit bien que *qbb* fonctionne de manière interchangeable avec *'rr*; mais on n'en voit pas moins qu'il est préféré à *'rr* (il est répété au sein d'une même phrase comme l'est *z'm*, que l'auteur n'éprouve pas le besoin de varier).

'rr et *qbb* sont donc, au long d'un même texte, utilisés de façon équivalente et interchangeable et pourtant, le premier est le mal-aimé et le second, le préféré de l'auteur. Voici quelques solutions :

1° Le verbe *qbb* conserve le fumet de quelque pratique concrète, quelque technique oubliée. Cela conviendrait bien au contexte de *Nb* 22-24 et à la mise en scène sacrificielle et oraculaire à laquelle nous assistons. Balaam serait un professionnel de la malédiction. La concentration presque exclusive des emplois de *qbb* en *Nb* 22-24 convergerait avec le fait que cette histoire qui met en scène un interprète spécialisé est un *hapax* biblique. Mais on objectera que, précisément, l'étymologie n'autorisant pas l'identification de *qbb* au geste de *nqb* « percer », si Balaam est un « professionnel », on ne sait de quelle technique au juste.

2° Le verbe *qbb* reste plus concret que *'rr*, mais au sens où « toute sa force est dans sa bouche ». Il s'agit de l'acte de parler, de prononcer et d'énoncer. Sa dimension est moins technique que prophétique. Cela n'exclut pas « l'homme de métier », mais c'est celui des v. 8-10, le familier de Dieu. Le v. 11 l'éclaire sous un angle nouveau, celui de la parole prophétique efficace ; ce fait vient enrichir et compléter la figure apparue dans les versets précédents[66].

66. En *Nb Rab.* 20, 9 déjà, *qbh* est implicitement considéré comme plus fort que *'rh* : « 'Voici le peuple qui est sorti d'Égypte ... maintenant viens, maudis *(qbh)*-le-moi'. Cela sert à vous informer qu'il les haïssait plus que Balaq. Car Balaq ne dit pas

3° Le verbe *qbb* pourrait être un régionalisme, une variante régionale du verbe *'rr*, commune à *Nb* 22-24 et au livre de *Job*. Nous aurons l'occasion de constater que des termes et des tournures, quasi *hapax* dans la Bible, ne se rencontrent qu'en *Job* et dans notre épisode. Peut-être est-il permis d'y voir les traces d'un dialecte différent de celui de Jérusalem, sans doute plus méridional[67].

4° Ne se trouvant d'ailleurs que dans le livre des *Proverbes* et en *Job*, le verbe *qbb* pourrait être une spécialisation sapientiale du verbe *'rr*. Quant à la date de son apparition, il serait impossible de se prononcer. Mais qu'un esprit sapiential règne sur l'ensemble du texte, nous en aurons d'autres preuves.

Les trois dernières solutions ne sont pas incompatibles entre elles. Que l'on songe à la « sagesse édomite », fameuse dans le Proche-Orient ancien[68].

Le couple *'rr/qbb* nous a retenus mais à juste titre, car il caractérise notre texte et notre auteur : dans les textes bibliques postérieurs qui font allusion à l'épisode de Balaam (*Dt* 23, 5 ; *Jos* 24, 9 ; *Né* 13, 2) ainsi que dans les commentaires rabbiniques, le jeu sur les deux vocables disparaît complètement. C'est le verbe *qll* qui leur est indifféremment substitué.

L'INTERDICTION DIVINE AU V. 12

Et Dieu dit à Balaam : « Tu n'iras pas avec eux ; tu ne maudiras pas le peuple, car il est béni. »

qbh mais *'rh*, tandis que cet homme maudit *(qbh)* avec la mention du nom ineffable. » Le Midrash confond les racines *nqb* et *qbb*. De même Rachi, comparant les formules des v. 6 et 11 : « *qbh ly* : c'est plus fort *(qšh)* que *'rh ly* car il spécifie ses malédictions *(šhw' nwqb wmprš)*. »

Selon Brichto, la Bible fournit trop peu d'occurrences de *qbb*, et elles sont trop circonscrites à *Nb* 22-24 pour autoriser des conclusions certaines quant à ce verbe (*The Problem of « Curse »*, p. 215-219).

Les différentes façons dont l'auteur accommode la racine *qbb*, soit avec l'impératif non suffixé (*qâbâh* en 22, 11.17), soit avec l'impératif suffixé (*qobnô* en 23, 13), soit avec le parfait suffixé (*qabbōh* en 23, 8, *qabbōtô* en 23, 27), soit avec l'imparfait suffixé (*tiqqobennû* en 23, 25) ou non (*'eqqob* en 23, 8) jettent les grammairiens dans la perplexité. Il n'est pas de grammaire classique (Gesenius-Kautzsch, König, Bauer-Leander, Joüon) qui ne s'y attarde. Mais ne faut-il pas inverser la perspective ? Peut-être l'auteur s'est-il attaché à varier ses effets systématiquement et au maximum. Mieux : s'il a préféré *qbb* à *'rr*, c'est peut-être parce que le premier, offrant plus de ressources au plan sonore, se prêtait mieux à sa virtuosité.

67. A Deir 'Alla, Groupement II l. 17, J. Hoftijzer lit *wmh lqb ('mr)* « et qu'auras-tu pour maudire ? ». B. Levine lit *wmlqb 'mr* « and banned from pronouncing words of execration ». Mais cela risque d'être une projection faite à partir de la Bible, car sa lecture est douteuse. A. Caquot et A. Lemaire préfèrent *wǹlq [y] 'mr* « et nous frapperons. Dis/a dit ». Et M. Delcor, avec G. Garbini : *wmlq [y] 'mr* « et la punition. A dit... ».

68. Voir R. H. Pfeiffer, Edomitic Wisdom, *ZAW* 44, 1926, p. 13-25.

L'interdiction divine, outre qu'elle est une réponse immédiate au rapport fait par Balaam au v. 11 concernant la première ambassade, s'oppose encore plus nettement à l'ordre donné au discours direct par Balaq, au v. 6 :

v. 6 : *w'th lkh-n' 'rh-ly 't-h'm hzh . . . ky yd'ty 't 'šr-tbrk mbrk w'šr t'r yw'r*
v. 12 : *l' tlk l' t'r 't-h'm ky brwk hw'*

L'opposition systématique est inscrite dans la formulation des deux versets. L'impératif énergique du v. 6 *lkh-n'* devient au v. 12 un imparfait nié *l' tlk*, équivalant à une interdiction ; de même, l'impératif énergique *'rh* devient le prohibitif *l' t'r*. La succession syndétique des deux verbes se correspond exactement de l'un à l'autre verset ; elle est renforcée par l'emploi anaphorique de *l'* au v. 12. C'est la rivalité objective Balaq/Dieu par rapport à Balaam. Elle se cantonne dans la première partie de l'un et l'autre versets.

La deuxième partie, introduite dans l'un et l'autre cas par *ky*, illustre la rivalité née du désaccord entre une subjectivité non religieuse et une subjectivité religieuse. Au participe pual *mbrk* du v. 6b répond le participe passif qal *brwk*. Le participe *mbrk* est inhabituel[69]. La remarque faite par Ehrlich à propos de *mbrk* vaut d'être citée :

« Au second hémistiche, on remarque le participe *mbrk*, différent de *brwk* en 24, 9. Les deux participes ne peuvent être employés *promiscue*. Pour louer un Dieu (non pas un nom divin), seul convient le participe passif qal : voir *Gen* 14, 20 ; *Ex* 18, 10 ; 1 *S* 25, 39, etc. De même, celui auquel on souhaite la bienvenue ou auquel on fait un compliment s'appelle toujours *brwk yhwh*, jamais *mbrk* ; voir *Gen* 24, 31 ; 26, 29 ; 2 *S* 2, 5. Si la signification de *brwk* approche celle de *mbrk*, elles se distinguent l'une de l'autre en ce que *mbrk* désigne quelqu'un à qui une bénédiction est promise ou assurée, tandis que *brwk* au contraire désigne une personne pour laquelle la parole de bénédiction s'est déjà accomplie ; opposer *Dt* 28, 3.4.5.6 et 1 *S* 26, 25 à *Dt* 33, 13 ; *Ps* 27, 22 ; 1 *Chr* 17, 27. C'est pourquoi, ici, où l'on insiste sur le fait que les bénédictions du voyant ont l'habitude de s'accomplir, la seule expression qui convienne est *mbrk*. »

Déjà Rachi comprenait *brwk* comme le résultat présent d'une action passée :

« Tu n'iras point avec eux *(l' tlk 'mhm)* ». Balaam répondit : « S'il en est ainsi, je veux les maudire *('qll)* d'ici » ; Dieu répliqua : « Tu ne maudiras pas le peuple *(l' t'wr 't h'm)* ». Alors Balaam dit : « S'il en est

69. Il se rencontre seulement en *Ps* 113, 2, *Jb* 1, 21, 1 *Chr* 27, 27, *Dt* 33, 13 *(mbrkt)* et *Ps* 37, 22 (*mbrkyw* : masculin pluriel suffixé).

ainsi, je veux les bénir» ; Dieu lui répondit : «Ils n'ont pas besoin de ta bénédiction *('ynm ṣrykym lbrktk)* car il est béni *(ky brwk hw')...*»

Ibn Ezra est encore plus précis : «*ky brwk hw'* le sens c'est que tu ne peux pas le maudire *(l' twkl lqll 'wtw)* car moi je l'ai béni *(ky 'ny brktym).*»

Outre l'aspect passé, durable et définitif de *brwk*[70], le mot de Ibn Ezra indique une autre caractéristique de *brk*, soulignée par Scharbert : c'est à Dieu seul qu'il est réservé de bénir. Quand Dieu bénit, il envoie effectivement une bénédiction; quand un homme bénit, il ne peut que dire : «Le Seigneur te bénit» ou encore, faire une prière qui *appelle* la bénédiction divine.

La rivalité Balaam/Dieu par rapport à Israël revêt donc les formes suivantes :

1° *brwk* (passé accompli) s'oppose à *mbrk* (simple passif) quant à l'aspect. Seul *brwk* exprime vraiment ce que Schottroff appelle un «Segensbesitz»[71].

2° *brwk* s'oppose à *tbrk* quant à la personne du sujet qui accomplit l'action de *brk*. *brwk* est la formule biblique consacrée pour exprimer la bénédiction divine. En substituant le vocable classique au peu usité *mbrk*, l'auteur implicitement restitue à Dieu l'origine et la responsabilité de la bénédiction, lui rend son dû. En retour, par une sorte de mimétisme expressif, le fait que ce soit Dieu qui émette la parole correctrice en prononçant le mot *brwk* renforce la connotation divine de *brwk*.

3° *brwk* s'oppose à *t'r* et à *yw'r*. Sa place au v. 12bβ correspond exactement à leur place au v. 6b. Sa fonction explicative est le parallèle rigoureux de la leur : grâce aux deux *ky*, *brwk* (v. 12bβ) est à *l' t'r* (v. 12bα) ce que *'šr t'r yw'r* (v. 6bγ) est à *'rh* (v. 6aβ);

70. Nombre d'auteurs ont rapproché le *ky brwk hw'* de *Nb* 22, 12 de la bénédiction d'Isaac ravie par Jacob à son frère Ésaü en *Gen* 27. Au v. 33 b, *w'brkhw gm-brwk yhyh* se coule dans la même temporalité que notre passage : la bénédiction est un fait passé, mais qui détermine définitivement l'avenir. Aucun nouvel acte, présent cette fois (l'annulation espérée par Ésaü, ou la malédiction commandée par Balaq), ne saurait aller contre.

La conception de la bénédiction ou de la malédiction irrévocable exprimée en *Nb* 22, 6 n'est d'ailleurs pas incompatible, comme est *Gen* 27, 27-35, avec celle de *Prv* 26, 2 («Comme le moineau qui volète, comme l'hirondelle qui vole, ainsi une malédiction gratuite n'atteindra point son but») et de *m. Ter* 3, 8 : *l' 'mr klwm 'd šyhyw pyw wlbw šwyn* «On n'a rien dit de valable tant que la parole n'est pas conforme au cœur.»

Si *Gen* 27, 27-35 et *Nb* 22, 6 s'accordent pour l'irréversibilité de la bénédiction, *Nb* 22 ne s'intéresse pas à l'adéquation ou à l'inadéquation de l'intention à l'acte, alors que *Gen* 27 est formel à cet égard : la conformité ou la non-conformité de la parole avec la pensée n'a aucune incidence sur l'efficacité de la parole, puisque Jacob bénéficie de la bénédiction originellement destinée à Ésaü.

71. Certes SCHOTTROFF (*op. cit.*, p. 164, n. 4) nomme les deux expressions de *Nb* 22, 6 et 12 formules de «Segensbesitz» : mais 22, 12 l'est plus que 22, 6.

c'est la raison de l'interdiction de *'rr*, tout comme *'šr t'r yw'r* était la raison de l'ordre de *'rr*. Il est logique qu'une proposition affirmative contenant le verbe *brk* soit l'explication d'une proposition négative comportant le verbe *'rr*, contraire de *brk*. De même qu'il était logique qu'une proposition affirmative contenant le verbe *'rr* fût l'explication d'une proposition affirmative contenant le verbe *'rr*.

La rivalité Balaam/Dieu se traduit aussi, simplement par le fait que c'est Dieu qui, au v. 12, répond à la parole émise par Balaam aux v. 10-11. Mais, comme on voit, cette rivalité n'est pas aussi réelle, objective, que la rivalité Balaq/Dieu par rapport à Balaam : toute l'analyse précédente n'a-t-elle pas montré que le v. 12, parole de Dieu adressée à Balaam, s'opposait mot pour mot, en reprenant chacun des mots au v. 6, parole de Balaq également adressée à Balaam? Le v. 11 qui, prononcé par Balaam, est censé répéter textuellement la parole prononcée par Balaq au v. 6, la cite assez littéralement, mais la modifie quelque peu, nous avons vu comment : d'une part, il remplace *'t-h'm hzh* par *'tw*, d'autre part, il omet la fameuse proposition causale du v. 6b *ky yd'ty 't 'šr-tbrk mbrk w'šr t'r yw'r* qui, précisément, outre qu'elle expliquait l'ordre de maudire, le plaçait, lui Balaam, sur un piédestal. Le v. 11, dans la mesure où il devait le citer fidèlement, est infidèle au v. 6 et, paradoxe, c'est le v. 12, du fait même qu'il le reprend terme à terme pour s'y opposer, qui s'avère fidèle au v. 6! Dans cette histoire, les rivaux objectifs sont Balaq et Dieu.

De façon complémentaire et logique, le v. 12, où Dieu est censé répondre à la parole de Balaam du v. 11, est inadéquat à ce verset. Son inadéquation est normale et rigoureuse : elle est à la mesure de la première inadéquation, celle de la citation de Balaq au v. 6 par Balaam au v. 11 et, subséquemment, à la mesure de sa propre adéquation au v. 6 qu'il lui faut reprendre mot pour mot pour l'annuler.

Enfin, la manière de désigner Israël dans chacune de ces trois paroles participe des deux systèmes de symétrie et nous éclaire sur leurs rapports :

— au v. 5bα, Balaq dans son message à Balaam dit : *hnh 'm yṣ' mmṣrym* : puis, au v. 6, *'rh-ly 't-h'm hzh*. D'abord, l'absence de détermination, ensuite, l'extrême détermination. Ces deux désignations ne sont pas contradictoires mais corrélatives : Israël n'est connu de Balaq que comme un peuple fort sorti d'Égypte et qui, venu s'établir en face de lui, le menace *ici maintenant*;

— en revanche, au v. 11aα, Balaam citant cette parole de Balaq, mais la destinant à Dieu, dit : *hnh h'm hyṣ' mmṣrym*; et au v. 12bα, Dieu qui lui répond mais répond bien plus encore à la parole de Balaq des v. 5b-6, dit : *l' t'r 't-h'm*. Balaam et Dieu se contentent de la détermination simple pour désigner *le peuple*. Cette sobriété équivaut à une reconnaissance du peuple élu.

Balaam et Dieu sont donc d'accord sur la manière d'appeler Israël, et d'accord dans leur désaccord avec Balaq. Ce point de détail illustre bien le statut respectif des deux systèmes de symétrie : la rivalité Balaam/Dieu par rapport à l'axe de symétrie Israël n'est pas un ressort de l'action ni du récit. Elle n'est pas réelle ni objective. Nul n'y croit, nul ne l'énonce. Elle émane de la succession de deux paroles, chacune équivoque, mais de points de vue différents. Balaq, dans ses propos, élimine systématiquement la question de Dieu pour donner tout pouvoir à Balaam et ignore l'élection divine d'Israël, solidaire de la question de Dieu, pour ne voir qu'un peuple particulièrement menaçant. Dans chacune de leurs réponses, Balaam et Dieu sont d'accord pour rectifier cette attitude, c'est-à-dire, pour rétablir de force la question de Dieu et son corollaire, celle de l'élection divine d'Israël. Balaam et Dieu ne sont jamais en désaccord : sous d'apparentes divergences (par exemple entre le v. 11 et le v. 12), s'exprime un accord profond et total. En revanche, sous l'apparente adéquation des propositions et des réponses respectives de Balaq et de Balaam perce un malentendu permanent. La répétition des mots et des phrases, superficielle, dispose l'aire de combat sur laquelle de légères variations feront éclater un désaccord profond et irréductible.

Ces deux systèmes de symétrie tournant autour de deux axes différents nous ont retenus, mais la question est d'importance :

1° C'est appuyée sur eux que va «marcher» l'histoire. Nous les retrouverons à tous les niveaux du texte : de type de discours à type de discours, de parole à parole, de verset à verset, de phrase à phrase, de proposition à proposition. Mais, ces deux systèmes n'ayant pas le même statut, étant l'un, objectif et explicite aussi bien dans les actions que dans les paroles, l'autre, subjectif, implicite et n'émanant que de séries de paroles enchaînées qui se corrigent perpétuellement, ils se chevaucheront toujours. Ainsi toute la démarche paraîtra claudicante, comme l'est déjà la symétrie Balaam/Dieu par rapport à Israël, qui comporte invariablement deux temps, deux paroles dont la seconde corrige la première.

2° Ce procédé de composition explique pourquoi tout un pan de l'exégèse, depuis les Targumim jusqu'aux commentaires juifs médiévaux et même, chrétiens de la Renaissance, sans oublier les Pères de l'Église ni la tradition rabbinique ancienne, se fit prendre au piège au point de voir en Balaam un personnage négatif, un païen, ou pire, un être retors, un agent double jouant sur les deux tableaux[72]. A aucun moment Balaam n'est ambigu; mais la technique de présentation subtile et serrée put induire en erreur, surtout quand des passages bibliques postérieurs (*Nb* 31, 8.16; *Dt* 23, 6; *Jos* 24, 10; *Né* 13, 2) vinrent suggérer une interprétation négative de *Nb* 22, 24. D'ailleurs l'épisode de l'Ânesse était déjà, si l'on ose dire, le cheval de Troie à l'intérieur même de la péricope.

LA RÉPONSE DE BALAAM AUX MESSAGERS ET LE RAPPORT DES MESSAGERS À BALAQ

Les v. 13 et 14 illustrent les principes énoncés plus haut : comparons la réponse de Balaam aux dignitaires de Balaq et la façon dont ces derniers la transmettent à leur roi :

— « Allez dans votre pays[73], car Yahvé a refusé de me laisser aller avec vous. »

— « Balaam a refusé de venir avec nous. »

v. 13b : *ky m'n yhwh ltty lhlk 'mkm*
v. 14b : *m'n bl'm hlk 'mnw*

Le point de vue religieux de Balaam, qui attribue explicitement le refus à Yahvé, s'oppose au point de vue areligieux des émissaires pour qui la mention de l'interdiction divine est vide de sens et qui donc l'éludent pour rejeter, sans aucune mauvaise foi, l'entière responsabilité du refus sur Balaam.

Le verbe *m'n* est le terme usité en *Ex* 4, 23; 7, 14.27; 9, 2; 10, 3, pour évoquer le refus de Pharaon de laisser partir *(m'n lšlḥ)* Israël d'Égypte. En outre, l'expression *ntn* + objet direct + *l* au sens « permettre à quelqu'un de », assez rare, se rencontre en *Ex* 3, 19 (« Mais je sais que le roi d'Égypte ne vous permettra pas de partir

72. L'exégèse n'a pas parlé d'*ambiguïté*, terme qui concerne le seul niveau de la phénoménologie et de la représentation, mais de *duplicité*, jugement qui d'emblée se situe dans la sphère de la réalité psychologique, et même morale. DILLMANN (p. 139-140), passant en revue ces opinions, montre que l'hypothèse documentaire eut au moins le mérite de lever l'hypothèque réaliste qui pesait sur l'exégèse : c'est pour avoir privilégié la tradition rapportée par telle source plutôt que par telle autre, ou au contraire pour avoir amalgamé les visages, à l'origine différents les uns des autres, qu'elles présentaient de Balaam, que certains (PHILON, par exemple), ont fait de ce dernier un sophiste, un insensé, un impie et un menteur (de même encore, *Ap* 2, 14; *Jude* 11; 2 *P* 2, 15; Targum du Pseudo-Jonathan pour *Gen* 12, 3.27.29. et *Ex* 9, 21; *Nb* 31, 8; *Pirqe 'Abot* 5, 29); pareillement, nombre de Pères (AMBROISE, GRÉGOIRE de NYSSE, BASILE, CYRILLE, AUGUSTIN) et divers théologiens (par exemple CALVIN, ROSENMÜLLER), voient en lui un simple devin, mage et faux prophète, tandis que d'autres (TERTULLIEN; JÉRÔME; LÜTHER; CLERICUS) le tiennent pour un homme pieux et un prophète authentique, mais qui succombe à l'appât du gain.

73. En 22, 13, la LXX rend *'l-'rṣkm* « dans notre pays » par *pros ton kyrion hymôn*, ce qui illustre la rivalité Balaq/Dieu puisque *kyrios* rend habituellement *yhwh*, nom divin préféré de Balaam.

l'-ytn 'tkm mlk mṣrym lhlk, sauf s'il est contraint par une main forte») et 12, 23 («Alors Yahvé passera devant la porte et ne laissera pas le Destructeur entrer dans vos maisons pour frapper»).

Le poids du schéma de l'*Exode* déjà constaté au début du chapitre 22 laisse penser que l'emploi de ces termes n'est pas un hasard en l'occurrence.

Le v. 16bαβ *wy'mrw lw kh 'mr blq bn-ṣpwr* comporte la formule traditionnelle du messager *kh 'mr*. Rendtorff[74] a bien montré que ce tour, dont l'origine était le rituel profane d'ambassade pratiqué (notamment de suzerain à vassal) dans l'ensemble du Proche-Orient ancien, avait été transposé dans la Bible, et en particulier dans la littérature prophétique. Les grands prophètes surtout, interlocuteurs directs du roi, apparaissent comme l'ambassadeur du Seigneur auprès de ce roi, grâce à la solennelle formule *kh 'mr yhwh*. La variante *kh 'mr blq bn-ṣpwr* doit être replacée dans ce contexte, non en amont cependant, avec les formules de messager primitives et laïques comme on s'y attendrait, mais encore en aval. C'est un nouveau renversement : la formule assez solennelle, quoique en decrescendo par rapport à la titulature *conflata* du v. 10, manifeste encore une fois la concurrence Balaq/Dieu par rapport à Balaam. Notre texte s'inscrit donc exactement dans la ligne de la théologie prophétique, mais *après*, et non *avant*. C'est en référence à elle qu'il fonctionne ; l'auteur monnaie l'expression *kh 'mr* dans son histoire, en tant qu'elle est la formule prophétique par excellence et renvoie à la littérature prophétique. Preuve de plus que le texte, imprégné de références littéraires, est secondaire en son essence.

LA SECONDE SOMMATION

Le v. 17aα «Car quant à t'honorer, je te comblerai d'honneurs» *ky-kbd 'kbdk m'd* contient la première paronomase infinitive du texte, mais non la dernière. Modifiée elle-même par l'adverbe *m'd*, cette locution verbale forme une expression redondante qui renchérit sur la notion de *kbd*. Au piel, ce verbe signifie «faire peser, honorer». Qualitativement, il faut distinguer entre le sens moral «glorifier» et le sens matériel «honorer grâce à des cadeaux». Cependant, c'est seulement dans les Psaumes que cette distinction est effective ; elle s'exerce au profit de la pure louange, et au détriment des sacrifices[75]. Ailleurs les deux vont de pair, et c'est ici le cas.

74. R. Rendtorff, Botenformel und Botenspruch, *ZAW* 74, 1962, p. 165-177, p. 243.

75. 1 *S* 25, 26.34 ; *Jér* 2, 25 ; 31, 16. Voir aussi *Is* 43, 23 ; comme exemple de la conception spirituelle du *kbd* adressé à Dieu, voir *Ps* 50, 23. De toute façon, l'objet du *kbd* est le plus souvent Dieu : *Is* 24, 15 ; 25, 3 ; 40, 13 ; 43, 20.23 ; 58, 13 ; 29, 13 ; *Jg* 13, 17 ; *Prv* 3, 9 ; *Ps* 22, 24 ; 36, 12 ; 50, 15 ; 86, 9 ; 92, 15. Signalons quelques exceptions : 1 *S*

Le v. 17aβ « Et tout ce que tu me diras, je le ferai » *wkl 'šr-t'mr 'ly ''śh* est la première occurrence, vraiment formée, du leitmotiv étudié plus bas. Pour qui n'a pas analysé le texte en son ensemble, elle est à peine audible, elle reste voilée. Cela pour deux raisons :

— eu égard à la forme, elle n'a pas encore atteint la grande ampleur régulière du leitmotiv, elle demeure étroite ; embryonnaire, elle en contient tous les éléments en miniature ;

— quant au fond, c'est bien déjà une formule d'allégeance (allégeance de l'action à la parole), mais c'est l'allégeance de Balaq à Balaam. Ce sera d'ailleurs la seule fois de tout le récit. Ce n'est pas un hasard si c'est la première et la dernière. Fond et forme sont liés : quand le leitmotiv aura pris sa grande allure régulière, il n'exprimera plus que l'allégeance de Balaam à Dieu.

Le v. 17b « Viens donc, je te prie, maudis-moi ce peuple » *wlkh-n' qbh-ly 't h'm hzh* constitue la deuxième sommation à proprement parler.

— pour la première fois les messagers transmettent la requête de Balaq au discours direct. Ce discours s'énonce au moment de la *transmission* du message à son destinataire (c'est-à-dire de l'exécution de la mission), et non au moment de l'*émission originale* du message par son destinateur (c'est-à-dire de l'envoi en mission). Lors de la première ambassade, la requête de Balaq était énoncée au discours direct à deux reprises (v. 6 et v. 11b), mais jamais au moment de la *transmission* du message à son destinataire. Au moment de cette transmission (v. 7bβ), le récit faisait l'élision du contenu du message et n'en rapportait que la forme *(wydbrw 'lyw dbry blq)*. En revanche, il en reproduisait directement le contenu au premier temps (moment de l'émission originale par le destinateur) c'est-à-dire *avant*, et au troisième temps (moment de la retransmission par le premier destinataire Balaam, initialement prévu, au deuxième destinataire Dieu, initialement non prévu) c'est-à-dire *après*.

Résumons d'un schéma :

Première ambassade	*Deuxième ambassade*
Premier temps ; émission originale ; discours direct (v. 5b-6)	*Premier temps ;* émission originale ; élision complète
Deuxième temps ; transmission ; élision partielle (v. 7b)	*Deuxième temps ;* transmission réelle ; discours direct (v. 17)
Troisième temps ; retransmission ; discours direct (v. 11)	*Troisième temps ;* retransmission ; élision complète

15, 30 ; 2 *S* 10, 3 ; *Prv* 4, 8 ; 14, 31 ; *Ex* 20, 12 ; *Dt* 5, 16 ; *Lam* 1, 8 ; *Mal* 1, 6. *Jg* 9, 9 place les dieux et les hommes à égalité devant le *kbd* (voir C. WESTERMANN, article *kbd* « schwer sein », dans *THAT* Band I, München 1971, col. 794-798). IBN EZRA commente

On le voit, chacune des deux ambassades remplit la ou les cases laissées vides par l'autre. L'auteur disposait de multiples cas de figure proposés par la littérature historique et prophétique. Son projet littéraire propre lui offrait aussi un certain nombre de possibilités, beaucoup plus restreint. Il a fait jouer l'un sur l'autre ces deux cadres, en fonction de ce qu'il voulait dire d'important et de nouveau ici ou là, là plutôt qu'ici, ici plutôt que là.

On notera l'ordre de la séquence autoritaire au v. 17 :

a) promesse de rétribution (pour séduire) (17aα);
b) promesse d'allégeance (tout le concours requis pour l'action et les fins qu'il propose) (17aβ);
c) ordre (17b).

L'énoncé est d'une grande finesse psychologique :

a) la tentative de séduction par la tentation, moyen indirect, est une concession nécessaire, la condition préalable indispensable;
b) la promesse d'aide inconditionnelle, moyen plus directement orienté vers la fin;
c) l'ordre.

Une fois le terrain préparé, l'ordre tombe, péremptoire. Il apparaît alors que l'ensemble des propositions précédentes n'était qu'ordonné à la meilleure mise en place possible de la dernière, celle qui prime aux yeux de Balaq : *wlkh-n' qbh-ly 't h'm hzh.* L'idée fixe se traduit par le retour, pour la troisième et dernière fois, de ce refrain obsédant.

LA RÉPONSE DE BALAAM

Les v. 18-20 constituent la réponse de Balaam, développée en trois points, correspondant aux trois propositions du v. 17. Balaam ne s'est pas laissé prendre à l'ordre fallacieux des phrases, ni tromper sur l'ordre réel des intentions ni des réalités.

v. 18 : « Et Balaam répondit et dit aux serviteurs de Balaq : 'Quand Balaq me donnerait plein sa maison d'argent et d'or, je ne pourrais transgresser le commandement du Seigneur mon Dieu pour faire une chose petite ou grande'. »

L'expression *ml' bytw ksp wzhb* est unique, mais deux tournures analogues (*ml'* suivi du contenant déterminé par le suffixe de troisième personne du singulier) surviennent en 1 *S* 28, 20 et 2 *R* 4, 39. La formule *'br 't-py* ne se retrouve qu'en *Nb* 14, 14 (P); 1 *S* 15, 24 et *Prv* 8, 29. On rencontre davantage *'br 't bryt yhwh,* et dans les écrits

le v. 17aα d'un mot : *ky kbd 'kbdk m'd. bmmwn* « avec l'argent ». Mais en même temps, l'expression *ml' bytw* du v. 18 le fait citer *Is* 6, 3b : *ml' kl-h'rṣ kbwdw* « toute la terre est remplie de sa gloire ».

prophétiques et deutéronomiques. Le tour *'śh qṭnh 'w gdwlh* ne se revoit qu'en 1 *S* 20, 2. La locution *qṭnh 'w gdwlh*, figée, n'a plus d'attaches avec la réalité. Elle est devenue l'équivalent strict de l'indéfini semi-négatif *m'wmh* « quelque chose, n'importe quoi, quoi que ce soit ». Jointe à la négation *l'*, elle signifie « absolument rien ». Elle revient encore en 1 *S* 22, 15 ; 25, 36, et, dans une moindre mesure, 1 *R* 22, 31.

L'expression *ksp wzhb* est un cliché marquant l'abondance et même la surabondance de richesses[76]. La proposition *'m-ytn-ly blq ml' bytw ksp wzhb* évoque un échange de bon procédés (« donnant, donnant ») s'inscrivant dans un processus d'alliance. 1 *R* 15, 15-19 en propose un excellent parallèle, et à deux reprises différentes, mais qui s'étaient mutuellement. Au v. 15, en un geste profondément religieux, le roi Asa apporte au Temple, entre autres biens consacrés par son père et lui-même, de l'argent et de l'or : *wyb' 't-qdšy 'byw wqdšw byt yhwh ksp wzhb wklym.* Au v. 18, menacé par le roi Baesha d'Israël, il retire cet argent et cet or du Temple et de la maison royale *(wyqḥ 's' 't-kl-hksp whzhb hnwtrym b'wṣrwt byt-yhwh w't-'wṣrwt byt mlk)* et les fait porter à Ben Hadad, fils de Tabrimmon, fils de Ḥezion, que ce présent

76. K. H. Singer (*Die Metalle Gold, Silber, Bronze, Kupfer und Eisen im Alten Testament und ihre Symbolik,* Würzburg 1980) observe que, même si l'argent, déjà à l'époque de la rédaction des écrits préexiliques, avait une moindre valeur que l'or, tous les textes préexiliques, sans exception, portent la séquence « argent-or » ; en revanche, la séquence « or-argent » l'emporte dans les livres postexiliques (p. 138). De même B. Hartmann (Gold und Silber im Alten Testament, dans *Schweizerisches Theologische Umschau* 6, 1958, p. 29-33, p. 33). D'après Singer (p. 141) ce changement serait dû à une influence non pas mésopotamienne, mais bien iranienne : à cause de la précellence, en Perse, du soleil (lié à l'or) sur la lune (associée à l'argent), les textes iraniens offrent seulement la séquence « or-argent ». Inversement, l'ordre préexilique « argent-or » correspond à la hiérarchie des dieux dans le panthéon sémitique, où le dieu-lune Sin, dont l'attribut est l'argent, commande à Shamash auquel revient l'or. Notons encore qu'à Ougarit la séquence est immanquablement « argent-or » *ksp-hrṣ* (voir R. E. Whitaker, *A Concordance of the Ugaritic Literature,* Cambridge Massachusetts 1972, p.360-361), même si en l'occurrence le primat de *ksp* sur *hrṣ* ne s'explique pas par celui de la lune sur le soleil. Évidemment, cette relation entre métaux et astres est oblitérée dans l'Ancien Testament. D'après Singer, l'or symbolise la richesse d'un Patriarche, d'un roi ou plus tard d'un simple individu. Il symbolise aussi la gloire et la puissance du roi ; par la suite, l'éclat du roi, manifesté par l'or, est transféré à la gloire divine et plus tard sur le Grand Prêtre. Il existe bien une relation particulière entre l'or et Yahvé mais pas dans les textes anciens. Quant à l'argent, il est, d'après M. Noth (Das Geschichtsverständnis der alttestamentlichen Apokalyptik, dans *Gesammelte Studien zum Alten Testament* [Theologische Bucherei Bd. 6], München 1956, p. 248-273, p. 253), « hell, glänzend, schmelzbar, kostbar, aber von geringerem Wert als Gold ». Il symbolise le pouvoir d'achat, le pouvoir économique. Mais Singer refuse avec raison de distinguer trop nettement les deux métaux quand survient la paire *ksp-zhb.*

Les exégètes n'ont pas noté l'affinité de notre texte avec *Jb* 3, 15 : *'w 'm-śrym zhb lhm hmml'ym btyhm ksp* « ou avec les princes qui ont de l'or, qui ont rempli d'argent leurs maisons » ; s'y retrouve la même image, la même dépréciation implicite des richesses terrestres ; il n'y manque pas même la mention des *śrym nkbdym,* ni l'opposition marquée entre ces derniers et le locuteur, Balaam ou Job.

d'argent et d'or (v. 19bα *hnh šlḥty lk šḥd ksp wzhb*) doit convaincre de rompre son alliance avec Baesha, roi d'Israël. Balaam élève au superlatif absolu *(ml' bytw ksp wzhb)* le syntagme verbal déjà intensif *kbd 'kbdk m'd.* Le v. 18b se comprend donc comme un démenti opposé par Balaam au nom d'une fidélité antérieure et plus grande, son obédience yahviste, à l'alliance que voudrait lui imposer le roi de Moab. C'est encore une application de la rivalité Balaq/Dieu par rapport à Balaam[77].

Le v. 18a *'m-ytn-ly blq ml' bytw ksp wzhb,* protase du système conditionnel, est la reprise exacte, mais développée, du v. 17aα *ky-kbd 'kbdk m'd.* L'un et l'autre se caractérisent par la même emphase.

Le v. 18b, apodose du même système, saute en revanche par-dessus le v. 17aβ pour répondre exactement à l'ordre du v. 17b *wlkh-n' qbh-ly 't h'm hzh.* Cette adéquation du v. 18b au v. 17b montre que, dans la pensée de Balaam et donc de l'auteur, «maudire ce peuple» (v. 17b) n'est rien d'autre qu'«enfreindre en quoi que ce soit le commandement du Seigneur» (v. 18b). La réponse de Balaam au v. 18 subvertit donc habilement le discours de Balaq déjà truqué, nous l'avons vu, au v. 17 puisque l'ordre d'importance apparent des propositions était inversé par rapport à l'ordre réel des intentions. Mais son discours, à lui, n'est pas truqué. Parce que Balaam a percé l'intention réelle de Balaq, il lui répond sur le plan de l'intention réelle, grâce à ce saut interprétatif. Néanmoins, l'auteur s'accorde le luxe de respecter, dans le v. 18, l'ordre apparent que suivait le v. 17 :

v. 17aαb : *ky-kbd 'kbdk m'd...wlkh-n' qbh-ly 't-h'm hzh*
v. 18aγb : *'m-ytn-ly blq ml' bytw ksp wzhb l' 'wkl l'br 't-py yhwh 'lhy l'śwt qṭnh 'w gdwlh*

1° Il peut se le permettre, immunisé qu'est le v. 18 contre l'ordre fallacieux du v. 17, par l'habile subversion qu'il lui inflige.

2° Au contraire, le pouvoir édifiant de son discours en est accru. Le redressement n'en apparaît que mieux.

77. Les v. 15, 17 et 18 suscitèrent des interprétations défavorables à Balaam. RACHI en fournit un exemple, d'accord avec *Tanḥ.* Balaq et B, ad locum : « *ml' bytw ksp wzhb.* Nous en déduisons qu'il avait l'âme cupide et convoitait la fortune des autres ; il dit : 'il n'est que juste qu'il me donne tout son or et son argent, car il lui faudrait engager de nombreuses armées, et il serait encore douteux qu'il vainque ou non ; quant à moi, je vaincrai sûrement'. »

Les meilleurs défenseurs de Balaam s'appuient sur des observations littéraires. Ainsi GRAY, peu suspect de souci apologétique : « En prêtant à Balaam avarice et duplicité, les commentateurs ont essayé de lire dans ces versets bien des choses qui ne s'y trouvaient pas ; ainsi, la raison pour laquelle la seconde ambassade est formée de personnages plus éminents et qui apportent de plus riches présents est que Balaq vit dans le refus de Balaam le signe qu'on ne lui avait pas offert une récompense assez élevée. C'est probablement l'opinion de l'écrivain sur l'attitude de Balaq ; cela ne prouve rien quant à celle de Balaam. C'est donc par une supposition tout à fait gratuite que l'on voit de l'hypocrisie au v. 18b. »

LES SERVITEURS DE BALAQ

Les membres de l'ambassade furent jusqu'ici nommés successivement *ml'kym, zqny mw'b wzqny mdyn, śry-mw'b* et *śry blq*. Dans la Bible, chacun de ces termes renvoie d'habitude à des personnages spécifiques. Les uns et les autres se trouvent souvent mêlés aux mêmes types d'événements, mais avec des fonctions distinctes. La preuve de leur distinction, c'est justement leur coexistence. En *Gen* 50, 7, ce sont *kl-'bdy pr'h wzqny bytw wkl zqny 'rṣ-mṣrym* qui se montrent aux funérailles de Joseph. En 2 *S* 10, les *'bdy dwd* envoyés par ce dernier en ambassade au roi des fils d'Ammon se heurtent à l'opposition des *śry bny-'mwn* (v. 2-3). En 2 *S* 19, 7, chefs et serviteurs de David sont associés dans la même disgrâce *(ky 'yn lk śrym w'bdym)*. En 1 *R* 20, Ben-Hadad, roi d'Israël, envoie à Akhab, roi d'Israël, des *ml'kym* (v. 2, 5 et 9) chargés d'annoncer à ce dernier que « mes serviteurs » *('bdy)* viendront le lendemain fouiller sa maison et celle de « tes serviteurs » (*'bdyk,* v. 6). Le roi d'Israël convoque alors tous les anciens du pays (v. 7 *kl-zqny h'rṣ*) pour prendre conseil. Notre texte est unique en ce qu'il applique successivement aux mêmes personnages cette série de désignations différentes[78]. Mais la spécificité de chaque appellation n'en est pas pour autant perdue : nous l'avons déjà constaté, et le vérifions encore à cette occasion, chacunes d'elles est choisie et dosée selon le moment du récit. Ce n'est pas un hasard si les envoyés de Balaq sont appelés ici *'bdy blq,* pour la première et dernière fois dans le texte : c'est pour faire pendant à la première profession solennelle d'obédience yahviste que prononce Balaam au v. 18. Ce serment d'allégeance est d'ailleurs renforcé d'un nom divin inédit, *yhwh 'lhy,* et qui ne reviendra plus dans la suite du texte[79]. La

78. A. Ben David (*Biblical Hebrew and Mishnaic Hebrew*, Tel Aviv 1967, Tome I p. 24) invoque l'alternance *śry blq/'bdy blq* pour prouver que les auteurs bibliques ont parfois voulu montrer systématiquement leur aptitude à exprimer la même réalité par deux expressions différentes : exercices d'école et de style destinés par des lettrés à des lettrés. Pareille observation sape les bases lexicales de l'hypothèse documentaire.

79. Pour une revue raisonnée des noms de Dieu dans les différentes versions, voir Gray, p. 310-311. Pour un tableau systématique de ces mêmes noms d'après l'hébreu, le samaritain, la LXX, et tous les exégètes de Wellhausen (1876) à Noth (1966), voir Gross, *Bileam*, p. 428.

L'alternance des noms divins en *Nb* 22-23 mérite que l'on s'y attarde. Les partisans de l'hypothèse JE avaient essayé de faire cadrer l'alternance avec l'hypothèse, mais en vain. Le Yahviste devait inclure quelques *'lhym,* et l'Élohiste quelques *yhwh*. Dès 1876, d'ailleurs, Wellhausen reconnaît que l'indication fournie par les changements de noms divins « nicht ganz rein erhalten ist ». Une solution souvent proposée consiste à dire que le narrateur et Balaq se contentent de *'lhym,* et que *yhwh* est réservé à Balaam. Ce serait un indice important du yahvisme de Balaam.

Le texte confirme presque toujours cette observation, avec toutefois des exceptions ; en 22, 18 Balaam dit *yhwh 'lhy ;* en 22, 38 : *'lhym ;* en 23, 4 le narrateur écrit *'lhym* mais

convergence des deux phénomènes n'est pas douteuse : elle exprime le

en 23, 5, *yhwh,* et *yhwh* derechef en 23, 17. Ces quelques contre-exemples suffisent à invalider la théorie.

Les exégètes n'ont pas manqué, qui voulurent corriger les quelques noms divins récalcitrants pour les faire cadrer, soit avec l'hypothèse JE, soit avec la solution qui adaptait le nom divin au locuteur. La critique textuelle leur fournissait la matière de ces corrections. En 22, 18, *'lhy* manque dans un manuscrit de la LXX, dans la Vetus Latina et la version éthiopienne. En 23, 5, la LXX a *ho theos* pour *yhwh*; de même quelques manuscrits grecs en 23, 16 où la Peshitta, elle aussi, lit *'lhym* au lieu de *yhwh.*

Mais peut-on se fier aux versions sur ce point? A en juger par la façon dont elles rendent d'autres occurrences du nom divin, il est permis d'en douter. En 22, 12, la LXX traduit *yhwh* par *ho theos*; en 22, 18, elle préfère à *yhwh 'lhy (rèma) kyriou tou theou*; en 22, 20, le texte samaritain rend *'lhym* par *ml'k 'lhym*; de même en 23, 4; en 23, 5, il porte, pour *yhwh, ml'k yhwh*; en 23, 26, en unanimité avec la LXX et la Vulgate, il lit *h'lhym* à la place de *yhwh.*

Il apparaît que la LXX préfère nettement *theos* à *kyrios,* puisqu'elle traduit parfois *yhwh* par *theos,* mais ne rend jamais *'lhym* par *kyrios.* C'est patent dans l'épisode de l'Ânesse, où elle substitue systématiquement à *ml'k yhwh ml'k h'lhym (ho aggelos tou theou)* sauf en 22, 31 et 34 où elle suit le texte massorétique. Quant au texte samaritain, il semble subir les «remous» de l'épisode de l'Ânesse, puisque c'est aux abords immédiats de cette insertion (22, 20; 23, 4 et 5) qu'il fait précéder le nom divin, lui-même respecté, de *ml'k.*

Mais en 23, 16, la Peshitta, peu suspecte ailleurs d'infidélité, ne serait-elle pas digne de foi, elle qui corrige un *yhwh* surprenant chez le narrateur et contrevenant à l'alternance *yhwh/'lhym* toujours respectée jusqu'alors, en un *'lhym* correct pour ces deux raisons? Cela n'est pas impossible. Il reste que la Peshitta n'empêche pas le narrateur de dire *yhwh* en 23, 5, ni Balaq en 23, 17, ni Balaam de dire *'lhym* en 22, 38. De plus, on compte neuf *yhwh* et six *'lhym.* Six est certes un moins bon chiffre que sept, mais n'est pas mauvais. En revanche, soustrait-on un *yhwh* pour obtenir sept *'lhym,* le chiffre de huit *'lhym* plaît beaucoup moins que celui de neuf. Or *yhwh* semble bien avoir la précellence dans l'histoire, nous le verrons. *'lhym* pâtit moins, en restant à six au lieu de passer à sept, que *yhwh* ne perd en passant de neuf à huit. On hésitera donc à corriger.

La solution obéit à un plan d'ensemble. C'est en fait un combiné subtil de plusieurs solutions qui se corrigent l'une l'autre (chez le premier auteur, *Nb* 22, 2-23, 26 sans 22, 22-35) :

a) Quant au fond, nul doute que Balaam dit presque exclusivement *yhwh* et le narrateur presque exclusivement *'lhym* : orthodoxie yahviste de Balaam.

b) La forme joue aussi pour elle-même : c'est l'esthétique. L'auteur hait la répétition, nous le savons. Lorsque l'enchaînement des séquences l'obligerait à se répéter, il contrevient à la règle des usages réservés (*yhwh* à Balaam et *'lhym* au narrateur), plutôt que d'enfreindre celle de l'alternance systématique. C'est pourquoi, en 23, 4, le narrateur écrit *'lhym* puis, au v. 5, *yhwh.*

Quant au *'lhym* aberrant de Balaam en 22, 38, peut-être s'explique-t-il dans la diachronie propre aux quatre leitmotive qui traversent le texte de part en part : le premier (22, 20) ne contient pas le nom divin, puisque Dieu même l'énonce; le second (22, 38) contient *'lhym ;* le troisième (23, 12), *yhwh ;* le quatrième, conclusif, de nouveau *yhwh.* L'ensemble formerait une gradation. Ce point conduit au :

c) Si les quatre derniers noms divins sont *yhwh,* ce n'est pas inadvertance de l'auteur : avant-dernier leitmotiv (23, 12) : *yhwh* prononcé par Balaam (régulier); 23, 16 : *yhwh* écrit par le narrateur (contrevient, et à la règle de l'alternance, et à celle des usages réservés, *yhwh* pour Balaam, et *'lhym* pour le narrateur); 23, 17 : *yhwh* prononcé par Balaq (première occurrence du nom divin dans le discours de Balaq ; ne contrevient donc pas à la règle, puisqu'il n'existe pas de règle sur ce point, mais choque, vu l'excellence de *yhwh* réservé à Balaam); 23, 26 : *yhwh* prononcé par Balaam dans le quatrième et le dernier leitmotiv (régulier). L'auteur transgresse toutes les règles qu'il

parallélisme, et en même temps la divergence, des deux partis, le parti de Balaq et le parti de Dieu. En convoquant ensemble, ici précisément, ces deux formules *hapax* de son texte, l'auteur a voulu « marquer le coup » : nouvelle illustration de la symétrie Balaq/Dieu.

LA TECHNIQUE DE COMPOSITION

L'analyse respective des couples de versets en *Nb* 22, 13-14 et 17-18 éclaire une autre constante de l'écrivain : dans les dialogues au discours direct, il fait toujours jouer les versets deux à deux, le plus souvent dans l'ordre Balaq-Balaam et sous la forme question (ou reproche) - réponse (ou justification). Outre qu'il assure la vivacité du dialogue, ce cadre est l'idéal pour notre auteur qui peut y déployer ses deux systèmes de symétrie et y satisfaire son goût pour la différence au cœur de la répétition. Les exégètes ne s'y sont d'ailleurs pas trompés : à quelques rares exceptions près[80], même les adeptes les plus inconditionnels de la théorie des deux sources se sont abstenus de faire passer « la ligne de démarcation » entre le v. 17 et le v. 18, et ont le plus souvent attribué l'ensemble à J. La plupart ont senti que les deux versets étaient comme rivés l'un à l'autre.

LA SECONDE CONSULTATION DIVINE

Si l'on en croit la précédente analyse du v. 18, Balaam n'est pas dupe. Connaissant son devoir, le refus pur et simple, il n'a nul besoin d'aller à nouveau consulter Dieu. Cependant, il annonce au v. 19 son intention de le faire :

« Et maintenant, je vous prie, demeurez ici, vous aussi, cette nuit, et je saurai ce que Yahvé aura de plus à me dire. »

Reconnaissons ici l'invraisemblance du récit. Cette difficulté n'a pas échappé à certains commentateurs qui l'ont à la fois tournée en recourant à la psychologie, et exploitée au profit de la vision négative qu'ils avaient de Balaam : ce dernier, cupide, hypocrite et menteur, jouait un double jeu[81].

s'était données, pour traduire l'*accord* final des voix jusqu'alors *discordantes* (Balaam et le narrateur) ou muettes (la première mention du nom divin par Balaq sera la dernière : c'est une confession et une profession), *ad majorem gloriam Domini.* Les deux voix médianes du narrateur et de Balaq sont encadrées par les deux notes, formant octave, de Balaam.

80. WELLHAUSEN (en 1876, mais pas dans sa *retractatio* de 1899) ; KITTEL ; STRACK ; STEUERNAGEL.

81. ORIGÈNE, *Homélies sur les Nombres* XIII, 7 ; XIV, 3 ; KNOBEL, p. 122 et 132 ; HENGSTENBERG, p. 44-45. KALISH réfute ces vues grâce à deux arguments de poids, et qui sont d'ailleurs liés :

1° Tout au long du texte Balaam apparaît comme passif. Il n'est que le lieu où s'affrontent les volontés contraires de Balaq et de Dieu.

Mais la question de l'utilité ou de l'inutilité, de la vraisemblance ou de l'invraisemblance de la seconde consultation divine, est inséparable de celle de l'utilité ou de l'inutilité, de la vraisemblance ou de l'invraisemblance, de la seconde ambassade. Et c'est dans ce cadre que nombre de critiques modernes, depuis Wellhausen, ont tenté de la résoudre : dans l'hypothèse documentaire, chacun des deux principaux fils narratifs, appartenant respectivement à J et E, aurait comporté une seule ambassade et, corollaire, une seule consultation divine.

Indépendamment de la solution proposée, cette approche liant le problème de la justification de la seconde consultation divine à celui du bien-fondé de la seconde ambassade a des raisons littéraires : de même que le v. 15 (récit de l'envoi de la seconde ambassade) abondait en marques insistant sur le fait que c'était un deuxième essai *(wysp ; ʿwd ; rbym wnkbdym m'lh)*, le v. 19 signale avec redondance que c'est la deuxième fois et la deuxième consultation divine nocturne *(gm-'tm ; mh-ysp)*. Nul doute que l'auteur a souligné de la sorte, d'une part le lien de redoublement unissant le v. 15 (envoi de la deuxième ambassade) au v. 7 (envoi de la première), et le v. 19 (annonce de la deuxième consultation nocturne) au v. 8 (annonce de la première), d'autre part le lien entre le v. 19 (annonce de la deuxième consultation nocturne) et le v.15 (envoi de la deuxième ambassade) ; le lien entre le v. 19 et le v. 15, c'est que tous deux redoublent leur répondant respectif (v. 8 et v. 7) dans la première ambassade. Ce parallèle dans le redoublement (*wysp ʿwd blq šlḥ* au v. 15 et *mh-ysp yhwh dbr ʿmy* au v. 19) illustre la rivalité Balaq/Dieu par rapport à Balaam. La symétrie subjective Balaam/Dieu n'est pas non plus oubliée car Balaq, en sa conscience erronée, va consulter Balaam, mais Balaam, en sa conscience éclairée, corrige l'erreur en allant lui-même consulter Dieu.

Résumons d'un schéma :

Première ambassade v. 7 : envoi v. 8 : annonce de consultation divine
Seconde ambassade v. 15 : envoi ———— v. 19 : annonce de consultation divine
redoublement

wysp ʿwd blq šlḥ śrym rbym wnkbdym m'lh ———— *gm-'tm... mh-ysp yhwh dbr ʿmy*

2° Se fondant sur des adages talmudiques : « Si un homme est enclin au péché, la porte lui est ouverte ; s'il est enclin au bien, il est aidé » (*t. b. Šabb.* 104 a ; *Yoma* 38 b) ; « Tout est don de Dieu, sauf la peur de Dieu » (*Ber.* 33 b) ; « L'homme est conduit sur la voie sur laquelle il veut aller » (*Tanḥ.* Balaq § 8 ; voir aussi *m. 'Abot* 3, 16), Kalisch voit dans la liberté offerte à Balaq de persister dans sa faute la raison de la permission donnée à Balaam au v. 20. Tout au long de *Nb* 22-24, les avertissements répétés font de Balaq un second Pharaon.

La question : pourquoi la deuxième consultation divine ? fait donc partie d'une question plus vaste : pourquoi la deuxième ambassade ? Cette dernière ne sera résolue qu'après l'analyse du v. 20, qui relate la venue de Dieu et sa propre réponse.

LA PERMISSION ET LA RESTRICTION

Le v. 20 relate la venue nocturne de Dieu, parallèle presque exact de sa venue lors de la première ambassade :

v. 9a : *wyb' 'lhym 'l-bl'm*
v. 20aα : *wyb' 'lhym 'l-bl'm lylh*

puis la permission d'aller, mais restrictive : « et lui dit : 'Si c'est pour t'appeler que sont venus ces hommes, lève-toi, va avec eux ; seulement, la chose que je te dirai, c'est elle que tu feras'. »

Là encore, la correspondance presque terme à terme avec les phases parallèles dans la première ambassade est flagrante et les différences, les éléments nouveaux, montrent que la seconde ne constitue ni un doublet inutile de la première, ni une contradiction insoluble avec elle, mais un complément nécessaire.

Un schéma comparatif rend le fait évident :

Deuxième consultation divine	*Première consultation divine*
v. 20aβ : *wy'mr lw*	v. 9bα : *wy'mr*
v. 20aγ : *'m-lqr' lk b'w h'nšym*	v. 9bβ : *my h'nšym h'lh 'mk*
	v. 10-11 : réponse de Balaam informant Dieu
	v. 12aα : *wy'mr 'lhym 'l-bl'm*
v. 20aδε : *qwm lk 'tm*	v. 12aβ : *l' tlk 'mhm*
v. 20b : *w'k 't-hdbr 'šr-'dbr 'lyk 'tw t'śh*	v. 12b : *l' t'r 't-h'm ky brwk hw'*

Le v. 20 s'inscrit directement dans la ligne des v. 9-12. Il en reproduit toutes les phases et en comporte tous les éléments. Suivant le procédé habituel, son rapport à la première consultation divine consiste à varier celle-ci tout en en répétant, littéralement parfois, les composantes. Mais cette fois, la variation va si loin qu'elle conduit, par un passage à la limite, à énoncer le contraire strict de ce qu'elle varie, savoir, la permission (v. 20aδε) au lieu du veto (v. 12aβ).

Le v. 20aγ, proposition conditionnelle à valeur causale, « s'il est vrai que les hommes sont venus pour t'appeler », présuppose à la fois le v. 9bβ qui est son pendant interrogatif dans la première consultation divine, « Qui sont ces hommes avec toi ? », et la réponse qu'aux v. 10-11 donne Balaam à cette question divine. Entre la question du v. 9bβ et la proposition affirmative du v. 20aγ vient nécessairement s'intercaler l'information des v. 10-11. Un détail lexical permet d'étayer l'impression d'une étroite correspondance entre le v. 20aγ et le v. 9bβ : ces deux versets sont les seuls de *Nb* 22-24 à contenir le mot *h'nšym*; en outre, dans la deuxième comme dans la première consultation divine, c'est Dieu qui désigne ainsi les membres, là de la deuxième, ici de la première ambassade. Au v. 9bβ, *h'nšym h'lh* est une manière d'appeler « ces hommes que je vois ici et dont je ne sais ni qui ils sont ni pourquoi ils sont venus » ; au v. 20aγ, *h'nšym* signifie « les hommes en question, dont nous avons parlé, et dont je sais désormais qui ils sont et pourquoi ils sont venus ».

Quant à la forme des énoncés verbaux, le schéma nous montre que ce qui était interrogatif (v. 9bβ) ou négatif (v.12aα) dans la première consultation divine devient affirmatif dans la seconde, soit dans la proposition conditionnelle causale réelle à l'impératif (v. 20aγ), soit dans la proposition principale à l'impératif (v. 20aδε).

Cette observation s'applique aussi, respectivement, au v. 12bα et au v. 20bα : la proposition négative et prohibitive du v. 12b se mue, au v. 20b, en proposition affirmative quoique restrictive. Cette conformité des versets finaux des deux consultations divines à la règle de transformation grammaticale du négatif en affirmatif, *mais avec nuance restrictive,* indique la solution.

Si l'on en était resté au double refus des v. 12 et 13, l'histoire s'arrêtait là, la rencontre Balaq-Balaam n'avait pas lieu, et les oracles n'étaient pas prononcés. Mais la poursuite de l'histoire n'est pas un but en soi. La justification du récit, c'est d'illustrer le thème de l'élection d'Israël, thème majeur de l'épisode, et dont les jalons principaux sont :

— au v. 12bβ : *ky brwk hw'* (discours rappelant la bénédiction antérieure) ;

— au v. 20bβ : *'tw t'śh* (discours prescrivant les bénédictions qui suivront) ;

— les « oracles » eux-mêmes qui redisent qu'il y a bénédiction et de ce fait, sont eux-mêmes bénédiction, paroles *de* bénédiction parce que paroles *sur* la bénédiction.

Si la seconde ambassade est la condition de possibilité nécessaire pour que l'histoire continue, la seconde consultation divine, où se donne le *nihil obstat,* vient remplir cette condition.

Mais la seconde consultation divine possède aussi une raison propre à elle-même, autonome par rapport à celle de la seconde ambassade : c'est une raison d'ordre à la fois théologique et musical. Il faut que le leitmotiv du v. 20b *w'k 't-hdbr 'šr-'dbr 'lyk 'tw t'śh,* qui enfin a trouvé sa forme définitive (allégeance en *acte* de Balaam à la parole divine) et pris son ampleur véritable, soit *d'abord* énoncé par Dieu en personne. C'est le meilleur moyen, le seul d'ailleurs, de l'investir d'emblée de l'autorité maximale. C'est la seule fois dans le texte (car le

v. 35 appartient à une autre strate littéraire, comme on le verra en p. 106). Davantage serait trop. Cela affaiblirait l'impact de cette prise de position unique, qui s'imposait pour centrer le débat et «contrer» l'adversaire. Cela rétrécirait la stature de Balaam et détruirait l'impression de libre arbitre que paradoxalement il donne en professant lui-même régulièrement son obédience yahviste.

Le v. 20b se nommera leitmotiv parce qu'il revient six fois en *Nb* 22-24 (*Nb* 22, 20b, 35aγ, 38b; 23, 12b.26b; 24, 13b), sans compter les bribes (*Nb* 22, 17aβ; 23, 2a.5a.bβ.16aβ.bβ.30a) qui scandent l'ensemble de la prose. Nous reviendrons sur sa forme et son contenu. Limitons-nous à remarquer ici que cette obsession de l'allégeance de Balaam à la parole divine est le second thème de la péricope, non circonscrit d'ailleurs à la prose. Malgré son importance quantitative, sa prégnance dans le récit, ce thème de l'allégeance de Balaam à la parole divine est mineur et secondaire par rapport au thème majeur de l'élection divine d'Israël.

L'épisode s'organise donc selon une double chaîne :

— le niveau narratif du récit proprement dit, qui prend un tour décisif lors de l'envoi de la seconde ambassade; il est tout entier ordonné à la prononciation des «oracles» de bénédiction; lui correspond le thème, majeur et principal, de l'élection divine d'Israël.

— le niveau théologique et musical, particulièrement net à compter de la seconde consultation divine, se caractérise par un leitmotiv qui professe l'allégeance de Balaam à la parole divine; ce thème est mineur et secondaire par rapport au précédent.

Une fois les deux thèmes distingués, reconnaissons immédiatement qu'ils sont liés. Plus exactement, le thème mineur et secondaire est mis au service du thème majeur et principal : si Balaam affirme régulièrement son obédience yahviste inconditionnelle et absolue, c'est uniquement pour justifier, le cas échéant, qu'au lieu de *maudire*, comme l'en prie Balaq, il *bénisse* Israël. Ce lieu de subordination se voit clairement dans le schéma comparatif des deux consultations divines :

v. 20bα : *w'k 't-hdbr 'šr-'dbr 'lyk*	v. 12bα : *l' t'r 't-h'm*
v. 20bβ : *'tw t'śh*	v. 12bβ : *ky brwk hw'*

Le v. 12bβ *ky brwk hw'* est l'énoncé qui fonde à la fois le veto du v. 12bα et le leitmotiv du v. 20b. C'est *parce que* le peuple est d'avance béni que Balaam ne peut agir que conformément à la parole divine. Mais le parallélisme met en évidence une correspondance encore plus étroite entre le v. 12bβ et le v. 20bβ : «parce qu'il est déjà béni, c'est *cela* que tu feras (c'est-à-dire le bénir à nouveau), et tu ne pourras rien faire d'autre». C'est donc à un double titre que le thème de l'allégeance de Balaam est subordonné au thème de l'élection divine d'Israël :

— du point de vue de son statut, l'action de Balaam sera *limitée* par le fait que le peuple est déjà béni : Balaam ne pourra pas faire n'importe quoi, et en particulier, maudire Israël;

— du point de vue de sa qualité, l'action de Balaam sera *déterminée* par le fait que le peuple est déjà béni : Balaam devra bénir Israël à nouveau.

On peut encore simplifier : le dénominateur commun aux deux thèmes, c'est la parole divine qui d'une part a déjà béni Israël, et d'autre part, *en vertu de* cette parole de bénédiction passée mais toujours actuelle, enjoint à Balaam de ne rien faire d'autre que cette parole divine, autrement dit, de ne rien faire contre elle (à savoir, maudire), mais de faire ce qu'elle ordonne de faire, c'est-à-dire, de renouveler ce qu'elle a déjà fait par le passé, à savoir : bénir. La parole divine est à la fois ce qui lie entre eux les deux thèmes, et ce qui subordonne le mineur au majeur : c'est elle qui, parce qu'elle a déjà béni, met Balaam au service d'Israël pour qu'il le bénisse encore.

Même si la suite de l'histoire donne parfois l'impression, soit que les deux thèmes sont momentanément dénoués, soit que le mineur a pris le pas sur le majeur et que l'ordre d'importance s'est inversé, il ne faut pas s'y tromper : au fil du récit, les liens qui les unissent se détendent çà et là (comme en 22, 38b), mais sans jamais se rompre; corrélativement, le leitmotiv fonctionne de manière si lancinante qu'il peut sembler passagèrement accaparer tout le champ du discours (par exemple, encore en 22, 38b), mais c'est un sentiment superficiel. S'il est certain que les deux thèmes suivent chacun son tempo, ils avancent toujours de concert; l'élection d'Israël est la dominante.

Nous tenons tous les éléments pour saisir le tour que prend le récit. La simple lecture du v. 20 «si c'est pour t'appeler que sont venus les hommes, lève-toi, va avec eux; seulement, la parole que je te dirai, c'est elle que tu feras» montre que la phrase est tout entière orientée, à partir du v. 20aγ, vers l'énoncé final du leitmotiv. En effet, il n'y a, pour expliquer le changement d'avis divin, aucune raison vraisemblable. La nature de la seconde ambassade ne fournit pas plus de motifs d'autorisation que ne faisait celle de la première. Du point de vue de la logique interne de la phrase, la proposition conditionnelle causale «si c'est pour t'appeler que sont venus les hommes» n'explique en rien la permission «lève-toi, va avec eux»; elle n'apporte pas d'élément supplémentaire qui justifie le passage de la défense à la permission : au v. 12 aussi, Dieu pouvait très bien dire : «si c'est pour t'appeler que sont venus les hommes», et en conclure ce qu'il y dit effectivement : «tu n'iras pas avec eux», à savoir, l'inverse exact de la conclusion qu'il en tire au v. 11aδε! La raison alléguée n'en est pas une[82]. La mise en garde du v. 20 et du v. 12 nous a montré, non seulement qu'ils se répondaient parfaitement, mais qu'il n'y avait de l'un à l'autre aucune solution de continuité, bien plutôt, un simple passage à la limite : le v. 20 doit être considéré comme ce vers quoi tendait le v. 12. Pareille affirmation surprendra, puisque le v. 12 contient une interdiction, et le v. 20 une permission; mais l'analyse des transformations grammaticales qui eurent lieu de l'un à l'autre verset nous a convaincus. Malgré les apparences, le v. 20 n'est rien moins qu'un nouvel énoncé, inédit, surgi du néant, qui annulerait la mémoire et la valeur du v. 12. Au contraire, il fallait le « tu ne maudiras pas le peuple car il est béni » du v. 12 pour qu'apparût ce à quoi tenait le v. 20b, au plan théologique, et ce à quoi il aboutissait, au plan pratique.

L'habile narrateur fait croire au lecteur distrait que le v. 20 constitue un recul par rapport au v. 12, une concession. Il n'en est rien puisque, si la corde se détend d'un côté avec la permission « lève-toi, va avec eux », c'est pour mieux se retendre de l'autre avec le leitmotiv restrictif.

La permission du v. 20 devait être assez générale pour couvrir largement l'horizon du récit et faire espérer toutes les péripéties possibles, mais assez stricte pour maintenir la continuité avec la perspective théologique impliquée en amont, dans l'interdiction du v. 12 et en aval, dans les oracles à venir. C'est exactement la fonction du v. 20, autorisation expressément restrictive (« beschränkend » dit Hengstenberg).

A cet endroit du texte, le v. 20b, formule de la restriction proprement dite, n'apparaît pas encore sous son vrai jour, ni doté de son statut réel, celui de leitmotiv, n'en étant que la première occurrence véritable. Pourtant, c'est bien à ce titre qu'il vient noircir, dans le système de correspondances entre la supplique et la réplique, la case demeurée blanche dans la réplique de Balaam (v. 18) à la supplique de Balaq (v. 17).

Voici le tableau des correspondances entre ces trois versets :

Parti de Balaq	*Parti de Dieu*
v. 17aα : *ky-kbd 'kbdk m'd*	v. 18aγ : *'m-ytn-ly blq ml' bytw ksp wzhb*
v. 17aβ : *wkl 'šr-t'mr 'ly ''śh*	v. 20b : *w'k 't-hdbr 'šr-'dbr 'lyk 'tw t'śh*
v. 17b : *wlkh-n' qbh-ly 't h'm hzh*	v. 18b : *l' 'wkl l'br 't-py yhwh l'śwt qṭnh 'w gdwlh*

82. En *t. b. Mak.* 10b, on lit : « D'après le Pentateuque, les Prophètes et les Hagiographes, il peut être montré que l'homme est autorisé à suivre la route qu'il

A la somme des correspondances signalées entre les v. 18 et 17 lors de leur analyse manquait encore le répondant exact du v. 17aβ, promesse d'obéissance de Balaq à Balaam : *wkl 'šr-t'mr 'ly "śh*; le voici enfin grâce au v. 20b, prescription divine à Balaam d'allégeance à la parole divine. Ce fait confirme l'observation, émise plus haut,que le v. 17aβ, annonciateur du leitmotiv, n'en était précisément qu'une ébauche, encore incomplète et voilée.

Tous les éléments (rapports de protagonistes, intention théologique, horizon narratif, systèmes de symétrie, thèmes, formules littéraires) sont désormais en place pour que roule l'histoire, et Balaam dispose de la force qui lui permet de renouveler lui-même sa profession d'allégeance à la parole divine.

Les analyses précédentes ont montré combien le v. 20b était nécessaire au récit, dont il constitue à la fois un maillon et un pivot essentiel. Ce trait servira de critère pour décider avec certitude lequel, des deux volets de la « reprise » (v. 20 et v. 35) encadrant l'épisode de l'Ânesse, provient de l'addition, et donc « tombe » du récit primitif : il ne peut s'agir que du v. 35. C'est d'ailleurs justice, car ce dernier, de son côté, portant mention du *ml'k yhwh*, semble en parfaite continuité avec ledit épisode.

Partant, le v. 20b pourra être pris comme paradigme du leitmotiv authentique et fera fonction d'étalon pour apprécier l'authenticité des autres occurrences du même leitmotiv. Certes, un tel critère requiert des précautions, maintenant que nous connaissons le goût de notre auteur pour la variation systématique. Mais il n'aime la différence qu'*au sein de l'identité*; et justement, sur certaines constantes il ne transigera pas.

v. 20b : *w'k 't-hdbr 'šr-'dbr 'tw t'śh*

Le sens restrictif de la phrase, à rebours de ce que l'on pourrait croire, ne vient pas de *'k*[83]. Les emplois bibliques variés (allant du *Pentateuque* aux *Chroniques*) de ce terme font *a priori* hésiter entre le sens « tantummodo, nisi », restrictif, et le sens « sine dubio, profecto », assévératif.

En réalité, *'k* suivi d'un impératif ou d'un imparfait à la deuxième

souhaite suivre. D'après le Pentateuque, comme il est écrit : 'Et Dieu dit à Balaam : Tu n'iras pas avec' et ensuite il est écrit : 'Si les hommes sont venus pour t'appeler, lève-toi et va vers eux'. »

83. La LXX rend le v. 20b par : *alla to rèma ho an lalèsô pros se, touto poièseis*. La Vulgate : *ita duntaxat, ut quod tibi praecepero, facias*. La Peshitta : *blḥwd ptgm' d'mr 'n' lk hw 'bd* « pourvu que la parole que je t'aurai dite, celle-là, exécute-la ». Le Targum d'Onqelos : *wbrm yt-ptgm' dy-'mll 'mk ytyh t'bd* « cependant, la parole que je te dirai, tu l'exécuteras ». Sur la valeur de *'k*, voir N. H. Snaith, The Meaning of the Hebrew *'k*, *VT* 14, 1964, p. 221-225.

personne du singulier ne fait que renforcer l'ordre ou l'injonction. Il ne signifie rien d'autre que « vraiment ». C'est très net chez les Prophètes, et *Nb* 22, 20b invite à le comprendre de la sorte. Il devient presque une exclamation : « gare » !

La valeur restrictive elle-même vient de l'étroite corrélation grammaticale unissant la particule accusative *'t*, appliquée à l'antécédent, et le pronom accusatif de reprise *'tw*. Dire : « La chose que je te dirai, c'est elle que tu feras » revient à dire : « tu ne feras rien d'autre que la chose que je te dirai ». Donc, pour qu'une occurrence du leitmotiv porte la signature authentique de notre auteur, ce sens restrictif *doit* s'y trouver (c'est là toute sa théologie), mais avec le *strict minimum indispensable*. Ni plus, ni moins : l'économie est de rigueur.

Au v. 20b, le nom *hdbr* exigerait presque une double traduction[84]. A cause du verbe *t'śh*, « tu exécuteras », qui le régit, et de la correspondance exacte avec le v. 17aβ, où le champ sémantique est celui de la conformité d'une *action* à une *parole*, et non d'une *parole* à une *parole*, on inclinerait à traduire par « la chose » ; toutefois, c'est bien de l'exécution d'une *parole ('šr-'dbr)* qu'il s'agit au premier chef, et l'analyse thématique a montré combien « la parole divine » constituait le soubassement commun au thème majeur de l'élection d'Israël et au thème mineur de l'obédience yahviste de Balaam, et donc la basse continue de l'ensemble du texte. En conséquence, on ne saurait exclure le sens « la parole ». Le verbe *t'śh* « tire » le sens du substantif *hdbr* du côté de l'acte, tandis que le verbe *'dbr* l'entraîne en direction de la parole. La solution se trouve peut-être plus bas dans l'épisode, en aval du leitmotiv, lorsqu'on en vient à l'exécution par Balaam de cette consigne : toute l'*action* de Balaam ne consiste qu'en *paroles* et se résume à prononcer des « oracles ».

La valeur paradigmatique du leitmotiv du v. 20b n'exclut nullement que d'autres termes soient par la suite substitués au substantif *dbr* ni aux deux verbes *'śh* et *dbr*. Bien au contraire, la formule sera toujours exactement « en situation » : ici, elle est conforme à la situation du v. 17aβ, à laquelle elle répond ; de plus, elle est le plus générale possible, afin d'offrir le maximum de possibilités à l'histoire qui s'ouvre. Elle se monnaiera pareillement dans les occurrences à venir, en fonction de chaque situation. C'est même cette adaptation au contexte qui la caractérisera. Les « faux » seront détectés grâce à la platitude et la rigidité de leur insertion dans le contexte immédiat.

Autre invariant : les deux verbes formant le rapport restrictif (ici,

84. Le *t'śh* du v. 20bβ renvoie aussi au *l'śwt (qṭnh 'w gdwlh)* du v. 18bβ, d'autant plus clairement que le truchement commun est, là encore, la parole divine ; en effet, d'une part le complément de *t'śh* est *hdbr 'šr-'dbr 'lyk*, d'autre part *l'śwt qṭnh 'w gdwlh* ne se définit pas autrement que par *l'br 't-py yhwh*.

'dbr et *t'śh*) appartiennent à deux racines différentes. Seul guide ce choix le goût de la variation esthétique, car les deux verbes dénoteront parfois deux actions similaires ; quoi qu'il en soit, c'est un critère pour repérer les imitations.

Telle est donc la marge de liberté que s'accorde l'auteur pour jouer de son leitmotiv. Trop d'écarts, ce n'est plus lui, trop de servilité, ce n'est encore plus lui.

A l'occasion de cette première occurrence, paradigme du leitmotiv, il sera parlant d'« afficher » d'emblée la série tout entière, afin de mesurer l'ampleur du phénomène :

22, 35aγδ : *w'ps 't-hdbr 'śr-'dbr 'lyk 'tw tdbr* (l'Ange à Balaam)
22, 38b : *hdbr 'šr yśym 'lhym bpy 'tw 'dbr* (Balaam à Balaq)
23, 12b : *hl' 't 'šr yśym yhwh bpy 'tw 'šmr ldbr* (Balaam à Balaq)
23, 26b : *hl' dbrty 'lyk l'mr kl 'šr-ydbr yhwh 'tw ''śh* (Balaam à Balaq)
24, 13b : *'šr-ydbr yhwh 'tw 'dbr* (Balaam à Balaq)

Nous tenons les critères d'authenticité, mais réservons à l'analyse ultérieure le soin de trancher pour chaque cas. La convergence avec d'autres types d'arguments permettra de vérifier la pertinence desdits critères.

LE V. 21 APPARTIENT-IL À L'ÉPISODE DE L'ÂNESSE?

Le v. 21 : « Et Balaam se leva le matin, sella son ânesse, et s'en alla avec les Seigneurs de Moab » est parfois intégré par les exégètes à l'épisode de l'Ânesse[85]. Cette proposition n'est pas recevable. Le v. 21 s'enchaîne parfaitement avec le précédent. La véritable contradiction (la colère divine après la permission) ne survient qu'au v. 22. De plus les émissaires, s'ils ont encore changé de nom (*śry mw'b* après les *'bdy*

85. Plus exactement, parmi les adeptes de l'hypothèse documentaire, qui attribuent l'épisode de l'Ânesse à la strate yahviste, quelques-uns (Wellhausen 1876 et 1899 ; Kuenen ; Kittel) donnent 21a à J et 21b à E. M. Noth (1948 et 1966) attribue à J la totalité du verset 21. En analysant cet épisode (*RB* 87, 1980, p. 5-37 et 211-241 p. 22-24), j'hésitais à faire du v. 21 une introduction rédactionnelle à l'épisode pour lequel le v. 22 ne semblait pas constituer un début véritable. Mais, quel que soit le problème du début de la fable de l'Ânesse (tronquée ou non), deux faits demeurent : 1° le v. 21, venant continuer sans heurts le v. 20 antérieur, n'est pas rédactionnel, mais appartient au récit initial ; 2° le v. 22, en contradiction avec lui (nature de l'escorte) et avec le v. 20 (colère après la permission), est le début *actuel* (sinon *réel* et original) de l'épisode de l'Ânesse dans le texte *actuel*.

Philon supprime toute visite nocturne lors des deux ambassades. Balaam allègue, certes, comme dans le texte biblique, d'abord l'interdiction, puis, la permission, divines, mais ce sont purs mensonges. En particulier, l'omission de l'autorisation restrictive (22, 20) supprime la contradiction avec l'épisode de l'Ânesse. Josèphe (A.J. IV, § 107) trouve un autre moyen de résoudre la contradiction : si Dieu, en 22, 20, ordonne à Balaam de ne pas refuser à la seconde ambassade madianite, c'est uniquement pour le tromper, indigné que Balaam ose essayer une seconde fois.

blq du v. 18) l'ont fait conformément au procédé de variation tournante et d'alternance cher à notre auteur, et nul doute que sous une appellation différente il s'agit toujours des mêmes personnages. Il en va autrement au v. 22, où les *šny nʿryw* désignent effectivement des personnages *différents* des émissaires de Balaq. L'épisode de l'Anesse ne commence donc pas avant le v. 22[86].

Le v. 21 ressemble comme un frère au récit du départ d'Abraham allant sacrifier son fils Isaac en *Gen* 22, 3 (traditionnellement attribué à la strate élohiste du Pentateuque). Ce trait fut souvent avancé par les partisans de l'hypothèse documentaire pour attribuer *Nb* 22, 21 à la même strate[87].

Mettons en regard ces deux versets : notre auteur a traité le texte de *Gen* 22, 3 exactement comme il traite le sien propre : par la variation légère au sein de la répétition :

Gen 22, 3	*Nb* 22, 21
wyškm 'brhm bbqr wyḥbš 't-ḥmrw	*wyqm blʿm bbqr wyḥbš 't-'tnw*

La concentration remarquable des affinités isole les deux phrases du restant de l'Ancien Testament : nulle autre n'en approche. Il ne peut donc pas ne pas exister de parenté entre elles deux : la technique de notre auteur enseigne que c'est *Nb* 22, 21 qui dépend littérairement de *Gen* 22, 3a.

Par la suite, les divergences l'emportent sur les ressemblances, mais il subsiste quelques réminiscences :

Gen 22, 3bβγ : *wyqm wylk*
Nb 22, 21b : *wylk*

Ce phénomène d'échos peut d'abord s'expliquer de manière anodine, par la culture religieuse et littéraire israélite commune : nourri de vieux textes bibliques, trouvant une analogie formelle entre les deux situations et même entre les sonorités finales des deux noms, séduit enfin par le pittoresque et l'allant du départ d'Abraham, l'écrivain responsable de *Nb* 22 juge inutile d'en inventer un nouveau pour son Balaam et préfère décalquer le premier.

Mais l'analogie des situations, sous-tendue qu'elle est par une visée théologique profonde, ne s'arrête pas là, comme nous le verrons avec la description des sacrifices : l'auteur veut présenter Balaam comme un second Abraham. Abraham est le modèle du serviteur de Dieu

86. En revanche, la répétition de *'lhym* au v. 22, alors qu'il survenait déjà dans la précédente occurrence du nom divin (v. 20), apporte un argument supplémentaire en faveur d'un changement d'auteur, car elle enfreint la règle de variation systématique observée par notre écrivain.

87. Attribuent le v. 21 à E : STRACK ; STEUERNAGEL ; CARPENTER ; GRAY ; GRESSMANN ; MOWINCKEL ; EISSFELDT ; SIMPSON ; MARSH.

obéissant jusqu'au bout. Balaam en a la docilité, la fidélité. L'intention est peu appuyée, mais nette.

Bien qu'il n'y ait pas lieu d'étudier ici l'épisode de l'Ânesse (*Nb* 22, 22-35), signalons que les réminiscences de *Gen* 22, commençant en *Nb* 22, 21 pour se poursuivre au-delà de l'épisode susdit, ne sont pas sans conséquences sur la rédaction de ce dernier. Un tableau comparatif le montre :

Gen 22	*Nb* 22
v. 3aαβ : *wyškm 'brhm bbqr wyḥbš 't-ḥmrw*	v. 21a : *wyqm bl'm bbqr wyḥbš 't-'tnw*
v. 3aγ : *(wyqḥ) 't-šny n'ryw 'tw*	v. 22bβ : *wšny n'ryw 'mw*
v. 3bβγ : *wyqm wylk*	v. 21b : *wylk ('m-śry mw'b)*

Le souvenir d'Abraham fournit l'occasion d'une bifurcation : l'auteur de l'épisode de l'Ânesse s'inspira du procédé de la réminiscence littéraire de *Gen* 22, 3 qu'il trouvait chez l'écrivain responsable de *Nb* 22, 2-21, pour « ventiler » dans son propre conte des détails : *wšny n'ryw 'mw*, que n'avait pas retenus son prédécesseur. Mais il inversa la représentation, utilisant la figure exemplaire d'Abraham comme repoussoir pour noircir le personnage de Balaam devenu un Anti-Abraham. Ce trait n'a pas échappé aux Targumim ni aux commentateurs rabbiniques; ceux-ci toutefois, influencés par le jugement défavorable qu'ils portaient *a priori* sur Balaam, ont indûment projeté sur le v. 21 la représentation négative qui n'apparaît en réalité qu'à partir du v. 22, c'est-à-dire de l'épisode de l'Ânesse[88].

88. Les midrashim ont senti la parenté littéraire qui unissait *Nb* 22 à *Gen* 22, et perçu l'intention de notre auteur (ériger Balaam en second Abraham), mais ils l'ont confondue avec celle de l'épisode de l'Ânesse (faire de Balaam un anti-Abraham) : en *Tanḥ.* B IV p. 136-137, *Tanḥ.* Balaq 6 p. 84-85 et *Pirqe 'Abot* 5, 29, les trois défauts de Balaam, un esprit hautain *(rwḥ gbwh)*, un œil mauvais *('yn r'h)* et une âme cupide *(npš rḥbh)* sont opposés aux trois qualités d'Abraham, un œil bon *('yn ṭwbh)*, une âme modeste *(šplh)* et un esprit humble *(rwḥ nmwkh)*. *Tanḥ.* Balaq 8 commente ainsi *Nb* 22, 21 : « il se leva de bon matin, car il est dit : 'et Balaam se leva le matin et il sella son ânesse' et ce n'était pas manque de serviteur ou d'esclave, mais, à cause de la haine qu'il nourrissait contre Israël, c'est lui-même qui dans sa hâte la sella. Dieu dit : 'Misérable, Abraham, leur père, t'a déjà devancé pour attacher Isaac son fils au sacrifice comme il est dit en *Gen* 22 : Et Abraham se leva de bonne heure et il sella son âne'. » De même *Tanḥ.* B IV, p. 137.

Le Talmud (*Sanh.* 105b) varie le parallèle, toujours à propos de 22, 21 : « Un Tanna enseigna, sur l'autorité de R. Simeon b. Eleazar : l'amour méprise les règles d'une digne conduite. D'après Abraham, car il est écrit : 'Et Abraham se leva de bon matin, et il sella son âne'. De même la haine méprise les règles d'une digne conduite. D'après Balaam, car il est écrit : 'Et Balaam se leva le matin, et il sella son ânesse'. » Cette exégèse est reprise par le *Midrash Aggada* 21, 9, *Gen Rab.* 55, 8 et RACHI.

Au v. 22, la composition même de l'escorte *(wšny n'ryw 'mw)* fut l'occasion d'un nouveau rapprochement avec Abraham et pour une fois, pas au détriment de Balaam :

Cette inversion va loin, elle est *constitutive* de la fable, et doublement :

1° Elle en forme l'articulation fondamentale, l'épine dorsale : tous les moyens sont mis en œuvre pour ridiculiser et discréditer cet homme coléreux, indocile et borné.

2° Le conte lui doit peut-être sa principale composante, le *ml'k yhwh*. Sans le *ml'k yhwh* de *Gen* 22, 11, il n'y aurait peut-être pas le *ml'k yhwh* de *Nb* 22, 22-35.

Ce cadre n'est pas absolument plaqué ; il conserve assez de souplesse pour épouser le contexte propre à l'histoire de Balaam, qui est centrée sur le « voir », là où celle d'Abraham insiste sur l'« entendre ».

En insérant son épisode, l'auteur de l'Ânesse ne s'est pas soucié de l'incompatibilité des deux types d'escorte, les *šny n'ryw 'mw* du v. 22bβ, surgis du néant, et succédant immédiatement aux *śry-mw'b* du v. 21b, connus de longue date[89]. Son prédécesseur avait bien vu et su éviter cette contradiction. Encore une caractéristique de celui-ci, grand emprunteur de citations, donc point génial inventeur, mais écrivain sensible.

CONCLUSION

1° Excepté le v. 1, qui rattache l'épisode de Balaam au chapitre 21 et au reste du livre des *Nombres*, l'ensemble formé par le début du chapitre 22 s'avère homogène jusqu'au v. 21 compris : on n'y repère ni dénivellation rédactionnelle ni additions.

un homme de qualité prend toujours au moins deux compagnons de route, pour quelque voyage qu'il entreprend (*Nb Rab.* 20, 13 ; *Tanḥ.* B IV, p. 137 ; et Balaq 8 ; *Gen Rab.* 55, 8). On invoque à cet égard les exemples d'Abraham (*Gen* 22, 3) et de Saül (1 *S* 28, 8). Cette exégèse est reprise par RACHI. Le point de départ talmudique est *t. b. Sôṭa* 7a.

Au chapitre 28 du *Midrash Tana Dve Eliahu*, les vertus des *Ṣaddiqim* (Abraham, Isaac, Jacob, etc.) sont opposées aux vices de Balaam. En particulier, le midrash met en parallèle le sacrifice d'Isaac par Abraham, plein d'amour désintéressé pour Dieu, et les sacrifices de Balaam, destinés à obtenir les malédictions sur Israël. Balaam se trouve donc porté au faîte de la hiérarchie des mauvais, et apparaît comme le pendant antithétique d'Abraham, le *ṣaddiq* par excellence.

89. La substitution, en *Nb* 22, 22, de la préposition *'m (wšny n'ryw 'mw)* à la préposition *'t* de *Gen* 22, 3 *('t-šny n'ryw 'tw)* provient sans doute d'une réélaboration, par l'écrivain responsable de l'épisode de l'Ânesse, de la citation de *Gen* 22, 3 d'après l'expression immédiatement précédente (*'m-śry mw'b* au v. 21b) évoquant l'escorte telle que la présente l'auteur du chapitre 22.

2° Au plan historique, Balaq et Moab semblent initialement disjoints. C'est uniquement pour les besoins de sa fiction que l'auteur aurait sacré Balaq roi de Moab.

3° Le texte évite systématiquement de se prononcer sur Balaam :
— les seules indications locales sont *ptwrh 'šr ʿl-hnhr 'rṣ bny-ʿmw ;*
— l'absence de terme spécifiant la fonction de Balaam est remarquable.

Il faut admettre que le texte *choisit* l'ambiguïté quant à ces deux points : à cause de *ptwrh,* la fonction et le lieu sont liés de toute façon. Si l'on accorde au récit quelque valeur historique et géographique, on pensera que Balaam habitait un lieu-dit, *ptwr,* non loin de la frontière de Moab, et tenant précisément son nom de la fonction prestigieuse qu'y exerçait ce personnage de renommée locale, mais réelle. A moins que l'auteur n'ait inventé ces détails de toutes pièces, dans un but de vraisemblance. Dans l'une et l'autre éventualité, l'authenticité du personnage Balaam demeure, ainsi que le jeu de mots sur *ptwrh.*

Le double entendre est une recette de l'auteur. *'rṣ bny-ʿmw* en fournit un autre exemple : Balaam est bien ammonite comme l'ont compris nombre de versions, mais c'est trahir l'intention de l'auteur que de corriger le texte hébreu : la nationalité compromettante ne saurait passer à l'énoncé explicite ; elle doit rester sous-entendue, bien que parfaitement claire. L'identité de Balaam est volontairement ambiguë.

Cependant, Balaam lui-même n'est pas une figure ambiguë. Son obédience yahviste n'offre aucune prise aux soupçons que fit peser sur elle l'exégèse ancienne, tant juive que chrétienne.

4° L'auteur cite littéralement des fragments entiers d'*Ex* 1 et 10, ce qui donne lieu à une modulation originale du cliché de la sortie d'Égypte, ainsi que des extraits de *Gen* 22. L'impression d'artifice laissée par la présence de ces passages dans le contexte de *Nb* 22 autorise à affirmer qu'il s'agit là d'emprunts. Cela suppose évidemment un stade avancé de fixation des textes par écrit.

5° Au plan littéraire, l'écrivain aime la variation au cœur de la répétition. Ce procédé exprime le plus souvent la marche de l'intrigue narrative et l'émergence du dessein théologique. Mais les modifications n'ont parfois d'autre raison qu'esthétique et musicale.

6° Le récit avance grâce à deux systèmes de symétrie, qui n'ont pas le même statut et se chevauchent perpétuellement : la rivalité objective Balaq/Dieu par rapport à Balaam, et la rivalité subjective Balaam/Dieu par rapport à Israël.

Il joue également sur deux thèmes : le thème, majeur et principal, de l'élection d'Israël et le thème, mineur et subordonné, de l'allégeance de Balaam à Dieu. Le thème, mineur mais prégnant, de l'allégeance, se présente sous la forme d'un leitmotiv au sens musical. Les deux thèmes ont comme dénominateur commun la toute-puissance et la pérennité de la parole divine. Corrélativement, le récit paraît tout entier ordonné à l'émission des « oracles » de bénédiction.

CHAPITRE II

COMPLÉMENT SUR L'ÉPISODE DE L'ÂNESSE :

Nb 22, 22-35

Cette section ayant fait l'objet d'une étude spéciale[1], le présent travail se bornera à quelques remarques ponctuelles complémentaires, après avoir résumé les conclusions de l'article antérieur.

I — *RÉSUMÉ DE L'ARTICLE*

1° Depuis Wellhausen, l'épisode de l'Ânesse fut le plus souvent attribué au Yahviste. Toutefois, cette attribution ne fit pas l'unanimité. *Nb* 22, 22-35 semble constituer une unité littéraire autonome, étrangère au reste du récit.

2° Nous démontrions que l'épisode de l'Ânesse n'appartient ni à « J » ni à « E », les deux sources auxquelles semble revenir le reste de la péricope. Nous soulignions les contradictions qui isolent *Nb* 22, 22-35 de l'ensemble de *Nb* 22-24 : Dieu, s'emportant contre le départ de Balaam en 22, 22, semble capricieux. Le sage devin apparaît soudain comme un être coléreux et moins clairvoyant que sa monture. L'escorte qui, jusqu'au v. 21, était une caravane princière, se réduit, à compter du v. 22, à deux jeunes garçons. Les v. 21 et 35 sont à la fois étrangers et indispensables au récit. Et surtout, le v. 35 se présente comme une reprise (« Wiederaufnahme ») d'éléments contenus d'une part dans le v. 20, d'autre part dans le v.21.

1. Voir *RB* 87, 1980, p. 5-37 et 211-241.

3° Une enquête sur la langue de l'épisode, fondée avant tout sur les classifications de Holzinger et d'Eissfeldt, montre qu'elle n'est caractéristique ni de J ni de E. Cette enquête prouve aussi, à la suite d'Holzinger, que bien des prétendues caractéristiques de J se retrouvent chez E, et réciproquement.

4° L'analyse syntaxique montrait une solide structure, fondée sur un système de répétitions et de variations. Le nombre des sections, des propositions et des mots, apparaissait parfaitement équilibré. L'intention théologique était claire : ridiculiser ce devin moins clairvoyant que son ânesse.

5° En conclusion, nous proposions de dater l'épisode vers la fin du prophétisme préexilique : il s'agirait d'un J des VIII-VIIes siècles, partiellement identique au R^{JE} de la critique classique, et postérieur sans doute au E de l'hypothèse documentaire. Le ci-devant J de l'Ânesse se rapprochait de « Der sogenannte Jahwist » de H.H. Schmid, apparenté au *Deutéronome* et à l'histoire deutéronomiste.

II — *A PROPOS DE L'ÂNESSE*

Le rôle confié à cet animal en *Nb* 22, 2-35 semble pouvoir être mis en rapport avec la fonction de Balaam, devin arabe.

1° T. Fahd[2], étudiant les instruments du culte et de la divination chez les Arabes, analyse le phénomène *sağʿ*[3] dont le sens le plus ancien, comme l'akkadien *šegû,* l'hébreu *šgʿ* et l'arabe *sğʿ,* désigne l'état d'extase. La racine signifie, en akkadien, « fureur, rage », surtout en parlant d'un *chien.* En hébreu, elle désigne l'état de démence et est appliquée comme épithète injurieuse aux vrais prophètes par leurs ennemis[4].

sağʿ désigne à l'origine l'entrée en transe du *kâhin,* l'oracle issu de cet état, puis la forme stylistique de cet oracle. Fahd lui attribue la plus grande ancienneté. Or, *« il était censé être compris par les djinns et les animaux ».*

Allant de pair avec lui on trouve, dès le commencement de l'histoire arabe, le *rağaz*[5], le plus ancien mètre de la prosodie arabe. La racine *rğz,* bien attestée dans les langues sémitiques de l'ouest, signifie, comme son doublet *rğs*[6], « agitation, inquiétude, colère, forte émotion produite sous l'action d'influences extrinsèques, grondement résultant de phénomènes atmosphériques tels le

2. T. Fahd, *La divination arabe. Études religieuses, sociologiques et folkloriques sur le milieu natif de l'Islam.*

3. *Ibid.* p. 152-153.

4. 2 *R* 9, 11 : *Jér* 29, 26 ; *Os* 9, 7.

5. *Ibid.* p. 153-154.

6. En hébreu et en araméen *rgš.*

vent, le tonnerre, le tremblement de terre, le grognement des grands animaux».

D'une part, être compris des animaux; d'autre part, interpréter leur cri. Ce double trait caractérise le *kâhin.*

2° Le mot sumérien pour «l'ânesse» - *EMÈ* = *atānu* est homophone de celui qui désigne «la langue», *EME* = *lisānu*[7], comme le signale J. Koenig sur une information donnée par H. Sauren[8]. D'après ces deux auteurs, ce fait expliquerait que l'ânesse prît la parole.

3° *L'ânesse, terme de comparaison en sumérien :*

W. Heimpel ne cite qu'un texte, mais il est intéressant : «Comme une vache, elle éleva de nouveau la voix. Comme une ânesse *(eme$_x$)* elle l'appela: 'A mon âne-étalon (je veux retourner)!' Lisina *(li$_9$ - si$_4$ - na)* éleva douloureusement la voix»[9].

C'est donc comme animal parlant que l'ânesse sert de terme de comparaison. Par ailleurs, le nom de la déesse comparée à l'ânesse est Lisina. Nous retrouvons l'homophonie *EMÈ* = *atānu*
EMÈ = *lisānu.*

4° Dans l'inscription de Deir 'Alla, il est question d'animaux à deux reprises, à chaque fois, en rapport avec l'acte de proférer ou de consulter un oracle. Le groupement I, l. 7-9, présente une série de noms d'oiseaux.

ss̊ 'gr ḥr
'pt n̊šr wql̊ rḥm̊n y'nh

D'après A. Caquot et A. Lemaire, on pourrait traduire : «le passereau répondra à l'insulte du rapace et à la voix des vautours». Les auteurs envisagent même que *'nh* ne signifie pas «répondre», mais «chanter», «et la phrase deviendrait alors l'annonce de quelque inquiétant prodige»[10].

Au groupement II l. 15, A. Caquot et A. Lemaire traduisent *š'lt mlk ssh wš[']l° [t* par «ce pourquoi un roi consulte, c'est son cheval et ce pourquoi un ... consulte (c'est) ...». A leur avis, *š'lt* désigne ici la consultation d'un oracle[11]. Là encore, cette activité est mise en rapport avec un animal, monture par surcroît, ce qui

7. Pour *EME* = *atānu,* voir *CAD* 1, II = A, II, p. 481. Pour *EME* = *Lisānu, ibid.* 9 = L, p. 209.

8. J. Koenig, La déclaration des Dieux dans l'inscription de Deir 'Alla (I, 2), *Sem.* 32, 1982.

9. W. Heimpel, *Tierbilder in der sumerischen Literatur*, Roma 1968, p. 264, 28.1. Le texte se trouve dans C. J. Gadd et S. N. Kramer, *Ur Excavations Texts*, VI, *Literary and Religious Texts*, Second Part, London 1966, n° 144 l. 45-47 et p. 2.

10. A. Caquot et A. Lemaire, *Les textes araméens de Deir 'Alla*, p. 199.

11. *Ibid.* p. 207.

l'éloigne des omina habituels (vols d'oiseaux et entrailles) et le rapproche de notre ânesse.

Ces faits rendent plausible une suggestion de A. Caquot, selon laquelle Balaam était « l'homme qui fait parler les animaux ».

Certes, il s'agit d'un trait propre à tout kâhin, mais pourquoi la *fama* de Balaam dans la région du Jourdain ne se serait-elle pas cristallisée autour de cette aptitude, que peut-être il cultivait spécialement ?

5° Les montures qui parlent à leurs cavaliers ne sont pas l'apanage de la Bible. Nombre d'auteurs rapprochent notre épisode d'Iliade XIX 406-422, où Xanthe, cheval d'Achille, lui prédit la mort. On constate plusieurs convergences avec l'épisode biblique :

a. C'est la divinité qui donne voix humaine à l'animal : *audèenta d'ethèke thea* (v. 406) et *wypth̩ yhwh 't-py h'twn* (22, 28).

b. La prise de parole de l'animal coïncide avec l'aveuglement de l'homme ; elle y supplée.

c. Elle suscite la colère de l'homme :

Ton de meg' ochthèsas prosephè podas ôkys Achilleus :
Xanthe, ti moi thanaton manteueai ; oude ti se chrè (v. 419-420) et *wyḥr-'p bl'm wyk 't-h'twn bmql . . . wy'mr bl'm l'twn ky ht'llt by lw yš-ḥrb bydy ky 'th hrgtyk* (22, 27b.29).

6° A. Rofé [12] rapproche à juste titre l'épisode de l'Ânesse de l'histoire de Jonas et de la parabole sur l'homme de Dieu et le prophète (1 *R* 12, 23-13, 32), d'abord parce que, dans ces trois péricopes, l'animal est plus proche de Dieu que n'est l'homme. Ensuite, parce que ces trois histoires appartiennent à la littérature qui réfléchit sur les devoirs du prophète. A la fin du VIe siècle, et au début du Ve siècle, toute une littérature se consacre à cette réflexion. Comme le remarque Rofé, dans la tradition israélite ancienne, peu importe qu'un prophète soit israélite ou non. Mais la foi des époques postérieures pense que la prophétie est donnée à Israël comme un privilège de la *ḥsd* divine. Il n'est pas impossible que, comme l'affirme Rofé, l'épisode de Jonas et celui de l'homme de Dieu et du prophète émanent de la même époque et du même milieu que celui de l'Ânesse. Quoi qu'il en soit, ces remarques convergent avec notre certitude que l'épisode de l'Ânesse est une conséquence immédiate de la réforme deutéronomique et de l'édition du *Deutéronome*. C'est un produit de l'esprit deutéronomiste, un conte didactique illustrant *Dt* 18, 18 : « C'est un prophète comme toi que je leur susciterai du milieu de leurs frères » et venant réagir contre le premier niveau rédactionnel qui met en scène un prophète gentil. C'est peut-être une œuvre de commande.

12. A. Rofé, « *The Book of Balaam* », chapitre 12, p. 52-54.

III - *A PROPOS DE L'ANGE*

1° Des rappels littéraux existent entre Ex 3, 1-6 et l'épisode de l'Ânesse pour la présentation de l'Ange. H. C. Schmitt[13], analysant *Ex* 3, 1-15, démontre que les passages concernant le *ml'k yhwh* ont un caractère rédactionnel : réduisant Moïse au rôle d'annonciateur prophétique de la promesse de salut, le seul conducteur d'Israël étant Yahvé, ils viennent s'opposer à la strate élohiste antérieure, où Moïse apparaissait comme un chef charismatique. Mais surtout ils insistent sur le caractère inaccessible du Dieu biblique, la transcendance de Yahvé, puisque seul le *ml'k* apparaît à Moïse. Cette analyse s'inscrit dans la théorie de Schmitt, selon laquelle la strate ultime du Pentateuque n'est pas le code sacerdotal «théocratique» comme on le dit depuis Wellhausen, mais une couche «yahviste» tardive insistant particulièrement sur le thème de la promesse, une rédaction d'esprit «prophétique», venant refaçonner la strate élohiste antérieure qui, de son côté, avait perfectionné les représentations «protoyahvistes» datant des débuts de la monarchie. Il rapproche évidemment cette hypothèse d'un Yahviste tardif des travaux de F. V. Winnett[14] et J. Van Seters[15]. Pourquoi l'épisode de l'Ânesse qui, par la présence du *ml'k yhwh* présente tant d'affinités avec la strate dégagée en *Ex* 3, 1-15 par Schmitt, n'appartiendrait-elle pas à la même couche «yahviste» tardive, mais surtout prophétique?

2° Cette hypothèse coïnciderait avec la proposition de R. S. Mackensen[16], selon laquelle le niveau primitif de l'histoire de Balaam serait un morceau de propagande anti-prophétique. Il serait écrit contre les prétentions du parti prophétique (entendons les grands prophètes préexiliques) au monopole de l'interprétation de la parole divine, et contre le milieu où s'élaborait le *Deutéronome*. Quoi de plus normal qu'une seconde réaction, issue, elle, de milieux tout ensemble prophétiques et deutéronomiques contre cet écrit anti-prophétique? D'où la dérision jetée sur ce «prophète» prétendant consulter Yahvé en recourant à des pratiques suspectes et ce, sur des hauts-lieux locaux, bien loin de Jérusalem.

3° A. Rofé conteste l'opinion de Kalisch suivant laquelle l'épisode de

13. H. C. Schmitt, Redaktion des Pentateuch im Geiste der Prophetie. Beobachtungen zur Bedeutung der «Glaubens»-Thematik innerhalb der Theologie des Pentateuch, *VT* 32, 1982, p. 170-189, p. 186-188.

14. F. V. Winnett, Re-examining the Foundations, *JBL* 84, 1965, p. 1-19.

15. J. Van Seters, *Abraham in History and Tradition*, New Haven London 1975.

16. R. S. Mackensen, *The Present Literary Form of the Balaam Story*, p. 282.

l'Ânesse date du Second Temple[17]. Certes, comme le démontrait déjà Volz[18], la langue de l'épisode est tardive, mais Rofé pense qu'à l'époque du Second Temple l'angélologie et la démonologie étaient un sujet d'âpres discordes. Vu ce que l'on sait de l'angélologie à cette époque, l'association de l'ange et d'une épée interdirait d'y situer l'épisode.

La marge est donc étroite : l'épisode de l'Ânesse ne saurait précéder le *Deutéronome*, mais reste antérieur au Second Temple. Voilà qui indique une date proche de l'Exil.

4° Le *ml'k yhwh* de *Nb* 22, 22-35 empêche-t-il la datation deutéronomique proposée pour cet épisode? On pourrait le croire. En effet, on observe, dans la littérature biblique, deux grandes périodes de prédilection pour l'ange ou les anges : d'une part les textes les plus anciens, ceux réputés yahvistes (*Gen* 16, 7 ss. ; 24, 7.40 ; 48, 16 ; *Ex* 3, 2) ou élohistes (*Gen* 21, 17 ; 22, 11 ss. ; *Ex* 14, 19 ; 23, 20.23 ; 32, 34) ; d'autre part, la littérature postexilique (*Za* 1, 11.12 ; 3, 1-2. *Tb* 3, 16 ; *Dan* 8, 16 ; 9, 21). Mais « les 'sources' plus récentes du Pentateuque, deutéronomique et sacerdotale, semblent garder le silence sur les anges »[19].

La solution réside sans doute dans le fait que l'histoire deutéronomiste, elle, mentionne bien l'ange ou les anges, mais qu'elle se borne à livrer telles quelles des traditions plus anciennes (*Jos* 5, 13-15 ; *Jg* 5, 23 ; 6, 11-23 ; 13, 22 ; 2 *S* 24, 16 ; 2 *R* 13, 18 ; 19, 5.7). Pareillement, l'école deutéronomiste a fort bien pu intégrer à l'épisode de Balaam, en l'adaptant, un conte plus ancien qui relatait la rencontre d'un voyageur et d'un ange[20]. Si l'angélologie biblique n'empêche pas *Nb* 22, 22-35 d'être deutéronomique, elle s'oppose, en revanche, à une datation trop basse : les anges de l'époque postexilique s'individualisent, reçoivent une fonction spécialisée, parfois un nom, bref, acquièrent une personnalité propre, ce qui n'est pas le cas des textes plus anciens, ni non plus de l'épisode en question. L'ange de *Nb* 22 s'inscrit dans la série des anges adversaires[21]. Le *śṭn* est d'abord un nom commun (*Jb* 1, 6-12 ; 2, 1-7 ; *Za* 3, 1-2) déterminé par l'article. A la fin du IVᵉ siècle, en 1 *Chr* 21, 1, *śṭn* est devenu le nom propre Satan. Notre ange

17. A. Rofé, « *The Book of Balaam* », chapitre 9, p. 42-45.

18. P. Volz, Besprechung von A. von Gall, Zusammensetzung und Herkunft der Bileam Perikope in *Num.* 22-24, Giessen 1900, dans *TLZ* 26, 1901, col. 383-385.

19. A. Caquot, L'angélologie biblique, dans *Les anges, Histoire des dogmes*, Tome II : *Dieu Trinité. La création. Le péché.* Fascicule 2b, Paris 1971, p. 11-52, p. 12-13. Du même auteur, Depuis les dieux de l'ancien Orient jusqu'aux anges de la Bible et du judaïsme ancien, *Colloque sur l'ange*, juin 1981, p. 11-26.

20. Voir W. Gross, *Bileam*, p. 368-369.

21. A. Caquot, *L'angélologie biblique*, p. 20-21.

viendrait en tête de la série : ce n'est même pas *hśṭn* « l'adversaire », mais sa fonction consiste *lśṭn* « à faire obstacle ». L'auteur y insiste au début (*wytytṣb ml'k yhwh bdrk lśṭn lw* en 22, 22) et à la fin du texte (*hnh 'nky yṣ'ty lśṭn* en 22, 32). L'angélologie biblique n'impose donc pas une date trop ancienne, mais interdit une date trop basse[22].

22. Voir également M. Rose, *Deuteronomist und Jahwist*. Untersuchungen zu den Berührungspunkten beider Literaturwerke (AThANT 67), Zürich 1981, p. 65-70.

CHAPITRE III

LA PROSE DE *NB* 22, 36 - 23, 6

LE LIEU DE LA RENCONTRE

Le v. 36 : « Et Balaq apprit que Balaam venait, et il sortit à sa rencontre jusqu'à la ville de Moab, sur la frontière de l'Arnon qui est à l'extrémité de la frontière » vient poursuivre naturellement le cours du récit initial, interrompu après le v. 21 par l'insertion des v. 22-35 (épisode de l'Ânesse). La localisation *'l-'yr mw'b 'šr 'l-gbwl 'rnn 'šr bqṣh hgbwl* pose néanmoins deux problèmes, à la fois liés et distincts :

1° Peut-on identifier et situer sur la carte l'endroit mentionné par le texte ?

2° Ce texte lui-même apparaît surchargé : contient-il une ou des additions et si oui, lesquelles ?

La difficulté se complique encore de par la mention, au v. 39, d'une autre ville, *qryt ḥṣwt,* qu'il faudra identifier aussi, et, en *Nb* 21, 15 et 28, d'un certain *'r (mw'b)* qui peut être identique à *'yr mw'b, sur le terrain,* mais dont la relation avec cette dernière peut également n'être que *littéraire.*[1]

Le v. 36b comporte deux propositions relatives introduites par un double *'šr* : le premier a pour antécédent *'yr mw'b,* mais l'antécédent

1. L'opinion selon laquelle *'r* n'est autre que *'yr* a été contestée par A. M. GAZOV-GINZBERG (*'Ār*, Le pays de Moab, *Palestinskii Sbornik* 4 (67) 1959, p. 12-16). Il s'agirait de *ġwr* « dépression ». Voir *Ps* 60, 10, où Moab est décrit comme une cuvette *(syr).* De ce *ġwr* viendrait le nom arabe de la dépression du Jourdain (du côté oriental) : *'l ġwr*. Il est difficile de trancher, puisqu'il s'agit de fiction. Si, toutefois, il reste un peu de vraisemblance narrative, Balaam est censé venir plutôt de l'est (Qedem). Or, le *ġwr* est situé à l'ouest de Moab.

du second est-il *'rnn* ou derechef *'yr mw'b*? D'après Dillmann[2], l'une et l'autre propositions relatives définissent le même antécédent, *'yr mw'b*. Mais se réfère-t-on à *Nb* 21, 14-15 : *'rnwn w'šd hnḥlym 'šr nṭh lšbt 'r wnš'n lgbwl mw'b,* « l'Arnon et ses gorges qui descendent vers le site de Ar et longent la frontière de Moab », ce serait l'Arnon lui-même qui constituerait la frontière de Moab. Et que veut dire *gbwl 'rnn*? « la frontière marquée par l'Arnon » ? Dans ce cas, le second *gbwl ('šr bqṣh hgbwl)* doit être pris dans le sens « territoire », tel *finis* en latin. Ce n'est pas impossible, surtout si la seconde proposition relative émane d'une autre main que la première.

Les versions sont assez littérales : la LXX porte *eis synantèsin autôi, eis polin Môab, hè estin epi tôn horiôn Arnôn, hè estin ek merous tôn horiôn.* On notera que les versions de langue araméenne méconnaissent la différence, marquée par l'hébreu (du moins en l'occurrence), entre *'yr* et *qryh,* et rendent *'yr mw'b* par *qryt* ou *qrt' dmw'b.* Par ailleurs, le Targum Néofiti ne mentionne même pas la ville : *wnfq lqdmwtyh l'r'hwn dmw'byy dsmyk lgbwl 'rnwnh dy bsyypy tḥwmh* « et il sortit à sa rencontre au pays des Moabites qui jouxte le frontière de l'Arnon, aux extrémités du territoire ». Enfin, fait non négligeable, la Vulgate omet la seconde proposition relative : *« egressus est in occursum ejus, in oppido Moabitarum, quod situm est in extremis finibus Arnon ».*

'yr mw'b ne se rencontre jamais exactement avec cette vocalisation ailleurs dans la Bible. *Nb* 21, 28 porte *'klh 'r mw'b b'ly bmwt 'rnn* « il a dévoré Ar Moab, les seigneurs des hauts lieux de l'Arnon ». De même *Is* 15, 1, où cette ville est évoquée parallèlement à Qir Moab, mais ne lui est sans doute pas identique : *ky blyl šdd 'r mw'b ndmh ky blyl šdd qyr-mw'b ndmh* « Car dans la nuit où elle est dévastée, Ar Moab est détruite, car dans la nuit où elle est dévastée, Qir Moab est détruite. » En *Dt* 2, 2.18.29, il est seulement question de *'r,* mais c'est la ville moabite par excellence, puisque Moïse la définit comme l'héritage donné par Dieu aux fils de Lot, et le séjour même des Moabites. Pareillement, en *Nb* 21, 15, *'r* n'est pas déterminé par *mw'b,* mais les deux hémistiches parallèles *'šr nṭh lšbt 'r* et *wnš'n lgbwl mw'b* montrent assez que *'r* est *la ville* de Moab, tout en indiquant un emplacement proche de l'Arnon et de la frontière de Moab.

Mais précisément, la position même de *'yr mw'b* est impossible à donner, si ce n'est que la ville se situe *'l-gbwl 'rnn* soit, « sur la frontière marquée par l'Arnon ». Ce serait vraisemblablement vers l'est du territoire, puisque Balaam est censé arriver d'Ammon, c'est-à-dire plutôt du nord-est. De plus, d'après Kalisch, *'yr mw'b* ne s'identifierait

2. De même, Gray ; parmi les « modernes anciens », Lüther, Hengstenberg, Keil font de *'rnn* l'antécédent du second *'šr.*

pas avec la capitale *'r,* car celle-ci se situait au nord de l'Arnon et, l'Arnon constituant à l'époque la frontière de Moab, Balaq ne pouvait souhaiter accueillir Balaam qu'à l'intérieur des limites de son royaume. Si toutefois on admet l'idée que la rencontre ait eu lieu au nord de l'Arnon, Kalisch propose d'identifier *'yr mw'b* avec Aroer *('r'r),* dont la position décrite en *Dt* 2, 36, *Jos* 12, 2 et 13, 9.16 est similaire à celle indiquée en *Nb* 22, 36 pour *'yr mw'b.* Dillmann, en revanche, identifie *'yr mw'b* à *'r,* mais pense pouvoir déduire du texte que *'yr mw'b*, située sur la frontière nord-ouest, n'était pas la résidence accoutumée du roi. D'après Gray, qui invoque Meyer[3], il faudrait comprendre *« which is in the territory about the Arnon on the border of the (Moabite) territory » ;* les deux relatives définissant *'yr mw'b,* la première « qui est sur la frontière (formée) par l'Arnon » expliquerait que *'yr mw'b* se trouvait à la frontière nord de Moab, la seconde, que la ville était située à l'extrémité de cette frontière, c'est-à-dire, à l'extrémité orientale, puisque Balaam vient du nord-est (que l'on opte pour l'Euphrate ou pour Ammon). Voilà donc deux contradictions : *'yr mw'b* est-il ou n'est-il pas identique à *'r mw'b,* capitale de Moab ? *'yr mw'b* se place-t-il au nord-est ou au nord-ouest ? Autre difficulté : si, comme le dit Gray, pareille description de la frontière nord de Moab corrobore l'information donnée en *Nb* 21, 13, que le pays situé au nord de l'Arnon n'appartenait pas à Moab, comment Balaq a-t-il pu mener Balaam successivement à Bamoth Baal, Pisgah (c'est-à-dire le Mont Nebo), et Baal Peor, tous trois sommets situés bien davantage au nord, à l'extrémité nord de la mer Morte, à hauteur de Jéricho, et ce, aussi librement que s'il circulait à travers son propre territoire ? Bref, en remontant de la sorte, Balaq allait-il déjà sur le territoire des Amorites dérobé à ces derniers par les Israélites et ce, pour conduire impunément son hôte au milieu même des assaillants qu'il l'emmenait contempler et maudire du haut de ces trois éminences ?

Tout effort pour faire cadrer les précisions de *Nb* 22, 36 b avec d'autres textes ou avec une réalité historico-géographique elle-même sujette à caution se heurte à un monceau de contradictions. Ce n'est pas un hasard : si nos efforts sont vains, c'est précisément parce que ces simulacres de renseignements relèvent de la pure fantaisie, parce que nous avons affaire à une œuvre d'imagination ! C'est entrer dans le jeu de l'auteur et consentir à se laisser illusionner par lui que de chercher à identifier sur le terrain les lieux qu'il mentionne. Les Targumim ne s'y sont pas trompés : leur vague *qrt' dmw'b,* et l'encore plus général *'r'hwn dmw'byy* du Targum Néofiti, attestent leur refus de se prêter à quelque identification que ce soit.

3. E. Meyer, Kritik der Berichte über die Eroberung Palaestinas (*Num.* 20, 14 bis *Jud.* 2, 5), *ZAW* 1, 1881, p. 117-146, spécialement p. 120 ss.

Cela admis, dans le cadre même de cette fiction, Rachi nous indique en partie l'intention de l'auteur : *« 'l 'yr mw'b :* dans sa capitale, sa ville la plus considérable, pour dire : vois ce que ceux-là (les Israélites) veulent détruire. » Retenons l'idée de *démonstration* à l'égard du visiteur.

Mais on décèle aussi une autre volonté, dirigée par l'auteur vers le lecteur : que ce dernier ne cesse pas d'assimiler le personnage fictif du roi Balaq et la réalité historico-géographique de Moab. Le processus était déjà engagé depuis *Nb* 22, 4b, où la précision « or Balaq, fils de Ṣippor, était roi de Moab en ce temps-là », donnée avec l'affectation d'un détail insignifiant, ne visait qu'à accréditer l'image et l'idée de Balaq roi de Moab et à laver ce dernier du double soupçon qui risquait encore de peser, et sur sa réalité, et sur sa royauté ; l'histoire déjà lancée depuis trois versets et demi, c'est au v. 4b seulement que l'auteur semblait juger utile de glisser au passage une explicitation de la situation ; en retour, l'implicite des versets précédents jouait également en faveur du naturel et de l'évidence de cette réalité et de cette royauté supposées de Balaq. Par la suite, une fois Balaq bien assis sur son trône, le récit n'en avait pas moins poursuivi son travail de « propagande », mais en sourdine, comme une basse continue, de façon implicite, grâce à l'alternance calculée *śry-mw'b/śry-blq*. L'information du v. 36bα *wyṣ' lqr'tw 'l-'yr mw'b* procède de la même technique : Balaq roi de Moab ne peut résider et accueillir Balaam que dans « la ville de Moab ». En *Nb* 21, 26 et 27, Heshbon est appelée *'yr syḥwn* « la ville de Siḥon » : on ne peut se défendre du sentiment que l'auteur s'apprête à écrire *'yr blq,* mais qu'il n'ose, à la fois parce que ce n'est pas vrai, et parce que traditionnellement la capitale moabite ne s'appelle pas du nom de son roi, mais *'r mw'b,* ou *'r* tout court. La nommer *'r blq* reviendrait donc à franchir les limites de la vraisemblance innocente qui est visée par l'auteur. Tombant dans l'invraisemblance, il obtiendrait l'effet inverse de l'objet cherché. Il en reste donc prudemment à *'yr mw'b* et, faute de pouvoir la nommer *'yr blq,* il s'emploie à lui conférer le statut de *'yr hmlwkh,* « la ville royale », comme est appelée Rabba des fils d'Ammon, en 2 *S* 12, 26. C'est encore et toujours une façon de faire Balaq roi de Moab.

Le v. 36b paraît s'être inspiré d'autres textes bibliques pour donner à *'yr mw'b* un semblant de localisation ; une telle genèse littéraire serait le corollaire de la pure fiction qu'est notre histoire et expliquerait, en retour, l'irréalisme de cette localisation, les contradictions avec les autres informations bibliques (car elle en fusionne plusieurs), et l'impossibilité de la fixer sur le terrain. Cet irréalisme est à la fois un élément supplémentaire de la fiction, et sa conséquence. L'auteur initial a probablement précisé lui-même l'emplacement de *'yr mw'b* au moyen de deux textes. D'une part, *Nb* 21, 15, qui situe les uns par rapport aux autres les trois éléments de *Nb* 22, 36b à savoir, Ar, l'Arnon, et la frontière de Moab : « l'Arnon et ses gorges qui descendent vers le site de Ar et longent la frontière de Moab » *'rnwn w'šd hnḥlym 'šr nṭh lšbt 'r wnš'n lgbwl mw'b*. C'est un fragment ancien du livre des Guerres du Seigneur où, à l'inverse de *Nb* 22, 36b, le référent est *'r*, et ce qui y réfère est l'Arnon. C'est d'ailleurs un texte moins topographique que descriptif : *'r* n'est pas situé sur l'Arnon, mais l'Arnon descend vers le site de *'r*. En outre, l'Arnon n'y est pas présenté comme la frontière de Moab, mais comme longeant ladite frontière. Pour en arriver à la précision de *gbwl 'rnn* « la frontière constituée par l'Arnon », il fallait la phase intermédiaire de *Jg* 11, 18bβ *ky 'rnwn gbwl mw'b* « car l'Arnon est la frontière de Moab ».

Quant à la seconde proposition relative *'šr bqṣh hgbwl*, elle alourdit trop la phrase pour être imputable à l'écrivain. Un scribe soucieux de préciser la position de *'yr mw'b* à l'extrémité est de l'Arnon, ou encore à la pointe nord-est de Moab, a pu l'écrire en songeant à la direction d'où venait Balaam (Ammon ou l'Euphrate), et en s'inspirant de la formulation de *Nb* 20, 16b : *whnh 'nḥnw bqdš 'yr qṣh gbwlk* « Et voici, nous sommes à Qadesh, ville située à l'extrémité de ton territoire »[4].

LA RENCONTRE

Les v. 37-38 sont un point névralgique dans la bataille des théories documentaires. Le contraire étonnerait, vu les remous que ne pouvait manquer de produire l'insertion de l'épisode de l'Ânesse sur l'identification par les exégètes, non seulement de l'épisode inséré, mais aussi des versets alentour (qu'on se souvienne des hésitations touchant aux v. 21 et 22). Si les tenants de la théorie des deux sources sont quasi unanimes pour attribuer l'épisode de l'Ânesse à la strate yahviste, il n'en va pas de même pour les v. 37-38 : on constate une scission à partir d'une déclaration faite par Wellhausen dès 1876, laissée telle quelle dans l'édition de 1899, et devenue presque historique à force d'être citée : « Il est très douteux que dans la version originale le voyant ait finalement continué, passant outre à la résistance de l'Ânesse. Je crois qu'il fit demi-tour : c'est pourquoi Balaq en personne vint à sa rencontre (v. 37) et c'est avec ce dernier qu'il obtint la permission d'aller et qu'il alla (v. 39). Les v. 37 et 39 apparaissent comme des restes de la véritable continuation du récit d'où viennent

4. D'après Keil, *'yr mw'b* se trouvait dans la région de l'Arnon, qui coulait à la frontière nord du territoire moabite ; c'était *Aréopolis* (celle de 21, 15), peut-être l'ancienne capitale du royaume, mais réduite à la position de ville-frontière, depuis que Siḥon roi des Amorites avait pris aux Moabites tout le pays s'étendant jusqu'à l'Arnon ; la capitale s'était déplacée vers le sud, à *Rabba*. Sur *Nb* 21, voir M. Noth, *Num.* 21 als Glied der « Hexateuch »-Erzählung, *ZAW* 58, 1940-41, p. 161-189.

les v. 21a. 22-34. Ce récit est de J, en revanche l'autre, d'après lequel Dieu ordonne à Balaam d'aller avec la seconde ambassade, est de E. »[5]

Dillmann, en 1886, observe que le verbe n'est pas *b't,* mais *hlk. l'-hlkt* fait allusion au refus d'entreprendre le voyage la première fois, refus supposé connu. Par conséquent, la supposition de Wellhausen d'après laquelle Balaq en personne serait allé chercher Balaam n'est pas nécessaire.

Wellhausen estime le débat assez important pour juger bon de le rouvrir dans les *Nachträge* ajoutés à la 3e édition (1899) de *Die Composition des Hexateuchs.* Il y saisit l'occasion d'une mise au point, assortie de quelques modifications par rapport à ses positions antérieures : « J'ai montré que le fait que d'après 22, 37 Balaq n'envoie plus personne après la première ambassade, mais que, l'ambassade ayant été infructueuse, lui-même se décide à aller le chercher, ne convenait pas au récit de E, et je l'ai attribué à J (en note : en J, Balaam ne donne aucune réponse décisive aux envoyés de Balaq, mais ils s'en vont avec le vague espoir qu'il viendra à leur suite. . . .). Kuenen cherche à me faire objection en déterminant le sens du v. 37 d'après le v. 38, que je n'ai nullement attribué à J. Naturellement il n'y a aucune contradiction ; le v. 37 doit s'interpréter à partir de lui-même et de son propre sens. Si Kuenen suppose que l'infinitif absolu *šlwḥ šlḥty* signifie que Balaq a envoyé plus d'une ambassade à Balaam et que le v. 37 renvoie aussi au récit de E, je ne connais à l'infinitif absolu aucune signification de cet ordre. Si, par ailleurs, il veut dire que, de la question de Balaq 'pourquoi n'es-tu pas venu à moi ?', il ne découle pas que Balaam n'est pas encore effectivement allé à lui, je ne comprends pas cela non plus. Pourtant, il est impossible que Kuenen comprenne que 'Pourquoi n'es-tu pas venu à moi ?' signifie en même temps tout ceci : 'Pourquoi n'es-tu pas venu à moi tout à l'heure la première fois, et n'es-tu venu que maintenant, après des instances réitérées ?' La négation vaut pour la phrase et non pour un adverbe de temps (tout à fait inexistant). Si maintenant, d'après le seul sens recevable pour 22, 37, le prophète n'est pas venu à Balaq et que pourtant tous deux sont ensemble, c'est que Balaq est venu au prophète »[6].

A la suite de ce débat, les tenants de l'hypothèse documentaire se sont eux-mêmes divisés entre une minorité qui, avec Wellhausen, attribuait le v. 37 à J et le v. 38 à E[7], et la majorité qui, avec Kuenen et Dillmann, soudait les deux versets pour les attribuer à E[8].

5. J. Wellhausen, *Die Composition des Hexateuchs und der historischen Bücher des Alten Testaments*, Berlin 1899, p. 109-110.

6. *Ibid.*, p. 348-349.

7. A. von Gall ; B. Baentsch ; H. Holzinger (sauf le v. 38bα qu'il attribue à J) ; O. Procksch ; H. Gressmann (1913) ; S. Mowinckel ; O. Eissfeldt.

8. R. Kittel ; W. E. Addis ; H. L. Strack ; J. A. Bewer ; H. Gressmann (1910) ; C. A. Simpson.

Nous nous proposons de montrer, dans la ligne de ces deux auteurs, que les v. 37-38 sont rivés l'un à l'autre suivant le procédé, cher à notre écrivain, d'apparier des couples de versets dont le premier est une parole de Balaq et le second, la réponse de Balaam.

Le v. 37 consiste en une série de trois questions indignées lancées d'un ton vif : « Ne t'ai-je pas mandé avec insistance ? Pourquoi n'es-tu pas allé à moi ? Vraiment, ne puis-je pas te donner des honneurs ? » Si l'on prend en compte le naturel du dialogue qui exprime l'irritation et donc, l'autoritarisme du roi, nul besoin de supposer que Balaam ne soit pas venu : Balaq est furieux de n'avoir pas été obéi d'emblée, d'avoir dû, pour se faire entendre, envoyer une seconde ambassade. C'est au refus opposé par Balaam à la première, que s'en prend son reproche. Même si l'interprétation de *hl' šlḥ šlḥty* suggérée par Kuenen n'est pas aussi certaine qu'il le dit, elle séduit l'exégète à la fois par sa finesse et par la cohérence qu'elle donne au texte : la paronomase infinitive impliquerait la réitération de l'ambassade. Si l'on hésite à presser le texte au point de traduire « Ne t'ai-je pas mandé à deux reprises ? », traduction trop littérale risquant d'outrepasser les droits que donne l'emploi habituel de la paronomase infinitive en hébreu biblique, on se contentera de « Ne t'ai-je pas mandé avec insistance ? » C'est là que gît le scandale aux yeux du roi : avoir dû insister. Pareille solution conviendrait à la subtilité de notre écrivain, tant littéraire que psychologique : cette colère de Balaq, à l'instant même où il voit enfin sa requête exaucée, est du plus mauvais effet ; elle rend patent son despotisme. De plus, contre l'opinion de ceux qui, avec Wellhausen, pensent que chaque récit ne comportait qu'une seule ambassade, nous tenons ici un argument supplémentaire en faveur de la continuité littéraire entre les deux ambassades, et de leur aboutissement à ce v. 37. Même continuité, incluant un progrès, au plan psychologique : l'autoritarisme et le despotisme de Balaq, déjà perceptibles auparavant mais restés voilés jusqu'ici, n'éclatent qu'au moment où les deux protagonistes se rencontrent face à face. Précédemment, c'était par émissaires interposés. En outre, il était de mauvais ton, et nuisible au résultat, de se fâcher avant d'avoir été obéi. Il n'est d'ailleurs pas de meilleur ton de le faire alors même que l'on vient d'être satisfait : quel accueil ! Et c'est compromettre la suite, car une partie seulement du résultat est là, avec l'arrivée de Balaam. Il manque le principal, qu'il maudisse. S'il allait se vexer et repartir ?

L'auteur fait prendre à Balaq des risques, avec un accueil si abrupt et acerbe. Pas même une formule de salutation[9] ; Balaam n'est pas le

9. En Orient, de nos jours encore, on salue même l'inconnu croisé sur la route, surtout en pays désert. En l'occurrence, on peut certes invoquer l'économie du dialogue. Mais enfin, quand il le faut, le récit biblique s'attarde volontiers à laisser deux personnages échanger des formules de politesse : témoin 2 *S* 9, 6-7. En *Nb* 22, 37-38, leur absence n'est pas insignifiante.

premier venu, mais un personnage de qualité mandé pour sa compétence professionnelle ; de plus, un hôte. Si Balaq avait quelque grief à son égard, il pouvait au moins rester poli, tout en se montrant froid et réservé ; c'était déjà en-deçà des règles de la bienséance, mais point encore trop choquant. Mais il dépasse les bornes. Ces risques sont calculés par l'auteur : d'abord pour le plaisir du lecteur que distraient le naturel du dialogue et la vivacité du ton ; ensuite, pour déprécier graduellement la figure de Balaq qui, de flatteur au v. 6 *(ky yd'ty 't 'šr-tbrk mbrk w'šr t'r yw'r)*, se transforme en corrupteur au v. 17 *(ky-kbd 'kbdk m'd)* pour terminer rustre et grossier au v. 37. Sous l'évolution dégradante quant à l'expression s'affirme une constante quant à la réalité : Balaq n'éprouve aucun respect profond pour Balaam qu'il traite comme un vil objet maniable au gré de ses désirs, ou à la rigueur comme un ouvrier, mais sans vraie considération pour sa compétence (et quelle compétence !), et qu'il maltraiterait volontiers s'il s'avisait de ne pas obtempérer. Rien ne compte sauf la présence obsédante d'Israël.

Confronté à cette brutalité, Balaam montre une admirable égalité d'humeur. Au rebours de celle de Balaq, sa figure ne cesse d'embellir et de croître en fermeté. Ce crescendo correspond au decrescendo signalé dans la présentation du roi. L'auteur fait habilement jouer l'intérêt psychologique au profit de sa visée théologique car aux questions outrecuidantes de Balaq où manquent les failles conduisant au doute sur soi et à la foi en Dieu, Balaam répond par une calme et solennelle profession d'allégeance à Dieu.

Au v. 37, le reproche de n'être pas allé *lmh l' hlkt 'ly* (v. 37aγ) est encadré par le rappel de la (double) ambassade *hl' šlḥ šlḥty 'lyk lqr'-lk* (v. 37aβ), et de l'offre d'honneurs *h'mnm l' 'wkl kbdk* (v. 37b). Chacun des deux rappels véhéments est introduit par l'interrogation négative *hl'* « nonne », dont la réponse attendue est « mais si, bien sûr ». Les interrogations négatives sont rhétoriques ; elles équivalent à une affirmation renforcée : arrogance, assurance fondée sur les biens de ce monde, suffisance où n'entre pas même l'ombre d'un soupçon à l'endroit des pouvoirs terrestres, de leur valeur et de leur efficacité. C'est la rivalité Balaq/Dieu par rapport à Balaam. La face « Dieu » n'en apparaîtra que dans la réponse de Balaam, au v. 38. Par ailleurs, Balaq insiste sur l'importance de Balaam : *'lyk lqr'-lk,* et de la déférence que lui-même, Balaq, lui a manifestée. L'horizon du roi, tout humain, se borne à un homme, Balaam, seul digne de considération vu le résultat escompté. C'est la rivalité subjective Balaam/Dieu par rapport à Israël. La face « Dieu », là encore, n'en apparaîtra que dans la réponse de Balaam, au v. 38. La paronomase infinitive *šlḥ šlḥty* est la seconde employée par notre auteur ; la première, *kbd 'kbdk,* survenait au v. 17. Il est remarquable que toutes deux se trouvent dans une parole de Balaq et que toutes deux, en elles-mêmes déjà procédé emphatique, soient encore renforcées d'une marque supplémentaire d'insistance appartenant à la même sphère de sens, et donc, redondante :

— *kbd 'kbdk m'd* «je te comblerai d'honneurs, beaucoup».

— *šlḥ šlḥty 'lyk lqr'-lk* «j'ai envoyé vers toi avec insistance pour t'appeler».

Remarquable enfin que le verbe souligné par la première paronomase, *kbd,* soit repris au v. 37b *h'mnm l' 'wkl kbdk,* dernier volet du diptyque encadrant le reproche de n'être pas allé. Cet ensemble d'éléments indique une étroite corrélation entre le v. 17 (parole rapportée de Balaq lors de la deuxième ambassade) et le v. 37, même si le reproche de n'être pas allé porte sur le refus opposé à la première ambassade (v. 13-14.16), et bien que l'auteur ait cette fois voulu porter à la paronomase infinitive le verbe *šlḥ,* laissant un peu retomber le verbe *kbd.* Voilà encore deux preuves de la liberté que s'octroie l'écrivain de varier ses accents, jointe à la rigueur nécessaire pour nouer les rapports entre les différents thèmes et les diverses phases de l'histoire.

Le v. 38aβ *hnh b'ty 'lyk* a lui aussi piqué la sagacité des exégètes : si le v. 38 suit vraiment le v. 37, comment Balaam peut-il dire à Balaq : «Voici, je suis venu vers toi?» Balaq ne le savait-il pas, qui avait le premier engagé le dialogue? Cette adresse de Balaam ne vient-elle pas trop tard? On a donc tiré argument de cette difficulté pour proposer d'inverser l'ordre des v. 37 et 38, du moins quant au v. 38aαβ. Ou encore, revenant sur l'obstacle inhérent au fait qu'au v. 37aγ Balaq reproche à Balaam de n'être pas allé à lui, alors que le v. 38aβ «voici je suis venu vers toi» énonce le contraire, on y a vu un hiatus rédhibitoire, indice certain de l'existence de deux récits incompatibles[10]. C'est l'argument de quelques tenants minoritaires de l'hypothèse documentaire pour attribuer le v. 37 à J et le v. 38 à E.

En fait, le v. 38 apporte réponse au discours de Balaq, à tous les niveaux de sens, et complète tous les systèmes qui s'y trouvent impliqués. La parole de Balaam comprend elle aussi trois propositions.

Le v. 38aβ doit se lire d'abord au niveau le plus immédiat du dialogue direct et vivant : «Eh bien voilà! (De quoi te plains-tu?) Je suis venu à toi!», et n'est pas dépourvu d'un certain humour. Balaam prend le reproche de Balaq «Pourquoi n'es-tu pas allé à moi?» au pied de la lettre; or, au pied de la lettre, ce reproche ne tient pas et même, il devient risible puisque précisément Balaam est là. Pareille

10. D'une part v. 37.39 J, d'autre part, v. 36.38 E. Pour la discussion voir Gross p. 125-127.

repartie démasque Balaq, lui montre, ainsi qu'au lecteur, que Balaam n'est pas dupe quant à la cause réelle de l'irritation de Balaq, qu'il sait où le bât blesse : c'est de n'avoir pas été obéi d'emblée. De nouveau, mais cette fois par le biais de Balaam, l'auteur dénonce discrètement l'autoritarisme et le despotisme du roi, stupéfait de rencontrer de la résistance à ses injonctions, surtout assorties de présents fort capables de séduire la cupidité, ressort de l'âme humaine à ses yeux. Voilà pour la lecture en amont, c'est-à-dire remontant vers le v. 37.

Mais le v. 38aβ se lit aussi comme partie intégrante de la phrase qui suit (lecture en aval), et c'est le niveau théologique profond : « Oui, je suis venu à toi (mais sache que cela ne m'engage nullement envers toi) ; maintenant, est-il vraiment en mon pouvoir de dire quoi que ce soit ? La parole que Dieu me mettra dans la bouche, c'est cela que je dirai (autrement dit, ne t'attends pas à des miracles, car je suis tout inféodé à Dieu). » Contrairement à l'opinion de Gross qui rattache *'th* au v. 38aβ en traduisant « Voici je suis venu à toi maintenant », il faut y voir le début du v. 38aγ en lui donnant le sens de « dépassement » que revêt parfois « maintenant » en français : c'est l'équivalent de « cela dit ». Le fait de précéder immédiatement une interrogation conférerait à *'th* cette valeur spéciale en hébreu, comme en *Is* 36, 5[11].

11. La difficulté se reflète exactement dans les versions. Elle se subdivise de la même manière : 1° *'th* se rattache-t-il à *hnh-b'ty 'lyk* ou à *hykwl 'wkl dbr m'wmh*? S'il se rattache à *hnh b'ty*, son sens est purement temporel : « maintenant, pour l'heure » ; 2° S'il porte sur *hykwl 'wkl dbr m'wmh*, on peut hésiter entre le sens purement temporel et le sens adversatif que revêt parfois « maintenant » en français : « en tête de phrase, marque une pause où l'esprit, dépassant ce qui vient d'être dit, considère une possibilité nouvelle ; cf. l'expression Ceci dit » (Robert). L'alternative énoncée au 2° se présente avec la LXX : *idou hèkô pros se nyn dynatos esomai lalèsai ti* ; l'ordre des mots de la phrase grecque impose de rattacher *nyn* à la proposition qui le suit : mais faut-il l'entendre dans un sens exclusivement temporel ou, comme il arrive aussi en grec, pour marquer la conséquence immédiate d'une action, c'est-à-dire, « mais maintenant s'il en est ainsi, mais dans ces conditions ». Fait révélateur de la difficulté, la Vieille Latine s'est refusée à choisir entre les deux rattachements, rétrospectif et prospectif, de *'th* : elle a juxtaposé les deux en traduisant par *modo et nunc* « (je suis venu) à l'instant et maintenant (suis-je capable de...) ». La Vulgate élude en ne traduisant pas *'th* : *Ecce adsum : numquid loqui potero...* Peut-être *'th* est-il cependant compris dans *numquid*, avec valeur de simple renforcement de l'interrogatif *h* ; ce qu'il y a de certain, c'est que la Vulgate ne le fait pas porter sur *hnh b'ty*. La Peshitta a : *h' 'tyt lwtk hš' dlm' mškḥw mškḥ 'n' ; hš'*, qui traduit *'th*, veut dire « maintenant » (temporel) et se rapporte certainement à ce qui *suit*, en vertu d'un principe qui risque d'être applicable à toutes les langues, sémitiques ou non : une particule ayant le sens purement temporel « maintenant, pour l'heure », sera au début de la proposition concernée, et non à la fin. Saadia illustre cette règle : il a fait porter *'th* sur *hnh b'ty 'lyk*, en lui donnant un sens exclusivement temporel : *w'l'n 'ḏ qd ṣyrt 'lyk 'tr'ny 'stṭy'...* Il n'y a aucun doute, *'l'n* se trouvant en tête de la première proposition, celle sur laquelle il porte. Cette remontée dans la proposition est éclairante par rapport à l'hébreu. Au fond, *'th* ne peut être qu'en début de proposition (voir, dans notre texte, 22, 6aα, 11bα, 19aα, 34aα). Particulièrement significatif est 24, 14aα : *w'th hnny hwlk*. En effet, si, en 22, 38aβ, *'th* avait porté sur *hnh b'ty 'lyk*, le texte aurait été *'th hnh b'ty 'lyk*, et non, comme c'est le cas, *hnh b'ty 'lyk 'th...*

Le problème de la nuance exacte de *'th* (sens purement temporel, ou idée logique de

La partie centrale du v. 38 *'th hykwl 'wkl dbr m'wmh* répond d'abord, et par une sorte de bipolarisation, aux deux volets externes du diptyque du v. 37 :

— v. 37aβ : *h l' šlḥ šlḥty 'lyk lqr'-lk*
— *v. 38aγ : 'th h ykwl 'wkl dbr m'wmh*
— *v. 37b : h'mnm l' 'wkl kbd k*

1° Ces trois phrases consistent en trois interrogatives, mêmement introduites par *h*. Toutefois, alors que les deux interrogations négatives « Nonne » de Balaq ne sont qu'oratoires et valent pour un renforcement de l'affirmation : « Assurément je », l'interrogation, suivie de l'indéfini semi-négatif *m'wmh*, de Balaam, équivaut à une affirmation renforcée : « Assurément je ne ».

2° Le v. 38aγ contient lui aussi une paronomase infinitive *ykwl 'wkl* : il fait ainsi écho à celle du v. 37aβ, mais pas complètement ni de

dépassement, d'une possibilité nouvelle qui s'ouvre à l'esprit), est distinct du précédent. Il faut moduler suivant chaque cas : En *Is* 36, 5bα *'th 'l-my bṭḥt ky...* et 10aα *w'th hmbl'dy yhwh 'lyty 'l-h'rṣ hz't*, invoquée par Strack, la nuance n'est que logique (passage à une idée nouvelle); l'instant présent, ou plutôt, le futur immédiat, comme temps de l'action à venir, n'intéresse pas le locuteur; c'est d'ailleurs normal, les verbes étant au passé. Peut-on dire qu'en *Nb* 22, 38aγ *('th hykwl 'wkl)* la nuance proprement temporelle soit complètement éliminée? Il semble que non, parce que *'wkl* implique le futur immédiat; Balaam parle de ce qu'il va faire, et son action l'intéresse en tant que réalisation imminente. Donc *'th* précédant une interrogation peut n'avoir qu'un sens purement logique (introduction d'une idée nouvelle), mais peut aussi, comme c'est le cas en *Nb* 22, 38aγ, conserver sa valeur proprement temporelle. Maintenant, la valeur logique est-elle l'apanage des occurrences de *'th* suivi d'une interrogation? Il semble que non. En 22, 34bα, *w'th 'm-r' b'ynyk 'šwbh ly*, la valeur temporelle est indéniable, appelée par le futur cohortatif *'šwbh* de l'apodose; mais la valeur logique (introduction d'un nouveau point de vue) est contenue dans l'ensemble du système conditionnel, et spécialement dans la protase *w'th 'm-r'* (« mais d'ailleurs si c'est mauvais... »). En résumé, *'th* possède une valeur purement temporelle et une valeur logique; cette dernière est favorisée dans les occurrences de *'th* + plus interrogation; mais, même dans ces cas, la valeur logique n'est pas nécessairement exclusive de la valeur temporelle : elle ne l'est que si le verbe est au passé; enfin, cette valeur logique n'est pas exclusivement réservée aux occurrences de *'th* + interrogation : on la trouve, concomitante avec la valeur temporelle, dans des phrases solidement structurées au plan logique, précisément.

Le Targum d'Onqelos a *h'-'tyty lwtk k'n hmykl ykyln' lmll' md'm : k'n* « maintenant »; comme en 24, 14 *wk'n h'-'n' 'zl l'my, k'n* porte sur la proposition qui suit. Le Targum du Pseudo-Jonathan lui est identique, excepté qu'il remplace *k'n* par *kdwn* « maintenant, à cette heure »; de même Néofiti. Le Targum samaritain a *kdw* « maintenant ». La version arabe samaritaine a *hwḏ' qd 'tyt 'lyk 'l'n hl 'qdrh 'l qwl...* Le même terme que Saadia, *'l'n* « maintenant », mais déplacé à la fin de la première proposition ou, si l'on préfère, au début de la seconde, porte vraisemblablement sur celle-ci.

Ibn Ezra s'est occupé d'un autre mot : pourquoi, au v. 37aβ, Balaq emploie-t-il le verbe *hlk (lmh l' hlkt 'ly)*, et non le verbe *b'* comme le voudrait sa situation? Ibn Ezra ne donne pas de réponse mais indique comment comprendre : *kmw b't b'bwr mlt 'ly* (en note *wṭ'mw lmh l' hlkt lb' 'ly*) « équivalant à 'tu es venu', à cause du mot 'à moi' (en note : 'sens : pourquoi n'es-tu pas parti pour venir à moi?'). » La raison est sans doute le goût de l'alternance : v. 21 : *wylk 'm-śry mw'b*, v. 36 : *ky b'*; v. 37 : *lmh l'-hlkt 'ly*; v. 38 : *hnh-b'ty 'lyk*, comme le dit Gross p. 129.

façon mécanique, car c'est au v. 37b *h'mnm l' 'wkl* qu'était repris le verbe lui-même, *ykl*. Du v. 37b au v. 38aγ s'entend donc un autre type d'écho. Les réminiscences des v. 37aβ et 37b, eux-mêmes volets extérieurs du triptyque formé par le v. 37, convergent de la sorte sur la partie centrale du triptyque constitué par le v. 38. Rigueur et liberté de l'écrivain.

3° Cependant, à cause de leur commun dénominateur, le verbe *ykl*, les v. 37b et 38aγ entretiennent un rapport privilégié dû précisément à l'usage du verbe « pouvoir » : on y sent l'opposition de deux caractères (vivacité du dialogue et vraisemblance psychologique), mais aussi la divergence idéologique et presque doctrinale :
— Balaq : « Assurément, je puis t'honorer. »
— Balaam : « Assurément, je ne puis absolument rien dire. »
La question de Balaq (autrement dit, son affirmation), était fort suffisante, et même orgueilleuse ; la question de Balaam (c'est-à-dire son affirmation), est extrêmement humble et cette extrême humilité, paradoxalement, rabaisse à l'extrême l'orgueil de Balaq et réduit à néant ses prétentions despotiques.

La question rhétorique de Balaq repose sur la rivalité Balaam/Dieu : Balaq rappelle à Balaam le monceau d'honneurs promis : pareille abondance ne devrait aller qu'à Dieu ; c'est parce qu'il suppose chez Balaam un pouvoir en fait réservé à Dieu. Balaam lui répond en corrigeant l'erreur : lui-même ne possède pas ce pouvoir que lui prête Balaq. Le leitmotiv (v. 38b) viendra compléter cette réponse en disant que Dieu seul en dispose.

De même que, avec *kbdk*, le v. 37b renvoyait au v. 17aα *kbd 'kbdk*, avec *hykwl 'wkl* le v. 38aγ renvoie au v. 18bα, *l' 'wkl* : ce renvoi prouve d'ailleurs, si besoin en était encore, l'équivalence stricte entre l'interrogation rhétorique et la négation.

En outre, l'auteur se livre à un chassé-croisé formel :

Les deux paronomases forment chiasme

Balaq v.17aα *ky kbd 'kbdk* : paronomase ; affirmation renforcée du « pouvoir honorer »
= formulation simple.

Balaam v. 18bα *l' 'wkl l'br 't-py yhwh* : négation du « pouvoir parler »
= formulation simple.

Balaq v. 37b *h'mnm l' 'wkl kbdk* : affirmation du « pouvoir honorer »
= formulation rhétorique.

Balaam v. 38aγ *hykwl 'wkl dbr m'wmh* : paronomase ; négation renforcée du « pouvoir parler »
= formulation rhétorique.

Il n'est pas une des quatre propositions qui n'entretienne de rapport, à tel ou tel titre avec chacune des trois autres :

— le v. 17aα : avec le v. 38aγ : paronomase; avec le v. 37b : affirmation par Balaq du « pouvoir honorer »; avec le v. 18bα : formulation simple.

— le v. 18bα : avec le v. 17aα : formulation simple; avec le v. 37b : verbe *ykl*; avec le v. 38aγ : négation par Balaam du « pouvoir parler ».

— le v. 37b : avec le v. 17aα : affirmation par Balaq du « pouvoir honorer »; avec le v. 18bα : verbe *ykl*; avec le v. 38aγ : formulation rhétorique.

— le v. 38aγ : avec le v. 17aα : paronomase; avec le v. 18bα : négation par Balaam du « pouvoir parler »; avec le v. 37b : formulation rhétorique.

Preuve est donc faite, d'une part que les versets vont par couples appariés, dans l'ordre Balaq-Balaam, injonction ou question-réponse (v. 17-18; 37-38), d'autre part qu'ils vont en quadrille, se répondant de couple à couple, et enfin qu'ont lieu des échanges entre chacun des quatre « partenaires » et les trois autres. Au cours de ce chassé-croisé, une progression calculée part de l'arrogante affirmation renforcée de Balaq touchant à son « pouvoir honorer », pour aboutir à la très humble négation renforcée de Balaam concernant son « pouvoir parler ».

En outre, le v. 38aγ reprend, varie, précise et complète son homologue le v. 18b d'une autre manière encore :

v. 18b : *l' 'wkl l'br 't-py yhwh 'lhy l'śwt qṭnh 'w gdwlh*
v. 38aγ : *hykwl 'wkl dbr m'wmh*
Impossible de dire ni de faire quoi que ce soit

Les deux versets sont des paroles de Balaam; le premier comporte trois propositions :

1° il m'est impossible
2° d'enfreindre la parole du Seigneur mon Dieu
3° pour faire quoi que ce soit.

Tout est clair et développé : l'allégeance de Balaam est encore celle d'une action *(l'śwt)* à une parole *('t-py)* divine. C'est bien le niveau de généralité impliqué par le leitmotiv qui suit, au v. 20b : « la parole que je te dirai, c'est celle-là que tu exécuteras », généralité normale et même souhaitable en début du récit, pour permettre l'histoire.

Le deuxième verset (v. 38aγ) ne comporte que deux propositions :

1° il m'est impossible
2° de dire quoi que ce soit.

La formulation montre bien qu'il s'agit toujours de la même idée : impossibilité de ... quoi que ce soit (*m'wmh* indéfini semi-négatif est le strict équivalent de *qṭnh 'w gdwlh*), mais aussi, que cette idée s'est précisée : l'allégeance de Balaam sera celle d'une parole *(dbr)* à une parole. Une telle définition du champ de possibilités est conforme au degré de précision atteint dans la seconde occurrence du leitmotiv qui suit immédiatement, au v. 38b : « la parole que Dieu mettra dans ma bouche, c'est celle-là que je dirai ».

Voilà bien appliqués les critères permettant de repérer à coup sûr un leitmotiv « authentique » : constantes dans l'expression sobre de la restriction et dans la non-identité des racines des deux verbes, mais souplesse par l'adaptation du contenu au contexte immédiat. Le leitmotiv se modèle sur les circonstances, se moule sur l'avance et la démarche de l'histoire et de l'action.

Ici, nous approchons déjà du cœur du récit, du centre sacré auquel nous introduiront bientôt les sacrifices, bref, nous allons entrer dans la sphère oraculaire, c'est pourquoi le leitmotiv y fait directement allusion.

Ce gonflement de la voile par le vent qui souffle des oracles n'est-il pas un argument supplémentaire en faveur de l'unité rédactionnelle de la prose et des poèmes? Comment ne pas y voir le fruit d'une conception d'ensemble, d'une idée cohérente et donc la marque d'un esprit créateur renvoyant à un même et unique auteur?

Nous avions observé, en analysant le v. 37, que les propos de Balaq ouvraient le premier volet de chacun des deux systèmes de symétrie :

— La rivalité Balaq/Dieu par rapport à Balaam : *hl' šlḥ šlḥty 'lyk lqr'-lk lmh l'-hlkt 'ly*. Balaam corrige l'angle de vue, réintroduit Dieu, ouvre le deuxième volet avec son leitmotiv : la seule influence qu'il subisse est celle de Dieu *(yśym 'lhym bpy)*.

— La rivalité Balaam/Dieu par rapport à Israël : *'lyk lqr'-lk . . . h'mnm l' 'wkl kbdk*. Balaam, là encore, rectifie le tir et ouvre le second battant, d'une part en s'effaçant, en niant son pouvoir *(hykwl 'wkl)*, d'autre part en rendant tout pouvoir à qui de droit c'est-à-dire en réintroduisant Dieu, et Dieu seul, grâce au leitmotiv *(hdbr 'šr yśym 'lhym . . . 'tw)*.

Plus le texte avance, plus on comprend que Balaam n'est autre que le porte-parole transparent de l'auteur; très exactement, plus l'auteur confie à Balaam le soin d'exprimer sa conviction théologique profonde à lui, l'auteur. Plus le texte avance, plus on voit Balaam intérioriser la parole divine au départ encore extérieure à lui, au point maintenant de la faire toute sienne.

Le texte ne se prononce pas davantage sur l'identité du Balaam fictif que sur celle du Balaam réel. Il ne nous dit pas s'il sert Dieu régulièrement, comme un prêtre ou un prophète israélite, ou si une intuition extraordinaire et subite l'a poussé, lui, serviteur de divinités étrangères, spécialiste en techniques païennes, à aller, cette fois-ci, consulter Dieu[12]. Il nous le montre d'emblée pieux et docile puisque dès la première ambassade il en réfère à Dieu puis, sans l'ombre d'une hésitation, intime aux émissaires l'ordre de rentrer chez eux (sous-entendu, sans lui) ; qu'il ne les accompagne pas, cela va sans dire puisque Dieu le lui a interdit. Nous avons longuement étudié les preuves de l'orthodoxie et de la piété yahvistes de Balaam à l'occasion de la première ambassade. A l'époque, pourtant, la parole lui venait encore de Dieu, c'est-à-dire de l'extérieur.

Lors de la seconde ambassade, Balaam se montre, en retournant consulter Dieu, tout aussi religieux. La parole lui vient encore de l'extérieur, puisque c'est Dieu qui énonce en premier le leitmotiv (v. 20b). Mais on constate un net progrès : d'abord, Balaam lui-même se prononce et fait vœu d'allégeance, au v. 18 ; ensuite, c'est précisément la première occurrence du leitmotiv, assorti en outre d'une autorisation d'alller qu'il restreint certes, mais qu'il suppose. La marge de liberté impartie à Balaam s'accroît donc à mesure que s'intériorise sa mission. Ainsi

a) l'interdiction initiale était liée à l'extériorité de la parole divine (pour mesurer sans ménagement à celle-ci la fidélité de Balaam).

b) le leitmotiv ne peut apparaître *qu'avec* l'autorisation d'aller, mais avec elle il *doit* apparaître *nécessairement* (pour la régler) ; inversement, l'autorisation est impossible sans le leitmotiv qui la contrôle. Au stade de la seconde ambassade, ce sont la permission et le leitmotiv qui sont corrélatifs. L'ensemble est justifié sur un seul et même niveau rédactionnel.

12. STRACK rapproche Balaam de la nécromancienne consultée par Saül en 1 *S* 28 (p. 444). Le rapprochement ne semble pas devoir être poussé trop loin. En effet, en 1 *S* 28, Saül se voit contraint de recourir, *en Israël*, à des pratiques magiques ayant cours *en Israël*, mais prohibées *en Israël* ; il le fait en dernier recours, parce que les trois modes licites de divination (songes, Ourim et prophètes) ne lui ont pas donné de réponse divine (v. 6). L'épisode de Balaam, au contraire, est une pure transposition littéraire : c'est une « israélitisation » de la fonction d'un personnage qui, dans la réalité, n'était autre qu'un devin païen transjordanien. Cette transposition le laisse opérer outre-Jourdain, mais elle le montre interrogeant le Seigneur grâce aux méthodes reconnues en Israël, celles-là mêmes qui ont fait défaut à Saül. Le mélange de païen et d'Israélite, dont parlent tant d'exégètes, est subtil et spécifique au texte : il résulte :

a) de sa genèse : la réalité de départ étant, avant transposition, la vie, la culture et le religion de personnages transjordaniens, il en subsiste des traces, même à travers le filtre de la fiction, après la transposition.

b) de sa visée édifiante : le principe du récit consite à faire agir Balaq et Balaam de concert, mais avec des intentions différentes. A chaque fois, Balaam corrige le projet païen erroné de Balaq par une parole et une conduite dignes d'un prophète israélite. Le mélange de paganisme et de piété israélite se trouve donc moins à l'intérieur du personnage de Balaam (lui-même tout d'une pièce) qu'entre Balaq et Balaam. STRACK le reconnaît d'ailleurs : « Il offre les sacrifices de concert avec Balaq (23, 1.2) sans dire explicitement qu'il ne les offre pas (au moins de façon inconditionnelle) dans le même sens que Balaq » (p. 444).

Mais ce n'est pas un hasard si Balaam ne trouve sa stature et ne déploie sa dimension véritables que lors de sa rencontre avec Balaq (v. 37-38). Il ne sent plus le besoin d'aller consulter Dieu, c'est de lui-même qu'il parle[13]. Il n'y a plus de parole divine extérieure, négative ou positive : Balaam l'a si bien intériorisée que c'est lui-même qui énonce le leitmotiv (v. 38b). Cette liberté maximale de parole que lui laisse désormais l'auteur n'est que la face visible, et le corollaire, de sa dépendance absolue envers la parole divine : il est révélateur qu'à l'instant même où il reçoit pleine et entière liberté de parole, il prenne la parole précisément pour dire qu'il ne peut dire que ce que Dieu lui fait dire ! Il n'apparaît si complètement libre que parce qu'il est complètement assujetti à Dieu. Ou à l'inverse, c'est parce qu'il est si totalement inféodé à Dieu que l'auteur le montre si totalement maître de lui. On décèle une idée religieuse fort simple : le maximum de liberté s'obtient avec le maximum d'obéissance.

C'est seulement à ce point du récit, de l'action et de la parole, que nous pouvons accéder au centre, autrement dit, que Balaam va pouvoir énoncer les « oracles », puisqu'il est désormais avéré que sa parole, coïncidant parfaitement avec la parole divine, a autorité pour la reproduire. Les « oracles » sont la seule parole, à la fois de Balaam et de Dieu, qu'il reste à dire.

Tel est le fond de la pensée théologique de l'auteur pour qui Balaam est dans son essence et d'entrée de jeu le fidèle serviteur du Seigneur. Mais cela seul n'eût pas produit une histoire. L'écrivain a su ménager ses effets, jouer sur différents claviers et faire converger tous les niveaux :

— le niveau de l'action, qui progresse par étapes bien nettes ;
— le niveau de l'énonciation du discours, qui progresse parallèlement ;
— produit des deux, la figure de Balaam (psychologie religieuse).

Au point de convergence des trois s'exprime cette théologie que nous avons tenté de dégager. L'auteur, bon narrateur, a craint d'ennuyer avec un discours religieux ou un héros monolithique déjà

13. La forme que revêt la troisième consultation divine (23, 1-5) diffère des deux précédentes. En 22, 9 et 20, c'était fort simple, sans doute parce que Balaam était chez lui, avait coutume d'y consulter Dieu, et que Dieu avait coutume d'y venir. En 23, 1-5, il faut des sacrifices imposants, et encore Balaam est-il beaucoup moins affirmatif quant à la visite divine *('wly yqrh yhwh 'ly)* qu'en 22, 8 et 19, où Balaam est si sûr de la venue de Dieu (phénomène habituel dans sa demeure) qu'il n'émet pas cette réserve et promet d'emblée de rapporter ce que Dieu lui aura dit. Cette double et conjointe différence (complication des formalités et moindre assurance) admet deux explications non exclusives l'une de l'autre ; *a)* Balaam n'est plus chez lui ; *b)* le but de la consultation divine a changé : il ne s'agit plus de demander à Dieu son avis sur le bien-fondé de la requête moabite, ainsi qu'une éventuelle autorisation de partir, mais d'attendre qu'il suscite en Balaam une parole vraie et agissante sur Israël.

tout constitué. Son Balaam, le *même* dans sa représentation dès le début et jusqu'à la fin, il le fait devenir *autre*, se dessiner lentement à seule fin de plaire (intérêt narratif et psychologique) et d'instruire (perspective religieuse). Il ne le *change* pas vraiment : il se contente de le *révéler*.

Puisque Balaam est à ce point destiné à devenir le porte-parole transparent de l'auteur, on conçoit que ce dernier ne le loue pas à l'excès : par un paradoxe très compréhensible, il conservera envers lui une certaine neutralité, rendue possible précisément par cette quasi-osmose entre sa propre pensée et la figure de son héros. Pour tout écart, il se permet ces discrètes réminiscences de *Gen* 22, qui rapprochent Balaam d'Abraham, le serviteur obéissant par excellence. Les auteurs qui participeront à la rédaction ultérieure de l'épisode exploiteront ce souvenir avec moins de subtilité, soit au détriment, soit au profit de Balaam.

Quant à la forme, nous avions jusqu'ici observé que les dialogues-clefs allaient deux à deux, dans l'ordre Balaq-Balaam, question ou injonction-réponse (v. 17-18; 37-38; les v. 13-16 suivent un schéma un peu différent). Précisons : après chaque action décisive, et avant le suivante, intervient un dialogue Balaq-Balaam, lui aussi décisif. Chacun de ces couples de paroles est comme une nouvelle vague qui intègre les éléments de progrès apportés par l'action précédente, tout en donnant au récit l'élan nécessaire pour franchir une nouvelle étape dans l'action qui suit. Là encore, se trouvent des constantes, mais aussi des variables, dues à la marche de l'histoire, à l'émergence de la figure de Balaam, à l'approfondissement de la visée religieuse et à son expression, et enfin au goût de l'écrivain pour la variation.

Voici les *constantes* :
- Parole de Balaq (reproche quant à ce qui précède ou injonction pour la suite).
- Parole de Balaam (auto-justification).
- Leitmotiv.

Voici les *variables* :
- Forme de la parole de Balaq (jamais identique).
- Forme de la parole de Balaam (jamais identique) : elle peut ne pas inclure le leitmotiv, qui alors est après, et dit par Dieu; c'est le cas lors de la première vague, au v. 20b; elle peut aussi l'inclure : c'est le cas de la deuxième vague, au v. 38b; elle peut enfin ne consister qu'en lui : c'est le cas des vagues ultérieures.

Dès que ces règles cessent d'être respectées (constantes; variables; intégration dans le récit, c'est-à-dire enchaînement nécessaire avec ce qui précède et ce qui suit; écho de la vague précédente mais progrès par rapport à elle; refus systématique de la répétition formelle et mécanique), c'est le signe qu'un autre auteur a pris le relai et, pour avoir méconnu ou mal compris ces procédés, ne les a plus suivis.

Pour en finir avec la seconde vague formée par les deux versets-clefs 37-38, définissons l'usage de la paronomase infinitive dans notre texte : en premier lieu, elle n'apparaît jamais que dans les dialogues au discours direct et, précisément, dans ces vagues décisives décrites plus haut. Ensuite, elle sert à mettre en évidence un mot qui ne possède pas en lui-même de valeur absolue, mais qui, par son importance relative au texte, est affecté d'un coefficient particulier. Les verbes *kbd, šlḥ, ykl,* n'appartiennent pas à un même et unique champ sémantique justifiant leur emploi paronomastique; ce n'est pas non plus un registre exceptionnellement élevé qui en rend compte, car l'argument ne vaudrait que pour *kbd.* C'est l'importance spéciale et ponctuelle de chacun de ces trois mots dans le cours du texte qui en détermine l'usage paronomastique chargé en retour de lui conférer un poids remarquable. Le processus est dialectique. Libre ensuite à l'auteur, mais ensuite seulement, d'établir entre ces diverses paronomases l'équilibre accentuel qu'il voudra. Ces remarques trouveront application par la suite, quand il s'agira de comparer l'usage que fait notre auteur de la paronomase infinitive avec celui d'autres auteurs.

QIRIATH-ḤOUṢOTH ET LE PREMIER « SACRIFICE »

Les v. 39-40 forment à eux seuls une nouvelle phase du récit : « Et Balaam alla avec Balaq, et ils vinrent à Qiriath-Ḥouṣoth. Et Balaq sacrifia du gros et du petit bétail, et il en envoya à Balaam et aux dignitaires qui étaient avec lui. »

L'identification de Qiriath-Ḥouṣoth est controversée, car la Bible ne comporte pas d'autre occurrence du terme. Si *ḥṣwr* survient fréquemment comme nom d'oppidum, *ḥṣwt* n'entre dans la composition d'aucun autre toponyme. L'idée fondamentale contenue dans *ḥwṣ* est celle d'« extériorité »; *ḥwṣ* s'oppose à *twk* « intérieur ». Mais une notion aussi générale autorise des spécialisations du sens fort différentes les unes des autres, voire opposées. *ḥwṣ* peut signifier « latus exterius, quidquid foris est, platea, campus, rus, ager, foris, foras, praeter ». Crainte de nous engager trop avant, posons que *qryt ḥṣwt* veut dire « la ville des extérieurs ». Dans l'Ancien Testament, *ḥṣwt*, pluriel de *ḥwṣ*, connaît deux grands types d'emploi, tous deux d'ailleurs prophétiques :

1° les *ḥṣwt* d'une ville sont le lieu où se proclame la catastrophe (oracles de malheur)[14].

14. *Is* 5, 25 ; 51, 20 ; *Am* 5, 16 ; *Na* 3, 10 ; *Lam* 2, 19.21 ; 4, 1 ; 2 *S* 1, 20 ; *Jér* 5, 1 ; 14, 16 ; *Is* 24, 11 ; *Ez* 7, 19 ; *Na* 2, 5 ; *Lam* 4, 5.8.14 ; *Jér* 7, 17.34 ; 11, 6 ; 33, 10 ; 44, 6.9.17.21.

2° Il s'agit de la boue des *ḥṣwt* d'une ville (souvent précisée)[15].

On traduit alors par «rues» ou «places», en sorte que l'idée d'extériorité se réfère aux demeures, et non à la ville même. Il ne faut donc pas s'étonner si, paradoxalement, les *ḥṣwt* d'une ville dénotent l'*espace intérieur* mais *ouvert*, par opposition à l'espace *fermé* des habitations. On conçoit que Rachi ait tiré l'interprétation du côté du prophétique et de la démonstration, exactement comme il l'avait fait pour *'yr mw'b* : «*qryt ḥwṣwt* : une ville pleine de marchés *('yr ml'h śwwqym)* : hommes, femmes et enfants dans ses rues *(bḥwṣwtyh)*, comme pour dire : Vois, aie pitié, que ceux-ci ne soient pas anéantis.» Rachi (= *Tanḥ* B. IV 15, p. 140 et *Tanḥ* Balaq 11, p. 86) utilise *qryt ḥṣwt* exactement comme il a fait *'yr mw'b* : il s'inspire des connotations prophétiques de malheur propres à *ḥṣwt* pour réduire *qryt ḥṣwt* à n'être que le cadre d'une démonstration apotropaïque[16]. Il ne s'intéresse pas à la ville en tant que telle, ne pense pas que *qryt ḥṣwt* puisse être un nom propre, au rebours d'Ibn Ezra qui commente simplement : *šm mdynh* «nom de ville». Bien que le syntagme *qryt ḥṣwt* (*ḥṣwt* déterminant, *qryt* déterminé), soit l'inverse de ces occurrences prophétiques (*ḥṣwt* déterminé, nom de ville déterminant), il l'a compris et traité à partir de ces dernières.

Les versions, forts différentes les unes des autres, témoignent d'une grande incertitude. La Vulgate paraphrase : «in urbem, quae in extremis regni ejus finibus erat». Elle a donné un troisième sens à *ḥṣwt* : l'extérieur non plus des maisons, ni de la ville, mais du royaume tout entier. Il n'est pas inintéressant de noter qu'elle a transposé sur *qryt ḥṣwt* la glose du v. 36bγ *'šr bqṣh hgbwl* qu'en l'occurrence elle avait bien fait d'omettre. Mais ainsi, elle ne fait pas autrement que Rachi, quoique sur un autre registre. Elle présente *qryt ḥṣwt* comme une réduplication de *'yr mw'b*. La LXX traduit *eis Poleis epauleôn* «dans des cités de — campagne, campement, bivouac, endroit pour passer la nuit —?»; elle a visiblement suivi la lettre de l'hébreu, sans comprendre : elle a pris *qryt* pour une forme de féminin pluriel, au lieu de l'état construit du féminin singulier; pourtant, fait remarquable, *epauleis* est une anomalie par rapport à ses traductions habituelles de *ḥṣwt* suivi d'un nom de ville : en 2 *S* 10, 20, elle choisit *exodoi*; de même en 2 *S* 22, 43, *Lam* 4, 5.8.14; en *Jér* 14, 16, *diodoi*; en *Jér* 5, 1, *hodoi*; toujours des composés de *hodos* ou *hodos* lui-même. En *Jb* 5, 10 et *Prv* 8, 26, où l'emploi du terme est beaucoup plus général, elle traduit par *hè hyp' ouranon*. Enfin, en *Ps* 18, 43, elle rend *ṭyṭḥwṣwt* par *pèlos plateiôn; plateiai* en *Na* 2, 5 pour les *ḥṣwt* devant les

15. 2 *S* 22, 43; *Za* 9, 3 et 10, 5; *Ps* 18, 43.

16. Ibn Janah ne commente pas *qryt ḥṣwt*, mais comprend les *ḥwṣwt* de 1 *R* 20, 34 *wḥṣwt tśym lk bdmśq : swq w'sw'q* : «marché, marchés».

portes à l'extérieur des villes. Mais en *Nb* 22, 39, la LXX n'a peut-être pas complètement erré avec l'insolite *epauleôn*, car il contient éventuellement l'idée de parcs à bestiaux, d'étables et de bergeries, qui serait en rapport avec l'immolation du gros et du petit bétail au v. 40[17].

Les versions araméennes se divisent en deux catégories. D'une part, celles qui optent pour le sens très concret de « marchés » : c'est le cas du Targum d'Onqelos avec *lqryt mḥwzwhy* que Jastrow traduit « to his city of markets » et qui a sans doute inspiré l'équivalence, établie par Rachi, entre *ḥṣwt* et *šwwqym*[18]. D'autre part, celles qui, renonçant à identifier une ville réelle, glissent *ad sensum* vers l'idée de « visions », à la suite du texte samaritain lui-même qui porte *qryt ḥyzwt* « la cité des visions ». Aussi le Targum samaritain porte-t-il *mdynt rzyw* « la ville de ses mystères », de même qu'un manuscrit de la LXX : *mystèriôn autou*.

Enfin, *ḥṣrwt* a parfois été préféré à *ḥṣwt*, ce qui explique la Peshitta : *qwryt ḥṣrwt* et, d'après Rosenmüller, la LXX elle-même, puisque *epauleis* traduit *ḥṣrwt* en *Gen* 25, 16, *Jos* 13, 23, et *Né* 12, 29 ; cela donnerait, pour la Peshitta, une transcription littérale de l'hébreu, et donc un nom propre « Qiriath Haṣeroth » puisque *ḥṣr'*, en syriaque, dénote l'idée de « restreindre », et non « campement, douar » comme en hébreu.

Longtemps avant la remarque dubitative de Rosenmüller, « *qryt ḥṣwt*, quod proprie *urbem platearum* significat, procul dubio nomen proprium urbis alicujus Moabiticae », on note de nombreux essais pour identifier *qryt ḥṣwt* avec une ville réelle de Transjordanie. Le premier est le Targum du Pseudo-Jonathan qui à la fois paraphrase le texte et le précise indûment : *lqrt' dmqpn šwryn lplṭywwn qrt' rbt' hy' qrt' dsyḥwn hy' byrwš'* « une cité entourée de murs, vers les places (grec

17. Deux manuscrits de la LXX ont, au lieu de *epauleôn, embolôn* « jets, choc, irruption, attaque, charge, éperons » (?), sans doute parce que *ḥṣwt* a été rattaché à la racine *ḥṣh* ou *ḥṣṣ* « dissecare, dividere » et confondu soit avec *ḥṣwt*, « divisio, medium », soit même avec le pluriel de *ḥṣ*, « sagitta ». Le texte et le Targum samaritains de la Triglotte de Barberini l'ont sans doute rattaché à la même idée de « division » puisqu'ils portent *ḥyṣwt*, ce qui renvoie à la racine araméenne *ḥwṣ* I, « dividere », et soit à *ḥyṣh* « divisio, partitio », soit à *ḥṣ*, « sagitta ». D'après Rosenmüller, la Vulgate elle-même, *in urbem quae in extremis regni ejus finibus erat*, proviendrait de ce rattachement de *ḥṣwt* à la racine *ḥṣh* « dividere ». Mais on ne voit pas pourquoi le sens obtenu par le latin ne viendrait pas directement de la racine *ḥwṣ*, « extérieur ».

18. Le Targum Néofiti porte *lkrkh dmlkwth hy' myršh* « à la cité royale, à savoir Maresha ». D'après Diez Macho, il faut corriger *mryšh* en *byrwšh* « Biroshah », d'après le Targum du Pseudo-Jonathan. Mareshah (*Jos* 15, 44) de la tribu de Juda, ville de la Shephelah, détruite en 40 av. J.-C., serait exclue. Il vaut la peine de noter que le manuscrit M porte *lqrth dbtryn śwqh hy' byt dyb(n)* « à la ville qui se trouve aux 'Deux-Marchés', à savoir, Beth-Dib (on) ». Il conserve peut-être le souvenir authentique d'une ville située au carrefour de deux routes caravanières, d'où son nom. Cette situation coïnciderait avec la présence des représentants de Madian, peuple nomade et marchand s'il en est, aux côtés du roi de Moab.

plateia, latin *platea*) d'une grande cité, c'est la cité de Siḥon, c'est Birosa». Le Targum Néofiti propose : *lkrkh dmlkwth hy' mrysh* «à la cité royale, c'est Maresha»; un manuscrit porte : *lqrth dbtryn śwqh hy' byt dyb(n)* «à la cité qui est aux «Deux-Marchés», c'est Beth-Dib(on)». Certains modernes ont pensé à Qureyat, située sur les pentes du Djebel Attarus, au nord-ouest de Dibon; c'est l'antique Qiriataym, mentionnée en *Gen* 14, 5[19]. Outre *qrytm*, on trouve encore *qrywt* mentionnée comme ville de Moab, en *Jér* 48, 23.24.41; *Am* 2, 2. D'autres auteurs, comme Strack, jugent inutile de se lancer dans de vaines recherches et tranchent : «unbekannt».

Voici la solution que nous proposons : d'une part, dès lors que *qryt ḥṣwt*, hapax biblique, n'est étayé par aucun document épigraphique, inutile de tenter une identification sur le terrain «vu le vague de ces noms; et l'on a, dans cette région, trouvé récemment plusieurs ruines que les habitants nomment pareillement...»[20] (Kalisch). Kalisch poursuit judicieusement : «Nous voyons le roi de Moab, accompagné d'une brillante escorte, traverser librement et sans dommage des territoires qui, d'après les récits antérieurs du livre des *Nombres*, étaient en possession des Hébreux, ses ennemis.» Une première solution à cette difficulté consisterait à penser que les Israélites n'avaient encore conquis le pays au nord de l'Arnon que partiellement. Kalisch repousse cette éventualité qui lui semble infirmée par le reste du livre des *Nombres*. On le suit volontiers dans la seconde solution qu'il propose : «le récit de Balaam et Balaq est un épisode isolé sans connexion avec les événements au milieu desquels nous le trouvons». Il invoque un argument supplémentaire, non négligeable : «Alors que, dans ce récit, l'unité d'action est admirablement préservée, les unités de temps et de lieu sont sujettes à caution.» Le lecteur retire de l'épisode l'impression qu'à compter du v. 41 *(wyhy bbqr)* la totalité de l'action se déroule sur une seule et même journée. Mais comment concevoir que toutes les péripéties (notamment les trajets de *qryt ḥṣwt* à *bmwt b'l*, soit 20 km si l'on identifie *qryt ḥṣwt* à Qiriataym, de *bmwt b'l* à *r'š hpsgh*, soit 40 km, sans compter les délais nécessaires aux préparatifs et à l'attente) aient pu tenir en l'espace d'une journée? «Mais qui s'attardera sur cette circonstance sauf à la considérer comme une preuve supplémentaire que nous avons devant nous une libre création de l'art?» C'est aussi l'opinion de Oort.

19. Et en *Nb* 32, 37; *Jos* 13, 19; *Jér* 48, 1.23; *Ez* 25, 9. Également dans la stèle de Mesha, mais l'identification reste incertaine.

20. Voir, par exemple, *Textes géographiques arabes sur la Palestine,* de A.-S. Marmadji, Paris 1951, p. 166-167, Il cite successivement *qr'wy Qarâwâ*, village d'*al-Ġawr* en Jordanie, et aussi village des districts de Naplouse; *qrty' Qaratayyah*, village près de *Bayt Jibrîn; 'l qryn Al-Qurayn*, «C'est une belle forteresse inaccessible, située entre deux montagnes. C'était une place-frontière appartenant aux Francs»; *qryh 'l'nb Qaryat al-'inab.*

L'hypothèse de la pure fiction, déduite des difficultés présentées par *qryt ḥṣwt*, vient prendre le relai de l'argumentation similaire avancée à propos de *ʿyr mwʾb* au v. 36. Tout se tient. Ici encore, ce serait tomber dans le jeu illusionniste de l'auteur que de tenter d'identifier *qryt ḥṣwt* sur le terrain.

La solution de la fantaisie créatrice n'est pas une solution de facilité. Elle n'en doit pas moins retourner à la Bible pour élucider le sens des locutions inventées, ainsi que leur genèse littéraire. « La cité des extérieurs » pourrait être comprise comme « la cité sans rempart », par opposition à *ʿyr mwʾb*, la ville sise sur l'Arnon, sur le *limes*. En effet, selon la Michna (Baba Bathra I, 5) « toutes les villes ne nécessitent pas des murs *(lʾ kl-hʿyyrwt rʾwywt lḥwmh)* ». Et le commentaire ajoute : « sauf celles qui sont situées à la frontière du pays ou sur la côte ». Il est évident que notre auteur a conçu ses deux cités fictives l'une par rapport à l'autre, dans le cadre d'une progression et d'une spécialisation : *ʿyr mwʾb* est la ville principale, à la fois de garnison, de résidence et de représentation ; c'est la plus extérieure, pourvue nécessairement d'un rempart (voir les ruines de Khirbet Medeineh) ; c'est là que le roi accueille le visiteur. Puis, tous deux s'avancent ensemble vers l'intérieur des terres où il est normal de supposer que la fiction situe *qryt ḥṣwt*. Il n'est pas impossible que l'auteur ait emprunté à la réalité historique et géographique elle-même le modèle des deux villes principales de Moab. Voir *Is* 15, 1 où la destruction de Moab est symbolisée par l'anéantissement d'Ar-Moab et de Qir-Moab. Mais il s'agit seulement d'un modèle : le Targum d'Onqelos traduit *ʿyr* en *Nb* 22, 36 par *qrtʾ* et *qryt* au v. 39 par *qryt* ; le Pseudo-Jonathan rend uniment *ʿyr* et *qryt* par *qrtʾ* ; cette indifférenciation pourrait indiquer qu'ils ne se sont pas laissé prendre au piège de la fiction.

Le nom composé *qryt ḥṣwt* évoque « la ville aux larges places » *rḥbt ʿyr* de *Gen* 10, 11. Bien que l'ordre des deux thèmes soit inversé, il semble que dans les deux cas l'adjectif ou le substantif féminin pluriel serve à caractériser la ville en question. Il est d'ailleurs malaisé de savoir si ces syntagmes forment des noms propres ou restent des noms communs : certains ont considéré que *rḥbt ʿyr* qualifiait Ninive, mentionnée immédiatement avant ; d'autres, que c'était le nom propre d'une autre ville que Ninive. Peu importe pour *qryt ḥṣwt* que ne suit ni ne précède aucun nom propre, et qui semble inventé. Les deux locutions méritent d'être rapprochées parce que, dans l'une et l'autre, la ville est caractérisée par ce qui est commun à toutes les villes : c'est un *topos* que la mention des *rḥbt* ou des *ḥṣwt* d'une ville, surtout dans la littérature prophétique. Donc la ville est caractérisée par ce qui est le moins caractéristique. A moins que ce qui est commun à toutes les villes soit, chez elle, remarquable. Dans ce cas, faut-il penser, comme

Kalisch, que *qryt ḥṣwt* équivaut à *Strass-burg*? C'est possible n'importe quelle définition étant suffisante pour une cité fictive, notamment la définition la plus vague. Mais, outre l'idée, évoquée plus haut, de «cité sans remparts», on reprendra volontiers la définition plus précise contenue dans la traduction «marchés» proposée par le Targum d'Onqelos, un manuscrit du Targum Néofiti («à la cité qui est aux Deux marchés»), et reprise implicitement par Rachi *('yr ml'h śwwqym)*. Ce serait le sens de *ḥṣwt* en 1 *R* 20, 34, employé toujours en relation avec des noms de villes, commun et propre : «Les villes que mon père a prises à ton père, je te les rends : tu installeras tes marchés à Damas *(wḥwṣwt tśym lk bdmšq)* comme mon père en a installé à Samarie.» Le Targum d'Onqelos de 1 *R* 20, 34 traduit *wḥwṣwt* par *wšwqyn*. Par opposition avec *'yr mw'b*, sa ville de garnison, de résidence, et de représentation, *qryt ḥṣwt* serait, pour Balaq, la ville de ses marchés *(qryt mḥwzwhy* d'après Onqelos). Cette hypothèse convergerait avec l'information, donnée en 2 *R* 3, 4 à propos de Mesha, que le «roi de Moab possédait des troupeaux» en grande quantité, puisqu'il payait au roi d'Israël cent mille agneaux et cent mille béliers avec leur laine. Et Balaq ne choisit-il pas précisément cet endroit pour faire abattre le gros et le petit bétail dont il envoie des parts à son hôte et à l'escorte (v. 40)? Dans le cadre de la fiction, *qryt ḥṣwt* serait la ville moabite de trafic; située dans l'intérieur des terres, elle serait peut-être ville ouverte, surtout si l'on songe à la fréquence des caravanes madianites sur la route nord-sud desquelles elle pouvait se trouver, à la tradition de bonne entente entre Moab et Madian, et peut-être à la cohabitation pacifique de certaines tribus madianites avec les Moabites, sur le territoire même de Moab (voir *Gen* 36, 35 et *Nb* 22, 5 et 7).

Il subsiste une difficulté : *ḥṣwt* pourrait encore désigner les places situées devant les portes, à l'extérieur des villes, *ḥwṣwt* en *Na* 2, 5, *rḥwb* en *Né* 8, 1 («tout le peuple s'assembla comme un seul homme sur la place qui est devant la Porte des Eaux» *'l-hrḥwb 'šr lpny š'r-hmym*); de plus, c'est certainement aux portes des villes qu'avaient lieu les échanges, notamment le négoce des bestiaux : l'une des portes de Jérusalem avait nom «la Porte des Brebis» *š'r hṣ'n* (*Né* 3, 1). Nous maintiendrons donc l'idée de «places servant de marchés et situées plutôt au pourtour de la cité»; quant à savoir si les *ḥṣwt* étaient séparées ou non du cœur de la cité par un *ḥwmh*, on peut seulement conjecturer, d'après le texte, que *qryt ḥṣwt* nécessitait une défense moins solide que *'yr mw'b*.

C'est à Qiriath-Ḥouṣoth que Balaq accueille véritablement Balaam : *wyzbḥ blq bqr wṣ'n wyšlḥ lbl'm wlśrym 'šr 'tw* «Et Balaq immola du gros et du petit bétail dont il envoya des parts à Balaam et aux dignitaires qui étaient avec lui.»

Le verbe *zbḥ* est un terme technique pour l'immolation des victimes en contexte sacrificiel. Mais le texte ne dit pas expressément qu'il s'agit d'un sacrifice : c'est d'abord un geste de convivialité, festin d'accueil et en même temps repas communautaire avant d'entreprendre une action commune. On notera la rapidité de l'expression (toute cette phase tient en une phrase) et le vague de la désignation du bétail.

Comme geste d'accueil scellant au soir une alliance avant un nouveau départ au matin, on le rapprochera de *Gen* 31, 54 : *wyzbḥ y'qb zbḥ bhr wyqr' l'ḥyw l'kl-lḥm wy'klw lḥm wylynw bhr (wyškm lbn bbqr)*. La différence, non négligeable, est que ce repas scelle entre Jacob et Laban un serment prononcé au nom du Dieu d'Abraham, de Naḥor et d'Isaac (v. 53). Le *zbḥ* qui suit immédiatement revêt donc une dimension sacrificielle explicite. De même en *Ex* 18, 12, où le texte souligne à deux reprises que les sacrifices sont offerts à Dieu, et le repas pris devant Dieu : *wyqḥ ytrw ḥtn mšh 'lh wzbḥym l'lhym wyb' 'hrn wkl zqny yśr'l l'kl-lḥm 'm-ḥtn mšh lpny h'lhym*. En outre, ce repas sacrificiel scellant l'alliance de Jéthro avec Moïse, Aaron, et tous les anciens d'Israël est explicitement associé à un holocauste, absent de *Nb* 22, 40. Le verbe *šlḥ* avec pour complément direct un nom de victime animale implique à lui seul la participation des destinataires à une action commune, avec le destinateur; ainsi, en 1 *S* 11, 7 : *wyqḥ ṣmd bqr wyntḥhw wyšlḥ bkl-gbwl yśr'l byd hml'kym l'mr 'šr 'ynnw yṣ' 'ḥry š'wl w'ḥr šmw'l kh y'śh lbqrw* où l'envoi, geste symbolique et non pas convivial, revient à une sommation. Mais le meilleur rapprochement est sans doute avec la forme que prend la révolte d'Adonias en 1 *R* 1, 9-25 : *wyzbḥ 'dnyhw ṣ'n wbqr wmry' 'm 'bn hzḥlt 'šr-'ṣl 'yn rgl wyqr' 't-kl-'ḥyw bny hmlk wlkl-'nšy yhwdh 'bdy hmlk*. Même geste convivial avant l'action commune; on notera qu'il a lieu à l'extérieur de la ville. La meilleure preuve que ce repas revêt l'allure d'un pacte, c'est que le texte indique expressément qui l'on invita, et qui l'on n'invita pas, et que l'invitation comme l'oubli a une signification hautement politique. Même type, très général, de victimes. Même silence sur la dimension religieuse de l'acte.

Mais le *zbḥ* de *Nb* 22, 40 est moins un acte politique ou militaire que le prélude à un autre type de sacrifices (les *'lwt* de 23, 2), à un contact avec le sacré ainsi qu'à une utilisation de ce sacré[21]; le silence

21. La nature et la fonction de ce *zbḥ* ont suscité une controverse entre les exégètes. Est-ce ou non un sacrifice? D'après KALISCH, « le roi fit probablement donner à Balaam les morceaux de choix, marque de respect ou d'affection habituelle envers les hôtes que l'on honorait. Avant d'entrer dans les rites solennels de la religion et de la prophétie, il s'acquitta des devoirs de l'hospitalité. » Mais KALISCH invoque, à l'appui de sa thèse, 1 *S* 9, 23.24 ss, et c'est plutôt un contre-exemple, parce que le repas se tient sur le haut-lieu, à l'occasion d'un sacrifice public *(ky zbḥ hywm l'm bbmh)*, que le voyant doit bénir avant le repas, et que l'invité et son hôte ne redescendent du haut-lieu à la ville qu'après le repas pris ensemble, ce qui inclut donc le repas dans le périmètre et la durée du sacré. La

sur la destination religieuse du *zbḥ*, qui ne peut pas ne pas exister, est

comparaison renforce le sentiment que le *zbḥ* de 22, 40, n'est pas dépourvu de toute dimension religieuse. KALISCH avance aussi 1 *S* 28, 24 et 1 *R* 19, 21 pour prouver que le verbe *zbḥ* n'est pas utilisé seulement pour l'acte d'immoler, mais aussi pour celui de tuer pour manger. 1 *R* 19, 21 (abattage par Élisée de son attelage de bœufs et repas offert aux siens avant son départ et son entrée au service d'Élie) ne semble pas non plus bien choisi : le contexte ne contient-il pas en germe, implicite mais toute proche, une dimension religieuse, donc sacrificielle? Le contexte est plus neutre en 1 *S* 28, 24, il est vrai (repas de simple réconfort offert par la nécromancienne *après* l'évocation de Samuel) : mais là encore, 1° cette conclusion de l'épisode de l'évocation de Samuel échappe-t-elle complètement à l'atmosphère de sacré qui imprègne l'entrevue de Samuel et de Saül? 2° Indépendamment de tout contexte, l'acte même de tuer (supprimer la vie) était peut-être obligatoirement chargé d'une valeur religieuse ou sacrée, la divinité étant dispensatrice de la vie; *a fortiori*, de tuer pour manger (la vie sacrifiée à la vie); 3° le mot *zbḥ* lui-même peut-il encore être parfois complètement intact de toute connotation religieuse, quand on sait combien son emploi est «consacré», et que le substantif *mzbḥ*, de la même racine, n'a de sens et d'emploi que religieux? KALISCH refuse donc le rapprochement, souvent proposé, avec les repas indubitablement sacrificiels de *Gen* 31, 54 et *Né* 8, 10-12, pour lui opposer l'analogie avec *Gen* 43, 16 où le contexte est exempt de toute dimension religieuse. Mais, d'une part, cette préférence est très arbitraire et même guère honnête : car enfin, n'y a-t-il pas plus d'affinités d'esprit et de lettre entre le repas partagé sur la montagne entre Jacob et Laban et le repas offert par Balaq à Balaam et la suite moabite qu'entre ce dernier et le repas offert par Joseph à ses frères? D'autre part, répétons-le, même en admettant la «laïcité» du contexte (qui est loin d'être établie), l'acte et le mot de *zbḥ* risquent bien, en eux-mêmes, de contenir toujours une connotation religieuse. Quant au parallèle, refusé par KALISCH, avec *Né* 8, 10-12, il est au contraire excellent : «Allez, mangez de bons plats, buvez d'excellentes boissons, et faites porter des portions... car ce jour-ci est consacré à notre Seigneur»; on y trouve d'ailleurs le même emploi de *šlḥ* au piel pour signifier «faire porter des portions». EWALD (*Die Weissagungen Bileams*, p. 11), observe justement que la LXX, en traduisant par *kai apesteilen*, a confondu le piel avec le simple qal. La Vulgate fut plus rigoureuse : *Cumque occidisset Balac boves et oves, misit ad Balaam, et principes qui cum eo erant, munera.* On voit pourquoi KALISCH apprécie les commentaires de JOSÈPHE et de PHILON qui renchérissent sur la splendeur de l'accueil sans dire mot d'une éventuelle dimension sacrificielle. Son argument fondé sur le caractère général de la formulation ne tient plus, et se retourne même : à son avis, si l'auteur avait voulu décrire un sacrifice essentiel pour le projet de Balaq, il aurait spécifié l'espèce et le nombre des victimes avec le même soin qu'en *Nb* 23, 1.4.14.29, au lieu des termes généraux *bqr wṣ'n* (remarquons une expression identique en 2 *S* 12, 4). Précisément, «les mots brefs» dont parle EWALD (un seul verset en tout et pour tout : *wyzbḥ blq bqr wṣ'n wyšlḥ lbl'm wlśrym 'šr 'tw*) ne s'intéressent pas aux détails des préparatifs et des victimes, ils mettent l'accent, à *égalité*, sur deux temps forts : le *zbḥ* et le *šlḥ*. Si *bqr wṣ'n* (même expression en *Os* 5, 6, pour des sacrifices) sont au second plan, *zbḥ* n'est certainement pas délaissé au profit de *šlḥ*. Bien au contraire : *parce que bqr wṣ'n* sont laissés dans le vague, le mot et l'acte même de *zbḥ* sont portés à l'avant de la phrase, et ce pourrait bien être à seule fin d'insister sur l'immolation en tant que telle.

VON GALL pense que la fin du verset est une glose remplaçant peut-être l'objet original du verbe, qui mentionnait les entrailles des victimes sacrificielles grâce auxquelles Balaam devait découvrir la volonté divine de maudir Israël. *šlḥ l* sans complément d'objet direct lui semble obscur. D'après GRAY, si le *zbḥ* de 22, 41 est un sacrifice pour saluer l'arrivée de Balaam, le v. 39 est «intrusive», la fête devant normalement avoir eu lieu à l'endroit de la rencontre, c'est-à-dire 'Ir Moab (v. 36). Par ailleurs, il juge que, si le *zbḥ* du v. 39 préludait au *'wlwt* du lendemain, Balaq aurait attendu, pour l'offrir, d'être rendu sur le théâtre des opérations, à savoir Bamoth Baal (v. 40). Rien ne justifie de telles réserves. DILLMANN propose l'alternative : avec HENGSTENBERG, EWALD, OORT, KNOBEL, «Die Schlachtung war, nach der Sitte des

donc du même ordre qu'en 1 *R* 1 (des sacrifices préliminaires à des entreprises néfastes au destin d'Israël peuvent-ils plaire au Dieu d'Israël?), mais plus éloquent encore; c'est à Kemosh que s'adresse le *zbḥ*. Le maillon intermédiaire entre le convivial et le religieux, c'est que l'on prête serment par le sang versé. Voir Wellhausen, *Reste arabischen Heidentums*; d'une part, le lien entre la divinité et les hommes consiste en ce que le sang est répandu sur l'autel, et que les hommes consomment la chair (p. 124); d'autre part, le rite de tremper la main dans le sang est l'analogue arabe préislamique de l'hébreu *krt bryt (horkia temnein, foedus ferire)*, (p. 129). La divinité est le tiers indispensable à la conclusion d'une alliance solennelle entre deux hommes ou deux partis.

De plus, s'il se présente comme un acte collectif *(lbl'm wlśrym 'šr 'tw)*, il n'en exprime pas moins une relation particulière et privilégiée entre Balaq et Balaam, le roi et son hôte, celui qui demande et celui qui est demandé. Or l'hôte est un personnage doué d'un charisme spécial; voilà une raison supplémentaire pour penser que le v. 40 comporte une dimension religieuse : c'est un moyen de se concilier les bonnes grâces et les pouvoirs d'un médiateur auprès des forces obscures. On songera au récit de 1 *S* 9, 11-27 où d'une part, le sacrifice public *(zbḥ l'm)* béni par le voyant sur le haut-lieu est inséparable d'un repas collectif (v. 13) et d'autre part, l'onction de Saül par Samuel est précédée d'un repas partagé *(wy'kl š'wl 'm-šmw'l bywm hhw'* au v. 24 : une portion de choix est réservée à l'hôte) que suivent la nuit et un lever matinal (*wyškmw* au v. 26). Toutefois, la situation est exactement l'inverse, puisque le voyant, en l'occurrence Samuel, prend toutes les initiatives.

Le geste convivial de Balaq au v. 40 n'efface pas la grossièreté de son accueil au v. 37; il la renforce au contraire : le roi n'honore pas son hôte en profondeur; en lui, il flatte la fonction et les pouvoirs; sa cordialité, tout intéressée, ne vise qu'à s'attirer les faveurs d'un exécutant docile; le premier mouvement, de colère insolente, fut le vrai.

Alterthums, jedenfalls eine Opferschlachtung, zur Begrüssung u. Ehrenbezeugung für Bil... »; avec Hengstenberg, Ewald, Keil, « also wahrscheinlicher zur Einweihung der am andern Morgen zu beginnenden feierlichen Handlung ». Mais pourquoi la seconde hypothèse exclurait-elle la première? Strack a raison de retenir les deux. Cette succession de lieux et de sacrifices différents est un élément de la gradation qui caractérise notre texte.

Rachi commente : *bqr wṣ'n. dbr mw'ṭ bqr 'ḥd wṣ'n 'ḥd blbd* « Affaire mesquine : un bœuf et un mouton » (!). Rachi se réfère au midrash qui oppose *bqr wṣ'n* et la promesse faite par Balaq en 22, 17 : *ky-kbd 'kbdk m'd* (Cf. *Nb Rab.* 20, 1 et *Tanḥ*. B, *ibid.*), et ajoute que Balaam, ayant grincé des dents, s'écria : « Est-ce tout ce qu'il m'envoie? Je le lui ferai payer demain, sur son bétail. » C'est pourquoi il lui fit sacrifier, le lendemain, sept bœufs et sept moutons. Des exégètes modernes « anciens » (Clericus, Michaelis), mus par un *a priori* négatif sur Balaam, ont extrapolé : à les lire, ce v. 40 prouverait que Balaam accepta comme honoraires la chair de sacrifices idolâtriques.

LE PREMIER POINT DE VUE

Le v. 41 ouvre une nouvelle journée, et introduit un nouveau déplacement : *wyhy bbqr wyqḥ blq 't bl'm wy'lhw bmwt b'l wyr' mšm qṣh h'm* « Et il arriva, au matin, que Balaq prit Balaam et le fit monter aux hauts lieux de Baal, et de là il vit l'extrémité du peuple. » L'indication de temps laisse penser, en retour, que le festin précédent eut lieu le soir, après le voyage. L'expression *lqḥ* + nom de personne à l'accusatif avec le sens « emmener » n'est pas si fréquente[22] et pourrait faire écho à *Gen* 22, 3 (suite du passage transposé en *Nb* 22, 21) : *wyqḥ 't-šny n'rym 'tw w't yṣḥq bnw*, d'autant plus que, dans les deux cas, l'expression est suivie d'un verbe de mouvement et de direction (*wy'lhw* en *Nb* 22, 41 ; *wyqm wylk* en *Gen* 22, 3).

Le toponyme *bmwt* est mentionné une fois dans l'Ancien Testament : en *Nb* 21, 19 et 20, parmi les étapes des Israélites lors de la marche vers la Terre Promise, juste avant l'affrontement avec Siḥon roi des Amorites ; et *bmwt b'l* même en *Jos* 13, 17, au nombre des villes qui, sur le plateau aux alentours de Ḥeshbon, constituent l'héritage donné par Moïse à la tribu de Ruben. Dans ces trois textes, il s'agit d'un lieu dit, sur la situation géographique duquel l'accord ne se fait pas, bien que *Jos* 13, 17 le place entre Dibon et Beth Baal Meon. Tous sont unanimes pour penser qu'il s'agit d'un lieu élevé, puisque c'est un point de vue. Kalisch estime impossible de préciser davantage que ceci : « il suffit de comprendre une élévation au nord de *Kureyât* (c'est l'identification qu'il propose pour Qiriath-Ḥouṣoth) d'où il était possible de surveiller le pays jusqu'à l'extrémité sud du Jourdain », tenant pour fort conjecturale l'appréciation de Josèphe (*A.J. IV*, § 112) : « à soixante stades du camp hébreu ». Ceux qui veulent identifier un lieu géographique véritable se divisent en deux tendances : les uns le placent un peu au nord de l'Arnon, non loin de Dibon[23], les autres, nettement plus au nord, près de la moderne

22. Selon von Rad (« Gerechtigkeit » und « Leben » in den Psalmen, dans *Gesammelte Studien zum Alten Testament*), « *lqḥ* (Subjekt : Gott, Objekt : ein Mensch) ist terminus technicus für Entrückung (vgl. *Gen.* 5, 24 ; 2. *Kön.* 2, 3.5). Dass das in *Ps* 49, 16 und 73, 24 gemeint ist, sollte man nicht bestreiten » (p. 244). Étant donné 1° la rareté des emplois de *lqḥ* + objet humain ; 2° par contraste, sa fréquence dans notre épisode (22, 41 ; 23, 11.14) ; 3° le fait que Balaq emmène toujours Balaam sur des hauteurs ; 4° la présence, en 23, 7b, d'un phénomène analogue avec le verbe *nḥh* « conduire » (surtout en *Psaumes*, et réservé à Dieu qui guide le fidèle ou le peuple) ; 5° la résonance très psalmique des deux premiers poèmes et le goût de notre auteur pour les réminiscences, littérales ou non, de l'Écriture, on se demandera si l'emploi de *lqḥ* avec, pour sujet, Balaq, et pour objet, Balaam, ne serait pas une illustration supplémentaire de la rivalité Balaq/Dieu par rapport à Balaam.

23. D'après l'*Onomasticon* d'Eusèbe : *« civitas Amorrhaeorum, quam possederunt filii Ruben ».*

Maṣlûbiyeh. Pour situer Bamoth-Baal près de Dibon, Hengstenberg ne s'appuie pas seulement sur *Jos* 13, 17, mais aussi sur *Is* 15, 2 : « On est monté à Bayth (ou au temple) et à Dibon, aux hauts lieux *(hbmwt)*, pour pleurer; sur Nebo et sur Madaba, Moab hurle. » Dillmann voit l'enjeu d'un tel rapprochement : Bamoth-Baal serait l'emplacement d'un véritable haut lieu. Le problème est de savoir si *bmwt bʿl* conserve, en l'occurrence, la neutralité toponymique de *Jos* 13, 17, ou s'il recèle l'indication d'un culte païen encore vivace.

Les versions sont partagées : la Vulgate a compris « ad excelsa Baal » : géographique plus que toponymique : cela lui permet de ne pas trancher, tout en restant fidèle à l'hébreu. La Peshitta, se bornant à transcrire l'hébreu : *bmwt bʿl'*, se cantonne dans la neutralité apparente du toponyme. De même le texte et le Targum samaritains de la Triglotte de Barberini, ainsi que le texte samaritain de la Polyglotte de Walton : *bmwt bʿl* ou *bmt bʿl*. Le Targum samaritain de la Polyglotte, comme la Vulgate, préfère la transposition géographique *rm'wt bʿl* « les hauteurs de Baal » à la simple transcription toponymique. Le Targum Néofiti est déjà plus ambigu avec *bmth dbʿlh* « les Autels-de-Baal », qui, tout en n'étant plus exactement une transcription de l'hébreu, peut encore se lire comme un toponyme, mais laisse entrevoir la réalité du culte païen.

La ligne de démarcation passe au milieu des versions grecques : la LXX, avec *epi tèn stèlèn tou Baal*, évoque franchement un culte idolâtrique, de même une correction du Codex Ambrosianus, qui porte *epi to hypsos tou eidôl[ou]*; pareillement, Origène. Mais le Codex 130 de la Syro-Hexaplaire porte en marge *epi ta hypsèla*; et Apollinaire dans les Catenae Nicephori : *ek gar tôn hypsèlôn tou Baal etheôrei ta akra tou laou*. Plusieurs versions sémitiques n'ont pas hésité à abandonner la neutralité du toponyme. Ainsi, le Targum du Pseudo-Jonathan : *lrmt dḥlt' dpʿwr* « vers la hauteur de la terreur (ou de la divinité) de Peor »; de même la version arabe samaritaine de la Triglotte de Barberini : *byʿ 'lwṯn* « les temples de l'idole ».

Trois ont apporté une précision supplémentaire : c'est aux hauts lieux de *sa* propre divinité que Balaq mène Balaam. Voir le Targum d'Onqelos : *(l)rmt dḥltyh* « vers la hauteur de sa divinité »; également, Saadia : *('ly) bʿḍ byʿ mʿbwdh* « (à) certains temples de son idole (l'objet de son adoration) »; on notera encore l'étrange traduction de la *Vetus Latina* : *super titulum suum Balac* où *titulus*, par métonymie, doit désigner l'autel d'après l'inscription dédicatoire[24]. Rachi invite explicitement à comprendre d'après Onqelos : *bmwt bʿl.*

24. Voir Tite-Live : « Aram condidit dedicavitque cum ingenti rerum ab se gestarum titulo : il fait la dédicace d'un autel avec une énorme inscription portant le récit de ses exploits » (*Ab urbe condita, XXVIII.* XLVI. 16).

ktrgwmw lrmt dḥlyth šm ʿbwdt ʾlylym « suivant le Targum 'vers la hauteur de sa divinité' : c'est le nom de l'idolâtrie ». Ibn Ezra insiste sur la localisation et l'identité du culte évoqué : *bmwt bʿl. hwʾ bʿly bmwt ʾrnwn* « Ce sont les Baals des hauts lieux de l'Arnon »[25].

En prenant en compte l'esprit du récit, il semble impossible d'éliminer toute dimension religieuse et culturelle de la mention de *bmwt bʿl* en *Nb* 22, 41. Il est vrai qu'en *Jos* 13, 17 le texte ne consiste qu'en une plate énumération de toponymes ; et même si ce texte n'est pas plus ancien que *Nb* 22 (Eissfeldt le classe P secondaire), il reflète vraisemblablement une réalité contemporaine de l'époque où s'écrit notre texte, et identique à l'un des deux aspects de *bmwt bʿl* : *bmwt bʿl* est devenu un toponyme comme un autre, s'est « laïcisé ». Subsiste-t-il, lors de la rédaction de *Jos* 13, 17, un culte encore vivace à Baal, au lieu-dit Bamoth Baal, qui a tiré son nom de ce culte ? C'est vraisemblable, bien que rien ne permette de l'affirmer ni de l'infirmer ; en tout cas, la désignation du lieu s'est fossilisée dans une fonction purement toponymique, en quelque sorte « aseptisée ». Si *Nb* 22, 41 reprend ce toponyme, c'est sans doute aussi en s'inspirant de *Nb* 21, 19-20, qui décrit l'itinéraire des Israélites avant l'affrontement avec les Amorites : « de Mattana à Naḥaliel, de Naḥaliel à Bamoth, et de Bamoth à la vallée qui s'ouvre sur la campagne de Moab ». Ici, il est fait mention d'un lieu-dit Bamoth, mais sans Baal. Nous reviendrons sur les dépendances littéraires existant entre les chapitres 21 et 22 du livre des *Nombres*[26].

Qu'existe ou n'existe plus de culte encore vivace à Bamoth Baal ou sur ces Bamoth, le nom s'en est fossilisé parmi d'autres toponymes. L'auteur de *Nb* 22, 41 ne peut pas ne pas jouer sur les deux tableaux : d'une part, il reprend la forme littéraire de l'itinéraire neutre, comme on la trouve en *Nb* 21, 18-20 et *Jos* 13, 17-20 : c'est l'usage fossilisé des toponymes dont la série, ouverte en 22, 36, continue de s'égrener en 23, 14 et 28 ; d'autre part, il en revivifie le sens, leur rend leur pouvoir évocateur de cultes réels honorant effectivement le ou les Baals locaux. N'oublions pas que cette chaîne de lieux où l'on s'arrête, sorte de reposoirs, constitue une véritable marche initiatique, avec élévation et isolement progressifs *(wyqḥ ... wyʿlhw)*. Il n'y a donc pas à choisir

25. *Nb Rab.* 20, 18 amplifie le Targum du Pseudo-Jonathan (« le haut-lieu de la terreur (ou divinité) de Peor ») qui était déjà, selon G. VERMÈS, une allusion à la débauche idolâtre pratiquée en l'honneur de Baal-Peor (*Nb* 25). D'après le midrash, c'est afin que Balaam voie l'endroit où Israël péchera que Balaq l'y mène. Selon JOSÈPHE (A.J. IV § 112) : « Après avoir été magnifiquement reçu par le roi, il voulut être conduit sur l'une des montagnes pour inspecter les positions du camp hébreu. Là-dessus, Balaq partit lui-même, escortant le voyant avec tous les honneurs d'une suite royale, jusqu'à une montagne qui les surplombait et était distante du camp de soixante stades. »

26. Voir M. NOTH, *Num*, 21, als Glied der « Hexateuch »-Erzählung, *ZAW* 58, 1966, p. 161-197.

entre le toponyme et les *realia*, ni à se contenter de suggérer, comme fait Dillmann, que « C'était peut-être ... un lieu sacré ». Les deux sens, le toponymique et le religieux, celui de *Nb* 21, 19-20 et de *Jos* 13, 17 d'une part, celui d'*Is* 15, 2 d'autre part, demandent à être assumés ensemble. Ainsi veulent la logique de notre texte et sa pratique du double entendre. Gray avait bien vu les deux aspects, sans percevoir, toutefois, la véritable *duplicité* qui fait le fond de notre texte : « Le site fut choisi principalement pour que Balaam pût prononcer ses malédictions en voyant leur objet (23, 13 ; 24, 2), mais aussi parce que c'était, comme son nom *les hauts lieux de Baʿal* l'indique, un ancien autel. Les endroits où Balaam se tint pour prendre les augures étaient tous probablement des sanctuaires. La chaîne est couverte par les noms de divinités — Baʿal, Nebo, Peʿor. Il ne pouvait y avoir plates-formes convenant mieux à des autels, ni postes plus ouverts pour observer les étoiles ou le passage des nuages ou le vol des oiseaux à travers la grande dépression de la ʿArabah. *Le Champ des Guetteurs* était bien nommé. Aujourd'hui, les collines portent nombre d'anciens autels et de cercles de pierres »[27].

Il y a plus : le Targum d'Onqelos, la Vetus Latina et Saadia ont vu juste en comprenant que le texte voulait dire que Balaq menait Balaam vers la divinité que lui-même, Balaq, honorait *(rmt dḥltyh ; byʿ mʿbwdh* ; titulum suum Balac)[28]. Quoi de plus normal? Cette idée,

27. G. A. Smith, *The Historical Geography of the Holy Land*, London 1894, p. 566.

28. En *Nb* 21, 19-20, qui mentionne *bmwt* (très vraisemblablement *bmwt* dont s'inspire notre auteur, à la fois comme toponyme et comme emplacement géographique), la LXX s'est contentée de transcrire *Bamôth ;* de même en *Jos* 13, 17 : *Bamôthbaal.* Pareillement, la Vulgate transcrit *Bamoth* en *Nb* 21, 19-20 et *Bamothbaal* en *Jos* 13, 17. Si ces versions ne se sont pas bornées à transcrire en *Nb* 22, 41, à l'occasion du même toponyme *bmwt bʿl*, c'est parce qu'elles sentaient percer sous le même mot une intention différente.

Si, en 22, 41, le toponyme Bamoth-Baal indique que Balaq nourrit la ferme intention d'offrir les sacrifices à sa divinité, Kemosh, pourquoi le texte mentionne-t-il Baal au lieu, précisément, de Kemosh? On suggérera deux réponses :

1° En ce qui concerne le panthéon, M. H. Pope observe que les Baals dont les noms sont déterminés par des noms géographiques, ou autrement, doivent être considérés comme des hypostases locales d'une seule divinité (*Ras Shamra Parallels* Vol. III (AnOr 51), Rome 1981, p. 348 § c). Le Baal de Bamoth-Baal pourrait n'être qu'une hypostase locale du dieu national de Moab, Kemosh.

2° Du point de vue politico-national, M. Noth remarque qu'il n'exista pas *un* grand royaume de Moab mais *plusieurs* petits royaumes (Israelitische Stämme zwischen Ammon und Moab, *ZAW* 60, 1944, p. 11-57. p. 17 et n. 1, p. 30 n. 3). La représentation d'un seul royaume de Moab unifié sous la conduite de son roi Balaq trahit donc, une fois de plus, la fiction littéraire. Par ailleurs, Noth pense, sans doute avec raison, que la tradition primitive unit Balaam au lieu et au culte de Baal Peor, longtemps vivace à cet endroit (*ibid.*, p. 25). Il y avait donc un noyau traditionnel solide (qu'il fût ou non authentique) Balaam-Baal (Peor) et, en face, un « assaisonnement » de fiction littéraire avec Balaq. Kemosh, dieu national d'un Moab prétendument unifié, se rangeait aux côtés de Balaq dont il partageait la faiblesse. Kemosh ne put lutter contre la solide tradition liant Balaam à Baal.

La première solution envisage les faits du point de vue des religions sémitiques,

simple complément à la résonance pagano-religieuse de Bamoth-Baal, ne saurait être mise en doute, bien qu'elle reste latente. Le Targum d'Onqelos, Saadia et la Vetus Latina ne forcent pas le texte, ils se bornent à expliciter l'implicite. Le méconnaître, outre que cela amputerait l'art de notre auteur de l'un de ses constituants essentiels, la pratique du double entendre, priverait le récit de l'un de ses principaux ressorts, la rectification : en *Nb* 23, 3 *'lkh 'wly yqrh yhwh lqr'ty* « je m'en irai : peut-être que le Seigneur viendra à ma rencontre », Balaam clarifie une fois de plus la situation en expliquant ses intentions qui diffèrent à coup sûr de celles, demeurées implicites, de Balaq concernant la divinité intéressée; ce faisant, il résout l'ambiguïté intentionnelle de 22, 41 et balaie les doutes qui pouvaient subsister dans l'esprit du lecteur quant au sens de sa démarche, doutes savamment entretenus par le silence prudent qu'observe la description des préparatifs des holocaustes (23, 1-2) quant à l'identité de leur destinataire. Si le texte ne se prononce pas avant le v. 3, c'est qu'il ne le peut pas : Balaam, ni dans ses consignes à Balaq, ni dans sa participation aux préparatifs, ne destine les holocaustes au même dieu que le roi. Le texte serait donc bien en peine de spécifier. Il lui faudrait choisir, ce qui trahirait automatiquement l'intention de l'un des deux protagonistes. C'est à Balaam que le texte confie la tâche de se « déclarer » quand, le moment d'agir étant venu, la situation ne souffre plus d'équivoque. Et comme, désormais, le seul acteur sera Balaam, Balaq restant observateur passif, sa déclaration d'intention ne risque plus de trahir la pensée de Balaq, car seule compte l'intention prenant réalité dans une action. C'est pourquoi, à partir du v. 3, Balaam est le seul à parler et à agir, et il dit ce qu'il fait, de manière univoque. Balaq n'a pas eu droit à davantage qu'à l'intention (et encore, implicite, en 22, 41), et à l'exécution docile et aveugle d'un ordre sans commentaire, donc dépourvu de sens profond pour lui. Autrement dit, la simplification et la clarification du discours, son passage de l'équivoque et de l'implicite à l'univoque et à l'explicite, vont de pair avec le développement de l'action et la véritable « décision » qu'elle constitue. Autrement dit encore, la résonance, en 22, 41, d'un culte païen effectif, n'est pas à prendre comme une émergence ou une résurgence incontrôlée de la réalité immédiate authentique qui, par inadvertance de l'auteur, n'ayant pas été interceptée par les divers filtres censés « aseptiser » le cadre de la fiction, auraient réussi à s'y infiltrer envers et contre tout. C'est bien plutôt le « remploi », la réintégration très consciente et contrôlée d'un fragment de réalité vraisemblable, mais après médiatisation et au profit exclusif d'une intention didactique. De

prises dans leur ensemble. La seconde traite la question sous les deux angles de la fiction littéraire et de la tradition locale. Loin de s'exclure, elles se complètent.

même, les « blancs » et les « trous » du récit (par exemple à propos de Bamoth-Baal, ou du destinataire des holocaustes) ne sont pas des « vides » équivalant à un « refoulement » et en même temps signes de ce refoulement, des silences concédés bon gré mal gré par l'auteur à la dangereuse réalité pour éviter un retour en force encore plus voyant et gênant de cette réalité par trop refoulée qui franchirait alors les bornes de l'orthodoxie requise pour le texte : ce sont seulement des espaces d'incertitude momentanée, laissés ouverts à dessein, pour être ensuite comblés par l'explication didactique de Balaam.

Bamoth-Baal est donc en même temps un haut-lieu et un lieu haut. La phrase *wyr' mšm qṣh h'm* « et il vit de là l'extrémité du peuple » n'a pas, malgré son apparente simplicité, fait l'unanimité des exégètes. Dillmann éprouve le besoin de préciser : « L'extrémité du peuple, c'est-à-dire la partie la plus extérieure d'Israël et non : l'ensemble jusqu'à l'extrémité », contre Lüther, de Geer, Gesenius, Ewald, Kurtz, Baumgarten. De même Gray : « L'extrémité du peuple *(qṣh h'm)*, c'est-à-dire la partie des Israélites la plus proche ou la partie non cachée par les collines s'interposant : et non l'ensemble, incluant la partie la plus éloignée (comparer *mqṣh 'ḥyw* et l'emploi de *mqṣh* en *Gen* 19, 4); comparer à 23, 13. » On constate donc une interprétation minoritaire, selon laquelle Balaam n'aurait pas vu, depuis Bamoth-Baal, l'extrémité du peuple seulement, mais sa totalité. Cette compréhension de *qṣh h'm* peut s'expliquer de deux manières qui, d'ailleurs, se rejoignent :

1° *qṣh,* dans l'Ancien Testament, est souvent employé dans des expressions telles qu'il y signifie effectivement « l'ensemble, la totalité », et dans des contextes et des tournures proches des nôtres, il est vrai, notamment avec *'rṣ* qui implique un espace géographique ouvert. Les expressions les plus fréquentes sont *'d qṣh h'rṣ* (par exemple *Jér* 25, 31), encore *mqṣh h'rṣ w'd qṣh h'rṣ* (*Dt* 4, 32 ; *Jér* 12, 12). *Gen* 19, 4 *mn'r w'd-zqn kl-h'm mqṣh* « depuis le jeune homme jusqu'au vieillard, tout le peuple depuis l'extrémité (sans doute de la ville) » a pu aussi favoriser l'interprétation « panoramique » de *wyr' mšm qṣh h'm.* Mais il est évident que le sens total donné à *qṣh* dans ces occurrences provient des prépositions *mn* ou *mn. . . w'd,* et non de *qṣh* en soi qui veut dire « finis ».

2° Le sens total se déduirait plus immédiatement et rigoureusement de *wyr' mšm qṣh h'm :* « et fut visible de là l'extrémité du peuple », c'est-à-dire « l'extrémité la plus lointaine » (et non la plus proche), en sorte que le regard embrassait l'ensemble du peuple, *depuis l'extrémité la plus proche de Bamoth-Baal jusqu'à la plus éloignée.*

On le voit, le 2° revient au 1°, puisque le sens total provient encore des prépositions *mn. . . w'd* sous-entendues. Mais le raisonnement se défend mieux, parce que précisément elles restent sous-entendues, et que rien n'empêche, après tout, de comprendre *qṣh h'm* comme l'extrémité du peuple la plus éloignée du point de vue, et non la plus proche. Et c'est probablement l'idée sous-jacente au Targum du Pseudo-Jonathan : *wḥm' mtmn mšyryyn dn dmhlkyn bqṣt 'm' d'tprsmw mtḥwt 'nny yqr'* « et il vit de là les camps de Dan qui marchaient à l'extrémité du peuple et apparaissaient de dessous des nuées de gloire ». C'est toutefois l'interprétation partielle et restrictive majoritaire, comprenant *qṣh* comme « l'extrémité (la plus proche) », qui s'impose. Elle découle naturellement de *Nb* 23, 13 *'šr tr'nw mšm 'ps qṣhw tr'h wklw l' tr'h,* argument, opposant le tout à la partie, avancé par Balaq pour faire changer Balaam d'endroit[29]. D'ailleurs, la couleur glorieuse de l'interprétation totale proposée par le Pseudo-Jonathan suffirait à jeter un soupçon sur la validité, et à faire penser qu'elle s'inspire des écrits prophétiques ou deutéronomiques mentionnés plus haut. Cette influence du tour *mn qṣh* est encore plus sensible et plus littérale dans le Targum Néofiti : *wḥm' mn tmn mn qṣt 'm',* où la préposition *mn* devant *qṣt* ne donne aucun sens et pourrait provenir du tour *mn qṣh,* senti comme figé à l'époque du Targum. Il n'est pas impossible que le même tour soit à l'origine de la version proposée par le Targum d'Onqelos *wḥz' mtmn qṣt mn-'m' :* la préposition *mn* a certes ici une valeur partitive; elle fait sens et, suivie de *'m',* signifie bien « une partie du peuple », toutefois la formulation d'Onqelos diffère, en l'occurrence, des autres versions sémitiques qui expriment le même sens avec la simple *semikut.*

Mais une fois choisie l'interprétation partielle et restrictive, il faut encore décider entre « extrémité » (la plus proche) et « partie » ; le mot *qṣh* autorise aussi bien l'un que l'autre, les deux font sens dans notre phrase et notre contexte, et Gray ne tranche pas : « the nearest part of the Israelites, or the part unobscured by the intervening hills ». On peut supposer, en effet, que *qṣh h'm* veuille dire « la partie *visible* du peuple » par opposition, moins à l'ensemble, qu'à la partie invisible. Il est très facile d'imaginer la situation d'après celle de Ras es Siagha ou de Ras en Naqeb : un belvédère dominant une plaine, où s'est établie une troupe nombreuse. Si de cette dernière n'est visible que l'extrémité la plus proche du belvédère, c'est que, ou bien des massifs d'arbres, des

29. D'après Gross (p. 129) « 22, 41 und 23, 13 stehen. . .in Spannung. » De fait, *'šr tr'nw mšm 'ps qṣhw tr'h wklw l' tr'h* offre une difficulté, car si l'on donne à *šm* son sens habituel de « là » par opposition à « ici », *šm* ne peut renvoyer à Bamoth Baal, où se trouvent encore les deux personnages, mais au sommet du Pisgah, que Balaq montre à Balaam depuis Bamoth Baal. Mais alors, pourquoi invoquer cet argument pour emmener Balaam au Pisgah, et pourquoi l'y conduire, si du Pisgah, comme de Bamoth Baal (22, 41), on ne voit qu'une partie *(qṣh)* du peuple ? Et il est sûr qu'en revanche, le *mšm* « de là-bas » de 23, 13b (second de la phrase) désigne bien le Pisgah vu depuis Bamoth Baal. 23, 13 aγδ serait donc une addition ; mais l'argumentation de Gross ne convainc pas. Nous reviendrons sur 23, 13aγδ, mais tenons-le provisoirement pour non rédactionnel.

tables montagneuses, ou de nouveaux sommets, viennent faire écran entre cette extrémité la plus proche, visible elle, et le reste, caché par l'écran, ou bien cette extrémité est la seule partie visible du belvédère *précisément parce qu'elle est la plus proche,* et que le peuple en son entier est si nombreux que le reste s'en perd dans la brume et les lointains. Si l'on traduit *qṣh* non par « extrémité » la plus proche, mais par « partie », on est ramené à une hypothèse assez voisine du premier terme de l'alternative précédente, à savoir, que des massifs boisés ou montagneux, dans la plaine, arrêtent le regard et ne laissent voir du peuple qu'une partie, les autres étant cachées par le ou les écrans ; la différence avec toute la première hypothèse, c'est que la partie visible n'est pas nécessairement la plus proche du belvédère, et que le reste invisible peut-être dissimulé non par un seul, mais par plusieurs écrans. La vraisemblance ne permet pas de trancher.

Les versions non plus. Elles se divisent en deux catégories, qui recoupent exactement l'alternative « extrémité (la plus proche) » ou « partie ». Ont opté pour « extrémité » la Vulgate : « extremam partem populi » ; la Peshitta : *skh d'm'* « la pointe (ou le coin) du peuple » ; les Targumim samaritains de la Polyglotte de Walton et de la Triglotte de Barberini, respectivement *'yṣṭr* et *'ysṭr 'mh* « le côté, le bord du peuple » ; la version arabe de la même Triglotte : *ṭrf 'lqwm* « l'extrémité du peuple ». Ont préféré le sens « partie » la LXX : *meros ti tou laou* « une partie du peuple » ; et Saadia : *b'ḍ 'lqwm* « une partie du peuple ».

Il semble *a priori* impossible de décider. Mais l'enjeu de *qṣh h'm* ne réside pas dans ce problème, somme toute secondaire ; l'important, une fois établi le sens partiel et restrictif de *qṣh h'm,* est de savoir la raison de cette information. Sur ce point, on note une curieuse unanimité des exégètes sur ce que l'on pourrait appeler un dosage prudent du voir. Ni trop peu *(wyr'),* ni trop *(qṣh h'm).* L'opinion se rencontre, entre autres, chez Strack et Ehrlich, mais c'est encore Kalisch qui en énonce le plus clairement les deux composantes : « Dans ce dilemme, Balaq choisit prudemment un endroit d'où Balaam pût voir une portion des Hébreux assez grande pour représenter toute la nation, mais pas assez grande pour impressionner le spectateur en le convainquant qu'elle avait une forme et un pouvoir formidables. » La négation de trop peu, ou la nécessité de la vue *(wyr')* pour l'efficacité de la parole est un fait trop connu pour que l'on y insiste. Les commentateurs rapprochent souvent ce passage de 2 *R* 2, 24, où Élisée, après que les garçons se furent moqués de lui, « se tourna en arrière et les vit, et les maudit au nom du Seigneur » *(wypn 'ḥryw wyr'm wyqllm bšm yhwh).* Il s'agit d'un phénomène commun à toutes les religions et à toutes les époques. Des exemples s'en trouvent aussi bien chez les Latins que chez les Grecs, les Hindous et les Égyptiens[30], et la liste pourrait encore s'allonger. En revanche, la négation du trop *(qṣh h'm)* a tout l'air d'une extrapolation midrashique. Rien n'autorise à prêter à Balaq une telle intention. La source de cette hypothèse gratuite pourrait être une erreur de la LXX qui, seule d'entre les versions, traduit *wyr'* par *kai edeixen autôi* « et lui montra », autrement dit prend l'imparfait qal *wayyar'* « et il vit » pour l'imparfait hiphil apocopé qui revêt la même forme *wyr', wayyar'* « et il fit voir » en 2 *R* 11, 4. La tentation était d'autant plus forte qu'un vrai imparfait hiphil survient immédiatement après, en 23, 3 : *wdbr mh-yr'ny whgdty lk* « et la chose qu'il m'aura fait voir je te l'indiquerai ». Balaq ne montre rien à Balaam. Et s'il nourrit une intention en menant Balaam à ce belvédère, elle a trait au simple fait que Balaam *voie,* et non au fait qu'il voie *partiellement.*

La précision *qṣh* est-elle donc indifférente, voire inutile ? Non, et pour deux raisons :

1° Elle ménage une progression, prépare le prochain déplacement de 23, 13, fondé sur l'argument *'ps qṣhw tr'h wklw l' tr'h ;* cela, au niveau de l'action et de la vraisemblance immédiates.

2° Ibn Ezra nous donne la seconde raison : *wyr' mšm qṣh h'm. ky hm ḥwnym l'rb' rwḥwt hšmym* « et il vit l'extrémité du peuple : parce qu'ils campent aux quatre points cardinaux (littéralement : 'vents' des cieux) ».

Ibn Ezra indique le rapprochement à établir entre 22, 41b et 23, 10aβ : *wmspr 't-rb' yśr'l* « et le nombre quant au quart d'Israël ». Il en résulte que :

a) 22, 41 apparaît désormais comme la face prosaïque et concrète, et en même temps la préparation de ce dont 23, 10aβ est la face poétique et symbolique.

b) nous tenons en retour un argument supplémentaire pour ne pas corriger l'obscur *rb'* de 23, 10aβ, et comprendre « le quart » au sens géographique de l'un des quatre points cardinaux (voir *Gen* 13, 14.17 ; 28, 17 et notre analyse du premier poème).

30. Voir Plutarque, *Propos de table* Livre V, Question 7 : Sur ceux dont on dit qu'ils jettent un sort et qu'ils ont le mauvais œil *(Peri tôn katabaskainein legomenôn kai baskanon echein ophthalmon),* spécialement § 6. Plutarque cite Démocrite, selon qui « des yeux jaillissent des images *(eidôla)* qui ne sont privées ni de sensation ni de volition, et sont emplies de la méchanceté et de la malice de ceux dont elles procèdent ; s'imprimant fermement sur les personnes à enchanter, devenant une partie d'elles *(synoikounta tois baskainomenois),* elles troublent et blessent à la fois leur corps et leur esprit *(epitarattein kai kakoun autôn to te sôma kai tèn dianoian)* ». Également § 3 : *hai opseis... hôsper pepharmagmena belè prospiptôsin...* Virgile, *Églogue* 3, 103 : *Nescio quis teneros oculus mihi fascinat agnos :* Perse, *Satires* 2, 33, 34 *urentes oculos inhibere perita ;* Pline, *Histoire Naturelle,* Livre VII, Chapitre ii, § 16-18 : *esse qui visu quoque effascinent interimantque quos diutius intueantur iratis praecipue oculis.* Aulu-Gelle, *Nuits attiques* Livre IX, Chapitre iv, § 7, etc.

c) en 22, 41, *qṣh* lui-même, au cœur du concret, est chargé d'une valeur symbolique, mais procédant d'une notation psychologiquement juste : moins le regard peut embrasser le peuple, plus grand il l'imagine. C'est presque un effet cinématographique : l'allusion (qui ne représente pas tout, mais permet d'imaginer) est plus évocatrice, impressionnante et terrifiante, que la vision d'ensemble, nécessairement appauvrissante et réductrice, puisqu'elle domine la situation et maîtrise tous les éléments.

d) cette compréhension de *qṣh* à l'aide de *rbʿ* invite à choisir le sens «partie» de préférence au sens «extrémité», car elle implique la *dispersion,* l'écartèlement, et non l'éloignement. Si le regard ne parvient pas à saisir le peuple en son entier, c'est parce que celui-ci, dispersé aux quatre coins de la plaine, en est séparé par divers obstacles, arbres et massifs montagneux qui font écran.

e) 23, 13 *lk-n' 'ty 'l-mqwm 'ḥr* «viens donc avec moi à un autre endroit» fournit un argument supplémentaire en faveur du sens «partie» : il est évident que le sommet du Pisgah est dans les environs de Bamoth-Baal ; Balaq et Balaam ne parcourent pas une grande distance pour aller de l'un à l'autre ; de plus, et surtout dans une région de monts et de vaux, il ne sert à rien de se rapprocher d'un objectif éloigné pour le mieux voir, à moins, précisément, de s'en rapprocher énormément, au point même de le toucher, bref, de s'y rendre. Dans la situation de Balaq et de Balaam, et vu la géographie (une chaîne de sommets surplombant la plaine), il n'y avait guère de milieu entre rester à peu près au même endroit en se déplaçant à peine, *pour mieux voir,* ou, s'ils voulaient se rapprocher au point que le déplacement valût la peine, se rendre tout uniment dans la plaine même, auprès des Israélites. Ce n'est évidemment pas cette dernière solution qu'ils ont choisie : ce n'est d'ailleurs pas nécessaire : il leur suffisait, en changeant légèrement de point de vue, de trouver un belvédère non pas *plus proche,* mais *meilleur,* c'est-à-dire, d'où ils pussent voir *tout* le peuple, et non pas *une partie.* Il leur suffisait de se tourner un peu. La vision partielle ne provenait pas de l'éloignement du point de vue, mais de son orientation. Corrélativement, le *qṣh hʿm* visible en 22, 41 n'est pas nécessairement la partie la plus proche, c'est-à-dire l'extrémité la plus proche, mais la seule partie, proche ou lointaine, visible depuis un point de vue médiocre, c'est-à-dire partiel.

L'INTRODUCTION AUX ORACLES

Avec le chapitre 23, nous entrons dans la sphère oraculaire. L'étape préalable nécessaire est celle des sacrifices.
Le v. 1 est le premier ordre de Balaam à Balaq : consignes précises

pour la préparation d'un grand holocauste. Il s'agit d'impératifs suivis de *ly,* ce qui indique un renversement de la situation : ce n'est plus Balaq qui donne à Balaam des ordres pour exécuter ses volontés (comparer avec 22, 6 : *'rh-ly ;* 11 et 17 : *qbh-ly ;* 23, 7 : *'rh-ly*), mais Balaam qui fait du roi autoritaire son docile exécutant : *bnh-ly... whkn-ly.* Si cette inversion, pour la leçon profonde de l'histoire, implique et préfigure déjà l'échec final de Balaq, équivaut au commencement de la fin, elle s'inscrit très normalement dans la continuité de la narration immédiate, à fleur de récit. Elle est exactement conforme à l'énoncé du v. 17 :

wkl-'šr t'mr 'ly "śh // wlk-n' qbh-ly (parole de Balaq). Balaq promettait de se plier aux conditions de Balaam, pourvu que celui-ci maudît. 23, 2 atteste d'ailleurs cette conformité car, pour décrire l'exécution par Balaq des consignes de Balaam, il reprend quasi littéralement la formulation de la promesse de Balaq :

22, 17 : *wkl 'šr-t'mr 'ly "śh* (ébauche encore floue du leitmotiv)
23, 2 : *wy'ś blq k'šr dbr bl'm*

Tout tourne autour de la question d'autorité ; cet entrelacs serré de formules de soumission et d'impératifs suivis de *ly* permet de voir que celui qui croit la détenir n'est pas celui qui la détient réellement : au v. 17, Balaq pensait bien jouer Balaam en feignant la docilité : les propositions les plus importantes n'étaient pas les premières, mais les dernières : *wlk-n' qbh-ly* condition sine qua non des offres et promesses immédiatement antérieures.

Mais, là encore, Balaam prend Balaq au pied de la lettre (« Ah ! Tu veux bien faire tout ce que je te dirai... eh bien tu vas voir ») et, ce faisant, le bat sur son propre terrain puisque, d'une part il lui fait faire un holocauste intentionnellement yahviste (23, 3) et d'autre part, il en résultera l'issue inverse de celle que cherchait le roi, à savoir une bénédiction au lieu d'une malédiction. Balaq sera floué sur toute la ligne.

Balaq	22, 17aβ :	*wkl 'šr-t'mr 'ly "śh* (promesse faussée de docilité)
	22, 17b :	*wlk-n' qbh-ly* (impératif humain athée)
Balaam	23, 1 :	*bnh-ly... whkn-ly* (impératif religieux contraire au premier, et pourtant conforme à la promesse faussée de docilité)
	23, 2 :	*wy'ś blq k'šr dbr bl'm* (docilité conforme à la promesse)

Cette disposition permet de voir comment le joueur est joué par un partenaire plus fort, et qui pourtant ne triche pas. Balaam n'est rien moins que roué, ce n'est pas un habile. Il n'a pas d'idée derrière la tête. Son discours est limpide, parce que le fondement en est le leitmotiv, formule véridique d'allégeance absolue à la parole divine, ce qui l'assure de gagner à tous les coups. Kalish a excellemment défini la situation : « Il est remarquable que, lorsque l'exécution directe du plan de Balaq touche à sa fin, la conduite passive de Balaam cesse tout à coup. Il agit aussi vigoureusement et résolument que cela est compatible avec sa mission. Il fait tous les préparatifs nécessaires avec précision et détermination. Il est maintenant le prophète de Yahvé, et donne les consignes en se conformant à Ses préceptes. Avec beaucoup de décision il intime au roi : 'Construis-*moi* ici sept autels et prépare-*moi* ici sept taureaux et sept béliers.' Avec netteté, il se sépare du roi païen. Les autels et les sacrifices ne sont pas destinés aux idoles de Balaq mais au Dieu de Balaam. » Bien que souscrivant à toutes les affirmations de Kalisch, nous en viendrons à nuancer les dernières : le texte n'est pas aussi explicite qu'il le dit ; et si les intentions de Balaam sont parfaitement claires, l'absence de certaines précisions (par exemple l'identité de la divinité destinataire des holocaustes) laisse ouverte une marge d'incertitude qui peut, pour une conscience aveugle et erronée comme est celle de Balaq, se transformer en ambiguïté et autoriser une interprétation païenne, mais nullement pour une conscience éclairée comme est censée être celle du lecteur.

Ce point nous mène droit à la question des sacrifices, mais signalons auparavant, en 23, 1, et en dernier lieu, les deux *bzh*. . . *bzh*, qui font immédiatement suite aux impératifs de Balaam et ne sont pas sans rappeler l'invite faite aux émissaires lors de la deuxième ambassade en 22, 19a : *šbw n' bzh*.

La qualité et la quantité des sacrifices posent divers problèmes d'interprétation. Il s'agit d'un, ou plutôt, d'holocaustes :

šbʿ prym wšbʿ 'ylym // *šbʿ mzbḥt*

prym et *'ylym* sont des unités : la désignation des victimes est donc exactement l'inverse de celle du repas de 22, 41, qui consistait en termes généraux et génériques : *bqr wṣ'n*. Cette différence dans la dénomination des victimes correspond d'ailleurs à la différence dans la dénomination de la cérémonie, car au v. 40 le verbe *zbḥ* laisse penser qu'il s'agit bien d'un sacrifice *zbḥ*, même si le substantif n'y est pas.

L'énoncé de la qualité et de la quantité des victimes, et de la quantité des autels, est tel qu'il a autorisé tous les types de suppositions possibles : les uns ont décrété qu'il fallait voir ici un sacrifice purement israélite, authentiquement yahviste[31], les autres, que c'était à coup sûr une cérémonie parfaitement païenne et

31. Par exemple Kalisch et Gray.

idolâtrique[32], une troisième catégorie le tient pour un sordide mélange de paganisme et de monothéisme[33].

Nous verrons que le texte, de par sa subtilité, autorise les trois solutions; les auteurs n'ont pu retenir l'une, et exclure les deux autres, qu'en fonction d'une interprétation globale qu'ils avaient du texte, préalablement à l'analyse de ce passage particulier, vision partiale et partielle.

Un type très proche d'holocaustes se retrouve dans l'Ancien Testament; en *Ez* 45, 23, le prince devra, chacun des septs jours de la fête, faire l'holocauste pour le Seigneur : *y'šh 'wlh lyhwh šb't prym wšb't 'ylym.* Il faut aussi mentionner *Jb* 42, 8, où les deux amis de Job doivent offrir un holocauste analogue, tandis que ce dernier, le fidèle serviteur, intercède pour eux : *qḥw-lkm šb'h-prym wšb'h 'ylym wlkw 'l-'bdy 'ywb wh'lytm 'wlh b'dkm w'ywb 'bdy ytpll 'lykm.* Ces deux holocaustes sont parfaitement yahvistes. Ils sont offerts à Yahvé et même, *commandés* par lui (chacun de ces deux passages fait partie intégrante d'une parole divine). C'est d'ailleurs leur seul trait commun, car le premier est un sacrifice national, régulier, se déroulant au Temple de Jérusalem, tandis que le second, sacrifice unique, extraordinaire et privé, a lieu au pays d'Édom. Les holocaustes, s'inscrivant dans un contexte encore différent, sont-ils moins yahvistes? Balaam insiste bien, au v. 3, sur le fait qu'ils sont supposés favoriser la venue de Yahvé.

Joignons encore aux deux exemples précédents le sacrifice des Lévites lors du transfert de l'Arche à Jérusalem, tel qu'il est relaté en 1 *Chr* 15, 26 : *wyzbḥw šb'h-prym wšb'h 'ylym*, mais ce sont des *zbḥym*, et non des *'wlwt*, et le sacrifice présenté par Ézechias à l'occasion de la purification du Temple, en 2 *Chr* 29, 21 : *wyby'w prym-šb'h w'ylym šb'h wkbśym šb'h wṣpyry 'zym šb'h lḥṭ't*, mais il s'agit d'un sacrifice pour le péché combiné avec des *'wlwt*.
En *Nb* 23, 1, le chiffre sept, symbole de la perfection et de la complétude, serait un *nihil obstat*, et même, un *imprimatur*, de l'orthodoxie yahviste de cet holocauste.

Mais surgit la question des sept autels, qui a beaucoup gêné. On en a souvent tiré l'argument que les holocaustes ne pouvaient être

32. ORIGÈNE, *Homélie XV*. 1 : « Balaam est coupable quand il dresse des autels, y offre des victimes aux démons et demande avec son appareil de magicien les consultations divines »; CORNELIUS A LAPIDE : « Septem aras exstruxit ipsi Baal, eique victimas immolavit. »

33. Il est pourtant significatif qu'aux yeux de HENGSTENBERG, qui par ailleurs ne cache pas sa réprobation à l'égard de Balaam, « Ohne Zweifel wurden die Opfer nicht dem Moabitischen Götzen dargebracht, mit dem man in dieser ganzen Angelegenheit nichts zu thun hatte... sondern Jehovah » (p. 69).

offerts à un Dieu unique, partant, que le texte évoquait implicitement un sacrifice païen polythéiste destiné aux sept Baals locaux[34].

Certes, le récit est scandé par la mention des différents sommets aux alentours du Mont Nébo qui, à n'en pas douter, devaient être des lieux de culte aux Baals locaux. Certes, dans la Bible, la grande majorité des emplois de *mzbḥwt* est condamnatoire : le pluriel est en soi un péché. Ils se rencontrent chez les Prophètes (préexiliques, exiliques et postexiliques), dans les livres des *Rois*, dans les *Chroniques* et aussi en *Ex* 34, *Nb* 3, et *Dt*. Ou bien le seul pluriel suffit à condamner : l'exemple-type est *Os* 10, 1-2 : « Plus ses fruits se multipliaient, plus il multipliait les autels ; plus sa terre était belle, plus ils embellissaient les stèles. Leur cœur est glissant, maintenant ils vont payer : lui-même, le Seigneur, va briser leurs autels et détruire leurs stèles. » Ou bien il est déterminé par *lbʿl*, ou un équivalent aussi clair. 2 *R* 21, 3-5 présente un modèle de cette deuxième série : « Il érigea des autels au Baal... Il se prosterna devant toute l'armée des Cieux qu'il servit. Il bâtit des autels dans la Maison du Seigneur... Il bâtit des autels à toute l'armée des cieux dans les deux parvis de la Maison du Seigneur. »

Il faut néanmoins mentionner les rares textes, isolés mais remarquables, où le pluriel, nullement péjoratif, désigne les autels du Dieu d'Israël. Ce sont *Nb* 3, 31 (les autels dans la Tente de la rencontre), 1 *R* 19, 10-14 (les fils d'Israël ont démoli les autels de Dieu), et *Ps* 84, 4 (le moineau trouve une demeure auprès des autels du Seigneur).

Il est vrai qu'un pluriel sans destinataire exprimé est piégé : 2 *Chr* 28, 24 en fournit un bon exemple : « Achaz rassembla et brisa les objets de la Maison de Dieu, il ferma les portes de la Maison du Seigneur et il se fit des autels dans tous les carrefours de Jérusalem. » Il est malaisé de savoir à qui Achaz érige ses multiples autels, mais le contexte fait douter qu'il les destine au Dieu d'Israël. Après la centralisation deutéronomique, la fermeture du Temple de Jérusalem

34. Le midrash a évidemment interprété les sept autels au détriment de Balaq, mais non dans le sens de l'idolâtrie. Voir *Tanḥ*. B IV, 16, p. 141 ; *Tanḥ*. Balaq 11, p. 86, *Nb Rab*. 20, 18 : « Pourquoi sept autels ? Ils correspondent aux sept autels érigés par sept justes, qui, d'Adam à Moïse, avaient été reçus par Dieu avec faveur. Ces justes étaient Adam, Abel, Noé, Abraham, Isaac, Jacob, et Moïse. Balaam dit à Dieu : 'Pourquoi les as-tu acceptés ? N'était-ce pas en raison du service qu'ils avaient accomplis devant toi que tu les as acceptés ?' L'Esprit Saint lui répondit : 'Mieux vaut un morceau de pain sec et la tranquillité (*Prv* 17, 1)' c'est-à-dire, mieux vaut 'une offrande, pétrie à l'huile ou sèche' (*Lév* 7, 10) 'qu'une maison pleine de festins à disputes (*Prv* 17, 1)' car tu veux introduire la discorde entre Israël et moi' .... Il dit : 'J'ai préparé les sept autels !' Il répondit : 'Mieux vaut un plat de légumes là où il y a de l'amour qu'un boeuf assaisonné de haine (*Prv* 15, 17)'. Plus acceptable est le repas que prépara Israël en Égypte, le mangeant avec du pain non levé et des herbes amères, que les bœufs que tu m'as offerts avec haine ... »

et l'érection d'autels en divers endroits de Jérusalem éveillent les soupçons[35].

Mais rien, a priori, n'indique qu'il faille soumettre *Nb* 23, 1 ss à la censure deutéronomique; plus exactement, même si cette censure s'est exercée sur le texte *après coup* (au point que la réaction deutéronomique s'exprime au moyen d'une œuvre de commande, l'épisode de l'Ânesse), rien n'autorise à comprendre la conception originale de notre texte dans le cadre du jugement deutéronomique négatif sur les lieux de culte à la fois autres que le Temple de Jérusalem, et multiples.

A la multiplication des autels en *Nb* 23, 1, on pourrait trouver une raison simplement pratique : n'est-il pas dit, en 1 *R* 8, 64, que « Ce jour-là, le roi consacra la moitié du parvis qui est devant la Maison du Seigneur : c'est là en effet qu'il offrit l'holocauste, l'offrande et la graisse des sacrifices de paix car *l'autel de bronze qui est devant le Seigneur était trop petit pour contenir* l'holocauste, l'offrande et la graisse des sacrifices de paix »? De façon analogue, comment faire tenir quatorze bêtes sur un seul et même autel? Pour compléter notre argumentation, ajoutons que si l'auteur attachait déjà un certain prix (sur lequel nous reviendrons) au chiffre sept, il a pu saisir l'occasion de le répéter trois fois de suite *(bnh-ly bzh šb'h mzbḥt whkn ly bzh šb'h prym wšb'h 'ylym)*, produisant ainsi, par la combinaison des deux chiffres saints premiers, une sorte de perfection de la consécration. De la nécessité pratique ou de l'intention symbolique, lequel prime, lequel détermine l'autre? On ne saurait trancher en toute certitude. Peut-être le symbolique l'emporte-t-il, vu le caractère éminemment écrit, et saturé de références littéraires, de notre texte; mais toute considération d'ordre purement pratique n'est pas à exclure, y compris pour la genèse littéraire : l'auteur a pu réellement envisager cette difficulté

35. *Jos* 22, 9-34 (P) montre bien que l'absence de destinataire exprimé pour un autel est suspecte *quand le contexte est déjà suspect par ailleurs*. En quoi consiste la faute des fils de Ruben, de Gad, et de la demi-tribu de Manassé qui ont bâti un autel en face de la terre de Canaan? Les v. 10-11 reflètent les préoccupations de l'écrivain sacerdotal, mais ne sont pas complètement explicites : « Qu'est-ce que cette infidélité que vous commettez envers le Dieu d'Israël, que vous vous écartiez aujourd'hui du Seigneur en vous bâtissant un autel... La faute de Péor ne nous suffit-elle pas? » L'infidélité consiste-elle dans le simple fait d'avoir érigé, concurremment à celui, jusqu'alors unique, de Silo, un second autel, fût-il dédié comme le premier au Dieu d'Israël, ou bien dans celui d'avoir érigé cet autel en l'honneur d'une divinité autre que Yahvé, une divinité païenne? La faute réside-t-elle dans l'érection de l'autel ou dans sa destination? Car enfin, nulle part le texte ne parle d'éventuelles divinités païennes, rivales de Yahvé comme le second autel semble l'être du premier. Toutefois, l'allusion à la faute de Péor évoque immédiatement Baal Péor (*Nb* 25). Au fond, la faute doit englober les deux : le dédoublement et, a fortiori, la multiplication des autels ne sont si haïssables que parce qu'ils sont dangereux : avec eux naît le risque, pour le Dieu d'Israël, de se voir donner, sinon des rivaux, du moins des « associés » dans l'adoration des fidèles (dans l'Islam, être polythéiste n'est rien d'autre que *'šrk*, « donner des associés à Dieu »). Ce risque ne naît qu'avec eux; avec un seul autel, pas de risque.

réellement pratique. Par ailleurs, on peut inverser la perspective : en se plaçant dans la réalité des sacrifices, de plain-pied avec les *realia*, en entrant dans le cadre, en passant à travers le miroir, on retrouve encore le symbolique, sur le terrain : voir sept autels sur lesquels sont répartis sept taurillons et sept béliers, c'est un spectacle réel, mais de portée symbolique. Autrement dit, le littéraire n'est pas le médiateur obligé du symbolique : la nécessité pratique et la représentation symbolique peuvent s'unir aussi bien sur le terrain que dans le texte. Nous tenons donc deux plans, le plan littéraire et le plan de la réalité, à l'intérieur desquels une considération pratique se mêle à une intention symbolique, et donc, deux raisons de ne pas les dissocier.

Ce double aspect des sacrifices relatés en *Nb* 23, 1 ss les rend uniques dans la Bible. Paradoxalement, ils comportent tant de traits différents et contradictoires que l'exégète est tenté de les rapprocher tour à tour des types de sacrifices les plus variés. Les rapprochements avec les quatre textes précédents se fondaient à la fois sur la quantité des victimes, sur leur qualité, et sur la *qualité de leur quantité*, si l'on peut dire. De nul autre sacrifice notre texte n'est aussi proche, du strict point de vue du multiplicateur sept. Mais on peut compléter : pour ce qui est de l'*ordre de grandeur*, le sacrifice de *Nb* 23, 1 ss se rapproche beaucoup plus des sacrifices nationaux réguliers prescrits en *Ex* 29 (pour la consécration des prêtres, un taurillon et deux béliers pendant sept jours), en *Nb* 28 (pour la néoménie, deux taureaux, un bélier, sept agneaux, de même pour la Pâque), en *Nb* 29 (le jour du grand pardon, treize taureaux, deux béliers, quatorze agneaux pendant sept jours, en quantité décroissante d'un par jour pour les taureaux), en *Ez* 43 (le jour de la construction de l'autel, un taurillon et un bélier pendant sept jours, plus le taurillon pour le péché), que des holocaustes patriarcaux uniques. Il s'agit de textes rituels d'époque exilique ou légèrement postexilique. Notre texte n'approche pas des hécatombes rapportées dans les livres des *Chroniques*. Par ailleurs, les quantités qu'il mentionne sont bien supérieures à celles rapportées dans les livres historiques anciens : en 2 *S* 6, 13, David n'offre qu'un taurillon et un veau gras, alors que le récit parallèle de 1 *Chr* 15, 26 mentionne sept taurillons et sept béliers. Dans ces holocaustes extraordinaires des récits anciens, la quantité est d'une ou deux unités : en 1 *S* 7, 9, un agneau; en 1 *S* 6, 14, deux vaches; en 2 *S* 24, des bœufs (sans doute deux puisqu'ils tirent un attelage); en *Jg* 6, 26, un taureau plus un autre (texte peu clair): en *Jg* 13, un chevreau; en 1 *R* 18, un taurillon sur chacun des deux autels[36].

36. Une lettre officielle écrite en cunéiforme, datant des environs de 1400 et provenant de Gezer, mentionne sept boeufs en relation avec une expédition militaire. Elle explique clairement qu'il s'agit d'un sacrifice remplissant la même fonction qu'en *Nb* 22-23 (voir W. F. ALBRIGHT, A Tablet of the Amarna Age from Gezer, *BASOR* 92, 1943, p. 28-30, et article Balaam, *Encyclopaedia Judaica Macmillan* Tome IV, col. 120-123, col. 122).

Si les holocaustes relatés en *Nb* 23, 1 ss se distinguent nettement des holocaustes extraordinaires rapportés dans les livres historiques anciens quant à l'ordre de grandeur, ils en sont, en revanche, beaucoup plus proches que des holocaustes réguliers nationaux, quant à la procédure ou, plus exactement, quant à la description de la procédure. C'est, pourrait-on dire, une question de distance focale : s'agissant de cérémonies uniques, extraordinaires, la narration s'intéresse davantage à chacun d'eux en tant que tel, les décrit plus en détail et de façon moins stéréotypée que les grands sacrifices réguliers nationaux des textes postérieurs ; le fait est particulièrement net en 1 *S* 7, 9 ss ; 2 *S* 24, 18-25 ; 1 *R* 18 ; *Jg* 6, 7-24, et 13. Le corollaire du caractère unique de chacun de ces holocaustes, c'est qu'aucun n'est identique. Il en va de même pour l'holocauste de Balaam : il ne ressemble à aucun autre si l'on considère *ensemble*, et non plus *tour à tour*, la procédure, la quantité et la qualité des victimes, et le but de l'opération (production d'oracles)[37]. Nous sommes en présence d'une combinaison unique.

Mais puisque nous en sommes au chapitre de la distance focale, de la procédure, et de l'esprit, nous ne pouvons omettre les sacrifices patriarcaux. Kalisch l'avait bien vu : « le récit simple et empreint de foi contient, en marge, les allusions et les références les plus intéressantes... Les sacrifices ont, à tout point de vue, le caractère des

37. Nulle part dans l'Ancien Testament des *'wlwt* ne sont offerts *dans le but explicite* d'obtenir de Dieu (ou de toute autre divinité) qu'il maudisse, ou bénisse, un peuple. On signalera toutefois deux cas d'holocauste censé faire pression sur Dieu, en vue d'un résultat déterminé, et concernant le peuple entier : 1 *S* 7, 9 (obtenir la victoire sur les Philistins) et 2 *S* 24, 21 (arrêter le fléau, du moins dans l'état présent du texte). Il n'y a que *Gen* 22, où le *'wlh* soit suivi d'une bénédiction, et celle-ci porte sur la descendance d'Abraham, à savoir Israël. Cette bénédiction n'était nullement l'effet recherché par l'holocauste, qui ne visait qu'à obéir à Dieu ; peut-être même appartient-elle à un niveau rédactionnel différent (v. 15-18) de celui de l'holocauste (v. 1-14) ; toujours est-il que, dans l'état actuel du texte, elle en apparaît comme la conséquence directe (bien qu'involontaire chez Abraham, récompense voulue par Dieu, et non pas résultat voulu par Abraham). Dans ces conditions, l'exégète a le choix entre deux possibilités ; ou bien considérer que la séquence holocauste (moyen conscient)-oracle (de bénédiction) (effet cherché et attendu) est une création originale de l'auteur biblique (avec d'éventuels parallèles extra-bibliques), ou bien penser que l'écrivain a emprunté à *Gen* 22 *la forme extérieure* de cette séquence (holocauste = cause, bénédiction = conséquence), mais en en transformant profondément le *contenu* et le sens, puisque l'holocauste est désormais *ordonné* par son auteur humain à la production de la bénédiction, qui est toute sa raison d'être. Vu les nombreuses réminiscences littéraires et littérales de *Gen* 22 déjà rencontrées en *Nb* 22-23, on sera tenté par cette seconde solution. Une possible stratification rédactionnelle à l'intérieur même de *Gen* 22 (v. 1-14 d'une part, 15-18 de l'autre) ne constituerait pas une objection, car le « remploi » que fait notre auteur du récit patriarcal suppose un stade avancé de la tradition, et même le stade ultime, où le texte est définitivement fixé et consigné sur les rouleaux des écoles. Il implique aussi un changement dans la théologie, qui cesse d'être une théologie de la pure grâce divine, puisqu'elle admet que les œuvres humaines, mues par une intention déterminée, peuvent influencer sinon la volonté divine, du moins ses manifestations.

sacrifices patriarcaux accomplis par Samuel, David, Salomon, et bien d'autres avant et après eux, quand ils n'étaient pas limités par les ordonnances lévitiques prescrivant un sanctuaire central unique et consacrant un sacerdoce unique avec des privilèges exclusifs. » Nul doute que l'esprit des récits patriarcaux proprement dits flotte sur notre texte, et ce à plusieurs titres. Dans presque tous les cas de la liste qui suit figure l'expression *wybn mzbḥ* (*mzbḥ* toujours au singulier). En *Gen* 12, 8, l'érection de l'autel par Abraham est suivie d'une invocation au Seigneur (l'apparition et la bénédiction précédaient); aucun sacrifice n'est mentionné; même séquence et même procédure en *Gen* 13, 18; en *Gen* 26, 25, où le patriarche concerné est Isaac; il n'y a pas davantage de sacrifice mentionné en *Gen* 33, 20, lors de l'érection par Jacob d'un autel à Sichem; en *Gen* 35, 7, l'érection de l'autel par Jacob à Bethel a lieu à la suite — et à cause — d'une révélation divine à cet endroit. A la différence de notre texte, aucun sacrifice; apparitions et bénédictions divines, quand il y en a, précèdent l'érection d'autel au lieu de la suivre.

Venons-en au rapprochement le plus important, la confrontation avec le sacrifice d'Abraham en *Gen* 22. A notre avis, *Gen* 22 et *Nb* 23, 1-4 se ressemblent *sous tous les rapports :* l'esprit, la distance focale, la procédure. Leur parenté est plus étroite qu'entre *Nb* 23, 1-4 et tous les textes évoqués précédemment. La raison en est simple : l'auteur de notre texte a pris sciemment *Gen* 22 comme référence; son propre récit, nous le verrons, contient même des réminiscences littéraires et littérales du récit patriarcal. Si le souvenir littéraire est aussi prégnant que nous le pensons, la plupart des difficultés s'en trouverait résolue. La genèse littéraire de *Nb* 23, 1-4 procède de la même intention qu'à propos de *Nb* 22, 21 : montrer que Balaam est un second Abraham quant à l'obéissance. Ce n'est pas le sacrifice d'Abraham qui est le modèle du sacrifice de Balaam (on constate autant de différences ponctuelles qu'avec les autres sacrifices bibliques), mais c'est Abraham lui-même qui est le modèle religieux et *littéraire* de Balaam. D'où les ressemblances ponctuelles (très fortes car ce sont des citations), et l'impression globale d'analogie, parce que l'on retrouve combinés des éléments identiques.

Passons en revue les « abrahamismes » de la suite de notre histoire, à compter des sacrifices, mais en incluant certaines démarches antérieures car l'écrivain a redistribué les cartes et bouleversé l'ordre de son modèle.

	Balaam		Abraham
	Aller à l’écart à la rencontre de Dieu		
22, 8 :	*lynw ph hlylh whšbty ’tkm* *dbr k’šr ydbr yhwh ’ly*	22, 5 :	*šbw-lkm ph...w’ny whn‘r nlkh* *‘d-kh wnštḥwh wnšwbh ’lykm*
22, 19 :	*w‘th šbw n’ bzh gm-’tm hlylh* *w’d‘h mh ysp yhwh dbr ‘my*		
23, 3 :	*htyṣb ‘l-‘ltk w’lkh ’wly yqr’* *yhwh lqr’ty wdbr mh yr’ny*	22, 6 :	*wyqḥ ’brhm...wylkw šnyhm yḥdw*
	whgdty lk wylk špy	22, 9 :	*wyb’w ’l-hmqwm ’šr ’mr-lw* *h’lhym*
23, 15 :	*htyṣb kh ‘l-‘tk w’nky* *’qrh kh*		
	Construire un autel et préparer un sacrifice		
23, 2 :	*wy‘ś blq k’šr dbr bl‘m* *(= wybn šb‘h mzbḥt wykn šb‘h* *prym wšb‘h ’ylym bmzbḥ)*	22, 9 :	*wybn šm ’brhm ’t-hmzḥh...* *wy‘rk ’t-h‘ṣym wy‘qd* *’t-yṣḥq...wyśm ’tw ‘l-hmzbḥ*
23, 14 :	*wybn šb‘h mzbḥt*		
	Offrir l’holocauste		
23, 2 :	*wy‘l blq wbl‘m pr w’yl bmzbḥ*	22, 13 :	*wyqḥ ’t-h’yl wy‘lhw l‘lh*
23, 14 :	*wy‘l pr w’yl bmzbḥ*		
	Les bénédictions qui suivent les holocaustes		
Les poèmes 23, 7b-10 et 18b-24		22, 16-18	
	Le retour vers ceux qui attendent		
23, 6 :	*wyšb ’lyw*	22, 19 :	*wyšb ’brhm ’l-n‘ryw wyqmw* *wylkw yḥdyw ’l-b’r šb‘*
23, 17 :	*wyb’ ’lyw*		

Si le souvenir de *Gen* 22 a pesé autant, sur la rédaction même de *Nb* 22-23, que les nombreuses réminiscences littérales le font penser, l’insistance sur le chiffre sept pourrait trouver une explication d’origine directement littéraire : la mémoire d’Abraham, le serviteur obéissant par excellence, inviterait à comprendre *šb‘* en le rattachant, comme en *Gen* 21 et 22, à la racine du « serment ». Étymologie populaire sans doute, mais qui fonctionne comme telle à l’intérieur de l’Ancien Testament. Réminiscences littéraires : en *Gen* 21, 28-29-30, il est dit que les sept agnelles (*šb‘ kbśt,* mot répété trois fois de suite, est-ce un hasard ?) serviront de témoignage au serment liant Abraham et Abimélek. D’où le nom du puits : Beer-Sheva. « Serment » n’est pas à prendre, ici du moins, au sens de la « promesse », c’est-à-dire de la

« bénédiction ». Il s'agit seulement d'évoquer encore une fois la figure d'Abraham, modèle du serviteur docile. Le lien avec le serment (c'est-à-dire la promesse) existe bien, mais ailleurs : on le trouve établi explicitement en *Gen* 22, 16-18, par la voix de l'ange : « Je le jure par moi-même, oracle du Seigneur *(by nšb'ty n'm yhwh)* . . . je m'engage à te bénir *(ky-brk 'brkk)* et à faire proliférer *(whrbh 'rbh)* ta descendance *('t-zr'k)* autant que les étoiles du ciel et le sable de la mer ». . . N'est-ce pas le contenu exact du premier « oracle » ? Et la suite : « Ta descendance *(zr'k)* occupera la Porte de ses ennemis » ne résume-t-elle pas la conclusion du second ?

Autrement dit, le repérage de ce deuxième usage du souvenir littéraire d'Abraham et cette fois, en rapport avec *Gen* 22, 16 précisément, indiquerait une exploitation polysémique de *šb'* dans notre texte : l'auteur, certes, donne bien à ce vocable le sens numérique de « sept », mais, c'est aussi le mot-clef ouvrant la porte aux oracles de bénédiction et là, en tant qu'il évoque le « serment » = la « promesse », *šb'*. Le texte jouerait sur trois niveaux de sens :

— le sens immédiat, concret, pratique, du nombre « sept », servant à préciser le détail de l'opération qu'il relate.

— la valeur symbolique du chiffre « sept » et même, trois fois sept, perfection des perfections[38].

— l'autre sens (ou l'autre racine ?) *šb'*, « serment », donc « promesse », donc « bénédiction ».

Ce recours au troisième niveau sémantique de *šb'* n'implique-t-il pas l'unité rédactionnelle de la prose décrivant les sacrifices et des deux premiers « oracles » ?

Rachi avait bien senti le caractère de référence très littéraire de notre texte, notamment aux récits patriarcaux d'érection d'autel ; à propos du v. 4bα « j'ai disposé les sept autels », il écrit : « Il n'est pas écrit ici : j'ai préparé sept autels, mais 'les sept autels'. Il Lui dit :

38. A partir d'une citation de *Lév* 26, 18 *(w'm-'d-'lh l' tšm'w ly wyspty lysrh 'tkm šb' 'l-ḥt'tykm)* « Si vous ne m'écoutez davantage, je vous infligerai pour vos péchés une correction sept fois plus forte », Ibn Ezra passe en revue la valeur du chiffre sept, et ses applications à la vie cultuelle d'Israël. Il évoque les années sabbatiques, les sept jours de la semaine, les sept agneaux offerts lors des fêtes de la Pâque, Shevou'ôth, Rosh hashshanah, Yom Kippour, avec une mention spéciale pour Soukkôth où cette offrande avait lieu tous les jours. Il interprète *Jb* 42, 8 *qḥw-lkm šb'h-prym wšb'h 'ylym* « prenez pour vous sept taureaux et sept béliers » par l'idée d'addition du sacrifice de paix au sacrifice de paix *(šlm lšlm)*, ou de la perfection à la perfection (?), qui produit un esprit d'intelligence *(rwḥ bynh)*. *šb'* est le chiffre de perfection *(hw' ḥšbwn šlm)* ; tout nombre inférieur à dix est engendreur ou engendré, sauf le aleph qui, étant la base de tout nombre, n'est pas lui-même un nombre ; les chiffres pairs s'engendrent les uns les autres, de même font les impairs ; mais le *zayn* n'engendre ni n'est engendré, aussi l'appelle-t-on *šlm*. En comptant les sept autels qu'il dispose pour y offrir les sept taureaux et les sept béliers, Balaam est apte à recevoir du Nom un esprit de prophétie *(ywkšr lqbl rwḥ nbw'h m't hšm)* . . .

«leurs Pères ont construit pour Toi sept autels, et moi j'en ai élevé autant qu'eux tous ensemble (Tanḥ. 96); Abraham en a construit quatre : (*Gen* 12, 7) : «il bâtit en ce lieu un autel au Dieu qui lui était apparu»; (ibid., v. 8) : «il se transporta vers la montagne, etc., et il y érigea un autel»; (ibid., 13, 18) : «Abraham alla dresser sa tente, etc.,» et (ibid., 22, 9) : un quatrième au Mont Moriâ. Isaac en bâtit un (*Gen* 26, 25) : «il érigea en ce lieu un autel, etc.,»; Jacob en bâtit deux : l'un à Sichem (*Gen* 33, 20) et l'autre à Béthel (*Gen* 35, 7).» Et, pour le v.4bβ, «j'ai offert un taureau et un bélier sur chaque autel», Rachi ajoute : «Tandis qu'Abraham n'a offert qu'un bélier». On le voit, comme à propos de 22, 21-22, et dans la ligne des écrits juifs plus anciens, Rachi interprète ces réminiscences littéraires de façon exclusivement péjorative; il en méconnaît la phase initiale, et la façade primitive, qui sont positives. Mais l'intuition reste juste.

D'où il apparaît que tout risque bien de n'être que littérature, dans cette histoire de *Nb* 22-24. Ce qui se dérobe, c'est moins un document primitif à proprement parler, que la réalité même de l'épisode, qui est sans doute inventé de toutes pièces.

Voici comment, sous deux angles différents, on peut reconstituer la difficile intrication de la réalité, de la fiction, de l'idéologie et du littéraire, à propos de ce passage particulier :

1° Le silence sur l'identité de la, ou les, divinité(s), destinataire(s) du *zbḥ* de 22, 41, et des *'wlwt* de 23, 1-4. En 23, 1, Balaam ne dit pas à Balaq à qui offrir ses holocaustes et en 23, 2, il n'est pas davantage précisé à qui les deux offrent ces holocaustes. En revanche, en 23, 3, quand Balaam indique ses propres intentions, il ne cache pas qu'il espère rencontrer le Seigneur. Entre les «blancs», ou les «vides», de 23, 1-2, et le «plein» du v. 3, il y a place pour imaginer que Balaq, dans sa pensée à lui, Balaq, n'a pas offert les holocaustes à Yahvé, mais à ses Baals à lui, Balaq. Évidemment, les sacrifices étaient entre temps détournés par Yahvé, un peu comme Jacob détourne la bénédiction d'Isaac initialement destinée à Ésaü. Plus exactement, ne nous laissons pas égarer en adhérant naïvement à la réalité décrite, et replaçons-nous toujours au seul niveau où ce que le texte dit doit être cru, et où ne soit pas menacée la justesse de nos analyses, à savoir, le niveau de l'écriture, de la fiction et de l'idéologie : à ce niveau, l'intention explicitement yahviste de Balaam en 23, 3 est une correction apportée par Balaam, en sa conscience éclairée, à toutes les intentions erronées que peut nourrir Balaq, en sa conscience aveuglée. Ce mouvement de rectification immédiate, quasi automatique, du premier par le second, devient une habitude. Il participe de la rivalité dieux païens/Dieu (variante religieuse de la rivalité Balaq/Dieu), rivalité toute subjective, n'existant que dans l'esprit de Balaq et l'espace d'un instant, avant la correction d'usage. Il faut saluer ici l'habileté de l'auteur, qui fait converger maints éléments disparates, au service de son projet homilétique :

a) la vraisemblance : tout porte à supposer que Balaq honorait les Baals locaux ; la mention du toponyme réel *bmwt bʿl* s'appuie sur cette vraisemblance, et en même temps, vient la renforcer.

b) les sept autels : indépendamment de la connotation parfaitement yahviste du chiffre « sept » (les deux fois sept victimes sont, nous l'avons vu, au-dessus de tout soupçon), et de la référence littéraire à *Gen* 22 qui équivaut à un cachet d'orthodoxie yahviste, les sept autels prêtent à ambiguïté ; plus exactement, en mentionnant précisément ces sept autels, l'auteur entretient volontairement l'ambiguïté ouverte avec la mention du haut-lieu *bmwt bʿl.*

c) la technique de l'ambiguïté revêt deux aspects : d'une part, ménager des silences prêtant à interprétation aussi bien païenne, polythéiste, qu'israélite, monothéiste ; d'autre part, donner des informations susceptibles du même double entendre : les sept autels. Les silences (face négative de l'ambiguïté), comme les informations (face positive), sont une pratique « risquée » de l'écriture.

d) l'ambiguïté est toujours levée, mais après un délai, un retard, le temps qui sépare l'énoncé ambigu de la correction qui suit automatiquement. Il s'avère alors que les silences, aussi bien que les pleins, étaient « retournables », et que la rectification les « retourne » effectivement dans un sens yahviste, de même que Dieu « retourne » *(hpk)* les malédictions prévues en bénédictions, d'après *Dt* 23, 6 et *Né* 13, 2. D'où les interprétations unilatérales (le plus souvent négatives à l'égard de Balaam, mais quelquefois positives) : le texte offre les deux possibilités l'une après l'autre, et l'erreur consiste à n'en retenir qu'une seule en excluant l'autre, au lieu de passer de l'une à l'autre en suivant simplement la démarche du texte.

e) les « trous » du récit sont donc comblés par le « plein » de la visée édifiante. L'auteur nous laisse l'impression, factice, que nous sommes libres d'imaginer ce que nous voulons imaginer, alors qu'en réalité il ne nous laisse imaginer que ce qu'il veut bien nous faire imaginer. Ainsi va sa pédagogie.

2° Même si l'épisode est fabriqué de toutes pièces, même si Balaq lui-même est un personnage de fiction, l'auteur n'a pas situé son histoire « en l'air », au hasard, sans aucune attache avec la réalité. Pour son œuvre d'édification et de propagande israélites, il a élu cette région de Transjordanie parce qu'un devin païen renommé, Balaam, fils de Beor (dont l'existence est attestée à Deir ʿAlla), y exerçait ses fonctions, et pour une autre raison encore : la stèle de

Mesha (1.18) mentionne des « ustensiles » de Yahvé *(kly yhwh)*[39] pris aux Hébreux, au Mont Nébo, et offerts à la divinité honorée par Mesha, Kemosh. A l'époque de Mesha (environ 890) existait un sanctuaire yahviste autorisé au Mont Nebo, donc dans le périmètre supposé de Bamoth Baal, du Pisgah, et en tout cas, au nord-est de la mer Morte, là d'où Balaam est censé embrasser du regard le peuple d'Israël campé dans la 'Araba, en face de Jéricho. Est-il hasardeux de se demander si la conjonction de ce deuxième fait et du premier, tous deux authentiques et connus de notre auteur, ne lui a pas servi en quelque sorte de « détonateur » quant au choix de ce décor particulier, quant à l'insertion de son histoire dans ce milieu historico-géographique précis ? En outre, si Balaq n'a vraisemblablement jamais existé, Mesha, lui, a existé : qui peut assurer que Balaq n'est pas un souvenir fictif de Mesha, que le détournement par Balaam vers Yahvé des holocaustes destinés initialement par Balaq à ses Baals (ou à Kemosh) n'est pas, encore une fois, une rectification, un « retournement », du premier détournement par Mesha vers Kemosh des instruments cultuels appartenant originellement à Yahvé, bref, une revanche prise, à deux siècles d'intervalle, sur un événement resté inscrit dans les mémoires à cause de son caractère notoirement scandaleux ?

Pour en revenir à la qualité et à la quantité des holocaustes, et notamment au chiffre « sept », je veux bien que l'on invoque des pratiques extra-bibliques, mais je n'en vois guère l'utilité. Ces rapprochements pourraient même être source d'erreur, à moins que le débat ne soit très bien centré. Centrer le débat, c'est voir, comme nous l'avons fait, dans quel ensemble minimal notre texte s'ancre le plus profondément : cet ensemble consiste en une tradition littéraire étroite et déjà constituée, la Bible, duquel notre épisode est issu à différents titres, et auquel il se rattache par diverses ramifications. Ensuite, tient-on absolument à invoquer des coutumes non bibliques, il faut d'emblée sauter à l'universel :

« Nunc grege de intacto septem mactare juvencos
Praestiterit, totidem lectas de more bidentes » (Virgile, *Aen.* VI, 38-39).

Que l'on évoque des analogies païennes, sémitiques non bibliques, ou bien non sémitiques, en aucun cas elles ne sauraient prouver le substrat ou l'intention paganisante de notre texte : les analyses précédentes ont d'ailleurs montré le complexité de celui-ci. Quelles

39. Voir H. Donner-W. Röllig, *Kanaanänische und aramäische Inschriften,* Band I, Wiesbaden 1962, p. 33. Le texte (n° 181) porte : *w'qḥ mšm' [. .] ly yhwh w'sḥb hm lpny kmš*. Pour la fin de la l. 17 et le début de la l. 18, les auteurs pensent que la lecture la plus vraisemblable est ' *[tk] ly* « die Geräte » (p. 177) comme *Is* 52, 11.

qu'en soient les causes, la valeur sacrée attribuée au chiffre « sept » dépasse les cadres de la Bible et du monde sémitique, dans le temps et dans l'espace[40]. Dépasse le cadre de la Bible, mais l'inclut : les deux faits sont là.

40. Dans la civilisation hindoue, avant le départ du roi pour la guerre, sept autels sont érigés en face du temple dédié à la déesse de la famille royale; sept, quatorze, ou vingt-et-une victimes (buffles, béliers, ou coqs) sont tuées, et leurs cadavres lancés dans des fosses d'incinération, près des autels, avec prières et incantations; puis le prêtre, après avoir brûlé de l'encens dans le temple, prend des cendres de chaque fosse, et, les lançant en direction de l'ennemi, profère contre lui de terribles imprécations (exemple cité par Kalisch). Songeons encore aux sept murs du monde inférieur de la mythologie babylonienne, et aux sept démons (voir M. Jastrow, *Religion of Babylonia and Assyria*, Boston 1898, p. 264, 276, 463, 533, 570), et aux multiples références faites à de sextuples manifestations d'obédience dans les lettres d'Amarna : « Au pied de mon Seigneur le roi sept fois et sept fois je suis tombé. » Quant au monde biblique, inutile de rappeler, outre les exemples mentionnés précédemment, les sept jours de la création (que vient clore le Shabbat), l'espace de temps séparant la fête de la Pâque de celle de la Pentecôte (sept fois sept semaines). Comme rituel particulier, rappelons *Lév* 4, 6.17 : « Le prêtre trempe son doigt dans le sang et, de ce sang, il asperge sept fois le côté visible du voile. » Voir, à cet égard, R. Gordis, The Heptad as an Element of Biblical and Rabbinic Style, *JBL* 62, 1943, p. 17-26 : les sept peuples de Canaan, les sept processions des sept prêtres portant sept cors le septième jour autour de Jéricho, les soixante-dix semaines dans Daniel, les sept yeux dans Zacharie, et bien d'autres exemples dans l'Ancien et le Nouveau Testament, les Apocryphes et le Talmud. De plus, la prédilection pour « sept » en fait l'un des nombres favoris pour grouper le matériau littéraire en heptades (bénédictions en *Gen* 12 et 27; sept questions en *Am* 3, 3-7; 4, 6-13 etc.). Voir aussi E. König, dans *The Dictionary of the Bible* (Hastings), vol. 3, p. 562-565.

A Ugarit aussi le chiffre sept est en bonne place, tant pour le nombre des victimes sacrificielles : en RS 24.249 verso, l. 4 et 5 (*UG* V n° 12) « trente-huit têtes de petit bétail et sept bœufs » *(šbʿ ʾlp)*; en RS 24.256 (*Ug.* VII) = KTU 1.112, l. 26-27, RS 24. 250 + 259 = KTU 1.106 l. 19-21 « sept génisses *(šbʿ gdlt)* et quatorze brebis »; en CTA 6 (UT 62 = I AB) I, l. 20 ss : *šbʿm ṣin/ alpm/ aylm*, que pour la procédure : les « sept rituels de purification du roi » attestent encore le goût pour le chiffre sept. Dans la légende de Danel et Aqhat, Danel mange et boit le stimulant divin pendant sept jours pour obtenir une descendance. C'est au bout de ces sept jours que Baal, s'approchant, intercède en sa faveur auprès d'El (II D = CTA 17, col. I l. 6-27). Après la naissance de son fils, Danel régale les Kotharôt filles de Hilal sept jours durant (col. II, l. 30-39). Le deuil observé en l'honneur d'Aqhat dure sept ans (col. IV, l. 177-179). Quant au Panthéon lui-même, voir RS 20.24 « Panthéon d'Ugarit », dans *Ug.* V, Paris 1968, p. 42-64, p. 47-48 : Adad, dieu de l'orage, est escorté de six autres Adad-Baal. Cela nous ramène à la Mésopotamie, où « les heptades de tout genre ne font pas défaut » : les sept montagnes cosmiques, les sept vents; nombreuses heptades divines ou semi-divines aussi (voir A. Goetze, The theophorous elements of the Anatolian proper names from Cappadocia, *Language* 29, 1953, p. 263-277, p. 266-267 et, p. 276, les sept dieux de la tempête, en KUB XX).

A Sumer enfin, « La descente d'Inanna aux enfers » est réglée par le chiffre sept : la déesse passe successivement dans sept importantes cités sumériennes, comportant chacune un temple d'Inanna, et dans chacune abandonne un Dieu; « In Erech she abandoned Eanna, to the nether world she descended, In Badtibira she abandoned Emushkalama, to the nether world she descended, In Zabalan . . ., In Adab . . ., In Nippur . . ., In Kish . . ., In Agade . . . to the nether world she descended. » Ayant tout quitté, « She *arrayed herself* in the seven ordinances » — les sept *me*, objets dont elle se revêt, énumérés ensuite, mais dont l'usage et le sens restent mystérieux (cité d'après J. B. Pritchard, *Ancient Near Eastern Texts relating to the Old Testament*, Princeton 1950, 2e Édition 1955, p. 52-57, p. 53).

Il en va de même de la recherche, restreinte à la philologie sémitique, sur les rapports pouvant exister entre la racine *šb'* « sept » et la racine *šb'* « serment », et sur leur éventuelle identité. La question est loin d'être résolue[41], mais peu importe pour notre sujet : notre texte se

Cette longue revue, pourtant bien incomplète, ne voulait que montrer le caractère universel de cette sacralisation du chiffre sept, à la fois biblique, sémitique, et extra-sémitique. On s'est ingénié à l'expliquer, notamment en le voyant inscrit dans la nature elle-même : il en résulte souvent un mélange d'affabulations, de rationalisations, et d'observations exactes (voir HENGSTENBERG, p. 70 n. 2 : sont invoquées, en particulier, les phases de développement du corps et de ses maladies, et, évidemment, les planètes, dont les Anciens ne connaissaient que sept, et qui nous ramènent à certaines fantaisies haggadiques sur Balaam astronome chaldéen).

41. D'après J. HEHN (*Siebenzahl und Sabbat bei den Babyloniern und im alten Testament. Eine religionsgeschichtliche Studie* (Leipziger semitische Studien) Band II, Heft 5, Leipzig 1907, réédité en 1968, p. 77-90), une comparaison avec HÉRODOTE III, 8 et avec les coutumes arabes montrerait que le chiffre trois, plutôt que le chiffre sept, est le chiffre du serment : en grec, on jure facilement par trois dieux nommés, plus tous les autres. Dans l'Ancien Testament, *nšb'* signifierait « sich besiebnen » : pour assurer la sainteté et l'inviolabilité d'un serment (comme dans les textes babyloniens), il est fait appel à des témoins nombreux et puissants : *nšb'*, « sich besiebnen », serait « en appeler au témoignage des sept », c'est-à-dire de l'univers, de toutes les puissances du ciel et de la terre. En *Gen* 26, 33, pour traduire l'hébreu *wyqr' 'th šb'h* « il l'appela 'serment' », la LXX a bien *kai ekalesen auto horkos*, mais la Vulgate, *« appellavit eum Abundantiam » ;* en *Gen* 21, 31, pour l'hébreu *qr' lmqwm hhw' b'r šb' ky šm nšb'w šnyhm* « on appela ce lieu Beer-Shéva car c'est là que tous deux avaient prêté serment », la LXX est cohérente *epônomasen to onoma tou topou ekeinou Phrear horkismou, hoti ekei ômosan amphoteroi* mais la Vulgate porte *« vocatus est locus ille Bersabee quia ibi uterque juraverunt et inierunt foedus pro puteo Juramenti ».* La Vulgate rattache donc le *šb'* de 21, 31 à la racine *šb'* « serment », mais rapporte celui de 26, 33 à la racine *śb'* « satiété, abondance ». HEHN suggère qu'à l'origine les deux racines *šb'* « serment » et *śb'* « satiété » étaient confondues, et ne furent différenciées que plus tard ; le chiffre « sept » de l'Ancien Testament, malgré sa forme *šb'*, marquerait un retour à l'idée de « plénitude » contenue dans l'actuelle racine *śb'*. Il est vrai que le rituel de l'Ancien Testament peut figurer, dans les sacrifices, la plénitude du don, et dans l'expiation la plénitude de la rémission de la faute et de la maladie. Voir aussi H. CAZELLES, *Études sur le code de l'Alliance*, Paris 1946, p. 99, et M. DELCOR, article « Pentecôte », *Supplément au dictionnaire de la Bible,* Tome 7, Paris 1966, col. 858-879, col. 860.

On ne saura jamais. Ce qu'il y a de certain, c'est qu'à une certaine étape de la tradition, l'esprit de la langue les unit et les confond. Il faut, après avoir marqué l'universalité du goût pour le chiffre sept, souligner maintenant la forme particulière de *šb'* dans l'Ancien Testament. Elle pourrait bien être due à la confusion des deux racines *šb'* « sept » et *šb'* « serment » qui a en quelque sorte doublé pour le chiffre sept la chance d'être, dans les rituels et les écrits bibliques, préféré. Cette confusion philologique fut le nœud qui consacra définitivement le rapprochement entre l'idée de l'Alliance et le chiffre sept, rapprochement d'abord tout extérieur et fondé, d'après HENGSTENBERG, sur le dénominateur commun du sentiment de la « sainteté » : « Auf dieser heidnischen Dignität der Siebenzahl beruht . . . die Israelitische Signatur des Eides (vgl. *Gen* 21, 28 ff.) überhaupt, und speciell des Bundesverhaltnisses zwischen Gott und Israel, . . . wurde die Siebenzahl nicht wegen eines inneren Verhältnisses von Eid und Bund zu ihr, sondern nur weil Eid und Bund den Israeliten als hochheilig erschienen, die Siebenzahl aber ihnen, wie ihren Umgebungen als heilige und somit dem Heiligen besonders angemessene galt, wobei auf die Gründe dieser Geltung gar nichtweiter gesehen wurde » (*Die Geschichte Bileams und seine Weissagungen,* p. 71). La confusion des racines « serment » et « sept » ne fut achevée qu'à l'époque postexilique, comme l'attestent les rituels du code sacerdotal : cela corroborerait le fait, signalé par KÖNIG (*The Dictionary*

situe déjà en deçà de cette recherche, à l'intérieur d'une tradition littéraire biblique d'étymologie populaire fonctionnant comme telle, indépendamment de son exactitude.

Reculons encore : à la limite, il faut même inverser la perspective, car la comparaison avec les civilisations sémitiques environnantes ne livre guère que des certitudes négatives, des contre-épreuves. On ne connaît pas d'holocaustes en Assyro-Babylonie : voilà qui invalide des dizaines de thèses sur le devin babylonien originaire de Pethor sur l'Euphrate[42]. Il n'en est pas question non plus chez les Arabes pré-islamiques[43]. D'après L. Rost, ce rite n'aurait concerné qu'un groupe particulier de Sémites, les Cananéens de l'Ouest, les Phéniciens, et,

of the Bible, Vol. 3, p. 562-565) que le développement de l'importance du chiffre sept dans la Bible est surtout postexilique (comparer le nombre des victimes en 2 *S* 6, 13 et son parallèle 1 *Chr* 15, 26). Mais le rapprochement pouvait être engagé bien auparavant, notamment dès la rédaction finale de *Gen* 21, dès l'agencement l'un à la suite de l'autre, dans la *Genèse*, des épisodes de l'alliance à Beer-Sheva (21, 22-33), du sacrifice d'Isaac (22, 1-14), et de la bénédiction qui suit (22, 15-18). *A fortiori* dès l'époque de la première rédaction de notre texte, de la lecture et du « remploi » que fait son auteur de l'enchaînement *Gen* 21-22. Ici surgit une question : une fois admis que cet écrivain veut rappeler, par le triple sept de ses sacrifices, les sept agnelles du puits où Abraham et Abimelech se prêtèrent un serment mutuel, quel type de serment veut-il évoquer, et à quel titre ? S'agit-il simplement du serment échangé entre Abraham et Abimelech, auquel cas il n'y faudrait voir qu'une allusion littéraire s'ajoutant à la somme des autres pour constituer un ensemble dont le but est seulement de brosser de Balaam un portrait reproduisant d'assez près la figure d'Abraham ? Ou bien *šbʿ* renvoie-t-il à l'alliance scellée entre Dieu et Abraham, c'est-à-dire entre Dieu et Israël, comme l'écrit *Ps* 105, v. 8-10 (*zkr lʿwlm brytw . . . 'šr krt 't-'brhm wšbwʿtw lyśḥq wyʿmdyh lyʿqb lḥq lyśr'l bryt ʿwlm* « Il s'est souvenu pour toujours de son alliance . . . qu'il a faite avec Abraham, et qu'il a jurée à Isaac, et qu'il a établie pour Jacob comme statut, pour Israël comme alliance perpétuelle ») ? *Nb* 22, 6 et 11 rappelle la sortie d'Égypte, 12, la bénédiction *(ky brwk hw')*, autant de manifestations de l'Alliance passée entre Dieu et son peuple. Voir *Dt* 7, 8-9 : « mais parce que le Seigneur vous a aimés et parce qu'il observe le serment *(hšbwʿh)* qu'il a juré à vos pères, le Seigneur vous a fait sortir *(hwṣy' yhwh 'tkm)* à main forte . . . Connais donc que c'est le Seigneur, ton Dieu, qui est Dieu, le Dieu fidèle, qui observe l'alliance *(hbryt)*... » Ou bien, enfin, ne faut-il pas aller jusqu'à envisager l'alliance davidique chantée dans le *Ps* 89, où le parallèle *bryt / nšbʿty* se présente deux fois (v. 3 « J'ai fait alliance avec mon élu, j'ai juré à David mon serviteur » ; v. 34-35 « Je ne violerai point mon alliance... j'ai une fois juré par ma sainteté, si (jamais) je mens à David ! », sans compter *nšbʿt* au v. 50) et qui est si proche, par l'esprit et la lettre, des deux premiers poèmes 23, 7b-10 et 18b-24 ? Notre exégèse les attribuera au même écrivain que la prose de 22-23 (l'Ânesse exclue).

Faut-il choisir entre ces trois dénotations de *šbwʿh* « serment » ? Aucune n'est incompatible avec les deux autres. Davantage : ne s'emboîtent-elles pas très bien l'une dans l'autre ? Enfin, cette Alliance à trois dimensions, rappelée par l'holocauste, viendrait corriger l'alliance scellée entre Balaq et Balaam dans le sang du *zbḥ* (v. 40). Voilà une pièce de plus au dossier de la continuité et de la complémentarité qui unissent le second sacrifice au premier.

42. Voir L. Rost, Fragen um Bileam, p. 379, contre S. Daiches, *Balaam — a Babylonian baru* et R. Largement, *Les oracles de Bileam et la mantique suméro-accadienne.* Également L. Rost, *Erwägungen zum israelitischen Brandopfer,* p. 178-179. Voir aussi M. Delcor, *Le texte de Deir ʿAlla et les oracles bibliques de Balaʿam,* p. 71.

43. J. Wellhausen, *Reste arabischen Heidentums,* Berlin 1887, 3e édition 1961, p. 116.

d'après l'Ancien Testament, les Moabites, Ammonites, et vraisemblablement, les Édomites. On ne sait si les Araméens en faisaient partie. A Ugarit[44], le terme *'lh* fait partie du langage rituel, mais pas comme désignation spécifique d'un sacrifice. Le sacrifice par le feu proprement dit, où l'offrande est tout entière consumée, a nom *šrp*. Le sacrifice *šrp* accompagne presque toujours le sacrifice *šlm,* le sacrifice partagé de communion. Cependant, on trouve aussi des attestations de *šrp* sans *šlm*.

Cette confrontation avec Ugarit nous ramène à notre texte, de deux manières :

1° à Ugarit, l'un des termes principaux du vocabulaire cultuel, *dbḥ,* peut désigner un repas sacrificiel qui n'est pas à proprement parler un sacrifice fait sur l'autel ; par ailleurs, le verbe *ṭbh,* qui dénote l'abattage des victimes, ne permet pas de savoir s'il s'agit d'un abattage profane ou rituel ; peut-être tout abattage comportait-il une dimension religieuse. Nous avons vu l'hésitation des exégètes concernant la nature sacrificielle ou simplement profane du *zbḥ* relaté en 22, 40.

2° A Ugarit, le sacrifice *šrp* (équivalent du *'wlh* biblique) est presque toujours associé au sacrifice *šlm* (équivalent du *zbḥ šlmym* biblique) ; mais il se rencontre également seul. Dans la Bible, on trouve ou bien *'wlh wzbḥym* (ou *zbḥ šlmym*) associés indissolublement (quasiment confondus et ce, le plus souvent dans les livres historiques décrivant des sacrifices réguliers), ou bien *'wlh* ou des *zbḥym* seuls (dans le cas des sacrifices uniques extraordinaires).

Il faut prendre en compte l'originalité de notre texte sous ce double rapport.

1° Le *zbḥ* de 22, 40 comporte-t-il ou non une dimension religieuse ? Le silence sur la divinité destinataire ne saurait rien prouver, le texte n'étant pas davantage explicite à propos des *'wlwt,* qui sont par essence des sacrifices.

2° Notre texte est sans pareil, en ce qu'il fait du *zbḥ* et des *'lwt* deux phrases conjointes, mais distinctes, d'un même processus. Union *et* distinction.

zbḥ et *'wlwt* sont associés dans une gradation savante et calculée, comportant aussi bien les déplacements dans l'espace (éloignement, élévation), que la qualité des gestes. Pourquoi méconnaître leur

44. J. M. de Tarragon, *Le culte à Ougarit,* p. 64. *'ly* fait allusion à l'offrande qui est « élevée » sur l'autel, ou qui monte vers la divinité. Au Shafel le sens est proche d'offrir, mais attesté seulement dans les textes littéraires (CTA 19 (UT I Aqht = ID) IV, l. 185) etc. Dans certains contextes, *'ly* peut dénoter seulement la montée vers le sanctuaire (*Ug.* VII RS 24.266 = KTU 1.119, l. 17 (KTU : 1.33) « Prière à Baal des Ugaritains en danger »).

association dans un silence tout aussi calculé, au point de dénier au *zbḥ* une dimension religieuse analogue à celle que nul ne songe à refuser aux *'wlwt*?

Cette continuité et cette gradation permettraient de souscrire à l'opinion de plusieurs exégètes (Hengstenberg, Ewald, Keil, Gray, Strack avec des réserves), selon laquelle le *zbḥ* constituerait un prélude convivial aux *'wlwt*, «zur Einweihung der am andern Morgen zu beginnenden feierlichen Handlung», comme l'écrit Dillmann. Les arguments avancés par Kalisch contre une telle interprétation ne valent pas. D'une part, il en appelle aux commentaires de Josèphe (A.J. IV § 112) : «Quand le roi eut reçu *(dexamenou)* Balaam avec magnificence» et de Philon (*Vita Mosis* I, § 275) : *«kai meta tauta euôchiai èsan kai polyteleis hestiaseis kai hosa alla pros hypodochèn xenôn ethos eutrepizesthai»* — mais en quoi la dimension religieuse serait-elle absente du geste d'hospitalité, surtout en un temps et dans une société où le profane à l'état pur n'existait pas, et connaissant, qui plus est, le goût profond de notre auteur pour le double entendre? D'autre part, Kalisch invoque *Gen* 43, 16, 1 *S* 28, 24 et 1 *R* 19, 21 pour montrer que *zbḥ* peut désigner l'acte simple de tuer pour manger — mais :

1° rien ne dit que l'acte de tuer ne comporte pas en soi, comme à Ugarit, une dimension religieuse;

2° à plus forte raison, s'agissant toujours de tuer pour offrir un repas, nous retrouvons la valeur religieuse, presque inévitable, de l'hospitalité;

3° en admettant même que les textes invoqués par Kalisch ne contiennent que le sens auquel il les réduit, ils rapportent des événements uniques, particuliers, et sont eux-mêmes atypiques, donc inaptes à servir de modèles[45]; de son côté, notre épisode aussi est unique en son genre, même si à tel ou tel titre il a des accointances avec tel ou tel autre passage biblique.

Autant de raisons pour considérer chacun d'eux pour lui-même, dans sa spécificité, et se défendre de la tendance, si répandue, à ajuster les uns aux autres des textes sans pareils. Après avoir étendu le champ de nos investigations aux confins de l'univers, nous voici donc ramenés au cercle le plus étroit, celui de notre texte.

45. R. RENDTORFF, dans *Studien zur Geschichte des Opfers im Alten Israel,* montre que l'on ne peut dire grand-chose sur un culte sacrificiel «normal» à l'époque concernée par les récits du *Pentateuque* (p. 40), à la fois parce que l'histoire des patriarches contient fort peu de sacrifices, et parce qu'il est impossible d'obtenir une vision d'ensemble à partir de descriptions toutes différentes les unes des autres.

QUI OFFRE L'HOLOCAUSTE?

Au v. 2b, il est dit que, après que Balaq eut effectué tous les préparatifs ordonnés par Balaam, *Balaq et Balaam* offrirent en holocauste les taureaux et les béliers sur l'autel : *wyʿl blq wblʿm pr w'yl bmzbḥ*. Le verbe au singulier suivi de deux sujets individuels coordonnés n'est-il pas choquant? Au v. 4b, lorsque Dieu vient, Balaam dit : « j'ai préparé les sept autels et j'ai offert en holocauste les taureaux et les béliers sur les autels » *('t-šbʿt hmzbḥt ʿrkty wʿʿl pr w'yl bmzbḥ)*[46]. Cette parole a gêné elle aussi, à la fois par sa place et par son contenu : pourquoi est-ce Balaam qui s'approprie l'exécution complète de l'holocauste? En admettant qu'il ait jamais participé, c'est, à la rigueur, au geste même d'offrir, mais en aucune manière aux préparatifs. Les exégètes, sentant que les deux difficultés, celle du v. 2b et celle du v. 4b, étaient intimement liées, ont proposé des solutions conjointes : le v. 2b était à l'origine *wyʿl pr w'yl bmzbḥ*; Balaq (sujet de *wyʿś* exprimé au v. 2aα) offrait l'holocauste seul; après quoi il donnait immédiatement à Balaam l'information actuellement placée au v. 4b : *wy'mr 'lyw 't-šbʿt hmzbḥt ʿrkty wʿʿl pr w'yl bmzbḥ*. Cet actuel v. 4b faisait suite au v. 2b et n'était pas une parole de Balaam à Dieu, comme l'implique sa place actuelle, mais une parole de Balaq à Balaam. C'est à la suite de sa transposition juste après le v. 4a que l'on aurait, bien maladroitement, essayé d'harmoniser les deux versets litigieux, de pallier l'incohérence résultant de cette usurpation par Balaam d'actes effectués en réalité par Balaq : d'où l'ajout de *blq wblʿm* après *wyʿl* au v. 2b[47].

Parmi les codices hébreux, le codex 185 de Kennicott ne porte pas

46. Bien que le sens distributif de *pr w'yl bmzbḥ* s'impose, la formulation synthétique, comparée à l'énoncé détaillé du v. 1, a parfois gêné les exégètes rabbiniques puisque Ibn Ezra éprouve le besoin de préciser : *pr w'yl bmzbḥ. bkl mzbḥ wmzbḥ why' drk qṣrh k'ylw 'mr bmzbḥ h'ḥd mkl hmzbḥwt* « Sur chaque autel, c'est une expression abrégée comme s'il avait dit 'sur l'un d'entre tous les autels'. » Ibn Ezra ne semble pas tenir *pr w'yl bmzbḥ* pour un véritable collectif, mais plutôt, gardant à l'expression son sens propre et sa valeur afférente à une seule unité, y voir un paradigme de l'holocauste offert sur tous les autels. Le commentaire de Rachi suppose qu'il a compris « une seule unité » : *wʿʿl pr w'yl bmzbḥ. w'brhm l' hʿlh 'lh 'yl 'ḥd* « Et Abraham n'a offert qu'un bélier. » La LXX, en 23, 2 comme 4, traduit *moschon* en accord avec *kai krion epi ton bômon*; mais en 23, 4, quelques manuscrits et le codex éthiopien F de Dillmann ont *moschous*, et un, *krious*. La Vulgate est fidèle à la lettre de l'hébreu : *vitulum et arietem super aram* au v. 2, et à l'esprit, au v. 4 où elle élude partiellement la difficulté : *Septem, inquit, aras erexi et imposui vitulum et arietem desuper*. La Peshitta suit l'hébreu : *twr' wdkr' ʿl mdbḥ'*. Mais le Targum d'Onqelos trouve nécessaire de préciser le sens distributif de l'expression : *twr wdkr ʿl-kl mdbḥ*.

47. Pour l'état de la question, voir Gross p. 131-134. Gross lui-même n'accepte pas cette solution, mais considère 23, 4b comme une addition visant à préciser, ce qui n'apparaissait pas vraiment, que le sacrifice était offert à Yahvé. Par la suite une autre main aurait ajouté *blq wblʿm* au v. 2b, pour atténuer le désaccord entre les deux.

le second sujet, *wbl'm*. De Rossi signale ses codices 668 et 699, où manquent les deux sujets. Les versions n'aident que médiocrement. Seule d'entre toutes, la LXX a supprimé les deux sujets gênants du v. 2b, faisant ainsi de Balaq, sujet explicite du verbe *epoièsen* précédent, le sujet implicite de *anènegken* : *anènegken moschon kai krion epi ton bômon*. Toutefois, deux manuscrits et la Syrohexaplaire portent bien les deux sujets exprimés *Balak kai Balaam*, en gardant toujours le verbe au singulier. On observe ensuite une remarquable unanimité des versions sémitiques, qui s'alignent presque toutes sur l'hébreu recommandé par la Massore. Ce sont la Peshitta, les Targumim d'Onqelos, du Pseudo-Jonathan, les samaritains (c'est toujours le aphel de *nsq, 'syq*, qui traduit le hiphil de *'lh*), le Targum Néofiti (qui préfère rendre *wy'l* par *wqrb*). Saadia fait exception en substituant au singulier *wy'l* de l'hébreu un verbe au duel, et en omettant les deux sujets *blq wbl'm* : *wqrb' (waqarrabâ)* « et les deux offrirent ». Il n'a de compagnon que la Vulgate : « Cumque fecisset juxta sermonem Balaam, imposuerunt simul... » On notera que ces deux versions, à part des autres, insistent sur le rôle de Balaam au v. 4b : la Vulgate (avec, il est vrai, la LXX), rajoute le sujet Balaam du verbe *wy'mr*, resté inexprimé dans l'hébreu : « Locutus est ad eum Balaam : septem, inquit, aras erexi. . . » Quant à Saadia, il n'insiste pas sur le fait que c'est Balaam qui parle (niveau de l'énonciation), mais il fait insister Balaam sur le fait que c'est lui, Balaam, qui a érigé les autels et offert les holocaustes (niveau de l'action) : *'ny qd nḍdt sb'h mḏ 'bḥ wqrbt...* « C'est moi qui ai disposé sept autels et ai offert... » L'hébreu comportait seulement le verbe *'rkty*, et non le pronom personnel *'ny* ou *'nky*. La Vulgate et Saadia indiquent chacun l'un des deux points névralgiques. Saadia au niveau de l'action : qui offre l'holocauste relaté au v. 2b ? La Vulgate (et la LXX), au niveau de l'énonciation : qui parle au v. 4b ? Nous le savons, les deux problèmes sont corrélatifs.

Ajoutons que, chez Philon, Josèphe et le Pseudo-Philon (*Liber Antiquitatum Biblicarum XVIII*, 10), un seul des deux participants sacrifie[48].

Bien que le nœud de la difficulté gise au v. 2b, et que la place et le statut du v. 4b n'en soient qu'une conséquence, nous procéderons dans l'ordre inverse pour la résolution des deux problèmes, et commencerons par celui du v. 4b : la démarche se justifie méthodolo-

48. Avec la LXX, Philon (*De Vita Mosis I*, § 277) distingue bien : « Toi, ô roi, bâtis sept autels et sacrifie sur chacun un taurillon et un bélier ; moi, m'étant écarté, je vais demander à Dieu ce qu'il faut dire. » Josèphe et le Pseudo-Philon déduisent du v. 4 que c'est Balaam qui offrit l'holocauste. Voir A.J. IV § 113 : « Le roi ayant promptement exécuté ses ordres, Balaam brûla tout entières les victimes. » Et L.A.B. xviii, 10 : « Et venit in terram Moab et edificavit sacrarium et obtulit oblationes. »

giquement, d'une part parce que celui du v. 4b possède sa solution propre et indépendante de la solution apportée à celui du v. 2b, d'autre part, parce que le problème du v. 4b se résout plus facilement que celui du v. 2b.

1° La solution consistant à penser que le v. 4b, à l'origine, faisait immédiatement suite au v. 2b n'est guère satisfaisante. Les arguments avancés par Ehrlich ne convainquent pas : « Déjà, la détermination de *hmzbḥt* montre que le deuxième hémistiche n'est pas à sa place : de fait, Yahvé, ici l'interlocuteur, ne sait rien des autels. En outre, on a indiqué plus haut que ces autels et les sacrifices que l'on y offrait n'étaient pas destinés à Yahvé, mais aux divinités locales. Enfin, Balaam ne peut parler à Yahvé avant que celui-ci ne lui ait adressé la parole. Le passage problématique était primitivement la suite du v. 2. » Ces arguments semblent gratuits. En outre, on peut objecter à Ehrlich que :

a) on ne comprend pas la raison du transfert du v. 4b à sa place actuelle à la suite du v. 4a, si originellement il faisait suite au v. 2a. Rien ne l'exigeait. Il faudrait l'expliquer.

b) Le style de l'écrivain, tel qu'il nous est apparu, rend difficile que le v. 5a prenne la suite immédiate du v. 4a ; essayons : *wyqr 'lhym 'l-bl'm wyśm yhwh dbr bpy bl'm* « Et Dieu vint à la rencontre de Balaam et le Seigneur mit une parole dans la bouche de Balaam. » Ce qui est malaisé, ce n'est pas l'alternance des noms divins en soi (qui constitue au contraire l'une des caractéristiques de l'auteur), mais leur succession trop rapprochée, dans deux propositions coordonnées. Qu'on se reporte au récit antérieur à l'épisode de l'Ânesse : on verra que, s'il est vrai que le nom divin y change très rapidement d'une phrase à l'autre, en revanche, cela n'arrive jamais entre deux propositions immédiatement coordonnées. Et pour cause : en prose, ce serait de mauvais hébreu ! Désignant la même personne, le second nom divin devrait bien plutôt céder la place à un pronom personnel de rappel. De même, d'ailleurs, pour la seconde occurrence du nom *bl'm*. Pour que la séquence v. 4a, 5a satisfît, et à la pureté de la langue hébraïque classique, et au style de notre auteur, il faudrait qu'elle fût : *wyqr 'lhym 'l-bl'm wyśm dbr bpyw* : « Et Dieu vint à la rencontre de Balaam et lui mit une parole dans la bouche. » Il n'y a pas d'équivoque possible (de même qu'en 22, 20, par exemple, ou en 23, 16).

c) Corrélativement, le style de l'auteur, soucieux de naturel, de vivacité, et surtout, de variété, s'oppose à ce que le v. 4b ait été originellement la suite immédiate du v. 2b. Essayons en effet : *wy'ś blq k'šr dbr bl'm wy'l ( ) pr w'yl bmzbḥ wy'mr 'lyw 't-šb't hmzbḥt 'rkty w''l pr w'yl bmzbḥ* « Et Balaq fit comme avait dit Balaam *et il offrit en holocauste les taureaux et les béliers sur les autels* et lui dit : 'j'ai disposé les sept autels et *j'ai offert en holocauste les taureaux et les béliers sur les autels*'. » Il y a, dans la succession si rapprochée de ces deux phrases identiques, une lourdeur et une platitude indignes des principes d'écriture chers à notre auteur.

2° Si, compte tenu de la difficulté inhérente au v. 2b, nous sommes actuellement incapables de décider si Balaam a, ou n'a pas, participé à l'holocauste proprement dit, en revanche, nous sommes *sûrs* que ce n'est pas Balaam qui a disposé les autels comme il le prétend avec *'t-šb't hmzbḥt 'rkty*, puisque c'est lui-même qui a ordonné à Balaq de le faire, au v. 1 *(bnh-ly ... whkn ly)*, et que c'est effectivement Balaq qui le fait au v. 2 *(wy'ś blq k'šr dbr bl'm)*. Kalisch a raison de dire de Balaam que « With conscious distinctness he separates himself from the heathen king ». De même, Strack : « Jedenfalls macht Bile'am hier nicht einfach gemeinsame Sache mit Balaq (beachte 'mir'). » Pour avoir réfuté l'hypothèse proposant de voir dans le v. 4b la suite primitive du v. 2b, sommes-nous réduits à supposer que Balaam ment à Dieu ? Seule issue : tenir *'rkty* pour un factitif : « j'ai fait disposer » (« Caesar pontem fecit »). Ce n'est pas une exception à la règle, c'est la règle même: voir Joüon, § 54d ; « *faire* faire telle action, au sens d'*ordonner* de faire ne s'exprime pas ; *hqṭyl* ne doit donc pas se traduire *il a ordonné de tuer*. Pour cette idée on dirait simplement *qṭl*. Ainsi, on a le qal *bnh bâtir* pour *faire bâtir, hrg tuer* pour *faire tuer, 'śh faire* pour *faire faire* (tous ces verbes sans forme causative). » « Faire faire » au sens « d'ordonner de faire » est l'une des valeurs du qal, et il en détient même le monopole : jamais un hiphil, causatif pur, ne serait chargé d'exprimer cette valeur. Aucune version ne propose explicitement un tel sens factitif, mais c'est sans doute pour la même raison que l'hébreu : dans chacune des langues concernées, c'est à la forme simple du verbe que revient le soin d'exprimer, quand il le faut, le sens factitif, et à nulle autre forme verbale[49]. A moins que, devant le caractère peu explicite de

49. La LXX a *hètoimasa ... kai anebibasa*; la Vulgate, *erexi et imposui*; la Peshitta, *ṭybt w'sqt* : *ṭybt* est un pa'el, il a ici une valeur causative ; c'est lui qui, en *Gen* 24, 12, traduit le hiphil de *qrh, hqrh* « fais-moi faire une (heureuse) rencontre » ; *'sqt*, aph'el de *slq* « monter », a le sens causatif « j'ai fait monter ».

Onqelos a *sdryt w'sqyt* : le pa'el de *sdr* traduit aussi *'rk* en *Gen* 22, 9. « Factitif » et « causatif » appartiennent à deux niveaux de langue différents : le causatif (hiphil hébreu, aph'el araméen) indique que le sujet du verbe causatif est en même temps cause de l'action qui s'exerce sur le complément de ce verbe ; comme tel, il se situe sur le même plan que le qal, le niphal, le piel, le hithpaël. Le factitif exprime un type de rapport différent entre le sujet, le verbe et le complément, à savoir, que le sujet est la cause de l'action sans agir lui-même (cas de 23, 4b). Le factitif n'est donc pas en soi rattaché précisément à une conjugaison précise. C'est une valeur particulière de l'action, qu'est

l'hébreu, les versions, se gardant bien de l'être un peu plus, aient préféré se retrancher derrière la neutralité peu compromettante d'une fidélité littérale au texte hébraïque. Les qal simples du v. 4b ont certainement gêné; en témoigne le commentaire d'Ibn Ezra : *w''l pr w'yl bmzbḥ . bṣwwy* « et j'ai offert taurillons et béliers sur les autels : par mon ordre » (l'ordre que j'ai donné). Ibn Ezra sent la nécessité de préciser que le qal a ici valeur factitive, faute de quoi la contradiction avec les v. 1-2 lui semble trop criante. Il apparaît, d'après ce commentaire, qu'Ibn Ezra n'assume pas les deux sujets douteux *blq wbl'm* du verbe *wy'l* au v. 2b. Il est encore trop tôt pour trancher cette question litigieuse. Retenons seulement l'idée que *'rkty*, au v. 4bα, a valeur factitive.

Mais, une fois admis que c'est bien Balaam qui prononce les paroles émises au v. 4b, et qu'il les adresse à Dieu, pourquoi les lui dit-il? C'est ici que les partisans du transfert du v. 4b à la suite du v. 2b pourraient avancer comme argument que Balaam n'avait nullement besoin d'informer Dieu de l'exécution du sacrifice[50]. On leur répondrait que le v. 4b, de toute évidence, ne doit pas être pris comme une information pure et simple, au premier degré, mais lu

chargée d'exprimer la conjugaison exprimant couramment le sens simple du verbe. Ce sens étant le plus souvent imparti au qal, c'est le qal qui exprimera le plus souvent le factitif en hébreu; mais si le qal n'existe pas, ou s'il revient au piel, ou à toute autre conjugaison, d'exprimer le sens simple du verbe, c'est à celle-ci qu'il reviendra également d'exprimer le factitif. D'où vient que le pa'el *ṭybt* et le aph'el *'sqt* peuvent très bien, *en l'occurrence*, recevoir une valeur factitive. Et il est tout aussi normal de voir, dans les langues où n'existent pas les multiples conjugaisons des langues sémitiques, comme le grec ou le latin, la forme simple du verbe chargée d'exprimer, quand il le faut, cette valeur factitive. Mais cette nature particulière du factitif (valeur et expression) entraîne que la forme du verbe *en soi* ne permet pas de savoir si l'on est en présence de la valeur simple ou de la valeur factitive; il faut l'aide du contexte *(Caesar pontem fecit)*.

50. Balaam ne dit pas *šb't mzbḥt 'rkty*, mais *'t-šb't hmzbḥt 'rkty*; outre la valeur démonstrative habituelle de l'article, déjà présente en 2b *(bmzbḥ)*, cet article revêt une valeur emphatique : ce sont *les autels* indispensables à la proclamation des « oracles »; ce détail grammatical vient appuyer l'interprétation de Strack : « Ich habe gethan, was ich konnte, um mich auf eine Kundgebung deinerseits vorzubereiten. » Mais à cette valeur emphatique s'en ajoute une autre, bien vue par Kalisch : « Calm even in this solemn moment, Balaam simply stated the facts, not as he desired to make to God new communications, for he referred to '*the* seven altars' as well known to God, but in order to express that he had done all that devolved upon himself. » Double valeur emphatique : 1° *les autels* qu'il incombait à Balaam de (faire) disposer (il y avait donc un factitif derrière le factitif : Dieu); 2° les autels requis pour la communication des « oracles ». La première désigne la raison et l'origine, la seconde indique l'effet cherché. Toutes deux renvoient à Yahvé. 23, 4b ne serait-il pas, toutes proportions gardées, un équivalent de la prière demandant à la divinité d'agréer les victimes, dont parle Dussaud (*Les origines cananéennes du sacrifice israélite,* p. 74)? Certes les victimes sont déjà agréées puisque, précisément, ce n'est qu'après que *wyqr 'lhym* que *wy'mr 'lyw* Balaam; mais dans la mesure où le but de l'holocauste est moins la venue de Dieu proprement dite que la proclamation des « oracles », paroles que Dieu doit mettre dans la bouche de Balaam, cette hypothèse garderait sa valeur.

au second degré, transposé dans l'ordre de l'intention, et mis en rapport avec la prononciation des oracles que le cérémonial antérieur a pour seul but de rendre possible. Dillmann l'avait vu : « Als nun Gott wirklich, wie gewünscht u. erwartet war, auf ihn trifft (v. 3), trägt ihm Bil. ausdrücklich vor, dass er *die* (für solche Fälle erforderlichen) 7 Altäre errichtet u. mit dem nöthigen Opfer versehen, er also seinerseits das Wahrzunehmende wahrgenommen habe. » Et Strack l'exprime au mieux : « Sinn dieser Worte : ich habe gethan, was ich konnte, um mich auf eine Kundgebung deinerseits vorzubereiten. » Autrement dit, cette parole de Balaam à Dieu ne vise qu'à souligner la parfaite adéquation des préparatifs (le cérémonial tout entier) au résultat escompté (les oracles).

3° Au v. 4aα, conformément à son goût de la variation, l'auteur n'a pas repris les verbes *bnh* et *kwn* du v. 1, mais leur a préféré le verbe *'rk*. Or, à côté du sens le plus fréquent de *'rk*, « préparer, disposer (l'armée pour la guerre) », se rencontre un sens minoritaire mais bien net, en contexte *cultuel*. Les occurrences sont rares et remarquables : il s'agit de *Gen* 22, 9 et de 1 *R* 18, 33[51], qui reprend mot pour mot la formulation de *Gen* 22, 9 : *wybn šm 'brhm 't-hmzbḥ wy'rk 't-h'ṣym*, sous la forme : *wybnh 't-h'bnym mzbḥ ... wy'rk 't-h'ṣym*. Dans le cadre de la rareté, et vu l'accumulation précédente des souvenirs littéraires de *Gen* 22, la tentation est forte de penser que nous tenons, avec *'rk*, une dernière réminiscence du sacrifice d'Isaac, augmentant encore le rapprochement entre Balaam et le modèle de l'obéissance, Abraham. Si tel est le cas, il est capital que ce soit *Balaam* qui émette cette parole ; voilà qui joue, en retour, en faveur de la présence primitive du v. 4b *à sa place actuelle*, et non à la suite du v. 2b, où il eût été mis dans la bouche de Balaq adressant la parole à Balaam. Si *'rkty* a la valeur et le poids religieux qu'on est en droit de lui prêter, vu la série des échos de *Gen* 21 et 22 où il s'inscrit, pouvait-il être énoncé par le roi Balaq, dans une phrase anodine adressée à Balaam ? Impossible : il ne pouvait être prononcé que par Balaam, dans une

51. Le seul autre cas de contexte rituel, *Ex* 40, 23 (P), n'est pas inintéressant, bien que moins significatif : *wy'rk 'lyw 'rk lḥm lpny yhwh* « Et il rangea sur elle, en ordre, le pain devant Yahvé. » En 1 *R* 18, c'est le prophète Élie qui est à la fois le sujet grammatical et réel de l'action *'rk*, et le sujet factitif de l'holocauste (par sa prière) ; mais il n'y a nul intermédiaire humain. Achab ne remplit pas à l'égard d'Élie la fonction subalterne qu'assume Balaq envers Balaam. Par-delà cette différence, on constate une analogie : de part et d'autre, le principe de la non-division du travail est respecté : ici, c'est Balaq qui exécute tout ; là, c'est Élie. A un plan supérieur, grâce au factitif *('rkty w'l)*, c'est Balaam qui fait tout (puisqu'il fait tout faire) ; et ainsi, il rejoint Élie qui, s'il exécute tout, le fait de sa propre autorité (nul factitif derrière lui ni au-dessus de lui). A l'occasion de *lyn*, *yšb*, et de la question divine, nous avions déjà relevé plusieurs affinités entre *Nb* 22 et 1 *R* 19.

solennelle adresse à Dieu. Cette parole si controversée du v. 4b devient alors la dernière parole qui manquait à Balaam pour être tout à fait en mesure de prononcer les oracles. La séquence des v. 4-5a le montre bien : « Et Dieu vint à la rencontre de Balaam, et il lui dit : 'J'ai fait disposé les sept autels et j'ai offert (ou fait offrir ?) les taurillons et les béliers sur les autels', et le Seigneur mit une parole dans la bouche de Balaam... » C'est peut-être encore une autre manière d'établir un lien indissoluble entre les sacrifices et les oracles, par le biais de l'énonciation elle-même : faire dire à Balaam qu'il est le responsable et l'auteur véritable des sacrifices, c'est finalement avaliser l'autorité de sa parole en matière d'oracles.

Retournons maintenant au fond du problème : quel est le sujet exprimé, et quel est le sujet réel du verbe *wyʿl* au v. 2b ? La critique textuelle, nous l'avons vu, aide davantage à poser le problème qu'à le résoudre[52].

1° La grammaire n'est pas plus décisive : « Le verbe préposé peut s'accorder avec le premier nom ou se mettre au pluriel. Accord avec le premier nom : *Nb* 12, 1 *wtdbr mrym w'hrn Marie et Aaron parlèrent (*continué par : 2 *wy'mrw) ; Gn* 33, 7 *wtgš gm l'h wyldyh wysthww Léa aussi et ses enfants s'approchèrent et se prosternèrent...* Le verbe au pluriel : *Gen* 40, 1 *ḥṭ'w mšqh mlk-mṣrym wh'ph l'échanson et le panetier du roi d'Égypte commirent une faute ;* 1 *S* 31, 7. » (Joüon § 150q). La succession du verbe *yʿl* au singulier et des deux sujets coordonnés *blq wblʿm* ne constitue pas en soi une difficulté.

2° Nombre d'exégètes trouvent que le double sujet *blq wblʿm* « sonne » comme une surcharge, et leur sentiment paraît juste : relit-on le v. 2 d'un trait, les deux substantifs interrompent le cours naturel de la phrase. Admettons que le verbe *wyʿl* ait bien, comme sujets réels, les deux personnages : il y aurait : *wyʿś blq k'šr dbr blʿm wyʿlw šnyhm pr w'yl bmzbḥ* « Et Balaq fit comme avait dit Balaam et *les deux* offrirent taurillons et béliers sur les autels. » Par conséquent, le texte primitif devait porter simplement *wyʿl pr w'yl bmzbḥ.* Confirmation s'en trouverait en 23, 14 *wyqḥhw śdh ṣpym 'l-r'š hpsgh wybn šbʿh mzbḥt wyʿl pr w'yl bmzbḥ* « Et il l'emmena au Champ des Guetteurs au sommet du Pisgah et il bâtit sept autels et il offrit taurillons et béliers sur les autels » en concédant que, cette fois du moins, la répétition (du v. 2 par le v. 14) l'emporte sur la variation.

52. Ehrlich propose une solution originale : bien que *wblʿm* manque dans deux manuscrits, il pense que ce n'est pas une addition, mais plutôt une mauvaise lecture pour *lblʿm* = « pour Balaam », reprise au v. 1 : *bnh-ly . . . whkn ly.*

3° Tout n'est pas résolu pour autant. En effet, en 23, 14, regarde-t-on vers l'amont de la phrase, le sujet de *wybn* et de *wy'l* est incontestablement Balaq, puisque le sujet (non exprimé) du verbe précédent *wyqḥhw* est obligatoirement Balaq, et que l'objet en est obligatoirement Balaam. Mais, se tourne-t-on vers l'aval de la phrase, la certitude diminue : en effet, en 23, 15, le sujet (non exprimé) du verbe *wy'mr* est indiscutablement Balaam, à la fois à cause du contenu de la parole, et parce que le destinataire exprimé est Balaq. Autrement dit, entre le v. 14 et le v. 15, le sujet (toujours non exprimé) des verbes est passé sans crier gare de Balaq à Balaam[53]. Mais qui nous dira où exactement s'est fait le passage ? Entre le point de départ au v. 14aα (Balaq sujet certain, quoique non exprimé, de *wyqḥhw*) et le point d'arrivée au v. 15aα (Balaam sujet certain, quoique non exprimé, de *wy'mr*), le glissement subreptice a pu s'opérer aussi bien de *wybn* à *wy'l* que de *wy'l* à *wy'mr* (la deuxième hypothèse étant la solution couramment admise) ; qui nous empêche de retenir la première hypothèse et donc, d'en déduire que c'est Balaq qui emmène et construit, mais Balaam qui sacrifie et qui parle ?

4° Voici pourtant la solution proposée : en 23, 2b comme en 23, 14b, le sujet réel non exprimé de *wy'l* est vraisemblablement Balaq seul et ce, pour trois raisons conjointes :

a) Aussi bien dans l'Ancien Testament que dans le Proche-Orient ancien, l'holocauste est un sacrifice royal, est *le* sacrifice du roi. Les analyses de R. Rendtorff tendent à le prouver pour l'Ancien Testament[54] : plus exactement, bien que, dans les temps préexiliques, la Bible ne nous livre aucune indication quant à des sacrifices réguliers (sauf, peut-être, 1 *R* 9, 25), des textes comme 2 *S* 6 ; 24 ; 1 *R* 8 ; 10, 5 et 2 *R* 16, 15 laissent supposer l'existence d'un *'wlh* royal régulier. Pareillement, 1 *R* 3 et 12, 33 dénotent une *praxis* déterminée du *'wlh* comme sacrifice royal. *Ez* 45, où l'ensemble du culte repose sur le *nśy'*, se situe dans la continuité d'un rôle cultuel du roi préexilique. Les livres des *Chroniques* évoquent à nouveau la responsabilité du roi dans le *'wlh* (2 *Chr* 8,

53. Deux manuscrits hébreux rajoutent *bl'm* après *wy'mr*, en 23, 15aα ; de même la LXX : *kai eipen Balaam* ; la Vulgate fait un choix différent, et qui montre que la question « où s'est fait le passage entre le sujet (indubitable) de *wyqḥhw* = Balaq en v. 14aα et le sujet (indubitable) de *wy'mr* = Balaam au v. 15aα ? » n'était pas sans fondement : v. 14b : *aedificavit Balaam septem aras et impositis supra vitulo atque ariete*, v. 15aα *dixit ad Balac*... La Vulgate a changé le sujet entre *wyqḥhw* et *wybn*. La Peshitta, comme la LXX, rajoute le sujet *bl'm* après le verbe *'mr* au v. 15aα. Mais le Targum d'Onqelos, fidèle à l'hébreu, ne mentionne aucun sujet explicite. De même le Pseudo-Jonathan et Néofiti.

54. R. Rendtorff, *Studien zur Geschichte des Opfers im Alten Israel* (WMANT 24), Neukirchen-Vluyn 1967, p. 78-81.

12; 29, 20; 35), et, du point de vue du contenu, chez le Chroniste, la représentation prégnante est la représentation du culte et de la royauté préexiliques. Par ailleurs, à Ugarit[55], si les prêtres (*khnm,* à côté du personnel subalterne des temples, *qdšm*) ne sont mentionnés dans aucun rituel, c'est sans doute parce que la personne du roi y joue un rôle prépondérant : sans que l'expression y apparaisse, le roi d'Ugarit est roi-prêtre. Signalons enfin l'hypothèse de L. Rost[56], qui prend un autre biais pour repérer un lien spécial et privilégié entre le roi (simplement israélite, à nouveau), et le *'wlh,* à l'époque préexilique : alors que le *zbḥ* était le type habituel de sacrifice pratiqué dans les multiples lieux de culte, on aurait eu recours au *'wlh* dans les situations critiques, en cas de difficulté touchant le peuple entier, ou le roi : n'est-ce pas exactement la situation de Balaq-Moab? L'objection que Balaq n'est pas un roi israélite ne vaut pas s'il est vrai, comme nous le supposons, que l'épisode est une complète «israélitisation» de la figure à l'origine authentiquement transjordanienne et païenne de Balaam, et que Balaq lui-même est un personnage de fiction.

b) On objectera peut-être 1 *R* 18, où Élie accomplit l'ensemble du cérémonial, alors que le texte mentionne la présence, à ses côtés, du roi Achab, qui reste simple spectateur; nous répondrons qu'en 1 *R* 18, la relation, d'habitude privilégiée, prophète-roi, passe au second plan, et que l'intérêt du texte se déplace au point que l'axe de symétrie devient la rivalité entre Élie et Dieu, d'une part, les quatre cent cinquante prophètes et Baal, de l'autre. D'ailleurs, l'exception que semble constituer 1 *R* 18 rentre encore dans la règle des *'wlwt,* qui est l'absence de division du travail dans l'exécution même du sacrifice : celui qui a commencé les préparatifs mène tout le processus jusqu'à son accomplissement. Ainsi, lorsqu'il n'y a qu'un seul acteur, comme dans les *'wlwt* exceptionnels des textes les plus anciens, c'est évidemment lui qui fait tout; lorsqu'ils sont deux, il s'agit d'un prophète et d'un roi, et c'est le roi qui fait tout, même s'il suit les consignes du prophète; mais si jamais, comme en 1 *R* 18, c'est le prophète qui fait tout malgré la présence à ses côtés du roi, la règle est encore respectée, n'y ayant pas de division des tâches à l'intérieur de l'exécution même du sacrifice. Ce qui vient confirmer l'unité d'action du *'wlh,* c'est le lien étroit, signalé par Rendtorff, entre *'wlh* et autel : il existe un stéréotype littéraire consistant à évoquer conjointement l'érection d'un autel et la

55. J. M. de Tarragon, *Le culte à Ougarit,* p. 134 ss. Et à Sumer et Akkad, le code sacerdotal est traditionnellement un code royal (É. Dhorme, *Les religions de Babylone et d'Assyrie,* Paris 1945, p. 232).

56. L. Rost, Erwägungen zum israelitischen Brandopfer, dans *Von Ugarit nach Qumran* (BZAW 77) 1958, p. 177-183, p. 182.

présentation d'un *'wlh* (*Gen* 8, 20 ; 22, 9 ; *Nb* 23, 1.14.29 ; *Jg* 6, 26 ; 21, 4 ; 1 *R* 18, 30 ; 2 *S* 24, 25 ; également, bien que moins nettement : 1 *R* 3, 4 ; 9, 25 ; *Jg* 13, 19 ; *Ex* 20, 24 ; *Dt* 12, 27 ; 27, 5-7 ; *Jos* 8, 30 ; ce lien se retrouve encore dans P en *Ex* 29, 38 ; *Ez* 43, 18). Rendtorff en conclut que le *'wlh* est, dans toutes les couches de la tradition, présenté spécialement comme *sacrifice de l'autel*. Dans ces conditions, bien que ce fait ne soit pas une preuve absolue, il y a de fortes chances que celui qui offre l'holocauste proprement dit soit le même que celui qui a édifié l'autel. Et donc, que Balaq, dont nous sommes sûrs *(bnh-ly wybn)* que c'est lui qui édifie les autels, soit aussi celui qui offre les holocaustes, et le seul qui les offre.

c) 'wlh, en *Nb* 23, ne se présente jamais sans un suffixe de pronom possessif renvoyant toujours à Balaq : *'ltk* en 23, 3 et 15, *'ltw* en 23, 6 et 17. L'Ancien Testament offre assez peu d'occurrences de *'wlh*[57] déterminé par un suffixe possessif : dans

57. Toutes les occurrences de *'wlh* (d'ailleurs toujours déterminé par le suffixe de deuxième ou de troisième personne du singulier renvoyant à Balaq) sont au singulier dans le texte massorétique. C'est un argument en faveur du fait que, ni pour Balaam ni pour l'écrivain, cet holocauste n'atteste un culte polythéiste. Cependant, de très nombreux codices hébreux portent le pluriel *'ltyk* en 23, 5 et 15 ; le texte samaritain porte à chaque fois *'ltyk* et *'ltyw* ; la LXX varie : en 23, 3 et 15, elle a le singulier *epi tès thysias sou* (qui d'ailleurs, bizarrement, correspond à *zbḥk*) ; mais en 23, 6 la majorité des manuscrits a *epi tôn holokautômatôn autou* (deux ont *holokautôseôs*, et les versions bohaïrique et éthiopienne attestent le singulier) ; en revanche, en 23, 17, la majorité a *epi tès holokautôseôs autou*, mais la Vieille Latine et ORIGÈNE latin ont le pluriel. La Vulgate garde fidèlement les quatre singuliers de l'hébreu. Mais la Peshitta choisit quatre pluriels. Le Targum d'Onqelos traduit bien *'ltk* des v. 3 et 15 par *'ltk*, mais rend *'ltw* des v. 6 et 17 par *'ltyh*.

Quant à l'ampleur de l'holocauste, elle est considérable. Les sacrifices patriarcaux ne comportent qu'une victime. Même le sacrifice royal et national de 2 *S* 6, 13 ne comporte qu'un taureau et un veau gras. Deux fois sept taurillons et sept béliers dans la journée, pour un holocauste extraordinaire, c'est remarquable. L'échelle habituelle des *'wlwt* dans les rituels sacerdotaux est plus petite. En *Ex* 29, un taurillon et deux béliers, plus deux agneaux par jour ; *Lév* 4, un taurillon ; *Nb* 28, les jours ordinaires, deux agneaux ; à la néoménie, deux taureaux, un bélier, sept agneaux ; pendant la Pâque, tous les jours deux taureaux, un bélier, sept agneaux plus un bouc pour le péché ; ce n'est guère qu'à l'occasion de la Fête des Tentes que les chiffres cités approchent l'ampleur de notre holocauste : treize taureaux, deux béliers et quatorze agneaux tous les jours avec un compte dégressif pour les taureaux. En *Ez* 45, la néoménie n'a droit qu'à un taurillon et en 46, le Sabbat ne reçoit que six agneaux et un bélier ; seule la Pâque, avec sept taureaux et sept béliers chacun des sept jours de la Fête, atteint l'ampleur de *Nb* 23. Avec 2 *Chr* 29 (la réforme d'Ézéchias), on atteint derechef les quantités de *Nb* 23, et même on les dépasse : sept taureaux, sept béliers, sept agneaux et sept boucs puis, apportés par l'assemblée, soixante-dix bœufs, cent béliers, deux cents agneaux, plus de six cents têtes de gros bétail et trois mille de petit. Nous entrons dans l'aire des hécatombes qui dépassent nos chiffres de beaucoup. Il est donc inexact d'appliquer à notre texte la remarque, faite par J. M. de Tarragon à propos d'Ougarit, que le culte sacrificiel reste modeste, *même si l'ordre de grandeur des rituels ougaritiques correspond tout à fait à celui de l'épisode de Balaam* : sept génisses et quatorze brebis ; trois moutons et trois ânes ; trente-huit têtes de petit bétail, sept bœufs. L'échelle de référence diffère : pour Ougarit, ce sont les banquets divins, dans les textes mythologiques où l'on atteint des chiffres beaucoup plus élevés. Bien que le parallèle reste imparfait, à cause de

toutes, sauf une, le suffixe renvoie à l'auteur du sacrifice; seule exception, *Ez* 46, 2, où ce sont les prêtres qui font l'holocauste du *nśy';* en revanche, au v. 12, c'est le *nśy'* qui fait lui-même son holocauste. En deux cas au moins, c'est au roi que renvoie le suffixe, et c'est le roi qui offre l'holocauste (en 1 *R* 10, 5, Salomon, et en 2 *R* 16, 13, Achaz). On relèvera une série intéressante en *Lévitique* (*Lév* 9, 7; 10, 19 et 16, 24). En *Lév* 9, dans une séquence assez analogue à la nôtre, sauf qu'Aaron n'est pas roi, Moïse donne à Aaron toutes les directives pour que ce dernier effectue *son* sacrifice pour le péché et son holocauste, pour qu'il accomplisse le rite d'absolution en *sa* faveur et en faveur du peuple. Autrement dit, le suffixe a une double valeur : il équivaut à la fois à un génitif subjectif (renvoyant au sujet qui offre l'holocauste) et à un génitif objectif, ou plutôt, à un datif (renvoyant à celui dans l'intérêt duquel se fait l'holocauste) : les deux ne font qu'un. Confirmation s'en trouve en *Ps* 10, 4-5 : «Qu'il se rappelle toutes tes offrandes, qu'il apprécie ton holocauste *('wltk),* qu'il te donne selon ton cœur et qu'il accomplisse tout ton projet!» Tous ces cas de *'wlh* suffixé parlent en faveur du fait qu'en *Nb* 23 les suffixes désignent le roi au double titre de celui *qui* offre l'holocauste, et *pour qui* est censé avoir lieu l'holocauste.

A cette solution d'après laquelle *wy'l,* au v. 2b, désigne le seul Balaq, on nous objectera que :

a) l'ordre donné par Balaam au v. 1 ne consiste qu'en *bnh* et *hkn,* c'est-à-dire strictement les préparatifs. Ne faut-il pas s'étonner que le récit rapporte l'exécution par Balaq de l'offrande proprement

l'absence d'holocauste en Assyrie, il est instructif de voir que notre sacrifice correspond à l'ordre de grandeur attesté dans les cultes assyriens : d'après le rituel d'Uruk, Nabuchodonosor II porte à huit moutons par jour le fixe de Nergal et de sa compagne (É. Dhorme, *Les religions de Babylonie et d'Assyrie,* p. 233). Tout montre que le chiffre exigé par Balaam est impressionnant (contre l'avis de König, selon qui la caractéristique de sept serait d'être un chiffre modéré : tout dépend du domaine concerné). Dhorme (p. 226) insiste sur le fait que le repas du dieu est très considérable. De ce point de vue, l'holocauste de 23, 1-4 se présente comme un repas divin (que le dieu concerné soit Kemosh ou Yahvé). Dans la logique même du texte, la raison de cette ampleur est double : 1° Balaam continue de prendre les propos de Balaq à la lettre; ici, c'est une application stricte de 22, 17aβ *wkl 'šr-t'mr 'ly "śh,* conforme à la fois à la logique immédiate de la narration et à l'intention édifiante profonde; 2° au niveau de la vraisemblance narrative et historique, un péril d'ampleur nationale vaut bien un tel chiffre. Ni le *Midrash Rabbah* ni Rachi ne se méprennent sur l'importance du second sacrifice, même s'ils se fourvoient quant à son sens en y voyant la revanche prise par Balaam sur sa déception devant la mesquinerie du premier : outre un jugement erroné sur la cupidité de Balaam, leur hypothèse a le tort de renvoyer à 22, 17aα *ky-kbd 'kbdk m'd* (promesse de Balaq non tenue par le premier sacrifice, d'où la revanche du second), au lieu de voir que l'ampleur du sacrifice est simplement l'application de 22, 17aβ *wkl 'šr-t'mr 'ly "śh,* une mise à l'épreuve de cette seconde promesse de Balaq, elle-même première ébauche véritable du leitmotiv.

dite sans avoir mentionné l'ordre préalable? N'est-ce pas une inconséquence, si l'on érige en norme la séquence formée par la mention de l'ordre des préparatifs et la relation de leur exécution?

b) rien n'empêche *'l*, au v. 4b, d'être pris au sens habituel du qal, le sens actif simple, et non pas factitif.

c) il est surprenant que revienne au roi païen le soin d'offrir un holocauste au Dieu d'Israël; de plus, c'est scandaleux vu le résultat escompté (l'intention de Balaq étant la production de malédictions contre Israël), et bizarre vu le résultat effectif (la production de bénédictions sur Israël, donc d'oracles opposés à l'intérêt de Moab). N'était-il pas plus simple et cohérent de faire offrir l'holocauste par Balaam? Ainsi, l'accord entre l'intention, l'action et le résultat était parfait.

A *c)* on répondra :

— que la ligne de démarcation ne passe pas à l'intérieur de l'action, entre la phase préparatifs et la phase offrande, mais entre l'ensemble intention-action (en deux phases) païennes de Balaq, d'une part, et l'intention religieuse de Balaam, d'autre part; toujours le même mouvement de redressement, détournement et retournement.

— que l'auteur, prévoyant vraisemblablement le risque de scandale évoqué ci-dessus, s'est efforcé de le prévenir en laissant un flou volontaire quant au sujet réel de *wy'l* et ce, tant en 23, 1 (où l'ordre n'a trait qu'aux préparatifs) qu'en 23, 14 (où, nous l'avons vu, reste une ambiguïté).

— que la conséquence, et du scandale, et de l'ambiguïté censée l'atténuer, fut précisément l'addition ultérieure, au v. 2b, du double sujet *blq wbl'm;* cette addition lève l'ambiguïté. Elle n'a sans doute satisfait son auteur qu'à moitié, laissant encore Balaq participer à l'offrande proprement dite, mais ne rajouter que *bl'm* contrevenait par trop à la règle de la non-division du travail à l'intérieur du processus de l'holocauste.

A *b)* on répondra :

— que l'addition des deux sujets effectuée au v. 2b diminuait de moitié l'incongruité des deux verbes *'rkty w''l*, au v. 4b : elle permettait de prendre *''l* au sens actif simple, la nécessité du sens factitif ne s'imposant plus que pour *'rkty*.

A *a)* on a déjà répondu, car :

— si l'auteur initial a évité de faire donner par Balaam à Balaq l'ordre explicite d'offrir l'holocauste, c'est à dessein, pour ménager un certain flou, qui estompe le caractère choquant d'un tel holocauste célébré par le seul roi païen.

— cette inconséquence, et donc cette équivoque, voulues, ouvraient précisément la possibilité de l'addition de *blq wbl'm* au v. 2b : l'auteur initial eût-il fait donner aussi par Balaam à Balaq l'ordre d'offrir l'holocauste, l'ajout du sujet *wbl'm* devenait impossible.

En résumé, à l'origine, le v. 2b ne portait que *wy'l pr w'yl bmzbḥ;* le sujet réel de l'offrande de l'holocauste était le même que celui des préparatifs, à savoir Balaq; corrélativement, au v. 4b, les deux verbes *'rkty w''l* doivent être pris au sens factitif; c'est Balaam qui, en dernière instance, revendique, devant Dieu, l'entière responsabilité de l'holocauste, préparatifs et offrande proprement dite; il le fait à bon droit, puisque c'est à son intention (exprimant celle même de l'auteur), et non à celle de Balaq, que correspond le résultat final, les oracles de bénédiction sur Israël; mais le texte original était à la fois trop subtil et trop risqué : même les précautions prises par l'auteur, mal comprises, se retournent contre son texte, et amènent, au v. 2b, l'addition ultérieure de *blq wbl'm.* C'est un exemple parmi d'autres des dangers que court un texte trop subtil : soit à l'intérieur même de sa propre stratification rédactionnelle, soit dans les traditions postérieures à la clôture du texte, il n'échappe pas aux méprises auxquelles fatalement l'exposaient de telles finesses.

Quant au rapport qu'entretiennent les deux types de sacrifices entre eux et avec ceux que l'on trouve dans le reste de l'Ancien Testament, *Nb* 22, 40-23, 4 est unique, nous l'avons vu : *Nb* 22, 40 mentionne un sacrifice de communion *(zbḥ) ;* dans un second temps, puisqu'une nuit s'est écoulée entre les deux, et dans un second lieu, prend place un holocauste *('wlh).* Partout ailleurs dans l'Ancien Testament, ou bien le *zbḥ* se rencontre seul, ou bien c'est le *'wlh* qui se voit seul, ou bien, cas contraire et le plus fréquent, ils sont tellement associés dans la même expression *'wlh wzbḥym,* célébrés dans le même temps et le même espace, qu'ils sont inséparables[58]. Nulle part ailleurs qu'en *Nb* 22, 40-23, 4 ne se présente ce cas : union (succession dans un même récit, à quelques versets d'écart) *et* distinction (autre lieu, autre

58. R. Rendtorff, dans *Studien zur Geschichte des Opfers im Alten Israel,* montre que *'wlh* se présente rarement seul, et que la combinaison la plus fréquente est *'wlh wšlmym*; l'association *'wlh wzbḥym* est déjà moins usitée (p. 63). R. Dussaud, dans *Les origines cananéennes du sacrifice israélite,* Paris 1921, p. 326, évoque la légende de Keret qui décrit un complexe sacrificiel consistant en un holocauste suivi d'un sacrifice de communion. D'après Wellhausen, *Prolegomena* (5e édition, 1899, p. 70), l'holocauste, à date ancienne, n'apparaît qu'en liaison avec le sacrifice de communion. W. Herrmann, dans Götterspeise und Göttertrank im Ugarit und Israel, *ZAW* 72, 1960, p. 205-216, montre que *Nb* 22-24 se distingue de tous les autres sacrifices de l'Ancien Testament en ce que les offrandes n'y consistent qu'en viande, et qu'on n'y voit ni pain ni vin. Mais ce peut être une simple question de distance focale, l'intérêt de l'auteur se concentrant sur la qualité et la quantité des victimes, variables signifiantes, et non sur les offrandes d'accompagnement, constantes négligeables.

temps, autre fonction) de ces deux types de sacrifices. Hengstenberg a bien décrit la double fonction du *zbḥ* : « Que les sacrifices sont moins des sacrifices d'action de grâce pour l'arrivée à bon port de Balaam, que, bien davantage, des sacrifices de prière pour le succès de l'entreprise projetée, cela ressort de l'endroit et du moment où ils sont offerts, non pas l'endroit où Balaq a d'abord rencontré Balaam, et précisément le soir précédant l'acte principal. » Peut-être y faut-il voir la trace d'un fait de civilisation authentique, à moins que ce ne soit simplement le produit de la fantaisie littéraire de l'auteur.

LA SENTINELLE

Au v. 3a, Balaam dit à Balaq : « Tiens-toi *(htyṣb)* auprès de ton offrande *('l-'ltk)*, et je m'en irai *(w'lkh)* ».

Le verbe *nṣb*, ici au hithpaël, revient en 23, 15 sous la même forme, celle d'une consigne donnée par Balaam à Balaq, et en 23, 6 et 7, sous la forme, plus fréquente, d'un participe niphal ; dans notre texte, il s'applique toujours à Balaq.

Le sens le plus courant de *htyṣb* est « se tenir (en présence de Dieu) », ou encore à côté de l'Arche, ou devant la Tente de la Rencontre, et ce, qu'il s'agisse d'un homme seul ou de l'Assemblée, et dans les textes les plus variés (*Ex* 14, 13 ; 19, 17 ; *Dt* 31, 14 ; *Jos* 24, 1 ; *Jg* 20, 2 ; 1 *S* 10, 19 ; 12, 7.16 ; *Ps* 5, 6 ; *Jb* 41, 2 ; 2 *Chr* 20, 17). Cette position peut être accompagnée ou non de théophanie ; elle implique révérence et soumission ; elle peut être associée à la contemplation des grandes œuvres de salut que fit Dieu pour son peuple (1 *S* 12, 16). Un deuxième sens, moins représenté, mais peut-être simple spécialisation du premier, est, en parlant d'un prophète, « se tenir à son poste » en face de Dieu, pour guetter sa parole (*Hab* 2, 1 : *'l-mṣwr*). Un troisième sens, peu fréquent mais bien net, concerne Dieu qui se tient à la rencontre de son peuple[59]. *Ex* 2, 4 et 1 *S* 18, 13, enfin, attestent un emploi neutre de *htyṣb*, au sens « se tenir à l'écart ».

Sans vouloir faire d'amalgame, notons que chacun des sens évoqués ci-dessus, sauf le troisième évidemment, semble en mesure d'éclairer un aspect de notre texte. Signalons d'abord en quoi *Nb* 23, 3 est unique : nulle part ailleurs *htyṣb* ne se trouve en contexte de sacrifice, précisé de plus par *'l-'wlh*. Le sens obvie est le quatrième « se tenir à l'écart ». Mais est-ce trop presser le texte que de penser qu'à

59. *Ex* 34, 5 ; 1 *S* 3, 10. L'occurrence la plus intéressante est *Nb* 22, 22, dans l'épisode de l'Ânesse : *wytyṣb ml'k yhwh bdrk lśṭn lw* (repris au participe niphal au v. 34 : *l' yd'ty ky 'th nṣb lqr'ty bdrk*). Ce n'est sans doute pas un hasard si le même mot, *avec le sens inverse* (mais sur fond de dénominateur commun : théophanie), survient à un niveau rédactionnel que nous avons identifié comme immédiatement postérieur à celui où apparaît le sens majoritaire « se tenir en présence de Dieu », et en réaction contre ce premier niveau.

l'arrière-plan se profile le souvenir de l'attente révérencieuse de la théophanie ou, tout au moins, une légère connotation prophétique (voir encore *Is* 21, 8)? On objectera sans doute que Balaq n'est pas Balaam, et que toute l'analyse antérieure reposait, précisément, sur la distinction de leurs rôles et de leurs intentions respectifs. On répondra alors que l'un n'empêche pas l'autre, et que cette suggestion serait à situer dans le cadre du «détournement» et de la «récupération», par Balaam, non plus seulement des *'wlwt* offerts par Balaq, mais de Balaq lui-même, aveuglé qu'il est par sa conscience païenne. S'il en était ainsi, toutes les actions finiraient par être annexées dans la sphère de la dévotion au Dieu d'Israël; la revendication, au v. 4b, par Balaam, de la responsabilité des préparatifs et de l'offrande en réalité effectués par Balaq, viendrait parachever ce mouvement d'appropriation et même, d'«israélitisation»[60] qui apparaît alors comme un mouvement du

60. D'après L. Rost, les sept autels rendent impossible l'existence d'un tel sacrifice en Israël, car ils impliquent sept dieux (à la différence de Jérusalem, où les trois autels sont dédiés à un seul et même Dieu). Nous lui objecterons : 1° la lecture «en mouvement» que nous proposons du texte (déplacement de l'intention de Balaq à celle de Balaam et correction de la première par la seconde); 2° dans le cadre de la correction effectuée par Balaam, l'interprétation que propose Rost lui-même du triple autel de Jérusalem : pourquoi les sept autels ne seraient-ils pas, *dans l'esprit de Balaam et de l'auteur*, dédiés au seul Dieu d'Israël? 3° notre utilisation historique de son argument, à savoir qu'un tel texte doit être antérieur à la centralisation du culte deutéronomique.

L. Rost se contredit d'ailleurs, car sa note 13 affirme que les *'wlwt* correspondraient à une «israélisation» du récit (en contraste avec la religion mésopotamienne). Nous lui répondrons, 1° ce que lui-même se répond, à savoir que les offrandes par le feu n'étaient pas du tout limitées à Israël (il cite la région du Taurus, et les cultes phéniciens, araméens, transjordaniens), 2° derechef, que l'israélisation passe à l'intérieur du texte même, tel qu'il est conçu et écrit par l'auteur, c'est-à-dire, entre Balaq et Balaam. C'est la visée édifiante.

Si notre hypothèse d'une correction systématique des intentions, propos et actes de Balaq par ceux de Balaam semble trop subtile, nous nous retrancherons derrière deux excellentes remarques de Kalisch : 1° Balaam se comporte comme le plus pieux des Israélites; si la législation lévitique eût existé, il n'eût pas offert de sacrifices yahvistes sur les «hauteurs de Baal» (p. 164); 2° mais nonobstant son entière adhésion au personnage de Balaam (ou peut-être à cause d'elle), Kalisch observe que le Temple de Jérusalem, non moins que les plus fameux temples païens, se dressait sur une colline. En 1 *R* 20, 23.28, ce sont les Araméens eux-mêmes qui reconnaissent que le Dieu d'Israël est un Dieu de montagnes, et non un Dieu de plaines. Si le récit offre, comme le dit Keil, un mélange significatif de notions religieuses israélites et païennes, ce mélange est significatif, non par rapport à Balaam, mais par rapport aux Israélites (p. 169-170). Cette seconde remarque répond à une exploitation abusive, d'après Kalisch, du sens «hauteur ou colline dénudée» proposé pour *špy* par Ibn Janaḥ, Ibn Ezra, Kimḥi, Abrabanel, Mendelssohn, et d'autres : d'un tel sens il ne suit pas nécessairement que Balaam alla, comme les augures païens, observer les phénomènes et signes naturels que sont tonnerre, éclairs, ou arc-en-ciel; ni que, la tête voilée, tourné vers l'est, il s'adonna à toutes les pratiques en usage sur les lieux élevés. La réponse de Kalisch a d'autant plus de poids que l'on connaît son attachement à une représentation rigoureusement orthodoxe du prophète Balaam. Pleine de bon sens, elle en appelle à l'histoire générale des religions, en quoi elle est très saine. Mais peut-être, pour cette raison précisément, demeure-t-elle trop générale pour être tout à fait pertinente quant à notre texte : pour une fois, elle risque de le «tamiser» trop large, en méconnaissant l'intention subtile qui

texte général et systématique. *Ps* 5, 4.6 parle en faveur d'une telle unité d'intention (connoter l'attitude religieuse de déférence attentive), recouvrant la différence des sujets putatifs des deux verbes *htyṣb* et *ʿrkty* : « Seigneur ! Le matin, tu entends ma voix ; le matin, je dispose pour toi *(ʾʿrk-lk)* et j'attends *(wʾṣph)*... Les insolents ne se présentent pas *(lʾ-ytyṣbw)* devant tes yeux. » L'emploi du verbe *ṣph* n'est pas insignifiant eu égard à notre texte, comme le montrera le toponyme *śdh ṣpym* en 23, 14, juste avant la seconde occurrence de *htyṣb,* au v. 15.

ALLER ET VENIR À LA RENCONTRE

La séquence *hlk* + *ʾwly* + futur avec la première personne du singulier soit pour complément soit pour sujet : *htyṣb ʿl-ʿltk wʾlkh ʾwly yqrʾ yhwh ʾly* n'est pas sans rappeler 22, 6 : *lkh-nʾ ʾrh-ly ʾt-hʿm hzh... ʾwly ʾwkl nkh-bw wʾgršnw* et 11 : *lkh qbh-ly ʾtw ʾwly ʾwkl lhlḥm bw wgrštyw,* mais c'est pour mieux souligner l'inversion radicale de la perspective : tout à l'heure, Balaq donnait à Balaam des ordres hostiles à Israël dans l'espoir de réussir, lui Balaq, une action néfaste à Israël. Maintenant, c'est au tour de Balaam de donner à Balaq des consignes d'obédience à Yahvé dans l'espoir que Yahvé viendra à lui, Balaam. Ce renversement s'inscrit dans le cadre de la rivalité subjective Balaam/Dieu par rapport à Israël : Balaq prêtait à Balaam un pouvoir ne revenant qu'à Dieu, et que Balaam rend immédiatement à Dieu, mais c'est encore un degré supérieur d'inversion puisque Balaq ne voulait se soumettre que Balaam alors que Balaam, se soumettant au seul Yahvé, y soumet de force Balaq avec lui.

La préposition *lqrʾt* (*qrʾ* II) évoque le v. 20 : *ʾm lqrʾ-lk bʾw hʾnšym* et le v. 37 : *hlʾ šlḥ šlḥty ʾlyk lqrʾ-lk,* où *qrʾ* I spécifie le but des deux ambassades de Balaq à Balaam. Ici, *lqrʾt* anticipe la visite de Yahvé à Balaam. Rivalité objective Balaq/Dieu par rapport à Balaam.

L'espoir qu'exprime Balaam au v. 3b :

wdbr mh-yrʾny whgdty lk (premier holocauste, avant la troisième visite divine et le premier oracle)

n'est pas sans rappeler l'espoir qu'il exprime en 22, 8, lors de la première ambassade :

whšbty ʾtkm dbr kʾšr ydbr yhwh ʾly, ni celui qu'il exprime en 22, 19, lors de la seconde ambassade :

wʾdʿh mh-ysp yhwh dbr ʿmy. La structure et les éléments des trois phrases correspondent point par point. Cette troisième visite divine

y préside et qui veut que subsiste réellement une frontière entre le paganisme et le yahvisme, frontière passant entre Balaq et Balaam. Là où KALISCH a raison, c'est que, de toute façon, cette frontière ne passe pas à l'intérieur de Balaam lui-même.

vient donc en droite ligne des deux précédentes. Mais elle semble constituer un progrès. Voici pourquoi :

1° Dans la formulation même, la variation à l'intérieur de la répétition : « montrer une chose que l'on vous a fait voir » paraît plus proche de la fonction prophétique classique[61] et surtout, du rôle effectivement dévolu à Balaam dans les oracles qui suivent (*ky-mr'š ṣrym 'r'nw wmgb'wt 'šrnw* en 23, 9) que « rapporter une parole que l'on vous a dite ». C'est un signe de plus que nous entrons dans la sphère oraculaire.

2° La composante musicale : en étudiant le leitmotiv, nous avons observé que celui-ci pouvait être annoncé ou rappelé, sous forme d'ébauches encore imparfaites, ou même de simples bribes. C'est le statut de 22, 8.19 et 23, 3 que d'être respectivement des esquisses ou des rappels discrets du thème. Mais la troisième (23, 3) est un écho plus net, plus proche du leitmotiv, dans la mesure où elle abandonne l'ordre normal proposition principale — proposition relative, qui était l'ordre des deux premières, pour adopter l'ordre inverse, anormal et insistant, proposition relative — proposition principale, ordre caractérisant, précisément, *toutes* les occurrences du leitmotiv. Comparons cette troisième phrase et l'une de ces occurrences, prise au hasard :

22, 38 : *hdbr 'šr yśym 'lhym bpy 'tw 'dbr*
23, 3 : *wdbr mh-yr'ny* *whgdty*

C'est bien le même ordre. Nous avançons donc.

Une telle gradation paraît logique : dans le cadre de la rivalité symétrique Balaq/Dieu par rapport à Balaam, les deux premières visites — réponses de Dieu suffisaient à balancer et « contrer » les deux ambassades. Avec cette troisième visite divine, l'équilibre est définitivement rompu en faveur de Dieu.

SUR UNE PISTE OU SUR UNE HAUTEUR? RAPIDEMENT OU TRANQUILLEMENT? RAMPANT OU BOITANT?

Au v. 3b, *wylk špy* contient une *crux interpretum*. Le nombre et la variété des solutions proposées sont admirables et quasi infinis. Dans

61. Le verbe *r'h* au hiphil, suffixé ou suivi d'un complément, est presque un terme technique dans la mesure où Dieu en est presque toujours le sujet. Dans le cadre de cette quasi-technicité qui leur est commune, les occurrences s'en répartissent selon quatre catégories : 1° le champ prophétique (avec suffixe de première personne : *Am* 7, 1.4 ; 8, 1 ; *Za* 2, 3 ; 3, 1 etc.) ; 2° le champ « terre promise » (que Dieu fit voir à Moïse et Josué) : surtout dans la littérature deutéronomique ; 3° le champ « bénédictions patriarcales » : Dieu fait voir la descendance (*Gen* 48, 11) ; 4° le champ *Psaumes* : Dieu nous a fait voir des merveilles (sortie d'Égypte, manne, etc.). *Nb* 23, 3 se trouve au carrefour, ou encore, participe des quatre et comment s'en étonner, quand on sait qu'il reflète un esprit nourri d'Écriture et est lui-même très écrit, secondaire en son essence.?

l'Ancien Testament, *špy* ne se rencontre ailleurs qu'en *Jb* 33, 21 (*Ketib,* mais vocalisé *qibbuṣ,* et avec *dagesh* dans le *p*) : *wšpy ʿṣmtyw l' r' w,* texte difficile, traduit diversement : « Ses os qu'on ne voyait pas deviennent saillants » (TOB) ; « se dénudent les os qui étaient cachés » (BJ) ; « Ses os sont amaigris (!), ils ne sont plus visibles » (La Pléiade). Du pluriel *špym* on rencontre plusieurs occurrences exclusivement chez le Deutéro-Isaïe (*Is* 41, 18 ; 49, 9) et Jérémie (*Jér* 3, 2.21 ; 4, 11 ; 7, 2 ; 12, 12 ; 14, 6), et habituellement traduites par « pistes » ou « crêtes ». Mandelkern essaie de trouver un sens commun à ces diverses occurrences : « nudatio ; clivus, collis nudus vel planus ». D'après lui, le substantif se rattacherait à un verbe *šph* dont la seule attestation biblique est le participe niphal *nšph*[62] « laevis ; nudus arboribus, planus » (LXX *pedinon*) en *Is* 13, 2 : *ʿl-hr nšph ś'w ns* « Sur une montagne pelée, dressez un étendard » (TOB) ; « Sur un mont chauve, levez un signal » (BJ). Selon Mandelkern, la racine serait la même qu'en syriaque et en arabe, et le sens en est *ḥlwq wqrḥ, wqrwb 'l šwp* « chauve, dénudé, dégarni, proche de lisse, poli » ; il rapproche encore de *špšwp,* « frottement, lissage, polissage »[63]. Finalement, il interprète le délicat *wylk špy* de *Nb* 23, 3b d'après *ʿl hr nšph* d'*Is* 13, 2. Il est vrai qu'existe un verbe syriaque *šp* à rapprocher de l'akkadien *šāpu,* et signifiant en emploi transitif

1° « livit, illevit » ; 2° « contrivit » ;
3° « demulsit » ; 4° « detersit »,

et en emploi intransitif

1° « recubuit » ; 2° « incubuit » ;
3° « defluxit (in terram), fracta est (vestis) »,

mais celui auquel fait allusion le lexicographe est sans doute *šp'* qui signifie, en emploi transitif,

1° « laevigavit » ; 2° « purgavit »,

et en emploi intransitif

1° « clarus factus est » ; 2° « consensit »,

et que Brockelmann semble d'ailleurs considérer comme parent du précédent *šp.* Il en rapproche l'hébreu *nšph* « calvus » et l'arabe *sfʾ* « leavigavit ventus ». L'adjectif *špy'* n'est pas moins intéressant, car il indique quelques-unes des multiples directions qu'ont prises les versions :

1° comme l'adjectif, « planus » ; comme substantif : « planities » ;
2° « limpidus (fons) » ; 3° « purus » ; 4° « sincerus » ;
5° « concors » ; 6° « perspicue, manifeste ».

62. Ajoutons *Jb* 33, 21, pual troisième personne du pluriel, selon le *qeré.*
63. Il précise : « avec lequel on se polit les ongles ».

A titre de curiosité, signalons l'opinion, en partie divergente, de Fabre-d'Olivet : « SHPH. Tout objet apparent, éminent, distingué, proéminent : tout ce qui déborde, comme *les lèvres ;* s'élève, comme une *coline* (sic); paraît au-dessus, comme la *crême* (sic), etc. L'ar. *šf* désigne en général tout ce qui devient limpide, clair, diaphane. » Kalisch tient la racine *šph* pour apparentée à *šwh* « être égal ». Mentionnons, pour finir, un dernier verbe syriaque *šp* signifiant

1° « repsit » (pour les bestioles rampantes en *Lév* 11, 42);
2° « arrepsit »; 3° « irrepsit »; 4° « delapsus est (mons) »;
5° « serpsit (morbus) » 6° « assensus est ».

De cette racine proviennent *špwp'*

1° « repens »; 2° « homo mancus, membris captus »;
3° « reptilis »,

mšp' « declivitas » et *špp'*

1° « repens (vitis) » 2° « serpens ».

Nous tenons à peu près toutes les racines et dérivations capables d'expliquer les choix faits par les différentes versions. Ces choix sont difficiles à classer parce que chacun a plusieurs composantes, étroitement imbriquées de surcroît : un sens tiré d'une racine, ou parfois deux sens tirés de deux racines; la préférence pour telle ou telle racine dépend d'une idée préconçue touchant le personnage de Balaam; cela n'empêche pas l'option de se faire aussi en partie *ad contextum.* De plus, la même racine peut aboutir à deux sens rigoureusement opposés : ainsi, *šph* mène aussi bien à l'idée de « plan » qu'à celle de « colline, hauteur » (par le biais de « apparent, qui dépasse ») d'où la solution, accommodante, mais paradoxale, et souvent proposée, de « collis planus »; pareillement, *šp* « ramper » conduira certains à l'idée de « pente, plan incliné », donc de « hauteur », par le biais de celle, corrélative, de « déclivité ». Encore ne s'agit-il ici que des sens physiques. Mais ces dérivations ont leurs parallèles dans le domaine moral, comme l'a montré la revue lexicographique précédente.

La LXX pose une énigme, non quant à son sens, mais quant à son origine : *kai Balaam eporeuthè eperôtèsai ton theon, kai eporeuthè eutheian.* Elle contient un doublet évident[64]. Ce qui correspond à *wylk*

64. Les manuscrits de la LXX ne concordent pas tous : l'un omet le premier *eporeuthè ;* l'autre omet toute la séquence *eperôtèsai ton theon kai eporeuthè*, ce qui revient à *eporeuthè eutheian (= wylk špy) ;* un autre, au contraire, omet *kai eporeuthè eutheian ;* le Codex Ambrosianus porte en marge une correction pour *eutheian : syrom . . .* qui resterait incompréhensible si le Codex VII (d'après FIELD) ne portait, en marge lui aussi : *syromenos* qui peut se comprendre soit comme participe passif de *syrô* « tirer, charrier », ce qui traduirait la racine *šph* « frotter, raboter, aplanir » (c'est l'opinion de FIELD qui cite GESENIUS, *Thes. ling. Hebr.* p. 1462 : « Alii, teste Saadia,

špy, c'est seulement *kai eporeuthè eutheian, špy* ayant été compris d'après la racine *šp'* «laevigavit» ou «clarus factus est», mais traité comme un adverbe signifiant «tout droit, directement», ou encore «aussitôt». Cette interprétation est identique à celle de la Peshitta *w'zl špy'yt* que le latin «et abiit sincere» traduit plus facilement que le français. D'ailleurs, le sens dans lequel il faut entendre *eutheian* n'est pas plus sûr que l'acception exacte de *špy'yt :* faut-il leur donner une signification purement spatiale, «tout droit», ou temporelle «sur-le-champ, aussitôt», ou encore, morale «franchement, sans détour»? Tout dépend de l'opinion qu'avait de Balaam le traducteur grec ou syriaque, et aussi, de sa tendance plus ou moins grande à l'extrapolation midrashique. La Vulgate, par exemple, a tiré de cette même racine *šp'* un sens purement temporel : «cum abiisset velociter, (occurrit illi Deus)», sens retenu par Lüther («eilend»), alors que Saadia *wmḏy fy hdw* «et il s'en alla tranquillement» donne à *šp'* un sens moral, mais dérivé plutôt du sens 5° «concors», sans que pour autant l'idée spatiale soit complètement absente, car l'arabe *hdy* veut d'abord dire «bonne direction». Le Targum dit de Jérusalem assure un médaillon intermédiaire avec *w'zl bl'm blb špy* que Kalisch traduit «with tranquil mind»; mais voici déjà la première occasion de croiser le verbe araméen *šph* «écraser, broyer, moudre, frotter», d'où «raboter, aplanir», car nombre de commentateurs juifs ont compris «avec un cœur contrit ou humilié»; ainsi Rabbi Juda, cité par Kimḥi, qui traduit *brwḥ nšbrh* «d'un cœur brisé», traduction reprise par la Polyglotte de Walton avec «corde contrito». C'est aussi la première solution mentionnée par Ibn Janaḥ qui rend *wylk špy* par *fmḏy mnksr' 'y mnksr 'l nfs* «et il s'en alla brisé, c'est-à-dire l'âme brisée». De même Dathe, qui traduit par «anxieux». Erronée par rapport au texte biblique, parce que psychologisante et midrashique, l'hypothèse du «cœur brisé» n'est pas complètement extravagante quant à la situation réelle du devin païen d'outre-Jourdain; elle contient même une intuition juste : à Deir 'Alla, Balaam pleure[65].

Le Targum d'Onqelos, avec *w'zl yḥydy* «et il s'en alla seul», ouvre une voie qui semble originale, mais ne l'est peut-être qu'en partie, ou

bqwšy wbšwpy, coactus et submissus») ; soit comme le participe moyen intransitif signifiant «rampant», ce qui le rattacherait à la racine *šp* «ramper», dont nous avons vu la fortune midrashique à partir du Pseudo-Jonathan.

65. Voir la lecture proposée par A. Caquot et A. Lemaire *(Les textes araméens de Deir 'Alla),* p. 194 : au groupement I, l. 3. : *wyqm bl'm mn mḥr [....] y [...] h. wlym [....] wbk* et l. 4 : *h.ybkn.wy'l. 'mh.'lqh ... l m h.tbkh.* «Et Balaam se leva le lendemain [....] et il pleurait, pleurait, et Eliqa entra chez lui [... et ils lui dirent?] Pour[qu]oi pleures-tu?»
Le contexte est proche, excepté qu'à Deir 'Alla, Balaam pleure *après* la venue des dieux et non *avant* sa rencontre avec Dieu, comme le supposent les interprétations rabbiniques que nous mentionnons.

en apparence ; de plus, il est le chef de file d'une tradition où il s'avère difficile de démêler ce qui procède de dérivations proprement philologiques, et ce qui provient d'une interprétation *ad sensum*. En effet, aucune racine n'explique *yḥydy*. Mais Rachi, qui dépend directement d'Onqelos, donne la solution : *wylk špy. ktrgwmw yḥydy lšwn šwpy wšqṭ š'yn 'mw 'l' štyqh « wylk špy :* d'après le Targum, 'seul'. C'est une expression de retraite et de calme, il n'y avait avec lui que du silence. » Autrement dit, la traduction *yḥydy* risque fort d'être *déduite* du sens « calme », lui-même dérivation morale de *šp'* « plan » ou encore « limpide » ; cette déduction fut sans doute surdéterminée par le contexte : pour rencontrer Dieu, il est normal de s'isoler : tous les prophètes font cela (Moïse, Élie). Abrabanel emboîte le pas en traduisant par *mtbwdd*[66].

Mais une autre solution, d'ailleurs pas absolument indépendante de la précédente, pourrait rendre compte de *yḥydy :* le souvenir de *Gen* 22, 8b *wylkw šnyhm yḥdw* « et tous deux allèrent ensemble ». En *Gen* 22, 6b et 8b, Onqelos traduit *wylkw šnyhm yḥdw* par *w'zlw trwyhwn kḥd' ;* le Targum du Pseudo-Jonathan a, pour le v. 6b, *w'zlw trwwyhwm kḥd'* (= Onqelos), et, au v. 8b, *w'zlw trwyhwm blb šlym kḥd'* (« le cœur en paix ») ; mais le Targum de Jérusalem porte, au v. 8b, *whlykw trwyhwn kḥd' blb špy !* Le Targum de Jérusalem donne *une traduction identique pour Gen 22, 8b et pour Nb 23, 3b,* à savoir *blb špy* (bien des commentateurs l'ont noté). Autrement dit, dans un contexte analogue, avec une structure de phrase analogue :

— première moitié du verset consistant en une longue parole, ici de Balaam, là d'Abraham et affirmant sa confiance en Dieu :
Nb 23, 3a : *wy'mr bl'm lblq htyṣb 'l-'ltk w'lkh 'wly yqrh yhwh lqr'ty*
Gen 22, 8a : *wy'mr 'brhm 'lhym yr'h lw hśh l'lh bny*
— deuxième moitié du verset fort brève, réduite au verbe *hlk* et à un déterminant :
Nb 23, 3b : *wylk špy*
Gen 22, 8b : *wylkw šnyhm yḥdw.*

Les massorètes ne s'y sont pas trompés, en plaçant l'*atnaḥ* juste avant la seconde phrase, pourtant beaucoup plus brève. La proposi-

66. Le Targum Néofiti semble faire une *lectio conflata* que LE DÉAUT ne traduit pas complètement : « Et Balaam s'en fut, le cœur (?) tranquille, pour maudire Israël. » En note il traduit *yḥydy* par « solitaire », le tenant pour essai d'interprétation de *šephy* du texte massorétique, qu'il comprend comme « lieu solitaire ou dénudé, i.e. sans arbres ». Une glose marginale porte *blb spy ;* en *Gen* 22, 6b. 8b, Néofiti a *w'zlw tryhwn kḥd' blbh slmh ;* une glose marginale porte aussi *blb spy.*

Nb Rab. 20, 8, procède à une autre combinaison : il fait succéder au calme son contraire, le trouble ; plus exactement, il donne à *špy* le sens « tranquillité », puis explique : « Balaam voulut maudire Israël ; donc, il perdit la tranquillité d'esprit dont il avait jusqu'alors bénéficié et fut, désormais, mal à l'aise et troublé *(nṭrd).* »

tion *wylkw šnyhm yḥdw* est d'ailleurs prégnante en *Gen* 22, car elle se présente déjà au v. 6, en conclusion d'une phrase de rythme similaire à celui du v. 8. La source d'Onqelos ne se trouverait-elle pas ici et ce, de deux manières?

1° L'idée est la même : un mouvement d'éloignement du groupe, pour aller à la rencontre de Dieu. Mais Abraham et Isaac sont deux : *yḥdw* n'exprime pas négativement l'idée, en soi négative, d'isolement, mais il l'exprime positivement : c'est le fait d'aller «tous deux ensemble» qui isole Abraham et Isaac du reste du groupe; c'est ici que l'on passe au

2° Les deux mots *yḥdw* et *yḥydy* sont frères.

Balaam n'a pas de compagnon; il y a, d'une part, lui, d'autre part, le reste du groupe, dont Balaq. S'il s'isole, il n'y aura donc que lui à s'isoler : par conséquent, il ira seul *w'zl yḥydy*. Dans l'un et l'autre cas, la racine *yḥd* sert à exprimer l'isolement : mais en *Gen* 22, les isolés étant deux, elle l'exprime sous forme positive par l'adverbe *yḥdw* «ensemble», tandis qu'en *Nb* 22, l'isolé étant unique, Onqelos l'utilise de façon négative, avec l'adjectif *yḥydy*, «seul».

Indépendamment de cette éventuelle genèse littéraire, Ehrlich porte à Onqelos un intérêt spécial, et en propose une autre explication : «Onqelos a pour cela *yḥydy*, ce qui, à ma connaissance, n'a été observé par aucun exégète» (depuis, nombre d'exégètes ont au contraire écrit qu'Onqelos était l'un de ceux qui approchaient le plus de l'idée exacte), «et pourtant, contrairement aux apparences, cela nous met sur la bonne voie. Car à y regarder de plus près, on trouve une parenté entre le concept 'dénudé' et le concept 'seul' («der Sprachgeist zwischen den Begriffen 'kahl' und 'allein' eine Verwandschaft sieht»). Cette parenté apparaît non seulement dans l'adverbe allemand 'bloss', mais aussi dans maints équivalents sémitiques, nommément l'arabe *muǧarradān* et le talmudique *g^eréydā*.

Cependant, Onqelos a lu *šepûy* comme un participe passif, ce qui pourtant n'est probablement pas la prononciation primitive du mot. L'auteur disait *šepy*, ce qui est la forme pausale de *š^epy* et voulut faire comprendre cela dans le sens de 'solitude'. Balaam, après cela, se rendit dans la solitude. Il le fit pour la même raison que ce pourquoi il s'éloigna de Balaq et de sa suite, c'est-à-dire pour être seul, car Yahvé ne lui fût pas apparu s'il se fût trouvé en compagnie des païens. De façon aussi avisée, Moïse en Égypte ne prie pas Yahvé avant d'avoir quitté la ville (*Ex* 9, 29 et 33)[67].»

67. Ewald envisage un temps que *šph* soit à comprendre d'après *ṣph* «épier» (cf. 23, 14); mais seul d'entre toutes les langues sémitiques l'éthiopien *tswf* «espérer» offrirait un tel sens pour *šph*. C'est pourquoi il adopte le sens «allein», qu'il tire de l'idée «kahl, abgerieben» contenue dans la racine *šph*; lui aussi loue Onqelos. Il note que l'expression est beaucoup plus forte qu'avec l'habituel *lbdw*, de même que l'arabe *ǧryd'*

Une autre direction, prise d'abord par le Targum du Pseudo-Jonathan, fut de rattacher *špy* à l'idée de « ramper » : *gḥyn kḥywy'* « sinueux comme un serpent », sans doute guidé à la fois par la ressemblance de *špy* avec *špypwn* « vipère » (*Gen* 49, 17) et par un a priori défavorable sur Balaam ; peut-être aussi parce qu'en *Gen* 49, 17, *špypwn* est parallèle à *nḥš* « serpent », et que ce terme relatif aux pratiques d'enchantement survient deux fois dans l'épisode de Balaam (23, 23bα *ky l'-nḥš by'qb* et 24, 1aγ *wl'-hlk kp'm-bp'm lqr't nḥšym*). Le souvenir du *nḥš* de *Gen* 3 ne doit pas être loin, si l'on pense aux fabulations rabbiniques sur le « mauvais conseil » donné par Balaam à Balaq pour que les femmes moabites séduisent les Israélites. L'idée se retrouve, modulée différemment, dans le Targum samaritain (Polyglotte de Walton : araméen *mkmn* « tapi » ; triglotte de Barberini : arabe *mtḫfy'* « se cachant »)[68].

Parmi les modernes du siècle dernier, les propositions de correction n'ont pas manqué. Kuenen et Robertson Smith suggèrent *lkšpyw* « à (la recherche de) ses ensorcellements ». Ewald et, à sa suite, Dillmann, se demandent si *špy* ne serait pas la corruption de *ṣpy*, ce qui autoriserait la traduction « er gieng spähen ». On voit jouer ici l'influence rétroactive de *śdh ṣpym* du v. 14, et peut-être aussi l'image midrashique négative du serpent camouflé. Signalons enfin la suggestion de Volz, reprise par Baentsch qui, si elle ne rend certainement pas compte du texte hébreu, pourrait expliquer l'énigmatique *lectio conflata* de la LXX : il faudrait entendre par *špy* : *lš'l py yhwh*, d'après la LXX *eperôtèsai ton theon*, demeuré inexpliqué. Selon Bewer[69], la

« dépouillé, dénudé » l'emporte en expressivité sur le banal *wḥdh* (Ueber die redensart *hlk špy Num* 23.2 : als Nachtrag zu St. XLIII Bd. VIII, *Jahrbücher der Biblischen Wissenschaft* 10, 1859/60, p. 46-49).

68. Le Talmud (*Sanh.* 105a) comprend que Balaam boitait (*ḥgr*, avec l'idée, contenue dans *šwp*, que les os sont détachés de leur point d'attache) : il avait été estropié par l'ânesse qui lui avait coincé la jambe contre la murette du vignoble en 22, 25. Toutefois, il ne boitait que d'une jambe alors que Samson, que *Gen* 49, 17 compare à une vipère *(špypwn)*, boitait des deux (*Soṭa* 10a, *Sanh.* 105a). Cette fabulation nous ramène à la racine *šp* « ramper », d'où le Pseudo-Jonathan tire son *gḥyn kḥywy'* « rampant comme un serpent », mais d'où vient aussi l'adjectif *špwp'* « mutilé, estropié ». Balaam estropié d'une jambe, c'est une autre forme de « la mutilation paradoxalement qualifiante » signalée à propos du difficile *štm* de 24, 3bβ *et 15bβ* (l'œil crevé = borgne, ou les yeux crevés = aveugle). Soulignons au passage combien ces vocables difficiles se prêtent à des interprétations diamétralement opposées : *špy* est compris par la LXX *eutheian* « tout droit, aussitôt, sur-le-champ », et par le Pseudo-Jonathan *gḥyn* « courbé, rampant, se traînant » ; *štm* reçut, successivement, les sens « qui est parfait », « ouvert », « percé » (c'est-à-dire « aveugle »), « obstrué ».

69. J. A. BEWER, The Literary Problems of the Balaam Story in Numbers, Chapters 22-24, *The American Journal of theology* 9, 1905, p. 238-262, p. 251 n. 19.

LXX, ne sachant que faire de *špy* qu'elle ne comprenait pas, l'a lu comme une abréviation de *š'l py yhwh*[70].

Aucune version ancienne, si ce n'est la Syro-hexaplaire *(et abiit in clivum planum)*, n'a donc donné à *špy* un sens local. Pourtant, Ibn Janaḥ préfère penser, en dernière analyse, que *špy* est le singulier du substantif *špyym* aimé du Deutéro-Isaïe et de Jérémie; il traduit : «il partit vers une pente», faisant de *špy* un accusatif de direction sans préposition, comme en 1 *R* 2, 41 qu'il invoque *(ky-hlk šmʿy myrwšlm gt)* et où *gt* est l'équivalent de *'l-gt*. Ibn Ezra l'approuve et traduit comme s'il y avait *'l špy*, se recommandant de *Jér* 3, 21 *qwl ʿl špyym*.

A la suite de ces exégètes médiévaux, il faut tenir *špy* pour un substantif singulier, ayant dans la phrase fonction d'accusatif de direction. Leurs analyses montrent que *wylk špy* comporte deux problèmes, qui sont d'ailleurs liés :

1° la nature du mot *špy* (et, corrélativement, son sens);
2° sa fonction dans la phrase.

Si les versions manifestent une telle réticence à comprendre le simple accusatif de direction, c'est à la fois parce que *špy*, singulier de *špyym*, est un *hapax*, et parce que l'absence de préposition les gêne. Pourtant, Rosenmüller avance des exemples prouvant que la seconde raison ne tient pas : «Sed observandum est, Hebraeos interrogantibus *quorsum*? respondere Accusativo usurpando, sive nomen *urbis* commemorandum sit, ut 1 *Reg*. 14, 2. 2 *Paral*. 20, 36., sive nomen *regionis* aut loci appellativum, ut *Ps* 104, 8.2 *Sam*. 15, 27. *Num*. 14, 25.» Particulièrement probants sont les trois derniers : *yʿlw hrym yrdw bqʿwt; 'th šbh hʿyr; sʿw lkm hmdbr drk ym-swp*, car l'accusatif de direction est un nom de lieu *commun*; et non *propre*. En effet, l'accusatif de direction sans *h* paragogique est plus rare avec des noms communs qu'avec des noms propres. D'ailleurs, en 22, 39 *wyb'w qryt*

70. Mais ce qui demande encore une explication, c'est le fait que la LXX juxtapose les deux lectures. Car enfin, *kai eporeuthè eutheian* correspond exactement au *w'zl špy'yt* de la Peshitta. De deux choses l'une : ou bien la lecture initiale de la LXX était cette interprétation de *špy*, non identifié comme vocable mais pris pour le sigle de *š'l py yhwh*, d'où *eperôtèsai ton theon;* plus tard, un scribe aurait reporté, à côté, le grec correspondant aux versions latine et syriaque, ou bien, à l'inverse, la LXX a d'emblée compris *wylk špy* à peu près comme la Vulgate et la Peshitta, ce qui donna *kai eporeuthè eutheian;* par la suite, une main de scribe ajouta *eperôtèsai ton theon*, qui résulte sans doute de *špy* compris comme le sigle de *š'l py yhwh*. La seconde hypothèse paraît préférable parce que : 1° il est impensable que les auteurs de la LXX n'aient pas connu au moins l'une des racines *šp* ou *šph*, dont toutes les versions attestent la connaissance; 2° le type d'explication proposée pour *špy* (sigle de *š'l py yhwh*) semble d'origine michnique : Rachi signale que le Talmud (*Sabb*. 105a) suggère, pour le difficile *yrṭ* de 22, 32, un genre de solution tout à fait analogue : «Nos Rabbins, les Sages de la Michna, ont expliqué le mot *yrṭ* comme *'notarikon'* = *yr'h*, 'elle eut peur', *r'th*, 'elle vit', et *nṭth*, 'elle s'écarta'.» Quoi qu'il en soit, une telle interprétation paraît secondaire, postérieure à l'autre.

ḥṣwt et 41 *wy'lhw bmwt b'l*, le verbe de mouvement est suivi immédiatement d'un toponyme sans préposition, ayant fonction d'accusatif de direction : influencées par la gradation régulière qui régit le texte, les versions attendaient un nouveau toponyme, et *špy* les déroute.

Mais a-t-on résolu le double problème de la nature du mot et de sa fonction, reste celui de son sens exact[71]. D'après Joüon[72], *špy* signifierait, dans toutes ses occurrences, non pas «crête», mais «piste». Elliger conteste cette interprétation[73] : «*špy* ist die kahle, d.h. sicher baum-, vielleicht überhaupt vegetationslose Fläche, und zwar die höher gelegene Fläche, sei sie nun ein Abhang, ein Hügel oder überhaupt ein auch Talgrund gelegenes Gelände, gar eine Hochfläche.» Elliger appuie sa conclusion sur des arguments impressionnants : pour *špyym* en *Is* 49, 9, 1 *QIs*[a] a *hrym*, et Kimḥi le comprend *mqwmwt hgbwhym wkn wylk špy*, de même qu'il comprend *špyym* d'*Is* 41, 18 *mqwmwt hgbwhym wkn wylk špy*, en citant derechef *Nb* 23, 3. Pour *Is* 41, 18, Ibn Ezra commente *hm gbwhym hpk bq'wt*.

Que l'on considère maintenant le cas particulier de *wylk špy* en *Nb* 23, 3, et qu'on l'explique d'après la situation, analogue, de lieux comme «Le Sacrifice» (ou «Le Haut-Lieu», voir *bmwt b'l*) ou 'Umm el Biyarah, à Pétra : il s'agit bien de hauteurs, dominant la plaine de six ou huit cents mètres; il faut, pour y accéder, gravir un sentier escarpé ou des marches abruptes. Mais une fois en haut, c'est plat. On découvre une étendue sur laquelle il est possible de marcher pendant plusieurs centaines de mètres sans monter; à preuve des moutons paissent l'espace pelé, où quelques arbustes n'empêchent pas de porter le regard très loin, tant sur le sommet, plat, de la hauteur elle-même, que sur la plaine qu'elle surplombe. Balaq et Balaam sont d'abord montés sur un haut-lieu *(wy'lhw bmwt b'l)*; l'emplacement des autels était peut-être au milieu du petit plateau constituant le sommet; puis, Balaam s'est éloigné sur une sorte de piste, soit pour être simplement à l'écart, soit pour s'approcher du bord du plateau, d'où il pût mieux voir le peuple campant dans la plaine en bas. De toute façon, Balaam n'est pas redescendu de l'aire spatiale où se trouvait *bmwt b'l* pour ensuite remonter et aller *špy* : *bmwt b'l* et *špy* sont sensiblement à

71. L'expression *bmdbr špm* (SS = CTA 23, l. 4) est traduite «dans la steppe [couverte] de dunes» dans *Textes Ougaritiques* Tome I, p. 369. La l. 3 *ytnm qrt l'ly* (?) [ ] «qui établissent une cité en haut [............]» atteste la même hésitation entre le plat et l'élevé qu'en *Nb* 23, 3.

72. P. Joüon, Le sens du mot *špy*, *Journal of the Asiatic Society* 7, 1906, p. 137-142.

73. K. Elliger, Der Sinn der hebräischen Wortes *š^epî*. Zugleich ein Beitrag zum Verständnis der alten Versionen, *ZAW* 83, 1971, p. 317-329. D'après W. McKane (ŠPY (Y) M) with special Reference to the Book of Jeremiah, dans *Mélanges bibliques et orientaux en l'honneur de M. Henri Cazelles* (AOAT 212), Neukirchen-Vluyn 1981, p. 319-335), l'idée est «smoothness, levelness».

même hauteur, en continuité l'un avec l'autre. Ainsi tombe l'objection, émise par Ehrlich [74] et Gray, que si *špy* était vraiment sis en hauteur, le verbe de mouvement utilisé par le texte serait *wy'l*, et non *wylk*. Elliger et Joüon sont renvoyés dos à dos en l'occurrence; d'ailleurs, Elliger, alléguant que le terme araméen traduisant *špyym* était *nagdun*, réduisait déjà l'écart, car *ngd'* signifie «distance, col, défilé, sentier, allée». Où va maintenant Balaam, c'est un terrain plat, d'où le verbe *wylk*; mais si Balaq ne l'avait pas fait monter auparavant *(wy'lhw)*, il ne pourrait aller sur un *špy* maintenant.

La traduction, apparemment contradictoire dans les termes, par *« in clivum planum »*, est donc celle qui rend le mieux compte de la situation. Rosenmüller le dit très bien : «sermo est de monte, significari videtur *locus planus in monte, in quo liber detur prospectus quoquo versum »*.

Après, Rosenmüller glose avec raison : *« discessit in locum, ex quo prospectum haberet minus impeditum. »* De même fait Dillmann : «auch die römischen Auguren ihre Zeichenschau auf freien Plätzen trieben (Cic. de off. 3. 16) u. ihr auguraculum (Festus s. v.) arx genannt wurde.» *Nb* 22, 3b est le type de texte où il faut bien distinguer entre le sens précis d'un mot et la paraphrase. Presque toutes les versions et bon nombre d'auteurs se sont réfugiés dans la paraphrase *par la faute même du texte*, intentionnellement peu explicite et mystérieux. Une expression aussi concise que *wylk špy* prêtait aux interprétations *ad sensum* à la fois à cause de la minceur du texte et de la richesse du contexte : celui-ci, saturé de connotations magico-religieuses, permit aux traducteurs de pallier le silence volontaire du texte. Silence recherché parce que le récit procède suivant une gradation dans l'éloignement et la retraite. Après Qiriath-Ḥouṣôth et Bamoth-Baal, *špy* est l'étape ultime avant la visite divine et la proclamation des oracles. A lire Strack : «Gemeint ist jedenfalls eine Stelle, welche ihm für das Wahrnehmen sei es eines *nḥš*, sei es einer göttlichen Offenbarung geeignet erschient. Doch ist der Ausdruck auffällig.», on ne peut se défendre du sentiment qu'il tire du texte tout ce que le texte veut bien qu'on en tire, que c'est cela précisément que le texte veut qu'on en tire, cela qu'il suggère, et rien d'autre. Ce n'est pas hasard si «der Ausdruck auffällig ist». Dans ces conditions, toutes les tentatives pour évoquer la solitude, la retraite, et même le silence et le calme, loin d'être erronées, contiennent une part de vérité : elles ont saisi l'esprit du texte, faute d'en saisir la lettre (voir

74. Ehrlich admet que l'interprétation courante de *špy* est «ein kahle Hügel», mais objecte «que l'on devrait trouver *wy'l* au lieu de *wylk*, l'hébreu choisissant le verbe de mouvement d'après la position du but, suivant qu'il est situé haut ou bas». L'argument vient à point renforcer notre démonstration : *wylk* indique précisément que *špy* se trouve à la même hauteur que *bmwt b'l*.

1 *R* 18, 11-12, où le Seigneur se fait entendre à Élie dans « le bruit d'un silence ténu »). On comprend alors l'enthousiasme d'Ehrlich, cité plus haut, pour la traduction *w'zl yḥydy* d'Onqelos, qui n'est lointaine qu'en apparence : en explicitant le lien, demeuré partout implicite, qui existe entre « dépouillement » (physique) et « solitude » (morale), par le biais de l'idée de « simplicité » (« bloss »), et la nécessité d'une telle « simplicité » pour que se produise une révélation divine quelle qu'elle soit, Ehrlich se livre à une phénoménologie de la conscience ou de la perception exégétique et permet de reconstituer les mécanismes de la traduction : les versions et les exégètes qui ont rendu *špy* par l'idée de « solitude » ou de « calme », ou bien, comprenant clairement et distinctement le sens physique du mot, n'en ont pas moins sauté d'emblée à l'idée morale qu'il impliquait, ou bien, n'entendant que confusément, ou pas du tout, ce sens physique, n'en ont pas moins perçu intuitivement, et exprimé, l'idée morale de solitude qu'ils sentaient régner autour du mot *špy*. Dans l'un et l'autre cas, ils étaient aidés par la racine *šph* elle-même, dont le sens « aplanir, raboter », se laissait aisément transposer dans le domaine moral.

D'après S. Daiches[75], un mot aussi anodin que *wylk* serait presque un terme technique ou, du moins, recèlerait des allusions à des pratiques de magie divinatoire en usage à Babylone. En vertu de son idée directrice, que *Nb* 22-24 relate l'histoire d'un *baru* babylonien, idée fondée sur la présence, dans le texte, de deux termes évoquant explicitement la magie *(qsmym* et *nhšym)*, il relit tous les termes d'apparence banale à la lumière des parallèles assyriens : l'ensemble du texte apparaît alors comme un cryptogramme. En particulier, il arguë de ce statut spécial de l'épisode de Balaam pour différencier *Nb* 23, 3 et 15 de *Gen* 22, 5. Plusieurs objections s'élèvent contre cette hypothèse :

1° Pour la question d'histoire des religions proprement dite, la mention des *'wlwt* en *Nb* 23 (argument négatif : absence d'holocaustes à Babylone) et l'attestation, par les inscriptions de Deir 'Alla, de l'existence en Transjordanie d'un Balaam (argument positif) barrent la route à toute interprétation systématiquement et exclusivement mésopotamienne de l'épisode; tout au plus si quelques rapprochements sont permis, ici ou là.

2° Quant à la question linguistique, il est nécessaire d'énoncer un truisme en rappelant que *Nb* 22-24 est écrit en hébreu biblique. Cette observation vient s'ajouter à la précédente pour nous inviter à confronter toute expression que nous y rencontrerons, *d'abord* avec d'autres textes bibliques, relatifs à des épisodes internes à la

75. S. Daiches, Balaam a Babylonian bārū, Assyriologische und archaeologische Studien, dans *Festschrift H.V. Hilprecht*, 1909, p. 60-70.

tradition, à la culture, et à l'histoire d'Israël[76]. Ce « recentrement » jette une lumière nouvelle sur la verbe *hlk*, point de cristallisation du débat : il apparaît bien comme un terme quasi technique, mais dans le contexte de la retraite à la recherche du Dieu d'Israël : celui qui cherche Dieu commence toujours par « s'en aller ». En 1 *R* 19, le verbe *hlk* scande la retraite d'Élie à l'Horeb : v. 3 *wyqm wylk 'l-npšw*; v. 4 : *whw' hlk bmdbr*; au v. 8 : *wylk bkwḥ h'kylh*. En *Gen* 22, *hlk* rythme pareillement la marche d'Abraham et d'Isaac vers le lieu de l'holocauste : v. 5 *'ny whn'r nlkh 'd-kh*; v. 6 *wylkw šnyhm yḥdw*; v. 8 *wylkw šnyhm yḥdw*. En *Nb* 23, 3, *hlk* revient deux fois, une fois en emploi absolu, une fois déterminé par l'accusatif de direction, pour décrire la démarche de Balaam à la rencontre de Dieu : *htyṣb 'l-'ltk w'lkh ; wylk špy*. On objectera qu'un mot aussi courant que *hlk* ne saurait être un terme technique, que son emploi est d'ailleurs tout simplement requis par la situation de déplacement elle-même ; enfin, que le verbe *hlk* survient aussi, dans les mêmes textes, pour décrire l'ordre donné par Dieu de *s'en aller*, ainsi que l'exécution de cet ordre : 1 *R* 19, 15 *lk šwb ldrkk mdbrh dmśq*; v. 19 *wylk mšm*. En *Gen* 22, 2 : *lk-lk 'l-'rṣ hmryh* : v. 3 *wyqm wylk 'l-hmqwm*. En *Nb* 22, 20 *qwm lk 'tm*; v. 21 *wylk 'm-śry mw'b*. On répondra que c'est précisément parce que la situation de quête de Dieu implique inévitablement la démarche d'éloignement que le verbe *hlk* survient automatiquement, en sorte qu'il devient naturellement le terme quasi technique pour une telle situation ; que pareille spécialisation, toute momentanée, n'empêche pas sa coexistence, dans un même texte, avec une spécialisation analogue, mais différente, du même verbe *hlk*.

3° La comparaison de *Nb* 23, 3 avec *Gen* 22, 5, loin de souligner les différences avec les deux textes, comme le veut Daiches, invite plutôt à les rapprocher davantage encore. *Gen* 22, 5 se laisse volontiers confronter non seulement à un, mais à quatre passages de notre épisode :

76. En ce sens, mais en ce sens seulement, est recevable l'affirmation de L. Rost, que les *'wlwt* correspondent à une « israélitisation » du récit ; à vrai dire, il n'y a pas de récit préisraélite qui ensuite aurait subi une « israélitisation » : le récit est d'emblée israélite, et de conception, et d'écriture ; c'est là son premier état, et il n'existe que comme tel.

Il est vrai aussi qu'à l'intérieur même du contexte le plus purement israélite, on hésite parfois sur la portée exacte des mots et leur degré de technicité. Témoin *bqr* en *Ps* 27, 4 : von Rad (« Gerechtigkeit » und « Leben » in den Psalmen dans *Gesammelte Studien zum Alten Testament*, p. 239 n. 21) trouve la traduction « untersuchen » et « genau betrachten » trop générale. Il avance 2 *R* 16, 15, et les inscriptions nabatéennes CIS II 2118, 2593, 2661, 2667-69, où *mubaqqiru* est « Bezeichnung einer kultischen Amtsperson ... vielleicht Opferschauer » pour suggérer que *wlbqr bhykl* évoque, en *Ps* 27, 4, une activité cultuelle très précise. Cependant la « technicité » de *hlk* ne semble pas dépasser l'idée de « s'éloigner pour aller à la recherche de Dieu ».

Gen 22, 5 :	*wy'mr 'brhm 'l-n'ryw šbw-lkm ph 'm-hḥmwr w'ny whn'r nlkh 'd-kh wnšttḥwh wnšwbh 'lykm*
Nb 22, 8 :	*wy'mr 'lyhm lynw ph hlylh whšbty 'tkm dbr k'šr ydbr yhwh 'ly*
Nb 22, 19 :	*w'th šbw n' bzh gm-'tm hlylh w'd'h mh-ysp yhwh dbr 'my*
Nb 23, 3 :	*wy'mr bl'm lblq htyṣb 'l-'ltk w'lkh 'wly yqrh yhwh lqr'ty wdbr mh-yr'ny whgdty lk*
Nb 23, 15 :	*wy'mr 'l-blq htyṣb kh 'l-'ltk w'nky 'qrh kh*

Les cinq phrases sont bâties sur le même modèle : wy'*mr* + destinataire (pour 22, 19, au v. 18) ; impératif + détermination du lieu ; *w* + cohortatif; trois fois sur quatre, *w* + verbe à la première personne et contenant l'idée de rapport (de retour en *Gen* 22, 5).

Grâce au procédé de la variation à l'intérieur de la répétition, l'auteur de *Nb* 22-23 a cette fois « ventilé » les divers mots et expressions de l'unique annonce, par Abraham, de son unique éloignement à la rencontre de Dieu, sur les quatre annonces, par Balaam, de ses quatre éloignements à la rencontre de Dieu : de *Gen* 22, 5, *Nb* 22, 8 a retenu : *wy'mr* + destinataire; l'impératif pluriel; *ph*; *whšbty 'tkm* (souvenir de *wnšwbh 'lykm*?); 22, 19 : *šbw...'tm* (cf. *šbw-lkm*) ; *w* + imparfait cohortatif; 23, 3 : *wy'mr* + sujet + destinataire; impératif; *w* + *hlk* à l'imparfait cohortatif; *whgdty lk* (calqué sur *wnšwbh 'lykm*, sauf la transposition du pluriel au singulier, et de l'imparfait au parfait) ; 23, 15 : *wy'mr* + destinataire ; impératif + *kh* (cf. *ph*) ; *w'nky*; cohortatif + *kh*.

Cette analyse, de soi, présuppose et en même temps démontre le principe d'écriture qui régit notre texte : c'est encore une fois une véritable genèse littéraire, tout à fait consciente, à partir de *Gen* 22.

Cette conclusion, qui intéressait d'abord les rapports existant entre *Gen* 22, 5 et *Nb* 23, 3aγ *(w'lkh)*, peut maintenant se répercuter sur le lien, étudié plus haut à l'occasion du *yḥdy* d'Onqelos, et qui semblait unir *Gen* 22, 6b.8b *(wylkw šnyhm yḥdw)* à *Nb* 23, 3b *(wylk špy)*. Elle s'applique aussi à ce dernier cas : la ressemblance entre *Gen* 22, 6b.8b et *Nb* 23, 3b n'est pas le produit subjectif de l'imagination analogique du traducteur araméen, mais le résultat objectif et calculé d'une authentique genèse littéraire, devinée par l'intuition du Targum.

L'ENVOI DU PTWR

Au v. 5 on observe un phénomène intéressant : un oracle à retardement, en quelque sorte ! « Le Seigneur mit une parole dans la bouche de Balaam et lui dit : 'Retourne vers Balaq et tu lui parleras ainsi'. Et il retourna vers lui et le voilà (Balaq), il se tenait auprès de son holocauste, lui et tous les dignitaires de Moab. Et il proféra... » En contexte prophétique traditionnel, on attendait : « Et Dieu lui mit une parole dans la bouche, et il proféra... » Ici, deux versets séparent la déposition de la parole dans la bouche de Balaam et la proclamation de l'oracle : le temps pour Dieu de dire à Balaam de retourner parler, et le temps même du retour. A la lecture, l'effet est curieux. Il en résulte un mélange de réalisme et d'irréalisme :

— Réalisme :

a) conforme à la vraisemblance narrative. De fait, il faut bien à Balaam le temps de retourner jusqu'à Balaq, dont il s'était éloigné.

b) ce *dbr* placé dans la bouche de Balaam, mais non proféré jusqu'à son retour, acquiert une sorte de matérialité, comparable à celle que l'on peut inférer des récits de vocation de Jérémie : *Jér* 1, 9 : « Le Seigneur, avançant la main, me toucha la bouche, et le Seigneur me dit : Ainsi je mets mes paroles dans ta bouche *(hnh ntty dbry bpyk)* », où l'on constate le même délai entre le don de la parole et sa proclamation, et d'Ézéchiel : *Ez* 3, 1-2 : « Il me dit : 'Fils d'homme, mange-le, mange ce rouleau; ensuite tu iras parler à la maison d'Israël'. J'ouvris la bouche et il me fit manger ce rouleau. » Même ordre d'aller parler ensuite, même délai. Le *dbr* de *Nb* 23, 5 devient un objet.

— Irréalisme :

mais justement, ce qui gêne ici, c'est l'écart entre la nature de l'expression (l'usage qui en est fait d'habitude) et l'usage qui en est fait ici. D'habitude (2 *S* 14, 19; 2 *R* 22, 22.23), l'expression est métaphorique : elle ne veut rien dire d'autre que « dicter ». Sous une allure d'image, elle n'a plus de résonance concrète, elle est définitivement passée du côté de l'abstrait. Telle est d'ailleurs sa valeur en 22, 38 (leitmotiv). Ou bien, au contraire, une chose très matérielle est mise sur (*Is* 6, 6 : une braise; voir aussi *Dan* 10, 16), ou dans (*Ez* 3, 2 : le rouleau) la bouche du prophète, en un geste symbolique, mais très concret, d'initiation et de consécration. En l'occurrence, c'est mitigé : du fait du retard, le *dbr* apparaît comme un objet conservé dans la bouche jusqu'à sa proclamation : ce n'est donc pas une métaphore équivalant à un mot abstrait. Mais ce n'est pas non plus une chose matérielle ayant valeur de symbole : cela reste bien ce *dbr* qui sera proféré par Balaam dès son retour. Même l'occurrence la plus proche, *Jér* 1, 9, en diffère, car c'est un geste à la fois plus concret (toucher la bouche) et plus symbolique[77] (la parole n'y est pas, comme en *Nb* 23,

77. K. Gouders, « Siehe, ich lege meine Worte in deinen Mund ». Die Berufung des Propheten Jeremia (*Jer* 1, 4-10), dans *Bibel und Leben* 12 (1971), p. 162-186, appelle l'expression « Die Ausdrückweise für die Übergabe des Jahwewortes und der Begabung des Berufenen » (p. 172). Il observe que *ntn* ou *śm dbr bpy* survient encore en *Dt* 18, 18 et *Nb* 22, 38.23, 5.16. Il dresse (p. 186) la liste des huit points dessinant le schéma du

5, cette chose quasi matérielle conservée dans la bouche le temps d'un trajet).

Ce statut intermédiaire du *dbr* pourrait correspondre au statut intermédiaire de Balaam en tant que *ptwr*. Nous avons vu, lors des deux premières visites divines (22, 8-12 et 19-20), qu'il ne s'agissait pas d'un récit de vocation de prophète, comme en *Ex* 3 ou 1 *S* 3, mais d'un moment pris dans la vie d'un interprète professionnel dont le métier implique un contact fréquent et familier avec la divinité. Le don de la parole en 23, 5, lors de la troisième visite divine, s'inscrit dans la ligne de cette familiarité. Le *dbr* eût-il revêtu une forme encore plus matérielle, la narration basculait du côté du genre « récit de vocation de prophète » (*Is* 6, 6 ; *Jér* 1, 9 ; *Ez* 3, 1-3 se caractérisent par la matérialité du geste), ce qui contrevenait doublement à l'esprit du texte, parce que Balaam n'est pas exactement un prophète et, corollaire, parce qu'il n'a nul besoin d'être appelé, faisant simplement son travail quotidien. Un détail confirme le fait que la situation n'est ni initiale, ni exceptionnelle : au v. 5b, Yahvé dit à Balaam *šwb 'l-blq wkh tdbr ; šwb* est requis par la situation concrète d'éloignement ; quant à *wkh tdbr*, c'est une transposition de la formule classique et banale *kh 'mr yhwh*, introduisant habituellement les oracles prophétiques. Dans les trois récits de vocation mentionnés plus haut, la formule d'envoi est à la fois plus solennelle et plus spécifique :

Is 6, 9 :	*wy'mr lk w'mrt l'm hzh*
Jér 1, 10 :	*r'h hpqdtyk hywm hzh 'l-hgwym w'l-hmmlkwt lntwš wlntwṣ wlh'byd wlhrws lbnwt wlnṭw'*
Ez 3, 4 :	*wy'mr 'ly bn-'dm lk-b' 'l-byt yśr'l wdbrt bdbry 'lykm*

*
* *

Cette étude linéaire de *Nb* 22, 36-23, 6 ne requiert pas de conclusion spéciale. Elle a montré que le texte déroulait et appliquait les divers principes dégagés à propos de 22, 2-21 :

— Les deux figures se dessinent de plus en plus nettement, Balaq avec son autoritarisme ignorant tout ce qui n'est pas le péril de l'heure et sa propre volonté, insensible au divin, car sa participation aux divers sacrifices elle-même n'est guidée que par la recherche d'une efficacité magique, Balaam qui devient le porte-parole transparent de l'auteur, et dont les énoncés prennent peu à peu le relai des énoncés de Dieu lui-même, ce qui prouve son orthodoxie.

— Les deux types de sacrifices (*zbḥ* et *'wlh* successifs, et non pas

récit de vocation. Aucun d'entre eux ne se retrouve dans notre texte, ce qui prouve que notre épisode se présente vraiment comme une section prélevée dans la vie fictive de Balaam. Par ailleurs, on peut se demander si le scandale constitué par l'appartenance commune de l'expression à *Dt* 18, 18 d'une part, *Nb* 22, 38.23, 5.16 d'autre part, n'a pas été un déclencheur pour la conception et le rédaction de l'épisode de l'Ânesse.

confondus comme il est d'usage) ont une allure énigmatique, et c'est voulu. L'un et l'autre se laissent volontiers rapprocher de tel ou tel autre sacrifice de l'Ancien Testament, mais n'en gardent pas moins un caractère unique. En particulier, le *'wlh,* par certains traits, s'apparente aux grands sacrifices réguliers, de dimension nationale, célébrés au Temple de Jérusalem, mais rappelle, par d'autres traits, les sacrifices extraordinaires typiques des Patriarches.

— Au plan littéraire, on remarque des constantes, communes avec la section analysée antérieurement : leitmotiv entier, environné de bribes, échos ou esquisses ; vague constituée par une parole incorrecte de Balaq, que vient corriger la réponse de Balaam, à l'aide du leitmotiv ; deux systèmes de symétrie (ou de rivalité), l'une objective, Balaq/Dieu par rapport à Balaam, l'autre subjective, Balaam/Dieu par rapport à Israël. Le procédé de la variation dans la répétition mérite encore d'être souligné, non seulement en tant que tel, comme principe d'écriture cher à notre auteur, mais aussi parce que, une fois repéré, il évite que l'on se laisse égarer par les versions : celles-ci en effet, pour n'avoir pas vu qu'il s'agissait d'un procédé systématique, furent déroutées par ces perpétuels changements, notamment dans les noms divins et les désignations de l'escorte.

— Par delà ces constantes, la prose marche vers les « oracles » en suivant une véritable gradation[78], sensible aussi bien dans la série des étapes (éloignement, élévation), que dans l'évolution des énoncés au discours direct et de leur rapport au locuteur et au destinataire.

— Pour situer le texte, nous disposons d'un *terminus a quo :* il semble désormais difficile de nier l'existence d'une filiation littéraire directe, et même littérale, de *Gen* 22 à *Nb* 22-23. Partant, la rédaction de notre épisode est postérieure à la date, non seulement de la rédaction finale de *Gen* 22, mais aussi de sa fixation et de sa transmission par écrit. C'est un *terminus* d'ordre purement littéraire, qu'il appartient d'arrêter aux exégètes de *Gen* 22.

— Nous disposons également d'un *terminus ad quem :* le *Deutéronome* et la loi deutéronomique. Et cela, pour deux raisons. L'une historique : après la réforme josianique (unification et centralisation du culte)[79], des sacrifices offerts sur un haut-lieu, et comportant sept autels, ne pouvaient plus être présentés comme agréables au Dieu

78. L'importante contribution des sacrifices à la marche du récit vers son point culminant, les oracles, infirme donc l'hypothèse de Rost, que ces derniers appartiendraient, avec l'Ânesse, à un niveau ancien, dont il faudrait distinguer un récit plus récent, comportant notamment toutes les mentions d'offrandes.

79. En cela nous rejoignons tout à fait la datation proposée par Rost (Fragen um Bileam, dans *Festschrift für W. Zimmerli zum 70. Geburtstag,* Göttingen 1977, p. 377-387, p. 384-385) très tard dans la monarchie, avant que ne s'établisse le style deutéronomiste et très peu avant l'irruption de la terminologie sacerdotale. L'idéologie et la terminologie convergeraient avec celles de *Jérémie*, d'*Ézéchiel* et du *Deutéronome*.

d'Israël, et favorisant des bénédictions sur Israël. La seconde raison est historico-littéraire, mais relève d'une argumentation analogue : après l'édiction d'un texte comme *Dt* 18, 18 : *nby' 'qym lhm mqrb 'ḥyhm kmwk wntty dbry bpyw wdbr 'lyhm 't kl-'šr 'ṣwnw* « C'est un prophète comme toi que je leur susciterai du milieu de leurs frères ; je mettrai mes paroles dans sa bouche, et il leur dira tout ce que je lui ordonnerai », l'auteur biblique ne pouvait faire tenir à Balaam, devin étranger, des propos aussi proches de *Dt* 18, 18 par la forme et le contenu que *hdbr 'šr yśym 'lhym bpy 'tw 'dbr* « la parole que Dieu mettra dans ma bouche, c'est celle-là que je dirai » (22, 38), ni écrire lui-même *wyśm yhwh dbr bpy bl'm wy'mr šwb... wkh tdbr* « Et le Seigneur mit une parole dans la bouche de Balaam et dit : 'Retourne ... et tu diras ceci' » (23, 5). L'obstacle *Deutéronome* surgit de deux manières, et à chaque fois de façon rédhibitoire : *Nb* 22-23 ne peut donc lui être qu'antérieur.

CHAPITRE IV

EXÉGÈSE DE *NB* 23, 7B-10

Le v. 7αβ *mn-'rm ynḥny blq mlk mw'b mhrry-qdm* ne présente aucune difficulté textuelle.

COMMENT COMPRENDRE MN-'RM ET MHRRY-QDM?

Les deux indications géographiques forment chiasme avec les deux dénominations de Balaq. Elles ont comme dénominateur commun *ynḥny,* présent dans le seul hémistiche 7bα.

Chacune a-t-elle un sens géographique précis, géographique vague, ou symbolique? Par ailleurs, sont-elles synonymes ou chacune donne-t-elle un éclairage différent de l'autre?

a) 'rm :

— Dans la Bible, la grande majorité des cas (livres historiques et prophétiques) a un sens géographique précis[1] : ou bien le royaume d'Aram, au nord d'Israël, ou bien les petits royaumes de Ṣova, de Maaka, de Beth-Reḥôv, au nord de la Transjordanie. Quatre emplois prophétiques ont un sens géographique vague (*Jér* 35, 11 ; *Os* 12, 13 ; *Ez* 27, 16; *Is* 9, 11). Signalons enfin deux occurrences avec sens

1. P.J. HEAWOOD (*'rmwn* and *'rm, JTS* 13, 1912, p. 66-73) trouve que c'est mal analyser la réalité que d'affirmer, comme on fait souvent, qu'Aram dans l'Ancien Testament est employé de façon vague, tantôt pour désigner la Syrie, tantôt pour la Mésopotamie. D'après lui, Aram veut toujours dire « Mésopotamie », s'agissant d'événements antérieurs aux règnes de David et Salomon, et « Syrie » quand il est question d'événements postérieurs ; dans l'intervalle l'usage en est plus général, ou comporte des additions variées, permettant des distinctions. Aram s'appliquait originellement à la Mésopotamie (en assyrien, *Aramu* désigne les tribus situées à l'est de l'Euphrate) et l'usage s'en étendit à l'hébreu, suite à certains mouvements de tribus araméennes ; enfin, il se spécialisa de nouveau, quand l'ombre de Damas couvrit le reste.

symbolique : *Jg* 10, 6 (Aram y est associé à Sidon, à Moab, aux fils d'Ammon et aux Philistins, tous peuples s'adonnant aux cultes de Baal et d'Astarté) et *Ez* 16, 57 (figure hyperbolique de l'impudicité de Jérusalem).

— Les versions ont toutes Aram sauf la LXX qui a : *ek Mesopotamias*. Plusieurs commentateurs[2] ont proposé de corriger *'rm* en *'dm,* dans le cadre de la vieille théorie identifiant Balaam à Béla, premier roi d'Édom (*Gen* 36, 32), mais sans aucun appui textuel.[3]

— Ce n'est qu'à l'époque chrétienne qu'Aram devint l'équivalent strict de «païen». Cependant, le mot ne se départit jamais de la connotation païenne par excellence[4]. Il n'est pourtant pas impossible qu'«Aram» ici désigne un pays déterminé, juste au nord d'Ammon, dans la région de Galaad. En effet, d'une part, nous l'avons dit, dès l'époque de David, d'autres petits royaumes portaient ce nom au sud de Damas; d'autre part, jusqu'aux alentours de 738, le royaume d'Aram s'étendit jusqu'à Ramoth de Galaad, et vraisemblablement ce nom resta ensuite au territoire devenu province assyrienne[5]. Dès lors, même si Balaam est ammonite, il n'y a plus de difficulté à le faire venir d'Aram ainsi compris.

b) hrry-qdm :

qdm est en soi une désignation vague, et les versions n'ont pas précisé[6]. La locution ne se retrouve exactement qu'en *Dt* 33, 15, avec

2. VON GALL, HOLZINGER, BAENTSCH, Bible de CLAMER, MOWINCKEL.

3. P. HAUPT (Die Etymologie von *Aram, ZDMG* 61, 1907, p. 194-195) pense qu'Aram, dès les premiers temps, se substitua épigraphiquement à *Adam,* en sorte qu'il serait étymologiquement identique à Édom. D'après le même auteur (Midian und Sinai, *ZDMG* 63, 1909, p. 506-530, p. 506), Aram désigne la région du sud-est d'Élat qui, dans le Coran (*Sourate* 89, v. 7), est l'Iram des 'Adites.

4. Selon GESENIUS *(Thesaurus linguae hebraeae et chaldaeae),* et PAYNE SMITH *(Thesaurus Syriacus) ;* ce dernier cite E. RENAN, *Histoire générale et système comparé des langues sémitiques,* p. 197 : «Le nom d'Aram, vers l'époque des Séleucides, fut remplacé en Orient par celui de *Syria,* lequel n'est qu'une forme écourtée d'*Assyria,* mot vague sous lequel les Grecs désignaient toute l'Asie antérieure. Le nom d'Aram ne se perdit pourtant pas entièrement : il continua de désigner en Orient ceux des Araméens qui n'adoptèrent pas le Christianisme, tels que les Nabatéens et les habitants de Harran. C'est ainsi que le mot *'rmy'* est devenu pour les lexicographes syriens synonyme de païen, ou Sabien.» PAYNE SMITH ajoute qu'«Aram est Syria interior quae etiam Palaestina, sed quum Aram Fluviorum dicitur, Syria exterior significatur».

5. H. TADMOR, The southern border of Aram, *IEP* 12, 1962, p. 114-122. R. O'CALLAGHAN *(Aram Naharaim, A contribution to the History of Upper Mesopotamia in the Second Millenium b. c.* (AnOr 26), Rome 1948), suivant ALBRIGHT, date les textes du XIIe siècle au plus tôt, et fait venir Balaam d'Édom (p. 119-122); mais sa présentation des petits royaumes araméens (p. 123-130) rend possible le fait qu'Aram puisse désigner la région immédiatement au nord-nord-est de Moab.

6. LXX : *ex oreôn ep' anatolôn ;* Vulgate : *de montibus Orientis ;* Peshitta : *mn ṭwry mdnḥ' ;* Targumim : *mṭwry mdynḥ' ;* SAADIA : *mn ǧb'l 'l mšrq ;* arabe samaritain : *mn ǧb'l 'l šrq ;* IBN EZRA : *mzrḥ.*

un sens temporel : « les montagnes d'antan ». Aussi quelques commentateurs du début du siècle ont-ils voulu lui donner ce même sens en *Nb* 23, 7bβ[7].

— Dans bon nombre de cas, la locution *bny-qdm* est associée à la mention de nations bien déterminées ennemies d'Israël (Amaleq-Madian en *Jg* 6, 3.33 ; 7, 12 ; 8, 10.11 ; Édom, Moab, les fils d'Ammon, les Philistins en *Is* 11, 14 ; Moab et les fils d'Ammon en *Ez* 25, 4.10 ; Qédar en *Jér* 49, 28 ; *'ûṣ* en *Jb* 1, 3). On penserait alors à une tribu transjordanienne précise sans bien savoir où la situer.

— Dans quelques cas, presque exclusivement en *Genèse, qdm* ou *mqdm* ont un sens géographique vague : « vers l'Orient » (*Gen* 2, 8 ; 3, 24 ; 11, 2 ; 12, 8 ; 13, 11 ; 25, 6 ; 29, 1).

— En deux occurrences, *qdm* a un sens symbolique : en *Is* 2, 6, il s'agit de la perte de la pureté israélite et peut-être de pratiques divinatoires de toutes sortes (parallèle avec *'nnym kplštym*) ; en 1 *R* 5, 10, où le parallèle est avec l'Égypte, il s'agit de la sagesse légendaire de tous les fils de l'Orient. Il est vraisemblable qu'ici, *hrry-qdm* a d'abord un sens local assez précis. C'est la région montagneuse où résidait la tribu des *bny-qdm,* dans le sens que Gesenius donne à *Gen* 10, 30 : *hr hqdm,* « la montagne d'Arabie »[8]. *hr* signifierait plutôt « Hochland, plateau ». « Local » aux deux sens du terme : « géographique » et « peu éloigné ».

c) *'rm* et *hrry-qdm* sont dans le même rapport que *blq* et *mlk mw'b.* Ils désignent le même objet sous des angles différents : l'un comme territoire vaguement politique, l'autre comme territoire géographique.

d) Pourtant, malgré ce sens local précis, ni *'rm* seul, ni *qdm* seul ne peuvent, dans la littérature biblique, être purs de toute résonance symbolique. Encore moins leur association opposée à celle de Jacob/Israël. On ne peut ignorer *Is* 9, 11 *'rm mqdm wplštym m'ḥwr,* où *'rm,* défini par *mqdm,* est uni à *plštym* dans une commune hostilité à Israël. La résonance s'arrête-t-elle à cette hostilité ou va-t-elle jusqu'à l'idée de pratiques magiques ?

A l'époque où régnait l'hypothèse de l'origine mésopotamienne de Balaam, il n'y avait évidemment aucune difficulté à prendre « les Montagnes de l'Orient » comme une désignation géographique évoquant réellement la région de l'Euphrate et même encore plus loin. L'est de Moab consistant surtout en vastes étendues plates, on songeait à des contrées situées plus au nord, touchant les premiers

7. Von Gall, Holzinger par exemple. En *Dt* 33, 15, le sens temporel s'impose, à cause du parallèle avec *gb'wt-'wlm.*

8. D'après Gesenius *(Thesaurus), hrry qdm,* en 23, 7, s'applique aux montagnes de Mésopotamie, mais cette interprétation dépend de sa localisation d'Aram.

contreforts des chaînes de l'actuelle Arménie[9]. Kalisch invoque les Annales d'Assur-Nasir-Pal II, col. III, 66 : « Aux montagnes situées de l'autre côté de l'Euphrate je me suis arrêté » ; et l'inscription de l'Obélisque Noir, B, ligne 29 : « Jusqu'au Mont Amanus j'ai continué ». Mais si, comme l'on pense aujourd'hui, Balaam est un devin local ammonite, pourquoi affiche-t-il une origine si lointaine? D'autres, comme Keil, suggèrent que Balaam mentionne les montagnes de sa patrie pour les opposer à celles de Moab où Balaq l'a fait venir pour maudir Israël, mais la difficulté reste inchangée. « Les montagnes de l'Orient » sont une description poétique et une périphrase pour « Aram ». Celui-ci ne peut être pur de toute connotation suspecte (pratiques païennes magiques), celles-là renvoient à des lointains à la fois non exempts eux non plus d'une résonance étrangère et hostile, pour un Israélite, et de toute façon parfaitement hors de mise pour indiquer la patrie de Balaam, si voisine de Moab. Si l'on élimine, comme nous faisons, l'hypothèse que 22, 5 (« le pays des fils de son peuple », *'mw* allusion à peine voilée à *'mwn* « Ammon ») et 23, 7b n'appartiennent pas au même niveau rédactionnel, il ne subsiste qu'une solution : c'est *volontairement* que l'auteur « éloigne » la patrie de son devin, tout comme en 22, 5 il avait *à dessein* évoqué, sous la réalité locale *ptwrh 'šr 'l hnhr* (« interprète qui habite sur le fleuve ») la cité lointaine de Pitru sur l'Euphrate. Pourquoi brouiller aussi résolument les pistes? Peut-être par souci littéraire poétique, mais surtout à des fins didactiques : si l'intention profonde du texte est d'exalter l'élection divine d'Israël en le faisant bénir par un devin non israélite et mandé initialement pour le maudire, l'effet sera d'autant plus grand et la leçon plus profitable que le personnage sera censé venir d'une région plus distante d'Israël, et plus nettement marquée par une réputation de paganisme ouvert et de pratiques magiques reconnues. C'était déjà l'opinion de De Wette, Hoffmann, Bertholet.

Inversement, R. H. Pfeiffer note que, bien que les Israélites, en particulier Juda, fussent rattachés aux nomades de la région située entre l'Arabie et la Palestine, ils aimaient à se réclamer de leurs ancêtres araméens. Wellhausen écrit : « Ils soulignent... leur parenté avec les Araméens, dont ils se distinguent par la langue ; ils se donnent pour des Araméens errants... Ils le font d'autant plus volontiers que c'était un honneur de faire partie des puissants Araméens »[10]. D'après

9. W. F. AINSWORTH, *Researches in Assyria, Babylonia, and Chaldaea, forming part of the labours of the Euphrates expedition*, London 1838, Volume I, p. 79ss ; C. RITTER, *Die Erdkunde oder allgemeine vergleichende Geographie*, Berlin 1854, Tome XI, p. 438, 585, 726, 957.

10. R. H. PFEIFFER, Edomistic Wisdom, *ZAW* 44, 1926, p. 13-25, p. 18 ; J. WELLHAUSEN, *Israelitische und jüdische Geschichte*, 1re édition Berlin 1894, 8e édition Berlin Leipzig 1921, p. 7-8.

Pfeiffer, cette tendance se remarque surtout chez J (*Gen* 22, 21 [J] situe ʿÛṣ, Bûṣ, et les Chaldéens en Aram ; de même fait P pour ʿÛṣ en *Gen* 10, 23).

M. Grünbaum[11] propose de substituer à une interprétation locale quadripartite (les quatre points cardinaux) une compréhension duelle : *qdm* (comme *qbl* en arabe) désignerait à la fois l'est et le sud, c'est-à-dire les côtés de la lumière, ce qui est favorable, par opposition à l'ouest et au nord, les côtés obscurs et sinistres. Il invoque de nombreux exemples, aussi bien rabbiniques que persans, grecs et coraniques (entre autres, la *qiblah* « la direction religieuse »). Mais, trait intéressant, il signale que la précellence de l'est, dans les documents bibliques, apparaît comme un emprunt aux mœurs païennes (2 *R* 23, 11 ; *Ez* 8, 16), notamment avec la bélomancie (2 *R* 13, 17). C'est sans doute le sens qu'il faut retenir pour *Nb* 23, 7. une allusion aux coutumes magiques païennes, surtout que 2 *R* 13, 17 combine, différemment, plusieurs éléments de notre texte :

a) *qdm* n'est autre que la direction d'Aram.
b) la situation est exactement l'inverse de celle de *Nb* 23 : la flèche lancée par Joas, sur l'ordre d'Élisée, mime symboliquement la victoire d'Israël sur Aram.

A l'inverse, Balaam vient d'Aram = Qedem, terre des magiciens, pour frapper Israël de ses malédictions.

La solution gît peut-être là : Aram et Qedem sont, pour un Israélite, ambigus et ambivalents, précis (géographiques) *et* vagues (symboliques), séduisants *et* hostiles.

Cela ne correspond-il pas à la figure même de Balaam qui, s'il n'est pas équivoque (l'analyse de la prose l'a montré), peut d'abord (et doit, pour la vraisemblance) prêter à équivoque, vu le dessein dans lequel Balaq le mande. Il doit être à la fois attirant et repoussant, bref, fascinant, pour donner au renversement (« Va, maudis-moi Jacob ! — Comment maudirais-je ce que Dieu n'a point maudit ? ») son effet maximal.

LA VALEUR DE YNḤNY

Cet imparfait hiphil de *nḥh* avec, comme suffixe *-ny,* est assez remarquable. Deux bons tiers des emplois ont comme sujet le Seigneur, ou l'une de ses émanations (main, lumière, vérité, justice, colonne de fumée). Ce sont presque exclusivement des Psaumes. L'objet y est aussi *-ny*, renvoyant à celui qui prie. Dieu le guide pour le protéger des adversaires, ou sur la bonne route, vers le pâturage.

11. M. Grünbaum, Ueber Kedem, Kâdim, Thêman, u.s.w., *ZDMG* 21, 1867, p. 592-617.

Autre accusatif possible, toujours avec Dieu sujet : « le peuple » ou son équivalent le suffixe *-m*. Référence est alors toujours faite à la marche dans le désert après la sortie d'Égypte. Dans le tiers restant, le sujet est humain, ou c'est une notion. On n'y peut repérer de ligne d'ensemble car les emplois sont atomisés.

Paradoxalement, le *ynḥny* de *Nb* 23, 7bα se comprend mieux en rapport avec la première catégorie d'emplois : Dieu sujet et *-ny* suffixé. Cette forme précise paraît trop prégnante (à l'oreille et au sens, surtout dans les *Psaumes*) pour ne pas servir de repoussoir au *ynḥny* de notre texte[12] : *Balaq est présenté comme voulant avoir sur Balaam l'autorité et la puissance mêmes qu'a Dieu sur le fidèle et sur le peuple*. Il faudrait traduire par « me mande »[13]. C'est un lien thématique très fort entre ce poème et la prose antérieure dont le ressort théologique essentiel est le leitmotiv de l'obédience yahviste de Balaam.

Au v. 7bγδ, le premier hémistiche est presque identique à *Nb* 22, 6aα. Les deux hémistiches offrent la même structure : deux impératifs asyndétiques, le premier étant *lkh*.

— *lkh*, impératif + *h* paragogique, n'est guère fréquent. On trouve plus souvent *lk*, suivi de *n'* et d'un cohortatif asyndétique ; également d'un impératif ou d'un cohortatif syndétique. On ne le trouve jamais comme en *Nb* 23, 7bγδ, suivi d'un impératif asyndétique et *par deux fois*.

La remarque de Joüon (§ 48 et 177f), que le sens emphatique du *h* paragogique est presque perdu, et que, partant, on rencontre *lk* affaibli, surtout devant un deuxième impératif asyndétique, ne s'applique pas à *Nb* 23, 7bγδ. Avec les quatre impératifs, tous munis d'un *h* paragogique, et dont deux sont *lkh*, l'énergie est portée à son comble.

LE SENS DE Z'M

z'm a comme correspondant syriaque *za'em* « rudoyer, injurier » et comme parallèle arabe *zaġama* « parler avec colère ». Contrairement à ce qu'avançait Hengstenberg (*z'm* réservé à la colère divine), B. Wiklander[14] observe que le terme est employé en relation aussi bien

12. Dans ses *Randglossen*, EHRLICH propose de corriger *ynḥny* en *yqḥny*, arguant du fait que ni le lieu d'où l'on vient ni le lieu où l'on va ne sont d'ordinaire introduits par *nḥh* et que, de plus, Balaq a seulement mandé Balaam, il ne l'a pas conduit. Sans accepter sa correction, il faut reconnaître ce léger déplacement de sens entre *Nb* 23, 7bα, et les occurrences habituelles de *nḥh*.

13. Il faut traduire par un présent de durée (GESENIUS-KAUTZSCH § 107b), et non par un imparfait comme JOÜON (§ 113g), sous prétexte que le qal eût été meilleur. D'après KÖNIG (*Syntax der hebräischen Sprache* § 158), ce yiqtol est un *praesens historicum*.

14. B. WIKLANDER, article *z'm*, dans *TWAT*, Band II, Stuttgart 1977, col. 621-626.

avec les hommes qu'avec Dieu[15]. Selon lui, les parallèles dans les autres langues sémitiques indiquent l'idée de « menace », mais on ne peut établir un sens fondamental bien déterminé. A Qumran, le verbe a seulement le sens de « maudire », mais dans l'Ancien Testament l'emploi n'est pas unifié. D'après Scharbert et Schottroff, l'idée est « drohen » ; d'après Pedersen, c'est « Böses antun »[16]. Selon Mowinckel, *z'm* est une colère active et efficace. Comme le remarque Wiklander, il est difficile de décider, dans l'absolu, si le champ sémantique de *z'm* a trait davantage aux paroles (« maudire ») qu'aux actions (« châtier, exécuter ») ou aux sentiments (« être courroucé »). Ce sont les synonymes et les antonymes qui autorisent des nuances. Ainsi, en *Nb* 23, 7 et 8, les parallèles *qbb* et *'rr* indiquent le sens « maudire » ; en *Is* 66, 15, le parallèle *ḥmh 'p* donne l'idée de « colère brûlante ». Pour *Nb* 23, 7, certaines versions ont cantonné *'rh* dans l'ordre de la parole, mettant *z'mh* dans celui de l'action : Peshitta : *lwṭ* « maudis » // *'wbd* « fais périr » ; Onqelos : *lwṭ* // *tryk* « chasse » ; Targum samaritain : *lwṭ* // *skp* « abats ». Ehrlich se fonde sur *Mi* 6, 10 (*w'ypt rzwn z'wmh* « un épha réduit et maudit ») pour y voir l'évocation de cris éveillant contre l'objet des esprits jaloux exerçant à son endroit une force réelle, qui le réduit, le rétrécit. Cette hypothèse trouve appui chez les Targumim du Pseudo-Jonathan, de Jérusalem, et Néofiti, qui rendent *z'm* par *z'yr* « diminue ». On aimerait traduire : « Vas-y, ratatine-moi Israël ! » Certes, ce sens conviendrait d'abord à *qll* qui, d'après Scharbert, signifie « leicht, klein, gering, verätlich

15. Wiklander signale toutefois que la cause de la colère, de la malédiction et de la punition, est le péché des hommes et leur hostilité envers Dieu (col. 626). Pour montrer que le *z'm* divin frappe les pécheurs et les oppresseurs étrangers, tandis que le salut va aux justes, aux hommes loyaux, et au peuple élu, Wiklander invoque *Ps* 7, 11-13 : « Mon bouclier est près de Dieu, le sauveur des cœurs droits *(yšry-lb)* ; Dieu est le juste juge, un Dieu menaçant *('l z'm)* chaque jour ; s'il ne se reprend pas *('m-l' yšwb)*, il aiguise son épée. » Cette citation confirme l'opinion sur laquelle nous reviendrons, que les deux premiers poèmes sont des abrégés de Psaumes : complémentaires, ils expriment séparément, mais exactement dans les mêmes termes, ce qu'énoncent successivement les versets d'un même Psaume. En *Nb* 23, 7b-9 et 18b-24, cela est dit en parallélisme synonymique ou synthétique, et tourné exclusivement *ad majorem Israeli gloriam*, alors que dans les *Psaumes* on rencontre plutôt un parallélisme antithétique, opposant les fidèles aux pécheurs. Comme l'écrit H. Zobel (article *bdd*, dans *TWAT* Band I, Stuttgart 1970, col. 511-518, col. 513), *Nb* 23, 9-10, de même que *Dt* 33, 26-29, relève du genre « Lobpreis Israels » et le terme « berichtender Lobpsalm » dont G. von Rad (*Das 5. Buch Mose Deuteronomium* (ATD 8), Göttingen 1964, 3ᵉ édition 1978, p. 147), qualifie *Dt* 33, 1-29, s'applique parfaitement à notre texte.

16. Des auteurs plus anciens proposent une étymologie pittoresque bien que sans doute fausse : « écumer » (de colère) ; ainsi, Fabre d'Olivet qui dérive *z'm* de la racine *z'* « idée d'un mouvement pénible, d'une agitation, d'un souci, d'un trouble causé par l'effroi de l'avenir » d'où *z'm « agitation violente et générale*, et ce qui en résulte, *l'écume* : au figuré, la *rage, l'indignation »*, et Kalisch : « probably, to *foam* at the mouth ; comp. Engl. *scum*, Germ. *Schaum*, etc. »

sein » dans toutes les langues sémitiques et dont la valeur « maudire » au piel s'explique par « als unbedeutend hinstellen, geringschätzen, für klein und unbedeutend erklären » ; mais cela irait bien aussi avec 23, 10a, qui insiste tant sur le nombre d'Israël. D'ailleurs, Brichto note que dans toutes les mentions bibliques postérieures à *Nb* 22-24, et postbibliques, *qll* est uniformément substitué à *'rr, qbb* et *z'm*. La raison, à son avis, est la présence, face aux trois vocables, de l'antonyme unique *brk*. Mais si *qll* a pu, sans difficulté, prendre le relai de *z'm*, peut-être *z'm* contenait-il déjà l'idée de « réduire ».

GRADATION. INSISTANCE. VÉHÉMENCE

— La LXX a laissé les deux vocables dans le champ sémantique du discours, mais avec gradation : *arasai, epikatarasai*. Celle-ci n'a pas manqué d'attirer l'attention d'Origène[17] qui reproche au latin de ne l'avoir pas rendue, perdant ainsi la grande portée spirituelle de la double préposition : « Per quod ostenditur idcirco sermo repetitus, ut ampliore vi et majore intentione maledictionem in Israel quam in Jacob Balach videretur exposcere. Donec enim quis tantum Jacob est, hoc est in actibus solum et operibus positus, inferioribus maledictionibus impugnatur. Ubi autem profecerit, et interiorem hominem ad videndum Deum revelato mentis oculo exacuere et provocare jam coeperit, tunc non solum maledictis ab inimico, sed et supermaledictis, hos est vehementioribus maledictorum jaculis impugnabitur. » Exégèse évidemment fausse pour la différence de traitement entre Jacob et Israël, peut-être pas pour la gradation, car *z'm* revient dans l'hémistiche β du v. 8, facteur commun à *'rr* et *qbb*.

— C'est surtout l'insistance qui frappe : Rachi lui donne une cause bien prosaïque, dans une perspective d'efficacité presque romaine : « Il lui avait demandé de les maudire par leurs deux noms, si toutefois l'un des deux n'était pas assez distinctif. » Ibn Ezra la signale comme un procédé rhétorique : « Le sens est redoublé, selon l'usage qui consiste à dire une seule chose avec deux mots différents ; le changement sert à renforcer. » Ibn Ezra est d'ailleurs le premier exégète à repérer le parallélisme et à l'interpréter comme une élégance de style, notamment prophétique : *(drk hnby'wt)*, et il invoque précisément pour exemples *Gen* 49, 6a-b ; *Dt* 32, 7, et *Nb* 23, 8[18].

17. Origène, *Homélie* xv ; repris par Raban Maur, dans ses *Enarrationes in Librum Numerorum*, Liber Tertius, Caput vii.

18. Remarqué par G. B. Gray, dans *The Forms of Hebrew Poetry*, 1re édition Oxford 1915, réédition New York 1972, p. 18.

V. 8 : MH 'QB L' QBH 'L WMH 'Z'M L' Z'M YHWH

Ce verset a même structure que le précédent : chaque terme de l'hémistiche a est repris dans l'hémistiche b, dans le même ordre, sauf la variation *z'm/qbb*. Mais cette structure est amplifiée, par redoublement : chaque hémistiche comporte non plus une, mais deux propositions asyndétiques, avec une double occurrence du terme différent.

Deux suffixes, pas de suffixe, ou un seul suffixe? *qabbōh* est compris comme un parfait qal 3e personne masculin singulier avec pronom suffixe de 3e personne masculin singulier. *zā'am,* dans l'hémistiche symétrique, n'a pas ce pronom. Mais *qabbōh* est étrangement vocalisé. Les grammairiens sont unanimes à relever la forme aberrante du pronom et à ne lui trouver d'analogue qu'en *Ex* 32, 25[19]. Il y a d'ailleurs un qeré-ketib *(qbw)*.

Gênées plutôt par la dissymétrie entre cette présence ici, et cette absence là, les versions sémitiques ont uniformisé, en suffixant le pronom rétrospectif à l'un et l'autre verbes. Certains exégètes modernes aussi, mais pour en tirer des conclusions diamétralement opposées : d'après Albright, cette forme en *h* est un indice de très haute ancienneté du poème; d'après von Gall, suivi par Holzinger, ce serait au contraire un archaïsme raffiné, trahissant une rédaction tardive!

Il est bien difficile de rendre compte de l'anormale *scriptio.* Analogie visuelle (et non grammaticale) avec *'rh*, autre verbe *'//'* de sens proche, en position analogue par rapport à *z'm*? Raison de prosodie : *qabbōh* a un accent disjonctif *ṭipḥa*, accent *milera'*? Mais *zā'am* a le même.

Quant à cette légère asymétrie, peut-être répond-elle à un simple désir de rompre la monotonie. Les grammaires ne nous aident pas, puisque la présence, aussi bien que l'absence, du pronom rétrospectif dans la relative asyndétique est signalée comme fréquente[20]. Pourquoi ne pas la garder, quand les manuscrits et codices hébreux le font, et que les commentaires rabbiniques ne s'en étonnent pas[21]?

On traduira donc : «Comment maudirais-je ce que Dieu n'a pas

19. Ibn Ezra s'étonne de cette forme, dans le verbe *'//'*. Il attendait plutôt *qbbw*. Voir aussi Gesenius-Kautzsch § 58g; Joüon § 61; Bauer-Leander p. 345; en *Ex* 32, 25, on lit *p'rō'ōh*. Plusieurs codices samaritains ont *qbw*.

20. Voir Joüon, § 158c.

21. Rachi a d'ailleurs, de 23, 8b, une exégèse qui en présuppose la forme intransitive : «A moi seul, je suis impuissant; je sais seulement saisir le moment où le Saint, Béni soit-Il, est en colère, et Il ne s'est pas mis en colère tous ces jours-ci, depuis que je suis venu chez toi...»

maudit, et comment fulminerais-je, quand le Seigneur n'a pas fulminé[22] ? »

LE SENS DU VERSET

Pour le sens, comme pour la forme, le v. 8 fait corps avec le v. 7bγ, auquel il fait à la fois réponse et objection. *z'm* leur est commun. 23, 8 donne la clef théologique du poème : par son contenu explicite, par sa structure (*z'm* et *qbb* ont chacun comme sujet, une fois « je », une fois Dieu), par sa relation avec 23, 7bγδ, et par la qualité des emplois bibliques des trois verbes : comment un homme ferait-il ce que n'a pas fait Dieu ? On voit bien la valeur purement oratoire de l'interrogation : c'est en réalité une *négation*[23]. Ce n'est pas unique dans la Bible. Ce qui l'est, c'est une telle véhémence : double interrogation rhétorique, avec double relative asyndétique[24]. C'est le versant poétique et négatif de ce dont le sextuple leitmotiv « Tu ne diras et ne feras que ce que je te ferai dire et faire » est la face prosaïque et positive.

V. 9a : KY-MR'Š ṢRYM 'R'NW WMGB'WT 'ŠRNW :

r'š ṣrym et *gb'wt* ne sont-ils que des noms communs ? Ne pourraient-ils être des toponymes, qui nous aident à situer le poème ? En fait, ni l'un ni l'autre n'apparaissent comme tels dans la Bible. On peut tout juste dire qu'ils sont conformes à la situation supposée par le toponyme de Bamoth Baal en *Nb* 22, 41. Les versions d'ailleurs traduisent toutes par des noms communs.

22. *mh* et le pronom relatif omis furent traduits de diverses façons, toutes justifiées :
« *Que* maudirais-je, *que* Dieu n'a pas maudit ? »
« *Pourquoi* / *Comment* } maudirais-je *ce que* Dieu n'a pas maudit ? »
« *Pourquoi* / *Comment* } maudirais-je quand Dieu n'a pas maudit ? »

23. La version arabe du texte samaritain l'a senti, qui franchit le pas des deux *mh* à deux *l'*, pure et simple négation.

24. Deux interprétations : a) *Nb Rab.* 20, 19, repris par Rachi, fait porter l'accent sur l'indulgence divine inconditionnelle à l'égard d'Israël-Jacob : même dans les occasions où ils méritaient d'être maudits, ils ne l'ont pas été (*Gen* 27, 16 et 33 : Jacob fut même béni ; *Ex* 32, 4 : le veau d'or ; *Né* 9, 18 ; même en *Gen* 49, 7, seule est maudite la colère de Siméon et Lévi, et non eux...).
b) Saint Thomas d'Aquin : c'est l'interdiction de maudire qui est inconditionnelle. *Nb* 23, 8 est invoqué pour appuyer le précepte paulinien de *Rom* 12 « Benedicite et nolite maledicere » : « Quomodo maledicam cui non maledixit Dominus ? » dicit glossa : « Non potest esse justa maledicendi causa, ubi peccantis ignoratur affectus ». « Sed homo non potest scire affectum alterius hominis, nec etiam utrum sit maledictus a Deo. » (*Somme Théologique* II. Quaestio lxxvi, *De maledictione,* in quatuor articulos divisa. Articulus I, *Utrum liceat maledicere aliquem*).

Le suffixe *ennû* a-t-il quelque valeur spéciale? D'après Albright, ce n'est pas un suffixe pronominal, mais une survivance du *nun* énergique ougaritique. Ce serait évidemment un signe de l'ancienneté du poème. D'après Joüon[25], ce suffixe *ennû* aurait perdu sa valeur énergique originale et n'obéirait pas à des règles d'emploi fixes. Mais d'après Gesenius - Kautzsch[26], ce *Nun energicum*, survenant principalement dans les formes pausales de l'imparfait, cherche et produit un effet d'emphase spéciale.

En fait, à chaque fois que *r'h* a comme préfixe ' et comme suffixe le pronom de troisième personne masculin singulier, ce dernier est *ennû*. Dans tous les autres cas, c'est *-hû*. Quant à *šwr*, il n'a jamais, comme pronom suffixe troisième personne du singulier, que *ennû*, mais c'est un verbe uniquement poétique. Son emploi avec *ennû* a donc une raison prosodique et expressive; l'emploi de *ennû* avec *r'h*, une raison euphonique (éviter trois gutturales successives), prosodique, et expressive.

Quel sens donner à *ky* et quel temps aux verbes? Les versions lui ont, en général, donné un sens causal, sans trop préciser si la principale était le v. 8 ou le v. 9b (LXX, Peshitta, Onqelos, Néofiti). Au sein de cet accord, elles varient d'ailleurs sur le temps : LXX le futur, les autres le présent (participe). Une autre série a traité ce *ky* comme quantité négligeable (Vulgate et Vetus latina n'ont rien; Saadia a *w*). Une dernière catégorie en fait une particule d'insistance (Targum samaritain *hl'* «est-ce que ne pas?»); Targum arabe samaritain : *'inna*. Que la principale précède ou suive, ni le sens causal ni le sens temporel ne sont satisfaisants. On se ralliera donc à la dernière solution, en traduisant par un présent : «Oui, je le vois...» Cette valeur se rencontre souvent dans des séries de visions prophétiques (par exemple *Is* 15, 1.5.6.8.9)[27].

25. JOÜON, § 61f; également MAYER-LAMBERT (De l'emploi des suffixes pronominaux avec noun ou sans noun au futur et à l'impératif, *Revue des Études Juives* 46, 1903, p. 178-183).

26. GESENIUS-KAUTZSCH § 58i et F. E. KÖNIG, *Historisch-Kritisches Lehrgebäude der hebräischen Sprache,* mit comparativer Berücksichtung des Semitischen überhaupt, Leipzig 1881, p. 226.

27. F. E. KÖNIG, *Historisch-comparative Syntax der hebräischen Sprache,* Leipzig 1897, § 372c; C. BROCKELMANN, *Hebräische Syntax,* Neukirchen 1956, § 167.
Une autre solution consisterait à donner à *ky* une valeur concessive : «scilicet... sed»; «bien que», en construisant comme suit :
v. 9a : «j'ai beau le voir d'en haut...
v. 9b : (un peuple à part...)
v. 10a : qui a compté... (= comment compterais-je)?»
La proposition principale serait donc le v. 10a. Seraient opposées, présentées comme un paradoxe, la hauteur du point de vue et l'impossibilité, malgré tout, de dénombrer. Mais cette solution se heurte à deux objections : a) elle est un peu compliquée; b) *ky* peut effectivement avoir un sens adversatif, mais la proposition principale le précède, alors qu'ici elle le suivrait. Le sens adversatif découle d'ailleurs du sens causal, d'ordinaire (voir KÖNIG *ibidem*).

LE SENS DU VERSET

Les exégèses anciennes ont souvent voulu le tirer du côté de l'exaltation d'Israël, au prix de paraphrases, ou même de contre-sens :

a) Les Targumim Néofiti, de Jonathan et de Jérusalem, suivis par *Tanḥ.* B IV (p. 143) et Balaq (p. 86), Rachi, et *Nb Rab.* 29, 19, voient dans les rochers l'image des Patriarches, et dans les collines celle des Matriarches !

b) Pour Origène, suivi de toute l'exégèse chrétienne, ce n'est pas la position du voyant qui est élevée, mais celle de l'objet vu : « quia, inquit, in excelsis montibus et altis collibus positus est Israel, hoc est, in edita vita et ardua... »

En fait, ce verset nous place simplement dans l'ici-maintenant de la vision concrète. Ce qui l'emporte, c'est la dimension du présent, la nuance démonstrative, le ton enthousiaste. L'emphase porte à la fois sur le lieu (en tête de chaque hémistiche) et sur l'action (verbes à la pause avec le pronom énergique). Tout y concourt : *r'š ṣrym* et *gb'wt* sont pris ici au sens propre géographique[28]. *šwr* II, verbe rare, ne se

28. On ne voit rien de tel dans la Bible. D'ordinaire, *ṣwr* est un symbole pour Dieu, le rocher d'Israël, ou bien sert à évoquer l'épisode où l'eau jaillit du rocher fendu. Les *ṣrym* ne sont mentionnés que comme lieu de refuge pour échapper à la colère de Dieu. Quant aux *gb'wt*, on les rencontre souvent dans les textes prophétiques, mais comme destinataires et témoins de la parole divine, ou comme lieux sur lesquels il déverse sa colère, et d'où vient un grand fracas. C'est là aussi que sont construites les *bmwt* ; enfin, c'est un terme de comparaison pour la grandeur de Dieu, qui leur est supérieure. Rien dans le *Pentateuque*. Quelques occurrences en *Samuel* et *Rois*.

Le couple *gb'wt/ṣwr* est lui-même unique dans la Bible. On rencontre ordinairement *gb'(wt)/hr(ym)*. Voir, à cet égard, S. Gevirtz, *Patterns in the Early Poetry of Israel* (Studies in Ancient Oriental Civilization 32), Chicago 1963, p. 56-57. En revanche, le couple *ġr/gb'* survient six fois à Ugarit : V AB, C : 27-28 (CTA 3, C : 27-28) ; I AB, II : 16 (= CTA 6, II : 16) ; II AB, V : 77-78, 93-94, 100-101 (= CTA 4, V : 77-78 ; 93-94 ; 100-101) ; I* AB, VI : 26-27 (= CTA 5, VI : 26-27). Cet unique parallèle biblique rapproché des occurrences ougaritiques fut souvent utilisé par les commentateurs pour prouver, soit que *ṣwr* était synonyme de *gb'* (en hébreu), soit que *ġr* équivalait à *gb'* (en ougaritique). Voir M. Dahood, Ugaritic-Hebrew Parallel Pairs, dans *Ras Shamra Parallels* Vol I (Anor 49), Roma 1972, p. 71-382, p. 84. D'après Albright (*The Oracles of Balaam*, p. 212 n. 22), le parallélisme avec *gb'* montre que *ṣwr* doit se comprendre dans le même sens que l'araméen *ṭwr* « montagne », précisément à cause du parallélisme *ġr/gb'* fréquent à Ugarit. Gevirtz justifie la substitution, en *Nb* 23, 9, du parallélisme syrien à l'habituel parallélisme palestinien, par le fait que Balaam vient d'Aram. Il y faudrait donc voir une attestation authentique du dialecte et de la tradition poétique du nord. Voir encore A. van der Weiden, *Le Livre des Proverbes. Notes philologiques* (Biblica et Orientalia 23), Rome 1970, p. 81. Quoi qu'il en soit, V AB, C : 27-28 (= CTA 3, C : 27-28) :

b qdš b ġr nḥlty	« dans son sanctuaire, sur la montagne de mon patrimoine,
b n'm b gb' tl'iyit,	« dans le (lieu) plaisant, sur la hauteur majestueuse »

est intéressant, car le contexte ressemble au nôtre : dans les deux cas, il s'agit de dévoiler l'avenir. C'est sur les hauteurs qu'ont lieu les révélations, parce que de là le regard porte loin.

trouve presque qu'en *Job*[29] (très fréquent au sens neutre, de « regarder ») et en *Psaumes* (en un sens hostile). Pour en mesurer la portée, on suivra *Os* 13, 7 *('šwr)* et surtout 14, 9 *('šwrnw)* où le sens, comme en *Nb* 23, 9aβ, est à la fois précis, prophétique et positif : c'est Dieu lui-même, qui *guette*, c'est-à-dire, *veille* (sur Éphraïm)[30].

Il est évident que le v. 9a a partie liée avec le v. 9b, qui présente les mêmes caractéristiques déictiques : *hn* et des yiqtol, à traduire au présent. Les pronoms personnels *ennû* ne sont pas rétrospectifs, mais prospectifs[31]. Le v. 9a, quatrième des sept, est le cœur du poème, et tout ensemble son pivot : après les deux premiers versets, encore dans la sphère du passé, et le troisième, solennel acte d'allégeance, voici un élément nouveau, qui inscrit le poème dans son cadre physique, lui sert de relance dynamique, et en détermine toute la seconde partie par la « vision ».

Le v. 9b : *hn 'm lbdd yškn wbgwym l' ytḥšb* est la vision objective de Balaam[32].

Par quel temps faut-il traduire les deux yiqtol *yškn* et *ytḥšb*? L'enjeu en est la dimension temporelle exacte du poème et, corollaire, celle des trois autres.

Les versions ne sont pas unanimes. Vu le contexte prophétique, nombre d'entre elles ont opté pour des futurs : la LXX, la Vulgate, Saadia (qui sacrifie le *hn*), les Targumim d'Onqelos et du Pseudo-

29. Étudiant la langue des poèmes, F. WOBERSIN observe (*Die Echtheit der Bil'amsprüche*, p. 25) que le verbe *šwr* au sens « voir » ne se rencontre ailleurs, dans l'*Hexateuque*, qu'en *Nb* 24, 17, mais que, outre *Ct* 4, 8, *Jérémie* et *Osée*, il est fréquent en *Job*. Cette remarque converge avec deux observations d'EWALD *(Die Weissagungen Bileam's)* qui rapproche la *trw'h* (*Nb* 23, 21b) de celle de *Jb* 39, 25 (p. 30 n. 2) et, à cette occasion, écrit que « der sprachgebrauch des dichters des B. Ijob in manchen wichtigen einzelheiten mit dem unsres verfassers denkwürdig übereinstimmt »; d'autre part, EWALD constate (p. 18 n. 3) que le choix et l'alternance des noms divins dans notre péricope sont analogues à ceux du livre de *Job*. Au chapitre premier, nous avons vu que *qbb*, si aimé de notre auteur, mais presque absent du reste de l'Ancien Testament, survenait pourtant trois fois en *Job*. D'autres affinités apparaîtront encore. Le Talmud (*b.B.Bat*. 14b et surtout *y.Soṭa* 5) avait donc raison : si l'épisode de Balaam est à part dans le *Pentateuque*, il se rapproche du livre de *Job*.

30. F. FIELD (*Origenis hexaplorum quae supersunt; sive veterum interpretum Graecorum in totum Vetus Testamentum fragmenta*, Tomus III Prolegomena, Genesis-Esther, Oxford 1875), signale que le codex VII porte en marge un *tèrèsô* qui rend mieux le sens « technique » de *'šwrnw* « je le guette » que le *prosnoèsô* de la LXX, plus idéaliste.

31. Tombe ainsi l'argument d'ALBRIGHT qui refuse à *ennû* le statut de pronom personnel, sous prétexte qu'il n'y aurait pas de nom antécédent.

32. E. REUSS l'explique ainsi : « La première ligne de ce distique pourrait, à la rigueur, être prise dans un sens matériel, pour dire qu'Israël ne se mêle pas aux autres peuples; mais la seconde fait voir que l'auteur a voulu revendiquer pour sa nation une place privilégiée; c'est le point de vue théocratique qui s'accuse ici » (*L'histoire sainte et la loi [Pentateuque et Josué]* Tome second, Paris, 1879, p. 239, n. 1). PROCOPE de GAZA exprime bien le rapport et l'écart qui existent entre le symbole et le symbolisé : « Et legibus enim et loco disjuncti erant. Nobis vero spiritus, id est, quod ipsis locus erat » (*Commentarii in Numeros*, PG 87, col. 865-866).

Jonathan. En revanche, la Peshitta a deux participes *(šr'* et *mtḥšb)*, les Targumim de Jérusalem et Néofiti aussi. L'araméen et l'arabe samaritains sont conformes au texte massorétique *(yšry* et *ytḥšb ; yskn* et *yḥtsb)*. Le contexte concret de vision physique, la nature précise du contenu du premier hémistiche, la constance d'une petite minorité de versions sémitiques invitent à traduire par deux présents[33].

LES DEUX HÉMISTICHES SE RÉPÈTENT-ILS OU SE COMPLÈTENT-ILS? LE SENS DU VERSET

lbdd est peu employé. Il ne survient que trois fois, et le substantif *bdd* dont il provient n'apparaît lui-même que huit fois. Faisons donc porter l'enquête sur la racine *bd* IV «separatio; singulariter; solus». Les emplois se répartissent en deux catégories : la plus nombreuse : Dieu est à part[34]. L'autre, moins bien représentée, mais nette : Israël est un peuple à part[35]. Trois textes sont remarquables car ils montrent que la formulation du v. 9bα n'est pas isolée. Ce sont :

Mi 7, 14 : *r'h 'mk bšbṭk ṣ'n nḥltk škny lbdd y'r btwk krml*
Jér 49, 31 : *ywšb lbṭḥ... bdd yšknw*
Dt 33, 28 : *wyškn yśr'l bṭḥ bdd 'yn y'qb.*

Cette formule n'est pas le monopole absolu d'Israël, puisqu'en *Jér* 49, 31 elle qualifie les Arabes. Une recherche sur *yškn* permet d'en préciser le sens.

De cette enquête se dégage une répartition analogue à la précédente : dans la première catégorie, la plus nombreuse, c'est Dieu

33. Les versions rendent souvent *ytḥšb* par le passif (LXX ; Vulgate, Onqelos ; le Pseudo-Jonathan). Mais la Peshitta, les Targumim de Jérusalem et Néofiti, ainsi que le Targum samaritain, gardent l'équivalent du hithpaël. C'est un moyen grec : «se compte».

34. Exemples : *Dt* 32, 12 ; *Is* 26, 13 ; 2 *R* 19, 15. Bien des commentateurs, anciens et modernes, rapprochent notre verset de *Dt* 32, 12, repérant la ressemblance et gommant l'inversion de point de vue, avec raison.

35. Onqelos paraphrase : *wb'mmy' l' ytdnwn gmyr'* «et parmi les peuples ils ne seront pas condamnés à l'extermination», peut-être influencé par *Jér* 30, 11 et 46, 28 : «Je suis avec toi — oracle du Seigneur — pour te délivrer. Je fais table rase de toutes les nations où je t'ai disséminé, mais de toi je ne fais pas table rase.» Rachi propose, outre l'exégèse d'Onqelos, une autre explication, qui dédouble le thème de l'élection : «Quand ils se réjouissent, aucune nation ne se réjouit avec eux, comme il est dit (*Dt* 32, 12) : *yhwh lbdd ynḥnw* 'Yahvé seul le conduit' ; par contre, si les autres nations sont dans le bonheur, ils en jouiront avec chacune à part, sans que cela soit compté ; c'est le sens de *l' ytḥšb* 'cela ne leur sera pas compté'.»

D'après *Ex Rab.* 15, 7, les deux lettres *hê* et *nun* (début de 23, 9b *hn 'm...*) symbolisent l'isolement d'Israël : en effet, si l'on additionne les chiffres *'alef* + *ṭeth* (= 10), *beth* + *ḥeth* (= 10) et ainsi de suite, puis les dizaines *yod* + *ṣadé* (= 100), *kaf* + *pé* (= 100) et ainsi de suite, les lettres *hê* et *nun* demeurent seules. Par ailleurs, *t. b. Mo'ed Qaṭ.* 28a identifie l'hébreu *hn* au grec *hen* «un», ce qui revient encore à l'unicité d'Israël.

(ou ses attributs : gloire, nuée, etc.) qui habite en Israël ou dans ses métonymies : Sion, etc. Dans la deuxième, c'est Israël (et quelquefois un autre peuple) qui habite. On y peut repérer trois types d'emplois :
1° habiter en paix;
2° habiter à part;
3° habiter dans le désert.

1° est le plus fréquent : il concerne le plus souvent Israël ou ses tribus; on le rencontre particulièrement dans les *Psaumes*; 3° est bien représenté aussi : c'est un sens presque *technique*, réservé aux tribus nomades qui campent sous la tente : il n'est pas spécialement positif, comme l'est 1°. Il est plutôt neutre. Quant à 2°, il est assez rare, et n'est pas le monopole exclusif d'Israël. Ces trois catégories sont bien définies, mais pas complètement étanches[36].

Or, *Nb* 23, 9b relève de 2° et de 3°, mais pas de 1° : il a le sens de « camper à l'écart dans le désert ». C'est pourquoi il faut le distinguer de ses trois frères : *Mi* 7, 14 relève surtout de 2°, un peu de 1° (à cause de la houlette du pasteur), et pas vraiment de 3° (maquis et non désert); *Jér* 49, 31 relève des trois, mais s'applique aux Arabes (Qédem et Qédar). *Dt* 33, 28 correspond à 1° et 2°, mais pas à 3°.

Les exégètes ont le plus souvent rejeté, pour ce verset, l'idée de l'habitation paisible, et retenu le sens symbolique de la situation privilégiée d'Israël séparé des païens[37].

H. J. Zobel, analysant le sens de *bdd*, rapproche *Nb* 23, 9 de *Dt* 33, 28. Il rattache le « Alleinwohnen » d'Israël à deux autres idées :
a) le « Alleinbesitzt » de la terre de Canaan.
b) le fait d'être innombrable.

Il rapproche également ces occurrences des nombreux textes, d'allure hymnique, où *bdd* caractérise Yahvé (*Is* 2, 11-17; *Ps* 148, 13; *Ps* 136, 4; *Dt* 4, 35; 32, 12[38]; *Ex* 22, 19; 1 *S* 7, 3). Il existe un lien

36. Par exemple, 2 *S* 7, 10 appartient à 1 et 2; *Is* 32, 16 à 1 et 3.

37. Toutefois, Hengstenberg s'appuie sur *Jér* 49, 31 (*qwmw ʿlw ʾl-gwy šlyw ywšb lbṭḥ* « Debout! Montez à l'assaut de la nation insouciante qui habite en sécurité... Ils n'ont ni porte ni verrou : ils demeurent à l'écart *bdd yšknw*) » où *ywšb lbṭḥ* est parallèle à *bdd yšknw*, et sur *Jg* 18, 7 (*hʿm ʾšr-bqrbh ywšbt-lbṭḥ* « la population qui s'y trouvait demeurait en sécurité, à la manière des Sidoniens, *šqṭ wbṭḥ* tranquille et en sécurité »), 10 (« Lorsque vous y entrerez, vous arriverez chez un peuple confiant *ʿm bṭḥ*. Le pays est largement ouvert... ») et 27 (« Ils arrivèrent à Laïsh, sur sa population tranquille et confiante *ʿm šqṭ wbṭḥ* ») pour affirmer que « das alleine Wohen bezeichnet eine stille und geschützte Zurückgezogenheit ». Rudolph (*Der « Elohist » von Exodus bis Josua,* p. 116 n. 2), invoquant *Is* 40, 15, corrige *bgwym* en *kgwym* « und ist den (anderen) Völkern nicht gleizuachtern ».

38. Hengstenberg dit très justement que la séparation a pour fondement la promesse faite par Dieu et « der Bundesnatur seines Verhältnisses zu Israel »; il la met en relation avec la désignation d'Israël comme *yšrym* « les droits » de 23, 10b. De l'*eklogè* d'Israël on ne saurait trouver médaille mieux frappée que 23, 9b. Ce fait reconnu, les meilleurs commentaires de notre texte se rencontrent en *Dt* 4, 8 : « Quelle grande nation a des lois et des coutumes aussi justes que cette Loi que je mets devant

étroit entre la «Besonderheit» d'Israël et l'«Einzigartigkeit» de Yahvé. *Dt* 33 et *Nb* 23, 9 expriment «das stolze Bewusstsein Israels von seiner ungefahrdeten Mächt und Stärke». «Das religiöse Moment bestimmt jetzt das nationale.»

Le fait de vivre à part peut d'ailleurs s'envisager sous un angle négatif, comme il arrive le plus souvent *(wl' ytḥšb)*, mais aussi sous un angle positif : c'est l'idée que ceux qui vivent à part ensemble sont de la même famille et vivent la même vie. L'exemple le plus net est le commentaire talmudique de *Si* 27, 9a («Les oiseaux de même espèce vont nicher ensemble») : *kl 'wp lmynw yšknw, wbn 'dm ldwmh lw* en *t.b. Qam* 92b[39].

Selon A. Cody[40], *'m* indique :

1° toutes les relations entre le peuple et un autre (aide fraternelle, etc.), et son administration intérieure (incluant liturgie et culte public).
2° les relations du peuple élu avec Dieu (relations théologiques «verticales»).

gwy ne désigne le peuple élu que par nécessité sémantique, pour compléter un mot exprimant le pouvoir fondé sur la possession de la terre, constituant une unité politique capable d'entrer en relations avec d'autres *gwym* (relations socio-politiques «horizontales»).

Des deux mots, c'est *'m* qui exprime ce qui appartient au cœur d'Israël et aux relations d'Israël avec Yahvé, ce qui, du point de vue théologique, met le peuple élu à part. *Dt* 4, 6 emploie côte à côte *gwy* et *'m*, ce qui prouve qu'il n'y a pas entre les deux termes de différence absolue. Toutefois, alors que *'m* peut être déterminé par un nom divin

vous aujourd'hui» (voir aussi v. 7 et 12, 10); 33, 29 : «Heureux es-tu, Israël! Qui est semblable à toi, peuple secouru par le Seigneur?» (apostrophe d'autant plus significative qu'elle suit immédiatement la formule de la séparation au v. 28), et 2 *S* 7, 23 : «Est-il sur terre une seule nation pareille à Israël ton peuple, ce peuple que Dieu est allé racheter pour en faire son peuple, en lui donnant un *nom* (cf. *yšrym* = *yšrwn* = *yśr'l*) et en accomplissant pour vous cette grande œuvre et pour ton pays des choses redoutables, est-il une nation comparable à ton peuple que tu as racheté de l'Égypte, de cette nation et de ses dieux?» Comme en 23, 10b, ces textes marquent la différence entre *'m* et *gwym*.

Ils sont fondés sur le principe du caractère *incomparable* d'Israël, spécialement *Dt* 33, 29 *'šry yśr'l my kmwk* et 2 *S* 7, 23 *wmy k'mk kyśr'l*; ces deux passages constituent le maillon entre 23, 9b et 10b : c'est la comparaison, ou encore, le *mšl* : *yśr'l my kmwk* «Israël, qui est comme toi?» C'est pourquoi *tmt npšy mwt yšrym wthy 'ḥryty kmhw* «Que je meure de la mort des *yšrym* et que ma fin soit comme lui» : rien de plus enviable que le sort de ce peuple incomparable (voir Excursus I et II).

39. Il s'agit d'une contamination avec le peuple hébreu de *Si* 13, 14-15 :
kl hbśr y'hb mynw wkl 'dm 't hdwmh lw
myn kl bśr 'ṣlw w'l mynw yḥwbr 'dm (voir F. Vattioni, *Ecclesiastico, Teste ebraico con apparato critico e versioni greca, latina e siriaca,* Napoli 1968, p. 67). Pour *bd bdd*, voir I QS IV 16.25.

40. A. Cody, When is the chosen called a gôy?, *VT* 14, 1964, p. 1-6, p. 5-6.

(2 *S* 1, 12; *Ez* 36, 20; *Nb* 21, 29 *'m-kmwš*), *gwy* ne l'est jamais. R. E. Clements[41] remarque avec raison qu'Israël devint un *gwy* à part entière sous David, mais avec la conscience d'une particularité religieuse, morale, politique (*'m* en *Nb* 23, 9). La demande, exprimée en 1 *S* 8, 5.20, d'être *gwy* comme les autres *gwym*, est présentée comme un détournement de la vraie nature d'Israël. Parallèlement à la tendance à considérer Israël comme un *gwy*, on trouve assez tôt le terme *gwy* employé avec la signification d'un ennemi au sens religieux (*Ps* 2, 1-8; 46, 5) : des nations historiquement et politiquement indéterminées constituent un danger pour Israël : il s'agit d'un motif à la fois cultuel et politique. D'après Clements, c'est avec le mouvement deutéronomiste que serait née la conscience religieuse chez les *gwym* non-israélites menacent l'existence d'Israël, d'où la nécessité, pour Israël, de s'abstenir de toute relation avec eux (*Dt* 7, 1.7; 9, 14; 18, 9). Dans la même ligne, la chute de Samarie est interprétée comme la conséquence de l'adoption d'usages des *gwym* (2 *R* 17, 8.11.15.33; 21, 2). De plus, en 721 (comme en 587), les *gywm* s'étaient conduits en ennemis d'Israël-Juda. Ils furent donc identifiés aux peuples ennemis. Le terrain était donc préparé pour l'emploi du mot dans le Talmud où, de façon exclusivement négative, il désigne les non-Israélites. Dans l'Ancien Testament, Israël ne perd jamais l'espoir de redevenir un *gwy* à part entière, mais les substantifs évoquant spécifiquement l'élection sont le *'m* ou la *mšpḥh* de Yahvé. On notera que ce dernier terme « famille » exprime le contenu positif de « vivre à part », comme en *Si* 27, 9.

Ce verset nous livre-t-il quelque indice de datation pour le poème? Cahen observe, avec raison : « Quoi qu'il en soit, ce verset montre un état de la nation qui n'est plus celui du désert. »

Von Gall y voit un argument supplémentaire en faveur d'une date postexilique. Selon lui, il s'agit d'un idéal qui, jamais vécu par la communauté judaïque, se projette sur l'ère messianique. Il rapproche de *Za* 8, 5; 10, 10; *Is* 49, 20; 54, 1; 65, 21. Baentsch lui objecte qu'un tel idéal se trouve déjà dans le *Deutéronome* et même chez les grands prophètes du VIIIe siècle (voir *Is* 2, 15), bien que les Israélites d'avant l'Exil ne s'y soient évidemment jamais conformés. Voir aussi *Ex* 19, 5 (E d'après Eissfeldt).

D'après S. Mowinckel[42], cette tendance à l'isolationnisme religieux serait caractéristique de l'esprit du *Deutéronome*, de l'époque de la réaction nationale-religieuse à la fin de l'Empire assyrien. Très sensible en *Dt* 33, elle serait signée E et daterait du réveil de la conscience

41. R. E. Clements, article *gwy*, *TWAT* Band I, col. 965-973, col. 971-973.
42. S. Mowinckel, *Der Ursprung der Bile'āmsage*.

religieuse sous Josias (640-609). Cette datation est la plus vraisemblable[43].

NB 23, 10a : MY MNH ʿPR YʿQB WMSPR ʾT-RBʿ YŚRʾL

Le deuxième hémistiche a été, et demeure, l'un des plus difficiles de l'ensemble de *Nb* 22-24.

LES ÉCUEILS DU TEXTE MASSORÉTIQUE

a) *mspr* est un substantif; or, il est suivi de la *nota accusativi ʾt* qui d'ordinaire introduit l'accusatif du verbe.
b) Corollaire : double asymétrie avec le v. 10aα qui, à la place correspondante, comporte un pronom interrogatif suivi d'un verbe *(my mnh)*, sans que ce verbe soit relié à son accusatif par un *ʾt*, alors attendu (bien que non nécessaire).
c) Quel est le sens de *rōbaʿ*? Tel qu'il est vocalisé, ce mot est un *hapax*. Contentons-nous pour l'instant de définir littérairement le v. 10aα : « Qui a compté la poussière d'Israël? » comme une métaphore. Le rapport entre le premier et le second terme de la comparaison est élidé. L'expression est elliptique et ramassée.

SOLUTION PROPOSÉE

Nb 23, 10aα présuppose *littérairement* une comparaison développée. Il ne peut, tel qu'il est, venir de lui-même. Or, cette comparaison existe dans la *Genèse* en deux endroits : *Gen* 13, 16 (L) : *wśmty ʾt-zrʿk kʿpr hʾrṣ ʾšr ʾm-ywkl ʾyš lmnwt ʾt-ʿpr hʾrṣ gm-zrʿk ymnh.* C'est une comparaison didactique développée. Et elle dit explicitement, sous forme négative, ce qu'exprime l'interrogation rhétorique de 23, 10aα : l'impossibilité de compter. En *Gen* 28, 14 (J), la comparaison demeure mais est plus concise, et ne mentionne pas l'impossibilité de compter : *whyh zrʿk kʿpr hʾrṣ.*

43. Il existe peut-être un indice strictement littéraire : des quatre textes frères comparés plus haut, *Mi* 7, 14; *Jér* 49, 31 ; *Dt* 33, 28 et *Nb* 23, 9bα, le nôtre risque fort d'être l'aîné. C'est en lui que prévaut le sens 3 précis, exact, technique, neutre, sobre. En revanche, celui qui est vraiment prégnant chez les trois autres est le seul vraiment absent de *Nb* 23, 9aα, le sens 1 « habiter en paix », le plus fréquent dans la Bible, le plus chargé de valeurs ajoutées, positives et émotives, celui qui finalement tourne le plus au cliché. C'est pourquoi l'expression originale pourrait être la nôtre. Cela permet de la tenir pour prédeutéronomique, même de peu.

Mi 7, 14, partie d'un Psaume primitif, serait d'époque exilique d'après B. Renaud (*La formation du livre de Michée,* Paris 1977, p. 373). Il semble possible de distinguer entre une formule cliché et une expression héritée. La première se caractérise par de nombreuses occurrences, et la quasi-impossibilité de savoir d'où elle vient ni où elle va. Exemple : « Dieu nous a fait sortir d'Égypte. » La seconde ne se présente que dans quelques cas. Quelques auteurs se la sont empruntée. On peut reconstituer une filiation.

Pour *Nb* 23, 10aα, le texte matrice n'est donc que *Gen* 13, 16, mais *c'est certainement lui.* D'autant plus que c'est la seule promesse où se rencontre *mnh.* Partout ailleurs le cliché de l'impossibilité de compter est exprimé par *spr.* Et partout ailleurs qu'en *Gen* 13, 16 et 28, 14, la promesse de multiplication est rendue par une autre image que *'pr* : *kkby hšmym* ou *ḥwl hym*[44].

De plus, c'est seulement dans ces deux textes que la promesse est associée à une mention de l'espace sous la forme des quatre points cardinaux ; il s'agit de l'espace géographique promis à la descendance d'Abraham : *Gen* 13, 14 : *ś' n' 'ynyk wr'h mn-hmqwm 'šr 'th šm ṣpnh wngbh wqdmh wymh* et *Gen* 13, 15 : *ky 't-kl-h'rṣ 'šr 'th r'h lk 'tnnh wlzr'k.* Là aussi, l'évocation est beaucoup plus concrète et développée qu'en *Gen* 28, 14 où pourtant on la trouve[45] : *wprṣt ymh wqdmh wṣpnh wngbh.* Cette mention des points cardinaux semble à la fois l'explication de *rb'* en 10aβ, et sa source littéraire : c'est le « quart », c'est-à-dire « le quatrième côté ». Là encore, le texte matrice, parce que la dimension spatiale s'y développe beaucoup plus concrètement, et plus naturellement dans le contexte narratif, paraît être *Gen* 13, 14-15.17.

Malgré bien des errances, les Targumim d'Onqelos, du Pseudo-Jonathan et Néofiti gardent la mention numérique et spatiale de « l'un des quatre camps d'Israël » : *ḥd' mn 'rb'ty mšryyt'.* Rachi aussi, invoquant Onqelos, accepte ce sens. Ibn Ezra fait un plus ample détour midrashique, mais invoque finalement aussi la même citation du Targum. La Peshitta, Saint Ephrem, les différentes versions samaritaines gardent aussi *rb'* et le sens de « quart ». De même Aquila et Théodotion *(kai ton psèphon/arithmon tetratou Israèl).* Un argument supplémentaire est apporté par des textes liturgiques et deux inscriptions samaritaines attestent l'emploi de l'expression ancienne *'rb't rb't 'lmh* pour signifier *kl h'lm kwlw* « tout l'univers » et *kl rb't 'lmh* pour signifier *kl knpwt h'rṣ* « les quatre ailes de la terre ». Le sens est donc bien numérique, spatial, et géographique[46].

Un texte se présente, obscur et concis. Un ou deux textes existent, beaucoup plus développés et clairs, mais avec des éléments *littéraux* communs. L'obscur, pour sa propre genèse littéraire, présuppose le clair, s'y réfère plus ou moins consciemment, et ne se comprend que

44. *Gen* 15, 5 ; 26, 4 ; 32, 13 ; 22, 17. Voir le relevé exhaustif de toutes les promesses patriarcales chez R. Rendtorff, *Das überlieferungsgeschichtliche Problem des Pentateuch,* p. 46-47.

45. Elle continue à se développer, toujours sous sa forme la plus concrète et la plus spatiale, en *Gen* 13, 17, où Abraham reçoit l'ordre de prendre, par sa propre déambulation, possession de son domaine terrestre : « Lève-toi et promène-toi dans le pays en long et en large, car je te le donnerai. »

46. Z. Ben Hayyim, *The Literary and Oral Tradition of Hebrew and Aramaic among the Samaritans,* Jérusalem 1961, p. 148 n. 17 et p. 179.

grâce à lui. C'est très différent d'un cliché littéraire (textes nombreux stéréotypés, filiation impossible à repérer)[47]. Cette solution explique aussi les déviations et la dérive des versions :

a) Dans le texte primitif (*Gen* 13, 16) comme dans le texte secondaire (*Nb* 23, 10aα), c'est l'espace qui sert à représenter le temps[48], la poussière qui figure la postérité.

b) Dans les deux textes parents (*Gen* 13, 16 et 28, 14), l'objet de dimension temporelle comparé à *'pr* est *zr'*.

On s'explique donc très bien que, devant un texte obscur et ramassé comme le v. 10aβ, bien des versions aient préféré substituer

47. La genèse littéraire de 23, 10a suscite une controverse entre Hengstenberg, Keil, Ewald, d'une part, et Kalisch de l'autre. D'après les deux premiers, le verset n'est autre qu'une réminiscence intentionnelle, pour Hengstenberg, de *Gen* 13, 16 (« . . . die Beziehung auf diese Stelle darf nicht als eine zufällige Reminiscenz betrachtet werden... ») et pour Ewald, de *Gen* 13, 16 et 28, 14 (« *den staub Jaqob's zählen* v. 10 ist eine äusserst abgekürzte redensart welche solche längst bestehende wie *Gen* 13, 16; 28, 14 voraussetzt und ohne sie als altbekannte garnicht möglich wäre »). Au contraire, Kalisch ne veut pas entendre parler de filiation littéraire. Il observe d'abord avec raison que *my mnh 'pr y'qb* « is a pregnant expression by no means surprising in poetry » et invoque à juste titre Onqelos *(yykl lmmny)* pour comprendre : « Who can count the Israelites, who are like the dust that cannot be counted? » Il arguë de parallèles égyptiens et assyriens : « 'The enemy advanced with men and horses numerous as sand', we read on a papyrus relating the war of Ramses II with the Khitoi; or, 'the herds multiplied like the sands on the shore', on the 'Great Harris Papyrus' of Ramses III; and again, 'the worshippers in the temple' were 'numerous as the stars of heaven' on the Inscription of Tiglath-Pileser I (see Rec. of the Past, II. 68; V. 24; VI. 26.33; VIII. 9, etc.) ».

Hengstenberg fait valoir l'argument, non négligeable, qu'il ne s'agit pas d'un phénomène isolé dans l'épisode, mais d'un procédé d'écriture consistant à citer, *de manière allusive*, d'autres textes bibliques, notamment des bénédictions patriarcales; nous aurons plusieurs occasions de l'observer encore, dans ce poème et le suivant. Et nous étendrons le raisonnement de Hengstenberg à la prose elle-même, pour y avoir constaté, à plusieurs reprises, le recours à cette technique de la citation résumée « plaquée ».

On s'efforcera, vu ces textes antérieurs qui ne sont que comparaisons, et vu l'image précédente *'pr*, de chercher pour *rb'* un sens plus proche de la chose qui représente (le quart) que de la chose représentée (la foule). Or l'hypothèse de Ch. Rabin (Etymological Notes, *Tarbiz* 33, 1964-66, p. 109-117, p. 114), qui suggère l'arabe *rbġt* « multitude » a le désavantage de renvoyer *rb'* du côté de la chose représentée. Voir *'ašrb'* verbe shaphel causatif en II D (= CTA 17) V, l. 2, traduit « Je fournirai une quantité » dans *Textes Ougaritiques* I, p. 427.

Selon A. Guillaume (A note on Numbers XXIII 10, *VT* 12, 1962, p. 335-337) la question de 23, 10a, laissée telle quelle, est absurde. Il préfère le Targum samaritain *marba'* « campement », Onqelos *ḥadā me'arba' mašreyatha deyiśrael,* et invoque aussi l'arabe *rab'un* « les gens d'une maison ou d'une tente, un grand nombre de gens, de tribus, ou un campement ». Pour obtenir un bon parallèle, il comprend *'pr* « poussière » d'après l'arabe *'ifr* « fort, puissant ». Cela donne : « Who can count the warriors of Jacob, and who can number the people of Jacob? » Toutefois, il concède que 23, 10 renferme un double entendre (*tawrīya* en arabe), en référence aux deux passages de *Gen* 13, 16 et 28, 14.

48. En *Gen* 13, l'espace joue dans le tissu narratif à la fois comme réalité (objet de vision et lieu de déambulation) et comme image (la poussière).

l'objet représenté, de dimension temporelle, à celui qui le représente, figure spatiale incomprise. Pour justifier la traduction «descendance, postérité», il y a trois dérives possibles à partir de *rb'* :

rb'ym : «quatrième génération» = «postérité» (LXX : *dèmous*)[49]
rb' II : «couche» = «semence, procréation» (Saadia : *ḏurryyăt* «postérité» mais racine «atome»)
zr' lui-même (Vulgate : *stirpis*)[50].

C'est là qu'a joué, comme cliché littéraire, la pression des innombrables promesses de multiplication : à l'image spatiale fut substituée, tout naturellement et presque inconsciemment, la réalité temporelle qui forme le contenu final de ces comparaisons.

Peut-on garder *mspr*? Que faire de *'t*? Le parallélisme avec *my mnh* conduit certaines versions et presque tous les commentateurs modernes (à commencer par Delitzsch)[51] à corriger en *mî sāpar*. Une autre solution consisterait, changeant la vocalisation, à faire de *mōneh* et *m^esappēr* deux participes, l'un qal, l'autre piel. Pourtant, Vulgate, Peshitta, Aquila, Théodotion, et certains codices samaritains respectent le texte massorétique. Il est vrai que *mnh* et *spr* forment couple dans la Bible. Dans les promesses de *Genèse* autres que 13, 16 et 28, 14 (où l'on a *mnh*), le verbe est *spr*. En 2 *S* 24, lors du fameux recensement, les deux verbes sont employés de façon interchangeable (v. 1 et 10). Mais *mspr* aussi est là (v. 2)[52].

N'était la présence de *'t*, la *nota accusativi*, König[53] garderait

49. *rb'ym* : *Ex* 20, 5 ; 34, 7 ; *Nb* 14, 18 ; *Dt* 5, 9.
rb' II : *Lév* 18, 23 ; 19, 19 ; 20, 16 ; *Ps* 139, 3.

50. Là où joue le cliché de la promesse de multiplication, et non plus seulement la pure filiation littéraire entre deux textes, c'est quand *'pr* lui-même est traduit par *sperma* dans la LXX, par *nsl* «descendance» chez Saadia, par *sl'lh* «descendance» dans le Targum arabe samaritain. Cette dérive du terme de comparaison spatial vers l'objet de comparaison temporel est une tentation qui revient même quand est respectée l'image spatiale du «quart». Ainsi, curieusement, c'est à propos de *'pr y'qb* que Rachi mentionne le *m'rb' mšryt'* d'Onqelos. Mais quand il choisit d'expliquer *rb' yśr'l*, il choisit l'interprétation temporelle : *rby'wtyhn zr' hywṣ' mn htšmyš šlhm* «ses descendants, la semence issue de leurs rapports conjugaux». Quant à Ibn Ezra, si lui aussi cite les camps d'Onqelos, il lui faut pourtant, par ailleurs, citant *Ps* 139, 3, rapprocher *rb'* de *rb'* II et donc de *rbṣ* «coucher» (également Ibn Janaḥ). Voir encore *t. b. Nid.* 31a.

51. Friedrich Delitzsch, *Die Lese- und Schreibfehler im Alten Testament nebst den dem Schrifttexte einverleibten Randnoten klassifiert*, Berlin Leipzig 1920, p. 4 ; et déjà la LXX *kai tis arithmèsetai*. Avouons que le recueil de Ben Hayyim mentionné n. 46 cite, p. 130, un texte liturgique confirmant cette fois la correction de *mspr* en *my spr* :
my mnh ṭwbh
wmy yspr ḥsdw

52. L'expression *mwnh mspr* apparaît en *Ps* 147, 4.

53. F. E. König, *Syntax der hebräischen Sprache* § 330.

mspr = « quod numerum attinet ». Peut-on sauver ce *'t* ?[54]. Il pourrait introduire un accusatif de limitation de *mspr* (« le nombre quant au quart »). Ou encore, de *mnh* dépendrait un double accusatif, l'objet interne étant *mspr,* l'objet affecté ou effectué étant *'t-rb'*[55]. Enfin, avec Kimḥi, *mspr*[56] pourrait être un nom verbal dérivé de la conjugaison hiphil, demandant un accusatif normalement introduit par *'t*.

Il est difficile de trancher, mais donc pas rigoureusement impossible de garder la lectio difficilior. Cela irait avec la tendance de la poésie hébraïque en général, et de notre auteur en particulier, à goûter fort certaines asymétries faussant légèrement la symétrie du verset. Témoin le v. 7bαβ.

Le sens du verset est clair. König a montré[57] que le pronom interrogatif suivi d'un qal équivaut à une négation portant sur le futur. La vision réelle d'Abraham en *Gen* 13, 14-16 *(... ś' n' 'ynyk wr'h mn-hmqwm 'šr-'th šm)* est réactualisée et exploitée négativement dans une perspective prophétique : ce lien, fait d'une opposition entre le v. 9a (on voit) et le v. 10a (mais on ne peut compter), Ibn Ezra ne l'a-t-il pas perçu, qui commente 23, 10a en citant 23, 13 : *wmspr 't rb' yśr'l dgl kṭ'm 'ps qṣhw tr'h wklw l' tr'h.* « Et le nombre, le quart d'Israël : régiment. D'après le sens : tu ne vois que son extrémité et tu ne le vois pas tout entier. »[58]

54. J. Hoftijzer (Remarks concerning the Use of the Particle 't in Classical Hebrew, *OTS* XIV, 1965, p. 1-99, p. 58) ne se pose même pas la question, puisqu'il corrige d'emblée *mspr* en *my spr*. Ce faisant, il semble qu'il inverse les termes du problème. A la suite de Friedrich Delitzsch (*Assyrische Lesestücke*, Leipzig 1900, p. 184b), Albright (*The Oracles of Balaam*, p. 213 n. 28) résout le problème de *'t* en rattachant *rb'* à l'assyrien *turbu'tu* « dust-cloud » et à un araméen (perdu) **tarbu'tu*. Et même, d'après S. Gevirtz (*Patterns in the Early Poetry of Israel*, p. 64) « compter la poussière de quelqu'un » dénoterait quelque pratique magique, hélas inconnue dans la Bible. Le sens ne serait autre que : « qui peut ensorceler Israël ? »

Pour en revenir à la particule *'t*, P. P. Saydon (Meanings and uses of the particle *'t*, *VT* 14, 1964, p. 192-210, p. 209-210), la particule *'t* ne dénote aucun cas spécialement, que ce soit l'accusatif ou le nominatif. Elle n'est employée qu'avec les noms déterminés. Il existe donc un rapport étroit entre elle et la détermination. A l'origine, ç'aurait été un substantif donnant de l'emphase au nom auquel il était préfixé. Avec le temps, cette valeur emphatique se perdit et l'on considéra le nom *'t* comme une particule sans valeur spéciale. J. Macdonald aussi (The Particle *'t* in classical Hebrew, *VT* 14, 1964, p. 264-275) insiste sur la valeur emphatique et démonstrative de *'t*, valeur qui apparaît pleinement en *Nb* 23, 10a.

55. Voir Joüon § 126g ; § 125 et p ; § 125u ; exemples *Jon* 1, 16 ; *Jér* 50, 34 ; *Jos* 6, 11.

56. *D. Kimḥi's Hebrew Grammar* (présentée par) N. Chomsky, New York 1952, p. 342 § 78d : le contexte, la particule *'t* et le *qamaṣ* sous le *pé* excluraient le nom à l'état construit.

57. *Syntax* § 171c cf. *Jér* 30, 21 ; *Hab* 4, 10.

58. *Comment comprendre « le quart » ?*
rb' semble devoir être pris à plusieurs niveaux et compris en plusieurs sens, qui s'emboîtent très bien les uns dans les autres.

1° C'est d'abord une allusion à la situation concrète, spatiale, physique, présente, bref, réelle (bien que fictive) supposée par le récit et le poème : Israël est divisé en quatre camps (trois par tribus) ; d'où il est, Balaam n'en voit qu'une partie (22, 41 *wyr' mšm qṣh*

9a et 9b étaient liés dans le concret de la vision ; 9a et 10a dans l'opposition du voir et de l'incommensurable ; 9b et10a le sont dans le symbolique prophétique : « Utriusque honor ad eos redit, et privatae sedis, et amplae multitudinis. »[59]

h'm). Keil l'a très bien dit : « Von dem vierten Teile redet Bileam mit Rücksicht auf die Einteilung des Volks in vier Lager (c. 2), von welchen er von seinem Standpunkte aus (22, 41) nur eins, also nur den vierten Teil des Volks überschauen konte. » Nous ne pouvons que souscrire à ce jugement, avec toutefois la mention supplémentaire de *Nb* 10 (pour la répartition en quatre camps), et la réserve qu'en 22, 41 *qṣh h'm* n'atteint peut-être pas, même la grandeur d'un quart (Balaam verrait bien « une partie », mais pas un quart).

2° L'image concrète des quatre camps militaires évoque déjà les quatre points cardinaux : en *Nb* 2 et 10, les armées stationnent à l'est, au sud, à l'ouest et au nord de la tente de la rencontre.

3° « le quart » désigne aussi, par définition, une petite portion : « *ein viertel* aber bedeutet wie sonst oft nichts als einen kleinern theil » (Ewald) ; Strack exprime en clair le raisonnement *a fortiori* qui sous-tend la question : « auch nur den vierten Teil, geschweige denn die Hälfte oder gar das Ganze ». Kalisch, après l'exclusive qu'il a jetée sur « le camp », se voit réduit à la même et unique interprétation : « 'The fourth part *(rb')* of Israel' means, doubtless, a small portion : who can count even a fraction of Israel's hosts ? » Mais sa connaissance de l'Ancien Testament le conduit à émettre une réserve : « though the number four does not elsewhere occur with a similar force » qui, s'il était conséquent dans sa démonstration, l'obligerait à admettre que le choix inusité du « quart » comme expression de « la plus petite partie » pourrait bien s'expliquer par des connotations comme « les quatre camps » et « les quatre points cardinaux ».

4° Les trois interprétations développées ci-dessus et qui concernaient la situation supposée présente, immédiate, concrète d'Israël au moment où Balaam prononce son « oracle » demandent maintenant à être transposées au plan du futur symbolique. « Dies wird aber als ein Satz hingestellt, der nicht bloss für die Gegenwart, sondern auch für die Zukunft Realität hat. Weder jetzt, noch in Zukunft kann jemand die Frage : wer bestimmte ? bejahend beanworten » (Hengstenberg). Il est dans l'essence même des poèmes de 23-24, et en particulier du premier, de jouer sans arrêt sur les deux tableaux, présent et futur, concret et symbolique. Ce jeu trouve un excellent terrain en 23, 10a, à cause précisément de la filiation littéraire stricte que nous avons cru pouvoir établir avec *Gen* 13, 14.16 : pour reproduire exactement, mais au plan prophétique, le contenu des trois interprétations du « quart » qui précédemment s'en tenait au plan immédiat et concret du présent fictif, il suffit de lire *Gen* 13, 14.16.17 : nous retrouvons les quatre points cardinaux, nous retrouvons l'impossibilité de compter *(mnh)*. La boucle est ainsi bouclée : l'herméneutique rejoint la genèse littéraire.

L'allusion aux quatre points cardinaux est habituelle dans l'épithète royale akkadienne *šar kibrāt(im) arba'(im)/erbetti(m)* « roi des quatre contrées », « littéralement 'quatre rives' ou 'quatre bords', expression qui, désignant les limites extrêmes d'un monde conçu comme un disque terrestre entouré d'eau (et par extension les quadrants correspondants) désigne l'univers » (M. J. Seux, *Epithètes royales akkadiennes et sumériennes,* Paris 1967, p. 305-308, p. 305). Ce titre exprime une « prétention à l'hégémonie universelle », mais « cette division de l'univers en quatre parties correspond à la distinction naturelle des quatre points cardinaux et se retrouve en plusieurs civilisations anciennes ; elle n'a sans doute rien à voir avec les quatre pays de la tradition astrologique, Akkad, Elam, Subartu et Amurru » (M. J. Seux, Les titres royaux « Šar kissati » et « šar kibrāt arba'i », *RA* 59, 1965, p. 1-18, p. 14).

59. Procope de Gaza, *op. cit.* Les auteurs chrétiens insistent sur le fait que Dieu seul peut compter, et en profitent pour condamner la conduite de David en 2 *S* 24 (*mnh* au v. 1, *mspr h'm* au v. 2, *spr 't-h'm* au v. 10). Voir Origène, *Homélies sur les Nombres* xv, 3. Wilfrid Strabon (*Glossa ordinaria in Librum Numerorum* PL 113, col. 379-446, col. 422) cite 2 *S* 24. Raban Maur (*Enarrationes in Librum Numerorum,* PL 108, col. 587-840, col. 733) cite *Ps* 147, 4.

23, 10b : TMT NPŠY MWT YŠRYM WTHY 'ḤRYTY KMHW

En apparence, il n'y a pas de difficulté, sinon un *kmhw* dont le pronom suffixe masculin singulier gêne et a gêné, puisqu'il renvoie au substantif masculin pluriel *yšrym.*

Ce souhait, lancé à la pointe du poème, de « mourir de la mort des hommes droits », est insolite. Les versions ont en général traduit assez littéralement *(dikaiôn; justorum; qšyṭyn*[60]*; 'l mstqymyn),* ce qui n'éclaire guère. La Peshitta *(trysyhwn),* Onqelos *(qšyṭwh),* Rachi *(šbhm)* et Ibn Ezra ont cherché à préciser en faisant d'Israël un déterminant des Justes et des Justes une partie d'Israël : « ceux d'Israël qui sont justes, les Justes qu'il y a en Israël ». Pareille restriction, à la pointe d'un poème consacré à la bénédiction de *tout* Israël et de *tout* Jacob, n'est pas satisfaisante. Pas davantage le sens exclusivement moral qui découle de la traduction littérale des autres versions[61].

Regarde-t-on les emplois de *yšrym,* on les rencontre presque exclusivement en *Proverbes* et en *Psaumes.* Dans les Psaumes de prière collective, l'allusion au sort heureux des Justes est en relation, soit implicite, soit explicite, avec le statut privilégié de la nation élue (Israël, Sion, etc.). Au stade d'évolution sémantique où notre poème prend le mot, celui-ci n'est qu'un synonyme, une autre appellation d'Israël, pour varier[62].

Les deux hémistiches sont-ils tautologiques? Quel est le sens de *mwt,* et celui de *'ḥryt*? Il est choquant de voir la mort[63], quelle qu'en

60. Le Targum samaritain a *mšbḥyn* « ceux qui louent » ou « ceux qui chantent », ce qui ramène aux *Psaumes.*

61. Pour Mowinckel, par exemple, *yšrym* renverrait à la normalité religieuse et morale, à la perfection, et au « Glücksvermögen » des hommes droits.

62. Voir *Ps* 107, 42; 111, 1; 33, 1; 112, 4; 125, 4; 37, 37; 94, 15; 97, 11 et même *Prv* 2, 21; 3, 33; 11, 11; 14, 19; 28, 10.

63. S. E. Loewenstamm (The Death of the Upright and the World to Come, *JJS* 16, 1965, p. 183-186) suit l'interprétation de Naḥmanide (conforme à *t. b. Sanh.* 105a et au Targum de Jérusalem) selon laquelle 23, 10bβ contient une allusion à la vie de l'au-delà : « Et il dit *tmt npšy mwt yšrym wthy 'ḥryty kmhw,* c'est-à-dire qu'ils hériteront du Paradis, parce que le *'ḥryt* de l'homme est la mort — donc il souhaite mourir de la mort des justes *(mwt yšrym),* ce qui signifie Israël, qui sont appelés *Yeshurun* et passeront leurs jours dans le bonheur. *wthy 'ḥryty kmhw* — dont l'héritage est la vie et qui ne sont pas soumis à l'enfer et à la perdition... »

Contre la majorité des exégètes modernes, Loewenstamm maintient donc l'allusion à l'au-delà dans le second hémistiche. Quant au premier, il pense que la leçon originale était *ttm npšy tm,* à l'analogie de *Prv* 14, 32, où il préfère la leçon de la LXX *ho de pepoithôs en tè(i) heautou hosiotèti (= wḥsh btmw)* « et trouve refuge dans sa perfection » au difficile *wḥsh bmwtw* du texte massorétique. Les racines *tmm* et *yšr* sont, observe-t-il, traditionnellement associées (*Ps* 37, 37; 1 *R* 9, 4; *Ps* 25, 21; *Jb* 1, 1.8; 2, 3). La forme primitive du passage aurait donc été : *ttm npšy tm yšrm wthy 'ḥryty kmhw* « May I attain the perfection of Yeshurun and may my future be like his. » Elle aurait été altérée à l'époque du Second Temple, d'une part parce que l'*hapax yšrm* fut confondu avec *yšrym,* mieux attesté, d'autre part parce que l'on pensa que la bénédiction de Balaam ne pouvait omettre la principale bénédiction accordée à Israël, savoir, sa participation au monde à venir. L'hypothèse, ingénieuse, est un peu compliquée.

soit la qualité, faire l'objet d'un souhait. C'est un *hapax* dans la Bible. La LXX (ainsi que la Vetus Latina et Origène) a essayé d'en atténuer la brutalité en substituant au deuxième *mwt* un *en psychais* qui déplace l'accent : l'insistance ne porte plus sur la mort redoublée, mais sur les âmes : le grec spiritualise, sans doute dans une perspective platonicienne et, peut-être déjà, préchrétienne. C'est aussi la prétendue impossibilité du concept «mort» appliqué à Israël qui a conduit certains exégètes (par exemple Holzinger) à choisir pour *yšrym* une acception uniquement morale et générale. Pourtant, avec le reste des autres versions, il faut garder à «la mort» sa rigueur fatale.

'ḥryt est-il synonyme de *mwt*? En hébreu biblique, le terme peut avoir trois sens : «fin», «avenir», ou «postérité, descendance». Certaines versions, gardant *ḥrty, ḥryty, 'ḥrty,* ont évité de trancher. Mais Vulgate *(novissima mea),* Symmaque, Nicéphore *(ta eschata mou),* Onqelos *(swpy)* ont choisi le sens «fin», donc à peu près l'équivalent de *mwt.* Nul, sinon peut-être le Targum samaritain (Walton) avec *'qwb'ty,* n'a vraiment choisi le sens «avenir». En revanche, la LXX *(to sperma mou)* et la Vetus Latina *(semen meum)* ont choisi le sens «descendance». De même, dans la lignée de la LXX et d'Origène, la tradition chrétienne ancienne.

En fait, une enquête montre que *'ḥryt* ne veut jamais dire «mort». Très rarement, et seulement quand il est déterminé par «jours», «royaume», «colère», il peut signifier «fin». Il est le plus souvent déterminé par un pronom personnel suffixe qui, la plupart du temps, renvoie à une collectivité, Israël[64]. Le sens en est «postérité». Nul doute qu'en *Nb* 23, 10bβ, *'ḥryt,* déterminé à la fois par le pronom personnel de première personne du singulier et par Israël[65], veut dire «descendance, postérité»[66]. En moins concret, il a le sens de *zr'*. Les inscriptions araméennes du VIIᵉ siècle trouvées à Nerab viendraient conforter ce choix[67].

64. Voir *Dt* 8, 16; *Jér* 31, 17; *Ez* 23, 25; en *Nb* 24, 20, le pronom renvoie à Amaleq; en *Dt.* 32, 20, la suffixe *-m* renvoie à Israël.

65. Voir KÖNIG, *Syntax* § 319g : la comparaison s'accompagne souvent de raccourcis. Voir aussi JOÜON § 133h, qui montre bien que *'ḥryt* est sous-entendu dans *kmhw* : «*ky* est employé d'une façon prégnante avec un substantif dans *p.ex.Ps* 18, 34 *mšwh rgly k'ylwt* 'qui rend mes pieds semblables aux (pieds des) biches'.» Également *Is* 63, 2; *Jér* 50, 9; *Lam* 5, 21. En *Nb* 23, 10bβ, le *k* est peut-être d'autant plus prégnant que le déterminant du mot sous-entendu n'est pas un substantif, mais un pronom personnel.

66. Cependant, d'après J. CARMIGNAC (La notion d'eschatologie dans la Bible et à Qumran, *Revue de Qumran* 7/1, 25, 1969, p. 17-31, p. 20), si, en *Nb* 24, 20, *'ḥryt* signifie «suite, avenir», en 23, 10 le contexte imposerait de comprendre «ma fin» = «ma mort».

67. Voir H. DONNER-W. RÖLLIG, *Kanaanäische und aramäische Inschriften,* n° 226 : l. 9 *wthnsny šhr wnkl wnsk yhb'šw;* l. 10 *mmtth w'ḥrth t'bd* «und fortschleppst : ŠHR, Nikkal und Nusku mögen sein Sterben elend sein lassen, und seine Nachkommenschaft soll zugrunde gehen!»; n° 225 : l. 9 *šḥr wšmš wnkl wnsk ysḥw;* l. 10 *šmk w'šrk mn ḥyn wmwt lḥh;* l. 11 *ykṭlwk wy'bdw zr'k* «SHR, Šamaš, Nikkal und Nusku mögen ausrotten

Autant on n'a pas le droit d'estomper le sens négatif et concret de *mwt* qui clôt, autant on doit respecter le sens positif et concret de *'ḥryt,* qui ouvre. C'est parce que *'ḥryt* n'est pas synonyme de *mwt* que *mwt* peut exprimer la froide réalité. *mwt* et *'ḥryt* se servent mutuellement de repoussoir. Pour avoir donné à *'ḥryt* le sens de *mwt,* bien des exégètes du début du siècle ont figé l'élan du poème. *'ḥryty,* objet d'un souhait exclamatif exprimé au jussif, est doublement la pointe du poème :

a) Il résume l'idée, sous-jacente au v. 10a, de *zr'*.

b) Avec cette idée, il ouvre le poème, lui donnant une dimension nouvelle, non plus seulement présente immédiate, mais délibérément prophétique, dans la lignée des promesses patriarcales[68]. C'est bien l'envoi final, et en même temps le coup d'envoi.

Le *waw* est-il coordonnant ou subordonnant ? Les deux hémistiches sont-ils égaux au plan syntaxique ? Grammaticalement, à cause des deux jussifs, le v. 10bα pourrait être la protase, et le v. 10bβ, l'apodose, d'un système conditionnel : « Si je meurs... alors, que ma descendance soit... ». Ou encore, 10bα pourrait être la principale dont 10bβ serait la subordonnée consécutive : « Que je meure... en sorte que ma descendance soit... ». Les deux hémistiches seraient inégaux devant le souhait, qui ne concernerait vraiment que le deuxième, relatif à la postérité.

En fait, la grande majorité des versions a traduit littéralement le *waw* de l'hébreu. Deux séries font exception :

— Les Targumim Néofiti, du Pseudo-Jonathan, et de Jérusalem, ont choisi le système conditionnel. Ils ont dédoublé le texte massorétique :

α) Transformé les deux hémistiches coordonnés en un système de subordination conditionnelle.

β) Fait du système ainsi obtenu le deuxième terme d'une alternative dont le premier terme est un autre système conditionnel inventé à partir de réminiscences de *Nb* 31, 8 et 16 : « Si la maison d'Israël me tuait par le glaive, déjà il m'a été annoncé que je n'aurais pas part au monde à venir ; mais *si je meurs de la mort des justes, puisse ma fin (swpy) être comme celle du plus petit d'entre eux.* »

Cette alternative, due à une conception de la rétribution après la

deinen Namen und deine Stätte aus den Lebenden, und mit einem bösen Tode mögen sie dich töten und deine Nachkommenschaft zugrunde gehen lassen ! »

L'association *npš-'ḥrh* semble conventionnelle dans les dédicaces monumentales. Voir, par exemple, *CIS* Pars Secunda, Tomus I, Paris 1889, N° 197 l. 2 : *lnpš wyldh w'ḥr,* 201 l. 3, 206 l. 1, 208 l. 2, 220 l. 1, 221 l. 2, 224 l. 2. Notre texte ressemble fort à une dédicace poétique ou, à l'inverse, toute dédicace n'est qu'un souhait de bénédiction.

68. Malgré l'ombre des promesses de *Genèse* qui plane sur le v. 10a, il est remarquable que ni *yšrym* ni *'ḥryt* ne se rencontrent dans le reste du *Pentateuque*.

mort dans l'au-delà, est peut-être pharisienne ou même préchrétienne, mais reste étrangère au judaïsme ancien[69].

— Origène et quelques commentateurs à sa suite traduisent : *« ut fiat semen meum sicut semen justorum »*. Mais la perspective est évidemment chrétienne.

De plus, cette idée de récompense conditionnelle revient à donner à *yšrym* un sens moral par essence, solution rejetée ci-dessus. De même que le qualificatif *yšrym*, devenu un substitut de *yśr'l*, n'a plus le contenu moral qui pourtant était à l'origine de l'identification, de même il n'y a pas de rapport de condition à récompense entre le fait de mourir comme les *yšrym*, et celui d'avoir une descendance comme eux. D'ailleurs, les syntaxes ne présentent de tels cas de *waw* subordonnant qu'au sein d'un même hémistiche, et avec un impératif suivi d'un jussif, tandis que notre cas survient entre deux hémistiches poétiques, et avec deux jussifs[70].

Pour toutes ces raisons, et aussi parce que même les versions enclines, par le génie de leur langue, à la subordination, ont gardé la coordination, on choisira de mettre la mort et la descendance égales devant le souhait. Si l'on opte pour la non-synonymie *(mwt ≠ 'ḥryt)*, cela n'implique pas pour autant un déséquilibre syntaxique entre les deux hémistiches. Entre eux, la symétrie est parfaite.

Ce choix n'est pas le plus facile car il n'atténue pas, comme le faisait le système conditionnel, le caractère choquant d'un souhait de mort, surtout relative à Israël, et avec la réalité et l'absence d'au-delà qu'elle revêtait chez les anciens Sémites. Il y demeure quelque chose d'étrange et d'obscur, mais d'irréductible[71].

LE v. 10b, UN AJOUT?

Plusieurs commentateurs, surtout au début du siècle, ont considéré le v. 10b comme une glose, pour trois raisons :

a) ce souhait de mort était incompréhensible (notons qu'ils traduisaient aussi *'ḥryt* par « mort ») ;

b) cette intervention personnelle semblait déplacée ;

c) les versets précédents étant lus comme trois distiques, le dernier

69. Voir *Is* 22, 13b *'kl bśr wštwt yyn 'kwl wštw ky mḥr nmwt*. PHILON, en revanche, l'a compris dans le sens de l'immortalité : « Puisse mon âme perdre la vie du corps, afin d'être comptée au nombre des âmes des justes, et devenir telle que sont maintenant leurs âmes » (*De Vita Mosis* I, § 279). La LXX l'y incitait.

70. BROCKELMANN § 135b et c ; JOÜON § 169.

71. Surtout avec *npš*, terme désignant l'âme, donc la vie (même s'il garde la valeur grammaticale de simple réfléchi) enchâssé dans la paronomase de *mwt*. Un rapprochement si violent ne se voit pas ailleurs dans la Bible. Il est absent de l'expression sœur, poétique aussi, de 2 *S* 3, 33 (complainte de David sur Avner) : *hkmwt nbl ymwt 'bnr*.

paraissait «metrisch überflüssig» [!] (Baentsch). C'étaient «die Suspiria der Abschreiber hinter ihrer Arbeit» (Holzinger)[72].

Voici trois objections :

a) traduit-on *'ḥryt* par «descendance», cela fait une excellente pointe finale, qui ouvre le poème vers l'avenir, tout en étant très conforme au message précédemment exprimé (surtout au v. 10a);

b) les rapports multiples qu'entretiennent les v. 9a.9b.10a.10b sont autrement riches qu'un groupement par distiques[73];

c) sans grossir outre mesure l'importance des chiffres, il n'est peut-être pas indifférent que le v. 10b soit à la fois le dernier et le septième.

L'étrangeté du souhait final est tout profit pour les *yšrym* : tout comme Israël, à la mort et à la vie[74]! C'est la variation finale (unique dans la Bible), sur le thème de la bénédiction : quoi de plus convaincant que de voir celui qui bénit se souhaiter à lui-même le sort de celui qu'il bénit? D'ailleurs, en employant *yšrym* pour désigner Israël, l'auteur gagne sur les deux tableaux car ce pluriel lui évite de mentionner en toutes lettres la mort d'Israël.

APPENDICE

Le sort de *kmhw* semble pouvoir être définitivement réglé :

1° Nous avons vu que la pression du singulier dans ce poème était vraiment très forte, surtout avec l'identification *yšrym* = Israël.

72. A l'analogie de *Ps* 25, 22 et 34, 23 selon B. DUHM (*Die Psalmen* [KHAT 14], Fribourg 1899). Voir aussi K. J. GRIMM, *Euphemistic Liturgical Appendixes in OT*, Baltimore 1900.

73. A. TOSATO (The Literary Structure of the first two poems of Balaam, *VT* 29, 1979, p. 98-107) choisit encore une autre possibilité de groupement : d'après lui, il y a bien trois strophes, mais c'est 23, 7bαβ qui serait isolé, en guise d'introduction :

— Strophe 1 = A : 7cd + 8ab : maudire Israël.

— Strophe 2 = B : 9ab + 9cd : la vision d'Israël.

— Strophe 3 = A' : 10ab + 10cd : la bénédiction d'Israël.

Chaque deuxième stique commence avec un *waw*; trois fois sur six (7d, 8b, 10b), il répète le premier mot du premier stique. TOSATO constate une symétrie concentrique de l'antithèse conceptuelle :

— Balaam doit maudire (A); *il bénit* (A').

— Il est impossible de maudire Israël (A); *il est impossible de mesurer la bénédiction d'Israël* (A').

— Balaam doit désirer le malheur du peuple (A); *il se souhaite le même bien qu'ils auront* (A').

Pareille disposition met en relief la strophe centrale. Cette analyse incontestable joue sur d'autres groupements que ceux que l'on a dégagés au cours de ce chapitre. Argument supplémentaire pour montrer que le découpage servant de prétexte à l'élimination du v. 10b n'a rien d'absolu.

74. BAENTSCH, pour avoir traduit *'ḥryt* par «mort» et retiré le v. 10b comme étant une glose, n'en a pas moins vu que l'important était les Israélites, *«en tant qu'objet enviable sous tous les rapports»*.

2° En 10bβ, *'ḥryty* est déterminé par un suffixe singulier.

3° Dans la Bible, *'ḥryt* est le plus souvent déterminé par un suffixe singulier, qui renvoie d'ailleurs à la collectivité d'Israël.

4° *kmhw* se rencontre environ une dizaine de fois dans la Bible, mais jamais on ne voit *kmhm* ni *kmh*. En *Ex* 11, 6, *kmhw* revient deux fois, pour *ṣ'qh* (Sam. a corrigé) ; en *Dt* 7, 26, *kmhw* renvoie à *tw'bh* ; en *Dt* 4, 32, il renvoie à *dbr*, et en *Ez* 5, 9, à *'t-'šr*. Peut-être *kmhw* avait-il acquis une valeur neutre, sans genre ni nombre, au point de valoir pour tout terme de comparaison, d'être le terme de comparaison par excellence.

5° Certes, la plupart des versions, gênées, ont substitué un pluriel, mais les trois Targumim samaritains ont gardé le singulier *kwth, km tlh* ; Néofiti, le Pseudo-Jonathan et Jérusalem ont tenté un compromis : *kz'yrh dbhwn* : « comme le plus petit d'entre eux ».

6° La dernière analyse a montré combien c'était *yšrym* = Israël qui était mis en avant, présenté comme modèle en 10b.

Toutes ces raisons à la fois expliquent que l'auteur ait donné à *kmhw* la préséance sur *kmhm*, et défendent de le corriger.

Excursus I

SE SOUHAITER LA MORT DES YŠRYM

Le contenu exact de *yšrym* demande à être éclairé. Hengstenberg, suivi par Kalisch, l'a fait à merveille. *yšrym*, bien que sans article, équivaut à un nom déterminé et même, à un nom propre : ce n'est que l'équivalent strict d'Israël, du *peuple en son entier*, « Das *yšr*, was in den Psalmen so oft vorkommt » (Hengstenberg). Les *Ps* 107, 111 et 112 en témoignent : rien n'approche plus l'esprit de notre texte que *Ps* 112, 2 : *gbwr b'rṣ yhyh zr'w dwr yšrym ybrk* « Sa lignée est puissante sur la terre, la race des hommes droits sera bénie. » Cependant, il y faut la lumière du *Ps* 111 pour voir que *yšrym* ne relève pas de la terminologie purement sapientielle et morale, mais désigne le peuple élu tout entier : ainsi *Ps* 111, 4.5.6.9, rappelant par bien des points notre prose et les deux premiers poèmes : « Il a voulu qu'on rappelle ses miracles... Il se rappelle toujours son alliance. A son peuple *(l'mw)* il a montré la puissance de ses œuvres, en lui donnant l'héritage des nations *(gwym)*... A son peuple il a envoyé la délivrance, prescrit pour toujours son alliance. » D'ailleurs le v. 1 mentionne les *yšrym* : « De tout cœur je célébrerai le Seigneur, au conseil des hommes droits *(yšrym)* et dans l'assemblée. » C'est pourquoi Kalisch a raison de refuser toute acception restrictive. Très vraisemblablement, dans les Psaumes cités plus haut, le nom commun *yšrym* joue avec le nom propre *yśr'l qui lui-même ne s'y trouve pas*, mais avec lequel l'autre nom commun *'m*, équivalent de *yšrym*, établit un pont explicite : *'m* (exprimé) = *yšrym* (exprimé) ; *'m* (exprimé) = *yśr'l* (non exprimé) ; *yšrym* (exprimé) = *yśr'l* (non exprimé), d'autant plus sûrement que *yšrym* évoque *yśr'l* à la fois par sa graphie et par ses sonorités[75]. Il en va de même en *Nb* 23, 10b, d'autant plus que le nom propre *yśr'l* (qui, en parallèle à *y'qb*, scandera le second poème) a déjà paru, réellement exprimé, au v. 7bծ. De plus, le premier et le second poème ne sont que des Psaumes déguisés sous des allures d'oracles, des Psaumes en abrégé, des résumés de Psaumes. Leur arrière-plan littéraire est constitué par les vrais Psaumes, dont ils émanent et auxquels ils renvoient constamment. Raison supplémentaire d'y repérer les mêmes phénomènes littéraires et sémantiques, et d'y appliquer les mêmes règles d'interprétation que dans les *Psaumes*.

La traduction d'Ewald se fonde sur la certitude d'un tel jeu de mots entre *yšrym* et *yśr'l*, au point de corriger le texte : « O sterbe meine Seele wie *Gerechte*, und sei mein Ende so wie *Israel's* ! »

Pourtant, tous les auteurs l'ont remarqué, *yšrym* tel qu'il se présente en 23, 10b ne peut pas ne pas évoquer *yšrwn*, le nom poétique d'Israël en *Dt* 32, 15 ; 33, 5 (parallèle à *y'qb*) et 26, et *Is* 44, 2 (parallèle à *y'qb*.) Dans deux de ces passages, *yšrwn* est l'équivalent strict de *yśr'l* qu'il remplace auprès de *y'qb*. Au plan étymologique comme au plan graphique et au plan sonore, *yšrym* et *yšrwn* sont apparentés. Et l'on voit que l'allusion de *yšrym* à *yšrwn* n'exclut en rien la référence au nom *yśr'l*, au contraire. Le champ sémantique de 23, 10b est comparable à un triangle dont un seul angle apparaît (le nom commun *yšrym*), les deux autres (les noms propres *yśr'l* et *yšrwn*), situés à égale distance du premier, affleurent sous lui.

yšrym

yśr'l *yšrwn*

75. Sur le nom d'Israël, voir C. H. J. De Geus, *(The Tribes of Israel*, Assen/Amsterdam 1976), qui donne l'état de la question p. 187-192. E. Sachsse (Die Etymologie und älteste Aussprache des Namens *yiśraē'ēl, ZAW* 34, 1914, p. 1-15) pense que la prononciation originale était *j'šar'el*, ce qui lui permet de rattacher le nom à la racine *yšr* « être sincère ». Comme le signale De Geus (p. 189, n. 276), cette opinion se rencontre déjà chez Jérôme : « Vir videns Deum sed melius rectus Domini ». On la retrouve chez Renan (*Histoire du Peuple d'Israël*, Paris 1887, Tome I, p. 106 n. 3) et chez W. Bacher (*yᵉšūrūn, ZAW* 5, 1885, p. 161-163). Voir encore M. Noth, *Die israelitischen Personennamen im Rahmen der gemeinsemitischen Namengebung* (BWANT 3), Stuttgart 1928, réimpression Hildesheim 1966. Cette étymologie fut tôt combattue, mais le débat dépasse le cadre de cette étude.

Cette double capacité allusive de *yšrym* explique doublement le singulier de *kmhw* et interdit doublement de le corriger en un pluriel harmonisé sur *yšrym*.

Vaut-il la peine de s'interroger ici sur le contenu de *yšrym*? A première vue, non, l'allusion, si fugitive, n'étant précédée d'aucune autre appartenant au même registre, et l'équivalence avec *yśr'l* èt *yšrwn* s'imposant si vite et si évidemment. Mais précisément, le statut du texte, secondaire en son essence, saturé de références littéraires de toutes sortes, Psaume en raccourci, implique que la surface limpide renvoie à des profondeurs qui l'éclairent. De plus, quelques erreurs d'interprétation furent commises, qu'il est bon de corriger.

Kalisch observe à juste titre, contre Herder[76], qu'il ne faut pas comprendre *yšrym* : « the happy » ou « the brave », équivalents du grec *agathos*, en sorte que le *spr hyšr* de *Jos* 10, 13 et 2 *S* 1, 18 devienne « The Book of Heroes » ou « Songs of Heroes ». Contre De Geer, Hengstenberg proteste que *yšrym* ne signifie pas « Glückliche » (interprétation s'inspirant de l'arabe *ysr* « facile, aisé, prospère »). Le sens ne fait pas de doute, il est moral et évoque les qualités de « Geradheit », « Redlichkeit », et « Rechtschaffenheit ». Mais l'on ne suivra pas Hengstenberg quand il rejette l'opinion de Calvin selon laquelle cette rectitude n'est pas « inhärirende », mais « zugerechnete » : « Recti vocantur Israelitae sicut aliis locis, non propria rectitudine, sed dei beneplacito, qui eos dignatus fuerat segregare ab immundis gentibus. » Hengstenberg invoque les fréquentes occurrences de *yšr* dans les Psaumes pour affirmer qu'il s'agit d'une qualité intrinsèque du peuple même. Le débat semble vain ou plutôt, mal centré : comment nier que la rectitude du peuple soit l'effet, en même temps que l'expression, de l'élection et de la bénédiction divine ? Il y a une bénédiction préalable (22, 12 : *ky brwk hw'*), que Balaam rappelle et qu'il est chargé de réitérer : c'est le substrat, le fond des choses. Et, de façon concomitante, il y a la séparation d'avec les nations (v. 9b), la multiplication à la surface de la terre (v. 10a), la rectitude (v. 10b), l'absence de mal commis (v. 21aα), et de mal subi (v. 21aβ) : ce sont les modalités de la bénédiction, ses phénomènes plus que ses conséquences. Le débat a tourmenté les commentateurs. Il ne faut pas l'esquiver, mais la seule manière de le trancher est de compter avec les différences des textes les uns par rapport aux autres, fussent-ils apparentés. Ainsi, le *Ps* 112 développe abondamment les *conditions* de rectitude morale grâce auxquelles « la race des hommes droits sera bénie ». Même le *Ps* 111, qui identifie clairement les *yšrym* au peuple élu, insiste sur la nécessité, pour ce dernier, de la

76. J.C. Herder, *Vom Geist der Ebräischen Poesie. Eine Anleitung für die Liebhaber derselben und der ältesten Geschichte des menschlichen Geistes,* Zweiter Theil, Leipzig 1825, p. 180 et 186.

réciprocité : « Le principe de la sagesse c'est de craindre le Seigneur : tous ceux qui font cela sont bien avisés. » Le *Ps* 107 célèbre la fidélité du Seigneur dont se réjouissent les *yšrym* (v. 42), mais cette fidélité mérite l'admiration précisément parce qu'elle reste inentamée par les fautes et les infidélités de ceux envers qui elle continue de s'exercer. *Nb* 23, 7b-10, Psaume en raccourci, se borne à poser, péremptoire, l'équivalence *ʿm* = *yšrym*. Bloc de certitude, il ne laisse pas place au doute ni aux réserves quant aux conditions, aux « si » et aux « mais ». Le nom propre *yšrwn* = *yšrym* donné à *yśr'l* et sous-entendu en 23, 10b va dans ce sens : « Es *(= yšrwn)* unterscheidet sich von ihm *(= yšrym)* nur dadurch, dass es die Eigenschaft, welche das *Jesharim* bezeichnet, durch die Ausprägung zum *Nomen proprium* als zur innersten Wesenheit Israels gehörig darstellt » (Hengstenberg). Sur le même sujet, le *Deutéronome* parle encore autrement : en premier lieu, la référence de la rectitude est Dieu lui-même : « C'est le Dieu fidèle, il n'y a pas en lui d'injustice (*'yn ʿwl* comparer *Nb* 23, 21a : *l'-hbyṭ 'wn byʿqb wl'-r'h ʿml byśr'l*), il est juste et droit *(ṣdyq wyšr hw')* en *Dt* 32, 4b et *Ps* 119, 137. Mais au v. 15 « Yeshouroun s'est engraissé, mais il a rué... il a délaissé Dieu qui l'avait fait, il a déshonoré son Rocher, son salut *('lwh ʿśhw... ṣwr yšʿtw)* ; comparer v. 4a : « Lui, le Rocher, son action est parfaite *(hṣwr tmym pʿlw)* ». Autrement dit, non seulement la référence est Dieu, mais Israël lui-même a chu du statut unique où l'avait placé l'élection divine (« Nul n'est semblable à Dieu, lui qui vient à ton aide *(bʿzrk)*, Yeshouroun, en chevauchant les cieux... » en 33, 26). Combien de fois le *Deutéronome* répète-t-il que le Seigneur a élu Israël, non à cause de l'importance de celui-ci, mais par pure grâce (7, 7-8), et que l'alliance implique réciprocité, dans l'amour comme dans la haine (v. 9-10) ?

Pour les raisons à la fois littéraires et idéologiques avancées ci-dessus, il ne semble pas arbitraire de situer *Nb* 23, 7b-10 exactement à la charnière des *Psaumes* 107, 111 et 112 d'une part, et du *Deutéronome* de l'autre. Il se rattache aux deux mais s'en distingue autant. Résumé des *Psaumes*, il en porte la marque littéraire mais en a perdu l'universalisme, l'humilité, l'ouverture aux leçons de l'Histoire, à la mémoire des fautes. Cette fermeture dogmatique s'explique à la fois par sa genèse littéraire (résumé, nécessité d'abréger) et par l'intention de son auteur qui veut faire œuvre didactique de propagande nationale et nationaliste. La faille du doute s'ouvre à nouveau dans le *Deutéronome* et nous avons vu à plusieurs reprises combien notre texte en approchait, dans l'esprit et dans la lettre. Mais l'idéologie (notamment à propos du prophète non israélite et des lieux de culte non centralisés) interdit de les assimiler complètement. Notre texte tend toujours vers le *Deutéronome* mais, tel une asymptote, il n'y touche jamais : « prédeutéronomique » revêt donc ici une double valeur.

L'« envoi » de *Nb* 23, 10b : « Que mon âme meure de la mort des hommes droits, et que ma fin soit comme la leur ! » illustre parfaitement la définition que donne Scharbert de *brk* (actif) et *nbrk* (passif) : « 'zum Segen werden' bedeutet 'so glücklich sein, dass andere, wenn sie segnen, darauf hinweisen und ein ähnliches Glück wünschen' ». Quelle meilleure façon d'exprimer la bénédiction, en effet, que de dire que le sort du bénéficiaire de cette bénédiction est infiniment enviable au point que l'on souhaite, pour soi-même et ceux dont on veut le bien, un sort identique ? Rien de tel que la métonymie ou l'identification pour dire la bénédiction. Scharbert montre que le procédé revient assez souvent dans l'Ancien Testament, aussi bien pour la malédiction (*Jér* 19, 22 ; *Is* 65, 15 ; *Ps* 102, 9) que pour la bénédiction (*Gen* 12, 2 ; 22, 18 et 48, 20 ; *Ps* 72, 17) que pour l'une et l'autre (*Za* 8, 13 ; *Prv* 10, 7). On bénit ou on maudit « par » *(b)* ou « par le nom » *(bšm)* de quelqu'un dont le sort est proposé comme modèle éternel de bénédiction ou de malédiction. Paradoxalement, Scharbert a bien repéré et formulé la théorie dont *Nb* 23, 10b est l'application pratique, mais il n'a pas signalé ce verset. C'est que, précisément, la quasi-totalité des textes ayant trait à cette question ne font qu'énoncer le principe, sans le mettre en pratique. Ainsi, *Prv* 10, 7 « Le souvenir du juste est en bénédiction » ou *Ps* 72, 17 « Son nom sera pour toujours ; son nom se perpétuera devant le soleil, et on se bénira en lui : toutes les nations le diront bienheureux » sont exactement la théorie de notre texte, mais ne sont que cela. *Gen* 48, 20 est le seul à faire suivre de son application l'énoncé du principe : « Il les bénit ce jour-là en disant : 'Par toi Israël prononcera cette bénédiction : Que Dieu te rende comme Ephraïm et comme Manassé !' » Outre ce point commun avec *Nb* 23, 10b (la mise en pratique), *Gen* 48, 20 partage avec notre verset le tour comparatif : *k'prym wkmnšh* = *kmhw*. Scharbert n'a pas identifié *Nb* 23, 10b parce que c'est le seul passage à n'être *que* l'application du principe, *sans* l'énoncé de ce dernier. Et pourtant, on n'en saurait trouver plus claire application ; l'éclairage apporté par la solution de la bénédiction par métonymie renforce, en retour, notre certitude que *kmhw* cache les deux noms propres *yśr'l* et *yšrwn,* par lesquels Balaam se bénit lui-même, de la façon la plus classique. Enfin, le fait que *Gen* 12, 2 et surtout 22, 18 contiennent ce type de bénédiction par métonymie est une invite supplémentaire à retrouver le même procédé en *Nb* 23, 10b, vu le poids littéraire que fait peser sur notre texte la tradition d'Abraham, notamment celle de *Gen* 22.

Ewald, parmi d'autres, a souligné le choc provoqué par ce souhait final, de *mort,* venant clore un oracle de bénédiction, ou prétendu tel : « Dieser Wunsch womit der ganze Spruch so überraschend schliesst v. 10... » Mais il montre bien qu'il s'agit d'un raisonnement *a fortiori,* qui sous-tend aussi le v. 10aβ : « . . . den vierten theil von ihm d.i. sogar nicht einmal einen grösseren bruchtheil leicht zählen könne ; und kann sich also schliesslich kein grösseres glück denken als selbst ein glied dieses. . . Volkes. . . » De l'impossibilité de compter la poussière à l'impossibilité de compter le quart, il y a un progrès dans le raisonnement et l'expression : la poussière est certes une image, mais elle embrasse *toute* la réalité du peuple, qu'elle prétend figurer ; mais le quart, c'est beaucoup moins et c'est beaucoup plus, parce que la pensée recule devant l'immensité du peuple qu'elle avoue ne plus pouvoir même se représenter : il reste encore plus des trois quarts auxquels on a renoncé même à songer, tant ils sont inimaginables. Pareillement, de l'aveu d'incapacité à compter le quart au souhait d'une mort identique, se sent un progrès dans l'*a fortiori.* Car enfin, c'est un peu fort de se souhaiter la mort, fût-ce celle d'Israël ! Et c'est un peu fort de conclure un chant de bénédiction sur Israël par une allusion à la mort de celui-ci ! Et la réalité de *mort* en tant que telle, avec sa brutalité, n'est pas éliminée, comme en *Gen* 15, 15 d'où le mot est absent, ni même adoucie, comme en *Gen* 25, 8, où il ne vient qu'une fois et encore, assorti de qualités positives (« il mourut dans une heureuse vieillesse, âgé et comblé ») qui en tempèrent la violence ; d'ailleurs c'est le récit obligé, à l'indicatif, d'une mort qui eut lieu et qui était inévitable. Mais *Nb* 23, 10bβ, outre qu'il prononce deux fois *mwt* en un seul hémistiche, le met à l'optatif ; ce souhait de mort ne s'imposait nullement. C'est le *comble.* Si l'auteur n'hésite pas devant une pensée et un tour aussi hardis, c'est à des fins didactiques : il loue des choses qui, si elles n'étaient des attributs du peuple élu, seraient quantité négligeable (le quart) ou réalité haïssable (la mort). Mais l'élection inverse les signes les plus négatifs en signes très positifs et, en retour, ne saurait fournir meilleure preuve de son existence et de son efficacité que le luxe final de ce raisonnement *a fortiori.*

Pour que ce type d'argument, si bien frappé et si frappant, ait toute sa force et joue pleinement son rôle, il *importe* qu'il ne contienne aucune allusion, ni à l'immortalité de l'âme, ni à l'au-delà. Nous rejoignons ici le refus opposé par Hengstenberg et Kalisch à Calvin (« haec vox insigne continet testimonium futurae immortalitatis »), Bechai, Abrabanel, Michaelis, Mendelssohn, Ewald et d'autres. Hengstenberg arguë du fait que :

1° Les bénédictions de Balaam, partout ailleurs, ne renvoient qu'à l'ici-bas.

2° De même aussi les promesses contenues dans la *Genèse*, et auxquelles elles font allusion.

3° La malédiction souhaitée par Balaq, à laquelle s'opposent les bénédictions, ne concerne pas le salut d'Israël dans l'au-delà, mais uniquement l'ici-bas.

4° Le reste du *Pentateuque* ne contient pas de référence à l'au-delà.

Complétons le dernier argument, fondé sur le *Pentateuque*, par les *Psaumes*, où l'affirmation de l'absence de vie par delà la mort revient comme un refrain lancinant. Voir *Ps* 6, 6 (« Car, chez les morts, on ne prononce pas ton nom. Aux enfers, qui te rend grâce ? ») ; 30, 10 ; 88, 6 (« reclus parmi les morts, comme les victimes couchées dans la tombe, et dont tu perds le souvenir car ils sont coupés de toi »). 11-13 ; 94, 17 ; 115, 17 (« Ce ne sont pas les morts qui louent le Seigneur, eux qui tous descendent au Silence »). Nous avons déjà reconnu certaines parentés entre les *Psaumes* et 23, 7b-10. Enfin, *Is* 26, 14 et surtout 38, 18-19 (« Car le séjour des morts ne peut pas te louer ni la Mort te célébrer. Ceux qui sont descendus dans la tombe n'espèrent plus en ta fidélité. Le vivant, lui seul, te loue, comme moi aujourd'hui. Le père fera connaître à ses fils ta fidélité ») nous mènent directement à l'esprit de notre texte : c'est bien de mort qu'il s'agit, mais vue de ce côté-ci de la vie, sans au-delà [77].

Hengstenberg invoque *Nb* 31, 8, *Gen* 15, 15 et 25, 8 pour développer en détail le contenu de la mort des *yšrym*, que se souhaite Balaam. Dans quelle mesure peut-on le faire avec une allusion si furtive ? La réponse est identique à celle proposée pour *yšrym* : l'allusion, en soi elliptique, renvoie à autre chose, la surface veut une profondeur. Vu la nature foncièrement « secondaire » de notre texte à l'égard des promesses patriarcales, notamment envers Abraham, l'auteur pensait sans doute à *Gen* 15, 15 et 25, 8 en écrivant *Nb* 23, 10b ; ces deux textes semblent doublement à l'arrière-plan du nôtre : en amont, pour la genèse littéraire même ; en aval, et conséquemment, pour le sens qu'ils *doivent* lui donner : le lecteur, nourri aux mêmes textes que l'auteur, est censé y retourner pour trouver le sens profond des allusions contenues dans le texte plus jeune. Du second aux premiers, le rapport ne consiste pas en connotations vagues et fortuites, mais en dénotations précises et intentionnelles.

Gen 15, 15 est l'une des promesses faites par Dieu à Abram lors de la conclusion de l'alliance : « Toi, en paix, tu rejoindras tes pères et tu

77. Le couple *uḫryt...mt* se présente à Ugarit en II D (= CTA 17) VI : 35-38. M. Dahood (*Ras Shamra Parallels* Vol II (AnOr 50), Rome 1975, p. 4-6) tire argument de cette occurrence ougaritique pour reprendre l'exégèse de *Nb* 23, 10 proposée par Naḥmanide et la tradition talmudique, d'après lesquels le verset se référerait à la vie dans l'au-delà, comme en *Si* 11, 26, pense-t-il. Il s'oppose donc à S. E. Loewenstamm (voir n. 326) selon qui « la vie après la mort » est une idée étrangère à l'époque de Balaam.

On rapprochera 23, 10b de l'inscription de Deir ʿAlla où A. Caquot et A. Lemaire lisent, au groupement I l. 2 : *ypʿl??' 'ḥr'h 'š lr* « fera de sa postérité (?) un homme (destiné) à .... » (*Syria* 54, 1977, p. 194-195). Cette lecture est partagée par M. Delcor, B. Levine, P. Kyle Mc Carter, mais non par G. Garbini ni par J. Koenig qui, à la suite de J. Hoftijzer, rattachent *'ḥr* à la racine *ḥrh* « être brûlant ».

seras enseveli après une heureuse vieillesse.» *Gen* 25, 8 relate la réalisation de cette promesse : «Puis Abraham expira ; il mourut dans une heureuse vieillesse, âgé et comblé. Il fut réuni aux siens.» Mais *Gen* 15, 14 promet que la descendance d'Abraham sortira du pays de servitude avec de grands biens, le v. 16, qu'elle reviendra en Israël à la quatrième génération et le v. 18, que le Seigneur lui donne le pays. Cela justifie l'affirmation de Hengstenberg, que «Glücklich war ihr Tod in Bezug auf die Gegenwart, die Vergangenheit und die Zukunft.»

1° Le présent : les hommes droits meurent avec la certitude de la grâce et de l'amour divins à leur égard.

2° Le passé : Ils y voient partout les marques de la grâce divine à leur endroit, prières exaucées, soutien contre l'ennemi, dans tous les dangers.

3° Le futur : la vision sereine de leur peuple et de leur descendance les réjouit.

Hengstenberg pense, en particulier, aux bénédictions de Jacob et de Moïse mourants. *Gen* 49, 18 : «En ton salut j'espère, Seigneur !» lui semble éclairer parfaitement notre passage. La mort des *yšrym* s'avère très souhaitable. Le souhait de 23, 10bα est donc moins surprenant qu'il n'y paraît.

Excursus II

LE SENS DU MŠL

Nombre d'études furent consacrées à ce terme, aussi bien dans la Bible en général qu' en *Nb* 22-24, où il revient sept fois, toujours pour introduire les «oracles». La difficulté vient du fait que *mšl* revêt de multiples sens, et qu'il en est peu qui n'aillent à notre texte.

La LXX traduit *wyś' mšlw* par *kai analabôn parabolèn autou ;* la Vulgate, par *assumptaque parabola sua ;* la Peshitta : *w'rym bmtlh ;* Onqelos : *wnṭl mtlyh ;* Saadia : *fḍrb mṯlh ;* le Targum du Pseudo-Jonathan : *wnṭl mtl nbwtyh* et le Targum de Jérusalem : *wnṭl bmtl nbywtyh ;* le Targum samaritain (Triglotte de Barberini) : *wnsb msltnh ;* la traduction arabe de ce dernier : *frf' mṯlh ;* le Targum samaritain de la Polyglotte de Walton : *wtlh mlth ;* le Targum Néofiti : *wnṭl bmtl nbwth.*

L'étude consacrée par O. Eissfeldt à *Der Mashal im Alten Testament* mérite que nous nous y attardions pour signaler quelques points éclairant particulièrement notre cas. Alors que Baentsch pense que le *mšl* est « une parole exprimée autrement que de façon littérale et avec un sens plus profond ou des allusions voilées faisant appel à la réflexion. Les paroles de Balaam pourraient être caractérisées comme Mashal parce que, dans ce que le voyant regarde comme déjà présent, elles contiennent une allusion au futur du peuple d'Israël », Eissfeldt s'accorde avec Delitzsch[78] pour penser que « Prophetie », « Orakel » sont les significations qui conviennent le mieux en l'occurrence. Dillmann, et de même von Gall et Holzinger, comprennent « dichterisch gehaltenen Lehrrede ». Eissfeldt se demande si l'infléchissement consistant à donner à *mšl* ce sens spécial « Orakelrede » s'impose absolument, ou n'est que vraisemblable. Il observe que c'est le seul passage de l'Ancien Testament où *mšl* reçoit une telle signification ; en revanche, celle-ci se présente souvent dans la littérature juive et chrétienne où *mšl* = *mtl* = *parabolè* signifie « dunkle, prophetische, apokalyptische (Bilder-) Rede ». Il évoque en premier lieu le livre d'Hénoch : l'éthiopien *měsāl,* comme le grec *parabolè,* contient l'idée de « apokalyptische Schilderung der Zukunft ». Selon Eissfeldt, ce qui prime dans *mtl,* c'est le moment de l'apocalyptique ; le moment de l'imagé, du figuratif, ne vient qu'en seconde ligne. Il n'en va pas autrement chez le Pasteur d'Hermas et dans l'Épître de Barnabé. Dans ces conditions, Eissfeldt ne voit pas pourquoi la signification « Orakelrede » serait déniée à *mšl* en *Nb* 22-24. Il n'accepte pas l'objection éventuelle, que la nuance *mšl* = « dunkle apokalyptische Rede » n'apparaît qu'avec la littérature apocalyptique, celle-ci n'étant pas antérieure à Ézéchiel, alors qu'en général on tient *Nb* 22-24 pour plus ancien. « Der Terminus *mšl* 'Orakelrede' kann lange vor seiner Bezeugung bestanden haben. » Cette remarque judicieuse d'Eissfeldt paraît même pouvoir s'inverser, pour fournir un argument en faveur d'une datation des « oracles » de Balaam moins ancienne qu'on n'a cru. Est-ce un hasard si Eissfeldt pense que « Il y avait parfois quelque chose d'analogue aux paroles apocalyptiques tardives dans les oracles des premiers temps, les plus anciens », et s'il mentionne *Gen* 27, 28-29.39-40 ; *Gen* 49 ; *Gen* 3, 14 ss ; 9 ; 25 et *Dt* 33 ? Il a senti une parenté entre les bénédictions anciennes et *Nb* 23-24, celle-ci fût-elle d'ordre imitatif et citateur. Tous partageraient la caractéristique des énoncés apocalyptiques tardifs, savoir, d'indiquer l'avenir de façon mystérieuse et lointaine, ou sous le voile de l'allégorie.

En résumé, les sens de *mšl* dans l'Ancien Testament seraient « Volkssprichwort », « Spottgedicht », « Lehrspruch », « Lehrrede », « Gleichnis », et « Orakelrede ». Seul le dernier conviendrait à notre cas.

78. Franz Delitzsch, *Zur Geschichte der jüdischen Poesie vom Abschluss der Heiligen Schriften alten Bundes bis auf die neueste Zeit,* Leipzig 1836, p. 197.

Eissfeldt note que la LXX traduit le plus souvent, et indifféremment, par *parabolè,* ce qui met l'accent sur le sens primitif « comparer » contenu à la fois dans *mšl* et *paraballein.* Les exceptions n'offrent pas moins d'intérêt : *aphanismos, paroimia, prooimion, thrylèma, thrènos, ainigmatistai.* D'après Eissfeldt, *paroimia* (*Prv* 1, 1 ; 25, 1 et 26, 7 ; *Si* 6, 35 et 47, 17) « est le mot grec équivalant à proverbe ». L'enquête étymologique qu'il mène sur *paroimia* éclaire deux aspects du sens de *mšl* dans notre texte (bien que la LXX l'y traduise par *parabolè*) : Eissfeldt conteste le sens donné par B. Weiss : « *paroimia* jede vom gewöhnlichen Wegen *(oimos)* abweichende Rede. . . », d'après Suidas : « *hè paroimia esti logos apokryphos di' heterou prodèlou sèmainomenos* » et Hesychius : « *paroimia = par' oimon* vom Wege abweichend ». Il lui préfère l'hypothèse, inverse, de Benseler : « *paroimia = par' oimon* am Wege, Gemeinplatz, Sprichwort ». Cette distinction très pertinente semble devoir être modulée selon les caractères qui distinguent nos quatre oracles les uns des autres : l'analyse montrera que les deux « oracles » du chapitre 23 sont « am Wege » : ils décrivent un avenir certes prophétique et idéal, mais n'en sont pas moins clairs, se référant à une pseudo-réalité fictivement immédiate et présente. Au contraire, les deux derniers, plus énigmatiques, souvent à double sens, « sonnent » plus apocalyptiques, c'est-à-dire « vom Wege »

Eissfeldt avoue son embarras quand il s'agit de fixer dans le temps l'apparition, pour *mšl,* du sens « Orakelrede » qui ne se trouve que dans la péricope de Balaam. Dépendant de l'hypothèse JE, il propose le VIIIe siècle comme *terminus a quo*, et l'époque postexilique comme *terminus ad quem.* L'étude successive des quatre « oracles » ne contredira ni ces dates, ni une telle extension, dans la durée, de la rédaction.

Eissfeldt accorde à Jülicher[79] que le *mšl* est « une forme de discours qui atteint son but par la comparaison, ou qui repose sur elle », mais tient pour absurde sa supposition que les paroles de Balaam s'appellent ainsi parce que l'un des poèmes (24, 3-9) contient quatre fois *k,* et qu'en 24, 21.22 se présente une comparaison. Ce refus semble injustifié : au contraire, dans la mesure où la comparaison reste le moteur du *mšl,* toute comparaison présente dans les poèmes de Balaam apportera une justification de ce qualificatif. Ajoutons-y donc le *kmhw* de 23, 10b, le *ktw'pt* de 23, 22, le *klby'* et le *k'ry* de 23, 24. Cela n'implique pas, d'ailleurs, que le rapport de cause à effet entre la particule *k* et le titre *mšl* donné au poème soit toujours le même (nous verrons qu'il n'en est rien), mais il en existe toujours un.

79. A. Jülicher, *Die Gleichnisreden Jesu,* Tübingen 1899, Erster Teil, p. 36.

Eissfeldt réfute avec raison la distinction posée par Buhl[80] entre *šyr* (qui serait un chant lyrique) et *mšl,* « parole » chargée d'un sens plus profond. Il remarque que les « Spottlieder » devaient se réciter avec un accompagnement musical. Allons plus loin : d'une part, les deux poèmes de 23, Psaumes plus qu'oracles, et le début du troisième (24, 3b-6), *šyr* plus qu'oracle (nous en verrons les affinités avec *šyr hšyrym*), portent en eux-mêmes une musique et un rythme, d'autre part, et conséquemment, eux aussi prêtent à accompagnement musical. La dimension musicale est flagrante et en même temps normale dans les poèmes *a fortiori,* étant déjà présente dans la prose elle-même, trait beaucoup plus rare et même spécifique à notre texte.

« *mšl* apparaît dans l'Ancien Testament comme un terme recouvrant des genres littéraires multiples, et à la vérité, ce n'est pas un concept général, où seraient rassemblés des genres particuliers : *mšl* est un terme qui vaut tantôt pour un genre, tantôt pour un autre. » Certes, à deux réserves près :

1° toutes les acceptions et tous les emplois semblent dériver, de près ou de loin, du concept initial « comparaison » ;

2° dans la péricope de Balaam, il peut, appliqué à différents niveaux, admettre en même temps plusieurs acceptions ; par ailleurs, il revêtira tel sens à tel niveau rédactionnel et tel autre sens à tel autre niveau, les différents auteurs ne l'ayant pas entendu de manière identique. L'analyse le prouvera.

Par exemple, la nuance « Lehrrede », au sens où le *mšl* est d'abord « der einzelne zweigliedrige Spruch » (comme c'est le cas en *Prv* 10, 1-22, 16) ne semble pas absente de nos poèmes, notamment ceux de 23 ; certains stiques pourraient être cités indépendamment du contexte, paroles de sagesse isolées, véritables sentences : ainsi *l' 'yš 'l wykzb wbn-'dm wytnḥm* (23, 19a) qui peut d'ailleurs, joint au suivant *hhw' 'mr wl' y'śh wdbr wl' yqymnw*, s'utiliser comme distique sapiential. Ici naît une difficulté, afférente à la suggestion de P. Haupt[81] : « Le terme hébreu *mšl* ne signifie pas 'ressemblance, parabole', il renvoie à des lignes poétiques consistant en deux moitiés parallèles, ou hémistiches ; cf. assyrien *mišlu* 'moitié' ... *mš*l signifie à l'origine, égalités, ou parties égales ou moitiés, assyrien *mišlâni*, arabe *šṭwr*, et le terme se réfère à la forme... » ; à l'origine cela ne signifie ni parabole ni proverbe, etc., simplement une ligne de poésie ou un verset, chaque stique consistant en deux hémistiches. Briggs-Driver-Brown propose « speech cast in parallelism ». Faut-il donc renoncer à l'idée primitive de « comparaison » ? Gray observe judicieusement que la définition de

80. D. F. Buhl, Dichtkunst bei den Israeliten, *Realenzyclopaedie für protestant Theologie und Kirche*, 1898, p. 626-638.

81. P. Haupt, *The Book of Proverbs in Hebrew*, Leipzig 1901, p. 32-33.

Haupt ne convient pas à certaines occurrences anciennes du terme (1 *S* 10, 12; 24, 14). La seule solution consiste à penser, à l'inverse, que la notion d'« image, ressemblance », primitive, a engendré, *entre autres*, celle de deux parties égales, comme une spécialisation purement formelle, au point même d'en perdre parfois l'idée initiale de « comparaison ». De plus, cela expliquerait que *mšl* recouvrît les genres littéraires « Weisheitsspruch » et « Lehrrede » dont on voyait mal la filiation avec la notion de « ressemblance ».

A. R. Johnson[82] a souligné, à propos de *Nb* 23-24, un trait négligé par Eissfeldt et même, sur lequel ce dernier s'est plusieurs fois opposé à d'autres exégètes : « il (le *mšl*) prend clairement la forme d'une bénédiction ou d'une malédiction exprimée ici et là dans un langage quelque peu allégorique et, en tant que tel, il sert d'instrument pour une action magique ou magico-religieuse — en bref, un charme qui peut devenir effectif en soi et par soi. » Il s'appuie aussi sur *Ez* 17, 1 ss; 21, 1-5 et 23, 3 pour affirmer qu'à l'origine *mšl* pouvait désigner « un maléfice qui était exprimé non seulement en paroles mais en gestes ». Autrement dit, le *mšl* serait une formule magique efficace. A force de servir d'exemple de malédiction, de leçon publique, le souvenir et le nom de la personne ou du peuple objet de la malédiction, se détachant de la circonstance particulière qui donna lieu à celle-ci, prenant une sorte d'indépendance intemporelle, deviennent en eux-mêmes des formules de malédiction figées, applicables à d'autres personnes et peuples. Johnson s'appuie sur *Ps* 14, 14 s.; 49, 12 s.; *Ez* 14, 8; *Jb* 17, 6; *Dt* 28, 37; mais surtout, il invoque *Jér* 24, 9, occurrence excellente parce qu'elle met en parallèle *mšl* et *qllh* : « Je fais d'eux un exemple terrifiant pour tous les royaumes de la terre; ils sont la risée et la fable *(mšl)* des gens et ils passent au répertoire des injures et des malédictions *(qllh)* dans tous les lieux où je les disperse. » Or Frankenberg[83], cité et contesté par Eissfeldt, invoque de Jérémie un passage exactement analogue à celui-ci pour développer son interprétation de *mšl* : « *mšl* indique comparaison et reproduction imagée d'un être ou d'un événement. L'expression, courante dans les oracles de châtiment, 'servir de *mšl*, passer à l'état de *mšl*' (zu *m.* werden), signifie que Dieu se comporte avec les gens concernés d'une manière telle que tous s'en épouvantent, et que leur sort sert d'exemple valable pour tous les cas à toutes les époques; ainsi la destruction de Sodome et Gomorrhe est-elle devenue un *mšl* (*kmhpkt 'lhym 't-sdm* en *Is* 13, 19). C'est dans ce sens déterminé que « servir de *mšl* » est contigu à « servir de *qllh* » (*Jér* 29, 22); mais l'expression purement formelle « servir de

82. A. R. Johnson, *māšāl*, dans *Wisdom in Israel and in the Ancient Near East* (SVT 3), 1955, p. 163-169, p. 167-168.

83. W. Frankenberg, *Das Verständnis der Oden Salomos* (BZAW 21), Giessen 1911.

mšl» pourrait aussi bien avoir le contenu de *brkh*, comme dans la bénédiction : « Dieu te bénisse comme un tel et un tel. » *mšl* est partout un concept purement formel, qui tire d'abord son contenu du contexte ... » (p. 18). Il ne manque à Frankenberg qu'un exemple concret pour illustrer sa théorie, et l'on n'en voit pas de meilleur que *Nb* 23, 10b. Par le biais d'une recherche sur *mšl*, Frankenberg rejoint exactement les conclusions proposées par Scharbert[84] à propos de *brk* sur la pratique de la bénédiction par métonymie (« so glücklich sein, dass andere, wenn sie segnen, darauf hinweisen und ein ähnliches Glück wünschen »). D'ailleurs, Scharbert signalait, à propos de *qllh*, une pratique analogue de la malédiction par métonymie. Soit par le biais de *brk*, soit par le biais de *mšl*, 23, 10b est l'application pratique, curieusement ignorée des auteurs qui l'ont mis en évidence, du principe de la bénédiction par métonymie.

23, 10b n'est même plus une bénédiction sur Israël, c'est une bénédiction que Balaam appelle *sur lui*; 23, 10b se situe désormais au-delà de la bénédiction sur Israël, il vient après, la parfaire au moyen d'une démonstration qui la couronne : désormais, le *nom* même d'Israël *est* une bénédiction que l'on appelle sur soi.

Pour expliquer l'emploi de *mšl* concernant les deux premiers poèmes, on proposera donc deux sens conjoints :

a) la *forme* littéraire du *poème* (comme en *Is* 14, 4);
b) le *fond* : Israël est présenté en *exemple*, en *paradigme*, à toutes les nations.

Ajoutons la notion d'*efficace* : ces poèmes qui présentent Israël en exemple aux nations, consistent en *bénédictions*. Autrement dit, leur *énonciation* n'est pas indifférente à la *réalisation* de leur contenu. On attend de cette énonciation que le contenu heureux de ces poèmes se réalise. La parole qui les prononce est censée être efficace. C'est le propre d'une bénédiction (ou d'une malédiction).

En résumé, *mšl* a ici trois dimensions, point disjointes d'ailleurs :

a) Poème.
b) Exemple à la face du monde.
c) Efficacité attendue.

C'est le fait de proclamer le poème à la face du monde qui lui donne l'efficacité de la bénédiction.

QUELQUES RAPPROCHEMENTS INTÉRESSANTS :

Is 14, 4; *Jér* 24, 9; *Mi* 2, 4; *Hab* 2, 6 et *Nb* 21, 27 (sur Moab) emploient le mot *mšl* en des sens identiques à *Nb* 23, 5 :

84. J. SCHARBERT, *« Fluchen » und « Segnen » im AT*, p. 12.

— forme littéraire d'un poème.
— à la face du monde.
— efficacité attendue.

A la différence près que le signe est inversé : ce sont des *mšlym* négatifs : — contre-exemples,
— malédictions.

— *Ez* 12, 22 et 18, 2 : bien que *mšl* y signifie « proverbe », on retrouve le « lancer à la face du monde » et l'efficacité de l'énonciation quant à la réalisation du contenu.

— *Ez* 21, 5 : *mšl* apparaît comme la fonction même du prophète *(mmšl mšlym)*.

— *Ps* 78, 2 : *mšl* c'est chanter un poème qui tire les leçons du passé (n'est-ce pas le cas de P1 et P2 ?).

Une recherche sur le verbe *mšl* proprement dit confirme ces conclusions : seuls le hiphil et le niphal impliquent vraiment l'idée de « comparer ». Le qal veut plutôt dire : « lancer une parole concernant quelqu'un à la face du monde, et le seul fait de la lancer en déclenche la réalisation » (exemple *Hab* 2, 6). C'est en quoi *mšl* se rapproche d'une vision.

A cet égard, *Ez* 12, 21-24 est paradigmatique : en particulier, le v. 23 explique bien qu'énoncer un *mšl* concernant un pays, ce n'est rien d'autre qu'*annoncer ce qui va effectivement s'y passer*, ou *exprimer ce qui est effectivement en train de s'y passer* : « Il y eut une parole du Seigneur pour moi : « Fils d'homme, pourquoi appliquez-vous ce proverbe à la terre d'Israël *(mh-hmšl hzh lkm 'l-'dmt yśr'l)* : « Les jours s'éternisent et aucune vision ne se réalise » ? Dis-leur : Ainsi parle le Seigneur Dieu : « Je supprime ce proverbe, on ne le dira plus en Israël » *(hšbty 't-hmšl hzh wl' ymšlw 'tw 'wd byśr'l)*. En revanche, dis-leur : « Les jours approchent, ainsi que la réalisation de chaque vision » ; car il n'y aura plus de visions illusoires ni de prédictions trompeuses au sein de la maison d'Israël *(ky l' yhyh 'wd kl-ḥzwn šw' wmqsm ḥlq btwk byt yśr'l)*. »

Le *mšl* (comme acte formel d'énonciation) et la réalisation du contenu de ce *mšl* sont liés absolument.

A la lumière de ce texte d'*Ézéchiel*, qui oppose le *mšl* véridique et efficace au *mqsm* trompeur, tous deux en Israël, on se demandera si *mšl* et *qsm* ne forment pas non plus un couple de contraires en *Nb* 22-24. Dans le poème P2, il est dit en 23, 23 : *ky l'-nḥš by'qb wl' qsm byśr'l. qsm* est ici le substantif : « devin ». On traduit d'habitude : « car il n'y a pas de devin en Israël », donnant à *b* un sens purement local. Mais ne pourrait-on profiter de l'équivalence entre *'l, b* et *btwk*, indéniable en *Ez* 12, 21-24 où elle exprime l'application du *mšl* à Israël, pour donner au *b* de 23, 23 le même sens, c'est-à-dire, plutôt

« quand il s'agit de », « par rapport à », ou même « contre », que « dans » : « il n'est pas de devin (qui vaille) contre Israël » ?

Voici comment on peut résumer l'opposition *qsm/mšl.* C'est toujours par rapport à Israël qu'elle joue (*Nb* 23) :

— Un *qsm* (homme ou énoncé) est toujours, *formellement, hostile à Israël (byśr'l).* Mais, *en ce qui concerne Israël,* un *qsm* est toujours, *réellement,* faux, illusoire, et donc *inefficace* (à cause de l'élection).

— Il existe des *mšlym* positifs et des *mšlym* négatifs, *formellement,* quant à leur objet. Mais un *mšl* est toujours, *réellement, véridique* ; c'est une parole effectivement vraie. Et, *en ce qui concerne Israël,* en *Ez* 12, 23 comme en *Nb* 23, *mšl* est affecté du signe positif (à cause de l'élection).

Donc, en *Ez* 12, 23 comme en *Nb* 23, *mšl,* parole positive et efficace, est l'inverse exact de *qsm,* qui est toujours négatif et menteur. *Nb* 23, 7 et 18 *(mšl)* sont à *Nb* 23, 23 *(qsm byśr'l)* ce qu'est *Ez* 12, 23 *(mšl + byśr'l)* à *Ez* 12, 24 *(mqsm ḥlq).*

Cette analyse n'apporte-t-elle pas un argument supplémentaire :

— à l'unité rédactionnelle N1 = P1, si *mšl* et *qsm* forment vraiment paire, et sont l'un dans la prose (23, 7), l'autre dans la poésie (23, 23) ?

— à la subordination du thème de l'allégeance du prophète à celui de l'élection d'Israël ?

En conclusion :

1° Les multiples sens de *mšl* procèdent tous du sens primitif de la racine « être semblable ». Le tableau d'Eissfeldt vaut d'être reproduit :

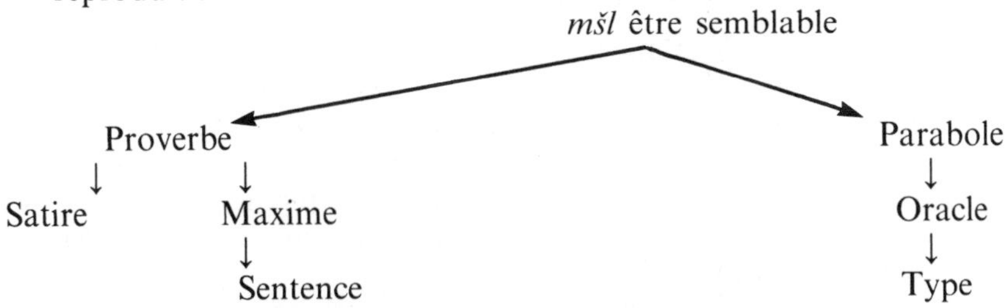

2° Quant à *Nb* 22-24, il semble, contre Eissfeldt, qu'« oracle » n'y soit pas la seule acception de *mšl,* ni même la meilleure. En effet, chacun des sens figurant sur le tableau est susceptible de convenir, ici ou là :

a) parce que, la péricope comportant plusieurs niveaux rédactionnels, tous les auteurs n'ont pas entendu *mšl* (qu'ils voulaient porter au nombre sept) dans le ou les sens que lui avait donné l'écrivain initial ;

b) même à l'intérieur du premier niveau rédactionnel, l'auteur paraît, séduit par le richesse du terme, jouer de plusieurs acceptions, soit d'un verset à l'autre, soit même dans un seul verset. Au fur et à mesure de la lecture seront signalées les occasions d'appliquer tel ou tel sens de *mšl.*

3° Soulignons pourtant un sens particulier parce que, tout en restant le plus fidèle au sens primitif de la racine, il est très spécifique à notre texte (au premier niveau rédactionnel en tout cas) et en éclaire le sens profond : Israël y sert d'objet de comparaison par excellence; il apparaît comme le *type* de toute bénédiction, la référence : prononcer son nom équivaut à lancer une bénédiction, ou à l'appeler sur soi (23, 10b).

4° A la limite, la péricope entière apparaît comme un grand *mšl* car elle ne vise qu'à montrer Israël comme le *type* de la bénédiction efficace, le peuple élu.

EXCURSUS III

LE RAPPORT AU DEUTÉRONOME

On a signalé de nombreuses affinités entre *Nb* 23, 7b-10 et des passages du *Deutéronome*, tant pour la terminologie que pour l'idéologie. Pour cerner la difficile question des rapports existant entre l'école deutéronomique et le premier niveau rédactionnel de notre texte, voici un essai de comparaison systématique, fondée essentiellement sur l'ouvrage de M. Weinfeld, *Deuteronomy and the Deuteronomic School,* Oxford 1972.

RESSEMBLANCES

1. — L'alliance avec Abraham (cf. *Nb* 23, 7b-10) et avec David (cf. 23, 18b-24) est du type «grant» (obligation du maître) et non du type «vassal» (obligation du vassal) (p. 74). Ses objets sont la terre (cf. 23, 7b-10) et la maison (cf. 23, 18b-24) (p. 78).

2. — Presque toutes les malédictions du livre de *Jérémie* ont leur pendant dans les traités extra-bibliques datant des IXe-VIIe siècles; *Jér* 29 offre de grandes ressemblances avec l'inscription d'Asarhaddon (p. 145). En transposant le champ de la *qllh* dans celui de la *brkh*, il y a des affinités entre *Jér* 29 et *Nb* 23, 7b-10.

3. — Le code de Hammurabi ressemble aux traités du Proche-Orient ancien, spécialement à l'alliance deutéronomique (bénédictions rares et brèves, malédictions nombreuses et verbeuses) (p. 150). *Nb* 23 inverse exactement ce schéma, mais le modèle semble là.

4. — *Dt* 4, 8 emploie l'expression *ḥqym wmšpṭym ṣdyqm* pour comparer les *dīnāt mīšarim* du sage roi babylonien avec les lois droites du sage et perspicace Israël (p. 150); voir les *yšrym* de 23, 10b.

4. — Le mélange d'alliance et de loi est prédeutéronomique et le *Deutéronome* l'adopta (p. 156).

5. — *Dt* rappelle la promesse divine, l'alliance patriarcale, l'Exode et la victoire sur Siḥon pour les appliquer au présent, à «ce jour» (p. 175 et Seeligmann)[86]. Idem en *Nb*. Les mots *w'th, šm'* et *r'h*, très deutéronomiques, sont prégnants en *Nb*.

6. — Pour *Dt*, le sacrifice n'est pas une pratique institutionnelle, mais personnelle (p. 210). Idem en *Nb*.

7. — La fin de l'idolâtrie, vision si importante pour les prophètes, manque complètement dans *Dt*, où l'idolâtrie apparaît comme la part allouée par Dieu aux nations (p. 294); idem en *Nb*.

8. — En *Dt*, la bénédiction est conçue en termes de prospérité nationale, partage échu aux Israélites qui suivent les voies du Seigneur (p. 312); cf. 23, 7b-10.

9. — Le thème de la «possession de la terre» parcourt l'ensemble du *Dt* (*yrš 'rṣ* p. 313); dépourvu de tout sens de reconquête ou eschatologique, il équivaut à *škn*, qui a des emplois parallèles (voir 23, 9b).

10. — Les justes ont un avenir (*'ḥryt*), alors que celui des méchants est supprimé (p. 316). Cf. 23, 10b.

DIFFÉRENCES

1. — Dans le *Deutéronome*, le *dbr* divin est une «acting force which begets future events» (p.15) plus qu'une parole mantique de Dieu qui se bornerait à révéler le futur (von Rad)[85]; en *Nb* 22-23, c'est l'un et l'autre.

2. — L'école deutéronomique, pessimiste, considère que les péchés historiques d'Israël ont commencé dès l'Exode et l'époque du désert. Ce n'est pas l'opinion de Jérémie ni d'Osée, pour qui Israël ne se mit à pécher qu'après l'arrivée en Terre Promise; au désert il était pur et sans tache (p. 31), comme en *Nb* 22-23.

3. — A la différence d'*Ex* 24 et *Jos* 24, le *Dt* (comme les traités hittites et assyriens) entérine l'alliance au moyen d'imprécations-serments, et non d'un rituel cérémonial; en *Nb*, le rituel (même s'il symbolise le serment) est présent.

4. — Comme les traités assyriens et la stèle de Sfiré (et à la différence des traités hittites), *Dt* comporte des séries de malédictions très élaborées; en *Nb*, elles se réduisent au minimum.

5. — *Dt* interdit de dépasser les frontières et mentionne l'ennemi nominalement (p. 72); ni l'un ni l'autre ne sont le cas de *Nb* 23, 18b-24.

6. — Dans l'idéologie deutéronomiste, la promesse est *conditionnelle* (1 *R* 2, 4; 8, 25; 9, 4) (p. 79-81); *Dt* a rendu conditionnel ce qui était inconditionnel en 2 *S* 7 et *Ps* 89. En *Nb* 22-23, la promesse est *inconditionnelle*.

7. — Alors que les traditions antérieures ne mentionnaient pas de détails concrets sur la génération du désert, *Dt* insiste dessus, avec rhétorique et exagération (p. 172); *Nb* pas du tout.

8. — *Dt* donne à la nécessité de «la crainte de Dieu» une emphase particulière (p. 274); *Nb* pas du tout.

9. — *Dt* professe une conception individuelle de la rétribution, alors que dans les parallèles du Pentateuque (p. 316) et en 23, 10b, la conception est collective.

85. G. von RAD, *Studies in Deuteronomy* (Studies in Biblical Theology n° 9), London 1953, p. 78.

86. I. L. SEELIGMANN, Aetiological Elements in Biblical Historiography, *Zion* 26, 1961, p. 141-169, p. 146.

Conclusion

I - *L'intention*

Plusieurs intentions ont été successivement dégagées :

a) La concurrence Balaq/Dieu par rapport à Balaam (v. 7b) et son complément, l'allégeance de Balaam à Dieu (v. 8).

b) Israël le peuple béni : deux privilèges complémentaires. L'un négatif : la séparation ; l'autre positif : la multiplication.

c) Tonalité majeure : perspective pseudo-concrète, pseudo-présente, de l'ici-maintenant (v. 7b-9). Modulation cependant (v. 10a) vers la prophétie explicitement tournée vers l'avenir (v. 10b).

II - *La datation*

Toutes les dates ont été proposées : Albright va du XIIIe au Xe siècle, sur la foi de traits linguistiques qu'il a lui-même introduits, pour la plupart. Von Gall veut une date postexilique, arguant d'une terminologie et d'une théologie qui, pourtant, sont déjà dans le *Deutéronome*, et même chez les grands prophètes. Quant à la grande famille, issue de Wellhausen, qui attribue ce poème à E, ses dates ont fluctué entre le début du VIIIe siècle et la fin du VIIe (selon Baentsch à cause de l'esprit deutéronomique).

Il est difficile de trancher. Trois points du texte pourraient être cruciaux :

a) Si Aram a un sens géographique et historique précis, le *terminus a quo* serait 738, date à laquelle fut restaurée la frontière du royaume d'Aram jusqu'à Ramoth de Galaad.

b) Si le v. 9bβ *(hn-'m lbdd yškn)* est plus ancien littérairement que *Dt* 33, 28, cela donnerait un *terminus ad quem* antérieur, même de peu, à 640[87].

c) La convergence entre le v. 10b et l'inscription araméenne du VIIe siècle, d'une part, la date supposée des inscriptions de Deir 'Alla (≈ 700) d'autre part, nous ramèneraient vers cette époque.

87. Autre *terminus a quo*, mais seulement littéraire, nullement historique : la paternité de *Gen* 13, 14-17 (L) et 28, 14 (J) à l'égard de *Nb* 23, 10a.

III - *Les rapports avec la prose :*

Des rapprochements ont été établis entre 23, 7bαβ et 22, 6aα ; entre 23, 8 et 22, 20b (expressions) ; entre 23, 9a.10a et 23, 13aγ (idées).

Le premier poème partage trois thèmes avec le premier niveau rédactionnel de la prose :

— La concurrence Balaq/Dieu par rapport à Balaam (23, 7bαβ).
— L'allégeance de Balaam au Dieu d'Israël (23, 8).
— L'élection inconditionnelle d'Israël.

Tout laisse penser qu'un seul et même auteur a écrit les deux.

L'évêque Lowth décrit bien *Nb* 23, 7b-10 : « Eleganti inchoantur exordio, rerum continuatione et serie decurrunt, et perfecta demum conclusione plene absolvuntur. » Et plus loin : « Nihil habet Poesis Hebraea in ullo genere limatius aut exquisitius. » Sans reprendre le comparatif, qui reste indémontrable, gardons les deux adjectifs : « limatum et exquisitum »[88].

88. Lowth (*De la poésie sacrée des Hébreux*, Lyon 1816) s'interroge sur le sens de *mšl*, et l'étudie dans sa leçon quatorzième : « Du genre sublime, et du sublime de diction. Comment le mot hébreu qui désigne la parabole, renferme aussi une idée du sublime ». Pour illustrer sa thèse, Lowth analyse *Nb* 23, 7b-10, première occurrence de l'expression, puis *Job : wyś' mšlw* veut dire : « il élève sa parabole. » Le terme « parabole » s'expliquerait par la présence d'une « symétrie sententieuse ». Pourtant, Lowth constate l'absence presque totale d'image. « Parabole » désignerait donc « ces pensées vives, cet esprit élevé, cet éclat, cet enthousiasme dont toute la réponse du Prophète est animée... » (p. 261).

Le « Traité du Sublime » de Longin se profile à l'arrière-plan de ces déclarations : « Le sublime réside ou dans l'élocution, ou dans les pensées. Presque toujours cependant, il naît de la réunion de ces deux parties, qui se prêtent un mutuel secours, et se communiquent un surcroît de force et de majesté... » (p. 262).

CHAPITRE V

LE LIEN ENTRE LE PREMIER ET LE DEUXIÈME ORACLE

La répétition et la variation

Nous avons remarqué que les versets-clés appartenaient au dialogue Balaq-Balaam, allaient par couples, et comportaient toujours le leitmotiv en dernière instance. Ils formaient des reprises décisives. Les deux précédentes étaient 22, 17-18 (+ 20) ; 22, 37-38. Avec les v. 11-13 du chapitre 23, nous sommes en présence de la troisième.

Le talent inventif de l'auteur oblige d'ailleurs à nuancer les définitions : ces reprises ne sont jamais identiques. A la première, en 22, 20, le leitmotiv énoncé par Dieu, tout en parachevant la « vague », venait après le dialogue Balaq-Balaam. En revanche, l'ordre de maudire (22, 17) était au début de la « vague ». C'est entre les deux que venait s'inscrire, et l'avertissement de Balaam (v. 18) et sa consultation nocturne (v. 19). Dans la seconde, Balaq n'émettait pas d'ordre de maudire, mais le reproche à Balaam de n'avoir pas obtempéré (v. 37). La défense de Balaam consistait en un nouvel avertissement et l'énoncé du leitmotiv (v. 38). La troisième change encore de forme : elle débute par un reproche de Balaq concernant la « trahison » de Balaam (v. 11). Elle se poursuit avec l'apologie de Balaam réduite au minimum, c'est-à-dire à l'énoncé pur et simple du leitmotiv, mais elliptique, et concernant moins l'oracle précédent que le suivant (v. 12 : *hl'* reprend les *hl'* rhétoriques de 22, 37 et 38). Elle se clôt avec un nouvel ordre de maudire énoncé par Balaq (23, 13). Mais c'est bien la troisième reprise.

Les versets 23, 14-17, précédant le premier oracle, reproduisent exactement la séquence des versets 22, 41-23, 7, qui précédait le premier oracle. Les mêmes mots et expressions s'y retrouvent.

Toutefois, l'auteur reste fidèle à son principe de la variation à l'intérieur de la répétition : ces quatre versets sont visiblement un raccourci de 22, 41-23, 7. Mettons en regard les deux séquences :

22, 41-23, 7	23, 14-17
- *wyhy bbqr wyqḥ blq 't-bl'm wy'lhw bmwt b'l wyr' mšm qṣh h'm.*	- *wyqḥhw śdh ṣpym 'l-r'š hpsgh*
- *wy'mr bl'm 'l-blq bnh-ly bzh šb'h mzbḥt whkn ly bzh šb'h prym wšb'h 'ylym.*	
- *wy'ś blq k'šr dbr bl'm wy'l ( ) pr w'yl bmzbḥ*	- *wybn šb'h mzbḥt wy'l pr w'yl bmzbḥ*
- *wy'mr bl'm lblq htyṣb 'l-'ltyk w'lkh 'wly yqrh yhwh lqr'ty wdbr mh-yr'ny whgdty lk wylk špy.*	- *wy'mr 'l-blq htyṣb kh 'l-'ltk w'nky 'qrh kh.*
- *wyqr 'lhym 'l-bl'm wy'mr 'lyw 't-šb't hmzbḥt 'rkty w''l pr w'yl bmzbḥ*	- *wyqr yhwh 'l-bl'm*
- *wyśm yhwh dbr bpy bl'm wy'mr šwb 'l-blq wkh tdbr*	- *wyśm dbr bpyw wy'mr šwb 'l-blq wkh tdbr*
- *wyšb 'lyw whnh nṣb 'l-'ltw hw' wkl-śry mw'b.*	- *wyb' 'lyw whnw nṣb 'l-'ltw wśry mw'b 'tw wy'mr lw blq mh-dbr yhwh*
- *wyś' mšlw wy'mr*	- *wyś' mšlw wy'mr*

On observe :

1° Le net raccourci mentionné plus haut.
2° Même à l'intérieur des éléments repris, d'infimes variations.
3° Un élément supplémentaire dans la deuxième séquence, et dont la présence n'est pas dépourvue de signification : en 23, 17, Balaq s'enquiert de la réponse du Seigneur.

Ce fait, et le fait même que, pour la première fois, l'auteur lui fasse prononcer le nom de Yahvé, sont remarquables : n'est-ce pas le résultat de l'éducation donnée par Balaam, notamment avec le leitmotiv ? N'est-ce pas aussi un phénomène littéraire analogue à celui du v. 22, 38b, où Balaam ne recevait plus le leitmotiv de l'extérieur, mais l'énonçait lui-même? Ici comme là, le fait même de l'énonciation indique une intériorisation.

Il semble que la rivalité subjective Balaam/Dieu soit désormais dépassée. Balaq ne substitue plus complètement Balaam à Dieu. Comme si le texte voulait suggérer que le Seigneur est entré dans la conscience du roi païen. Cela, grâce au travail pédagogique patient de Balaam, le porte-parole de l'auteur.

«TU N'EN VOIS QU'UNE PARTIE, TU N'EN VOIS PAS TOUT.»

Le v. 13aβγδ *lk-n' 'ty 'l-mqwm 'ḥr 'šr tr'nw mšm 'ps qṣhw tr'h wklw l' tr'h*, long et embarrassé, ne fait l'unanimité ni quant au sens ni quant à l'authenticité. La majorité des exégètes traduit : «Viens donc avec moi à un autre endroit d'où tu le verras; (mais) tu n'en verras qu'une partie, tu n'en verras pas tout.» Ils suivent en cela les versions. La Peshitta, Onqelos et les autres Targumim ont marqué l'articulation logique de la phrase, plus que l'hébreu qui, pour notre malheur, ne précise pas le rapport logique entre *'šr tr'nw mšm* et *'ps qṣhw tr'h*; elles ont choisi et exprimé un rapport d'opposition : «*mais* tu n'en verras qu'une partie», peut-être en juxtaposant deux valeurs différentes de *'ps* qui signifie :

1° «non amplius, nonnisi, tantum» (restriction);
2° «tamen, verumtamen» (opposition).

Balaq tiendrait à préciser à Balaam qu'une vision panoramique, complète, du peuple, risque d'impressionner le voyant et donc, de compromettre l'efficacité de sa malédiction. La LXX, assez contournée, a poussé jusqu'à l'absurde cette idée de restriction, en rajoutant une négation et en traduisant comme s'il y avait *'šr l' tr'nw mšm : eis topon allon, ex hôn* (Origène a *ex hou*) *ouk opsèi auton ekeithen, all'è meros ti autou opsè(i), pantas de ou mè idè(i)s* «à un autre endroit, d'où tu *ne* le verras *pas*, tu n'en verras qu'une partie, et tu ne risques pas de les voir tous». La Vulgate, au contraire, supprime *tr'nw mšm*, ce qui revient au même : *in alterum locum unde partem Israel videas, et totum videre non possis*[1]. Si l'on choisit ce sens, et que l'on refuse l'hypothèse d'une glose, on s'appuie sur un présupposé d'ordre ethnologique déjà énoncé par Kalisch et Strack à l'occasion de 22, 41 : la vue complète du peuple immense effraierait le devin et l'empêcherait d'émettre une malédiction efficace. Pourtant, la vue du peuple est nécessaire, précisément, à l'efficacité de la malédiction. On se voit donc conduit à un savant dosage entre «voir assez» et «ne pas voir trop». «In this dilemma Balak prudently selected a place from where

1. L'accentuation n'aide guère à trancher. Le texte samaritain supprime le relatif *'šr*.

Balaam might see a portion of the Hebrews, large enough to represent the whole nation, but not so large as to impress the beholder with the conviction of formidable strength and power» (Kalisch). Autant l'argument de «voir assez» paraît fondé, et dans la Bible (voir 2 *R* 2, 24) et dans l'histoire des religions en général, autant celui du «pas trop» semble fabriqué *ad contextum*. La vision limitée du deuxième point de vue (le Pisgah), s'opposerait à la vision panoramique du troisième (le Peor en 24, 2 : *wyr' 't-yśr'l škn lšbṭyw*). Mais alors, où serait la différence avec la vision limitée du premier point de vue (Bamoth-Baal en 22, 41 : *wyr' mšm qṣh h'm*)? Hengstenberg suggère qu'en 23, 13 «Ende hier in umfassenderer Bed. steht, wie früher»; il voit un indice de l'élargissement dans l'expression même : «Dort : er sah das Ende des Volkes, hier : das Volk, jedoch nicht das Ganze, sondern nur das Ende, also zuerst das Volk, und dann erst die Beschränkung.» Ce sont des arguties. D'après Kalisch, la restriction serait encore plus grande au deuxième point de vue qu'au premier : le Pisgah se situerait à même distance du camp israélite que Bamoth-Baal, mais le regard saisirait du peuple une partie *différente* (même rayon, mais angle de vue différent, et plus aigu) : «Balak seems the second time to have taken even greater care than before not to let Balaam see too much of the Hebrew army and people. The difference was not in the extent but in the division of the camp which the prophet beheld.» Bien qu'il n'y ait pas d'impossibilité absolue, cette première solution ne satisfait pas l'exégète surtout si, comme on s'accorde à la croire, le récit primitif s'arrête en 23, 26 : dès lors, avec la soustraction de 24, 2, disparaît la vision panoramique avancée par les partisans de la première solution comme complément, à la fois contraire et nécessaire, aux deux visions partielles de 22, 41 et 23, 13; à quoi riment alors ces deux visions partielles et dont on saisit mal la relation mutuelle?

Quelques exégètes (Calmet, Keil, Reuss) comprennent différemment : «à un autre endroit d'où tu le verras; en effet, tu n'en vois qu'une partie, et tu ne le vois pas tout entier»[2]. Autrement dit, le lien logique entre *'šr tr'nw mšm* et *'ps qṣhw tr'h* n'est plus d'opposition, mais de cause à effet (= «je te le dis, parce que»); cette solution est plus satisfaisante eu égard au sens général de l'histoire : premier point

2. Ces deux verbes au présent «vois» concernent la première phase, en train de s'achever. C'est pourquoi cette interprétation est identique à celle que propose la Traduction Œcuménique de la Bible : «Viens avec moi à un autre endroit d'où tu verras ce peuple — tu n'en voyais qu'une partie, tu ne le voyais pas tout entier —.»

D'après Ibn Ezra aussi, les deuxième et troisième *tr'h* concernent la situation qui est en train de prendre fin, celle du premier point de vue et du premier «oracle», puisqu'il commente *wmspr 't rb' yśr'l* de 23, 10a à l'aide de 23, 13 *dgl 'ḥd kṭ'm 'ps qṣhw tr'h wklw l' tr'h* «'une seule cohorte' d'après le sens de 'tu n'en voyais qu'une partie et tu ne le voyais pas tout entier'.»

de vue (Bamoth-Baal) : vision partielle : la malédiction rate; Balaq espère qu'au deuxième point de vue (Pisgah), la vision panoramique aidant, la malédiction réussira. Mais on rencontre une difficulté grammaticale : comment, dans la même phrase, donner au premier *tr'h ('šr tr'nw mšm)* une valeur de futur, et aux deux suivants une valeur d'imparfait? «Can *tr'h* in the same breath be understood so differently in a plain narrative?» (Kalisch). Dans la même ligne, Hengstenberg objecte l'absence de l'adverbe «maintenant» qui atténuerait la rudesse de ce changement de valeur; il objecte aussi l'absence de la particule *ky* grâce à laquelle se marquerait le lien de cause à effet entre *'šr tr'nw mšm* et *'ps qṣhw tr'h*; mais c'est qu'il prend *'ps* pour une particule d'opposition *(= verumtamen)* alors que *'ps* peut n'avoir qu'une valeur de restriction *(= modo, tantum)* et dans ce cas l'hébreu, asyndétique, ne permet pas de trancher en faveur de l'opposition, aux dépens de la causalité : les deux restent possibles.

Devant ces difficultés, les exégètes traduisent d'après la première solution (les trois *tr'h* ayant valeur de futur et le rapport logique entre *'šr tr'nw mšm* et *'ps qṣhw tr'h* étant d'opposition). Par conséquent, la majorité, surtout depuis l'hypothèse documentaire, tient *'ps qṣhw tr'h wklw l' tr'h* pour une addition faite par le rédacteur JE.

La phrase initiale était seulement, disent-ils : «Viens avec moi à un autre endroit d'où tu le verras et maudis-le moi de là.» R^{JE} aurait ajouté «(mais) tu n'en verras qu'une partie, tu n'en verras pas tout», pour ménager une gradation avec la vision panoramique de 24, 2 «et il vit de là Israël campant par tribus» qui, sans cette addition, paraissait redondante avec celle de 23, 13.

D'après Gray, l'emploi de *'ps*, exactement avec la même valeur qu'en 22, 35 (= *'k* de 22, 20) et nulle part ailleurs dans le texte, serait la griffe du rédacteur. Cette solution radicale a pour elle d'alléger une phrase passablement alambiquée : ou plutôt, l'allure contournée pouvait indiquer la glose. Inversement, elle a contre elle de réduire à une plate concision («Viens avec moi à un autre endroit d'où tu le verras et maudis-le moi de là») la réponse de Balaq. Or, tous les exégètes (notamment Gross, p. 233-236) ont reconnu comme l'une des constantes du récit primitif la sèche sobriété des parties narratives, comparée à la richesse des discours directs. Ce serait, de tout l'ensemble de 22-23, la seule parole non «copieuse». Les trois *tr'h* à la file, par exemple, trouvent leur place dans ce cadre d'«abondance». Par ailleurs, la précision de 22, 41 *wyr' mšm qṣh h'm* resterait suspendue, sans mention ultérieure de *klw*, complément attendu quand on connaît la rigueur avec laquelle l'auteur construit son histoire et la gradation méthodique qui caractérise celle-ci. Corollaire : si à *qṣh h'm* dans la prose (22, 41) correspond *rb' yśr'l* dans la poésie (23, 10a), il serait logique que la représentation d'Israël beaucoup plus positive, agressive, triomphante dans le second poème fût déterminée par une vision non plus partielle, mais totale, et annoncée de façon parallèle dans la prose ; cette annonce se lirait implicitement en 23, 13 non écourté. Enfin, si, comme le pense Kalisch, les deux *kh* du v. 15 signifient « comme tout à l'heure, comme la première fois »[3], pourquoi le parallèle entre le deuxième et le premier point de vue ne serait-il pas systématisé grâce à l'opposition, suggérée par le discours de Balaq au v. 13, entre *klw* (vision totale obtenue dès le second point de vue) et *qṣh* (vision partielle restreinte au premier point de vue) ?

Mieux vaut donc, à la solution de l'addition, préférer celle qui garde les trois *tr'h*, mais en leur donnant deux valeurs différentes. Le premier se traduirait par un présent, les deux suivants par des imparfaits : « Viens donc avec moi à un autre endroit d'où tu verras ce peuple — tu n'en voyais qu'une partie, tu ne le voyais pas tout entier — et de cet endroit, maudis-le moi. »

LE SECOND POINT DE VUE : LE « CHAMP DES GUETTEURS »

wyqḥhw śdh ṣpym 'l-r'š hpsgh « Et il l'emmena au « Champ des Guetteurs », au sommet du Pisgah. » D'après M. Noth[4], la tradition conduisant Balaam au Pisgah serait secondaire par rapport à celle qui le rattache à Peor. Cette affirmation, un peu radicale, méconnaît des faits analogues à ceux que nous signalions à propos de Bamoth-Baal.

La formulation est curieuse : *śdh ṣpym*, complément de lieu sans préposition, et dont on ne sait quel rapport il entretient exactement

3. D'après KEIL, les deux *kh* de 23, 15 ne signifient pas « ici » ou « là », mais, comme d'habitude, « ainsi », « aussi ». L'idée serait : « Toi, reste debout comme cela (c'est-à-dire comme tu te tiens) et moi j'irai à la rencontre comme cela (c'est-à-dire comme il est requis). » On peut encore comprendre : « j'irai comme cela » (c'est-à-dire « comme je vais maintenant »).

Selon STRACK, les deux *kh* de 23, 15 *(htyṣb kh ... w'nky 'qrh kh)* sont analogues aux deux *kh* de 11, 31 (*kdrk ywm kh wkdrk ywm kh sbybwt hmḥnh* « une journée de chemin en deçà, et une journée de chemin en delà autour du camp »). KALISCH établissait une relation verticale entre 23, 15 et le verset analogue, en 23, 3 : les deux *kh* = « comme la première fois, comme tout à l'heure » modifiant *htyṣb* et *'qrh* en 23, 15 ne servaient qu'à rappeler *respectivement htyṣb* et *lkh* de 23, 3. Dans l'hypothèse de STRACK, l'extension des deux *kh* ne dépasse pas la limite du verset 15 ; il s'agit d'une relation réciproque et horizontale entre les deux *kh* et, par suite, entre les deux verbes qu'ils modifient. Il est difficile de trancher. L'exemple de 11, 31 parle en faveur de la solution la plus simple, celle qui ne sort pas du verset (= « Toi, reste de ton côté pendant que moi, j'irai du mien ») mais on ne saurait négliger la présence d'un élément différent, à savoir, précisément, que 23, 15 vient répéter un verset antérieur analogue (23, 3, aux deux *kh* près, justement), alors que 11, 31 est seul de son espèce.

4. M. NOTH, Israelitische Stämme zwischen Ammon und Moab, *ZAW* 60, 1944, p. 11-57, p. 25.

avec le premier. Par ailleurs, *śdh* évoque un terrain plat, tandis que *r'š* est un sommet[5].

D'après Kalisch, *ṣph*, synonyme de *ḥzh* et *r'h* (*Is* 56, 10; *Ez* 3, 17; 33, 6.7; comparer *Is* 52, 8; *Mi* 7, 4), aurait des connotations exclusivement prophétiques; l'idée, toute profane et même technique, que «c'était une hauteur *(mqwm gbwh)* où la sentinelle montait la garde *(hṣwph ʿwmd lšmwr)* au cas où une armée viendrait attaquer la ville» (Rachi; de même Abrabanel) lui semble étrangère à l'intention du texte. En fait, le jeu permanent sur les deux tableaux (profane et symbolique) est constitutif de 22-23; ni dans la prose ni dans la poésie il ne faut sacrifier l'un des deux aspects. Le sens technique «sentinelle» apparaît seul en 1 *S* 14, 16 (avec *gbʿt* «hauteur» comme en *Nb* 23, 9) au pluriel, en 2 *S* 13, 34; 18, 24.25.26.27; 2 *R* 9, 17.18.20; mais dans les nombreux passages prophétiques où *ṣph* désigne le prophète (*Jér* 6, 17; *Is* 52, 8; 56, 10 au pluriel; *Os* 9, 8; *Ez* 3, 17; 33, 2.7 au singulier), le jeu sur les deux tableaux reste encore vivant, il anime chaque texte; le sens n'est pas figé dans l'équivalence *ṣph* = «prophète». C'est très net en *Ez* 33, 2-7 qui retrace précisément la métamorphose du guetteur en prophète ou, à l'inverse, institue le prophète guetteur. Ce texte est un guide de lecture pour *Nb* 23, 14 : Balaq mène Balaam à un point de vue (peut-être *mṣph mw'b* de 1 *S* 22, 3); c'est de là que les sentinelles moabites voient venir l'ennemi et avertissent le peuple (voir *Ez* 33, 3), et que nos personnages voient Israël campant dans la plaine; c'est de là aussi que vraisemblablement, vu l'analogie avec Bamoth-Baal, le roi de Moab allait prendre les augures. Mais c'est de là que, conformément au renversement-redressement habituel, Balaam ira consulter Dieu et verra l'avenir d'Israël : «C'est donc toi, fils d'homme, que j'ai établi guetteur pour la maison d'Israël : tu écouteras la parole qui sort de ma bouche et tu les avertiras de ma part.» Ce n'est pas un hasard si, ici comme là, *ṣph* a rapport avec le fait d'écouter et de proférer la parole de Dieu, donc un oracle; l'idée même de retransmission est exprimée en *Ez* 33, 7 *whzhrt 'tm mmny* et, si elle est absente de *Nb* 23, 15, répétition abrégée de 23, 3, elle se trouve en 23, 3 : *wdbr mh-yr'ny whgdty lk*.

Les versions se montrent fidèles à l'idée de «guetter», beaucoup moins au toponyme «Pisgah», excepté la Vulgate *(in locum sublimem, super*

5. Selon KEIL, *śdh ṣpym* correspond sans aucun doute au *śdh mw'b r'š hpsgh* de 21, 20, situé à l'ouest de Ḥeshbon. Il reprend l'idée de KNOBEL, qu'il s'agit ou bien d'un poste de guet, pour des sentinelles, ou bien d'un lieu d'où les devins pouvaient observer le ciel et les oiseaux. La suggestion de KEIL pourrait éclairer la genèse littéraire de *śdh ṣpym :* c'est le toponyme *fictif,* inventé par notre auteur pour les besoins de sa cause, mais le point de départ littéraire en est le toponyme *réel* de 21, 20. Il transforme celui-ci pour en créer un nouveau, doté du double sens («sentinelle» et «prophète») repéré ci-dessus.

verticem montis Phasga). La LXX inverse la détermination *śdh ṣpym* : *eis agrou Skopiam epi kryphèn lelaxeuménou* « au poste d'observation d'un champ, au sommet d'un à pic ». La présence du verbe *laxeuô* « tailler (la pierre) » est attestée par l'ensemble de la tradition grecque, sauf la glose marginale *Bisga* dans deux manuscrits de la LXX et le codex VII des Hexaples. Elle se retrouve dans l'*Onomasticon* d'Eusèbe, repris par Jérôme qui ne mentionne pas le Pisgah mais commente ainsi le v. 14 : « Agri specula mons Moabitarum, in quem adduxit Balac filius Sefor Balaam divinum ad maledicendum Israhel supra verticem, *qui propter vehemens praeruptum vocatur excisus*, et inminet mari mortuo haut procul ab Arnone. » Toutefois, la Vieille Latine a *in speluncam agri locorum excelsorum.* L'ensemble des versions araméennes s'accorde pour traduire, comme Onqelos : *lḥql skwt' lryš rmt'* « au champ d'observation, au sommet d'une colline ». *sky'* signifie aussi bien « prophète » que « sentinelle ». La mention du Pisgah est à ce point sentie comme quantité négligeable comparée à l'idée de « guet » que le Targum samaritain *lḥql ṣpym bryš skyth* « au champ des guetteurs au sommet du poste d'observation » redouble cette dernière en la substituant à la vague hauteur qui, dans les autres versions, remplace le Pisgah.

La même gamme de nuances allant de la sentinelle au prophète apparaissait déjà au v. 12, dans la troisième variante du leitmotiv : *hl' 't 'šr yśym yhwh bpy 'tw 'šmr ldbr.* Le verbe *šmr* n'a ici valeur que d'auxiliaire et signifie « continuer à » ; comme le dit bien Kalisch, c'est de *dbr* que *'tw* est complément, et non de *šmr.*

Cette valeur neutre d'auxiliaire de *šmr* n'exclut pourtant pas une utilisation plus prégnante, remarquable dans le *Deutéronome* : *šmʿ yśr'l 't-hḥqym w't-hmšpṭym 'šr 'nky dbr b'znykm hywm wlmdtm 'tm wšmrtm lʿśtm* (5, 1) ; et encore : *nšmr lʿśwt 't-kl-hmṣwh hz't lpny yhwh 'lhynw k'šr ṣwnw* (6, 25). La terminologie et l'esprit sont proches de notre texte : il est question de *veiller à exécuter* la parole divine que l'on a entendue, or si 23, 12 a *'šmr ldbr*, et non *'šmr lʿśwt*, n'oublions pas que, dans le cadre du leitmotiv *dbr dbr yhwh* et *ʿśh dbr yhwh* sont équivalents et interchangeables (comparer 22, 20.38 ; 23, 12.26).

Mais *šmr* s'emploie souvent absolument, et avec la valeur prégnante de « garder, monter la garde ». Cette valeur est latente en 23, 12, malgré l'emploi auxiliaire de *šmr* ; ou plutôt, l'emploi auxiliaire joue avec la tentation de l'emploi absolu, à cause du contexte topographique, toponymique, et en particulier de *śdh ṣpym.* De fait, en *Is* 21, les racines *ṣph* « guetter » et *šmr* « garder » alternent indifféremment : voir le v. 6, où le prophète est appelé *mṣph*, et le v. 11 où on l'interpelle comme *šmr* ; quant au v. 8, *mṣph* « poste de guet » et *mšmrh* « poste de garde » y sont parallèles. De même en *Hab* 2, 1 *ʿl-mšmrty 'ʿmdh . . . w'ṣph.* Voir encore *Jér* 48, 19 : *'l-drk ʿmdy wṣpy . . .*

'mry mh-nhyth (oracle contre Moab) ; et 1 *S* 4, 13 où Élie, inquiet pour l'Arche, est assis aux aguets *(mṣph)* au bord de la route. Autrement dit, *šmr* en emploi absolu a, comme *ṣph*, deux valeurs prégnantes, et qui appartiennent aux deux mêmes registres que *ṣph* : d'une part, le registre profane de la garde (militaire), d'autre part, le registre symbolique du prophète. Le jeu sur ces deux valeurs et le glissement de l'une à l'autre, loin d'être figés, se pratiquent tout au long de la littérature prophétique dont ils constituent même un élément essentiel. Chez les Prophètes, les deux valeurs sont explicites. Il en va différemment en *Nb* 23 : au v. 12, dans le leitmotiv, c'est la valeur théologique profonde qui est patente, avec *'šmr ldbr* ; au v. 14, c'est la valeur profane «sentinelle» qui l'emporte, avec *śdh ṣpym.* Mais le double registre du texte (déjà repéré dans le premier «oracle») et ces parallèles des livres prophétiques aidant, l'interprétation ne fait pas de doute. On ajoutera le verbe *nṣb, htyṣb* qui décrit la position d'attente de Balaq *'l-'ltw* aux v. 3.6.15 et 17 : ce terme technique de la «faction» est présent en *Is* 21, 8 *'l-mṣph ... 'nky 'md ... w'l-mšmrty 'nky nṣb* comme en *Hab* 2, 1 *'l-mšmrty "mdh w'tyṣbh 'l-mṣwr w'ṣph.* Avec le verbe *hgyd* «raconter, indiquer» (*wdbr mh-yr'ny whgdty lk* en 23, 3 et *lk h'md hmṣph 'šr yr'ny ygyd* en *Is* 21, 6), voilà une constellation de mots, commune à notre texte et aux écrits prophétiques, et attestant que Balaam est à la fois sentinelle et prophète. Rachi avait donc une intuition juste en commentant *śdh ṣpym* «C'était une hauteur où la sentinelle montait la garde *(ššm hṣwph 'wmd lšmwr)* pour le cas où une armée viendrait attaquer la ville.» Malgré les apparences, *śdh ṣpym* est bien en relation avec *'šmr ldbr.* C'est une preuve supplémentaire de la malléabilité du leitmotiv qui s'adapte toujours au contexte immédiat : ni avant ni après il ne contient le verbe *šmr.*

Il n'y a pas de cloison étanche entre l'emploi de *šmr* comme auxiliaire et son emploi absolu. Ou plutôt, il est des textes où l'emploi auxiliaire n'est pas dépourvu des connotations «fortes» de l'emploi absolu : c'est le cas dans le *Deutéronome* où, les deux emplois s'y trouvant juxtaposés avec les mêmes termes (comparer 6, 17 *šmwr tšmrwn 't-mṣwt yhwh 'lhykm w'dtyw wḥqyw 'šr ṣwk* avec 5, 1 et 6, 25), la valeur prégnante des emplois absolus[6] rejaillit sur les emplois auxiliaires. Tant pour la terminologie que pour l'esprit, *Nb* 22-23 offre des affinités avec le *Deutéronome* : il est permis de penser qu'en 23, 12 se produit la même dérive des valeurs faibles de l'emploi auxiliaire vers les valeurs fortes de l'emploi absolu.

Cette valeur forte de *šmr* en emploi absolu (non plus profane, ni prophétique, mais exprimant simplement la piété fidèle), se rencontre

6. M. Weinfeld (*Deuteronomy and Deuteronomic School,* p. 316) signale que *šmr mṣwt* est un maître mot de la terminologie deutéronomique.

dans les *Psaumes* et n'est pas absente de 23, 12 : dans les premiers comme dans le dernier, elle se caractérise par la première personne du singulier, qui permet une profession à la fois solennelle et personnelle de fidélité (voir *Ps* 119, 134 *w'šmrh pqwdyk*; 146 : *w'šmrh 'dtyk* et 167-168 *šmrh npšy 'dtyk ... šmrty pqwdyk w'dtyk)*. Encore une affinité entre notre texte et certains Psaumes[7].

LA MENTION DU PISGAH EST-ELLE AUTHENTIQUE?

Ce point est contesté par M. Noth. La mention du Pisgah survient sept fois dans l'Ancien Testament (*Nb* 21, 20 (E); 23, 14; *Dt* 3, 17.27; 4, 49; 34, 1; *Jos* 12, 3 (E sec.)). Ces textes, très précis, décrivent à la fois l'emplacement exact et le panorama qui en est vu[8]. Leurs formulations sont à la fois stéréotypées et légèrement différentes les unes des autres :

Nb 21, 20 *wmbmwt hgy' 'šr bśdh mw'b r'š hpsgh wnšqph 'l-pny hyšymn*

Dt 3, 17; 4, 49 *wh'rbh whyrdn wgbl mknrt w'd ym h'rbh ym hmlḥ tḥt 'šdt hpsgh mzrḥh*

Dt 3, 27 *'lh r'š hpsgh wś' 'ynyk ymh wṣpnh wtymnh wmzrḥh wr'h...*

Dt 34, 1 *wy'l mšh m'rbt mw'b 'l-hr nbw r'š hpsgh 'šr 'l-pny yrḥw wyr'hw yhwh 't-kl-h'rṣ 't-hgl'd 'd-dn*

Jos 12, 3 (tableau des conquêtes d'Israël) *wh'rbh 'd-ym knrwt mzrḥh w'd ym h'rbh ym-hmlḥ mzrḥh drk byt hyšmwt tḥt 'šdwt hpsgh*

Jos 13, 20 (part de la tribu de Ruben) *wbyt p'wr w'šdwt hpsgh wbyt hyšmwt*

Dt 34, 1 est le seul texte mentionnant le Nébo à côté du Pisgah. Par ailleurs, dans trois cas, Pisgah n'est pas le déterminant de *r'š*, mais de *'šdwt*.

7. En *Mi* 7, 4 : *ywm mṣpyk* « au jour annoncé par tes sentinelles », la résonance est prophétique, mais en 7, 7 : *w'ny byhwh 'ṣph* « Mais moi je guette le Seigneur » elle est psalmique et liturgique, surtout vu la suite : « j'espère en Dieu, mon sauveur : il m'écoutera, mon Dieu ». Remarquable est *Ps* 5, 4 *bqr ''rk-lk w'ṣph* « Le matin je prépare pour toi et je guette ! », déjà cité à propos du *'rkty* de *Nb* 23, 4b.

8. La description d'ABEL permet de se représenter l'ensemble : « S'il appartient aux 'Abârim, le Nébo possède un point particulier nommé Pisgâh se dressant au-dessus de la vallée du Jourdain, rejoignant celle-ci par des décrochements successifs connus sous le nom d'*ašedoth* ou rampes... » Pour la hauteur et la situation respectives du Nébo et du Pisgah : « Le Nébo a laissé son nom sous la forme de *Ǧebel en-Nebā* à un sommet de 835 mètres d'altitude (en note : ce chiffre et celui de 710 pour le Siaġa sont ceux de la carte de MUSIL), distant de 3 ou 4 kilomètres du *Rās-es-Siāġa* dans lequel on reconnaît à bon droit le Pisgâh biblique et séparé de ce dernier par un pli de terrain. Nébā et Siāġa sont en réalité deux ressauts d'une même croupe se profilant à l'ouest du plateau moabite entre deux ravins : le W. 'Ayūn Mūsa au N, le W.el-Ǧedeid au S. » Enfin, pour le panorama : « Le plus élevé des renflements du *Ǧebel en-Nebā* est 100 mètres environ plus haut que le *Rās-Siāġa*, mais la vue dont on jouit de ces deux points est sensiblement la même, sauf que du second, plus avancé dans la direction du Ġōr, l'on découvre une plus grande superficie de mer Morte et de la vallée du Jourdain. Aussi a-t-on situé de

La LXX transcrit trois fois par *Phasga* mais, en *Dt* 4, 49, rend *'šdt hpsgh* par *asèdôth tèn laxeutèn*; en *Nb* 21, 20, elle traduit *r'š hpsgh* par *apo koryphès tou lelaxeuménou* (de même en *Dt* 3, 27). Rappelons qu'en *Nb* 23, 14, elle traduit *'l-r'š hpsgh* par *epi koryphèn lelaxeuménou.* Autrement dit, quatre fois sur sept la LXX s'efforce de donner l'équivalent de la racine *psg* « passer entre » et au piel « fendre, tailler ».

Abel signale l'existence d'un *Tala'at eṣ-Ṣafa* au nord d'el Mḫayiet[9], d'après Jaussen et Savignac[10], qui pourrait être notre *śdh ṣpym*. De même Musil[11], au nord-est du Nebo. Noth[12] se montre fort réservé à l'égard de cette identification. Son scepticisme n'épargne d'ailleurs aucun des trois toponymes (22, 41 ; 23, 14 et 28) : « Es ist müssig, alle diese Punkte noch genau festlegen zu wollen, da sie eben nur der noch lebendigen Ortstradition wirklich bekannt sein konnten. » Ce jugement est sage, surtout quant on a vu combien les indications toponymiques demandaient une double lecture, sur fond d'autres textes bibliques, *Prophètes* et *Psaumes*. Mais Noth va plus loin ; « Überlieferungsgeschichtlich aber haben wir in der Ansetzung des Auftretens Bileams im Bereich des Pisga eine aus Lokalkenntnis heraus entwickelte Variante seiner Verknüpfung mit dem Peor, und zwar wie gezeigt eine sekundäre Variante, zu sehen. » Noth reconstitue le processus comme suit : originellement, la tradition israélite relie le pouvoir de Balaam, fils de Beor, au très ancien et fameux culte de Baal, sur le Peor. Cette tradition se dédouble pour rattacher secondairement Balaam au Pisgah parce qu'il est essentiel à l'efficacité des malédictions que le devin *voie* bien leur objet : d'où le rattachement au Pisgah, connu localement comme excellent point de vue.

Ce jugement semble raisonnable, à condition de distinguer histoire de la tradition et histoire de la rédaction. En *Nb* 23, c'est-à-dire au niveau rédactionnel primitif de notre texte, la mention du Pisgah est authentique : ce n'est pas une addition. Le second point de vue est l'analogue exact du premier, par la formulation : *śdh ṣpym* est à *r'š hpsgh* ce que *špy* est à *bmwt b'l* :

a) *śdh* et *špy* sont des termes topographiques évoquant une surface plate située sur une éminence (*r'š hpsgh* et *bmwt b'l*).

préférence au Siāġa la scène de Moïse contemplant la terre promise avant sa mort, ce qui s'accorde avec Deut., 34, 1-3 » (F.-M. Abel, *Géographie de la Palestine*, Paris 1933, 3e édition, 1967, T.I, *Géographie physique et historique*, p. 379-381).

9. F.-M. Abel, *ibid.*, p. 383, n. 3.

10. RR. PP. Jaussen et Savignac, *Mission archéologique en Arabie*, Tome I. *De Jérusalem au Hedjaz Médain-Saleh*, Paris 1909, p. 18 n. 1.

11. A. Musil, *Arabia Petraea*, Vienne 1907, p. 346.

12. M. Noth, *Israelitische Stämme*, p. 25, n.4.

b) *śdh ṣpym* et *špy* jouent sur deux tableaux : connotant des textes prophétiques, ils ont un sens symbolique qui indique l'opinion de l'auteur sur Balaam.
c) *bmwt b'l* et *r'š hpsgh*, «plaqués» sur la fiction, ne servent qu'à dessiner un cadre géographique concret où se déploient les phases successives de l'action.
d) *r'š hpsgh* et *bmwt b'l* proviennent sans doute d'un emprunt à 21, 19-20.

Par ailleurs, *śdh ṣpym* pourrait résulter d'une combinaison entre la formule stéréotypée *śdh mw'b* «les champs de Moab» et le mot à double entendre *ṣph*.

De façon à peu près sûre, la seule tradition *authentique* sur Balaam, fils de Beor, est celle qui le relie à Baal-Peor. Mais, par un étrange paradoxe, les textes mentionnant cette tradition (*Nb* 25; 31 et 33,2 ss.) appartiennent à des strates rédactionnelles plus récentes que le niveau initial de notre texte. Donc, du strict point de vue de l'histoire de la rédaction de 22-24, la mention du Pisgah en 23, 14 est plus authentique que celle du Peor en 23, 28. L'authenticité rédactionnelle est, en l'occurrence, l'inverse de l'authenticité traditionnelle.

BALAAM ET MOÏSE

Comme nous l'apprend Bagatti[13], dans les ruines de l'église de Siyâgha furent découvertes des inscriptions samaritaines dont l'une porte un fragment du *Deutéronome* (18, 18-20) : *kmwk* ... *kwl* ... *hnby'* «tel que toi ... tout ... le Prophète»; dans un autre se lit un fragment pris au début du Cantique de Moïse (32, 1). Par ailleurs, au IVe siècle après J.-C., est attesté le souvenir de la mémoire de Moïse; le témoignage d'Éthérie montre que les moines ne doutaient pas que Siâgha fût le lieu de la déposition de Moïse. Bagatti y voit trois raisons :

a) «la tradition transmise oralement;
b) l'existence dans l'église même d'une *memoria* (cénotaphe)...;
c) le panorama aperçu du sommet du mont et qui concorde parfaitement avec ce qu'en dit la Bible».

La tradition, certainement très ancienne, qui situe au Nébo la mort de Moïse, n'est-elle pas antérieure au *Deutéronome*, au point d'avoir déterminé la localisation, par notre premier auteur, de son histoire au même endroit? Le texte ne contient certes pas de référence implicite et constante à Moïse comme il fait pour Abraham. Mais de nombreux commentateurs ont observé le privilège, commun aux seuls Moïse et

13. B. BAGATTI, article Phasga, dans *Supplément au Dictionnaire de la Bible*, Tome 7, Paris 1966, col. 1115-1141.

Balaam, d'une extrême familiarité avec Dieu ; encore Balaam l'emporte-t-il, soulignent certains, car Dieu lui apparut et lui parla en face, alors que Moïse n'en vit que la forme, et de dos. Ce sont bien entendu des fabulations midrashiques, mais l'intuition est peut-être juste : Balaam, originaire de la région du Yabboq, aurait été déplacé dans celle du Nébo pour appuyer précisément l'intention de l'histoire qui visait à montrer, avant la mise au point de *Dt* 18, 18, qu'un prophète non israélite pouvait être aussi proche de Dieu, sinon plus, que le prophète par excellence, Moïse[14].

14. Sur Balaam et Moïse, voir chapitre premier p. 73-74 et n. 54. Sur Peor, la tradition juive oscille entre deux positions, ce qui continue l'ambivalence de la figure scripturaire de Balaam. BAGATTI signale, pour la tradition favorable, *t.b.Sôṭa* 13b, d'après lequel « le gouvernement romain avait envoyé dans le camp de Beth-Peor pour s'informer du lieu de sépulture de Moïse. » Mais il invoque, pour la tradition défavorable, *t.b.Sanh.* 64a, rapportant qu'« un certain Sabataï d'Oulam avait loué son âne à une Samaritaine qui se dirigeait vers Peor ». Or, comme le note NEUBAUER (*La géographie du Talmud,* Amsterdam 1868, réédition 1965, p. 252-253), *Sifré Nb.* 131 (dans l'édition Horowitz, Jérusalem 1966, p. 171) porte, au lieu de *kwtyt* « samaritaine », *gwyh* « païenne », et au lieu de *p'wr* les mots *byt 'bwdh* « temple de l'idolâtrie ». Le texte ajoute qu'« un gouverneur est venu de la province maritime pour se prosterner devant Péor », et que, devant son intention d'offrir à l'idole un taureau ou un bélier (*pr* et *'yl*, même type de victimes qu'en *Nb* 23, 1-4.14), les ministres de celle-ci avaient répondu qu'il lui suffisait de se dévêtir devant elle. Dans la tradition juive, l'endroit présente donc une face israélite orthodoxe et une face païenne idolâtrique.

CHAPITRE VI

EXÉGÈSE DE *Nb* 23, 18b-24

23, 18b-24 est une application du terme *mšl* qui le présente et l'introduit en 18a, mais différente de celle qu'en faisait 7b-10. C'est Ibn Ezra qui nous l'indique : en effet, il commente *wyś' mšlw : hw' ktw'pwt r'm klby' yqwm* « c'est : 'comme les cornes du buffle, comme un lion il se dresse'. » Ibn Ezra justifie l'appellation *mšl* donnée au second poème par la présence, en celui-ci, de deux comparaisons au sens grammatical. Cette application particulière n'exclut pas que les autres sens, développés à l'occasion du premier poème, soient toujours valables pour le second.

Ewald a bien montré à la fois la différence et la complémentarité qui existent entre le premier et le second poème. Le second est beaucoup plus long. Balaam n'a plus besoin, comme pour le premier, d'indiquer sa provenance; en revanche, il continue à mettre le roi en première ligne, car celui-ci est toujours le premier intéressé. Ewald signale avec raison que le v. 20 constitue, en quelque sorte, un doublet du v. 8; et le lien intime unissant Israël et Dieu, qu'exprimait déjà le v. 8, apparaît de façon encore plus nette; en particulier, la situation de combat où est censé se trouver le peuple explique que le second poème fasse beaucoup plus allusion à la guerre que le premier (on pourrait objecter que le premier ne la mentionne pas du tout, mais selon Ewald, l'évocation de la mort, qui clôt le premier poème en 10b, annonce déjà le motif guerrier du second, par contraste précisément, car si la mort des justes arrive en son temps, naturelle et paisible, c'est la mort des victimes de la guerre qu'il faut craindre, brutale et sanglante, celle du *ṭrp* et des *ḥllym* sur quoi s'achève le second poème (v. 24b), celle que le document sacerdotal (31, 8) et la tradition rabbinique, l'opposant justement au souhait formulé en 23, 10b par Balaam, réservent à ce dernier). Le rapprochement, suggéré par Ewald, entre 24 et 10b n'est pas si forcé qu'il paraît, d'autant plus qu'il l'étaie sur *Gen* 49, 9.27, dont 24 dépend littérairement : or *Gen* 49, 9 évoque le réconfort et le repos, après l'effort et le combat décrits en 27 ; mais le *yškb* de 23, 24b n'est peut-être qu'une autre manière de présenter la mort paisible des hommes droits. Le v. 10b assure donc à plusieurs titres (repos des hommes droits après la victoire, mort sanglante des vaincus) l'enchaînement du premier poème pacifique au deuxième poème guerrier ; et 10b et 24 ont en commun, outre cet arrière-plan (paix/guerre) d'être chacun la pointe finale de l'un des deux poèmes, le résumant et en portant l'esprit au plus haut degré.

V. 18b : QWM BLQ WŠM' H'ZYNH 'DY BNW[1] *ṢPR.*

1° 'ādāy ou 'ēdî ?

Ce verset est un exorde dans le style prophétique. La seule difficulté consiste dans la vocalisation, et le sens de *'āday*. Tel qu'il est dans le texte massorétique, il s'agit de la préposition *'d*, avec le suffixe de la première personne du singulier.

Or, presque toutes les versions ont lu *'ēdî*, c'est-à-dire « mon témoignage », y voyant un accusatif direct de *h'zynh*. Elles ne sont pas vraiment unanimes : la LXX *enôtisai martys* a lu *'ēd* « témoin », dont elle fait un vocatif ; la Vulgate « Sta Balac et ausculta, audi fili Sephor », visiblement ne traduit pas *'dy*, mais on se demandera si le choix du verbe censé rendre *h'zynh*, « audi », n'est pas déterminé par le souvenir sonore de *'dy* ; les versions araméennes font une *lectio conflata*, gardant à la fois l'équivalent de la préposition *'d* et celui du substantif *'dy* « mon témoignage ». Ainsi Onqelos : *lmymry* ; le Pseudo-Jonathan : *lmly* ; la Peshitta : *lshdwty*. Seule la version samaritaine arabe garde la préposition suffixée *'ṣġ 'ly* « écoute-moi ».

En fait, *h'zynh*, impératif hiphil singulier de *'zn*, dont la quasi-totalité des occurrences[2] est dans les *Psaumes*, a presque toujours comme complément d'objet direct *'mrty, qwly,* ou l'équivalent, mais jamais *'ēdî* « mon témoignage ». Par ailleurs, la perspective, d'habitude, n'est pas la perspective prophétique, où le prophète ou Dieu s'adresse aux hommes, mais une perspective de prière, où le fidèle implore Dieu. En revanche, *h'zynw*, impératif pluriel, est caractéristique des exordes prophétiques, et le prophète, ou Dieu, y prend souvent à témoin ses auditeurs, qu'il interpelle au moyen d'apostrophes. Cela explique le *martys* vocatif de la LXX. Pourtant, *'ēdî* vocatif, « mon témoin », ne se rencontre jamais non plus avec *h'zynh* dans les exordes prophétiques.

1. *bnw* est une forme d'état construit plus rare que *bn-* (voir, de même, *ḥytw* en *Gen* 1, 24 ; *Is* 56, 9).

2. Sauf trois en *Job*.

qwm[3] à l'impératif est aussi un terme consacré des ouvertures prophétiques. Mais on ne l'y trouve pas comme adresse au témoin pur, ce qu'est censé être Balaq. Il s'agit plutôt d'une invite à engager le procès du Seigneur, et c'est ensuite simplement que sont interpellés les témoins (*Mi* 6, 1.2)[4]; ou bien, c'est un impératif adressé aux témoins, dans la mesure où ils sont en même temps les accusés (*Is* 32, 9)[5]. Il n'est jamais non plus suivi de l'apostrophe *'ēdî* « mon témoin ».

Quant à *'ēdî*, on ne le trouve jamais employé à la place de *qwly* pour désigner le témoignage du prophète, la mission qui lui vient de Dieu[6]. En revanche, *'ēday* « mes témoins » désigne en *Is* 43, 10 et 44, 8 ceux qui écoutent le discours direct de Dieu et reconnaissent qu'il est depuis toujours le seul Dieu. Mais ce n'est pas un vocatif. Enfin, à l'état construit, *'ēdēy* se présente en *Ps* 35, 11, comme sujet du verbe *qwm : yqwmw 'ēdēy ḥms.* Mais *'ēdî* « mon témoin », comme vocatif, n'apparaît jamais.

En conclusion, ni dans les éléments, c'est-à-dire *'ēdî*[7] accusatif « mon témoignage » ou vocatif « mon témoin », ni dans leur combinaison avec *h'zyn, šm', qwm,* les corrections proposées ne trouvent de parallèles dans la Bible. Mais il s'en rencontre toujours des formes avoisinantes.

Il en va de même pour *'āday* : cette préposition suffixée ainsi se voit bien, mais seulement après des verbes de mouvement *(šb, yṣ').* En revanche, on la trouve suivie d'un substantif, dans une phrase très proche de *Nb* 23, 18b : *'zyn 'd-tbwntykm* (*Jb* 32, 11).

Le difficile *'dy* du v. 18bβ pourrait être rapproché de *'dy*, pluriel à l'état construit fréquent dans les stèles de Sfiré, dont l'état absolu est *'dn* (I B 24, 41) et l'état déterminé *'dy'* (I A 7, 11, etc.) : « le contexte rend son sens tout à fait sûr : 'pactes, conventions, traité' »[8]. Dupont-

3. Quand, en 18bα, Balaam convie Balaq à se lever *(qwm),* c'est évidemment un tour rhétorique figé, une invite à prêter la plus grande attention, puisque la station de Balaq *(nṣb)* était déjà mentionnée en 17.

4. *qwm ryb 't hhrym wtšm'nh hgb'wt qwlk*
šm'w hrym 't-ryb yhwh wh'tnym msdy 'rṣ

5. *nšym š'nnwt qmnh šm'nh qwly*
bnwt bṭḥwt h'znh 'mrty

6. Seul cas où le prophète est témoin, *Jér* 29, 23, mais il l'est des méfaits du peuple : *w'nky hwyd' 'ēd n'm-yhwh.*

7. Ont gardé *'āday :* ROSENMÜLLER, GRAY, EISSFELDT, HEINISCH, NOTH. Ont corrigé en *'edî :* ALBRIGHT, VETTER, DE VAULX. Ont corrigé en *'ly :* BAENTSCH, MOWINCKEL.

8. A. DUPONT-SOMMER, *Les inscriptions araméennes de Sfiré (Stèles I et II),* Paris 1958, p. 21. Voir aussi J. C. L. GIBSON, *Texbook of Syrian Semitic Inscriptions,* Vol. 2, *Aramaic Inscriptions,* Oxford 1975, p. 34, n. 1. L'auteur traduit *Nb* 23, 18 : « Hear what I am charged to say ». Il explique ce transfert en hébreu d'un terme araméen par le fait que l'araméen est la langue de Balaam. Voir encore, sur cette racine, J. A. THOMPSON, Expansions of the *'d* root, *JSS* 10, 1965, p. 222-240, et F. O. GARCÍA-TRETO, Genesis 31, 44 and « Gilead », *ZAW* 79, 1967, p. 13-17, p. 13.

D'après M. WEINFELD (*Deuteronomy and the Deuteronomic School,* 1972, p. 65,

Sommer dérive le mot de *w'd* («déterminer» en arabe cf. syriaque *wa'do* «détermination, traité, promesse, ordre, etc.»). Il propose de traduire 23, 18bβ : «prête l'oreille à mes engagements (?)». Il rapproche ce nom araméen de l'akkadien *wadû, adû,* pl. *adê,* mot très fréquent signifiant «détermination, arrêt, décret, ordre, édit, discours, rapport, alliance, serment». Ce mot se rencontre dans le traité d'Assurnirâri avec Mati'ilu, et dans les traités d'Asarhaddon avec les princes mèdes. L'akkadien *(w)adû* se rattache à la racine *w'd>wd'.* Les inscriptions commencent ainsi : «Pacte de tel roi ... avec tel roi ... et pactes de ... avec ...»; les dieux sont ensuite invoqués comme témoins dans ces pactes; puis suivent des séries de malédictions contre qui trahirait le pacte.

2° Un exorde secondaire en son essence

Les enquêtes ont montré que cette terminologie de l'exorde prophétique n'est pas si rigoureuse qu'elle en a l'air. Il s'agit plus d'une constellation de termes qui reviennent toujours, mais dont les dénotations varient légèrement en fonction de chaque cas particulier. De telles fluctuations on aurait donc tort de chercher des indices trop précis pour la correction ou la compréhension du texte biblique.

n. 3) le mot des inscriptions de Sfiré, toujours au pluriel, serait le pendant de *h'dwt,* associé dans le *Deutéronome* à *ḥḥqym whmšpṭym,* triade habituellement traduite par «les commandements, les édits et les lois» (4, 25; 6, 20). WEINFELD rapproche aussi les traités assyriens d'Asarhaddon des stèles de Sfiré et du *Deutéronome.* On peut se demander si *'dy,* ainsi compris en 18bβ, est une apparition ponctuelle et fortuite, ou si l'analogie avec la stèle de Sfiré et les traités assyriens ne va pas beaucoup plus loin, comme c'est le cas pour le *Deutéronome.* D'après WEINFELD, en effet, un scribe judéen aurait transposé dans le *Deutéronome* une série entière de malédictions tirées de documents concernant les traités assyriens d'Asarhaddon et d'Assurbanipal. WEINFELD y voit même des conséquences pour la prophétie israélite : de même que les malédictions étaient une sanction contre la rupture du traité, les menaces prophétiques peignaient les calamités qui suivraient la violation de l'alliance d'Israël avec Yahvé. Par l'usage qu'ils font de la malédiction, les prophètes classiques semblent continuer une tradition prophétique populaire plus ancienne, avec la différence que les malédictions étaient désormais dirigées contre Israël, au lieu de viser les voisins d'Israël. Les ressemblances entre *Jér* 29 et l'inscription d'Asarhaddon, en particulier, ne sauraient être un hasard. Par conséquent :

1° l'exorde solennel de 23, 18b *(qwm blq wšm' h'zynh 'dy)* ne fait-il que reprendre un schéma rhétorique classique, privilégié par les écrits prophétiques (voir, entre autres, *Is* 28, 23 et surtout 32, 9 *nšym š'nnwt qmnh šm'nh qwly. . .h'znh 'mrty*) mais attesté aussi dans les *Psaumes* (61, 2; 64, 2; 71, 2) et en *Job* (32, 11-12) sans qu'il faille y voir plus qu'une reprise littéraire formelle?

2° Chez les Prophètes, de tels exordes introduisent toujours des oracles de malédiction contre Israël; la leçon qumranienne d'*Is* 33, 8 *hpr bryt m's 'dym* «l'alliance est rompue, les pactes sont rejetés» va dans ce sens. En 23, 18b, c'est un oracle de bénédiction sur Israël, fait unique après semblable exorde. Cette inversion est-elle significative? S'inscrit-elle dans le cadre de l'hypothèse formulée par WEINFELD? Autrement dit, peut-on la situer comme une réaction à ces oracles prophétiques éternellement dirigés contre Israël? Dans ce cas, le texte serait contemporain de la grande tradition prophétique accusatrice représentée par Isaïe, Michée, Jérémie, ou postérieur à elle.

L'emploi, par notre auteur, d'une telle terminologie, est à la mesure de ce vague. Il fallait simplement donner à la parole de Balaam un accent prophétique.

V. 19 : L' 'YŠ 'L WYKZB WBN-'DM WYTNḤM
HHW' 'MR WL' Y'ŚH WDBR WL' YQYMNH

Les deux versets sont indissociables. Ce stique se lit comme un tout. En 19b, les phrases *hw' 'mr wl' y'śh* et *dbr wl' yqymnw* dépendent toutes deux de la particule interrogative qui exige ici, d'après Strack, une réponse négative (l'équivalent de *Num*). Mais ce *h* n'est-il pas lui-même une interrogation rhétorique, équivalant à une négation, analogue aux deux *mh* de 23, 8 et venant varier le *l'* de 23, 19a auquel il correspond exactement quant à la place en tête de verset, et à la fonction (facteur commun aux deux hémistiches)[9]?

UN DISCOURS SAPIENTIAL GÉNÉRAL? UN DISCOURS PROPHÉTIQUE PARTICULIER?

Le ton de ce discours semble presque sentencieux[10].

a) Chacun des deux mots *kzb* et *'dm* se rencontre surtout dans les *Psaumes* et chez les Prophètes. Dans les *Psaumes*, il s'agit d'une

9. Pour la valeur consécutive de la phrase nominale suivie d'un waw copulatif et d'un jussif, voir GESENIUS-KAUTZSCH § 109 et JOÜON § 116e et 169b.

10. C'est certes un thème biblique que d'insister sur le caractère inchangeable des décisions divines, mais l'Ancien Testament n'en détient pas le monopole : le monarque assyrien Assur-Nasir-pal nomme Ninib «celui qui ne change pas ses desseins» (*ša la e-nu-u mil-lik-šu,* Annales col. I l. 7, dans *Annals of the Kings of Assyria,* Vol I, London 1902, p. 256-257). Voir aussi Eschyle, *Prométhée,* v. 1032-1033 : *Pseudègorein gar ouk epistatai stoma To Dion, alla pan epos telei.* Philon (*Quod Deus sit immutabilis,* § 180-183) prend encore Balaam comme cible : «Le terrestre Édom entend barrer la route céleste et royale de la vertu; mais le Logos divin, de son côté, entend barrer la voie d'Édom et de ses sectateurs.

«Au nombre de ceux-ci, il faut inscrire Balaam. Car c'est encore là un nourrisson de la terre, et non pas un rejeton du ciel. En voici une preuve : attaché qu'il était aux présages et aux oracles mensongers même quand son âme recouvra sa vue éteinte et qu'il vit 'debout en face de lui l'ange de Dieu' (*Nb* 22, 31), il ne se détourna pas de son chemin et ne s'abstint pas de faire le mal mais emporté par le flot énorme de sa folie, il fut submergé et noyé. Car, véritablement, lorsque les maladies de l'âme atteignent un certain point, elles ne sont plus seulement difficiles à guérir, mais complètement incurables : le Témoin survient — c'est le Logos divin, l'ange qui guide nos pas, écarte tous les obstacles, afin que nous marchions sans broncher sur la grand-route... C'est pourquoi celui qui n'obéit pas, celui qui ne se laisse pas détourner de son chemin par la résistance du Témoin, celui-là trouvera 'la destruction en compagnie des blessés' (*Nb* 31, 8), que les passions ont transpercés et couverts de blessures...»

N'est-il pas remarquable que Philon ait élu Balaam pour illustrer sa démonstration, alors précisément qu'en 23, 7, et surtout 23, 19, Balaam se fait le chantre de l'immutabilité divine? Mais Philon n'a retenu de Balaam que sa figure négative, celle qui apparaît dans l'épisode de l'Ânesse et reparaît en *Nb* 31, 8. En tant que telle son interprétation est cohérente.

opposition générale entre l'homme mauvais et Dieu bon. Chez les Prophètes, c'est un discours particulier dirigé le plus souvent contre Israël, Juda ou Éphraïm, directement ou indirectement. Dans notre texte, au contraire, l'application s'avère, dès les v. 20-21, *particulière* et ce, *en faveur* d'Israël-Jacob. C'est une anomalie remarquable. Mais signalons précisément *Ps* 89, 36, où survient le même écart en faveur de la dynastie davidique : *'ḥt nšb'ty bqdšy 'm-ldwd 'kzb.*

b) *nḥm* (niphal) et *htnḥm* (hithpaël) ont le même sens : « (se) paenitet »[11]. On retrouve les mêmes types d'emploi, *Psaumes* et Prophètes, auxquels s'ajoute *Samuel* :

— Prophètes : le Seigneur ne revient pas de sa colère contre son peuple (défavorable à Israël).

— *Psaumes* : le Seigneur revient de sa colère contre son peuple.

le Seigneur ne reviendra pas de sa promesse en faveur de son peuple (d'une manière ou de l'autre, favorable à Israël).

— *Samuel* : le Seigneur revient de sa colère contre son peuple (2 *S* 24, 16).

le Seigneur ne reviendra pas de sa parole en faveur de celui qu'il a élu roi (1 *S* 15, 29) (d'une manière ou de l'autre, favorable à Israël)[12].

En bref, comme Dillmann l'avait déjà signalé, *nḥm* et *htnḥm* ont deux types d'emploi strictement opposés :

— le Seigneur *se repent* ;

— le Seigneur *ne se reprend pas.*

11. La LXX, confondant le piel *îkazzēb* avec le niphal *îkkāzēb,* traduit *diartèthènai* « il est trompé » ; en revanche, *apeilèthènai* rend bien *yît^{e}neḥām.* L'équivalence en hébreu de *nḥm* (niphal) et *htnḥm* (hithpaël) explique sans doute *apeilèthènai.* Peut-être ce passif correct a-t-il en retour appelé le passif erroné *diartèthènai.* Cette lecture a déterminé toute une tradition ancienne, qui elle-même se subdivise : d'une part celle qui prend le passif au sens propre avec l'idée que Dieu est « arrêté, retenu » ; d'autre part celle qui infléchit le passif dans un sens plus subjectif et figuré, avec l'idée que Dieu est soit « trompé » soit « tourné en dérision ». Voir F. FIELD, *Origenis Hexaplorum quae supersunt.* Tomus I, Oxford 1875, p. 254-255 n. 14.

12. La quasi-identité de 19a avec 1 *S* 15, 29, *l' yšqr wl' ynḥm ky l' 'dm hw' lhnḥm* n'a pas échappé aux exégètes. KALISCH pense, d'une part, qu'il ne peut pas ne pas exister de relation entre deux textes aussi apparentés, d'autre part, que l'énoncé de Samuel, « less polished and symmetrical », est la maxime primitive. 1 *S* 15, 29 serait à rapprocher des v. 22-23 quant au genre littéraire : Samuel aimerait à semer son discours de sentences religieuses ou morales d'intérêt général, ce qu'il fait au cours d'entretiens avec Saül. Or la condamnation du couple *nḥš qsm* (1 *S* 15, 23) survient aussi dans notre texte cinq versets plus loin (en 23a). 1 *S* 15 pourrait être une composition deutéronomiste. Voir A. CAQUOT, *L'histoire de David dans les livres de Samuel (Annuaire du Collège de France,* 74e année), Paris 1974, p. 424.

Chacune de ces deux expressions a toujours comme complément indirect Israël; mais chacune peut avoir comme complément direct un terme positif («faveur») ou négatif («colère»). Cela offre quatre possibilités.

Nb 23, 19aβ s'inscrit directement dans la ligne des Psaumes et de Samuel : «le Seigneur ne revient pas de sa parole». L'application particulière «en faveur de son peuple» apparaît dès les v. 20.21. Il s'oppose diamétralement au discours prophétique.

UNE PAROLE PRATIQUE

Le v. 19b montre bien que *'mr* et *dbr* veulent dire «parler en tant qu'on va réaliser». C'est pour cela qu'ils sont présentés comme l'inverse exact de *l' y'śh* et *l' yqymnh*. A la limite, ils sont synonymes de *'śh* et *hqym*, sauf que ces derniers impliquent le futur, et les premiers, le passé. Cette dimension pratique de la parole est présente dès le v. 19a avec *kzb*. Ehrlich l'avait notée : «*kzb* bezeichnet gut klassisch nie das absichtliche Lügen, sondern stets nur das Aussagen oder Versprechen bona fide, das sich aber als unwahr herausstellt, respekt. aus irgend einem Grunde nicht erfüllt wird.» C'est exactement la promesse, ou encore, la bénédiction, qui précisément vient au v. 20[13].

UNE PAROLE PRO-DYNASTIQUE

qwm au hiphil survient en bien des livres bibliques (à peine dans le *Pentateuque*, sauf le *Deutéronome*; chez le Second *Isaïe* et *Jérémie*; un peu dans les *Psaumes*, mais surtout en *Samuel* et *Rois*). Le sujet en est le plus souvent Dieu, et le complément *dbr, 'mr, šm'*, pour signifier : «exécuter une parole»[14].

13. E. Burrows (*The Oracles of Jacob and Balaam* [The Bellarmine Series 3], Londres 1938, p. 74) pense que 23, 19-20 («Dieu n'est pas un homme, pour mentir, ni un fils d'homme, qu'il se repente; a-t-il promis, et il ne le fera pas, parlé, et il ne l'exécutera pas? Regarde, j'ai reçu de bénir, et s'il a béni je ne puis renverser cela») est un appel direct à l'autorité des bénédictions de Jacob (*Gen* 49). A son avis, 22, 12 («Tu ne maudiras pas le peuple car il est béni») est un indice que les historiens responsables de l'incorporation des oracles dans l'épisode ont vu leur connexion avec les oracles de Jacob.

C'est dans ce sens que le Targum du Pseudo-Jonathan paraphrase 19b : «Mais quand le Seigneur de tous les mondes a dit 'Je multiplierai ce peuple comme les étoiles du ciel, et leur donnerai en possession la terre des Cananéens', n'est-il pas capable d'exécuter ce qu'il a dit?» Cette traduction évoque les promesses patriarcales.

14. On trouve aussi *bryt*, mais *hqym* revêt alors deux sens :
a) fonder une alliance;
b) accomplir une alliance (cf. *Ps* 89).
La nuance subsiste, même si, au plan de la genèse, *b)* suppose *a)*.

Notre texte ne doit pas s'entendre, comme ont cru les Targumim et la Peshitta[15], dans le sens de l'accomplissement d'une parole prophétique indéterminée, et dont la durée serait indéfinie. Il faut le lire conformément au sens que revêt sept fois la formule dans les livres de *Samuel* et *Rois*[16] : c'est la parole que Dieu a prononcée sur son serviteur David et sur sa maison. Nous en aurons confirmation au v. 21bβ.

Cette dimension pro-dynastique n'apparaissait pas avec les termes *kzb, nḥm,* et *'dm.* Mais, grâce au sens dégagé par *yqymnh,* elle est désormais visible :

Ps 89, 36 : *'m-ldwd 'kzb*
Ps 110, 4 : *nšb' yhwh wl' ynḥm 'th khn l'lm 'l-dbrty mlky-ṣdq*
1 *S* 15, 10 : *w't-dbry l' hqym*
13 : *hqymty 't-dbr yhwh*
28 : *qr' yhwh 't-mmlkwt yśr'l m'lyk wntnh lr'k hṭwb mmk*
29 : *wgm nṣḥ yśr'l l' yšqr wl' ynḥm ky l' 'dm hw' lhnḥm*
35 : *wyhwh nḥm ky-hmlyk 't-š'wl 'l-yśr'l*

Avec tous ces vocables, c'est bien du roi David qu'il est question.

V. 20 : HNH BĀRĒK LĀQĀḤTÎ ÛBĒRĒK WL' 'ŠYBNH

Les deux brk *et la vocalisation de* lqḥty :

Le premier *bārēk*, tel qu'il est actuellement vocalisé, ne peut être qu'un infinitif piel absolu, ou un impératif piel. Le deuxième ne peut être qu'un parfait piel 3e personne du singulier. *lāqāḥtî* est un parfait qal actif première personne du singulier. Cela donne : « Voici : bénir, j'ai reçu et il a béni et je ne ferai pas revenir cela. » Ou encore : « 'Bénis' j'ai entendu ». Ces deux solutions sont un peu rudes.

C'est pourquoi les versions et les commentateurs modernes ont proposé plusieurs corrections. Une première grande tendance consiste à faire de *bārēk* un infinitif de but (en rajoutant la préposition *l*) et à transformer *lāqāḥtî* actif en *luqaḥtî* passif, sous l'influence de *Nb* 23, 11 *leqaḥtîkā,* ce qui donne « j'ai été pris pour bénir »[17]. Une autre solution attestée, c'est de garder *lāqāḥtî,* mais de substituer à *bārēk* le substantif *berākâh :* « j'ai reçu une bénédiction »[18]. Une dernière proposition

15. Néofiti en est l'exemple le plus net; *brm 'lhh 'mr w'bd gzr wmqyym wpḥgmy nbw'th qyymyn l'lm* « Mais Dieu dit et il fait, il décide et il accomplit, et à jamais subsistent les paroles de sa prophétie. » Voir aussi la Peshitta : *wmlth qym' l'lmyn* « et sa parole demeure à jamais. »

16. 1 *S* 1, 23; 3, 12; 2 *S* 7, 25; 1 *R* 6, 12; 8, 20; 2 *R* 23, 3.24. Ajoutons, en Jérémie, les occurrences allant dans le même sens : retour de la communauté de Juda-Israël, et restauration d'un roi davidique : *Jér* 29, 10; 33, 14; 28, 6; 44, 25.

17. LXX; Vulgate; Peshitta; Targumim de Jérusalem, Néofiti et samaritains; BAENTSCH; ALBRIGHT; DE VAULX.

18. ONQELOS; JONATHAN; version arabe samaritaine; SAADIA; IBN EZRA et DILLMANN ne corrigent pas mais suggèrent qu'il faut comprendre ainsi.

garde *lqḥty* actif, mais préfixe *l* à *bārēk,* comprenant : « j'ai reçu (mission) de bénir ».

Quant à l'autre hémistiche, la correction la plus fréquente en est la substitution de *'brk* « je bénirai » à *wbrk*[19]. Une autre, plus rare, est la transformation de *brk* en *berākâh* avec suppression de *waw* devant *l'* : « et la bénédiction je ne la révoquerai pas »[20].

En réalité, *lbrk* infinitif construit se rencontre presque exclusivement comme infinitif de but après un verbe de mouvement[21]. Il faudrait donc, pour le satisfaire, transformer, l'actif en passif : deux corrections. Par ailleurs, il faut reconnaître que *lqḥ* actif n'a jamais le sens de *lambanô* « recevoir mission de ». La correction *berākâh* au v. 20a s'inspire sans doute de *Gen* 27, 36 *lqḥ brkty,* mais le sens en est autre ; il s'agit d'une *captatio benedictionis.* Quant au *berākâh* proposé pour le v. 20b, il vient sans doute de *Gen* 49, 28 et *Dt* 33, 1 : *brkh brk,* et du pronom suffixe 3e féminin singulier : *'ašîbennâh.* Mais l'accent disjonctif *tipḥa* sous *bērēk* et le *waw* qui suit interdisent de faire de cet hypothétique *berākâh* le complément de *'šybnh.* Le pronom suffixe féminin singulier a valeur de neutre, renvoyant à une idée énoncée précédemment.

Finalement, si l'on est gêné par le fait que *lqḥ* n'a jamais le sens de *lambanô,* il faut comprendre le v. 20a : « Voici j'ai entendu : 'bénis' »[22]. Mais pourquoi ne pas comprendre comme fait Rachi, qui pourtant n'élude aucune difficulté du texte : « Tu me demandes (v. 17) : 'Qu'a dit l'Éternel ?' J'ai reçu la mission de les bénir *(brk = lbrk). wbrk l' 'šybnh :* Il les a bénis[23], et moi, je ne puis annuler Sa bénédiction, *ûbērēk* pour *ûbirēk :* c'est la particularité de la lettre resh comme pour *Ps* 74, 18... *ḥērēp* pour *ḥirēp* ; et ainsi *Ps* 10, 3... On ne peut pas dire que *brk* soit un substantif, car dans ce cas, il aurait fallu le ponctuer ségol et accentuer la pénultième, mais puisque c'est le piel d'un verbe, il est ponctué tséré et porte l'accent sur la pénultième[24]. »

On étaiera ce respect du texte sur la constatation que, dans la Bible, cet infinitif absolu *bārēk* ne se présente qu'en paronomase infinitive[25]. Or, vu la prédilection du texte pour ce tour, ne pourrait-on

19. LXX ; Onqelos ; Jérusalem ; texte et Targumim samaritains ; SAADIA ; DILLMANN ; BAENTSCH ; GRAY ; EISSFELDT ; MOWINCKEL ; HEINISCH ; ALBRIGHT ; VETTER.

20. Vulgate : benedictionem ; Néofiti : *wbrkh ;* Jérusalem : *wbrkn.* D'autres ont lu *wbrkty* « et ma bénédiction » ; ainsi la Peshitta : *wbwrkt' ;* Onqelos : *wl' 'tyb brkty mnyh.*

21. Sauf *Nb* 24, 1, et surtout *Jos* 8, 33 *(ṣwh...lbrk),* qui correspondrait assez à notre texte.

22. LUZZATO, avec « 'Ecco benedici !' ho recevuto » a pris le premier *brk* pour un impératif, ce qu'autorise la ponctuation.

23. *wbrk* en 23, 20b équivaut selon STRACK à un « hypothetischer Vordersatz ».

24. IBN EZRA remarque aussi la présence des deux verbes identiques, et le fait que le second est au passé, avec Dieu comme sujet.

25. *Gen* 22, 17 ; *Nb* 23, 11 ; 24, 10 ; 23, 25 ; *Dt* 15, 4 ; *Ps* 132, 15 ; 1 *Chr* 4, 10.

considérer qu'il s'agit ici d'une élongation de la paronomase en quelque sorte différée, étirée entre deux hémistiches, et même, deux sujets différents, par une espèce d'hyperbate[26]? Du point de vue de l'intention théologique, cela refléterait exactement le sens profond du verset, et serait confirmé par *'šybnh.* Le texte reçu semble donc préférable, parce que tout au long de l'épisode l'acte de bénir renvoie d'abord à Dieu («il a béni») et en second lieu seulement à Balaam («j'ai reçu de bénir») qui se borne à le reproduire[27].

WL' 'ŠYBNH ET LE SENS DU VERSET

šwb au hiphil, au sens de «faire revenir», c'est-à-dire «révoquer», a toujours comme sujet Dieu, et comme complément *ḥmh, r'h,* ou le pronom suffixe masculin singulier *-ennû.* Il se trouve ou bien en *Proverbes* et en *Job*[28], muni d'un sens général, ou bien chez les Prophètes pré- et postexiliques, avec un sens particulier défavorable à Israël[29]. Son sens, bien que plus concret, n'est autre que celui de *nḥm.* Par ailleurs, le v. 20b pourrait bien n'être qu'un système conditionnel elliptique : «et s'il a béni, je ne révoquerai pas cela».

De ces constatations, nous pouvons conclure que :

a) La valeur biblique des mots et leur ordonnance dans le verset sont parfaitement adaptées au message explicite de ce verset, pour exprimer une véritable osmose entre Dieu et Balaam. C'est désormais Balaam qui devient le sujet d'un verbe synonyme de *nḥm,* dont Dieu était le sujet au v. 19aβ. De plus, *wl' 'šybnh* ne peut pas ne pas rimer avec *wl' yqymnh* au v. 19bβ. Dans le premier, le sujet est Dieu, le verbe de sens positif et la négation ironique, équivalant à une affirmation : «il tiendra». Dans le deuxième, le sujet est Balaam, le verbe de sens négatif, la négation effective, le sens aboutissant aussi à une affirmation : «je tiendrai». C'est bien une identification entre les deux sujets distincts[30].

b) Notre intuition du v. 19 est confortée : il s'agit d'un discours reprenant les termes affectés d'un sens particulier favorable à Israël dans les *Psaumes*, particulier défavorable à Israël chez les

26. Étirement présent, quoique moindre, en *Nb* 23, 25 : *gm-qb l' tqbnw gm-brk l' tbrknw.*

27. De façon un peu différente, la question pourrait être résolue par J. M. Mauchline (The Balaam-Balak Songs and Saga, p. 79), qui explicite bien le sens de *lqḥty :* «I have received *lqḥ* (instruction).» *lqḥty* serait la forme ramassée, réduite à un seul mot, d'une paronomase, dont la formulation développée complètement tiendrait en deux : *(lqḥ) lqḥty.*

28. *Prv* 24, 18; 24, 26; 17, 13; 18, 13; *Jb* 9, 13. Voir aussi *Ps* 85, 4; 78, 38; 106, 23; 89, 44.

29. *Ez* 18, 17; 20, 22; 9, 11; *Am* 1, 3.6.8.9.11.13; 2, 1.4.6; *Is* 14, 27; 43, 13.

30. Qui a suscité les confusions des versions et des commentateurs, mais qu'en retour elles trahissent.

Prophètes[31] mais pour en faire une application particulière très favorable à Israël (sans même la restriction des *Psaumes*).

V. 21a : L'-HBYṬ 'WN BY'QB WL'-R'H 'ML BYŚR'L

« Il » ou « je » ?

Le texte massorétique comporte les deux verbes au parfait qal, troisième personne du singulier. Cette forme a gêné, n'étant précédée d'aucun sujet exprimé. C'est pourquoi les versions ont souvent lu comme s'il y avait *'r'h* et *'byṭ*[32]. D'ailleurs, les mêmes avaient corrigé *brk* en *'brk* au verset précédent. Seul Saadia garde la troisième personne, mais à l'imparfait : *ybṣr*.

Le couple *r'h/hbyṭ* est très fréquent dans la Bible. On n'en peut rien tirer pour le cas présent. On distingue deux grandes directions :

1. Dieu regarde vers les hommes.
2. Les hommes regardent vers le ciel. Le plus souvent, c'est Dieu, à la troisième personne, quelquefois aussi avec la première. Mais *Hab* 1, 3 : *lmh tr'ny 'wn w'ml tbyṭ* et 1, 13a : *ṭhwr 'ynym mr'wt r' whbyṭ 'l-'ml l' twkl* renvoient dos à dos les partisans de l'une et l'autre solution[33].

Sans doute faut-il garder les troisièmes personnes mais, comme y invitent *Is* 8, 22 : *'l-'rṣ ybyṭ whnh ṣrh* et 21 : *w'br bh nqšh wr'b whyh ky-yr'b whtqṣp wqll bmlkw wb'lhyw wpnh lm'lh* en traduisant par « on ». La LXX, avec *ouk estai, ouk ophthèsetai,* la Vulgate *non est, non videtur,* avaient senti la valeur impersonnelle de ces troisièmes personnes actives[34].

31. *Ps* 78, 38 ; 85, 4 ; 106, 23 ; *Is* 14, 27 ; *Am* 1, 3.6.9.11.13 ; 2, 1.4.6.

32. Plus exactement, certaines ont changé la personne du premier verbe : *hbyṭ* : ainsi le texte samaritain *'byṭ*, le Targum samaritain *'stkl,* la Peshitta, Onqelos et Jonathan *'n' mstkl*; de même quelques « modernes » : DATHE *non video*; HOUBIGANT *non videbo*; parmi eux, les uns gardaient la troisième personne du second verbe *r'h* (ainsi le Targum samaritain *ḥzy*), les autres (par exemple la Peshitta) lui préférant aussi la première personne. Ainsi font GRAY et VETTER.

33. La relation littéraire de 21a à *Hab* 1, 3 *lmh tr'ny 'wn w'ml tbyṭ* « Pourquoi me fais-tu voir le mal, acceptes-tu le spectacle de l'oppression ? » et 1, 13, *ṭhwr 'ynym mr'wt r' whbyṭ 'l-'ml l' twkl* « Tu as les yeux trop purs pour voir le mal, tu ne peux accepter le spectacle de l'oppression » éclaire :
1° le fait que certaines versions ont changé la troisième personne de *hbyṭ* en première personne, mais pas celle de *r'h* : l'asymétrie entre la première et la deuxième personne en *Hab* 1, 3 a pu les influencer, bien qu'inversée. Cette première personne de *Hab* 1, 3, seule contre une deuxième et deux troisièmes en *Nb* 23, 21b (encore n'est-elle qu'objet, alors que les trois autres sont sujets) a pesé au point que le Targum et la Peshitta ont eux aussi changé le *tbyṭ* de *Hab* 1, 3 en *'byṭ*, de même que la Peshitta transformait la troisième personne *r'h* de *Nb* 23, 21b en première personne.
2° Le fait que certains commentateurs ont compris 21b : « Dieu *ne peut* supporter de voir l'iniquité... » Cela procède directement de *Hab* 1, 13 : *l' twkl.*

34. Pour traduire *ophthèsetai, videtur*, la LXX et la Vulgate ont-elles lu *r'w* (troisième personne du pluriel plus fréquent pour exprimer l'indéfini que la troisième du

LE SENS DE 'WN ET DE 'ML. SONT-ILS TAUTOLOGIQUES?

L'association *'wn/'ml* est aussi une paire courante dans la Bible. *'wn* a toujours indiscutablement un sens actif *(p'ly-'wn)*. Il s'agit du méfait en général[35], pouvant recouvrir toutes sortes de mauvaises actions : crimes sociaux, idolâtrie, mensonge. Les livres concernés sont les Prophètes, avec une critique implacable des forfaits commis en Israël, les *Psaumes*, les *Proverbes* et *Job*, où sont dénoncés ceux qui commettent le mal en général, par opposition aux justes.

'ml, dans ses rares occurrences chez les Prophètes, s'y trouve souvent en parallèle avec *'wn,* et reçoit alors un sens actif : c'est pour mieux accuser les forfaits perpétrés à l'intérieur d'Israël. Mais la plupart des emplois se trouvent dans les *Psaumes*, *Job*, l'*Ecclésiaste*, avec un sens général et le plus souvent passif : « peine, misère, souffrance ». Le contexte est beaucoup moins accusateur.

'wn et *'ml* sont donc à entendre, respectivement, comme « iniquité » et « souffrance », deux notions et deux mots complémentaires : pas de mal (actif) infligé, pas de mal (passif) subi[36]. Commentant *'ml,* Ibn Ezra montre d'ailleurs que cette complémentarité existe à la fois dans les faits et dans la grammaire : « Le sens est redoublé, il est joint à *'wn,* le sens est 'ce que produit l'homme de mauvais *(l'ml)* à la fin d'une mauvaise action *('wn)*' car *'wn* est la cause *(hsbh)* et *h'ml* est ce qui est causé *(hmswbb)* par *h'wn*[37]. »

L'ABSENCE DE MAL EN ISRAËL EST-ELLE UNE CAUSE OU UNE CONSÉQUENCE DE LA BÉNÉDICTION DIVINE? LE SENS DU VERSET[38].

Aucune conjonction n'introduit le v. 21a. Certains ont pensé que c'était parce que Dieu avait béni Israël que l'on n'y voyait pas de mal,

singulier?). En tout cas, traduisent aussi par « on » : HERDER, EWALD, DILLMANN, BAENTSCH, EISSFELDT, MOWINCKEL, HEINISCH, DE VAULX. ALBRIGHT aussi choisit l'impersonnel, mais en vocalisant *hûbbāṭ* et *r^e'î*, c'est-à-dire le passif. ROSENMÜLLER et NOTH gardent la troisième personne mais lui donnent pour sujet Dieu. RACHI aussi.

35. *Is* 59, 4; *Ps* 7, 15; 55, 11; 90, 10; 101, 7.

36. Donnent à *'wn* un sens actif et à *'ml* un sens passif : ROSENMÜLLER ; BAENTSCH, MOWINCKEL ; HEINISCH ; DE VAULX.

37. RACHI annexe *'wn* et *'ml* du côté de l'actif, mais son interprétation montre bien que lui aussi y voit une réalité à double face, celle du coupable et celle de la victime : « *'ml* signifie 'transgression' *('byrh)* comme *Ps* 7, 15 et 10, 14, parce que le péché est une souffrance pour Dieu *(lpy šh'byrh hy' 'ml lpny hmqwm)* ».

38. Si 21a paraît simple, il a pourtant reçu les interprétations les plus variées : un certain nombre comprennent « il ne peut supporter de voir l'iniquité commise contre Jacob etc. » pour *l' hbyṭ 'wn by'qb*, d'où « insupportable à Dieu est le mal infligé aux Israélites par leurs ennemis, et la misère qu'ils endurent, en sorte que Dieu ôte d'emblée méchanceté et misère » (ROSENMÜLLER, HENGSTENBERG, DE GEER, MAURER, LUZZATTO). *Nb Rab.* 20, 20 interprète : « Dieu ne prête pas attention *('ynw mstkl)* aux transgressions d'Israël, mais seulement à ses bonnes actions. » De même RACHI, beaucoup moins indulgent pour Israël que n'est le texte : « Il ne regarde pas de trop

d'autres, que c'était parce que l'on n'y voyait pas de mal qu'il l'avait béni. En fait, au stade de la tradition où notre texte recueille cet héritage du thème de l'élection, les deux phénomènes ne sont, là encore, que les deux aspects d'une même réalité : la face visible (on ne voit pas de mal), la face cachée (Dieu a béni)[39]. De même qu'étaient concomitantes en 23, 8 et 9b l'absence de malédiction et la séparation, de même que *yšrym* en 23, 10 était l'équivalent, indépendamment de toute genèse, de *yśr'l*[40].

EN MARGE DES CATÉGORIES LITTÉRAIRES, UN DISCOURS PARTICULIÈREMENT FAVORABLE À ISRAËL

Les occurrences de *hbyṭ, 'wn, ʿml,* confirment les conclusions tirées des versets précédents : *hbyṭ* et *'wn* ont un sens soit général, dans les *Psaumes* ou les textes sapientiaux, soit particulièrement défavorable à Israël chez les Prophètes. *ʿml* figure surtout dans les *Psaumes* et les textes sapientiaux, où il revêt un sens général. Avec son sens particulièrement favorable à Israël, notre texte se place à part[41].

près l'iniquité de Jacob s'ils transgressent des commandements. Il ne cherche pas trop exactement à bien distinguer leurs fautes et infractions envers Sa loi.»

D'autres ont tiré les deux vocables du côté du passif, comprenant : «Il n'y aura pas de malheur ... et l'on ne verra pas de peine.» Ainsi la LXX : *mochthos* et *ponos*; Lüther : «Mühe» et «Arbeit»; Heder : «Unglück» et «Missgeschick»; Michaelis : «Leid» et «Unglück»; Gray, Eissfeldt, Noth. Dans cette ligne, Origène (*Homélies sur les Nombres* xvi, 5) a cru que 21a décrivait le bonheur de la vie future : «De toute évidence, dans cette phrase, il prédit l'état de la vie future. Qui peut traverser cette vie sans douleur ni souffrance? Personne, non pas même Pierre ou Paul... Mais tout cela aura son couronnement au lieu où, est-il dit, 'souffrance, tristesse et gémissement s'enfuiront'. Cela pourtant ne concerne pas tout le monde, mais ceux seulement qui par leurs mérites auront été Jacob et Israël».

Inversement, quelques-uns ont donné aux deux mots le sens actif «faute»; ainsi de Wette : «Böses» et «Unrecht»; Maurer : «culpa» et «peccatum». D'autres enfin, pensent à l'idolâtrie, comprenant : «Il n'y a pas d'idoles (ou d'idolâtres) en Jacob, ni de faux dieux en Israël»; ainsi Onqelos : *lyt plḥy gylwlyn...* et les Targumim de Jonathan, de Jérusalem et Néofiti; la Vulgate : *non est idolum in Jacob, nec videtur simulacrum in Israël.* Mais si *'wn* peut signifier «idoles» (*Is* 56, 3; 1 *S* 15, 23), *ʿml* ne dénote jamais «faux dieux».

39. Ibn Ezra est ferme là-dessus : l'absence de mal en Israël est la condition *sine qua non* pour que soit tenue la promesse divine : «S'il y avait en eux du mal, Dieu ne tiendrait pas parole car toute parole de Dieu est sous condition...»

40. Voir encore Dillmann : «Es ist der Zustand (auf Rechtschaffenheit gegründeten) blühenden Glückes, von dem er anhebt. *Daran schliesst sich die Aussage des V^b nicht als Folge oder Grund, sondern als fortschreitend, noch Grösseres hinzufügend* : Jahve selbest der Gott dieses Volkes, ist bei ihm» (Je souligne. H.R.).

41. Kalisch observe avec raison que le premier hémistiche «is a fuller explanation of *yšrym*» (10b), tandis que le second «is akin to *wthy 'ḥryty kmhw*» (voir, dans le contexte de la vie humaine, *Ps* 90, 10; et, tout spécialement, *Jb* 4, 8 : «Je l'ai bien vu *(r'yty)* : les laboureurs d'iniquité *('wn)* et les semeurs de souffrance *(ʿml)* en font eux-mêmes la moisson», que précède, au v. 7, la question : «où vit-on des hommes droits *(yšrym)* disparaître?»).

V. 21b-22 : YHWH 'LHYW 'MW WTRW'T MLK BW
'L MWṢY'M MMṢRYM KTW'PT R'M LW

Le v. 22 a souvent été considéré comme un emprunt au v. 8a du chapitre 24[42].

Du seul point de vue de la forme, il est évident que ces deux versets sont conçus l'un pour l'autre ; ils ont même structure apparente, deux phrases nominales, la première avec comme sujet Dieu, la deuxième avec, successivement, un substantif tétraconsonantique, sonore et imagé, un déterminant disyllabique, et une préposition munie du pronom suffixe 3e personne masculin singulier. S'y ajoutent des échos vocaliques et consonantiques impossibles à attribuer au hasard.

YHWH 'LHYW 'MW : À QUI RENVOIE 'MW ?

Cette question est inséparable de deux autres :

a) Qui est le *mlk* au v. 21bβ (Dieu ou homme) ?

b) A qui renvoie *bw* ?

D'ordinaire, les exégètes répondent que le *mlk* est Yahvé, et que *bw* renvoie aussi à Yahvé, plus rarement au peuple. De la sorte, *'mw* ne peut renvoyer qu'au peuple. Ce dernier choix est déterminé aussi par le fait que les commentateurs rapprochent souvent *yhwh 'lhyw* d'*Is* 8, 8 et 8, 10 : *'mnw 'l,* et *seulement* de ces deux occurrences. Or l'expression *yhwh 'm*[43] est très courante. Elle a trois types d'emplois :

a) en *Genèse* et *Exode*, Dieu est avec un Patriarche (réalité ou promesse) ;

b) dans les livres de *Samuel* et des *Rois*, Dieu est avec le Roi, David, Salomon, ou le descendant de la dynastie davidique[44] ;

42. WELLHAUSEN ; HOLZINGER ; BAENTSCH ; KUENEN ; PROCKSCK ; HEINISCH ; MOWINCKEL.

43. A distinguer de l'expression inverse, presque aussi fréquente, et assez deutéronomique : « être avec Dieu ».

44. Comme l'écrit O. PREUSS (« Ich will mit dir sein », *ZAW* 80, 1968, p. 139-173), l'Ancien Testament contient de cette formule environ une centaine d'occurrences, et *Nb* 23, 21 appartient aux 39 cas où elle est employée sur le mode assertorique. La préposition *'m* survient 17 fois dans des promesses. 93 occurrences se trouvent dans les histoires patriarcales, où l'accompagnement par Yahvé est évoqué dans le style d'un oracle de salut. Que ce soit chez J, E, ou dans les autres textes, la formule se caractérise comme une promesse concrète où la divinité, assurant d'escorter une marche (« Wanderung »), se présente sous les traits d'un guide protecteur. Il y faudrait voir un élément de la foi remontant à l'époque nomade. A l'époque du *Deutéronome* et des Prophètes postérieurs, le destinataire n'est plus seulement un Patriarche, mais le peuple entier, souvent appelé Jacob d'ailleurs. « Yahvé avec » est souvent représenté en même temps comme « celui qui fit sortir d'Égypte ». C'est, par excellence, le moment où il fut avec Israël (*Ex* 3, 12 ; 10, 10 ; *Nb* 23, 21 ; *Dt* 20, 1.3.4 ; 31, 6-8 ; 32, 12 ; *Jér* 2, 2-6). PREUSS observe aussi que, dans l'histoire de David, c'est la personne même de David qu'accompagne Yahvé. Il émet pourtant quelques réserves quant à l'importance de la préposition *'m* concernant l'alliance davidique (2 *S* 7, 3.9 ; 23, 5).

c) dans le *Deutéronome*, Dieu est avec vous, ou avec le peuple.

Très peu d'occurrences dans les *Psaumes* : Dieu est avec le juste, et pas d'occurrence prophétique sauf *Is* 8, 8 et 8, 10.

A priori, on peut hésiter entre *b)* et *c)*. Mais nous avons déjà rencontré plusieurs mots et expressions : *bn-'dm, wytnḥm, ykzb, yqymnw,* qui faisaient allusion à une promesse dynastique. Dans ces conditions, pourquoi ne pas continuer, et ne pas donner aussi à *yhwh 'lhyw 'mw* le sens dynastique, très bien attesté dans les livres de *Samuel* et *Rois*?

Dès lors, qui est le Roi, au v. 21bβ? Ce ne peut être qu'un roi humain, historique. Voilà, parmi les exégètes, une opinion très minoritaire[45]. Pour en saisir tous les tenants et aboutissants, examinons le terme *trw'h.*

LA TRW'H

A ce vocable bien répertorié, les versions ont donné les sens les plus variés. On observe deux grandes catégories :

a) celles qui choisissent l'évocation d'un acte concret, rituel ou non :

α) vocal :

— Targum du Pseudo-Jonathan : *wybbwt mlk' mšyḥ' mybb'* «et l'acclamation du roi Messie acclame»; *bw* est alors traduit par

45. A part Herder, Ewald, Oort, on ne trouve guère que Wellhausen pour la soutenir. Mais son jugement est intéressant en soi, et aussi à cause du contexte où il intervient : il s'agit du chapitre «Richter, Samuelis und Könige», de *Prolegomena zur Geschichte Israels,* 1883, p. 251 n. 1 : «In der Ausschau Bileams über die gesegnete Zukunft Israels *Num.* 23 s. haftet sein Blick besonders auf dem Königtum als einem Hauptsegen. Im allgemeinen 23, 21 : 'Jahve sein Gott ist mit ihm, und Königsjubel wird laut unter ihm'. Mit besonderer Beziehung auf Saul 24, 7 : 'und über Agag triumphirt sein König und sein Reich steigt empor'. Auf David 24, 17 : 'ich sehe ihn obwohl nicht jetzt, ich schaue ihn obwohl nicht nahe; aufgeht *(zrḥ)* ein Stern aus Jacob und eine Rute aus Israel, und zerschmettert die Schlafen Moabs und den Scheitel aller Söhn ... auch Edom wird Eroberung.' *Die Thora und das Königtum sind nach Dt 33, 4.5 die beiden grössten Gnadengaben Gottes*» (Je souligne. H.R.).

Il est d'ailleurs étonnant que presque tous les exégètes, qui pourtant l'ont suivi quant à la répartition J et E des poèmes de *Nb* 23-24, aient divergé de lui sur ce seul point. Toutefois, O. Procksch *(Die Elohimquelle)* le rejoint, ainsi que J. Boehmer (*Der alttestamentliche Unterbau des Reiches Gottes,* Leipzig 1902, p. 62-63), selon qui le *melek* est le roi israélite nommé en parallèle avec Yahvé.

Selon É. Lipiński (*La royauté de Yahvé dans la poésie et le culte de l'ancien Israël,* Brüssel 1965, p. 322), *melek* paraît évidemment désigner Yahvé lui-même et non un roi israélite (à cause du parallélisme et de l'allusion du v. 22 à la sortie d'Égypte), et aussi de la Peshitta et d'Onqelos qui interprètent «son roi». F. Langlamet (Les récits de l'institution de la royauté (I *Sam.*, vii-xii), *RB* 77, 1970, p. 181 et 183), pense qu'il s'agit, en *Nb* 23, 21bβ, de la royauté de Yahvé, mais remarque : «L'idée qu'on se faisait du roi en Israël était celle d'un chef de guerre (cf. I *Sam.* 8, 20). 'Devenir roi' signifiait 'prendre la tête de l'armée'... (Lipiński)». N'est-ce pas la fonction essentiellement militaire du roi que reflètent *Nb* 23, 21.22 et 24?

bynyhwn « parmi eux », sens local. Mais dans les Targumim de Jérusalem et Néofiti *bw* est chargé de l'idée de « protection » : *mgyn ʿlyhwn* « les protège ».

— Aquila : *alalagmos basileôs en autô(i).*

β) instrumental :

— Vulgate : *et clangor victoriae in illo.*

— Théodotion : *kai salpismos basileôs en autô(i).*

Il n'est d'ailleurs pas exclu que *ybbwt* et *clangor* gardent une ambiguïté voulue entre le vocal et l'instrumental. Symmaque *kai sèmasia basileôs* opte aussi pour le concret, mais visuel et non sonore.

b) celles, les plus nombreuses, qui préfèrent un concept dérivé, le plus souvent l'idée de gloire :

— la LXX : *ta endoxa tôn archontôn en autô(i)*[46];

— la Vieille Latine : *ẹt ipse praeclarus princeps cum ipso ;*

— la Peshitta : *wtšbwḥt' dmlkh bh ;*

— les Targumim samaritains : arabe : *wsmʿh ;* araméen : *w'šmʿt'.*

Les Targumim du Pseudo-Jonathan et de Jérusalem ont d'ailleurs cumulé le concret et l'abstrait : *ybbwt mn 'yqr.*

Onqelos : *wškynt mlkhwn bynyhwn* « et le séjour de leur roi est parmi eux » mêle sans doute la racine *rʿh* « être ami, associé » à l'idée de « gloire » que conserve le terme *Shekinah*[47].

Sans doute influencés par les hésitations des versions, quelques exégètes ont voulu corriger *trwʿt*[48]. Il n'en est nul besoin. Ce vocable est bien connu, et s'il faut le respecter quelque part, c'est bien ici. Selon P. Humbert[49], il s'agit d'une acclamation rituelle, et non d'une sonnerie de trompettes. Ce point semble bien établi. P. Humbert voit même en *Nb* 23, 21bβ une intention polémique contre la vanité de la royauté terrestre. Certes, il trouve un argument très fort en *Ps* 89, 16 : *'šry hʿm ywdʿy trwʿh,* où la *trwʿh* a sûrement lieu en l'honneur du Seigneur. Mais la référence au *Ps* 89 est à double tranchant : ce *Psaume* chante l'alliance éternelle de Dieu avec son serviteur David et sa dynastie. Nous avons même signalé une affinité de vocabulaire

46. La traduction *ta endoxa* de la LXX ne viendrait-elle pas d'une confusion entre *trwʿt* et *nwr'wt* participe niphal féminin pluriel de *yr'* « craindre » d'où « objets de respect » ?

47. Rosenmüller aussi signale que *trwʿt* renvoie au verbe *rʿh* « quod in Piel *socium eligere* et in hithpäel *socium se praebuit* denotat ». Cela rendrait compte de Saadia : *wṣḥ'bt 'l mlk lhm* « et la compagnie du roi est pour eux » et de Rachi : « C'est une expression d'affection et d'amitié *(lšwn ḥbh wry'wt)* comme 2 *S* 15, 37 et 16, 16 'l'ami de David' et *Jg* 15, 6 : 'il l'a donné à son compagnon'. »

48. Gray, à la suite de Cheyne, propose *tp'rt* « glory ». Albright, à partir de la racine *yr', wrʿ,* « avoir peur », sud-ar. *hwrʿ* « faire peur », corrige en *trʿt* « terror-producing ». Vetter, d'après la même racine, de même sens que *yr'* « craindre », en arrive au substantif *tôraʿat* auquel il donne la signification « Majestät, Würde ».

49. P. Humbert, *La « Terouʿa », Analyse d'un rite biblique,* Neuchâtel 1946.

entre *Nb* 23, 19a et *Ps* 89, 36b : la fidélité exprimée par la négation de *kzb*. De plus, avec des mots différents, c'est la même idée qui revient : «établir/ne pas retirer», *'kyn* en *Ps* 89, 4, *yqymnw* en *Nb* 23, 19b; *l' 'pyr, l' 'šqr, l' 'ḥll, l' 'šnh* en *Ps* 89, 34.35, *l'... wytnḥm, l' 'šybnh* en *Nb* 23, 19b.20b.

Et surtout, *Ps* 89, 19 montre la dépendance du roi humain d'Israël envers le Seigneur : *ky lyhwh mgnnw wlqdwš yśr'l mlknw*. Ne serait-ce pas exactement l'idée exprimée par *Nb* 23, 21b *(wtrw't mlk bw)* à savoir, que l'acclamation pour le roi humain est en Dieu, c'est-à-dire, que l'intronisation et le maintien du roi reposent tout entières en Dieu? A propos de *Ps* 89, 28-37, Kalisch écrit d'ailleurs : «A fuller and more emphatic commentary on our passage is hardly possible.»

P. Humbert doit pourtant concéder qu'en 1 *S* 10, 24 : *wyr'w kl-h'm wy'mrw yḥy hmlk*, c'est bien d'une *trw'h* en l'honneur d'un roi terrestre (Saül) qu'il s'agit. Il tire profit de cette exception pour montrer qu'elle confirme la règle, et donc sa thèse : «En effet, Saül y est présenté expressément comme «celui qu'a élu Yahvé», il est le représentant de Yahvé. Si donc la *terou'ā* éclate ici en l'honneur de Saül, elle y a cependant un caractère nettement religieux et yahviste[50].» Cette «récupération» n'est-elle pas à double tranchant? Par un semblable renversement, nous pouvons très bien l'utiliser pour notre thèse : en *Nb* 23, 21b aussi, le Roi est expressément présenté comme l'élu de Yahvé.

LE SENS DU VERSET ET SES IMPLICATIONS

Pour laisser *Nb* 23, 21b déployer tout son sens, nous devons revenir à l'expression : *yhwh 'lhyw 'mw*, et en faire l'archéologie.

Avec la seule préposition *'m*, c'est «la présence de Dieu avec», c'est-à-dire la réalité essentielle présente. Mais la préposition est souvent précédée de substantifs qui nous dévoilent les aspects de cette réalité : ce sont *bryt 'm, ḥsd 'm*, qui en expriment la genèse (l'alliance ou l'élection venues de Dieu), et *yd 'm*, qui en est la manifestation visible, soit, la force militaire. Toutes composantes que nous retrouvons d'ailleurs dans le *Psaume* 89, v. 4a : *krty bryt lbḥyry*.
v. 15b : *ḥsd w'mt yqdmw pnyk*
v. 14 et surtout 22 : *'šr ydy tkwn 'mw 'p-zrw'y t'mṣnw*
et en *Nb* 23, 18b-24 : v. 19-20 : la genèse (la parole donnée)
v. 21b : la présence
v. 22a et 24 : la force.

Il faut bien voir qu'une lourde hypothèque a pesé sur ce choix presque unanime en faveur du Roi divin : c'est l'appartenance de ce poème à E. Soit comme tenant, soit comme aboutissant, toujours comme présupposition.

50. *Ibid.*, p. 34.

a) Comme tenant : Eissfeldt en est un bon exemple[51]. De même qu'en *Ex* 19, 5, il s'agit d'un royaume de prêtres et d'un peuple saint. Le courant E, plein de piété et de retenue, célèbre la royauté de Yahvé, en face de l'affirmation toute terrestre du pouvoir exprimée par J (les deux poèmes de *Nb* 24).

b) Comme aboutissant : selon P. Humbert, le silence de E sur la *trw'h,* et *Nb* 23, 21b, son unique occurrence, « impliquent une évidente opposition à la glorification du monarque terrestre d'Israël et une non moins évidente intention de légitimer la seule royauté de Yahvé ».

En conclusion, qui est le Roi ? On ne peut dire, avec Mowinckel et beaucoup d'autres : « Nicht David, sondern Jahwä ». Quant à dire : « Nicht Jahwä, sondern David », ce serait prématuré. Tout dépend de la dimension temporelle du poème : si c'est la fiction d'une très ancienne prophétie, ce peut être fictivement David ; s'il n'y a pas fiction, si l'époque désignée est celle même de la rédaction du poème, alors ce n'est pas David, mais l'un de ses descendants.

Pour l'époque, il serait impossible, à l'aide de ce seul verset, d'en décider. Car ceux qui avancent des dates le font à partir d'interprétations que nous avons réfutées. P. Humbert, y voyant « l'idéologie prophétique antiroyaliste et théocratique », l'attribue à l'époque d'Osée ou, en tout cas, à l'époque assyrienne. S. Mowinckel, le trouvant caractéristique du *Deutéronome*, pense qu'il « frühestens der zweiten Hälfte des VII. Jhs. entstammt, wahrscheinlich aber noch anderthalb Jahrhundert jünger ist ».

Nous ne l'avons trouvé ni prophétique ni deutéronomique[52].

LE STATUT DU V. 22

Le v. 22 du chapitre 23 est presque identique au v. 8a du chapitre 24. L'autorité de l'hypothèse documentaire attribuait, jusqu'à ces dernières années, le premier à E, le second à J. De plus, selon nombre d'exégètes, le v. 22 n'allait pas entre le v. 21b et le v. 23a. Autant d'arguments pour en faire un emprunt à l'oracle J *Nb* 24, 3b-9. Par ailleurs, la seule différence entre *Nb* 24, 8 et 23, 22 était le passage de *mwṣy'w* à *mwṣy'm.* Le suffixe pluriel au v. 22 gênait d'autant plus que les suffixes singuliers du verset précédent *('mw* et *bw)* étaient considérés comme renvoyant au peuple. Bien des commentateurs ont

51. O. Eissfeldt, Sinaï Erzählung und Bileam-Sprüche, *Kleine Schriften* IV, p. 21-31.

52. Von Gall argue du fait que Yahvé-Roi n'est mentionné que deux fois dans la poésie préexilique (*Is* 6, 5 et *Jér* 8, 19), pour affirmer que *Nb* 23, 18b-24 est postexilique. Mais son argumentation peut être renversée pour permettre d'affirmer que : *a)* le roi est un roi humain ; *b)* le poème est préexilique.

donc voulu corriger *mwṣy'm* d'après *mwṣy'w*, arguant d'une probable dittographie en *Nb* 23, 22 : *mwṣy'm mmṣrym*. Mais :

1° L'hypothèse documentaire est plutôt une hypothèque.
2° Le v. 22 est apparu, du seul point de vue de la forme, comme inséparable du v. 21b.
3° Au v. 21b, *'mw* nous est apparu comme renvoyant au roi humain, et *bw* à Dieu.
4° Excepté un codex hébreu, une vingtaine de manuscrits de la LXX, Origène, la Vulgate et la Vetus Latina, toutes les versions gardent le pluriel (et le singulier en *Nb* 24, 8).
5° S'il y a eu dittographie en 23, 22, pourquoi n'a-t-elle pas eu lieu en 24, 8a, ou bien, pourquoi 23, 22 n'a-t-il pas été corrigé d'après 24, 8a ?

Il n'y a donc pas de raison suffisante pour accepter la correction.

DIEU FAIT SORTIR D'ÉGYPTE

La formule « Dieu fait sortir d'Égypte », très fréquente dans la Bible, a été bien étudiée. P. Humbert[53] distingue deux thèmes, celui de l'Exode exprimé avec *yṣ'* au hiphil, et celui de l'anabase, utilisant *'lh* au hiphil. De l'époque préexilique à l'époque postexilique, il voit une évolution : avant l'Exil, les deux tournures étaient à peu près à égalité, et même, les prophètes n'emploient que *'lh* au hiphil. Mais, dès le *Deutéronome*, l'équilibre se rompt nettement en faveur de *yṣ'*[54].

W. Gross[55] concède que, sauf *Nb* 23, 22 = 24, 8, *yṣ'* au participe hiphil ne se rencontre qu'en *Dt*, des textes deutéronomiques, P, la loi de Sainteté, tous textes assez tardifs. Mais les choses ne lui semblent pas si simples. En particulier, il lui paraît difficile de définir les emplois chez E, qui utilise aussi bien l'une que l'autre tournure, mais de façon libre et allusive. Cette sortie d'Égypte sous la conduite de Yahvé est devenue un article de foi, pour Israël ; elle apparaît comme une « représentation figée », et en des contextes si différents qu'il est

53. P. Humbert, Dieu fait sortir, Hiphil de *yāṣā'* avec Dieu comme sujet, *TZBas* 18, 1962, p. 357-361 et p. 433-436.

54. D'après J. Wijngaards (*hwṣy'* and *h'lh*, a twofold approach to the Exodus, *VT* 15, 1965, p. 91-102), la formule en *hwṣy'* proviendrait de la libération d'Égypte au sens strict ; fréquente dans les traditions légales, elle fonctionnerait comme une clause de motif d'alliance ; pénétrant tardivement dans le schéma de l'histoire du salut (Exode et don de la Terre), elle semble avoir été traitée par l'École deutéronomique comme la formule de base, exemplaire, déterminant sa conception de l'histoire du salut comme une série de libérations (p. 98). Elle se serait progressivement substituée à *h'lh*, formule liturgique familière aux sanctuaires du Nord qui fonctionna d'emblée dans le schéma Exode-don de la Terre de l'histoire du salut (p. 101-102).

55. W. Gross, Die Herausführungsformel. Zum Verhältnis von Formel und Syntax, *ZAW* 1974, p. 425-453.

impossible d'en préciser le *Sitz im Leben*, sans indices adjacents. Enfin, toutes les allusions à la sortie d'Égypte en *Nb* 22-24 (22, 5.8; 23, 22; 24, 8) ne seraient pas des formules, mais juste, précisément, de brèves allusions à des formules bien connues.

A ces conclusions intéressantes on ajoutera quelques remarques :

a) Gross présuppose toujours la grande ancienneté de *Nb* 24, 8[56].

b) Si la formule « Dieu fait sortir d'Égypte » est très courante, très rares sont les occurrences sans *'rṣ*[57], auxquelles appartiennent *Nb* 23, 22 et 24, 8. Il est remarquable que, dans la plupart de ces cas, le sujet *yṣ'* hiphil ne soit pas Dieu, mais Moïse, et que la formule soit utilisée comme reproche à l'égard d'Israël.

c) Il est encore trop tôt pour situer les unes par rapport aux autres les quatre mentions de la sortie d'Égypte (deux avec *yṣ'* qal, deux avec *yṣ'* hiphil), de *Nb* 22-24. Il faudra aussi jouer avec les citations littérales d'Exode repérées au chapitre 22. Contentons-nous de la certitude que *Nb* 23, 22 n'est pas un emprunt à *Nb* 24, 8.

d) On a souvent signalé le caractère liturgique de la formule, surtout à partir de l'Exil[58]. Bien plus : soulignons l'allure hymnique du distique entier (v. 21b-22). Par ailleurs, on ne voit pas pourquoi ce trait ne viendrait pas *avant* l'Exil.

KTW'PT R'M LW

Le premier substantif, *tw'pt*, a toujours intrigué les exégètes. Il ne se rencontre qu'en *Ps* 95, 4, déterminé par *hrym*, et *Jb* 22, 25, déterminant *ksp*.

a) Les versions ont en général traduit *ad sensum*, sous la double influence du v. 21bβ *(trw'h)* et de l'idée de force dégagée par le *r'm*. Elles ont d'ailleurs préféré des abstractions à une image concrète mais obscure.

— Ont préféré l'idée de gloire la LXX, *hôs doxa*[59] et la Vetus Latina : *gloria*.

— A préféré la seule idée de courage, la Vulgate : *fortitudo*.

— Un grand nombre de versions sémitiques ont choisi l'idée de force, lui coordonnant l'idée de hauteur, qu'elles substituaient au *r'm* (échange *r'm/rwm*).

56. Tout en concédant que la formule ne correspond pas au discours de J.

57. Ce sont *Ex* 3, 10.11.12; 6, 27; 13, 9; 14, 11; 18, 1; *Dt* 9, 12.26; 1 *S* 12, 8.

58. La formule fut intégrée au rituel pascal. Voir *t.b.Ber*. 38a : « Car sur le pain on dit : 'qui a fait sortir'. »

59. EWALD a « hehrer Glanz ».

Ainsi, la Peshitta : *b'šnh wbrwmh*

Onqelos : *twqp' wrwm'*

Les autres Targumim font de même, et en rajoutent, transformant l'image en doxologie : *twqp' wtwšbḥ' rwmmwt' wgbyrt'.*

D'autres champs sémantiques ont été explorés :

— Emmêlement ou rétribution (Targumim samaritains : *'pr'wt/tpr'h*).

— Bondissement (arabe samaritain : *tfr't*).

— Déploiement (codex VII de la Syro-hexaplaire) : *petasma.*

Les hésitations expliquent que l'on ait proposé diverses racines pour *tw'pt.*

b) *Les racines*

Les auteurs qui se hasardent à proposer des racines doivent emprunter des sentiers tortueux pour arriver au sens qu'ils supposent, au préalable, être celui de *tw'pt.*

α) D'après Gesenius (et avant lui, Rachi et Ibn Janaḥ, puis Michaelis, Bochart et Rosenmüller), la racine serait *y'p* « être fatigué ».

Pour *Jb* 22, 25, le détour est : *ksp tw'pwt* « argentum laborum i.e. gravi labore partum ». Et pour *Ps* 95, 4 : *tw'pwt hrym* « labores montium i.e. thesauri montium gravi labore parti ». Pour *Nb* 23, 22 = 24, 8a, Gesenius passe, à partir de la même racine, à l'idée de *cursus velox.* Il invoque Bochart et Rosenmüller qui font venir l'idée de « monter » de l'idée de « fatigue » : « quippe quae a defatigando ducta sit (montes enim ascendendo defatigamur) (!) ». Il faut en passer aussi par la métathèse de la racine arabe : *yf'* « monter ».

Gesenius trouve que la traduction la plus courante « robur » « cum etymo conciliari non potest ». On pourrait en dire autant de la sienne, « vitesse » ou « élévation ».

β) Une autre racine, invoquée avec non moins d'imagination, est : *'wp* « voler ». Rachi montre très bien que la constellation sémantique englobe encore « force » et « hauteur » : « le mot *tw'pwt* est à comparer à l'expression (*Gen* 1, 20) *'wp y'wpp* 'des oiseaux qui volent, qui planent dans les hauteurs les plus élevées', ce qui représente une grande force ; et *tw'pt r'm* signifie 'le vol vers la hauteur'. »

γ) La racine arabe w*ġf* « courir vite », est également invoquée[60].

60. Rosenmüller traduit « quasi celsitudines orygis ». Son choix indique bien la dimension syntagmatique de la question : en effet, à la suite de Bochart, il pense que « *r'm* idem esse *caprearum* genus quod Arabes *rym* vocant ». Et, conjointement, il réfute

δ) F. Rundgreen[61] enfin, s'inspirant de la version syriaque de *Jb* 22, 25 : *ḥwšbn'* cf. Coran *ḥsb'n* « compte » et aussi « rétribution, récompense », propose de rattacher *twʿpwt* à la racine arabe *ḍʿf* « redoubler ». L'idée serait celle de la courbe des cornes ou encore de leur redoublement. Mais Rundgreen doit concéder à la fin que *ḍʿf* veut aussi dire « être fatigué », comme *yʿp*. Nous voilà revenus au point de départ.

	ktwʿpt	*r'm*	*lw*
X	*hôs doxa*	*monokérôtos*	*autô(i)*
gate	(cujus) fortitudo similis	rhinocerotis	
us Latina	gloria (ejus)	sicut unicornis	
hitta	*bʿwšnh* « par sa force »	*wbrwmh* « et par sa hauteur »	
dia	*k'rq* « comme la plus vigilante »	*'l rym* « antilope »	*m'nʿ 'nhm* « les pr tège »
qelos	*twqp'* « la force »	*wrwm'* « et la hauteur »	*dylyh* « qui sont à lui
usalem ofiti	*twqp'* « la force »	*wtwšbḥt' wrwmmwt'* « la louange et la hauteur »	*ddyh hy'* « lui appa tiennent »
udo- athan	*twqp' wrwmmwt'* « la force et la hauteur »	*twšbḥ' wgbyrt'* « la louange et puissance »	*ddyh hw'* « lui appartie nent »
te aritain	*ktwʿpt* (Barberini) *ktʿpt* (Kennicott, Von Gall)	*r'm*	*lw*
gum aritain alton)	*'prʿwt* « l'emmêlement, la rétribution »	*rwmh* « élevé » ou « de sa hauteur »	*lh* « à lui »
gum aritain rberini)	*k'prʿh* « comme l'emmêlement, la rétribution »	*rwmh*	*lh* « à lui »
gum aritain be	*ktfr't* « comme le bondissement »	*'l rym* « de l'antilope »	*lh* « à lui »
xaples	*hôs petasma* « comme un déploiement »		

la proposition de MICHAELIS « celeritas est illi ut gazellarum »... « Existimaverim, *twʿpt r'm* idem esse quod Arabum *'yfʿd 'l rym* elatio caprearum, qua phrasi Arabes indicant, capreas capite sursum elato arrectisque auribus adstare, id quod haec animalia prae alacritate solent facere... » ROSENMÜLLER en arrive donc au sens : « alacritas ei est ut gazellis ». Il doit en conclure que « vocem *twʿpt* non esse referendam ad radicem *yʿp* sed, admissa metathesi litterarum, ad Arab. *yfʿ ascendit, procerus, altus fuit* ». L'étymologie, décidément, s'appuie sur des racines bien subjectives !

ALBRIGHT et son disciple D. VETTER, arguant du fait que « *arḫiš* 'like a wild cow' (Ugar. *'arḫ*, Accad. *arḫu*) came early to mean 'swifttly' in Accadian », choisissent « rapidité », ce qui d'après eux caractérise le *r'm* en Ps 29, 6 ; par ailleurs *yʿp* signifie « course rapide » en *Dan* 9, 21. C'était l'opinion de HERDER, VATER : « starker Lauf » ; DE WETTE « Schnelligkeit » ; HENGSTENBERG : « Rüstigkeit ».

61. F. RUNDGREEN, Zum Lexicon des alten Testaments, *Acta Orientalia (Societates*

Les versions ont souvent choisi «force» et «hauteur», ou cumulé les deux, parce que dans la Bible, les concepts de «hauteur» ou de «force» sont souvent associés, par le biais du *r'm* ou de son attribut principal, la *qrn* :

rqd r'm	*Ps* 29, 6	: *wyrqydm kmw-'gl lbnwn wśryn kmw bn-r'mym* «et il les fait bondir comme un veau, le Liban et le Sirion comme un jeune buffle.»
rwm qrn	*Ps* 75, 6a	: *'l-trymw lmrwm qrnkm* «N'élevez pas en haut votre corne.»
qrn rwm	11	: *wkl-qrny rš'ym 'gd' trwmmnh qrnwt ṣdyq* «Et toutes les cornes des méchants, je les abattrai ; les cornes du juste seront élevées.»
rwm qrn	*Ps* 89, 25b	: *wbšmy trwm qrnw* «Et, par mon nom, sa corne sera élevée.»
rwm r'm qrn	*Ps* 92, 11a	: *wtrm kr'ym qrny* «Mais tu élèveras ma corne comme celle du buffle.»
ṣmḥ qrn	*Ps* 132, 17a	: *šm 'ṣmyḥ qrn ldwd* « Là, je ferai germer une corne pour David.»
rwm qrn	*Ps* 148, 14aα	: *wyrm qrn l'mw* «Et il exaltera la corne de son peuple.»
rwm qrn	1 *S* 2, 1aγ	: *rmh qrny byhwh* «Ma corne est élevée dans le Seigneur.»
'z rwm qrn	10b	: *wytn-'z lmlkw wyrm qrn mšyḥw* «Et il donnera la force à son roi, et élèvera la corne de son oint.»
qrn nś' r'š hḥryd	*Za* 2, 4b	: *'lh hqrnwt 'šr-zrw 't yhwdh kpy-'yš l'-nś' r'šw wyb'w 'lh lhḥryd 'tm lydwt 't-qrnwt hgwym hnś'ym qrn 'l-'rṣ yhwdh lzrwth* «Ce sont là les cornes qui ont dispersé Juda, de manière que personne ne levait la tête ; mais ceux-ci sont venus pour les effrayer, pour jeter loin les cornes des nations qui ont levé la corne contre le pays de Juda pour le disperser.»

orientales batava danica norvegica svecica) 21, 1953, p. 301-345, p. 316-325). On pourrait à la rigueur retenir la proposition de Rundgreen, que *tw'pt* contient l'idée de «redoublement», en songeant à *Jb* 41, 5 : «Qui a soulevé le devant de son vêtement ? Dans la doublure *(bkpl)* de sa 'cuirasse' (*srynw* d'après la LXX) qui pénètre ?» Avec Wright, Budde, Dhorme justifie sa traduction en avançant que «la carapace du crocodile est une véritable cuirasse». N'oublions pas que *Jb* 41, 4 annonçait : «Je ne tairai pas ses membres, et je dirai sa force incomparable» (traduction Dhorme ; TOB : «Je ne tairai pas ses membres, le détail de ses exploits, la beauté de sa structure»).

rwm qrn	*Lam* 2, 17bβ	: *hrym qrn ṣryk* « il a élevé la corne de tes adversaires. »
qrn ngḥ	1 *R* 22, 11	: *wy'ś lw ṣdqyh bn-kn'nh qrny brzl wy'mr kh-'mr yhwh b'lh tngḥ 't-'rm 'd-kltm* « Et Sédécias, fils de Kenaana se fit des cornes de fer, et dit : 'Ainsi parle le Seigneur : Avec celles-ci tu heurteras les Araméens, jusqu'à les exterminer'. »
rym	*Jb* 39, 9a	: *hy'bh rym 'bdk* « Le buffle voudra-t-il être à ton service ? »
rym	10a	: *htqšr-rym btlm 'btw* « Attacheras-tu le buffle par sa corde dans le sillon ? »
kwḥ	11a	: *htbṭḥ-bw ky-rb kḥw* « Auras-tu confiance en lui, parce que sa force est grande ? »

Sans prendre position sur le fait, ajoutons seulement que, pour Gesenius, *r'm* « le buffle » vient de la racine *rwm* « altus fuit », et que, d'après Brown-Driver-Briggs, *šwr* « le taureau » se rattache à la racine *šwr* III, Ar. *ṯ'r* « become raised, excited, leap, spring ».

Avant toute proposition, remarquons :

a) que chacune des racines invoquées cherche plus à déduire le sens de *tw'pwt* de celui de *r'm* qu'à vraiment livrer un sens autonome[62].

b) qu'il en va de même pour l'usage que font des versions les auteurs : c'est toujours le déterminant *(r'm, hrym)* qui est pris pour expliquer le sens du déterminé *(tw'pwt)*. Autrement dit : le problème de *tw'pwt* est un problème lexical, et la solution doit en être lexicale. Mais il est très vite devenu un problème syntagmatique, et toutes les solutions apportées furent des solutions syntagmatiques.

c) Le sens de *r'm* :

Malgré les versions anciennes[63], la tradition talmudique[64] et

62. Le fait que certains auteurs (Rachi, Ibn Janaḥ, Mandelkern), bloquent ensemble plusieurs racines (surtout *y'p* et *'wp*) en essayant de tirer de chacune un sens qui convienne aussi aux autres, mais qui en réalité ne convient à aucune, est révélateur de cette détermination du sens par le seul complément. Autre exemple : Cahen rapproche du grec *rômè* l'idée de force souvent associée au « reême ».

63. Toute la tradition chrétienne, à la suite d'Origène, a gardé l'unicorne, pour en donner une interprétation, soit théologique (Dieu unique), soit christologique (Fils unique), soit ecclésiologique (Église unique et unifiée).

64. Pour le Talmud (*t.b.Zebaḥ.* 113b), le *r'm* est mythique et gigantesque : seul le petit du *r'm* put pénétrer dans l'Arche, le *r'm* adulte étant trop grand. Et même le *r'm* âgé d'un jour était aussi grand que le Mont Thabor. D'ailleurs, Rabbi Joḥanan assure que l'on ne prit dans l'Arche que sa tête ; un maître rectifie : on ne prit que le bout de son museau. Cette description et ces dimensions se trouvent reprises mot pour mot en

nombre de commentateurs[65], les parallèles assyriens[66] et ougaritiques[67] invitent à voir dans le *r'm* le buffle[68], caractérisé par la force

t.b. B.Bat. 73a, mais à propos de l'antilope. On se demandera si, à ce stade de représentation mythique, les deux bêtes ne furent pas confondues. Toutefois, d'après L. LEWYSOHN (*Die Zoologie des Talmuds. Eine umfassende Darstellung der rabbinischen Zoologie unter steter Vergleichung der Forschungen älterer und neuerer Schriftsteller,* Frankfurt 1858, § 174, p. 149-151), le Talmud ne comprenait sous le terme *r'm* que l'unicorne.

65. Voir S. BOCHART, *Hierozoïcon sive de animalibus s. scripturae,* Lipsiae 1794, Tomus Secundus, p. 335-365 : «Cap. XXVII. Probatur, *r'm* reem, vel *rym* rem, non esse Monocerotem, ut volunt; nec urum, ut placet Bootio : sed bicornis Capreae speciem, aut orygem». BOCHART comprend 23, 21 : «tanquam altitudines reem ipsi sunt».

66. Voir GRAY : «The wild ox *(r'm)* is the rîmu of the Assyrian inscriptions. It is represented on the Assyrian sculptures as a huge species (now extinct) of the bovine kind, and was hunted among other large game by the Assyrian kings.» Dans «l'inscription sur un taureau colossal» n° 77, col. 4, l. 37-38, Assur-nasir-pal rapporte qu'il a capturé «des troupeaux de buffles et des éléphants» :

u-ṣab-bita su-gul-lat
(alpu) rîmani (pl.) *pîrâni* (pl.)

de même l. 72-74 : *a-duk* 257
(alpu) rîmâni (pl.)
dannûti (pl.) (*The Annals of the Kings of Assyria,* Volume I, London 1902, p. 203 et 205). Également, dans l'inscription du Cylindre de Tiglat-Phalasar I, col. 6, l. 61-67 : «Sur l'ordre de Ninib qui m'aime, quatre buffles sauvages qui étaient puissants et de taille monstrueuse (4 *bu-ḫal rîmâni* (pl.) *dannute šu-tu-ru-te*) dans le désert, dans le pays de Mitâni, et près de la cité d'Araziki, qui est au-delà du territoire de Khatte, avec mon arc puissant, et avec mon javelot de fer, et avec mes traits acérés j'ai tué» (*ibid.* p. 85).

Mais le *rîmu* sert aussi d'image pour la force militaire d'un roi : voir l'inscription monolithique de Salmanazar III, col. 2, l. 52 : «Avec ma force mâle j'ai piétiné sa terre comme un buffle *(ḳima (alpu) rîmi),* j'ai réduit ses villes en ruines» (E. SCHRADER, *Keilinschrifte Bibliothek, Sammlung von assyrischen und babylonischen Texten,* Band I, Berlin 1889, p. 166-167). Également D. D. LUCKENBILL, *Ancient Records of Assyria and Babylonia,* Volume I, *Historical Records of Assyria,* Chicago 1926, p. 219 § 605.

67. A Ugarit, le combat de Môt et de Ba'al (I AB VI : 18 = CTA 6, VI : 18) est comparé à celui des buffles :

«(Tantôt) Môt l'emporte, (tantôt) Ba'al l'emporte,
Ils s'encornent comme des bœufs sauvages» *(Mt 'z B'l 'z ingḫn kremm).*

Et l'on notera qu'en IV AB (= CTA 10) III : 21-22 :

«une vache, une vache [...met bas]
elle met bas un taurillon [pour Ba'al] *(ebr tld [lB'l w Hd])*
un bœuf sauvage pour [le Chevaucheur des nuées] *(w rum l [Rkb 'rpt])»* (également l. 36-37). *rum* est donc l'un des attributs de Ba'al comme *tr* l'est de El.

Voir, à ce sujet, P. C. CRAIGIE, Psalm 29 in the Hebrew Poetic Tradition, *VT* 22, 1972, p. 143-151 : la poésie hébraïque charrierait une tradition dont le point de départ serait *Ex* 15, 1-18, le stade intermédiaire, *Ps* 29, et la formulation classique, les «Psaumes d'intronisation», conservant des traits de la mythologie et de la poésie cananéennes : il s'agirait d'hymnes chantant la victoire de Yahvé sur Baal, le dieu principal de l'ennemi défait. *Nb* 23, 18b-24 pourrait se situer dans cette ligne.

68. D'après GESENIUS, le *r'm* est «animal silvestre, ferum et indomitum, cornutum cornibusque suis hominibus perniciosum, bovi simile ut onager asino». Mais le *r'm* ressemble peut-être à l'auroch de PLINE (*Histoire Naturelle* VIII, 15) qui mentionne, parmi les espèces animales ayant récemment atteint l'Italie, «jubatos bisontes excellentique et vi et velocitate uros, quibus imperitum volgus bubalorum nomen imponit, cum id gignat Africa vituli potius cervique quadam similitudine».

indomptable en *Jb* 39, 9.10.11 :

hy'bh rym ʿbdk 'm-ylyn ʿl-'bwsk
htqšr-rym btlm ʿbtw...
htbṭḥ-bw ky-rb kḥw

Dt 33, 17 nous montre son attribut principal : les cornes, qui sont aussi le symbole de sa force : *bkwr šwrw hdr lw qrny r'm qrnym.*

Une fois admis que le *r'm* est bien le buffle sauvage, on se demandera si les mystérieuses *twʿpt* ne pourraient être l'un des organes, non pas du *rym* de *Jb* 39, 9-12, mais de l'une des deux terribles bêtes évoquées par la suite, Béhémoth : « Vois quelle force dans ses reins *(kḥw bmtnyw)* et cette vigueur dans les muscles de son ventre *(w'nw bšryry bṭnw)* » en *Jb* 40, 16. *twʿpt* serait un organe, au pluriel plutôt qu'au duel, dont l'attribut essentiel serait la puissance. Dhorme signale que la ressemblance de l'hippopotame et du bœuf avait frappé les anciens (Hérodote II, 71 ; Pline, *Histoire Naturelle,* VIII, 39). Pline observe que l'hippopotame se nourrit de moissons et a le même sabot que les bœufs (souvenons-nous qu'en 22, 4, le *šwr* menaçant dévore l'herbe des champs). On constate le même « contraste entre la force de l'hippopotame et son régime végétarien ». Et « la vigueur physique a son siège dans les reins (*Nah* 2, 2 ; cf. l'Emploi métaphorique..., p. 131) »[69].

En 2 Aqht (= CTA 17) VI : 21-25, les attributs essentiels du Liban (soit le cèdre), du buffle, du bouquetin et du taureau, sont censés constituer l'arc d'Aqhat :

« Le plus beau des *géants* du Liban,
Le plus beau des tendons du buffle *(adr gmt b rumm)*
La plus belle des cornes de bouquetin
(adr qrnt byʿlm mtb [ʿ (?)] [m)
Les nerfs du jarret d'un taureau *(b ʿqbt šr)*
Le plus beau des joncs de la cannaie divine *(adr bġl el qnm).* »

Ce texte invite à penser que :

1° *twʿpt* ne désigne pas une abstraction (qualité : force, vitesse), mais l'organe physique conférant au buffle cette qualité.
2° Il pourrait s'agir, non des cornes, mais bien des muscles ou des tendons.

L'idée doit être plutôt celle de « vigueur » que celle de « force ». Ce qui *figure* la force brute, ce sont les cornes. Mais la vigueur (force en mouvement, puissance), les muscles ou les tendons la *donnent.*

69. P. Dhorme, *Le livre de Job,* Paris 1926, p. 565, n. 15 et 16.

LE SENS DE L'HÉMISTICHE KTW'PT R'M LW

a) Le mot *tw'pt* survient en trois occurrences bibliques. Nul n'a signalé leur ressemblance de structure apparente :

Ps 95, 4 : *wtw'pwt hrym lw*
Jb 22, 25 : *wksp tw'pwt lk*
Nb 23, 22 : *ktw'pt r'm lw*

— Points communs aux trois :
une phrase nominale ; une semikût ; la préposition *l* avec pronom personnel suffixé datif de cette semikût.

— Points communs à *Ps* 95, 4 et *Nb* 23, 22 : *tw'p(w)t* est déterminé, et le pronom suffixé est à la troisième personne du singulier ; de plus, nous avons vu la contamination sémantique entre *hr* et *r'm.*

b) *La structure réelle des trois expressions*

Ps 95, 4 a une structure réelle différente de *Jb* 22, 25 et *Nb* 23, 22, qui en ont une identique.

Ps 95, 4 : « les crêtes des montagnes sont à lui ». Le niveau est élémentaire. Le pronom suffixé est tout simplement le possesseur de la semikût sujet.

Jb 22, 25 : « C'est le Puissant qui te tiendra lieu (de lingots et) de monceaux d'argent. »

Nb 23, 22 : « il est pour lui comme les (muscles ou les tendons ?) du buffle ». Le niveau est secondaire, complexe. C'est celui d'une comparaison. Le sujet (Dieu) est dans l'hémistiche précédent. La semikût n'en est que le prédicat. Le pronom personnel suffixé à *l* n'est pas le possesseur de l'objet évoqué par la semikût, mais le destinataire de la comparaison.

c) Cette interprétation de *Nb* 23, 22b coïncide avec :

— les référents que nous avons trouvés aux autres pronoms personnels : *'mw* renvoie au Roi ; *bw* à Dieu ; *-m* au peuple ; *lw* renvoie au Roi.

— le don de la force par Dieu à son élu exprimé en *Ps* 89, 25 *(wbšmy trwm qrnw)* ; 132, 17 *(šm 'ṣmyḥ qrn ldwd)* et 1 *R* 22, 11 *(y'ś lw ṣdqyh . . . qrny brzl)* [70].

— la spécificité de la théologie biblique :
dans la Bible, Dieu n'est pas identifié au taureau ni au buffle comme dans les autres religions du Proche-Orient ancien, mais il exalte la corne de son ou de ses protégés (*Ps* 75, 11 ; 89, 25 ; 112, 9 ; 132, 17 ; 148, 14 ; *Dt* 33, 17 ; 1 *S* 2, 1 et 10).

70. On peut, certes, objecter *Ps* 148, 13bβ, mais invoquons alors *wyrm qrn l'mw,* qui étaie l'analyse grammaticale des suffixes aux v. 21b-22a, indépendante du choix concernant *bw.*

En *Nb* 22, 22b aussi, Dieu n'est pas le buffle, il est pour son élu *comme* la vigueur du buffle.

NB 23, 23 : *KY L'-NḤŠ BY'QB WL'-QSM BYŚR'L*
K'T Y'MR LY'QB WLYŚR'L MH P'L 'L

Prenons ces versets comme un distique.

LA PLUPART DES EXÉGÈTES TIENT LE VERSET 23a POUR SECONDAIRE

Frappés par une certaine ressemblance de structure entre le v. 21a et le v. 23a, les auteurs ont souvent pensé que le v. 23a n'était qu'une relecture, erronée, du v. 21a, inspirée par le v. 24, 1 *(wl' hlk kp'm bp'm lqr't nḥšym)*. Selon eux, la question mantique est étrangère au corps du poème[71].

Cette position d'ensemble est liée à plusieurs interprétations de détail, et à une vision disloquée du poème :

1° Au v. 23a, la préposition *b* est le plus souvent comprise comme « dans »[72].
2° Au v. 23a, les substantifs *nḥš* et *qsm* sont, par les mêmes auteurs, entendus comme « le fait de savoir et de prédire l'avenir ».
3° Au v. 23b, *k't* est le plus souvent traduit par « au bon moment, au moment opportun »[73].
4° Le poème *Nb* 23, 18b-24 est attribué par la majorité des exégètes à la source élohiste, postérieure à la source yahviste. Il aurait hérité de cette dernière le v. 23, 22 (emprunté à 24, 8a), et le v. 24 (inspiré de 24, 8b-9a)[74].

LE SENS DE LA PRÉPOSITION B AU V. 23A

1° Les versions anciennes ont presque toutes choisi le sens simplement local. C'est clair pour les versions non sémitiques, ou les versions

71. Dès WELLHAUSEN première manière : « Denn dieser Vers zerreisst den durch 24, 7-9 gesicherten Zusammenhang von 21.22.24 und bringt einen ganz fremdartigen Ton hier, er ist Interpretament von v. 21 und aus Misverständnis von *'wn* entstanden » *(Die Composition des Hexateuch,* 1876, p. 113).

72. L'exégèse chrétienne; RACHI; IBN EZRA; DILLMANN; BAENTSCH; GRAY; PROCKSCH; HEINISCH; EISSFELDT; MOWINCKEL.

73. L'exégèse chrétienne; KEIL; BAENTSCH; PROCKSCH; MOWINCKEL; HEINISCH; DE VAULX.

74. Font exception VON GALL et LÖHR, qui se situent hors de cette perspective. Une fois la perspective de l'hypothèse documentaire admise, tous les exégètes depuis WELLHAUSEN attribuent les deux poèmes du chapitre 23 à E, et ceux du chapitre 24 à J (tenu pour antérieur). Sans se souvenir qu'entre la première (1876) et la troisième (1899) édition de *Die Composition des Hexateuchs* (1899), WELLHAUSEN, convaincu par les résultats de DILLMANN, a tout simplement inversé les attributions : à l'origine, il donnait les poèmes de 23 à J, et ceux de 24 à E!

sémitiques qui paraphrasent, comme les Targumim araméens. Ce l'est moins pour les versions sémitiques qui se contentent de reproduire le *b* hébreu ; en particulier la Peshitta et les Targumim samaritains.

2° De plus rares auteurs ont préféré le sens adversatif (Rosenmüller, qui arguë d'*Ex* 14, 25 ; 20, 16 ; *Nb* 12, 1, excellents exemples car il s'agit, ou de l'action divine pour Israël contre les Égyptiens, ou d'une parole hostile)[75].

3° *Nb* 23, 23a consiste en deux phrases nominales, où la copule elle-même est sous-entendue mais présente.

D'après Gesenius *(Thesaurus)* *b* peut avoir un sens adversatif seulement après les verbes exprimant une action hostile ou perfide. Pourtant, le dictionnaire Brown-Driver-Briggs signale que *yd*, avec la simple copule, ou même sans, veut dire « contra ». Voir *Gen* 16, 12 : *ydw bkl wyd kl bw* et l'expression fréquente : *hyth yd ... b* (*Dt* 13, 10 ; 1 *S* 5, 9 ; 18, 17 ; 2 *S* 24, 17, etc.). C'est *yd* qui, ici, porte le sens effectif et adversatif en soi[76]. Toute la question est donc de savoir si *nḥš* et *qsm* portent ce sens en eux-mêmes.

LE SENS DU QSM ET DU NḤŠ

La racine *qsm* (qui existe aussi en éthiopien et en araméen) signifie d'abord une « sentence divine », littéralement une « division divine »[77]. *qesmô* en syriaque désigne la divination dans son ensemble.

La LXX rend toujours *qsm* et ses dérivés par *mantis, manteia, manteion, manteuesthai,* une seule fois par le terme plus général *apophtheggesthai* (*Ez* 13, 9) ; en 1 *S* 15, 23 (emploi péjoratif) par *oiônisma* et en *Is* 3, 2 par *stochastès*. La Vulgate traduit le plus souvent par *divinatio, divinus,* et *divinare,* occasionnellement par *ariolus* et

75. Ehrlich ; Albright ; Noth ; Vetter ; de Vaulx. Le traité *Nedarim* du Talmud suppose une double interprétation : l'une avec « dans », l'autre avec « contre ». Voir *t.b. Ned.* 32a : « Rabbi dit : 'celui qui pratique l'enchantement sera tourmenté par la sorcellerie *(kl hmnḥš lw nḥš)*', car il est écrit : car contre lui, de [la race de] Jacob, il y a de l'enchantement...'Ainsi il est puni mesure pour mesure. Ahabah fils de R. Zera apprit : 'celui qui ne pratique pas d'enchantement est transporté à l'intérieur d'une barrière [c'est-à-dire à proximité de Dieu], où même les Anges du service cultuel ne peuvent pénétrer, car il est écrit : car il n'y a pas d'enchantement en Jacob, ni de divination en Israël : maintenant il sera demandé [par les anges] à Jacob et à Israël : Qu'a fait Dieu ?' »

76. En *Za* 9, 1, *b* a seulement le sens local, puisque *dbr* ne porte pas de sens adversatif en soi. A ce sujet, voir D. R. Jones, A fresh interpretation of *Za* 9-11, *VT* 1962, p. 241-259, p. 243-244.

77. L. Reinke (*Beiträge zur Erklärung des alten Testaments,* p. 225-226) signale l'analogie sémantique entre *qsm* (où l'idée de « divination » découle de celle de « division ») et *gzr* « diviser », d'où viennent les noms *gzrwn* « art de la divination » et *gzryn* « devins, diseurs d'horoscopes » employés en *Dn* 2, 27 ; 4, 4 ; 5, 7.11.

ariolari (*Jos* 13, 22 ; 1 *S* 15, 23 ; *Is* 3, 2 ; 44, 25), et une seule fois par *oraculum consulere*.

W. Robertson Smith, analysant les formes de divination et de magie condamnées en *Dt* 18, 10-11, pense que l'auteur deutéronomiste émane du parti prophétique. La loi deutéronomique cherche à purifier la religion d'usages traditionnels indignes de Yahvé parce que semblables au culte cananéen de Baal ou dérivés de lui. La classe des devins stigmatisée par Isaïe, Michée et Jérémie était, pour le commun, une classe de prophètes de Yahvé parfaitement orthodoxes. Dans l'expression *qsm qsmym m'wnn wmnḥš, qsm* n'est pas un terme englobant les autres espèces, il s'agit plutôt de trois pratiques distinctes. Les occurrences où aucune de ces trois pratiques n'est prohibée seraient *Prv* 16, 10, *Gen* 44, 15 (où Joseph clame *nḥš ynḥš 'yš 'šr kmny*), 1 *R* 20, 33 et *Jg* 9, 37. *qsm* est pourtant le terme le plus général et désigne la forme prévalente de divination : c'est lui qu'utilisent les grands Prophètes pour dénigrer leurs opposants et leurs rivaux. En *Ez* 21, 26, *qsm qsm* « chercher les présages » consiste à secouer les flèches[78], à se servir des Teraphim, et à inspecter les viscères d'une victime. Mais au v. 27, *qsm* est la flèche elle-même, où se lit le nom Jérusalem. C'est donc spécialement le premier des trois procédés que désigne *qsm*. Robertson Smith retourne au rapprochement, suggéré autrefois par Pococke, mais abandonné par la suite, entre cette pratique et l'antique *istiqsām* arabe *'stqs'm b'l 'zl'm*, prohibé par le Coran (*Sourate* 5, 4) et qui consistait à obtenir une sentence divine en tirant au sort, dans un sanctuaire, avec des flèches sans tête *('zl'm)*[79]. Les exemples arabes permettent, en retour, de

78. A. CAQUOT (La divination dans l'Ancien Israël, dans *La divination*, études recueillies par A. CAQUOT et M. LEIBOVICI, Tome I, Paris 1968, p. 83-113, p. 85), remarque que les termes contenus dans la liste de *Dt* 18, 10 « généralement sont pris en mauvaise part dans toute l'histoire de la langue ».

79. Il est intéressant de constater dans l'*istiqsâm* arabe la même ambivalence que dans le *qesem* hébreu : il est condamné en *Coran* 5, 3.90, parce qu'il se pratique auprès de certaines divinités, Hubal et Ḏûl-Ḫalaṣa, mais le Prophète y recourt lui-même pour le partage du butin de ses razzias ou le choix de celle de ses femmes qui l'accompagnait. *Al-istiqsâm bi-l-azlâm* désigne la cléromancie pratiquée dans les sanctuaires arabes et *aḍ-ḍarb bi-l-qidâḥ* toute autre sorte de loterie. *qidḥ* et *zalam* désignent lexicographiquement tous deux la fléchette sans pointe ni penne. C'est de cléromancie qu'il s'agit, et non de bélomancie. Elle sert à dirimer toute contestation. Les flèches sacrées appartiennent au bagage cultuel des *kâhins* des tribus nomades et des *sâdins* des sanctuaires. La pochette qui les contenait était inhérente au bétyle, accrochée à l'idole, ou faisait partie du vêtement sacerdotal comme les Urîm et Tummîm étaient intégrés à l'éphod. J. G. FÉVRIER (*Histoire de l'Écriture*, Paris 1948, p. 509) la décrit ainsi : « La réponse peut être obscure de deux façons différentes : en premier lieu, on pose la question de façon explicite et la divinité répond 'oui' ou 'non'. Par élimination successive, on arrive, par ex., à faire désigner un coupable dans une foule. C'est ainsi que Saül découvre que son propre fils Jonathan viole un interdit (1 *S* 14, 37 s.), mais on peut aussi constituer un ensemble de signes symboliques, dont chacun correspond à un groupe d'idées

comprendre *Ez* 21, 26. Robertson Smith en déduit que le roi de Babylone ne pratique pas trois sortes de divination, mais qu'il tire le sort devant une idole (Teraphim), et en connexion avec un sacrifice. Robertson Smith insiste sur le fait qu'*istiqsām* et *qsm,* procédés identiques, n'ont rien à voir avec des conjurations magiques. *Prv* 16, 10 montre que le sort sacré des Arabes est semblable à l'antique sort des prêtres chez les Israélites. Il servait à trancher une controverse entre deux personnes, ou deux tribus.

Donc, le *qōsem* est primitivement quelqu'un qui rend un oracle ou une décision divine au moyen d'un sort consacré ou de quelque signe analogue. Originellement, il y avait peu de différence entre un *qsm* et un *khn* ou prêtre, mais la classe sacerdotale lévitique organisée décrite en *Dt* 33, 8-10, et chargée de lourdes responsabilités dans le domaine du rituel et de la loi, est l'aboutissement d'un long développement à la suite duquel la fonction du devin proprement dit est discréditée. On peut déduire, de 1 *S* 15, 23 et *Za* 10, 2, que les devins ordinaires devinaient encore à l'aide des Teraphim, et que *qsm* et Teraphim tombèrent en disgrâce ensemble. Les faux prophètes sont appelés *qwsmym* par Michée, Jérémie et Ézéchiel, non pas au sens strict, mais par mépris, et en partie au moins parce qu'ils rendaient des oracles pour de l'argent (*Mi* 3, 11). Selon Robertson Smith, le sens large de *qsm* n'apparaît pas avant la naissance du nouveau type de prophétie qui commence avec Amos et prétend être le seul moyen légitime de révélation. L'auteur, de plus, réfute la théorie qui donne à *qsm* le sens premier « formule magique » et tient le sens « divination » pour un sens secondaire et dérivé. Certes, les formes II et IV du verbe arabe ont trait à la conjuration magique, mais l'usage en est récent, et l'auteur relate une anecdote prouvant que même le sens « jurer » de *'qsm* provient d'un appel à la sentence divine, prononcée sans aucun doute dans un sanctuaire.

Quant à *nḥš,* plusieurs étymologies en furent proposées : Gesenius suggère « a carmine magico quod leni susurro proferri solet », mais Bochart : « omen ex serpentibus petitum ». Cette hypothèse est reprise par Robertson Smith : le verbe *nḥš* est un dénominatif de *nḥš* « serpent » car, Bochart le dit, dans l'Antiquité, la croyance que le pouvoir de divination ou la faculté d'interpréter le langage prophétique des oiseaux s'obtenait à l'aide des serpents était fort répandue. Philostrate, dans *Vita Apollonii* 1, 20, affirme que les Arabes pensaient

(l'adversité, la femme, la guerre, etc.), en sorte que toutes les éventualités possibles puissent s'exprimer de façon plus ou moins vague, par un ou plusieurs symboles... » Les flèches reçurent des noms de plus en plus précis, évitant le doute après l'oracle, alors que l'oracle cléromantique du Ḏû-l-Ḫalasa ne connaissait que « l'impérative », « la prohibitive », et « l'expectative » (Voir T. FAHD, *La divination arabe,* Leiden 1966, p. 180-185).

acquérir le pouvoir de comprendre la voix prophétique des animaux en mangeant le cœur ou le foie de serpents. La seule difficulté vient du fait que si ce terme, avec le sens « augure », est commun à toutes les langues sémitiques, *nḥš* « serpent » est particulier à l'hébreu[80].

De toute façon, les champs sémantiques de *qsm* et *nḥš* sont clairement définis et distincts : *qsm* recouvre celui des oracles et omina sacrés, *nḥš,* celui des omina obtenus à partir d'objets naturels (au sens large). La LXX rend le verbe par *oiônizesthai,* et le substantif par *oiônoi* mais, d'après Robertson Smith, tout omen est un *oiônos* pour les Grecs. L'Ancien Testament est avare de précisions sur la qualité des omina cherchés par le *mnḥš :* si *Nb* 24, 1 laisse penser que Balaam était censé les observer au sommet d'une colline, Joseph semble avoir pratiqué l'hydromancie, qui consistait à étudier les jeux de lumière à la surface d'un liquide. Le *neḥše* syrien est mieux connu et, de même que chez les Arabes, consistait dans l'observation du vol, de la course et des cris d'oiseaux et d'autres animaux.

Bien que *qsm* désigne la consultation d'oracles par signes dans un sanctuaire et *nḥš* l'observation des signes naturels, l'une et l'autre pouvaient être assumées par le même personnage : on invoquera l'exemple de Calchas, appelé à la fois *oiônopolos, theotropos oiônistès* (= l'activité couverte par *nḥš*), et *mantis* (= *qsm*). Hengstenberg (p. 122, note 1) explique bien que les deux pratiques sont complémentaires.

nḥš, comme *qsm,* ne concernerait donc que la *connaissance.* On n'y trouverait pas l'idée d'un effet, d'une efficacité, bref, d'une *action* sur l'objet.

Si cette conclusion est juste, les deux *b* de 23, 23a ont une valeur purement locale et signifient « dans ». La traduction par « contre » ne se justifierait que si *nḥš* et *qsm* dénotaient des pratiques efficaces.

Si la présence de *nḥš* et de *qsm* en Israël est niée, il ne s'agit pas d'une information neutre : cette absence est portée au crédit du peuple élu. Il ne serait d'aucun intérêt de nous avertir de cette absence si elle n'était un fait positif concernant Israël. Les deux *l'* indicatifs sont le pendant du *l'* impératif de *Dt* 18, 10 : *l'-ymṣ' bk... qsm qsmym... wmnḥš...* Ils en sont l'application. Ces trois *l'* sont des éléments positifs. D'ailleurs, le *bk* de *Dt* 18, 10, local sans équivoque possible, parce que joint au verbe d'état *ymṣ',* éclaire les deux *b* de

80. Le mot Nāḥāš nom du roi ammonite contemporain de David, en 1 *S* 11, et signifiant « serpent », est présenté par F. ISRAEL (The Language of the Ammonites, *OLP* 10, 1979, p. 143-159, p. 152) comme l'une des affinités lexicales entre l'hébreu biblique et l'ammonite. Les autres langues sémitiques du premier millénaire emploient d'autres termes pour désigner le serpent. Mais, comme le signale ISRAEL (n. 73 p. 152-153) le terme survient, en ougaritique, dans l'exorcisme contre la morsure du serpent (*Ug* V, 7 = RS 24.244, p. 564-574 et *Ug.* V, 8 = RS 24.251, p. 574-577).

Nb 23, 23a : il faut suppléer la copule manquante, équivalent du verbe d'état, et la valeur locale de la préposition *b* ne fait alors plus problème. De la négation de *nḥš* et *qsm* en Israël on induira le jugement défavorable porté sur eux par l'auteur et donc, leur caractère illicite. Confirmation s'en trouve dans le parallélisme évident de 23a avec 21a : les deux versets ont même structure : double *l',* reprise de *by'qb* et *byśr'l :* ils sont la face négative et le verso de ce dont 21b et 22, qu'ils encadrent, sont la face positive et le recto. Or cette symétrie n'est pas innocente : elle fait correspondre *nḥš* à *'wn* et *qsm* à *'ml.* C'est tout dire.

Une minorité importante donne à *nḥš* et *qsm* un sens pratique, en sorte que les deux *b* reçoivent la valeur adversative «contre». Ajoutons aux auteurs cités page 301, n. 75, Herder, Mendelssohn, Houbigant, Michaelis, Vater, Rosenmüller, De Wette, Gramberg, Steudel, De Geer, Ewald, Luzatto. C'est aussi l'opinion de Torczyner[81] qui développe une argumentation impressionnante à l'occasion de *Gen* 30, 27. Contre Sperber[82], il invoque des textes arabes parallèles au récit concernant Jacob et Laban, et où un maître prend un serviteur parce que lui-même n'a pas de chance *(manḥūs),* et qu'il espère que ledit serviteur écartera de lui la malchance *(niḥse).* Le serviteur ayant effectivement rendu son maître riche, ce dernier dit qu'assurément ce mercenaire a écarté de lui la *niḥse.* Torczyner en déduit que *nḥsh* ne signifie pas simplement «malchance» mais, comme le *nḥš* de *Nb* 23, 23 qu'il traduit «Es gibt keinen Zauber gegen Jakob, keine Orakel gegen Israel», «Zauberfluch». Il invoque encore un autre texte arabe où un ami dit à un homme poursuivi par la malchance : «Peut-être te trouves-tu sous l'effet d'un sort *(inte manḥus),* donne-moi de l'argent, je vais m'occuper du commerce, et le profit nous reviendra à tous les deux.» Par analogie, Torczyner interprète le *nḥšty* de *Gen* 30, 27 comme l'arabe *knt mnḥws* «j'étais sous l'effet d'un charme» et *wybrkny yhwh bgllk* «et c'est à cause de toi que le Seigneur m'a béni». Avec cohérence, il en déduit que *brk* «bénir», en *Nb* 24, 1, signifie le contraire de *nḥš* «mauvais sort», et traduit : «Balaam vit qu'il plaisait au Seigneur de bénir Israël *(lbrk)* et c'est pourquoi il n'alla pas, comme les autres fois, pour maudire *(lqr't nḥšym).*» Le *nḥš* hébreu ne signifierait donc pas «Wahrzeichen» mais «zaubern».

Déjà Bertholet[83] avançait la même interprétation, mais à l'aide d'autres arguments. S'appuyant sur les témoignages de Goldziher[84], il

81. H. Torczyner, Zu *nḥšty Gen* 30, 27, *OLZ* 20, 1917, p. 10-12.

82. J. Sperber, Zu *Gen.* 30, 27 B, *OLZ* 16, 1913, col. 389-390.

83. A. Bertholet, Article Bileamssprüche, dans *RGG* Bd I, Tübingen 1909b, col. 1249-1251.

84. I. Goldziher, *Ueber die Vorgeschichte der Hiǧâ'-Poesie,* Abhandlungen zur arabischen Philologie, Erster Theil, Leiden, 1896, p. 1-105, p. 32-35.

rapproche la situation de notre texte et le *Hiğâ'*; cet art faisait partie intégrante de la guerre : il ouvrait et accompagnait le combat d'une tribu contre une autre. Il était aussi important, sinon plus, que les combats armés proprement dits. Comme les Qurayshites, après la bataille de Badr, voulaient enrôler Abû ʿAzzâ al-Ǧumaḥî, pour la revanche, Ṣafwân ben Umeyya lui dit : «Tu es poète, aide-nous avec ta langue» (p. 26). Le *Hiğâ'* est originellement une parole d'enchantement, une malédiction; l'étymologie n'en est pas claire, mais il signifie peut-être «charme». E. Meier (*Die Form der hebräischen Poesis,* p. 24) le rapproche de *hgywn* (*Lam* 3, 62) : «Les lèvres de mes agresseurs et leur chuchotement sont contre moi à longueur de jour» *śpty qmy whgywnm ʿly kl-hywm.* Même type de phrase nominale qu'en 23, 23a, où *b* risque fort d'avoir le sens de *ʿl* en *Lam* 3, 62[85].

Le *Hiğâ'* possède la même efficacité inconditionnelle et irrévocable que la bénédiction en *Gen* 27, 33; Goldziher évoque à ce propos *t.b. Ber.* 19a *'l yptḥ 'dm pyw lśṭn* concernant celle des rêves, qui dépend du sens que leur donne la «bouche» de l'interprète, *kl hḥlwmwt hwlkyn 'ḥr hph* (*t.b. Ber.* 56a, voir *Nb* 22, 6 «tout ce que tu bénis est béni et tout ce que tu maudis est maudit»).

En outre, Goldziher accumule les références où la parole de malédiction est nommément identifiée à une flèche : «On disait que celui contre qui une malédiction était lancée devait se coucher sur le côté, en sorte que la flèche de la malédiction filât en s'éloignant de lui» (Ibn Hišam 641, 15 et autres exemples p. 29-30). Plus récemment, J.A. Wharton[86] s'oppose au sens local donné à *b* par Mowinckel, Simpson et Binns, entre autres, pour adopter le sens adversatif «contre» également préféré par Albright.

Cette opinion a elle aussi une certaine cohérence. Ou plutôt, pour lui donner toute sa force, il faut voir qu'elle est liée à une tout autre lecture de la fin de «l'oracle». En 23b, *kʿt* ne signifie plus «en temps opportun», mais «maintenant»; et au lieu que *mh pʿl 'l* reste suspendu sans application immédiate, il faut tenir le v. 24 pour son illustration, ce qui donne : «Non, il n'est pas de sortilège qui vaille contre Jacob,

85. En *Ps* 58, 5 les paroles des méchants sont comparées au venin du serpent (*ḥmt-nḥš*). Si le verbe *nḥš* est bien un dénominatif de *nḥš* «serpent», on voit par quel biais a pu se développer l'idée d'une parole en même temps efficace et mauvaise, «venimeuse». C'est d'autant plus clair que le Psaume la présente comme étant insensible à la voix des enchanteurs (v. 6). Deux paroles adverses se dressent l'une contre l'autre.

86. J.A. Wharton, The Command to Bless, An Exposition of Numbers 22 : 41-23 : 25, *Int* 13, 1959, p. 37-48, p. 44-45. C'était déjà l'opinion d'Ewald : «keine denkbare art von zauber und bannworten heidnischer propheten je etwas gegen Israel ausrichten...» (*Die Weissagen Bileam's,* p. 28) et de R. Mackensen : «Surely there is no enchantment against Jacob, neither is there any divination against Israel» (*The Present Literary Form of the Balaam Story,* p. 286); «...it seems not only legitimate but necessary to translate *b* as 'against', as is regular with words expressing or implying an act of hostility» (*ibid.* n. 26).

pas d'oracle qui soit efficace contre Israël. (Car) Maintenant il est dit à Jacob et à Israël ce que fait Dieu : Voici un peuple qui... » Autrement dit, la parole même de Balaam, telle qu'elle est prononcée dans l'instant présent *(k't y'mr)* vient contrecarrer l'ordre de maudire donné par Balaq, le rendre inefficace *(ky l'-nḥš by'qb...)*. En prononçant le v. 23b « Maintenant il est dit à Jacob et à Israël ce que fait Dieu », Balaam fait un geste embrassant le peuple et poursuit : « Voici un peuple... » Cette dernière parole (v. 24) n'est pas seulement descriptive, elle n'a pas valeur de pure information, *c'est* la bénédiction même, avec toute son efficace, de même que le v. 10b concluait le premier oracle avec la bénédiction par métonymie. Balaam répond à la requête de Balaq non seulement par un argument théorique *(ky l'-nḥš by'qb)* mais par son application pratique *(hn-'m...)*

Il est difficile de trancher entre l'interprétation purement théorique (« Il n'y a pas de divination en Jacob ») et l'interprétation pratique (« Il n'y a pas de sortilège qui vaille contre Jacob »). La démonstration de Robertson Smith est sérieuse. Elle est corroborée par le choix de la plupart des exégètes. Mais Torczyner et Bertholet, partisans de la seconde, avancent eux aussi des faits troublants. Dans l'absolu, *nḥš* et *qsm* ont dû perpétuellement osciller entre le théorique et la pratique, car la frontière entre la connaissance et l'action, dans le domaine de la religion et de la magie, est instable[87]. Pour chaque texte, il faut choisir

87. Nous avons d'ailleurs tort d'y voir une alternative trop marquée : ces deux aspects (divination = connaissance, magie = pratique), loin de s'exclure, sont inséparables car ils découlent l'un de l'autre. Un exemple avancé par I. GOLDZIHER montre leur enchaînement : c'est l'ordalie, ou le jugement de Dieu. Des récits rapportent comment un homme à qui l'on a fait tort peut, en en appelant à Dieu, maudire le coupable (le verbe employé pour cette procédure est *bhl*, synonyme de *l'n*). L'accomplissement de la malédiction est une preuve de ce qu'est dans le droit celui dont la malédiction s'avère effective (voir *Coran* 3, 61, sur la *mubâhala*, duel imprécatoire). Dans la tribu des Banû Ḍamra vivait un Ǧâr des B.Ǧuhejna. Un membre de la tribu de Ḍamra, nommé Dîša, exclu de la tribu, s'empara d'une bête appartenant au Ǧâr et la tua. Comme l'exclusion de la tribu, rompant la solidarité avec l'exclu, supprime toute responsabilité collective pour le crime commis par celui-ci, le Ǧuhanite dut s'en remettre au jugement divin. Devant la tribu rassemblée au complet, il s'écria : « O tribu de Ḍamra, Dîša a-t-il raison de croire qu'Allah ne peut rien contre lui ? » et après avoir indiqué le tort causé par Dîša, il conclut : « O Dieu ! Si vraiment il a commis son méfait, mets-lui sur l'œil une pustule qui le dévore de plus en plus, jusqu'à ce qu'elle l'entraîne dans la tombe. » La malédiction lancée par le Ǧâr fit qu'il vint, au coin de l'œil de Dîša, un petit ulcère qui y produisit bientôt de tels ravages qu'avant la période de pèlerinage suivante il était mort. Visiblement, en l'occurrence, l'*effet* de la malédiction et la *décision* du sort sont liés.

Et si la racine *qsm* a pu connoter, suivant les époques et les emplois, tantôt la connaissance et tantôt l'action, le mot et la chose « flèche » connaissent la même oscillation : en effet, le *qsm* d'*Ez* 21, 26 est une flèche mais ne vaut que comme signe, indication : Jérusalem. Pareillement les flèches sans pointe ni penne de l'Istiqsam. En revanche, dans le *Hiǧâ'* la parole même est considérée comme l'équivalent d'une flèche puisqu'il faut se jeter à terre pour échapper à son effet.

la solution qui fait le plus sens et donc, suppose et engendre la moindre dispersion idéologique. En *Nb* 23, c'est peut-être la seconde qui semble préférable : en effet, nulle part le texte ne s'intéresse à la légitimité ou à l'illégitimité des pratiques de divination extra-prophétiques. En revanche, ce qui revient comme un leitmotiv, c'est l'impossibilité où se trouve Balaam de maudire, après que Dieu a béni (voir, dans les oracles, 23, 8.19.20); le v. 23a apparaît même comme l'équivalent exact, sous forme poétique et dit par Balaam, de la réponse divine énoncée dans la prose en 22, 12b : *l' t'r 't-h'm ky brwk hw'*; ou encore, 23, 20 *(hnh brk lqḥty wbrk wl' 'šybnh)* + 23a (*ky l'-nḥš by'qb wl' qsm byśr'l* au sens pratique) se présente comme un énoncé développé de la formule ramassée de 22, 12b. De plus, n'oublions pas que la situation fictive est une situation concrète : il s'agit d'un rapport de forces dans un danger imminent : qui, de Moab ou d'Israël, vaincra l'autre? C'est une question d'action, et non de connaissance. Certes, tout le texte converge vers la parole; mais, que ce soit celle, antérieure, de Dieu, ou celle, présente, de Balaam qui, dans les «oracles», ne fait qu'actualiser la parole divine, c'est une parole active, envisagée sous l'angle de l'efficacité. Le terme «oracle» convient donc assez mal aux poèmes car ceux-ci sont censés produire la réalité même qu'ils décrivent, et si possible, dans l'instant même où ils la décrivent. La situation supposée par le *hiğâ'* correspond exactement à celle de *Nb* 23 : le *hiğâ'* consiste ici à dire : *hn-'m klby' yqwm,* parce que tel est effectivement le souhait que l'on formule pour lui, dans le moment présent.

Quelle que soit l'interprétation choisie, *nḥš* et *qsm* niés sont, dans ce texte, illicites. Au sens propre, «ils ne sont pas reconnus». Mais la nature et le statut de l'illégitimité varient suivant l'interprétation choisie. Choisit-on l'interprétation «théorique» de 23a, l'illégitimité est le thème majeur, principal, et même le seul : c'est parce que *nḥš* et *qsm,* moyens de connaissance, sont illégitimes, que leur présence en Israël est niée. L'illégitimité est la raison même de la négation. Nous retrouvons l'esprit de *Dt* 18, 10, et si, comme le suggère Robertson Smith, la prohibition deutéronomique émane du milieu prophétique «officiel» soucieux de se distinguer des autres classes de prophètes-devins jusque-là eux aussi reconnus, alors *Nb* 22-23 émane également de ce milieu prophétique dont il partage et exprime les préoccupations.

Mais si l'on préfère donner à *nḥš* et *qsm* un sens «pratique», l'illégitimité demeure, mais passe au second plan; elle devient un thème mineur; la raison de la négation n'est plus l'illégitimité, mais l'inefficacité, thème majeur. Et si l'illégitimité est inhérente à *nḥš* et *qsm,* l'inefficacité ne l'est pas, mais elle résulte de l'immunité spéciale au peuple élu : l'inefficacité procède tout droit de l'élection d'Israël. Ce n'est pas exactement l'esprit de *Dt* 18, 10. Mais précisément, souvenons-nous que *Nb* 22-23 n'est compatible avec le *Deutéronome* que dans certaines limites, et que l'une de ces limites est *Dt* 18, 18 : « C'est un prophète *(nby')* comme toi que je leur susciterai du milieu de leurs frères ; je mettrai mes paroles dans sa bouche *(wntty dbr bpyw)* et il leur dira tout ce que je lui ordonnerai. » Cette affirmation est incompatible avec le statut, tout à fait identique, conféré à Balaam, prophète Gentil. Donc, choisir l'interprétation « théorique », celle qui s'accorde en tous points à l'esprit de *Dt* 18, risquerait de trahir l'un des aspects de *Nb* 22-23, celui qui ne s'y accorde pas. Nous avons d'ailleurs cru déceler dans la conception même de nos chapitres une légère pointe anti-prophétique[88], à cause, précisément, de cette crédibilité exceptionnelle donnée à un non-Israélite. En conclusion, il semble donc plus conforme, et à la cohérence interne de notre texte, et à la complexité de ses rapports avec le *Deutéronome*, de donner à 23a le sens « pratique » minoritaire.

LE SENS DE K'T, DE Y'MR, ET DE MH P'L 'L

1° A cause du sens donné le plus souvent au v. 23a, *k't* a presque toujours été traduit par « au bon moment, en temps opportun » (versions et exégètes)[88]. Une autre solution proposée s'inspire d'une occurrence beaucoup plus fréquente dans la Bible : *k't ḥyh* (*Gen* 18, 10.14) ou *k't mḥr* (*Ex* 9, 18 ; 1 *S* 9, 16) « dans tel laps de temps, à la même époque... » et le verbe *y'mr* est traduit au futur. D'autres comprennent « comme cette fois-ci... à l'avenir... »[89]. La Bible n'offre que deux parallèles dont un excellent : c'est *Jg* 13, 23 (*k't* sans déterminant) : *lw ḥpṣ yhwh lhmytnw l'-lqḥ mydnw 'lh wmnḥh wl' hr'nw 't-kl-'lh wk't l' hšmy'nw kz't* « Si le Seigneur eût pris plaisir à nous faire mourir, il n'aurait pas accepté de notre main l'holocauste et l'offrande, il ne nous aurait pas fait voir toutes ces choses et ne nous aurait pas fait entendre, maintenant, des choses comme celles-là. »

C'est aussi un contexte de sacrifice ; de révélation, prophétie ; de parole divine favorable ; de véracité divine pratique (Dieu n'est pas un Malin). La présence des mots *hr'nw* et *hšmy'nw* (cf. *Nb* 23, 18b et 21a) est également à signaler. En *Jg* 13, 23, le sens est « maintenant, à l'instant ». Le sens de la locution est indissociable des verbes et du contexte de révélation.

88. Voir, à cet égard, R. S. MACKENSEN, *The Present Literary Form of the Balaam Story*, p. 282.

89. Ont traduit *k't* par « au bon moment » LXX : *kata kairon* ; Vulgate : *temporibus suis* ; les Targumim ; ORIGÈNE : *in tempore*, c'est-à-dire *cum oportet et cum expedit* ; RACHI (seconde explication) : *bkl 't šṣryk* ; LÜTHER, VATER : « zu seiner Zeit » ; HERDER : « nach Zeitumständen ».

Il y a tout lieu de penser qu'en *Nb* 23, 23a aussi, *k't* veut dire « maintenant », « pour l'heure »[90].

2° Dès lors, contrairement à l'ensemble des commentateurs, il ne faut pas traduire *y'mr* par un futur mais par un présent : « il est dit »[91].

y'mr niphal a peu d'occurrences, mais elles sont bien nettes : elles sont presque toutes prophétiques, suivies de *l,* du destinataire de l'annonce, et de l'annonce même. Cette annonce n'est pas une information, neutre, mais une parole effective, chargée d'un signe positif ou négatif pour son destinataire.

Cela correspond tout à fait à notre cas, sauf que, dans ces occurrences, *y'mr* est à comprendre comme un futur, et non comme un présent.

3° *pā'al,* parfait qal, a souvent gêné, surtout quand *y'mr* était traduit par un futur. On a donc souvent proposé de le corriger en *yp'l,* ou du moins de changer la vocalisation en celle d'un participe, *pō'ēl.* Avec la traduction de *y'mr* par un présent, il y a beaucoup moins de difficulté à garder le parfait, mais on pourrait le traduire par un présent exprimant une vérité d'expérience, ou encore, une action posée dans le passé mais censée continuer dans le présent et dans l'avenir, ce qui est conforme à la grammaire[92].

Laissons à Ibn Ezra le soin de donner à ce choix grammatical une dimension théologique : *mh p'l 'l.mh yp'l 'l wmlt 'br b'bwr hywt kl dbr ngzr w'm hw' l'tyd kbr ngzr btḥlh wzh y'mr lyśr'l bdrk nbw'h šhw' h'mt.* « Ce qu'a fait Dieu : ce que fera Dieu. Le mot est au passé parce que toute chose est décidée et si c'est l'avenir c'est déjà décidé dès le début et c'est dit à Israël par le moyen de la prophétie qui est véridique. »

90. Rachi (première explication) ; Ibn Ezra ; Rosenmüller. Sans qu'il faille corriger comme font certains, en *ky'th.* Plusieurs exégètes ont d'ailleurs signalé qu'à Lakish, *'th* s'écrit *'t.* Voir Donner et Röllig, *Kanaanäische und aramäische Inschriften* n° 192 l. 3, et 194 l. 1. 2 : *'t kym,* et commentaire p. 190-191. Strack traduit « jetzt », invoquant *Jg* 13, 23 et 21, 22. Contre L. Köhler-W. Baumgartner (*Lexicon in Veteris Testamenti Libros,* Leiden 1958) et F. Buhl (*Wilhem Gesenius' Hebräisches und aramäisches Handwörterbuch über das Alte Testament,* Leipzig 1915), J. R. Wilch n'accepte pas la traduction de *k't* par « maintenant » ; à son avis, 23, 23b fait partie, avec *Jg* 13, 23 ; 21, 22 et *Is* 8, 23, des textes établissant une comparaison entre une occasion, ou une situation historique, et la leur. Il traduit donc « comme en cette occasion » ; « in *Num* 23 : 23, the Exodus of Israel from Egypt (v. 22) is compared to the present hostile confrontation with the Moabites. Yahweh's deliverance on the former occasion is made the causal factor for predicting a similar result in the situation with the forces of Balak » (*Time and Event,* p. 51 et 56).

91. Rachi en est d'accord (deuxième explication) : « *y'mr ly'qb* n'est pas un futur, mais un présent : ils n'ont pas besoin d'un magicien ni d'un devin, car en tout temps où il doit être dit à Jacob et à Israël ce que Dieu a exécuté et quelles sont les décisions là-haut ... c'est par la bouche de leurs prophètes que la décision de Dieu leur est annoncée... »

92. Voir Joüon § 112 d et e. La LXX a *rhèthèsetai tô(i) Israèl ti epitelesei ho theos.*

Sauf la locution *p'ly-'wn, p'l* a le plus souvent Dieu pour sujet, et les occurrences les plus fréquentes se trouvent dans les *Psaumes* et les Prophètes. Remarquons *Is* 26, 12; *Ps* 68, 29; 31, 20, et surtout *Is* 43, 3 et *Ps* 74, 12. C'est l'idée que Dieu fait une action précise, favorable à Israël, et le plus souvent guerrière[93].

Avec la majorité des exégètes, on traduira donc *mh p'l 'l* par une simple interrogative indirecte[94].

Ici, il faut refuser une tendance minoritaire qui traduit par une exclamative : « Quelles grandes choses a faites Dieu ! » (sans doute sous l'influence de *Nb* 24, 5 : *mh-ṭbw 'hlyk*)[95].

CONCLUSION

Le v. 23 apparaît désormais comme un bon distique, bien enchaîné : « Il n'y a pas d'incantation qui vaille contre Jacob ni de devin qui vaille contre Israël : maintenant, il est dit à Jacob et à Israël ce qu'a fait Dieu. » (Le redoublement de *y'qb* et *yśr'l* est d'ailleurs un élément supplémentaire d'unité.) Le *ky* initial, plutôt qu'assévératif,

93. Voir P. Humbert, L'emploi du verbe *pā'al* et ses dérivés substantifs en hébreu biblique, *ZAW* 65, 1953, p. 35-44 : « Lorsqu'il a Dieu pour sujet, le verbe *pā'al* s'applique avant tout aux interventions de Yahvé au cours de l'histoire d'Israël, et c'est particulièrement le cas dans la lyrique cultuelle. A cet égard, le verbe a à peu près la même nuance que 'gestes' en vieux-français, cad. des actions mémorables, historiques et héroïques » (p. 38-39). « Le verbe *pā'al* fait totalement défaut dans la langue vulgaire et dans la littérature narrative ou législative d'Israël, il n'est que sporadique dans la littérature prophétique, mais il s'employait surtout en hébreu biblique, et cela bien avant l'exil, dans le style élevé, presque épique, et *plus précisément dans la lyrique cultuelle aux fortes attaches étrangères* » (p. 39; je souligne. H.R.). Voir encore, à ce sujet, J. Vollmer, article *p'l* machen, tun, dans *THAT* Band II, München Zürich 1976, col. 461-465, col. 461.

94. On rapprochera *Nb* 23, 23b : *k't y'mr ly'qb wlyśr'l mh-p'l 'l* « Maintenant il est dit à Jacob et à Israël ce que fait Dieu » de Deir 'Alla, Premier groupement l. 5 : *wlkw r'w p'lt 'l [h]ṅ* « Et allez voir les œuvres de Dieu ! » H. P. Müller (Die aramäische Inschrift von Deir 'Allā und die älteren Bileamspruche, *ZAW* 94, 1982, p. 214-244, p. 221) rapproche excellemment cette ligne de *Ps* 66, 5 : *lkw wr'w mp'lwt 'lhym* et *Ps* 46, 9 : *lkw ḥzw mp'lwt yhwh.* Mais, curieusement, il omet de signaler *Nb* 23, 23b.

95. Cette interprétation exclamative, et non interrogative, suppose de donner à *l* le sens « au sujet de » (*de* + ablatif, comme en *Gen* 20, 13; *Ex* 14, 3 et *Nb* 32, 28), et non sa valeur courante de datif. C'est la solution adoptée par l'English Version et déjà par les Targumim de Jonathan et de Jérusalem; Lüther : « Zur Zeit wird man von Jacob sagen : 'welche Wunder Gott thut !' »; Rosenmüller, Maurer : « quanta fecit Deus ! »; Ewald : « So lange es heissen wird in Jacob ... 'was thun Gott !' », c'est-à-dire « so lange man die Grossthaten Israels bewundern und rühmen werde »; Strack : « Jetzt sagt man von Jacob und von Isra'el : 'Wie Grosses hat Gott vollführt !' » Kalisch signale l'étonnante explication de Luzzato : Jacob-Israël possède un troisième nom : *Mah-paal-El*, c'est-à-dire « destiné par Dieu à de grandes choses » ! La solution admirative proposée par nombre d'interprètes s'appuie sur bien des Psaumes (entre autres *Ps* 126, 2 *'z ymrw bgwym hgdyl yhwh l'śwt 'm-'lh hgdyl yhwh l'śwt 'mnw* (voir 21bα *yhwh 'lhyw 'mw*) « Alors on disait parmi les nations : 'pour eux le Seigneur a fait grand !' Pour nous le Seigneur a fait grand »); Dillmann, Gray, Albright, Noth, Vetter choisissent de même.

est causal, et l'attache très bien au v. 22 qui, une fois de plus, n'apparaît pas non plus comme secondaire : « Dieu donne la vigueur ; en effet, il n'y a pas d'incantation qui vaille... »

Quant au v. 23b, il est inséparable du v. 24. Il faut le comprendre ainsi : 23bβ n'est qu'une sorte de définition, entre parenthèses, du v. 24, et le v. 24 est l'énoncé direct de ce qui « est dit maintenant » : « Maintenant, il est dit à Jacob et à Israël (ce que fait Dieu) : Voici un peuple. . . » Rien de disloqué ni d'emprunté.

NB 23, 24 : HN-'M KLBY' YQWM WK'RY YTNŚ'
L' YŠKB 'D-Y'KL ṬRP WDM-ḤLLYM YŠTH

L'interprétation de ce distique est tributaire de l'hypothèse documentaire. Depuis Wellhausen (deuxième manière), on a le plus souvent considéré que *Nb* 23, 24 (E) s'inspirait librement de *Nb* 24, 9a (J) : *kr' škb k'ry wklby' my yqymnw.*

1° *Où est la dépendance ? Où est l'originalité ?*

On ne fut pas sans remarquer que *Nb* 24, 9a était presque identique à *Gen* 49, 9b (L) : *kr' rbṣ k'ryh wklby' my yqymnw.* De plus, on a souligné que *Gen* 49, 9a (L) contenait aussi des termes présents en *Nb* 23, 24ab : *gwr 'ryh yhwdh mṭrp bny 'lyt.* Enfin, d'évidentes affinités lexicales avec *Dt* 33, 20 ont été signalées : *klby' škn wṭrp zrw' 'p-qdqd.* Parallèlement à l'opinion, mentionnée en introduction, sur la dépendance de *Nb* 23, 24 à l'égard de *Nb* 24, 9a, court donc l'idée que *Nb* 23, 24 n'est que « der ziemlich stereotypen Bild vom Löwen, der Raub frisst und Blut trinkt »[96].

a) De ces trois textes, *Gen* 49, 9, *Nb* 24, 9a, *Nb* 23, 24, peut-on dire avec certitude que le troisième dépend des deux autres ?

b) De ces quatre textes, i.e. les trois mentionnés plus haut plus *Dt* 33, 20b, peut-on dire qu'ils livrent indifféremment la même image passe-partout du lion[97] dévorant ses ennemis ?

α) Littérairement, la même constellation lexicale est utilisée, de façon très différente en *Nb* 23, 24, et *Gen* 49, 9. L'image de *Gen* 49, 9 est guerrière sans l'être. C'est plutôt « l'après-combat ». Le carnage, certes, est évoqué, mais en tant qu'*il est terminé.* Et

96. S. Mowinckel, *Der Ursprung der Bil'āmsage*, p. 266.

97. A en croire E. Ullendorff (The contribution of South Semitics to Hebrew lexicography, *VT* 6, 1956, p. 190-198, p. 192-193), *'aryeh*, couramment traduit « lion », ne désigne peut-être pas toujours nécessairement cet animal particulier, puisque l'akkadien *arū* signifie « aigle », l'arabe *'rwy* « chèvre de montagne », le ge'ez *'arwe* « bête sauvage » et que le lion n'était pas indigène en Palestine. Ce mot ne serait que le terme générique pour la bête sauvage principale de la faune palestinienne, et la plus forte.

l'acte de se coucher n'est pas tant celui du repos que celui de « l'établissement ». Au plan grammatical, les v. 9a et 9b sont constitués de rapports plutôt parataxiques que syntaxiques. La simple succession des verbes, dans la phrase, calque la succession temporelle des actions. Le sens, d'ailleurs, n'en est pas plus clair pour autant. La phrase n'explique pas ; elle se contente de décrire.

Il en va tout autrement en *Nb* 23, 24b : c'est très logique. L'accent est mis sur le carnage. L'action de se coucher n'est que le repos après l'effort. Et ce repos n'est mentionné qu'en référence au carnage : il est ce qui n'a pas lieu avant que l'extermination ne soit achevée. La phrase est très claire et la solide construction syntaxique *(l' ... 'd)* y contribue.

Les contacts de vocabulaire rendent indubitable une réminiscence d'un texte à l'autre. Dans quel sens ? Du point de vue littéraire, il y a tout lieu de croire que le plus clair, le plus élaboré syntaxiquement, est le second ; qu'il a réutilisé le matériau du premier, mais en ramenant au simple, lisse, univoque, ce qui semblait complexe, rugueux, voire équivoque, dans le premier. L'image la plus fruste apparaît comme la plus originale. Ces arguments purement littéraires seraient de faible poids sans d'autres, relevant de l'histoire de la rédaction ou de l'histoire pure, et qui viendront en leur temps.

De même, il est un peu prématuré de réfuter complètement l'opinion courante, que *Nb* 23, 24 dépend de *Nb* 24, 9a. Il faudra d'abord analyser le poème *Nb* 24, 3b-9. Mais on peut déjà avancer :

— que l'hypothèque documentaire, sur quoi repose cette opinion, est levée.

— que toutes les dépendances, invoquées précédemment, de *Nb* 23, 18b-24 à l'égard de *Nb* 24, 3b-9 ont été réfutées.

— que *Nb* 23, 18b-24 est apparu comme une bonne unité littéraire en soi.

En anticipant un peu, on suggérera que *Nb* 24, 9a est une citation littérale de *Gen* 49, 9b, mais postérieure à la dépendance littéraire de *Nb* 23, 24b à l'égard du même *Gen* 49, 9b. En voici un indice : *Nb* 24, 9a a substitué au verbe *rbṣ* de *Gen* 49, 9b le verbe *kr'* qui ne s'y trouvait pas, et qu'il n'a pu emprunter qu'à *Nb* 23, 24b.

β) La réponse à la seconde question est presque donnée. Complétons avec *Dt* 33, 20 : *zrw' 'd qdqd*. Ici, l'action de se coucher *(klby' škn wṭrp)* et celle de dévorer la proie sont exactement concomitantes. La description est bien claire mais bien plate : le lion prend ses aises pour manger ! La dépendance générale de *Dt* 33 à l'égard de *Gen* 49 (notamment le point de vue « tribal ») est bien connue. La dépendance particulière de ce verset précis à l'égard de *Gen* 49, 9b ne fait pas non plus de doute. Quant à le situer par rapport à *Nb* 23, 24b, c'est toute la question des rapports qu'entretiennent ce poème et le précédent avec les écrits deutéronomiques. Elle ne se règle encore qu'au coup par coup[98]. On pourrait voir un indice d'antériorité de *Nb* 23 par rapport à *Dt* 33, 20 dans le fait que *škn*, absent de *Gen* 49, 9, pourrait bien avoir été emprunté à *Nb* 23, 9b : *hn 'm lbdd yškn* qui, d'ailleurs, est le frère, au plan littéraire, de *Nb* 23, 24.

En conclusion, il ne faut pas parler d'une image passe-partout ni stéréotypée, mais d'une constellation de vocables imagés, matériau réutilisé de façon toujours nouvelle, mais d'une manière telle qu'il n'est pas impossible de repérer les filiations littéraires.

2° *La qualité propre des images en Nb 23, 24*

Il fallait étudier le rapport qu'entretient *Nb* 23, 24 avec ces trois textes précis, à cause de la filiation littéraire. Mais il existe une pléthore d'autres textes, le plus souvent psalmiques ou prophétiques, où se retrouvent, associés ou isolés, les termes de *Nb* 23, 24. Au-delà de lieux communs apparents, notre texte s'avère unique en son genre.

a) *La constellation lby', 'ry, ṭrp*[99]

Dans les textes prophétiques, le statut du lion est double :

— ou bien Dieu est le lion (ou comme le lion), et il s'attaque à son peuple ou à l'ennemi de son peuple.

— ou bien un peuple lion s'attaque à Israël.

— ou bien le peuple est le lion béni de Dieu (contre un ennemi indéfini)[100].

En *Nb* 23, 24, le peuple est comme le lion (troisième cas). Tout est focalisé sur le peuple, sur l'élection d'Israël. D'ailleurs, dans les versets précédents, même Dieu n'est évoqué que relativement à cela. Corrélativement, l'identité du *ṭrp* n'intéresse pas non plus l'auteur.

98. Au chapitre quatrième, on avait cru pouvoir déceler une antériorité littéraire de *Nb* 23, 9bα : *hn-'m lbdd yškn* par rapport à *Dt* 33, 28aαβ *wyškn yśr'l bṭḥ bdd 'yn y'qb*.

99. On traduit traditionnellement *lby'* par «lionne», mais la LXX a compris *skymmos* «lionceau».

100. Le lion-Dieu s'attaque à son peuple par le biais d'une nation : *Is* 5, 23; 31, 4; 38, 13; *Jér* 4, 7; *Os* 13, 8. Le lion-Dieu s'attaque à une nation : *Is* 15, 9; *Jér* 49, 19; 50, 44. Un peuple-lion, s'attaque à Israël : *Jl* 1, 6; *Jér* 50, 17. Le peuple est le lion béni de Dieu : *Gen* 49, 9; *Dt* 33, 20.

b) *Le couple yqwm/ytnś' ne se rencontre pas ailleurs*

ytnś' est très rare et peut avoir comme sujet un roi (1 *R* 1, 5) ou un royaume (*Nb* 24, 7bβ; *Ez* 29, 15; 17, 14), qui s'élève au-dessus des autres. C'est le cas de *Nb* 23, 24aβ.

c) *Le terme škb doit être considéré avec qwm*

La Bible, en effet, comporte un couple consacré «se coucher et ne pas se (re)lever», employé dans un sens militaire pour le roi de Babylone (*Is* 14, 8) et pour l'Égypte (*Is* 43, 17). En *Nb* 23, 24b, c'est exactement le contraire : «se lever et ne pas se coucher». Mais le rapprochement est pertinent, car d'une part la situation aussi est l'inverse, d'autre part le poème sur le roi de Babylone *Is* 14, 4b-23 est appelé *mšl*.

Jg 5, 27 pourrait bien avoir quelque rapport avec *Nb* 23, 24b. C'est le vieux cantique de Déborah, et *škb*, qui a pour sujet Sisera, n'y est même pas une image, mais le contexte est militaire : *byn rglyh kr' npl škb byn rglyh kr' npl* n'évoque pas le repos, mais la chute du vaincu. Pourtant, *Nb* 23, 24b pourrait bien le lui avoir emprunté, laissant à *Nb* 24, 9b le soin d'emprunter *kr'*, terme commun à *Gen* 49, 9 et *Jg* 5, 27.

d) *«Boire et manger le sang»*[101]

Nb 23, 24b est assez osé. *Dt* 12, 16 interdit de manger le sang, de même de nombreux textes sacerdotaux (*Lév* 3, 17; 7, 26, etc. *Gen* 9, 14). Mais sans doute l'interdit était-il plus ancien.

La Bible prend beaucoup de précautions pour évoquer cela. Certes, l'image du sang des ennemis dont regorge la terre (*Is* 34, 7) ou dans lequel est trempée l'épée des héros (2 *S* 1, 22) est courante. Mais quand, en *Ez* 39, 17 et 19, Dieu invite à boire ce sang et à manger la chair, ce sont des bêtes sauvages qu'il convie à boire le sang et à manger la chair de bêtes sauvages, et c'est d'ailleurs présenté comme un sacrifice. En *Ps* 50, 13, Dieu demande s'il va boire le sang des boucs des sacrifices, mais cette interrogation oratoire équivaut à une négation. En *Za* 9, 15, l'idée de «boire le sang» est sans doute sous-jacente, mais l'auteur ne va pas jusqu'à l'écrire et se contente de *wštw hmw kmw-yyn*[102].

En *Nb* 23, 24 la chose est explicite. Sa cruauté est d'autant plus choquante que, comme le dit S. Mowinckel, l'expression est une

101. Le verbe *'kl* est très employé par les Prophètes pour évoquer l'anéantissement militaire : «dévorer un peuple» (mais sans sujet imagé). Ou bien «l'épée dévore», ou encore «le feu dévore» (*Nb* 21, 28 : Ar-Moab). Jamais ailleurs qu'en *Nb* 23, 24 on ne voit un peuple-lion dévorer sa proie. Le texte qui en approche est *Os* 13, 8, où Dieu dévore Éphraïm comme fait un lion.

102. Voir A. Caquot, *Annuaire du Collège de France*, 81e année, Le Deutéro-Zacharie, p. 495-508, p. 499.

« Vermischung von Bild und Anwendung auf das Volk »[103]; au départ *(hn-'m)* comme à l'arrivée *(ḥllym)*, ce sont des êtres humains qui mangent et sont mangés.

L'interdit, d'ailleurs, avant d'être judaïque, est tout simplement humain. Et les Pères de l'Église n'ont pu rester indifférents à cette transgression. Origène[104], et à sa suite une lignée d'autres chrétiens, a exprimé sa gêne, et l'a résolue par une interprétation eucharistique. Procope de Gaza, choqué aussi, propose une solution d'ordre sémantique en maintenant une cloison étanche entre l'image et l'objet comparé ; « quod enim a natura sua leo habet, id ex Israel »[105].

La tradition rabbinique, chose étrange, ne trahit pas de gêne sur cette question délicate. Mais le silence est peut-être révélateur. Le Talmud[106] élude la question en la rapportant à l'interdit de *Dt* 12, 16. A propos de *Nb* 23, 24, le premier s'inquiète beaucoup de savoir si le sang d'un *animal* tué rend les aliments susceptibles d'impureté, le deuxième de définir ce qu'est le sang vital. C'était peut-être occulter la difficulté réelle.

Il n'est pas impossible que *Dt* 32, 14 : *wdm-'nb tšth-ḥmr* soit un démarcage lénifiant et canonique, cette fois, de *Nb* 23, 24b. Cela nous donnerait encore une fois les écrits deutéronomiques comme terminus ad quem.

En tout cas, à partir d'une constellation lexicale biblique très courante, l'auteur de *Nb* 23, 24 a fait une image bien unifiée, claire, qui n'appartient qu'à lui et devrait nous aider à le situer dans l'histoire littéraire et l'histoire tout court.

RÉSUMÉ - CONCLUSION

I - *Unité du poème*

Contrairement à l'opinion la plus répandue, les versets s'enchaînent très bien, à la fois au sein de chaque distique et de distique à distique. A. Tosato, par ailleurs, a montré que les onze stiques étaient disposés en un schème parfaitement concentrique, avec un stique d'introduction et cinq strophes[107].

103. S. Mowinckel, *Der Ursprung der Bil'ämsage*, p. 265.
104. Origène, *Homélies sur les Nombres* xvi, § 9.
105. Procope de Gaza, *Commentarii in Numeros*, PG 87, col. 867-868.
106. *t.b. Ḥul.* 35b et *Ker.* 22a.
107. Chaque deuxième hémistiche commence avec un *w* (mais A. Tosato doit corriger *ktw'pt* en *wtw'pt*). Tosato pense que les doutes sur l'authenticité des v. 22 et 23 ne sont pas fondés car le v. 22 est parallèle au v. 21b, et le v. 23a, au v. 21a.
I Dieu tient sa parole.
II Dieu a donné à Israël une bénédiction méritée.
III Dieu est avec son peuple.
IV Dieu donnera maintenant à Israël une nouvelle bénédiction, justifiée.
V Israël vaincra complètement ses ennemis.

II - *FORME LITTÉRAIRE*

La forme apparente (surtout l'exorde) suit un modèle d'oracle prophétique. Mais le contenu est tout autre que celui des prophètes, notamment préexiliques.

III - *INTENTION*

Elle ne correspond à rien de connu. Elle n'est pas prophétique au sens préexilique, dans la mesure où les prophètes, le plus souvent, profèrent des accusations et des menaces contre Israël qui trahit son Dieu et commet divers péchés, ou lancent des oracles de malheur contre des nations précises. Elle ne l'est pas non plus au sens exilique ou postexilique, c'est-à-dire comme oracle de salut annonçant une restauration sous la conduite du seul Dieu, dans l'union retrouvée avec lui. Elle n'est pas non plus deutéronomique, si l'on tient pour traits deutéronomiques le fait d'être antiroyaliste[108], exclusivement religieux, et subordonnant le salut du peuple à son union avec son Dieu, les interdits concernant la consommation du sang, et aussi la condamnation directe de la divination.

1° La pratique de la divination en Israël est sans doute condamnée, mais c'est d'abord son efficacité contre Israël qui est réfutée.

2° Quant à l'opinion sur la royauté, elle correspond davantage à certains *Psaumes* : elle n'est pas antiroyaliste, mais royaliste et peut-être dynastique.

IV - *DATATION*

Elle est délicate en soi, car il n'y a pas d'élément historique objectif.

1° *Indices littéraires :*

— Le modèle formel prophétique classique (Isaïe, Amos, Michée) est connu et sert de référence.

— Certaines formules sont à la fois nécessairement prédeutéronomiques et connues du *Deutéronome*.

— Ce texte est postérieur à *Gen* 49 et sans doute aussi à *Jg* 5. Il les présuppose.

2° *Indices idéologiques :*

— l'intérêt est focalisé sur l'élection du peuple :

a) même Dieu n'est évoqué que relativement à cela ;

b) l'identité des ennemis n'est pas précisée.

108. Voir, cependant, H. CAZELLES, Positions actuelles sur le Pentateuque, dans *De Mari à Qumrân,* Vol. I. *L'Ancien Testament. Son milieu. Ses Écrits. Ses relectures juives. Hommage à Mgr J. Coppens,* Gembloux Paris 1969, p. 42 : « Mais le plus important, peut-être, est que l'institution royale, si caractéristique de l'ancien Orient et qui, à l'époque couverte par les livres de Samuel et des Rois, est l'institution majeure de salut, joue un rôle minime dans le Pentateuque. C'est le Deutéronome qui, apparemment, lui fait la plus large place. »

Cette concentration est accentuée par l'extériorité du locuteur (ni vraiment deutéronomique ni vraiment prophétique).

— Une intention royaliste s'y décèle.

— La pratique de la divination n'étant vraisemblablement attaquée ni de front, ni pour elle-même, le texte pourrait être antérieur à *Dt* 18, 10.

3° *Indices historiques*

— Ils brillent plutôt par l'absence : absence de précision sur l'identité des ennemis; absence de précision sur l'identité du roi.

— Sur des critères littéraires, le roi a été reconnu comme un roi humain. Mais n'est-ce pas fictivement David *et* réellement un autre?

— Cela dépend de la temporalité propre du poème : est-ce une prophétie feinte, pour un avenir fictif, ou une description contemporaine de la réalité qu'elle représente? Nous voilà renvoyés à l'histoire, mais sans vraie solution.

V - *Le rapport à l'hypothèse documentaire*

La question est cruciale, plus qu'elle ne l'était pour *Nb* 23, 7b-10. A cause du présupposé, hérité d'exégète en exégète depuis Wellhausen seconde manière, que *Nb* 23, 18b-24 appartenait à la source élohiste, on n'a cessé de répéter :

1° que l'intention de ce poème était religieuse, prophétique, antiroyaliste, et parfois même deutéronomique.

2° que ce poème E était un tissu d'emprunts à *Nb* 24, 3b-9 J.

Remarques :

A l'intérieur de ce consensus, les contradictions ne manquent pas entre les exégètes, qui invoquent le même document pour en tirer des interprétations opposées[109] :

— Selon Wellhausen, les Prophètes, avant le *Deutéronome*, n'imaginent pas l'avenir d'Israël sans roi humain; et selon lui, le roi de *Nb* 23, 21b est un roi terrestre. Mais selon P. Humbert, l'idéologie prophétique est profondément antiroyaliste et *Nb* 23, 21b, pointe polémique, renvoie précisément à la royauté de Yahvé. Selon S. Mowinckel aussi, l'école élohiste ne peut exalter qu'un roi divin, mais pour O. Procksch, qui en traite dans son livre *Die Elohimquelle* justement, il ne fait aucun doute que le *mlk* est un homme. D'après P. Humbert encore, J et E ont sensiblement la même attitude critique

109. Ces remarques convergent avec celles de R. Rendtorff dans *Das überlieferungsgeschichtliche Problem des Pentateuch* (BZAW 147). Dans le chapitre « Kritik des Pentateuchkritik » (p. 80-142), il montre que sous un apparent accord concernant la répartition des couches yahviste et sacerdotale, il subsiste des divergences, et même des contradictions qui portent un coup mortel à l'hypothèse documentaire.

à l'égard de la royauté terrestre (E étant un peu moins intransigeant), mais O. Eissfeldt estime que le poème de E réagit violemment, sur ce point, contre celui de J...

— On note aussi quelque incohérence, non seulement d'un exégète à l'autre, mais même chez un même auteur, dans la conception qu'il a des emprunts de *Nb* 23, 18b-24 (E) à *Nb* 24, 3b-9 (J). Il n'est pas toujours facile de déceler s'il y voit un poème formant une réelle unité littéraire, à laquelle il aurait été fait des ajouts (empruntés à *Nb* 24, 3b-9) qu'il suffirait de retirer pour retrouver l'unité originale, ou s'il l'analyse comme une suite bigarrée d'emprunts.

— La source élohiste est datée aussi bien du début du VIIIe siècle que de l'époque deutéronomique.

— Parfois les auteurs attribuent à E une intention typiquement deutéronomique, parfois typiquement prophétique, et parfois les deux. Mais qu'est-ce à dire exactement? Et les deux se recouvrent ou se recoupent-elles ?

Cette analyse de *Nb* 23, 18b-24 ne voulait pas se situer par rapport à l'hypothèse documentaire comme telle : ni dehors, ni dedans. Mais elle arrive aux conclusions suivantes :

1° L'intention exprimée dans ce poème n'est pas vraiment prophétique, ni antiroyaliste, ni deutéronomique.

2° Ce poème est une œuvre originale et complète qui ne dépend pas de *Nb* 24, 3b-9. Il est prématuré d'affirmer que l'influence s'exerce dans le sens inverse.

VI - *LE RAPPORT DE L'UN ET L'AUTRE POÈME*

Ils sont complémentaires et forment un tout. Le premier présente en négatif (maudire; ne pas maudire) ce que le deuxième propose en positif (bénir). Ils obéissent à la même temporalité : un pseudo-présent. Ils contiennent une même formule *hn-'m* qui n'apparaît pas calquée, mais bien du même auteur[110].

110. La différence peut être un indice de parenté réelle entre des textes, beaucoup plus que l'identité (qui trahit l'emprunt). Cela se voit à deux niveaux :

a) Celui d'une image, d'une locution, d'une phrase :

Nb 23, 9a : *hn-'m lbdd yškn wbgwym l' ytḥšb*
Nb 23, 24 : *hn-'m klby' yqwm wk'ry ytnś'*
l' yškb 'd-y'kl ṭrp wdm-ḥllym yšth

La première est plus courte, non imagée; le thème est celui de la séparation. La deuxième est deux fois plus développée, à moitié imagée, jouant à la fois sur le terrain de l'objet comparé et du terme de comparaison. Le thème est celui de l'anéantissement féroce des ennemis. Pour que la parenté soit réelle, il faut que la différence joue sur fond de ressemblance, mais pas totale. Cela donne la complémentarité.

b) Celui de deux poèmes entiers :

Nb 23, 7b-10 et 18b-24. Pour qu'ils soient complémentaires (donc conçus par le même auteur), il faut que chacun comporte précisément ce que l'autre n'a pas, soit dans les mots, soit dans les thèmes. Le maniement de cet argument reste délicat, car la

A. Tosato a montré que leur structure concentrique est identique[111]. On peut ajouter que 7 + 11 = 18 versets.

Sauf le fait que les deux poèmes sont apparus comme légèrement prédeutéronomiques, on ne peut vraiment noter de convergence dans leurs thèmes ni dans leurs maigres indices historiques. A partir du moment où on les a reconnus frères sur un plan littéraire, on doit considérer qu'ils s'additionnent plus qu'ils ne convergent. Le premier apporte la précision de *'rm* et *qdm*, le second, le thème dynastique.

VII - *Le rapport de Nb 23, 18b-24 avec la prose*

On constatait d'incontestables rapports entre la prose et *Nb* 23, 7b-10. Si l'on cherche des ressemblances littéraires et littérales entre *Nb* 23, 18b-24 et la prose, on n'en trouvera pas, au contraire. C'est plutôt contre la tradition exégétique qu'il faut s'élever :

1° *lāqāḥtî* actif en 23, 20 ne rappelle en rien *lqḥtyk* de 23, 11.

2° *nḥšym* en 24, 1 n'est pas à l'origine de *nḥš* et *qsm* en 23, 23a, il en vient, étant d'un niveau rédactionnel postérieur. Mais n'anticipons pas.

En revanche, le second poème partage avec la prose (et le premier poème) le thème, majeur, de l'élection d'Israël (v. 21-24) et le thème, mineur, de l'allégeance de Balaam à la parole divine (v. 20). Il risque fort d'appartenir au même niveau rédactionnel.

Excursus I

Voici quelques affinités entre les pratiques évoquées dans notre texte et celles qu'étudie Goldziher[112] :

Goldziher signale (p. 17, n. 1) que le *šâ'ir*, dans le Neğd, faisait des poésies pour de l'argent et invectivait qui ne le rémunérait pas. En transposant à Balaam, cela rendrait compte de *wqsmym bydm*, de *wnkbdym m'lh* et frapperait définitivement de nullité tous les soupçons de cupidité concernant Balaam : il est dans l'ordre des choses de verser au devin les honoraires correspondant à l'exercice de sa compétence ; c'est le contraire qui ne l'est pas.

Goldziher souligne l'importance du poète, comme rouage essentiel

complémentarité implique un *ensemble* thématique, idéologique, théologique, dont chacun des deux sous-ensembles complémentaire de l'autre ne soit qu'une partie, mais soit une partie. Il faut donc reconnaître cet ensemble. En tout cas, cela invite à la prudence envers les statistiques purement lexicales qui, par définition, ne relèvent que les identités, dont elle tirent argument pour démontrer la parenté réelle. Or, on vient de voir que ces identités pourraient bien, au contraire, ne trahir que l'emprunt.

111. De plus, selon A. Tosato, l'unité métrique des deux poèmes est le « word-concept », les hémistiches sont composés de deux ou trois unités métriques, le nombre des strophes est pair, et le verset d'introduction construit en chiasme.

112. I. Goldziher, *Ueber die Vorgeschichte der Hiğâ'-Poesie.*

de la guerre (p. 20) : le poète est appelé *qâ'id*, chef de la tribu, et il faut lui obéir de façon inconditionnelle (Ibn Hišam, 293, 5, voir *Nb* 22, 17). Hauḏa b. ʿAlî, sommé par Muḥammed de se rallier à l'Islam, décrit son autorité sur sa tribu dans les termes suivants : « Je suis le poète de mon peuple et son porte-parole *(š'ʿr qwmy wḫṭybhm).* » Les Juifs de Médine avaient accroché dans leur synagogue le portrait de leur ennemi et oppresseur, Mâlik b. al-ʿAǧlân, chef des Chazraǧ, et ne pénétraient pas dans la pièce sans proférer contre lui une malédiction. Cela rappelle l'insistance de Balaq à mener Balaam en des points de vue surplombant le peuple et invite à résoudre la difficulté de 23, 13 dans le sens du passage d'une vision partielle à une vision totale (« De là où nous sommes, tu n'en vois qu'une partie, tu ne le vois pas tout entier, alors maudis-le moi de là-bas »). Et de façon analogue, souvenons-nous avec quelle emphase les bénédictions de Balaam insistent sur le fait que Balaam *voit* Israël (23, 9a et la particule déictique *hn* en 23, 9b.24a).

Un homme menacé d'un *saǧʿ* (malédiction sous forme poétique) s'écrie : « Abû Isḥâḳ a-t-il prononcé contre moi un *saǧʿ*? Il ne reste rien quand a rugi le lion » (p. 73) ; Goldziher évoque, à ce propos, *Am* 3, 8 : *'ryh š'g my l' yyr' 'dny yhwh dbr my l' ynb'* « Un lion a rugi, qui ne craindrait ? Le Seigneur Dieu a parlé, qui ne prophétiserait ? », mais il pouvait aussi bien citer 23, 8 *mh 'qb l' qbh 'l wmh 'zʿm l' zʿm yhwh*, 19b *hhw' 'mr wl' yʿśh wdbr wl' yqymnw* et 20 : *hnh brk lqḥty wbrk wl' 'šybnh.*

Goldziher (p. 64-65) montre l'importance de la forme rhétorique du *Hiǧâ'*, notamment l'emploi des homoiotéleutes : dans nos poèmes, la forme, surtout avec les assonances et les parallélismes, donne force au fond. Goldziher signale l'existence d'un véritable schéma métrique, appelé *Raǧaz* (p. 76), et de l'expression « reǧezte gegen uns » *(trǧz bn')* (p. 80). Nul doute que tous ces éléments, réutilisés dans le cadre d'une fiction littéraire, ont présidé à l'élaboration de nos poèmes ; nous retrouvons d'ailleurs la préposition *b* au sens adversatif. Nos quatre poèmes accumulent les effets d'envoûtement par les sons.

Autre point de rencontre entre le poète du *Hiǧâ'* et notre cas : le premier se défend de parler de sa propre autorité : le vrai *qā'il* du poème est le *Ǧinn* (Ǧamhara, 31, 17). Le leitmotiv de 22-24 ne répète pas autre chose.

Goldziher lui-même évoque, à ce propos, les « oracles » de Balaam (p. 42-43), « das zugleich den *ursprünglichen* Charakter und die *ursprüngliche* Bestimmung *der gegen den Feind gerichteten Schmähsprüche* » (ce « gegen » vient conforter le sens adversatif donné aux *b* de 23, 23a). Goldziher ne manque pas de rapprocher le *Hiǧâ'* et *Nb* 22-24 de l'épisode relaté par Josèphe (A.J. Livre XIV § 22-25), lors de la guerre fratricide entre les deux Hasmonéens Hircan et Aristobule : les troupes d'Hircan, composées pour la plupart d'Arabes conduits par

Arétas firent venir dans le camp Onias, « homme droit et pieux » qui, en période de sécheresse, avait obtenu la pluie par ses prières, et voulurent le forcer à lancer des malédictions contre l'ennemi *(hina houtôs aras thè(i) kata Aristoboulou kai tôn systasiastôn autou)*. Cet exemple invite à donner aux deux *b* de 23, 23a le sens de *kata*.

Goldziher observe (p. 44) que, parmi les nombreux rapports d'hostilité existant entre Israël et les peuples situés à l'est et à l'ouest du Jourdain, c'est seulement dans les relations avec Moab que se trouve conservée la tradition selon laquelle le peuple ennemi voulait atteindre son adversaire grâce à des paroles d'insulte ou de malédiction. La parole des *Môšelîm* (*Nb* 21, 27 s) est le reste d'un antique *Hiğâ'* hébreu contre Moab. Et la littérature montre que le *Hiğâ'*, aussi bien chez les Israélites que plus tard chez les Arabes, se conservait solidement dans le peuple grâce à la tradition orale : on le citait, on s'y référait, on y puisait, dès que venait l'occasion de s'en prendre aux mêmes tribus derechef. Témoins les auteurs d'*Is* 15-16 et *Jér* 48, qui utilisent des sources anciennes. Concernant les « oracles » de Balaam, on se demandera s'ils ne viennent pas s'inscrire dans cette tradition (promettant la victoire à Israël, ils annoncent donc le malheur sur Moab, même si Moab n'est visé nommément qu'en 24, 17) ; la différence est pourtant qu'avant d'être des oracles *négatifs* contre Moab et les autres nations, ce sont d'abord et surtout des oracles *positifs* sur Israël. Ce point distingue *Nb* 22-24 à la fois de la tradition négative d'oracles contre Moab signalée par Goldziher, et de la tradition négative du *Hiğâ'* : il n'est de *Hiğâ'* que négatifs. Néanmoins, *Nb* 22-24 s'ancre bien dans cette double tradition.

Excursus II

Comparaison entre 23, 18b-24 et le *Deutéronome* (d'après Weinfeld, *Deuteronomy and Deuteronomic School*) : on constate beaucoup moins de différences que de ressemblances, mais les différences sont loin d'être négligeables.

Ressemblances

1. - Le concept deutéronomique du *dbr* divin = «acting force which begets future events» plus que parole mantique (p. 15 et von Rad); cf. 23, 19.

2. - Les prophéties classiques traitent des sujets touchant personnellement la famille royale, les prophéties *dt* n'abordent que des sujets d'intérêt historico-national.

3. - En *Ex* 23, c'est Dieu qui dépossède les Cananéens pour Israël, en *Dt* c'est Israël lui-même (p. 47).

4. - Le contrat stipule toujours le mot *'adê* : voir *'dy'* et *'dn* dans les stèles de Sfiré, et *'dwt* en *Dt* (p. 65); voir *'dy* en 23, 18b.

5. - L'alliance avec Abraham et David est du type obligation du maître, et non du vassal (p. 74). Terre et maison sont les objets des alliances abrahamiques et davidiques (p. 78): cf. 23, 21b; ces deux alliances, ayant schéma et formulation littéraires semblables, sont exprimées dans une terminologie légale (p. 80). Cf. 23, 20-23.

6. - L'attitude antimonarchique n'est pas deutéronomique (p. 82); Dieu roi d'Israël c'est avant la monarchie; *Dt* n'emploie jamais le mot «roi» pour désigner Dieu (p. 84); *Dt* ne conçoit pas l'accomplissement de la loi sans le roi (p. 170); cf. 23, 21bβ.

7. - L'alliance entre Dieu, le peuple et le roi prime celle entre le roi et le peuple (2 *R* 11, 17) (p. 87); il y a double alliance :
- du roi-vassal et du peuple avec Dieu,
- du peuple avec le roi-vassal (p. 88);
cf. l'imbroglio de 23, 21b-22.

8. - *Dt* 13, 2 et le traité d'Asarhaddon s'en prennent aux activités mantiques (p. 91); cf. 23, 23 dans l'interprétation majoritaire.

9. - L'alliance josianique avec Dieu est le substitut du traité antérieur avec le roi d'Assyrie (p. 100); cf. 23, 21b.

10. - La phraséologie deutéronomique selon laquelle l'histoire d'Israël réalise la parole de Dieu antérieure a la même résonance légale que la littérature assyrienne contemporaine (Annales d'Assurbanipal) (p. 130); cf. 18b-24.

11. - Les malédictions de la prose jérémienne, conventionnelles, applicables à toutes les circonstances, semblent venir des traités assyro-babyloniens (p. 146); cf. 23, 24.

12. - *Dt* 4, 8 *(mšpṭym ṣdyqm)* rappelle le Code de Hammurabi *(dīnāt mī šarim)*; cf. 23, 21a et 10b.

13. - L'alliance israélite, surtout dans sa version deutéronomique, combine deux schémas distincts :
a) le code de la loi (préceptes variés et concrets);
b) le traité (loyauté au souverain)
(p. 150); cf. 23, 18b-24.

14. - Les monarques judéens agissant droit *(yšr)* devant Yahvé imitent leur ancêtre David (p. 154); cf. 23, 21.

15. - Le mélange d'alliance et de loi est prédeutéronomique et *Dt* l'adopta: cf. 7b-10 et 18b-24.

16. - *Dt* rappelle la promesse divine, l'alliance patriarcale, l'*Exode* et la victoire sur Sihon pour en souligner la signification et l'application au présent, «à ce jour»; cf. *k't* «maintenant» en 23, 23b.

17. - *Dt* use souvent des mots *r'h* et *šm'*; cf. 22-23.

18. - *Dt* ne s'intéresse pas à la fin de l'idolâtrie chez les nations; c'est leur part (≠ les prophètes) (p. 294).

19. - *Dt* conçoit la bénédiction divine en termes de prospérité nationale, partage des Israélites pieux (p. 312); cf. 7b-10 et 18b-24.

Différences

1. - D'après *Dt* et *Ez*, Israël commence à pécher au désert; en 23, 21a (et 23a dans l'interprétation majoritaire) comme chez *Jér* et *Osée*, Israël au désert est pur (p. 31).

2. - *Dt*, à la différence d'*Ex* 24, de *Jos* 24, et de *Nb* 23, fonde la validité du traité sur des imprécations, et non sur une cérémonie rituelle (p. 62).

3. - La promesse faite à la maison de David en 2 *S* 7, 8-16; 23, 5; *Ps* 89, 4-5, 20-38, est inconditionnelle, comme en 23, 21b-22; en *Dt*, elle est conditionnelle (p. 79).

4. - *Nb* 23 reprend une tradition prophétique populaire dirigeant ses malédictions contre les voisins d'Israël (sanction du traité rompu), et que les prophètes classiques avaient retournées contre Israël (p. 137).

5. - Dans le Code de Hammurabi et *Dt*, les bénédictions sont rares et brèves, les malédictions, nombreuses et verbeuses; c'est l'inverse en 23 (p. 150).

6. - *Dt* développe abondamment les détails concrets sur la génération du désert; 23, 18b-24, pas plus que les traditions anciennes, n'y fait allusion (p. 172).

7. - *Dt*, comme l'élohiste, insiste sur la crainte de Dieu (p. 274). 23, 18b-24 nullement.

CHAPITRE VII

LE LIEN NARRATIF ENTRE LE DEUXIÈME ET LE TROISIÈME ORACLE : *NB* 23, 25-24, 2

Après le deuxième oracle, les v. 25-26 du chapitre 23 forment la quatrième «vague». C'en est l'occurrence la plus simple, la plus ramassée, un couple de versets qui se répondent.

Le v. 25 est un nouveau reproche de Balaq à propos de l'oracle immédiatement précédent, nouvelle «trahison» de Balaam : «Et Balaq dit à Balaam : «Si tu ne veux pas les maudire, du moins ne les bénis pas!» Cette phrase comporte deux paronomases infinitives, la cinquième et la sixième : *gm-qb l' tqbnw gm-brk l' tbrknw*. Elles sont remarquables, d'abord par le couple de contraires que forment les deux verbes *qbb/brk* au plan sémantique, ensuite, à cause du balancement établi par les deux *gm*[1], enfin, parce qu'elles diffèrent

1. La LXX traduit par *oute* ... *oute*, la Vulgate par *nec* ... *nec*. J. C. LABUSCHAGNE (The emphasizing particle *gam* and its connotations, dans *Studia biblica et semitica, Festschrift T.C. Vriezen* 1966, p. 193-203) ne mentionne pas *Nb* 23, 25, mais analyse successivement deux types d'emploi de *gm* qui se trouvent réunis dans l'expression *gm-qb l' tqbnw gm-brk l' tbrknw*. D'une part, pour souligner l'infinitif absolu (*Gen* 31, 15; 46, 4; *Nb* 16, 13; 1 *S* 1, 16; 24, 12) «The particle *gam* is closely connected with the infinitive, but it does not serve to emphasize the infinitive only. It emphasizes the action expressed by the construction as a whole.» «The rule seem to be that, whatever the function of *gam*, if used in connection with an *Infinitivus absolutus*, it attaches itself to the Infinitive» (p. 201-202). D'autre part, LABUSCHAGNE étudie la transition de *gm* particule emphatique à *gm* particule dénotant l'addition, d'ailleurs souvent liée au nombre «deux» et à *'th*. Finalement, il mentionne quelques cas constituant une transition entre la première et la seconde, «if it concerns two or more obvious facts mentioned together in succession» (c'est notre cas). Les exemples les plus

profondément des quatre précédentes par la forme. En effet, elles sont négatives, et la négation *l'* vient s'introduire entre les deux termes de la paronomase. C'est d'ailleurs en cela que l'auteur évite la répétition, même s'il reprend le verbe *brk* déjà employé en paronomase, et dans un reproche analogue concernant le premier oracle, en 23, 11.

Ce reproche de Balaq, en 23, 25, n'est-il qu'une variation purement formelle, stylistique, par rapport à celui de 23, 11 ? En réalité, il marque une étape nouvelle. En effet, en 23, 13 : « Que m'as-tu fait ! Je t'avais pris pour maudire mes ennemis, et voilà, pour bénir, ça, tu as béni ! », ce n'est qu'une surprise indignée. Psychologiquement, le mouvement attendu est une nouvelle tentative ; au plan de la vraisemblance narrative, la place est ménagée par ce deuxième essai, puisqu'il avait été bien précisé que Balaam ne voyait que l'extrémité du peuple (22, 41), et que Balaq arguë de cette imperfection pour mener Balaam à un autre endroit (23, 13). Au contraire, le reproche de Balaq, en 23, 25, ne marque ni surprise ni indignation, mais plutôt le désistement, la reconnaissance de la défaite : Balaq n'insistera plus : « Écoute, soit, ne maudis pas, mais au moins, ne va pas bénir ! » Il a compris que Balaam n'obtempérera pas à ses injonctions (effet de la pédagogie). Donc, il n'y a plus de raison d'essayer encore. Au contraire, il se garderait bien d'en prendre le risque, si jamais Balaam allair recommencer à bénir ! Il ne faut pas même lui en offrir la possibilité. En 23, 25, Balaq arrête tout. Il se borne à limiter l'ampleur du désastre. Il s'est enfin rendu compte qu'il a ébranlé un mécanisme

intéressants, parce que les plus proches du nôtre, comporteront donc deux *gm* ou plus : « The first *gam* expresses the speaker's determination, while the second introduces the most important part of the statement » (p. 202). De façon idiomatique, cela donne : « non seulement ... mais encore ». Ainsi, pour 1 *S* 26, 25 (avec double paronomase infinitive), pour *gm ʿśh tʿśh wgm ykl twkl*, la traduction passe logiquement de « indeed ... indeed... » à « not only ... but also ». En *Is* 48, 8, où les particules *gm* successives sont niées comme en *Nb* 23, 25, *gm l'-šmʿt gm l' ydʿt gm m'z l'-ptḥh 'znk*, à partir de « in fact ... in fact ... in fact », se traduira finalement « neither ... nor ... nor ». Cela donne, pour notre cas : « tu ne les maudiras ni ne les béniras ! », traduction à la fois plate et mal accordée à l'esprit du texte. D'où la note explicative de Reuss, livrant le vrai sens : « Cela revient à dire : Si tu ne veux pas les maudire, du moins ne les bénis pas ! ». C'est une application de la thèse de Labuschagne, moyennant que l'on supplée deux maillons intermédiaires du raisonnement, restés sous-entendus : « non seulement tu ne les maudis pas (alors que je te le demandais), mais (tu le bénis, alors) tu ne le béniras pas. »

Rachi s'est toujours intéressé à la valeur de la particule *gm*. En l'occurrence, *gm r'šwn mwsp ʿl gm hšny wgm šny ʿl gm r'šwn* « le premier *gm* complète le second et le second (complète) le premier » ; comme illustration, Rachi invoque l'exemple excellent de 1 *R* 3, 26 *gm-ly gm-lk l' yhyh* « S'il n'est pas à moi, au moins (ou : à plus forte raison) ne sera-t-il pas à toi. »

En *Nb* 23, 25, un *maqqef* unit chaque *gm* au mot central de la proposition, ici *qb*, là *brk*. Ce trait d'union illustre parfaitement la remarque de Labuschagne, que *gm* employé avec un infinitif absolu s'attache à cet infinitif, bien qu'il ne cite pas notre cas, et qu'à l'inverse, les exemples par lui avancés ne comportent pas ce *maqqef*.

qu'il ne contrôle pas et qui, il le voit de plus en plus (23, 17 : *mh-dbr yhwh*), ne dépend pas non plus de Balaam. Il ne peut que s'employer à l'enrayer. L'arrêt impliqué par la remarque de Balaq en 23, 25 converge avec la situation narrative : à quel autre point de vue Balaq pourrait-il désormais conduire Balaam, puisque déjà, de l'endroit où il est, il voit le peuple en son entier, et que cela n'a rien changé au résultat? Là où la remarque de Balaq en 23, 11 rendait possible un second essai, la remarque de Balaq en 23, 25 marque un coup d'arrêt définitif.

On observe l'art avec lequel l'auteur joue de la répétition et de la variation, autant pour la forme que pour le fond :

Répétition : — analogie des places des deux versets : juste après l'oracle, juste avant le leitmotiv où Balaam se justifie.
— contenu général de réprimande.
— présence de *qbb* et de *brk* (celui-ci en paronomase).
23, 11 : *lqb 'yby lqḥtyk whnh brkt brk*
23, 25 : *gm-qb l' tqbnw gm-brk l' tbrknw*

Variation : — *qbb* est une fois simple et affirmatif, une fois en paronomase et négatif.
— *brk* est une fois en paronomase positive au parfait, une fois en paronomase négative à l'imparfait.
— 23, 11 ouvre une nouvelle possibilité, 23, 25 ferme toute possibilité.

Le v. 26, réponse de Balaam, n'est rien d'autre que le leitmotiv, et vient achever la quatrième «vague». Confrontons-le avec, d'une part, les autres occurrences du leitmotiv (voir p. 103), d'autre part, les traits dégagés comme critères de ce leitmotiv (p. 101-102) : il se conforme à ceux-ci : «Tout ce que dira le Seigneur, cela je le ferai» *kl 'šr-ydbr yhwh 'tw "śh*. Expression économique de la restriction; différence de racine entre le verbe de la relative et celui de la principale; variation par rapport à toutes les occurrences précédentes; adaptation au contexte immédiat. Ce dernier trait (modelage suivant le contexte immédiat) montre que 23, 26 est l'ultime leitmotiv de l'auteur. En effet, le leitmotiv précédent (23, 12), s'il répondait au reproche de Balaq en 23, 11, était déjà tourné vers l'énonciation de l'oracle suivant : «Est-ce que ce que le Seigneur me mettra dans la bouche, ce n'est pas cela que je continuerai à dire?» Au contraire, le leitmotiv de 23, 26 n'est tourné que vers le passé : «Est-ce que je ne t'ai pas dit : tout ce que le Seigneur dira, c'est cela que je ferai?» Plus exactement, il oppose au reproche de Balaq l'énonciation qu'il a déjà faite, antérieurement, du leitmotiv. Autrement dit, il n'ouvre plus à rien.

On voit bien alors l'unité de cette quatrième «vague», en l'opposant à l'unité de la troisième (23, 11-12) : de même que 23, 11 (reproche de Balaq), annonçait déjà le deuxième essai, et 23, 12 (justification de Balaam = leitmotiv), le deuxième oracle, de même 23, 25 (reproche de Balaq) exclut la possibilité de toute nouvelle tentative, et 23, 26 (justification de Balaam = leitmotiv), de tout nouvel oracle. Donc, 23, 25 est le dernier reproche, 23, 26, le dernier leitmotiv, et 23, 25-26, la dernière « vague ».

Il reste encore une autre manière d'approcher l'aspect final et définitif de 23, 26 : confrontons-le à toutes les occurrences antérieures du leitmotiv authentique (p. 103) : celle à laquelle il ressemble le plus (sans pourtant lui être identique, l'auteur étant fidèle à son principe de la variation systématique), est la première :

23, 20b : *'t-hdbr 'šr-'dbr 'lyk 'tw t'śh*
23, 26 : *kl 'šr-ydbr yhwh 'tw "śh*

Ce qui rapproche la première et la dernière occurrence du leitmotiv, et les distingue de toutes les autres, c'est qu'elles se situent à un degré supérieur de généralité : elles disent l'allégeance d'une *action ('śh)* à une *parole (dbr)*. Les deux autres disaient l'allégeance d'une *parole (dbr)* à une *parole (śm bpy)* ; elles étaient enracinées dans le contexte immédiat des oracles. La première, donnant les lignes directrices d'une action qui n'était pas encore entamée, ne pouvait s'engager trop avant dans le particulier. La dernière s'éloigne de la réalité étroite des oracles pour retrouver la généralité initiale. C'est en quoi elle est vraiment *conclusive* : tout au long de l'histoire, Balaam a *fait* ce que lui a *dit* Dieu (en particulier, les oracles).

D'ailleurs, une légère différence entre cette dernière occurrence du leitmotiv et toutes les autres, y compris la première, apporte une preuve supplémentaire que 23, 26 est vraiment *conclusif* par rapport à toutes les autres et même, à toute l'histoire : c'est le seul cas où survienne *kl.* A la *restriction* s'ajoute la *totalité* : « Ne t'ai-je pas dit : tout ce que dira le Seigneur, c'est cela que je ferai ? » Autrement dit, « je ne ferai *que* ce que dira le Seigneur, mais je ferai *tout* ce qu'il dira ». La restriction simple n'expliquait que le fait que Balaam ne se pliât point aux ordres de Balaq, ne maudît point Israël. La *totalité* vient justifier *tous* les faits, gestes et dires antérieurs de Balaam, et en particulier, le fait qu'il a, par deux fois, béni Israël[2] (c'est, notamment, une réponse à 23, 25 : « Au moins, ne va pas le bénir ! » Si ! la bénédiction elle-même a sa raison d'être exprimée dans le *kl,* comme acte positif commandé par le Seigneur).

Cette récurrence finale du leitmotiv, parce qu'elle retrouve le degré de généralité de la première (22, 20), et lui ressemble plus qu'aux

2. Ce *kl* ... *"śh* de 23, 26 fait peut-être ironiquement écho au *klw l' tr'h* de 23, 13. Balaq est toujours joué par Balaam, précisément parce que ce dernier le prend toujours au pied de la lettre, ainsi que lui permet son innocence.

autres, en reçoit en retour toute l'investiture de la parole divine, puisque la première était énoncée par Dieu lui-même. C'est une étape de plus que la simple intériorisation (survenue en 22, 38b). C'est le stade final de l'*autorité*. Dans ce beau chiasme l'auteur a intégré la marche de toute son histoire et sa théologie. 23, 26 est bien le fin mot de l'affaire. La formulation spéciale *kl 'šr-ydbr yhwh 'tw 'ʿśh* vient confirmer le fait que le thème de l'allégeance à la parole divine est subordonné au thème de l'élection d'Israël : en effet, *kl* et *tʿśh* ne renvoient à rien, sinon aux bénédictions prononcées dans les deux oracles, envers et contre Balaq. Il ne faut pas se laisser prendre au piège de l'énoncé didactique de la prose : la leçon profonde n'est pas exactement là, mais dans l'assurance, répétée dans les poèmes, de la bénédiction inconditionnelle d'Israël. Tel est le dernier mot de l'auteur. Ce pourrait d'ailleurs être un argument supplémentaire en faveur de l'unité rédactionnelle prose-poème.

L'histoire racontée par le premier écrivain s'arrête ici. Il ne faut pas s'étonner du caractère abrupt de cette fin. Le récit n'est pas tronqué. L'auteur a voulu qu'il prît fin à ce point. C'est que, bon narrateur au demeurant, il veut avant tout édifier. Il subordonne le narratif au didactique. Il n'a consenti à plaire que pour instruire. Dès lors qu'il a tiré du récit la substantifique moelle, il arrête. Peu lui chaut que le lecteur, frustré, demande une « suite » et une « fin ». Au contraire, il préfère conclure par un dernier retour du refrain, qui apparaît alors comme la clef de voûte de l'édifice[3].

L'ESPRIT ET LA LETTRE DE NB 22, 2-23, 26

(= UN SEUL NIVEAU RÉDACTIONNEL, UNE FOIS RETIRÉ NB 22, 22-35)

I. — *L'ESPRIT*

A *Thématique*

1. — Un thème majeur : l'élection d'Israël (= bénédiction).
2. — Un thème mineur : l'allégeance de Balaam à la parole divine (le leitmotiv et ses bribes). Le thème mineur est subordonné au thème majeur. L'immutabilité de la parole divine est le dénominateur

3. Voir le tableau dressé par Gross (*Bileam*, p. 425) : en 1876 comme en 1899, Wellhausen arrête le récit de J à 23, 25, R^{JE} prenant le relai au v. 26 ; Kittel (1888), Baentsch (1903), Procksch (1906), Simpson (1948), Gross (1974) limitent le premier récit à 23, 25. Ils brisent donc la « vague ». En revanche, Addis (1892), Carpenter (1902), Smend (1912), Eissfeldt (1922 et 1939) ; Rudolph (1938), Marsh (1953), Noth (1966), incluant le v. 26 dans le premier récit, ne font commencer le suivant qu'au v. 27.

commun aux deux thèmes et à la subordination du mineur au majeur. Les « oracles » (P1 et P2) en sont le couronnement, le passage à l'acte, la réalisation.

B *Correspondance idéologique*

1. — Une idée force : nationalisme étroit (« protectionnisme » religieux).
2. — Une idée subordonnée : universalisme (c'est à un païen qu'est dévolu le pouvoir de bénir Israël). L'universalisme, tout apparent, est mis au service du nationalisme réel qui en sort renforcé.

L'idéologie fournit un argument pour montrer que les deux premiers poèmes sont de la même veine que la prose ; jamais des arguments purement littéraires ne suffiront : ils ne valent que pour prouver le fait inverse, à savoir, que la prose est tout entière ordonnée aux poèmes.

C *Polémique*

C'est peut-être un texte *anti-prophétique,* à un double titre :

1. — Contre la prétention des prophètes officiels à être les seuls dépositaires de la parole divine (voir *Am* 7, 14). Le païen qui prophétise est la meilleure preuve du contraire.
2. — Les grands prophètes annoncent presque toujours le malheur d'Israël, presque jamais des jours heureux ; ils méconnaissent l'élection inconditionnelle d'Israël, remise en vigueur par *Nb* 22, 2-23, 26 qui la brandit comme un étendard.

Un texte polémique est contemporain de ceux qu'il combat, en l'occurrence ce serait d'Isaïe ou de Jérémie, ce qui viendrait corroborer le terminus a quo fourni par les écrits transjordaniens.

On rejoint ainsi le littéraire : *Nb* 22, 2-23, 26 s'écrit après 1 *R* 22, et contre ; notamment, le leitmotiv (7 fois au lieu d'une) est réutilisé dans un but inverse : au lieu d'accompagner et de justifier, aux yeux du roi d'Israël, un oracle de malédiction à l'égard d'Israël, il accompagne et justifie, aux yeux d'un roi païen, deux oracles de bénédiction à l'endroit d'Israël. Balaam ben Beor est lancé contre Michée ben Yimla. Le thème de l'allégeance à la parole divine est détourné de sa destination initiale, réduit à n'être que la garantie de l'élection inconditionnelle d'Israël, au lieu de régir et de garantir, comme en 1 *R* 22, la vérité prophétique elle-même, fût-ce aux dépens d'Israël.

Texte anti-prophétique, mais nullement clérical.

II. — *La genèse littéraire*

A *Qui écrit ?*

1. — Un lettré, qui connaît les ressorts de la langue, cite littéralement des passages de la Bible, peut-être un professeur (écoles et anthologies), qui feint l'oral, mais c'est très écrit (aussi bien dans la prose que dans les poèmes, ce qui parle en faveur de l'unité rédactionnelle).

B *Quel est le point de départ ?*

Autrement dit, quel rapport avec Balaam réel et avec la tradition attestée à Deir 'Alla ?

1. — Le rapport n'est que de point de départ ; à partir de là, pure transposition ; il n'y a à peu près aucun rapport de contenu. Mais le point de départ est incontestable : « Oracle de Balaam fils de Beor » : c'est un rapport déterminant, mais qui s'arrête là. Il est même possible que l'écrivain ait connu ces textes d'Outre-Jourdain, ou des analogues. Ses écrits leur sont contemporains, ou juste postérieurs. Il écrit en référence à eux. Mais, eux-mêmes apparaissant comme des textes d'anthologie, d'école, ils ne permettent aucune datation concernant le personnage réel qui peut avoir vécu bien auparavant. En revanche, ils fournissent un excellent terminus a quo pour le texte biblique.

2. — Quant à la qualité réelle du personnage réel, on peut sans doute se fier au contenu des inscriptions (si on les comprend), mais nullement à *Nb* 22, 2-23, 26, sorte d'application bijective, dans la Bible, de la tradition transjordanienne sur le devin païen réel et qui, transposition purement formelle, le présente comme le plus orthodoxe des hommes de Dieu israélites, le plus conforme à la Torah[4]. Du texte biblique on ne tirera rien eu égard à la réalité, sauf des certitudes négatives car :

3. — L'histoire elle-même est de la fiction ; Moab, au rebours des Amorites, n'a pas eu maille à partir avec Israël lors de la conquête ;

4. On reprendrait volontiers le qualificatif « Balaam pseudopropheta », emprunté d'ailleurs par H. Donner (Balaam pseudopropheta, dans *Beiträge zur Alttestamentlichen Theologie, Festschrift für Walter Zimmerli zum 70. Geburtstag,* Göttingen 1977, p. 112-113) à Filastrius de Brescia dans son *Diversarum Hereseon Liber* XXV, 1, mais à condition de l'entendre en un tout autre sens, et même, en un sens diamétralement opposé. Filastrius de Brescia veut dire que Balaam fut, et Donner, que la tradition négative le représenta comme, un faux prophète, au sens où Jérémie dénonce les prophètes de mensonge. Dans la perspective de la présente étude, « pseudopropheta » signifierait, à l'inverse, que, la tradition biblique étant une « pseudo-tradition », ses auteurs, et en particulier le premier (*Nb* 22, 2-23, 26 moins l'épisode de l'Ânesse) forgèrent une histoire où Balaam apparaissait comme le type du « verus propheta ».

Balaq n'a jamais été roi de Moab, et n'a même jamais existé : le texte abonde en « ficelles » pour en faire accroire, mais c'est « cousu de fil blanc ». C'est donc une erreur de dire, comme beaucoup d'exégètes, que les traditions sur Balaq et Balaam étaient à l'origine indépendantes l'une de l'autre :

a) Sur Balaq, produit de la fantaisie, il n'y a pas de tradition du tout (antérieurement à *Nb* 22, 2-23, 26, s'entend).

b) Pour Balaam, on ne peut vraiment parler de tradition antérieure au texte concerné puisque c'est lui qui la crée de toutes pièces, la transposition de la tradition transjordanienne authentique s'arrêtant net au point de départ. Et il n'y a de tradition biblique sur Balaam qu'à partir de celle qui est inventée en *Nb* 22, 2-23, 26, se situant par rapport à elle et, le plus souvent, contre elle.

4. — Ce serait donc une erreur de se perdre à la recherche des *realia ;* plus exactement, de chercher à retrouver, derrière les *realia* présents dans les *mots* du texte, un substrat de réalité historique et géographie authentique ; il faut identifier les *realia* évoqués par le texte, mais en sachant que c'est à l'intérieur du cadre de la fiction et du symbole. Confondre le plan de la fiction et celui de la réalité serait succomber à la mystification voulue par l'auteur.

5. — Ces constatations nous épargnent deux chapitres : un sur le personnage réel de Balaam, et un sur le rapport du texte biblique avec les écrits de Deir ʿAlla.

C *Absence de titres explicites et références implicites*

1. — On comprend que Balaam ne reçoive pas le titre de *nby' :* d'une part, le Balaam réel n'en était pas un, d'autre part, bien que le texte le revête de tous les attributs et de toute la dignité du *nby',* il serait contraire à son propos de le nommer ainsi, puisqu'il semble contenir une pointe anti-prophétique.

2. — On comprend aussi que Balaam ne soit pas appelé *qsm,* bien qu'il en fût un dans la réalité : ce serait jouer contre la crédibilité de son orthodoxie israélite (il est vrai que la condamnation du *qsm* ne survient qu'avec *Dt* 18 ; mais leurs pratiques pouvaient être déjà entachées de suspicion).

3. — Balaam reçoit bien un titre, mais caché : c'est *ptwr.*

4. — On comprend que le texte manie à tel point le double entendre : il en a besoin pour plusieurs raisons ; le terrain est doublement miné :

a) Il part d'une tradition authentique mais transposée d'emblée, et complètement, dans la fiction : à cheval sur les deux, il lui faut brouiller les pistes.

b) La tradition authentique dont il part ne saurait être

absolument effacée, et elle n'est pas innocente ; mal travestie, elle pourrait trahir, et se retourner contre la figure parfaitement intègre du Balaam fictif de la Bible. D'où le jeu du proche/lointain, précis/imprécis, qui n'a d'ailleurs pas suffi à préserver Balaam du jugement négatif porté par la postérité, et y a peut-être même contribué.

5. — On comprend enfin que les figures de référence implicite soient Joseph (*ptr* ne survient, dans tout l'Ancien Testament, qu'en *Gen* 40-41, mais avec insistance), et surtout Abraham. Sans compter le schéma inversé de l'Exode, traité avec tant de prédilection. C'est la tradition nationale rattachée à la Torah ancienne, antérieure au mouvement prophétique (du moins au niveau de la représentation), et étrangère aux préoccupations de ce dernier.

Suite du cadre en prose : Nb 23, 27-24, 3a

En décrétant que N1[5] prenait fin en *Nb* 23, 26, on a anticipé sur la suite de l'analyse. Cela risque même d'apparaître comme une pétition de principe. Mais l'exposé ne peut toujours suivre l'ordre de la recherche. Il fallait rester dans les limites de l'analyse de N1 et en définir les caractéristiques. C'était une délimitation *positive*. Évidemment, elle supposait acquise la suite de l'analyse, qui porte sur *Nb* 23, 27 ss. Cette suite n'a pas retrouvé les traits propres à N1. On en a déduit que N1 s'arrêtait à *Nb* 23, 26. En revanche, on a repéré d'autres caractéristiques, permettant d'identifier deux autres auteurs. L'analyse qui suit aura donc une double fonction :

a) Par la négative, confirmer la délimitation antérieure de N1.

b) De façon positive, caractériser les auteurs postérieurs.

23, 27a : *lkh-n' 'qḥk 'l-mqwm 'ḥr* « Viens donc, je vais t'emmener à un autre endroit » ressemble, avec *lkh-n',* aux injonctions antérieures de 22, 6.11 et 23, 7bγ, et, avec *'l-mqwm 'ḥr,* à 23, 13. Mais, alors qu'en 23, 13 il y avait au changement de lieu une raison, exprimée en 23, 14, et très plausible : « ce que tu vois d'ici, ce n'est pas l'extrémité du peuple, mais l'ensemble, tu ne le vois pas », en 23, 27b, la raison avancée n'en est pas vraiment une : « Peut-être plaira-t-il (l'endroit) à Dieu »[6]. Elle sonne plutôt comme du « remplissage », comme un

5. Jusqu'ici, le récit ne concernait qu'un auteur. Faisant jouer désormais plus d'un niveau rédactionnel, l'analyse les nommera N1, N2 (épisode de l'Ânesse), N3, N4, et P1, P2, P3, P4.

6. On peut traduire : « peut-être plaira-t-il (= l'endroit) à Dieu, et maudis-le-moi (le peuple) » ou bien « peut-être plaira-t-il à Dieu que tu le maudisses », ce qui est probable, si l'on pense que la réponse à ce verset survient en 24, 1 : « Balaam vit qu'il était bon aux yeux de Dieu de bénir Israël. »

prétexte pour rendre vraisemblable, au plan narratif, le seul point qui intéresse vraiment l'auteur : l'énonciation d'un nouvel oracle.

Malheureusement, c'est précisément par la vraisemblance que cette raison pèche. A la fois si on la compare à la vraie et bonne raison de 23, 14 et si l'on se rappelle que 23, 25 : « d'accord, tu ne le maudis pas, mais je t'en supplie, ne va pas le bénir ! » excluait chez Balaq toute nouvelle tentative. A aucun point de vue donc, la raison avancée en 23, 27b ne tient.

L'auteur de ce verset avait pourtant bien observé, et le style de N1, et le rythme même de sa phrase : *lkh-n' 'qḥk*... *'wly yyšr* « viens donc, je vais t'emmener... peut-être plaira-t-il » : *'wly* + futur, l'ensemble suivant un impératif ou un cohortatif : c'est en effet un mouvement qu'affectionnait particulièrement N1 :

22, 6 :	*lkn-n' 'rh-ly*...	*'wly 'wkl nkh-bw w'gršnw* (Balaq)
22, 11 :	*lkh qbh-ly*...	*'wly 'wlk lhlḥm bw wgrštyw* (Balaq)
23, 3 :	*htyṣb kh*... *w'lkh*...	*'wly yqrh yhwh*... *whgdty lk*

Il avait même imité le procédé de la variation dans la répétition ! *wqbtw ly mšm* ressemble comme un frère à 23, 13b : *wqbnw-ly mšm*, au *t* et au *n* épenthétiques près. Mais il n'est pas de N1.

La séquence 23, 28-30 reprend mot pour mot 22, 41aβ et 23, 1-2. Seules différences :

— les noms de lieu : *r'š hp'wr*[7] *hnšqp 'l-pny hyšymwn* au lieu de *śdh ṣpym 'l-r'š hpsgh*.

7. O. Henke (Zur Lage von Beth Peor, *ZDPW* 75, p. 155-163) fait observer que *Nb* 23, 28 est la seule occurrence biblique où Peor soit le nom d'une montagne. L'expression *r'š hp'wr* ne survient pas ailleurs; toutefois, le toponyme *byt p'wr* se rencontre en *Jos* 13, 20 et *Dt* 3, 29 ; 34, 6 ; d'après *Dt* 3, 29, l'endroit se situe « en face de la vallée » *(wnšb bgy' mwl byt p'wr)*. D'après Wellhausen, Meyer et Stade, Peor n'est qu'un autre nom pour Pisgah ; Dillmann objecte avec raison que l'*Onomasticon* distingue les deux, tout en les situant dans le voisinage l'une de l'autre ; le sommet proprement dit du Pisgah (*nbw r'š hpsgh* en *Dt* 34, 1) semble se situer un peu plus au sud que l'emplacement attribué par l'*Onomasticon* au Phogor. Eusèbe en effet situe le Phogor avec précision *hyperkeitai tès nyn Libiados kalouménès*; et encore : *horos Phogôr, ho parakeitai aniontôn apo Libiados epi Esseboun tès Arabias antikry Hierichô*. D'après lui, le Peor se situe en face de Jéricho, sur la route de Livias à Ḥeshbon, à environ sept milles romains de cette dernière ville.

Abel (*Géographie de la Palestine*, Tome II, p. 278) signale que Beth Pe'or sert, en *Dt* 3, 26 ; 4, 46 et 34, 6, à localiser une vallée proche du Nébo ; toujours d'après Abel, les Tannaïtes témoignent d'un culte de Belphégor encore vivace à leur époque, et un fortin romain y surveillait la vallée du Jourdain. Le Khirbet eš-Šeiḫ Ğayel correspondrait aux données d'Eusèbe. C'était déjà l'identification proposée par Musil (*Arabia Petraea* I p. 348). Henke ne craint pas de proposer, pour Beth Peor, une localisation précise : ce serait *Khirbet 'ayun musa*. En revanche, J. Simons (*The geographical and topographical texts of the Old Testament*, 1959, § 298 et 443) juge impossible une localisation exacte de Beth Peor.

Selon Noth (*Israelitische Stämme zwischen Ammon und Moab*, p. 23), la figure de

— *'mr* en 23, 30 au lieu de *dbr* en 23, 2.
— absence, en 23, 30, du sujet aberrant de *wy'l,* présent en 23, 2 : *blq wbl'm.*

Balaam était, nous l'avons vu, étroitement liée à la montagne de Peor, le site de Baal-Peor qu'il identifie avec le site proposé par MUSIL et ABEL. C'est à son avis un élément original de la tradition. NOTH se sépare de nombre de ses prédécesseurs (même partisans de l'hypothèse JE) en ce qu'il tient l'indication locale de 21, 20 *hgy' 'šr bśdh mw'b r'š hpsgh wnšqph 'l-pny hyšymn* pour une combinaison tardive faite à partir de 23, 14 et 28. C'est d'habitude l'opinion inverse qui prévaut. Les analyses de NOTH, qui s'efforcent d'unir l'aspect « histoire de la tradition » et l'aspect proprement littéraire, montrent la difficulté d'intégrer *Nb* 22-24 dans le cadre de la réalité historico-géographique quelle qu'elle soit. Il note que le récit prédeutéronomique implique clairement que le territoire situé au nord de l'Arnon était, et resta moabite, quand les Israélites commencèrent à s'intaller dans le pays. Et d'un autre côté, la tradition oblige à admettre que les tribus israélites étaient fermement établies dans le voisinage immédiat des Moabites.

Quant à *hyšymwn* proprement dit, NOTH ne pense pas que le terme désigne sûrement la région où se trouvaient les tribus israélites à maudire, car à son avis l'expression eût alors été *h'rbh*; il nie même que le toponyme *byt hyšmt* (endroit situé dans la dépression du Jourdain) l'indique précisément. Il invoque le fait que *yšymwn* (sans article) survient dans des passages poétiques tardifs (*Dt* 32, 1 ; *Is* 43, 19.20 ; *Ps* 68, 8 ; 78, 40 ; 106, 14 ; 107, 4 ; partout, sauf en *Ps* 68, 8, en parallèle ou en rapport avec *mdbr*), avec la signification très générale de « désert », sans lien particulier avec le Jourdain. Mais surtout il avance 1 *S* 23, 19.24 et 26, 1.3 où *hyšymwn* (cette fois avec article, comme en *Nb* 23, 28) désigne un endroit déterminé aux environs de Zif, dans le désert de Juda. C'est de façon analogue qu'en *Nb* 23, 28 *hyšymwn* désignerait un endroit sur la chaîne montagneuse aux alentours du Peor ; NOTH essaie de préciser la situation à l'aide de *'l-hmdbr* (24, 1), ne se résolvant pas à considérer, avec WELLHAUSEN, 23, 26 ou 28-24, 1 comme une addition ; il refuse que *mdbr* (« Viehweide benutzbares vegetationsarmes Land ») désigne la dépression du Jourdain car celle-ci n'est jamais appelée de la sorte, et nie aussi qu'il s'agisse du grand désert syro-arabe, mais pense plutôt à un « Weide Land geeignetes Gebiet auf dem ostjordanischen Gebirge ». NOTH pense que, puisque les Moabites possédaient le sud et le sud-est du Peor, ainsi que la dépression du Jourdain à l'ouest, les Israélites ne pouvaient guère être établis dans le pays montagneux qu'au nord et au nord-est du Peor.

Peut-être faudrait-il davantage distinguer les aspects proprement littéraires de la tradition historique. Il est vrai qu'en *Nb* 21, 20 le même paysage, dans les mêmes termes, est décrit, mais à partir du Pisgah. La solution est peut-être double : d'une part, Pisgah semble être devenu un nom plus général, celui d'une chaîne entière englobant, parmi d'autres, le sommet du Peor. D'autre part, l'expression *hnšqp 'l-pny hyšymwn* est vraisemblablement un emprunt à 21, 20 : dû, non pas, comme le pensent les tenants de l'hypothèse JE « classique », au rédacteur JE, mais à l'auteur N3 qui prit la relève de l'écrivain primitif.

Quant au Peor proprement dit, les traditions primitives authentiques sont sans doute celles que suggère NOTH : d'une part un lien privilégié de Balaam avec le culte de Baal Peor, d'autre part le fait que, le Peor constituant la zone-frontière entre les Moabites et les Israélites, le culte de Baal Peor jouait un rôle non négligeable dans les relations de ces deux peuples longtemps voisins de part et d'autre de ce haut-lieu de l'idolâtrie (voir *Nb* 25 et 31).

Le choix par N3 du Peor comme troisième emplacement n'est pas dû au hasard. L'intuition d'ORIGÈNE semble juste : « Le malheureux roi Balaq s'imagine que pour ses malédictions c'est une disposition favorable des lieux plutôt que la volonté d'en lancer qui a manqué au devin Balaam... Fogor veut dire : 'délectation'. Balaq place donc les hommes au sommet de la délectation et de la volupté ». Autrement dit, la résonance nettement idolâtrique de l'endroit permettait d'accroître encore l'écart, cherché par l'auteur, entre le dessein impie du roi moabite et l'obédience yahviste de celui qui devient vraiment un prophète.

Cette servile identité atteste l'imitation. N1 n'y aurait pas succombé. *Nb* 23, 14-15 le prouve : quand il faut absolument en passer par une séquence déjà tournée, N1 se résume, abrège. Seule cette liberté à l'égard de soi-même est signe d'authenticité.

24, 1a est une réponse à la supposition de Balaq en 23, 27 : « Et Balaam vit qu'il était bon aux yeux du Seigneur de bénir Israël » *wyr' bl'm ky ṭwb b'yny yhwh lbrk 't-yśr'l.* L'espoir de Balaq était en effet : *'wly yyšr b'yny h'lhym wqbtw ly mšm.*

La ressemblance des deux expressions n'est pas fortuite. Elles sont proches pour la forme et identiques par le sens. Mieux : on trouve quelquefois, dans la Bible, les deux racines associées (*Jos* 9, 25 ; *Jér* 26, 14 et surtout, *Dt* 6, 18 *w'śwt hyšr whṭwb b'yny yhwh,* avec pour déterminant le Seigneur). Elles sont donc strictement équivalentes. Sur la base de cette équivalence, 24, 1 énonce une constatation favorable à Israël, là où 23, 27 formulait un espoir défavorable à Israël *(ṭwb b'yny yhwh lbrk yśr'l/yšr b'yny h'lhym wqbtw ly).* 24, 1 est un énoncé complètement explicite. Jamais N1 n'avait été aussi explicite (du moins dans sa prose, car 23, 20 l'est assez, mais il s'agit d'un oracle). En soi, ce n'est pas un argument contre l'appartenance de 24, 1a à N1. Pourquoi, en effet, ne pas tenir cette explication pour un progrès dans l'expression du message de N1 ? N1 a coutume de poser des jalons successifs, d'avancer par étapes. L'objection n'est pas négligeable. On y répondra de deux manières :

1° Avec un énoncé aussi explicite que l'est 24, 1, le leitmotiv perd tout son impact. Sa fonction consistait en effet à formuler en contrepoint, insistant mais discret, la leçon, ou la raison théorique (« ne faire ou ne dire que ce que dit Dieu ») de ce dont les oracles sont l'application pratique (bénédictions sur Israël). Au lecteur, ou au fidèle, d'être assez subtil pour établir le rapport entre les deux, retrouver le chaînon manquant, à savoir : « La volonté de Dieu, c'est qu'Israël soit béni. » *Nb* 24, 1a vient désamorcer le leitmotiv.

Conséquence : après l'énoncé si fort de 24, 1aαβ, l'ultime retour du leitmotiv en 24, 13b ne peut apparaître que comme un decrescendo. Il est effectivement désamorcé. Or, N1 ne peut se permettre une telle faiblesse. 24, 1aαβ n'est pas son fait.

2° D'où vient que Balaam fait soudain cette découverte : « Et Balaam vit qu'il était bon aux yeux du Seigneur de bénir Israël » ? Pourquoi maintenant et pas plutôt, ou plus tard ? Le moment de cette découverte et donc, sa mention, sont arbitraires. Ils n'émanent pas de la nécessité interne du récit. Là encore, 24, 1a apparaît comme une sorte de « remplissage » destiné à introduire, de manière plausible, le troisième oracle.

Mais 24, 1 n'est pas dépourvu de tout rôle dans l'argumentation :

il en joue un très précis par rapport à 24, 1aβ : «Et il n'alla pas, comme les autres fois, à la recherche de présages.» 24, 1aα livre l'explication de 24, 1aβ : c'est *parce que* Balaam a vu qu'il plaisait au Seigneur de bénir Israël qu'il n'est pas allé, cette fois-ci, consulter des présages.

Ici encore, l'auteur (que nous appellerons provisoirement N3), se trahit : jamais, les autres fois, il n'avait été dit que Balaam fût allé à la recherche de présages[8] *(lqr't nḥšym)* ! N1 avait seulement mentionné la présence des *qsmym bydm* (22, 7aβ*)*, c'est-à-dire du salaire destiné au devin, et P2 (= N1), qu'aucun *nḥš* n'a d'effet contre Jacob (23, 23aα). N1 se garde bien de montrer Balaam, son porte-parole transparent, se livrant à des actes clairement opposés à l'orthodoxie israélite et condamnés par elle. Autrement dit, pour avoir voulu à tout prix rattacher son récit à celui de N1, N3 ne l'en distingue que mieux. La solution de continuité entre 23, 26 et 23, 27, qu'il travaillait à effacer avec ses imitations et son *kp'm-bp'm,* en devient flagrante.

N3 se trahit parce qu'il dénonce chez N1 la présence de ce qui ne s'y trouve pas : les *nḥšym.* C'est donc qu'il n'en a pas compris l'intention profonde. C'est donc que N3 est un autre que N1[9].

8. L'expression *kp'm-bp'm,* mot à mot «comme une fois avec (ou : et) une autre fois», c'est-à-dire «comme auparavant, comme autrefois» ne se limite pas nécessairement à *deux* fois, comme ici (référence à 23, 3.15; de même en *Jg* 16, 20; 20, 30.31; 1 *S* 3, 10); elle signifie parfois «comme d'habitude» (1 *S* 20, 25), d'où la traduction de la LXX, inadéquate ici, *kata to eiôthos.* Onqelos, avec *kzmn bzmn,* et Jonathan, avec *zmn btr zmn,* ont compris «de temps en temps». D'après Rosenmüller, il y aurait inversion de mots : *bp'm kp'm.*

lqr't nḥšym n'a pas gêné les versions : LXX *eis synantèsin tois oiônois*; Vulgate *ut augurium quaeret.* Le Targum de Jonathan traduit *nḥšym* par *qwsmy'.*

9. La réaction de Kalisch à *nḥšym* est significative : il ne sait qu'en faire, lui si partisan de Balaam, si convaincu de son orthodoxie yahviste. 23, 3.4.15.16 ne disaient-ils pas que Balaam allait *lqr't 'lhym* ou *yhwh*? Il cherche divers expédients pour résoudre la difficulté sans recourir à l'hypothèse d'un changement rédactionnel, qui lui reste absolument étrangère, contrairement à son contemporain Wellhausen. Lui qui ne corrige *jamais* doit envisager l'éventualité que *nḥšym* soit une corruption de *'lhym* ou *yhwh*; ou bien, il suggère d'attribuer à l'expression «a less offensive signification», comme en *Gen* 30, 27 et 1 *R* 20, 33, où il comprend «deviner, considérer, interpréter» dans un sens général. Mais Kalisch est bien en peine, car il avait donné à *nḥš* un sens fort et négatif en 23, 23. C'est pourquoi il confesse «we find the former alternative (la correction) more congenial, for not without the deepest regret and reluctance would we see the brightness of this noble work tarnished by rude and lying superstitions.» La seule alternative à cette nécessité de correction sans aucun appui textuel est l'hypothèse d'un changement rédactionnel.

A propos de 24, 1 «il n'alla pas, comme les autres fois, à la rencontre des enchantements», Cahen écrit fort justement : «L'écrivain veut donner à entendre que Bilame avait recours à des opérations magiques. Toutefois, cela ne résulte pas du récit qui précède, ni de celui qui suit.»

L'emploi de *nḥšym* en 24, 1 a déterminé, chez plusieurs exégètes des siècles passés, l'idée que Balaam s'élève progressivement de l'état de voyant païen à celui d'authentique prophète israélite et qu'après avoir deux fois recouru aux augures et aux enchantements et béni Israël à son corps défendant, il atteint la troisième fois un degré supérieur et

Cependant, pour être absente de N1, la représentation de Balaam contre laquelle réagit N3 n'en existe pas moins, mais ailleurs dans le texte. Nous verrons où.

24, 1b « et il tourna vers le désert son visage » *wyšt 'l-hmdbr pnyw,* est une expression *hapax.* Elle possède quelques parallèles beaucoup plus fréquents : « tourner le cœur » *šyt lb,* « diriger l'œil » *šyt 'yn,* « poser la main » *šyt yd.* En 24, 2, Balaam est face au désert[10]. Il voit Israël campant par tribus « et l'esprit de Dieu fut sur lui ». *wthy 'lyw rwḥ 'lhym* se rencontre souvent dans la Bible. Plus exactement, le mot *rwḥ,* déterminé par *yhwh* ou *'lhym,* sujet de verbes variés *(ṣlḥ, bw', hyh, npl)* et suivis des prépositions *'l, 'l,* ou *b.* Cette expression peut indiquer trois types d'état, ou de qualité qui, d'ailleurs ne sont pas toujours disjoints.

1° Un état de transe, notamment avec le verbe *ṣlḥ*[11]. C'est le cas des grands Juges et de Saül (*Jg* 6, 34; 14, 19; 15, 14; 1 *S* 10, 6.10; 11, 6; 16, 13-16; 18, 10; 19, 2.20.23).

2° Un état prophétique « technique » : la formule précède alors immédiatement la proclamation d'un oracle (2 *S* 23, 2; 1 *R* 22, 22-24; 2 *R* 2, 15-16; *Is* 40, 7.13; 59, 19; 61, 1; *Ez* 11, 5; *Mi* 3, 8).

3° L'esprit du Seigneur est un esprit de sagesse (*Gen* 41, 38; *Ex* 31, 3; 35, 31; *Nb* 27, 18; *Dt* 34, 9; *Jg* 3, 10; 11, 29; *Is* 11, 2).

Comment situer notre texte dans ce catalogue? La référence à un état « techniquement » prophétique l'emporte, surtout si l'on songe qu'à l'expression fait immédiatement suite le troisième oracle.

Néanmoins, il ne manque pas de bonnes raisons pour faire penser que *wthy 'lyw rwḥ 'lhym* évoque aussi un état de transe. Ce point nous ramène au mystérieux ennemi de N3. Ce ne peut être que l'épisode de l'Ânesse (*Nb* 22, 22-35). « L'Ânesse » « contrait » la représentation favorable, orthodoxe, que donnait de Balaam N1. Son auteur

bénit le peuple de son plein gré (KUENEN, KNOBEL). Et déjà PHILON *(ouketi kata to eikos epi klèdonas kai oiônous hieto)* interprète le changement comme une marque de la conversion de Balaam : « il a perdu toute estime pour son art, il le regarde comme une peinture effacée par le temps et pense que l'obscurité s'est substituée à son pouvoir de bien conjecturer. Surtout, il a fini par comprendre que les intentions du roi qui l'a engagé à sa solde ne s'accordent pas avec la volonté de Dieu » (*De Vita Mosis,* I § 287).

10. *yšymwn* est d'abord un nom commun (LXX *erèmos;* Vulgate *solitudo*), d'où son emploi parallèle à *mdbr* en *Ps* 78, 40 et 106, 14. Les deux termes y sont synonymes, de même qu'en *Nb* 23, 28 et 24, 1.

D'après J. SIMONS (§ 441), *yšymn* serait le wadi *'ayun mūsā* qui mène au sommet du Siyagha. De toute façon, selon HENKE, en *Nb* 23 le regard se porte vers la vallée, et vers l'ouest (contre NOTH, *ZAW* 60, 1944, p. 27).

Après « désert », les Targumim ajoutent « en rappelant contre eux l'œuvre du veau » (Néofiti); le Targum de Jonathan ajoute « qu'ils y avaient fabriqué », et celui de Jérusalem « et il désirait maudire Israël ». L'allusion au veau d'or est reprise par RACHI.

11. Voir, à cet égard, H. CAZELLES, *Le Messie de la Bible,* Christologie de l'Ancien Testament, Paris, 1978, p. 71-73.

ridiculisait le personnage, notamment en inversant à ses dépens la référence positive à Abraham dont il trouvait des éléments chez N1.

Ici encore, il faut anticiper : nous verrons que P3A, l'auteur de 24, 3b-6 (début du troisième oracle) réagit, lui aussi, contre la présentation défavorable de Balaam dans l'épisode de l'Ânesse. De cette réaction apparaîtront des traces littéraires indéniables : l'« en-tête » du troisième poème ne sera qu'un rappel de l'épisode de l'Ânesse, dont il reprendra des éléments, en les inversant, pour résumer le cheminement foudroyant du devin depuis « l'œil mauvais » *štm h'yn* de 24, 3b (l'interprétation défavorable qui suscite les sarcasmes de l'épisode de l'Ânesse) jusqu'à *npl wglwy 'ynym* en 24, 4bβ (passage de l'état d'aveuglement *wygl yhwh 't-'yny bl'm* dépeint dans l'épisode de l'Ânesse, à l'état de transe extatique et de voyance prophétique *'šr mḥzh šdy yḥzh* en 24, 4bα). P3A partira du stade extrêmement négatif où l'épisode de l'Ânesse laisse Balaam pour effectuer, en l'espace de deux versets, un redressement magistral portant le personnage à des sommets de prestige et de gloire jamais atteints par le Balaam de N1. Venant s'élever contre l'épisode de l'Ânesse qui déjà « contrait » la présentation favorable donnée par N1 de Balaam, cette nouvelle réaction de P3A jouera à la hausse, et fera figure de « surcontre ». *wthy 'lyw rwḥ 'lhym,* en 24, 2, participe du même mouvement de réhabilitation, compte tenu des connotations bibliques (transes et état prophétique « technique ») de l'expression.

Autre fait non négligeable : l'expression *rwḥ yhwh dbr-by* survient en 2 *S* 23, 2, juste après l'exorde des dernières paroles de David qui nous apparaîtront, après analyse comparée, comme le modèle imité par P3A. Cette convergence idéologique de 24, 2b et de 24, 3b-4 (négative : réaction contre l'épisode de l'Ânesse, et positive : présentation d'un Balaam encore jamais vu, grandi, prophète en transe) parle bien haut en faveur de l'unité rédactionnelle des deux versets. Autrement dit, N3, auteur du récit en prose qui succède à N1 et commence en 23, 27, ne ferait qu'un avec P3A, auteur du début du troisième poème (24, 3b-6). Cela concorde avec le fait que 24, 1a « Et Balaam vit qu'il plaisait au Seigneur de bénir Israël », n'émanant d'aucune nécessité interne au récit, n'a d'autre raison d'être que d'introduire un nouvel « oracle ». Par diverses « entrées », l'identité rédactionnelle de N3 et P3A se laisse donc soupçonner.

En résumé, avec « il n'alla pas comme les autres fois à la recherche de présages », N3 s'en prend à un passage antérieur du récit, mais qui ne saurait être N1. C'est un redressement en deux temps ou à deux degrés, qui s'attaque d'abord à l'ennemi principal de N3, soit l'épisode de l'Ânesse, dans ce que sa présentation de Balaam comporte de trop négatif. Mais, dans cet épisode, il ne se trouvait rien que l'on pût réfuter avec profit. Comment, en effet, désamorcer le ridicule, sinon par une surenchère dans la valorisation de l'objet ridiculisé? Ce redoublement s'imposait d'autant plus que N1 ne s'était guère montré dithyrambique à l'égard de Balaam, son porte-parole transparent. Par un paradoxe compréhensible, sa présentation en restait assez neutre. Il n'était donc pas possible de simplement «réhabiliter» Balaam, car au fond, N1 ne contenait pas vraiment de traits positifs dessinant de Balaam une figure remarquable. C'est dans le mouvement même du texte que se dégageait peu à peu la parfaite coïncidence de Balaam avec la pensée de N1. C'est pourquoi, d'ailleurs, l'Ânesse non plus n'avait pu s'en prendre, chez N1, à des traits particulièrement remarquables de Balaam pour les inverser. Elle avait dû construire, *parallèlement* à N1, en marge de lui, un récit satirique qui, tout compte fait, n'attaquait aucun point de la personnalité du Balaam effectivement présent chez N1. C'est un tout autre Balaam qu'elle montrait, le seul point commun avec le premier restant le nom, et le fait d'être en route sur son ânesse avec une escorte (et encore, pas la même).

N3 devait donc réagir contre un texte, l'Ânesse[12], qui ne s'en prenait pas vraiment à N1, puisque N1 n'offrait pas de Balaam un profil assez accusé pour constituer une bonne cible. Pareillement, la présentation par N1 de Balaam, si discrète et subtile que d'abord elle semble plate, ne contenait pas le matériau d'une réhabilitation. Cette réhabilitation, capitale pour N3, devenait la quadrature du cercle : l'Ânesse était un texte qui glissait, en porte à faux sur sa cible véritable, le Balaam de N1, trop effacé pour offrir quelque prise à ses atteintes. A cause de la même discrétion, N1 ne recelait pas le trésor où puiser les traits brillants susceptibles de rendre à Balaam, *par un simple retour des choses,* un prestige que ne lui avait jamais conféré le premier auteur, du moins explicitement.

12. J. MAUCHLINE a senti que 24, 1-2 renvoyait, non au chapitre 23, mais à l'épisode de l'Ânesse. Son opinion vaut d'être citée, même si l'on ne partage pas l'exploitation qu'il en fait au profit de l'hypothèse J E R^{JE} :« Having thus been confronted on the way by the angel of God, Balaam had no alternative but to return home. The sequel, therefore, is in XXIV, 1, where, as has often been remarked, the statement that 'Balaam went not, as was his wont, to seek enchantments, but set his face toward the wilderness', cannot be made to refer to the actions described in XXIII, when he sought to know God's will, for Balaam is not depicted there as a *qwsm* and the words 'as was his wont' must have a wider reference. But the words fit in admirably as a sequel to XXII, 22-34. It had been Balaam's intention either to curse Israel on demand or to seek God's guidance when he reached Moab. Now there was no need to use enchantments to discover God's will; God himself had declared it. Therefore Balaam desisted from the journey; he turned toward the wilderness, i.e. to his own home. Under these circumstances the blessing he now utters may have been uttered in the presence of Balak's messengers only. If that is so, XXIV, 2 is the work of R^{JE}, and there are other reasons for regarding it as such. The song itself, as we saw, is dependent for its interpretation upon XXII, 31; so that, in the case of the J tradition, the saga, in which Balaam is represented as soothsayer of a primitive type, must have been earlier than the song» (*The Balaam-Balak Songs and Saga,* p. 89).

Comment faire? Les deux textes, N1 et l'Ânesse, étaient absolument indispensables, l'un et l'autre, pour que la réhabilitation voulue par N3 fût complète et donc réussie et pourtant, à la fois à cause du caractère spécifique de chacun, et de leurs rapports mutuels, ces deux textes étaient *intraitables*. La solution adoptée par N3 = P3A fut donc la suivante :

1° Redresser par la négative des éléments qui, dans l'original de N1, n'étaient pas tordus : « il n'alla pas comme les autres fois à la recherche de présages » (24,1). Nier, à partir d'une mécompréhension de P2 = N1 (23, 23 : *ky l'-nḥš by'qb*), ce qui, en fait, n'était pas affirmé par N1.

2° Redresser de manière positive des éléments qui, dans l'Ânesse, étaient soit nettement négatifs : l'aveuglement de Balaam est alors inversé en *'šr mḥzh šdy yḥzh* (24, 4bα), soit le signe d'une complète défaite : *wygl yhwh 't-'yny bl'm... wyqd wystḥw l'pyw* de 22, 31 devient *npl wglwy 'ynym* en 24, 4bβ. Tout l'en-tête de P3A (24, 3b-4b), raccourci fulgurant de l'épisode de l'Ânesse, ne sert qu'à cela.

3° Dans la ligne du redressement positif, mais avec une surenchère par rapport à N1 : imiter de très près l'introduction des dernières paroles de David (2 *S* 23, 2-3), pour ériger Balaam en prophète israélite exemplaire, investi de toute l'autorité de la parole divine.

4° Il suit de 1°, et surtout de 2° et 3°, un « décrochement » par rapport à la façon dont se produisait, chez N1, la rencontre avec le divin et, partant, la proclamation de l'oracle : chez N1, Balaam se portait au-devant de Dieu, Dieu venait à Balaam et lui mettait la parole dans la bouche. Chez N3, le processus change : Balaam se tourne vers le désert, lève les yeux, voit Israël, et l'esprit du Seigneur vient sur lui : *wthy 'lyw rwḥ yhwh* implique à la fois un état prophétique et un état de transe. Du fait que N3, voulant prendre ses distances d'avec un N1 mal compris, nie que Balaam soit jamais allé à la rencontre... *(wl'-hlk kp'm-bp'm lqr't)*, ce qui est la formule utilisée par N1 *(hlk lqr't)* pour évoquer le mouvement réciproque de Balaam et de Dieu l'un vers l'autre, du fait aussi qu'il doit faire, eu égard à N1, la surenchère analysée plus haut, il est obligé de changer carrément de modèle prophétique. Il ne peut mener jusqu'au bout la tâche d'imitation de N1 qu'il avait entreprise en 23, 27. Imitation par rapport à laquelle il avait déjà dû commettre quelques écarts, à cause de la nouveauté de son dessein (23, 27b; 24, 1aα). Ce n'est pas que N3 ait voulu changer de modèle prophétique pour en changer à tout prix. Il s'y voit contraint par son mode de correction et de redressement de certains textes (N1 et l'Ânesse), d'utilisation imitative d'autres textes (2 *S* 23, 2-3) et, enfin, par la méthode de surenchère qu'il a adoptée.

5° D'où l'on verra que le « gonflement »[13] de volume de Balaam en *Nb* 24, 3b-4 est un résultat à la fois cherché et involontaire. But conscient, puisque N3 (= P3A) voulait grandir au maximum la figure de son personnage, après le ridicule extrême où l'avait jetée l'épisode de l'Ânesse ; mais aussi résultat involontaire, parce que produit de plusieurs facteurs différents :

— la grisaille apparente de cette figure chez N1 (inapte à une « récupération » immédiate, à un simple retour des choses).

— l'inversion stricte des éléments négatifs présents dans l'épisode de l'Ânesse (aveuglement ; yeux ouverts par Dieu ; prosternement) en traits positifs aboutit à davantage qu'un simple changement du signe moins en signe plus : N3 doit opérer le passage à un nouveau modèle prophétique, le modèle enthousiaste extatique, beaucoup plus prestigieux.

— corollaire de ce nouveau modèle, inséparable de l'idée du *rwḥ 'lhym*, la réminiscence littéraire de 2 *S* 23, 2-3 accroît ce gonflement. En retour, l'accumulation d'épithètes déjà glorieuses en 2 *S* 23, 2-3 subira chez P3A une nouvelle inflation, peut-être à cause de la réminiscence inversée de l'épisode de l'Ânesse.

Volontaire et involontaire se mêlent donc pour produire ce nouveau et magnifique redéploiement de Balaam. N3 = P3A n'a pas tout maîtrisé. Son but, rendre justice à Balaam, l'a conduit à manipuler des éléments peu maniables, en eux-mêmes, et du fait de leur inadéquation mutuelle, de sorte que le résultat lui échappe en partie, en tout cas, dépasse par son ampleur la modestie du projet initial.

En 24, 2-3 vient un dernier indice que ce n'est pas N1 qui a pu écrire cette introduction à P3 : la séquence comporte deux utilisations successives et différentes de *wyś'*. D'abord, *wyś' bl'm 't-'ynyw* « et Balaam leva les yeux », expression nouvelle, jamais rencontrée chez N1, propre à N3, conforme à la situation inédite que cet auteur veut

13. Steudel se demande comment l'histoire de Balaam est parvenue aux Israélites, par quel biais. Une telle question ne peut venir que dans une perspective complètement « réaliste », naïve même : Steudel adhère totalement à l'histoire dont l'authenticité ne fait pas de doute à ses yeux. Cette question serait impensable chez un Mowinckel ou même un Hoffmann pour qui l'épisode, dépourvu de tout fondement historique, est une pure fiction, un morceau de propagande israélite. D'après Steudel, Balaam, déçu de n'avoir pas reçu de Balaq les honoraires qu'il en attendait, va chercher honneurs et reconnaissance chez les Israélites ; tels sont le but et l'effet de la péricope : Balaam s'y peint comme celui qui ne s'est pas laissé corrompre par Balaq, mais au contraire a mis sa compétence au service des Israélites, sous l'influence de leur Dieu. C'est donc par le canal de Balaam lui-même que son histoire est parvenue au rédacteur du Pentateuque. Voilà pourquoi Balaam y fait si bonne figure : c'est une auto-présentation. Par un paradoxe au fond très explicable, cette belle présentation (trop belle pour être vraie) découle immédiatement de sa cupidité, pense Steudel.

créer pour, à la fois, réhabiliter Balaam, et introduire son troisième poème. Ensuite, le classique et bien connu depuis N1 *wyś' mšlw wy'mr* «et il proféra son poème et il dit». N1 avait déjà recouru à cette formule (création originale) pour introduire ses poèmes P1 et P2. Comment, avec son goût de l'élégance et de la variation, aurait-il pu reprendre ce tour en le faisant précéder, très peu avant, d'une autre proposition contenant le même *wyś'*, mais pris au sens propre, et non figuré, avec un régime concret (les yeux) et non plus abstrait (le poème)? Il faut voir en cette succession rapprochée et maladroite de *wyś' bl'm 't 'ynyw* et de *wyś' mšlw wy'mr* l'effet des torsions auxquelles sa double tendance littéraire astreint N3 : d'une part, introduire dans le jeu deux nouvelles données, une nouvelle représentation de Balaam et un nouvel oracle, donc créer une nouvelle situation, d'autre part, continuer à exploiter au maximum le procédé inauguré par N1, savoir, la répétition : à situation identique, formulation identique, en copiant si possible les formules mêmes de N1 (échappant à N3 le fait que, chez N1, les situations ne se répètent jamais exactement, et donc, que la répétition inclut toujours la variation). De ces deux exigences à la fois contradictoires et corrélatives, naît un cahin-caha stylistique.

Avec l'expression «Israël campant par tribus»[14] *yśr'l škn lšbṭyw*, comme avec les v. 5-6 du troisième oracle, N3 = P3A observe l'esprit et la lettre de N1 = P1 en 23, 9bα : «voici un peuple qui campe à part» *hn 'm lbdd yškn* : il garde à la fois la fiction de la vision matérielle et pittoresque du présent concret immédiat, et la dimension prophétique symbolique de la destinée spéciale du peuple élu. La locution *l* + *šbṭym* + suffixe possessif, avec sens distributif, est rare. Elle survient en *Jos* 7, 16 (avec suffixe de troisième personne du singulier), *Jos* 11, 23 et *Ez* 45, 8 (avec suffixe de troisième personne du pluriel). Elle ne se trouve fréquemment que dans le *Deutéronome*, avec suffixe de deuxième personne du pluriel. C'est *Jos* 7, 16 «faire approcher Israël par tribus» qui ressemble le plus à notre texte :

14. Les Israélites campent *(škn)* par tribus (conformément aux descriptions de 2 et 10); LXX *estratopedeukota kata phylas;* Vulgate *in tentoriis commorantem per tribus suas.* Mais le Targum de Jonathan *yśr'l šryyn lšbṭyhwn bbty mdršyhwn wl' hwwn tr'yhwn mkwwnyn klw qbl tr'y ḥbryhwn* «Israël reposant par tribus dans les maisons de leurs écoles et leurs portes n'étaient pas situées face à celles de leurs voisins». Voir *t.b.B. Bat.* 60a : «Michna : Dans une cour qu'il partage avec d'autres, un homme ne devrait pas ouvrir une porte face à la porte d'une autre personne ni une fenêtre face à la fenêtre d'une autre personne... Gemara : D'où viennent ces règles? R. Joḥanan dit : 'du verset de l'Écriture : Et Balaam leva les yeux et vit Israël habitant selon ses tribus. Cela indique qu'il vit que les portes de leurs tentes ne se faisaient pas face exactement, c'est pourquoi il s'écria : Ceux-là sont dignes que la Divine Présence repose sur eux!'» D'où le commentaire de Rachi sur 24, 2aα : «Il voyait chaque tribu campée à part sans se mélanger, il constatait de plus que leurs portes n'étaient pas ouvertes l'une vis-à-vis de l'autre, de sorte que personne ne pouvait regarder à l'intérieur de la tente de son voisin.»

1° une expression concrète, adaptée à la situation immédiate;
2° une expression symbolique.

Avec *Nb* 24, 3a, nous en avons fini avec la prose de N3 = P3A. Cet auteur ne voulait qu'introduire son poème à lui (*Nb* 24, 3b-6) et, pour conférer à ce troisième oracle l'autorité la plus grande, il lui fallait un Balaam glorieux, plus que réhabilité. Nous avons vu comment, et à quel prix, s'opérait cette réhabilitation. Mais il faut souligner que N3 ne s'intéresse nullement à la poursuite de l'histoire pour elle-même. Celle-ci ne lui sert qu'à introduire son oracle à lui. Il se coule donc au maximum dans le moule préformé par N1, sans en observer pourtant les finesses d'écriture. Il ne s'est pas davantage préoccupé des cahots stylistiques auxquels le contraignait la contradiction entre son dessein profond, peindre un nouveau Balaam, vrai prophète plus beau que le premier, et l'imitation mécanique d'un N1 mal compris. C'est qu'il est tout entier tendu vers l'oracle P3A.

CHAPITRE VIII

LE TROISIÈME ORACLE : *Nb* 24, 3b-9

V. 3b-4 : N'M BL'M BNW B'R WN'M HGBR ŠTM H'YN
N'M ŠM' 'MRY-'L
'ŠR MḤZH ŠDY[1] *YḤZH NPL WGLWY 'YNYM*

1. — *Un exorde prophétique à la fois banal et sans pareil*

n'm yhwh, très fréquent chez Isaïe, Jérémie et Ézéchiel, ne survient que deux autres fois dans le *Pentateuque* (*Gen* 22, 16 et *Nb* 14, 28). Le

1. Le nom divin *šdy* survient dans les deux en-têtes quasi identiques de *Nb* 24, 4bα et 16bα. Ce n'est pas ici le lieu de résoudre le problème complexe de l'origine et du sens de ce mot. De nombreuses études y furent consacrées, auxquelles on renverra le lecteur. Elles sont d'ailleurs bien résumées dans le récent article de D. Biale (The God with breasts : El Shaddai in the Bible, *History of Religions* 21 n° 3, 1982, p. 240-256, p. 240-241). Signalons les principales interprétations : la Vulgate traduit par *Omnipotens*. Les midrashim proposent *she-dai* « qui se suffit ». Au xixe siècle, Franz Delitzsch, Dillmann et Stade suggèrent « mon destructeur », Robertson Smith « mon donneur d'eau », Nöldeke « mon démon », Friedrich Delitzsch « ma montagne ». Au xxe siècle, dans la lignée d'Albright (The Names Shaddai and Abram, *JBL* 54, 1935, p. 180-193), une série d'exégètes pense qu'El Shaddai dérive du dieu lunaire amorite Sin il Amurru ou Bel Shade qui était (d'abord) une tempête et un dieu guerrier, et également un dieu des montagnes. Voir F. M. Cross, Yahweh and the God of the Patriarchs, *HTR* 55, 1962, p. 244-250; *Canaanite Myth and Hebrew Epic,* Cambridge MA 1973, p. 52-60; L. R. Bailey, Israelite 'Ēl Šadday and Amorite Bêl Šadê, *JBL* 57, 1968, p. 434-438; J. Ouellette, More on 'El Šadday and Bel Šade, *JBL* 88, 1969, p. 470-471 ; E. L. Abel, The Nature of the Patriarchal God 'El Šadday, *Numen* 20, 1973, p. 49-59. M. Weippert (Erwägungen zur Etymologie des Gottesnamens 'Ēl Šaddaj, *ZDMG* 11, 1961, p. 42-62) préfère le sens « dieu de la plaine », qu'il tire de l'ougaritique *šd.* Selon K. Koch (Saddaj, *VT* 26, 1976, p. 309-316, p. 316) *šdy,* spécification de Dieu en tant qu'il se manifeste aux hommes (notamment en Job), rappellerait la fonction du *ml'k.* H. P. Müller (Einige alttestamentliche Probleme zur aramäischen Inschrift von Der 'Allā, *ZDPV* 94, 1978, p. 56-67, p. 67) rapproche *Jb* 19, 29, qu'il lit « alors vous connaîtrez les *Saddîn* », du premier groupement de Deir 'Alla, 1.6 : « Et les Puissants *(šdyn)* ont tenu une assemblée

fait que *n'm* soit très rarement suivi d'un auteur ou d'un locuteur humain (seulement 2 *S* 23, 1 *n'm dwd* et *Prv* 30, 1 *n'm hgbr*), et dans des passages considérés comme anciens ou archaïques, fut souvent avancé comme preuve de l'ancienneté du nôtre, avec l'argument que *n'm yhwh* n'était pas encore fixé comme formule technique, et que des combinaisons telles que *n'm pš'* « une parole concernant le mal » (*Ps* 36, 2) étaient encore possibles.

Sans pareil ou presque, aussi, parce que cet exorde est extraordinairement redondant : *n'm* y revient trois fois, quand il n'est employé qu'une fois par les Prophètes (pourtant avec le nom divin !) et deux fois en 2 *S* 23, 1. Les attributs du voyant-entendant y sont aussi

et ils ont dit ». A son avis, *šdy,* hypostase divine individuelle, renverrait à la représentation primitive d'une pluralité véritable. Mais les *šdyn* de l'inscription compliquent la question plus qu'ils ne la résolvent. Voir encore, dans la thèse de J. A. Hackett, *The Balaam Text from Deir 'Allā,* l'excursus « The Saddayyin », p. 85-89. Du parallélisme de I, 5/6 l'auteur déduit que *'Ilāhīn* est le terme générique pour « dieux » et que *Saddayyīn* désigne les dieux en tant qu'ils siègent au conseil d'El. *Sadday* serait « une épithète de El en tant que chef du conseil. » D'après E. A. Knauf (El Šaddai, *Biblische Notizen* 16, 1981, p. 20-26), on aurait affaire, avec *šdy*, à un matériau fort ancien, mais affleurant uniquement dans les textes récents appartenant à P ou dépendant de lui (*Ez* 10, 5 ; *Is* 13, 6 ; *Jl* 1, 15 ; *Rt* 1, 20 ; *Ps* 68, 15 ; 91, 1 ; *Ez* 1, 24). A son avis, *Gen* 49, 25 est postexilique, et ni le rédacteur du livre de Job ni les « oracles » de *Nb* 24, 4.16 ne sauraient être anciens.

L'idée de D. Biale, que le sens original de Shaddai est « the god of breasts », convient assez à *Nb* 24, 5-6. En cela, il n'innove pas : Albright, déjà (*JBL* 54, 1935), à la suite de Dhorme (L'emploi métaphorique des noms de parties du corps en hébreu et en akkadien, *RB* 31, 1922, p. 215-233, p. 230-231), pensait que le sens original de *šadu* était « mamelle » (*ṯd* en ougaritique, *ṯady* en arabe, *šad* en hébreu, *šadui* en akkadien), mais que, par association d'idées, il vint à signifier « montagne ». Šaddai « mountainer », serait « the one of the mountains ». Si l'on supplée l'hémistiche manquant 24, 4aβ *wyd' d't 'lywn,* on songera aux remarques de R. Rendtorff (El, Ba'al und Jahwe. Erwägungen zum Verhältnis von kanaanäischer und israelitischer Religion, *ZAW* 78, 1966, p. 277-292) qui, à propos de *Gen* 14, 19b *'l 'lywn qnh šmym w'rṣ,* démontre que *'l 'lywn* n'exprime pas une représentation cananéenne commune d'El, car *'lywn* à l'origine n'est pas associé à El, ni dans l'Ancien Testament ni ailleurs : il désigne une divinité indépendante (Sfiré IA, l. 11 : *'l w'lyn*), et à Ugarit, où il ne survient qu'en II K = CTA 16, III l. 5-8, *'ly* est une épithète de Ba'al, avec lequel il alterne. Que *'lywn,* en 24, 4aβ, soit une réminiscence de cette épithète, convergerait avec les observations de T. Worden (The Literary Influence of the Ugaritic Fertility Myth on the Old Testament, *VT* 3, 1953, p. 273-297, p. 277), qui montre qu'au plan littéraire le Dieu d'Israël reprend les fonctions du Ba'al dispensateur d'eau et de fertilité. D. Biale avance que l'école sacerdotale, gênée par l'arrière-plan cananéen de la tradition de El Shaddai et les associations psychologiques entre El Shaddai et Asherah, transforma la divinité dotée des attributs féminins de fertilité en « puissant dieu de la guerre », mâle par excellence. En ce qui regarde notre texte, il s'agit de guerre dès 24, 8-9, et exclusivement de guerre en 24, 15b-19. Il est vrai que nous supposerons un changement rédactionnel en 24, 7. De toute façon, la présence de Shaddai en tête de chacun des poèmes refléterait les deux aspects de ce nom et, s'agissant du premier, l'aspect « fécondité » prétendument archaïque selon Biale, on peut y voir une survivance littéraire.

soigneusement énumérés[2]. L'exégèse moderne n'a pas remarqué cela, mais Origène en était déjà frappé : « Mirum profecto est quomodo tantae laudis dignus habeatur Balaam qui accepta parabola sua, haec de semetipso pronuntiat... Nec Moyses enim, nec alius quis prophetarum facile invenietur tantis laudibus elevatus... »

2. — *L'ŒIL FERMÉ OU L'ŒIL OUVERT?*

šᵉtum h'yn (v. 3bβ) est une *crux interpretum*[3]. Le mot *šᵉtum* est un *hapax*. Les interprétations se sont dirigées les unes vers un pôle négatif : l'idée de « fermer », les autres vers un pôle positif, l'idée d'« ouvrir ». Bien entendu, rapport était établi avec le v. 4bβ : *glwy 'ynym* « découvert quant aux yeux ». Ce rapport a servi à étayer des thèses[4] diamétralement opposées :

— thèse des synonymes :
glwy = « découvert » = > *štm* = « ouvert »[5]
— thèse des antonymes :
refus de la tautologie : *glwy* = « découvert » = > *štm* = « fermé »

A. — *La thèse des synonymes*

a) *še-tom* « qui est parfait quant à l'œil », dans la ligne d'Onqelos *(dšpyr ḥzy)* et de la LXX *(ho alèthinôs horôn)*. A Qumran (4Q Testimonia) se retrouve la séquence entière 24, 15a-17. Le texte porte *šhtm h'yn* pour 24, 3bβ « qui est le parfait quant à l'œil » (?) et *wglw 'yn* pour 24, 4bβ[6]. Thèse reprise, avec une variante, par Wellhausen *(š-tmh 'yn)*, mais par aucun commentateur moderne, sauf Albright et Vetter.

b) *šᵉtum* « ouvert » : c'est un mot michnique, terme technique pour le

2. J. Lindblom (Theophanies in Holy Places in Hebrew Religion, *HUCA* 32, 1961, p. 61-106, p. 94) rapproche *Nb* 24, 4 de *Gen* 15, 1 et *Ez* 13, 4 à cause du terme *mḥzh* qui ne se rencontre pas ailleurs. Il signale que *mḥzh* n'est jamais utilisé pour ce qui se voit en rêve. Sur *mḥzh* et la difficulté qu'il y a à distinguer entre « songe » et « vision », voir A. de Pury, *Promesse divine et légende cultuelle dans le cycle de Jacob,* Paris 1975, Tome I, p. 312, n. 382.

3. G. Vermès, dans *Scripture and Tradition in Judaism. Haggadic Studies* (Studia Post-Biblica 6), Leiden 1961, fait une bonne enquête à ce sujet, sans pourtant montrer que toutes les versions ont établi un rapport, d'ailleurs variable, entre le v. 3bβ et le v. 4bβ.

4. Les Targumim de Jonathan, de Jérusalem et Néofiti l'ont si bien compris ainsi, qu'ils ont fait des v.3bβ et 4bβ de véritables doublets : pour 3bβ *(štm h'yn) : drzy' stymy mh d'tksy mn nbyy' hwh mtgly lyh* « à qui les secrets dérobés, ce qui fut caché aux prophètes, furent révélés » ; pour 4bβ *(wglwy 'ynym),* la traduction est identique : *wrzy' stymy' mh d'tksy mn nbyy' hwh mtgly lyh.*

5. Pour la métaphore « ouvrir un sens physique », voir *Gen* 3, 5 *(wnpqḥw 'ynykm)* et 3, 7 *(wtpqḥnh 'yny šnyhm), Ps* 40, 7 *('znym kryt ly), Ps* 119, 18 *(gl-'yny w'byṭh.)*

6. Voir J.M. Allegro, Further Messianic References in Qumran Literature, *JBL* 75, 1956, p. 174-187, p. 183.

percement d'un trou dans un tonneau (*'Abod. Zar.* 5, 3.4)[7]. Mais même ce mot a pu être relu dans un sens négatif, comme fait Rachi : « son œil était énucléé, et l'orbite apparaissait ouverte ». A cause, non de ses dons de voyant, mais des goûts de voyeur qu'il prête au Seigneur même, Balaam a l'œil crevé.

B. — *La thèse des antonymes*

Beaucoup, suivant d'autres versions grecques *(empephragménoi)* et la Vulgate *(cujus obturatus est oculus)*, et jouant sur la ressemblance graphique et sonore de *štm* avec *stm* et *śtm* (*Lam* 3, 8) « fermer » ou « arrêter » traduisent « l'œil fermé ». Le mot *stm* vient surtout dans les écrits tardifs *(Daniel, Néhémie, Chroniques)*[8]. Les versions ou les commentateurs qui ont choisi ce sens l'ont fait principalement pour deux raisons :

a) Une opposition, sans doute due à l'interprétation chrétienne ancienne, entre les yeux de la chair et les yeux de l'esprit. La fermeture des yeux du corps va de pair avec l'ouverture du regard intérieur (Hengstenberg, Baumgarten). Keil parle de « seconde vue ». S'y ajoute un *topos* folklorique sur le devin aveugle, soit indo-européen : Tirésias[9] et même Homère, soit scandinave : Odhinn[10].

7. Dans la Michna (*'Abod. Zar.* 5, 3.4) *štm* est employé à côté de *stm*, comme son contraire (*kdy šyštm wystm* « pendant qu'il ouvre (ou creuse) un trou et l'arrête à nouveau »).

8. On le trouve aussi, il est vrai, en 2 *R* 3, 19.25; *Ez* 28, 3; *Ps* 51, 8.

9. A vrai dire, bien que cette idée semble aller de soi, mutilation physique au profit d'un surdéveloppement des facultés intellectuelles ou spirituelles, elle trouve peu d'applications concrètes dans la littérature élaborée. Voir à ce sujet A. Bouché-Leclerc, *Histoire de la divination dans l'Antiquité*, Paris, 1879, Tome I, 2e Partie, p. 30. Il n'existe en tout que trois prophètes aveugles (Phineus, Evenios, et Tirésias) et trois aèdes (Thamyris, Démodocos, et Homère). Du point de vue de la genèse, d'ailleurs, la cécité peut être postérieure à l'octroi du don de divination (pour Phineus, c'est la punition d'un abus de ce don) ou, à l'inverse, le don de divination peut être accordé en compensation de la cécité, elle-même châtiment d'une autre faute (Evénios et Tirésias).

Ce n'est donc que d'un point de vue synchronique, structural, que l'on peut à bon droit mettre les deux phénomènes en rapport. Il s'agit d'un schème classique de la pensée populaire : dans les villages (et dans les contes), l'idiot, le ravi, le fou, est doté, par contre-coup, d'un pouvoir surnaturel de voyance. Dans le même ordre d'idées la littérature rabbinique a vu en Balaam un borgne (*h'yn* d'après *t.b. Sanh.* 105b) et un boiteux (interprétation de *wylk špy* selon *t.b. Sanh.* 105a reprise par Rachi et Ibn Ezra). Là encore, l'important n'est pas la genèse (mutilation consécutive à un abus du don, ou don comme compensation de la mutilation), mais la simple corrélation des deux traits, perte physique, surplus moral.

10. A ce sujet, voir G. Dumézil, *Mythe et Épopée* III, Paris 1973, p. 268 « Les sauveurs mutilés » ; p. 271 « Le manchot » et p. 274 « Le borgne » : ce sont les « mutilations paradoxalement qualifiantes ». On les retrouve aussi dans la mythologie védique. Dumézil signale une mystérieuse équivalence entre Varuna, le dieu indien souverain, vieillard chauve, lépreux, blanc (ou noir), au yeux jaunes, estropié, et Odhinn, le roi-prêtre magicien, vieillard borgne, dont l'une des épithètes est *Gestr*

b) Une perspective diachronique : Balaam avait, jusque-là, les yeux fermés quant à la vraie nature des choses (Abrabanel) ; ses yeux n'avaient pas été capables de voir l'ange sur la route (Cléricus). Une variante de *a)* est proposée par Keil, selon qui, étant presque impensable que la révélation du Dieu d'Israël fût donnée à un voyant païen, il fallait au moins que celui-ci fût physiquement aveugle. On se demandera si, au-delà des lieux communs sur le voyant, l'œil aveugle ne pourrait être, justement, un trait propre *à ce voyant local précis*, que nous aurait conservé la tradition.

Le mot *śᵉtum*, dans la Bible, recouvre deux champs sémantiques qui conviennent aussi bien l'un que l'autre au sujet : ou bien l'idée de « secret », qui a conduit des exégètes à traduire par « à l'œil secret », juste milieu entre les synonymes et les antonymes ; ou bien l'idée de combler une source ou un puits : l'expression *śtm ʿyn mym* est fréquente. Faut-il penser qu'un *še-tom* primitif a été changé en *šᵉtum* pour l'une des deux raisons évoquées plus haut, et surtout une troisième, clairement satirique ? Mais le changement n'est guère satisfaisant, car *šᵉtum* n'est pas *śᵉtum*, et n'a pas, en soi, de sens. De plus, *š* relatif est possible, mais nécessairement suivi d'un dagesh, absent de notre texte. Ibn Ezra propose l'inverse : *'yn lw 'ḥ rq pyrwšw*

« l'hôte, l'étranger », ou *Gestumblindi* « l'étranger aveugle (= borgne) », dans *Mythes et dieux des Germains*, essai d'interprétation comparative, Paris 1939.

DUMÉZIL signale chez TITE-LIVE la même équivoque que sur *še-tām//śᵉtum, 'ynym//h'yn*, hésitation entre la mutilation et la complétude : « Tite-Live, qui répugne aux étrangetés, ne commente pas le surnom 'Coclès', et emploie même un pluriel, *oculos*... Tite-Live savait que *cocles* équivaut à *luscus* 'borgne', et son pluriel équivoque est aisé à expliquer : il peut indiquer que Tite-Live... adopte la thèse que 'Coclès' n'était borgne que par apparence, par le rapprochement excessif des sourcils et des yeux (PLUTARQUE, *Publicola*, 16, 7) ; ou bien il peut signifier simplement 'regards' ».

Pour en revenir à Balaam, la cécité que lui prêtent certaines interprétations converge, et avec celle de Tirésias, et avec celle d'Homère : Balaam est en effet à la fois voyant et poète. Et toutes ces spéculations expliquent les diverses explications proposées pour le texte, mais pas nécessairement le texte lui-même. Par exemple, selon D. MARCUS (Some Antiphrastic Euphemisms for a Blind Person in Akkadian and Other Semitic Languages, *JAOS* 100. 3, 1980, p. 307-310), *štm h'yn* qu'il traduit « one with closed eye » signifie « perspicacious one ». Il s'appuie sur le Targum *dešappîr ḥāzê* « whose vision is good » et SAADIA *alḥadîd albaṣari* « sharp of vision ». Cette explication n'est guère convaincante car elle suppose le contraire de ce que démontre l'auteur, à savoir, que l'akkadien et d'autres langues sémitiques utilisent des euphémismes pour désigner, par antiphrase, des personnes aveugles (ainsi *pati'a īnim* « aux yeux ouverts » et l'araméen *mepatḥā'* « ouvert » épithètes appliquées à des aveugles).

Quoi qu'il en soit, l'œil est organe de connaissance. É. DHORME (*L'emploi métaphorique des noms de parties du corps en hébreu et en akkadien*, p. 77) observe qu'en akkadien *êni* « de l'œil » est accolé à *le'û* « sage » et *mûdût* « savant » : il concerne donc la connaissance intellectuelle. DHORME traduit *štm h'yn* par « ouvert quant à l'œil, qui a l'œil ouvert », s'appuyant sur la locution akkadienne *ša piti ênim* « celui de l'ouverture de l'œil, celui qui ouvre l'œil » correspondant à l'idéogramme *lù igi-bar-bar-ra* « homme qui ouvre l'œil, l'observateur ». Voir Friedrich DELITZSCH, *Assyrisches Handwörterbuch*, Leipzig 1896, s.v. *li'û*, p. 365 A.

kpy mqwmw hpk stwm h'yn «il n'y a rien d'apparenté, la seule explication convenant ici c'est qu'il a inversé *stwm h'yn*». Que choisir?

3. — *L'ŒIL MAUVAIS*

Déjà Ehrlich, dans ses *Randglossen*, avait dit que ni l'un ni l'autre ne convenait[11] (on dira plutôt que l'un et l'autre conviennent également). Il remarque aussi l'opposition entre *h'yn* et *'ynym*, qui montre que les deux vocables n'ont pas le même statut, s'ils doivent vraiment qualifier le même personnage[12]. Ehrlich rapproche *štm h'yn* de *Prv* 22, 9 *ṭwb 'yn* et de *Dt* 28, 54.56 et *Prv* 23, 6 *r' 'yn*. Selon lui, *štm h'yn* serait une *« Eigenschaft »* de Balaam. Sa place serait significative dans l'enchaînement des faits : elle ne vient que dans le troisième poème, juste après qu'il a été dit, au v. 1, qu'il plaît aux yeux de Yahvé de bénir Israël. Ici, Ehrlich fait un peu du *midrash* parce qu'il essaie de justifier le texte en le laissant tout entier sur le même plan rédactionnel. Mais son intuition *lexicale* semble juste. Les v. 3b-4 seraient une *excuse* avancée par Balaam à Balaq quand tout espoir d'exécuter les ordres de ce dernier s'avère vain : *šᵉtum* serait à mettre en relation avec l'arabe *šatuma*[13] «maliziös sein», «Schadenfreude haben», et exprimerait la *malveillance* de Balaam à *l'égard d'Israël*. L'excuse consisterait en l'argumentation suivante :

a) Balam voit qu'il plaît aux yeux de Yahvé de bénir Israël; ce n'est plus la peine d'insister; cependant il rappelle à Balaq que
b) à l'origine, il était malveillant *(štm)* à l'égard d'Israël mais que
c) Dieu l'a forcé à tomber *(npl)*,
d) à avoir les yeux *glwym*, c'est-à-dire *« aufgerissenen »*.

Certes, en l'état, c'est du roman. Mais l'idée peut être restituée dans une perspective de critique littéraire. Quelques auteurs ont établi un rapprochement entre *Nb* 24, 4b *glwy 'ynym* et *Nb* 22, 31 *wygl yhwh 't-'yny bl'm* (épisode de l'Ânesse). Chose étonnante, ils sont rares; et comme ils se réclamaient de l'hypothèse documentaire, l'affaire était réglée d'avance : l'Ânesse appartenait à J, *Nb* 24, 3b-9 appartenait à J. On doit présupposer ici les résultats de l'analyse littéraire de l'ensemble du texte *Nb* 22-24 :

a) L'Ânesse est immédiatement antérieure, d'un point de vue rédactionnel, au chapitre 24, et spécialement, à *Nb* 24, 3b-9.

11. GRAY fait observer à juste titre que l'hébreu est très capable d'exprimer clairement la différence entre la vision physique et la vision spirituelle : voir *Jb* 10,4 : *h'yny bśr lk 'm-kr'wt 'nwš tr'h.*

12. C'est précisément ce singulier *h'yn* qui conduit certains commentaires rabbiniques à dire que Balaam était borgne (*t.b. Sanḥ.* 105a, repris par RACHI et IBN EZRA).

13. Étymologie également proposée par GESENIUS *(Thesaurus)*.

b) Le reste du chapitre 22, le chapitre 23, et spécialement les poèmes, sont antérieurs à l'Ânesse.
c) Chacun des niveaux rédactionnels réagit contre le précédent.

L'exorde de *Nb* 24, 3b-4 rappelle en trois lignes l'épisode de l'Ânesse et même, la situation antérieure :

a) *štm h'yn* évoque les sentiments que Balaq demandait à Balaam de nourrir envers Israël. Les ordres de *z'm* de *Nb* 23, 7bβ et 8b étaient d'ailleurs traduits par *štm* dans le Targum arabe samaritain : malveillance[14].
b) *npl* rappelle 22, 31bβ *wyqd wysthw l'pyw*. Selon Ehrlich, d'ailleurs, c'est un raccourci poétique pour *npl 'l pnyw*[15].
c) *glwy 'ynym* reprend littéralement *wygl yhwh 't-'yny bl'm.*

Voyons encore d'autres modalités de ce rappel.

14. Cette hypothèse fut déjà proposée par J. M. ALLEGRO (The Meaning of the Phrase *šeṯūm hā'ayin* in Num. XXIV 3, 15, *VT* 3, 1953, p. 78-79), à la suite d'EHRLICH. L'auteur ajoute qu'il existe, à côté de *šatama* «il a injurié» la forme *šatuma* «fut laid, déplaisant, ou d'apparence odieuse», avec un adjectif *šatimum* «au visage menaçant, sinistre, de mauvais augure», employé notamment pour un lion. L'expression *šatīmu 'l-muḥayyā* «au visage sévère, implacable» serait l'équivalent exact de *šatīmu 'l-'yn* (voir E. W. LANE, *An Arabic-English Lexicon,* 1863-93, s.v. *'yn*). Le participe passif de 24, 3bβ correspondrait à l'adjectif arabe *šatīmun,* et la construction dénote une qualité inhérente comme *bāṭūaḥ* «trustful», *zākūr* «mindful». J. BARTH (*Die Nominalbildung in den semitischen Sprachen,* Leipzig 1894, p. 175) et GESENIUS-KAUTZSCH (*Grammar* 1910 § 50f) pensent qu'il ne s'agit pas de vrais passifs mais de participes actifs dérivés d'un imparfait *u.* Mais M. H. SEGAL (Mishnaic Hebrew and its Relation to Biblical Hebrew and Aramaic, *JQR* 20, 1908, p. 647-737, p. 688) y voit des passifs d'actes si constants et si continus qu'ils deviennent une condition ou une qualité du sujet, qui dès lors se conçoit comme étant lui-même influencé ou agi par son propre acte.

La solution d'Allegro, intéressante au plan philologique, ne tenait pas compte du problème rédactionnel. A vrai dire, tant que le troisième poème était considéré comme plus ancien, cette solution rencontrait des difficultés : comment imaginer que Balaam pût conjointement se présenter comme le plus fidèle et le plus inspiré des prophètes, et «the grim-faced one»? Mais suppose-t-on que le troisième poème, postérieur aux deux premiers, réagit, *après l'avoir résumé,* contre l'épisode de l'Ânesse qui, défavorable à Balaam, réagissait déjà contre le premier niveau rédactionnel, cette solution philologique est non seulement justifiée,, mais bienvenue.

15. De nombreux commentateurs ont pensé que *npl* évoquait les transes dont sont saisis les prophètes et Saül en 1 *S* 19, 24 *(wypl 'rm) ;* c'est l'avis d'EWALD, HENGSTENBERG, MICHAELIS, CALMET, HERDER. La même idée est sous-entendue par certaines versions : la Peshitta («quand il tombe ses yeux sont ouverts»); la Vulgate *qui cadit et sic aperiuntur oculi ejus ;* le Targum de Jonathan rend *npl* deux fois : «qui, parce qu'il n'était pas circoncis, *tomba* sur sa face quand l'ange se tint devant lui» et «il *tomba* sur sa face, et les mystères sacrés cachés aux prophètes lui furent révélés» et le Targum de Jérusalem : «*prosterné* sur sa face» et «il prophétisa qu'il *tomberait* par le glaive». La LXX ajoute *en hypnô(i)* et SAADIA traduit «et il dort».

KALISCH se refuse à imaginer le noble Balaam en proie aux transes; il invoque des parallèles grecs pour faire admettre un déplacement entre le sens originel, étymologique, d'un mot, et ses sens et emplois ultérieurs : si *mantis* (de *mainomai*) est, au sens propre, un «maniaque», cela n'implique pas que le vénérable devin Tirésias (qualifié de *mantis*) tombait en des transes indécentes. Ce serait «une façon de parler».

4. — *2 S 23, 1-3 ET Nb 24, 3b-4 : DEUX TEXTES D'UNE MÊME ÉCOLE ?*

A cause de cette rareté, qui leur est commune, de *n'm* déterminé par un terme non divin, ces deux textes sont souvent mentionnés ensemble. Mais les auteurs s'en tiennent là. On ne s'aventure guère plus loin que la timide proposition : « One of the passages must be dependent on the other[16]. » Cette humble supposition est peut-être déjà un présupposé. Les deux textes ne pourraient-ils émaner d'une même école littéraire ? Mettons-les en regard : au moins saisirons-nous mieux la spécificité de notre texte.

2 *S 23, 1-3*	*Nb* 24, 3b-4
n'm dwd bn-yšy	*n'm bl'm bnw b'r*
wn'm hgbr hqm 'l	*wn'm hgbr štm h'yn*
mšyḥ 'lhy y'qb	*n'm šm' 'mry-'l*
wn'ym zmrwt yśr'l	*wyd' d't 'lywn*
rwḥ yhwh dbr-by	*'šr mḥzh šdy yḥzh*
wmltw 'l-lšwny	*npl wgly 'ynym*
'mr 'lhy yśr'l	
ly dbr ṣwr yśr'l	

a) L'introduction de 2 *S* 23, 1-7 est encore plus longue et redondante que *Nb* 24, 3b-4 mais ne comporte que deux *n'm.*

b) *hgbr huqam 'l* et *hgbr šᵉtum h'yn* se ressemblent quant à la structure et aux sonorités : ils ont même *gbr* en commun. Ce fait constitue d'ailleurs un indice que *štm* est plutôt un élément simple et complet que le composé du relatif et de l'adjectif.

c) 2 *S* 23, 1-7 est très unifié ; du v. 1 jusqu'au v.5 inclus, le texte parle du locuteur, et à la première personne du singulier. Sous diverses facettes, il est vrai (messie, prophète, juge, gouvernant, chef de dynastie), mais il s'agit toujours du même. Si la tête du poème est, par rapport au corps, plus longue qu'en *Nb* 24, 3b-9, elle reste en symbiose avec lui. En revanche, le texte qui nous occupe est beaucoup plus fragmenté : de l'auteur du discours (v. 3b-4), on passe sans transition à son objet, et même cet objet est éclaté. Ce ne sont plus des facettes, mais des bribes qui se succèdent, presque éparses. 2 *S* 23, 1-7 paraît primitif, *Nb* 24, 3b-9 imitatif. Nous verrons plus bas, au fil de l'analyse, en quels autres points il imite. Mais la comparaison éclaire déjà *Nb* 24, 3b-4 quant aux détails suivants :

a) quelques auteurs ont remarqué que les noms divins compléments des termes de perception étaient, en *Nb* 24, 4, des

16. Gray, p. 361.

génitifs subjectifs, et non pas objectifs. C'est parfaitement confirmé par 2 *S* 23, 2 et 3, où les noms divins sont sujets actifs des verbes, et où le locuteur se présente comme réceptacle passif. L'idée est donc différente d'*Is* 6, 1 et *Ez* 1, 28, où le prophète voit et entend Dieu lui-même.

b) Puisqu'il y a beaucoup moins à dire sur le locuteur lui-même qu'en 2 *S* 23 (celui-ci n'est que voyant et entendant), l'auteur a gonflé à l'excès les *n'm*, et tandis qu'en 2 *S* 23 il n'est question que de la parole, et de l'esprit de Dieu, en *Nb* 24, l'accent est mis sur l'activité perceptive : entendre et voir. Il faut y voir l'influence, et de la prose des chapitres immédiatements antérieurs, et du modèle du discours proprement prophétique.

c) Le résidu propre à *Nb* 24, 3b-4, outre l'identité même de Balaam[17], est précisément *štm h'yn, npl, glwy 'ynym*. Il ne tient qu'au statut particulier du poème dans l'histoire rédactionnelle de *Nb* 22-24.

Origène avait raison de signaler l'enflure exceptionnelle, pour un exorde prophétique, de cette introduction : elle est due à la fois à l'influence de 2 *S* 23, 1-3 (où elle choque moins, parce que le locuteur ne se présente pas tout à fait comme un prophète et n'est

17. En outre, un détail formel : *Nb* 24, 3bα a *bnw b'r* comme 23, 18bβ avait *bnw ṣpr*; 2 *S* 23, 1 n'a que *bn yšy*. Par une double et curieuse incohérence, ALBRIGHT corrige et reconstitue *bn b'r* et *bn ṣpr*, tout en avançant la finale *w* du texte massorétique comme l'indice certain d'un état ancien de la langue : « The preservation of the nominative case-ending (in Canaanite the case-endings were preserved before a genitive, just as in Arabic) is clearly for the sake of the meter... It need scarcely be added that such instances strongly favor early date, since, the metric reason for preserving the case-endings was often forgotten in late, archaistic, passages. »

Malheureusement, VON GALL avait déjà observé : « Aufällig is *bnw*, denn das *w* ist der Rest einer alten Nominativendung. Aber sonderbarerweise finden sich alle diese alten Endungen nur in jungen Stücken. So *ḥytw 'rṣ Gen.* 1, 24. *Jes*-56, 9. *Zeph* 2, 24. *Ps* 50, 10.79, 2.104, 11.20... und *m'ynw mym Ps* 114, 8. Gerade in später Zeit kramte man gern alte Formen wieder aus, das gab der Sache gleich ein anderes Aussehen. »

Archaïque ou archaïsant? GESENIUS-KAUTZSCH (§ 900) remarque que cette voyelle paragogique, toujours portant le ton, caractérise le style élevé. Comme la finale *y*, c'est une *littera compaginis* employée presque exclusivement pour souligner une étroite connexion entre un nom et un autre, donc spécialement à l'état construit (§ 90k). Il s'étonne aussi qu'une forme supposée archaïque n'ait été préservée (sauf précisément *bnw!*) qu'en deux mots, et cela en des passages tardifs.

Il est difficile de conclure. *bnw* n'est pas si récent, puisqu'il se trouvait déjà en *Nb* 23, 18bβ, sans doute prédeutéronomique; il n'est pas non plus si ancien, étant absent, par exemple, de 2 *S* 23, 1.

Concernant *Nb* 23, 18bβ, retenons l'idée de style élevé; quant à *Nb* 24, 3bβ, cette petite divergence avec le modèle de 2 *S* 23, 1 doit s'expliquer, et par le souci de balancement, de symétrie avec Balaq : *bnw ṣpr/bnw b'r* (Balaam ne saurait décliner une identité qui « sonne » moins noble que celle de Balaq), et par une recherche d'archaïsme de langue, qui converge avec la thématique du retour aux sources.

Du point de vue de la critique littéraire, l'auteur du troisième poème eut peut-être simplement à cœur de maintenir la continuité, de renouer le fil avec l'épisode encore inachevé et les deux premiers poèmes, dont il héritait.

pas censé l'être, et que l'exorde fait corps avec le poème, qui porte tout entier sur le locuteur), et au statut du poème, qui réagit à l'excès contre l'image négative donnée de Balaam dans l'Ânesse.

V. 5-6 : MH-ṬBW 'HLYK Y'QB MŠKNTYK YŚR'L
KNḤLYM NṬYW KGNWT 'LY NHR
K'HLYM NṬ' YHWH K'RZYM 'LY-MYM

Ces trois versets font corps. Les commentateurs ont été unanimes à en admirer la beauté : « cum multo decore descripsit » dit Origène ; « pulchre castra comparantur valli patenti », remarque Hümmelauer ; « ein bewundernder Ausruf », écrit M. Noth. Le ton et le registre de cette vision célébrant la paix et l'abondance dont jouit Israël sont lyriques. Le contenu (bonté et contemplation de la bonté) et la forme (bonté et exaltation passionnée) coïncident parfaitement.

1. — *Les tentes et les demeures*[18]

Les deux termes *'hlyk* et *mškntyk* sont-ils caractéristiques d'un milieu ou d'une époque littéraire ?

'hlym appartient à toutes les catégories littéraires. Le secteur du *Pentateuque* est le plus limité (*Gen* 9, 27 L ; 13, 5 L ; 25, 27 J). Les trois secteurs les plus intéressants pour comprendre notre texte sont :

a) le secteur prophétique : les *'hlym* y sont évoquées pour illustrer la restauration, par Yahvé, de l'époque heureuse des tentes (*Os* 12, 10 ; *Za* 12, 7 et *Mal* 2, 12 avec ici *y'qb*, là *yhwdh* comme déterminant) ;

b) le secteur deutéronomique (*Dt* 16, 7 et 33, 18 avec le suffixe *k* ; *Dt* 11, 6 ; *Jos* 22, 6.7.8 ; 1 *R* 12, 16) ;

c) le secteur des *Psaumes*, où sont particulièrement remarquables *Ps* 78, 55 : *wyškn b'hlyhm šbṭy yśr'l* et *Ps* 118, 15 *qwl rnh wyšw'h b'hly ṣdqym* (cf. *Nb* 23, 10 *tmt npšy mwt yšrym*).

Pour l'instant, on peut seulement dire que *'hlym* occupe une place confortable dans des textes mentionnant à la fois les bienfaits de Dieu à l'égard de l'Israël mythique du désert (harmonie perdue), et la restauration de cet état de bonheur (harmonie retrouvée). C'est un cliché.

18. On a voulu voir dans *'hlyk* la description concrète du campement qu'avait sous les yeux Balaam et dans *mškntyk* une allusion à l'établissement futur en Canaan, mais le couple est trop fréquent pour justifier une telle distinction entre les deux mots.

Le parallèle *'hl*//*mškn* se trouve en III K (= CTA 15) III, l. 18-19 : « Ils s'en vont, les dieux, vers leurs tentes, la race d'El, vers ses demeures. » Également en II D (= CTA 17) V, l. 32-33 : « Kothar regagne sa tente, Hayin regagne sa demeure. » Dans les deux cas, cette paire désigne les demeures divines.

mšknwt se répartit entre le secteur prophétique et celui des *Psaumes*. Le registre en est identique : idée de paix et de bénédiction par Dieu, ou même de restauration. Le ton en est souvent lyrique, la charge affective sensible. Fait remarquable, on trouve de façon presque interchangeable comme déterminant, *y'qb, yśr'l,* des pronoms personnels suffixés y renvoyant (cas de *Nb* 24, 5 ; *Is* 54, 2 ; *Jér* 30, 18 ; *Ps* 49, 12 ; *Ps* 78, 28 ; 87, 2), et le nom divin, ou des pronoms personnels y renvoyant (*Ps* 43, 3 ; 84, 2). Sans vouloir faire d'assimilation hâtive, l'analogie de ton et de contexte autorise à dire que les demeures de Jacob/Israël et les demeures du Seigneur ne font qu'un.

Pour bien comprendre la teneur de notre texte, citons :

Is 32, 18 : *wyšb 'my bnwh šlwm wbmšknwt mbṭḥym wbmnwḥt š'nnwt*
Is 54, 2 : *hrḥyby mqwm 'hlk wyry'wt mšknwtyk yṭw*
Jér 30, 18 : *hnny-šb šbwt 'hly y'qwb wmškntyw 'rḥm.*

Les conclusions précédentes sont confirmées : *Nb* 24, 5 pourrait bien être un texte de restauration.

Ces citations permettent de répondre à une question souvent posée par les exégètes : d'après les Pères de l'Église, dans la lignée d'Origène, « une maison est chose assise, stable, circonscrite par des limites fixes ; les tentes sont les habitations des nomades toujours en route qui n'ont pas trouvé le terme de leur voyage »[19]. D'après les commentateurs modernes, les deux vocables sont synonymes. Nous voyons bien qu'ils forment un couple consacré dans la littérature biblique[20]. Mais, paradoxalement, ces deux jugements contradictoires démontrent le même fait : l'association *mškn/'hl* ne veut que donner une idée de totalité, de complétude. Que leur sens soit identique ou opposé, les deux mots sont, quant à leur fonction, complémentaires.

Le poète joue souplement sur un double registre ; il hérite de la situation concrète supposée dans les chapitres 22 et 23 : le voyant regarde Israël campant dans les steppes de Moab *(hn 'm lbdd yškn)*. Le poète rappelle cette situation juste avant son poème en *Nb* 24, 2aβ[21] : *wyr' 't-yśr'l škn lšbṭyw.* Il « récupère » cette situation et cette terminologie pour les fondre dans le discours typique de restauration. C'est une sorte d'actualisation, mais à la fois très forte et très subtile, parce que le lecteur ne s'est rendu compte de rien : il est toujours avec Balaam à regarder, d'une éminence, le peuple qui campe en bas, loin. Mais le registre a changé du tout au tout.

L'expression *mh-ṭwb,* exclamation passionnée, est rare, mais ses

19. Origène, *Homélies sur les Nombres* xvii.

20. L'expression *mškn 'hl mw'd,* fréquente dans la littérature sacerdotale, prouve qu'ils ne sont pas opposés.

21. Nous avons vu que ce verset est rédactionnel et qu'il en est l'auteur.

autres occurrences coïncident assez bien avec notre texte. Elle vient toujours dans le contexte de l'amour, soit entre amants (*Ct* 4, 10 est le seul texte, avec le nôtre, où *ṭwb* soit un verbe : *mh-ṭbw ddyk myyn*), soit entre frères bénis par le Seigneur (*Ps* 133, 1 : *hnh mh-ṭwb wmh-n'ym šbt 'ḥym gm yḥd* et v. 3 : « C'est comme la rosée de l'Hermon qui descend sur les montagnes de Sion. Là, le Seigneur a décidé de bénir : c'est la vie pour toujours ! »).

Citons surtout, quoique *ṭwb* n'y soit pas, *Ps* 84, 2 : c'est bien la même effusion d'amour et, comme par hasard, il s'agit de demeures du Seigneur : *mh-ydydwt mšknwtyk yhwh ṣb'wt.*

2. — « *TENDRE* » *ET* « *PLANTER* »

Le verset 6 consiste en une série de comparaisons appartenant toutes au champ de la végétation. Il comporte aussi deux verbes très proches l'un de l'autre, *niṭṭāyû* et *nāṭa'*. Il contient enfin *'ăhālîm* qui ne diffère de *'ohāleykā* que par la vocalisation. Ces sources éventuelles de confusion ont conduit les exégètes, anciens ou modernes, à confondre et identifier des mots qui, s'ils se ressemblent, n'en restent pas moins distincts dans le texte massorétique.

niṭṭāyû est un *hapax :* c'est le niphal 3e personne du pluriel de *nṭh* « tendre, étendre »[22]. Dans le texte, il est censé avoir comme sujet *nḥlym* et *gnwt. nṭ'* « il a planté » est classique. Dans le texte, il a pour sujet le Seigneur, et pour objet les *'hlym* et les *'rzym.* A cause du caractère exceptionnel de *nṭyw,* et du fait qu'il avait aussi comme sujet un *'hlym,* plusieurs versions[23] ont corrigé *nṭyw* en *nṭ'wy.* Cela tient aussi au champ sémantique des deux verbes qui, nous allons le voir, sont distincts mais parfois contigus. Sans compter leur quasi-homophonie.

nṭh est le plus souvent transitif, avec comme complément *'hl* « la tente ». L'expression signifie « étendre la toile », donc « planter le tente »[24]. Par analogie, le verbe peut avoir comme complément *šmym* et comme sujet Dieu. Métaphoriquement, Dieu tend les cieux comme on tend une toile de tente[25]. *nṭh* n'a qu'un seul emploi intransitif, voulant dire « s'étendre », en *Nb* 21, 15. Il a comme sujet *nḥl.*

22. Ibn Ezra explique la forme ainsi : « le *ṭ* est redoublé parce que le *n* a été assimilé, le *y* s'est substitué au *h,* on aurait attendu *ninṭoyû.* » De fait, en *nṭyw,* parfait niphal de *nṭh,* le *yod* radical reparaît, comme en *Ps* 73, 2 qeré.

23. Certains codices samaritains portent *nṭ'y;* c'est aussi, semble-t-il, ce qui explique de loin le *skiazousai* de la LXX, et le *nemorosae* de la Vulgate, et de près le *nṣbym* des Targumim samaritains. A l'inverse, pour *nṭ'* au v. 6bα, le texte samaritain porte *nṭw;* mais les Targumim samaritains ont *qb',* ce qui correspond bien à *nṭ'.*

24. *Gen* 12, 8 ; 26, 25 ; 33, 19 ; *Ex* 33, 7 ; *Jg* 4, 11 ; 2 *S* 6, 17 ; 22, 10 ; *Ps* 18, 10 ; 104, 2 ; *Za* 12, 1 ; *Jb* 9, 8.

25. *Is* 40, 22 ; 42, 5 ; 44, 24 ; 51, 13 ; 66, 12.

nṭʿ est transitif, avec comme sujet des végétaux. Mais son sens premier est d'abord «planter», c'est-à-dire «figere-statuere». Nous ne sommes pas loin des piquets de tentes. Les auteurs bibliques l'ont senti ainsi. Voir *Is* 51, 16 : *lnṭʿ šmym wlysd ʾrṣ* et *Dan* 11, 45. *nṭʿ* a souvent comme sujet Dieu, pour évoquer la plantation, par Dieu, du jardin d'Éden (*Gen* 2, 8) ou d'Israël lui-même. Dernier point rapprochant *nṭh* et *nṭʿ :* tous deux sont employés en contexte positif d'installation. C'est évident pour *nṭh ʾhl,* mais considérons aussi le couple *lbnwt wlnṭ(w)ʿ* (*Jér* 1, 10 ; 31, 28(27) ; 18, 9). Ces divers éléments d'analyse permettent de reconstituer le travail littéraire de l'auteur :

a) *nṭyw* convenait pour le premier terme de la comparaison *ʾohāleykā* du v. 5, mais pris au sens transitif; Dieu était peut-être l'agent sous-entendu de ce passif.

b) Il est employé *aussi* pour le deuxième terme, *nḥlym,* mais au sens intransitif.

c) *nṭʿ* convient pour le troisième terme *ʾăhālîm,* et aussi le quatrième. On trouve ici Dieu comme sujet exprimé. Résumé[26] :

nṭʿ qui ressemble à *nṭyw*
| \ *nḥlym* deuxième terme
troisième terme *ʾăhālîm* qui ressemble à *ʾohāleykā* premier terme

Un certain nombre de corrections proposées appauvriraient cette composition si raffinée. Par exemple, celle de *nṭyw* en *nṭʿwy*. Nombre d'auteurs refusent de traduire *nḥlym* par «vallées», arguant du fait que *nḥl* veut d'abord dire «torrent», que le terme parallèle est *gnwt,* et

26. Les Targumim de Jonathan, de Jérusalem, et Néofiti ont parfaitement perçu, et rendu, d'une part le jeu de l'auteur sur les mots *nṭh/nṭʿ*, fondé sur leur quasi-homonymie et la contiguïté de leurs emplois bibliques, d'autre part l'intention profonde qui l'animait, d'évoquer une seconde Création. Voir le Targum de Jonathan : *kgnyn štylyn ʿl prqṭwny nhryn kn hynwn tlmydyhwn* ... *zyw ʾpyhwn ynhr kzyw rqʿyn dybrʾ yy bywm tnyyn lbryʾt ʿlmʾ wmtḥynwn* ... *kʾrzyʾ dlybnws dštylyn ʿl mbwʿy myyn* «Comme des jardins *plantés* le long des cours d'eau vive, tels seront leurs disciples ... la gloire de leur face brillera comme la gloire *du firmament que créa Dieu au deuxième jour de la création du monde* et qu'*il étendit* ... comme les cèdres du Liban *plantés* auprès des fontaines d'eau.» Rachi aussi : «*kʾhlym* : d'après le Targum : c'est comme *Ps* 45, 9 : 'Myrrhe et aloès *(ʾhlwt)*'. *nṭʿ yhwh*: dans le Gan Éden. Autre explication : *kʾhlym*, comme des tentes que Dieu a plantées : comme les cieux qui sont déployés comme une tente *(khšmym hmtwḥyn kʾhl nṭʿ yhwh)* : nous trouvons le verbe *nṭʿ* appliqué aux tentes comme il est dit (*Dan* 11, 45) : 'Il plantera les tentes de son royal campement *(wyṭʿ ʾhly ʾpdnw)*'.»

Rappelons que chez l'auteur des v. 5-6 il n'existe aucune équivoque : chaque mot est univoque, employé avec celui qui dans la Bible lui est d'habitude associé. Le réseau d'allusions subtiles se laisse seulement percevoir. Le verbe français «planter» rendrait un peu le jeu de mots *nṭh/nṭʿ*, mais c'est déjà trop, car il efface la différence morphologique et phonique qui subsiste entre les deux verbes hébraïques, gage de l'univoque.

qu'il existe, en arabe, un *nḫl* « palmier ». Mais, pour des raisons de critique littéraire qui seront exposées plus bas, nous ne pouvons faire fi de l'unique parallèle à notre texte, *Nb* 21, 15 : *hnḥlym 'šr nṭh lšbt 'r wnš'n lgbwl mw'b*. La restriction de Gray pour le v. 6aα : « Literally, *like valleys that stretch themselves out*... M.T. rightly points *kīnḥlym* not *kan* », for the translation, *as valleys are they* (i.e. the tents) *spread forth,* would destroy the symmetry of the four lines of the verse, each of which consists of an object of comparison and a defining clause... » est certainement rigoureuse; mais peut-être trop parce qu'elle risque d'empêcher le jeu souple sur la double valeur, transitive et intransitive, de *nṭyw,* suivant qu'il s'applique au premier ou au second terme de la comparaison. Enfin, laissons Hümmelauer qualifier la fréquente correction de *'ăhālîm* en *'ohālîm* : « tabernacula tabernaculis comparari durum est »[27].

3. — *INTENTION, DATATION : LA RESTAURATION*

Chacun des termes de la quadruple comparaison nous ramène à cette conclusion.

— *gnwt* n'est jamais employé comme second terme de comparaison; on le trouve comme complément de *nṭ'* en *Jér* 29, 5.28, comme symbole de la richesse en *Am* 4, 9. Au singulier, *gn* est le jardin de l'Éden, qu'a planté *(nṭ')* Dieu, soit comme figure originale (*Gen* 2, 8.9.10, etc. 3, 24), soit comme figure secondaire, modèle de tout ce qui doit être restauré : *Ez* 28, 13; 31, 8.9, et surtout, avec *kgn*[28], *Ez* 36, 35; *Is* 51, 3; 58, 11; *Jér* 31, 11; *Jl* 2, 3.

Dans notre passage, Israël est comparé à des jardins; un nouveau jeu de mots s'amorce, qui récuse encore la restriction de Gray : *gnwt* n'est pas complément de *nṭ'*, mais sujet de *nṭyw*. Mais *nṭ'*, avec comme sujet Dieu, vient juste après, régissant des mots qui appartiennent au

27. Ibn Ezra continue d'interpréter chaque occurrence de *mšl* dans un sens strictement grammatical; en 24, 3a il commente *wyś' mšlw : hṭ'm šnś' qwl bmšlw whmšl knḥlym nṭyw* « le sens c'est qu'il éleva la voix (pour prononcer) sa comparaison et la comparaison c'est : comme des vallées elles s'étendent ». Même si ce n'est pas la seule explication du titre *mšl* donné aux poèmes, c'en est une assurément, et la moins sujette à caution car elle se laisse constater. Complétons la série des comparaisons développées : *kgnt 'ly nhr; k'hlym nṭh yhwh; k'rzym 'ly-mym; ktw'pt r'm lw; k'ry wklby'*.

28. Également *Gen* 13, 10 *kgn-yhwh*. La LXX a d'ailleurs traduit par *paradeisoi*; or, elle pouvait traduire par *kèpoi*, avec lequel elle rend d'habitude *gn*. En revanche, elle réserve *paradeisos* à deux usages :

a) Le jardin de l'Éden primitif (*Gen* 2, 8-10.15-16; 3, 1-3.8.10. 24; 13, 10).

b) L'Éden futur dans les oracles de restauration (*Is* 51, 3; *Ez* 28, 13; 31, 8-9; 36, 35; *Jl* 2, 3).

Le fait est d'autant plus remarquable que *paradeisos* au singulier traduit d'ordinaire *gn* au singulier, c'est-à-dire l'Éden, par définition unique. *gnwt* au pluriel devrait être compris comme « des jardins (quelconques) », et traduit par *kèpoi*. Qu'il soit ici traduit par *paradeisoi* est la seule exception, qui confirme la règle, et notre intuition.

même champ sémantique que *gnwt*, et ont même place et même fonction dans la phrase : *'hlym* et *'rzym*. Par ce biais, et par celui des emplois habituels de *nṭ'* avec *gn* s'établit, qu'on le veuille ou non, un rapport entre les deux mots, à l'intérieur de *Nb* 24, 6. Israël est bien le jardin qu'a planté le Seigneur (et qu'il replantera)[29]. Le passage de *gn* à *gnwt* peut s'expliquer par une simple nécessité poétique : tous les termes comparés sont au pluriel (*'hlyk* et *mšknṭyk*) ; de plus, l'idée concrète de luxuriance surabondante voulue par l'auteur est mieux rendue par le pluriel que par le singulier.

— *'rzym,* d'habitude, symbolise moins l'abondance que la hauteur. C'est d'abord le cèdre du Liban, image de l'orgueil que Dieu abat (*Za* 11, 2 ; *Ez* 31, 3 ; *Is* 2, 13 ; 14, 8 ; *Jér* 22, 23 : Assyrie) ; le cèdre que Dieu abat, c'est-à-dire l'Égypte (*Ez* 31, 1-10), le cèdre que Dieu a planté ou replantera (*Ez* 17, 22.23), c'est-à-dire Israël. Les cèdres caractérisent aussi le jardin planté par Dieu, le jardin de l'Éden (*Ez* 31, 8 ; *Ps* 104, 16). Enfin, les cèdres dans le désert illustrent la restauration, par Dieu, de la prospérité (*Is* 41, 19). Il faut combiner ces deux derniers types d'emplois pour saisir la valeur des *'rzym* de notre texte, mais la nuance d'abondance l'emporte sur celle de hauteur.

— *nhr* est, ici, au singulier et sans article. Dans la Bible, avec article ou déterminé par *prt* ou *gdl*, il désigne l'Euphrate. On trouve aussi (ce n'est pas indifférent) quelques emplois en *Gen* 2, associés à *gn-'dn*. Enfin, il est pris comme métaphore *(knhr)* pour évoquer la paix et l'abondance que fera venir Dieu (*Is* 66, 12 ; 48, 18 ; 59, 19 ; *Ps* 46, 5 ; 80, 12 ; 105, 41). Au pluriel, d'ailleurs, la transformation des *nhrwt* en désert ou l'inverse (*Is* 41, 18 ; *Ps* 78, 16 ; *Ps* 107, 33) est l'indice de la défaveur ou de la faveur divine.

— *nḥlym* peut signifier ou bien « torrents », ou bien « vallées ». Le *Deutéronome* s'en sert pour évoquer l'abondance de la terre promise (*Dt* 8, 7) ; le Psalmiste en use pour décrire l'action créatrice de Dieu dans l'univers (*Ps* 78, 20 ; 104, 10). Enfin, les Prophètes l'intègrent dans leurs visions de la restauration, œuvre du Seigneur (*Is* 35, 6 ; *Jér* 31, 9).

Cette revue parle d'elle-même : au v. 6, nous avons affaire à un oracle de restauration qui réutilise les figures primitives de la création : tout à fait dans la lignée du Deutéro — et du Trito — Isaïe, du Jérémie de l'Exil et d'Ézéchiel, le poète nous présente la restauration comme une régénération, une seconde Genèse. A une différence près :

29. *nṭ'* s'emploie parfois directement avec Dieu pour sujet et Israël pour régime, sans l'intermédiaire de l'image végétale. Il s'agit le plus souvent de textes exiliques : *Am* 9, 15 *(wnṭ'tym)*, *Jér* 24, 6, *Ps* 44, 3 *(wtṭ'm)*, ou postexiliques : 2 *S* 7, 10 *(wnṭ'tyw)*. Voir A. Caquot, Brève explication de la prophétie de Natan (2 *Sam* 7, 1-17), dans *Mélanges bibliques et orientaux en l'honneur de M. Henri Cazelles* (AOAT 212), Neukirchen-Vluyn 1981, p. 51-69, p. 61-62.

les prophéties de restauration sont d'habitude au futur. Ici, les verbes sont au passé. Cela tient à la fiction cherchée par l'auteur : le présent très archaïque du séjour des Israélites au désert. Le v. 5 (doté aussi, nous l'avons vu, d'un vocabulaire de restauration) est censé livrer une vision exactement contemporaine du locuteur-voyant. Le v. 6, au passé, nous renvoie en arrière, à la fondation fictivement originelle de ce présent fictif d'Israël. Le passé de plantation ressemble comme un frère au passé de la Genèse, modèle habituel des oracles de restauration au futur. Ici, le grand art du poète consiste à avoir bloqué, confondu, deux niveaux littéraires distincts (Genèse et Restauration), deux pôles temporels disjoints (passé et futur) : dans ce présent fictif (v. 5), qui s'ancre dans un passé fictif (v. 6), c'est bien du futur qu'il s'agit[30].

4. — *À PROPOS DE QUELQUES CORRECTIONS*

— Les *'ăhālîm* ont fait couler de l'encre. Une fois admise la non-identification avec les *'ohālîm*, de quelle essence végétale s'agit-il ? Il n'existe que trois autres emplois bibliques[31], *Prv* 7, 17, *Ps* 45, 9, et *Ct* 4, 14, toujours associés à des essences odoriférantes. Onqelos, sans plus préciser, a d'ailleurs traduit par *bsmy'* « aromates ». La traduction

30. Wobersin (*Die Echtheit der Bile'amsprüche*, p. 71) se dit frappé par le contraste entre le charme et la prospérité décrites aux v. 5-6 et la situation présente (fictive) des Israélites au moment où Balaam est censé prononcer son « oracle » : ils ne voient que désert et désolation. Sans doute à tort, il interprète ce contraste d'après *Is* 24, 5-6 : cette dévastation exprimerait le jugement de Dieu, consécutif à la rupture de l'alliance par les habitants de ce pays. Mais son intuition d'un contraste, donc du caractère à la fois nostalgique et prospectif de la vision, est juste. Il suffit de la transposer dans un autre contexte : les Israélites en Exil rêvent de la Terre Promise ; ils en idéalisent les traits à la fois passés et futurs en prenant pour modèle les riches paysages des rives de l'Euphrate qui s'offrent à leurs yeux. D'où le caractère éminemment *vivant* de la vision : elle reflète un sentiment présent, à partir d'un spectacle présent.

Même si cette exaltation de l'eau et de la fertilité reflète la situation particulière d'Israël et trouve une expression qui lui est propre, c'est un lieu commun du Proche-Orient Ancien. Voir, par exemple, dans l'Inscription du Cylindre de Tiglath-Phalasar I, la prière du roi, après qu'il a reconstruit le trésor de Adad :
« May Anu and Adad
truly turn unto me,
and may they give ear unto my fervent supplication.
Copious rains, and years
of abundance and plenty during my reign
may they grant » (*Annals of the Kings of Assyria,* London 1902 Volume I, p. 102 : Cylinder Inscription of Tiglath-Pileser I, col. 8, l. 23-29). Voir également les hymnes au Nil qui « donne la vie à l'Égypte, subsistance à tous les animaux, la lumière à tous les foyers, créateur de tous les biens » (dans J. B. Pritchard, *Ancient Near Eastern Texts relating to the Old Testament,* Princeton 1950, Second Edition corrected and enlarged 1955, p. 372-373).

31. Le premier a la même forme masculine *'hlym* ; les deux autres, la forme féminine *'hlwt*.

traditionnelle est « aloès, xylaloès, agaleochus »[32]. L'argument avancé par nombre d'exégètes du siècle contre une telle traduction est qu'il s'agit de l'*Aloexylus agallochus* indien, donc inconnu en terre de Palestine. Certains, comme Dillmann, persuadés pourtant que c'est un « Wohlgeruchbaum », et s'appuyant sur l'arabe *hyl* et *'hyl*, pensent que c'est l'*aloès succotrina*, ou encore la cardamome[33]. D'autres ont objecté que, pour être mis en parallèle avec *'rzym*, il fallait que cet arbre fût grand et ont corrigé en *'lwnym* « chênes », qui de plus avait le mérite d'être connu localement ![34]. Rosenmüller, en son temps, avait fait une excellente analyse du sens du *xylaloès*, qu'il gardait. Remarquons seulement qu'on peut éventuellement substituer à son argument (sans doute faux) de l'origine babylonienne de Balaam celui de la présence effective (pendant l'exil) du poète sur les rives de l'Euphrate : « In Arabia non provenit. Nihilominus haec arbor nota esse poterat Bileamo Euphratis accolae per mercatores... Fabula Orientis, docente Celsio, hanc arborem tribuit Paradiso, unde etiam Belgi eam vocare solent Paradys-Hoot, arborem Paradisi. Hanc opinionem respexisse Bileamum quum diceret, *ut xylaloe quam plantavit Jova*, verisimile est Michaeli ; putat enim arborem hanc Indicam et fabulam non ignotam fuisse Bileamo, Euphratis accolae, quod per sinum Persicum et Euphratem Indica Phoenices commercia exercerent, ipsumque, uti solent poetae, a re extera, cui longinquitas plus admirationis addat, similitudinem desumpsisse. Mihi tamen verisimilior videtur sententia eorum, qui verbis *quas plantavit Jova* existimant indicari arbores, quae non sint hominum opera plantatae atque excultae, quod fit interdum in locis natura parum aptis, ad alendas ejusmodi arbores ; sed quae proveniant in terra, cujus natura iis aptissima sit, nam ejusmodi arbores pulcherrimae sunt. Sic *Ps* CIV, 16 dicitur *Deus plantasse cedros Libani,* ubi sine opera humana et procerissimae provenerunt. Possunt tamen illa phrasi et tales arbores indicari, quarum tanta est praestantia ut non humana manu satae, sed divinitus datae dicendae sint[35]. » En résumé, aucun argument ne vaut

32. Voir n. 35.

33. Ainsi BAENTSCH et EISSFELDT. Mais DILLMANN hésite tant qu'il admet encore une autre solution : « Vielleicht war die urspr. Lesart *'êlîm* (*Palmen, Ex* 15, 27. *Gen* 14, 6). »

34. MOWINCKEL, HEINISCH.

35. ROSENMÜLLER, *Scholia in Librum Numerorum*, p. 367-368. D'après KALISCH, il faut inférer de la précision de la description des *'hlym* que ces derniers n'étaient pas moins familiers aux Israélites, et pas moins indigènes au pays, que n'étaient les cèdres. Il pense donc qu'il s'agit d'une variété d'aloès, « a succulent plant of the genus *asphodalus* » courante en Palestine, Arabie et autres contrées méditerranéennes, offrant souvent l'aspect d'arbres imposants avec un tronc de vingt à vingt-cinq pieds, et ressemblant à des palmiers. Le plus commun *(aloë succotrina)* possède « numerous tufts of light-green, lanceolate and thorny leaves, from the midst of which, on long, separate stalks, rises a cluster of bright orange-yellow blossoms » d'où peut-être le nom *'hl* « briller » (*Jb* 25, 5). « The inspissated sap prepared from this plant hardens in the air,

contre la traduction de *'hlym* par « aloès »[36]. Si l'on prend l'option réaliste (la moins bonne), le poète a très bien pu voir les arbres les plus exotiques sur les bords de l'Euphrate. Si l'on prend l'option irréaliste, il était décisif au contraire d'évoquer des arbres jamais vus, à faire rêver : combien d'habitants d'Israël avaient vu ces fameux cèdres du Liban, si souvent évoqués ? Leur image relevait du mythe. S'ouvre enfin une troisième voie, simplement littéraire : tous les vocables du v. 6 appartiennent à une constellation où puisent, et les poètes évoquant la Genèse, et les Prophètes annonçant une Restauration. En combinant une nouvelle fois ces éléments anciens, notre auteur pourrait bien n'avoir cherché ni le réalisme ni l'exotisme, mais seulement voulu faire œuvre de classique.

— Comment comprendre l'intention d'Onqelos qui traduit *nhr* par *prt* ? C'était tentant à cause de la tradition deutéronomique et postdeutéronomique qui a compris le *'l-hnhr* de *Nb* 22, 5 comme une indication sur l'origine babylonienne de Balaam. Mais, peut-être aussi le Targum a-t-il senti ce qu'avait d'exilique l'esprit de ce verset 5, et a-t-il transposé sur le plan de la description de l'objet du discours, ce qu'il percevait confusément être le lieu géographique réel de l'origine du discours. Le *lapsus* de *prt* trahirait cette vague intuition.

— Gray, et à sa suite Albright et Vetter, ont inversé l'ordre de

has a myrrh-like odour (*Cant* 4.14) and a spicy taste, and was, together with myrrh, used for the fumigation of garments and beds (*Ps* 45.9 ; *Prov* 7.17) and abundantly placed in graves as a protection against decay (*John* 19, 39). » KALISCH ne voit donc pas la nécessité d'identifier, du moins en l'occurrence, les *'hlym* avec le *Agallochum* (*agallochon* ou *xylaloè*), produit d'un arbre résineux poussant en Chine, Inde occidentale et certaines îles indiennes, abondamment étudié dans les encyclopédies (Olavi CELSII, *Hierobotanicon, sive de plantis Sacrae Scripturae,* Upsaliae 1745, Tome I, p. 135-171 ; E. F. K. ROSENMÜLLER, *Das alte und neue Morgenland ; oder Erläuterungen der heiligen Schrift aus der natürlichen Beschaffenheit, den Sagen, Sitten und Gebräuchen des Morgenlandes,* Zweiter Band, Leipzig 1818, § 379, p. 280-281).

36. Fait intéressant pour notre hypothèse d'une datation exilique de ce poème, KALISCH avoue qu'à époque tardive cette espèce, introduite en Palestine sous le nom primitif *aghil*, fut ensuite désignée par les Israélites sous le nom très voisin *ahal*, puisqu'il possède plusieurs qualités communes avec le *ahal* indigène ; il admet donc que, dans les *livres plus tardifs, 'hl* désigne l'espèce étrangère.

Même la double analogie d'expressions et de ton neutre, d'une part *Ct* 4, 10 et *Nb* 24, 5, d'autre part *Ct* 4, 14 et *Nb* 24, 6 :

Ct 4, 10 *mh-ypw ddyḵ 'ḥty klh*	*Nb* 24, 5 *mh-ṭbw 'hlyk y'qb*
mh-ṭbw ddyḵ myyn	*mšknt yḵ yśr'l*
wryḥ šmnyḵ mkl-bśmym	
Ct 4, 14 *nrd wkrkm*	*Nb* 24, 6 *knḥlym nṭyw kgnwt 'ly nhr*
qnh wqnmwn 'm kl-'ṣy lbwnh	*k'hlym nṭ' yhwh k'rzym*
mr w'hlwt 'm kl-r'šy bśmym	*'ly-mym*

ne parle pas en défaveur, ni de l'arbre à parfum, ni d'une date assez peu ancienne pour *Nb* 24, 5.6. Ajoutons :

Ct 4, 16 *hpyḥy gny yzlw bśmyw* *Nb* 24, 7 *yzl-mym*

'hlym et de *'rzym*, sous prétexte que les cèdres ne poussent pas le long des cours d'eau ! On voit que, dans une perspective strictement littéraire, ce genre d'argument n'a aucun sens.

5. — *Le rapport avec Nb 21, 14.15 : un élément de critique littéraire*

Nous l'avons déjà vu, *Nb* 21, 14.15 est le seul parallèle exact avec *Nb* 24, 6aα : *'t-whb bswph w't-hnḥlym 'rnwn*
w'šd hnḥlym 'šr nṭh lšbt 'r wnš'n lgbwl mw'b

Nous avons déjà relevé d'autres contacts littéraux entre les chapitres 20 et 21 du livre des *Nombres*, d'une part, et l'épisode de l'Ânesse, de l'autre. Par ailleurs, nous avons établi que le poème de *Nb* 24, 3b-9 (du moins son en-tête, les v. 3b-4) vient nécessairement après l'épisode de l'Ânesse et réagit contre lui. La manière dont les échos de vocabulaire, épars dans les chapitres 20 et 21, sans grande élaboration littéraire, sont rassemblés, retravaillés, infléchis dans l'Ânesse, prouve que celle-ci a emprunté à ceux-là, en tout cas, que sa rédaction ne saurait être antérieure à l'insertion de l'épisode de Balaam, encore inachevé, dans le livre des *Nombres*. Ce nouveau contact (avec infléchissement poétique aussi, d'ailleurs), entre l'épisode de Balaam et l'histoire précédente, ne vient contredire ni l'hypothèse de l'insertion de *Nb* 22-24 à la suite de *Nb* 20-21, ni celle de l'antériorité de *Nb* 22, 22-35 par rapport à *Nb* 24, 3b-9. Enfin, s'affirme la différence qualitative entre le banal rédacteur des chapitres 20 et 21 et les auteurs respectifs de *Nb* 22, 22-35 et 24, 3b-9, capables d'imprimer fortement leur marque personnelle sur le matériau qu'ils avaient pris au premier.

V. 7a : YZL[37]*-MYM MDLYW WZR'W BMYM RBYM*

1. — *Comment comprendre dālᵉyāw (dolyāw) ?*

Ce terme est un *hapax*. On le rattache à la racine *dlh* « puiser », et on lui donne traditionnellement le sens de « seau », instrumental tiré du verbe. La forme semble être un duel suivi du suffixe de troisième personne masculin singulier : « ses deux seaux ».

Certaines versions et bon nombre de commentateurs ont gardé le

37. *nzl* « couler, ruisseler », verbe poétique, se voit encore en *Ex* 15, 8 et *Dt* 32, 2. Curieusement, Bewer rattache *yzl* à *'zl* « partir, cesser, manquer ». *'zl* « has an Aramaic flavour » ; Bewer invoque l'unique occurrence préexilique de 1 *S* 9, 7 pour justifier sa datation préexilique du poème. On ne sait pourquoi, il pense que le choix de ce verbe, de même que celui de *drk* en 24, 17, est intentionnel « to give the saying that little touch of the foreigner which the Israelites would recognize at once ».

sens « seaux », sans pourtant respecter le duel[38]. Une autre grande tendance consista à corriger *dlyw* en *dlywtyw* « ses branches »[39]. La tentation était grande, surtout à cause des nombreux contacts, mentionnés plus haut, entre le v. 6 et *Ez* 17 et 19. Or, *dlywtyw* survient en *Ez* 17, 6.7.23 et 19, 11. De plus, les échos de *Gen* 49, 9 en *Nb* 24, 9 pouvaient conduire à une nouvelle identification, avec *Gen* 49, 25 cette fois : *brkt šmym m'l brkt thwm rbṣt tḥt.* Les deux *mym* de *Nb* 24, 7a illustreraient cette double bénédiction, l'eau ruisselant des branches (c'est-à-dire la pluie), et l'eau baignant la racine (c'est-à-dire les cours d'eau ou l'irrigation)[40].

L'autre option fut de sauter franchement de l'image à l'idée que, supposait-on, elle symbolisait : une vision à la fois messianique et dynastique. La LXX en est un bon exemple : *exeleusetai anthrôpos ek tou spermatos autou*[41]. Cette option pouvait d'ailleurs être influencée par les contacts qui avaient dicté la précédente. En effet, les branches évoquent mieux une dynastie que les seaux (Symmaque : *tais paraphyasin*). De plus, il y a fort à penser que la LXX fut influencée par sa propre compréhension de *Gen* 49, 9a, où *gwr 'ryh yhwdh mṭrp bny 'lyt* est rendu par *skymnos leontos Iouda ; ek blastou, hyie mou, anebès.*

Avant de répondre[42], voyons les solutions proposées pour *zr'w* et *mym rbym.*

2. — COMMENT COMPRENDRE *zr'w* ET *mym rbym ?*

La vocalisation actuelle du texte, *zar'ô*, n'autorise qu'une seule traduction : « sa semence ». Le bras serait vocalisé *z^{e}rōa'*. Mais le choix dépend étroitement du sens donné à *mym rbym.* Or, cette expression

38. Vulgate *(de situla ejus)*, AQUILA et THÉODOTION *(ek tôn lebètôn (kadôn) autou)* ; le Targum samaritain de BARBERINI. Ces versions ont opté pour le singulier ou le pluriel, jamais pour le duel. De même font BAENTSCH, KEIL, EISSFELDT, NOTH. ROSENMÜLLER garde « ex situla ».

dlyw (pour *dlyyw*) subit une contraction des deux *yod* analogue à celle de *bnw* « ses fils » en *Dt* 2, 33. KALISCH suggère qu'au lieu d'un duel (comme en *Is* 40, 15) on pourrait l'entendre comme un pluriel abrégé (voir *'pnyw* en *Prv* 25, 11, et d'autres ségolés).

39. Parmi les versions anciennes, aucune sinon peut-être SYMMAQUE, avec *tais paraphyasin.* Mais ce mot semble signifier « ramifications vers le bas », plutôt que « vers le haut ». IBN EZRA, HÜMMELAUER, EHRLICH ont traduit par « branches ». Pour la confusion avec *dlywtyw*, voir encore *Jér* 11, 16.

40. HÜMMELAUER ; EHRLICH ; ROSENMÜLLER ; GRAY ; VON GALL. Et déjà KIMḤI : *mtḥt yzlw mym.* Non content du sens propre « seaux », EWALD considère qu'il s'agit des nuages qui, tels les « outres *(nbly)* des cieux » (*Jb* 38, 37), versent l'eau sur la terre.

41. Avec quelques différences minimes, ont fait de même la Peshitta et les Targumim d'Onqelos, de Jonathan, de Jérusalem et Néofiti.

42. Citons seulement, pour mémoire, une correction proposée par CHEYNE et reprise par GRAY et MOWINCKEL : *wyrgzw l'mym mḥylw* « et des peuples trembleront devant sa force ». Toujours selon CHEYNE, *yzl mym mdlyw* pourrait venir aussi de *îzzallû* (niphal de *zll* cf. *Jg* 5, 5) *l^{e}'ummîm mḥylw* « frémiront les nations devant sa force ».

est fondamentalement ambivalente, dans la Bible. Ou bien elle est à prendre au sens propre, et signifie « des eaux abondantes » (*Nb* 20, 11 ; *Ez* 17, 5.8 ; 19, 10 ; *Is* 23, 3). Ou bien c'est une métaphore bien répertoriée pour les dangers, et plus particulièrement l'invasion ennemie (*Is* 8, 7 ; *Ps* 18, 17 ; 144, 7 ; *Ez* 26, 19). De plus, deux autres expressions proches pour l'oreille de *mym rbym*, sont *gwym rbym* ou *'mym rbym*[43]. Bien des versions et des commentateurs ont choisi le sens propre : « eaux abondantes » et, corrélativement, gardé la vocalisation massorétique : « sa semence »[44]. Un bon nombre a préféré le sens figuré : « nations nombreuses », et donc, changé la ponctuation édénique en ponctuation belliqueuse : « et son bras contre des nations nombreuses »[45]. Ajoutons enfin que l'argument de la continuité littéraire avec le v. 6 a souvent été invoqué pour justifier, soit l'option pacifique (l'auteur poursuit son idée), soit l'option agressive (l'auteur développe une nouvel aspect). Posons maintenant le problème de cette continuité.

3. — *LE V. 7a EST-IL BIEN DANS LA LIGNE DES V. 5-6?*

La réponse a si peu fait doute pour les exégètes qu'ils n'ont même jamais posé la question. Pourtant, ils avaient fait quelques observations :

a) le discours passe de la deuxième personne du singulier (adressé à Jacob-Israël) à la troisième personne du singulier ;

43. *Dt* 7, 1.17 ; 15, 6 ; 28, 12 ; *Is* 2, 3.4 ; 52, 15 ; *Jér* 22, 8 ; 25, 14 ; *Ez* 26, 3 ; *Mi* 4, 5 ; *Hab* 2 ; *Za* 2 ; *Mal* 2, 8 ; *Ps* 3, 2 ; 89, 51 etc.

44. Vulgate ; Peshitta ; Saadia ; Targumim samaritains ; AQUILA ; SYMMAQUE ; THÉODOTION ; HÜMMELAUER ; DILLMANN ; ROSENMÜLLER ; BAENTSCH ; KEIL ; HEINISCH ; EISSFELDT ; NOTH.

D'après E. BURROWS (*The Oracles of Jacob and Balaam* (the Bellarmine Series III), London 1938, p. 71-79), les trois derniers poèmes contiendraient, par le biais des réminiscences des oracles de Jacob en *Gen* 49, des allusions aux figures du zodiaque. Le choix serait conforme à la disposition de trois des quatre points cardinaux. Le second oracle (18b-24) comporte le motif du lion (voir le lion de Juda en *Gen* 49) et celui du taureau, le taureau de Joseph.

Au troisième poème, la figure zodiacale serait le Verseau-Ruben (voir *Gen* 49, 4). *delī* est le vase du Verseau. Invoquant la LXX *(tou spermatos)*, il suppose au duel *dlyw*, qu'il rapproche des mandragores *(dūdā'îm)* de Ruben, une connotation sexuelle ; malgré l'existence, en arabe, d'une telle connotation pour la mandragore (voir R. C. THOMPSON, *The Assyrian Herbal*, London 1924, p. 189), cette interprétation paraît forcée. Plus intéressante est l'idée selon laquelle *rbym, wyrm* et *ytnś'* indiqueraient la figure gigantesque du Verseau, comme les termes accumulés en *Gen* 49, 3. Le même motif vaudrait pour la comparaison avec Agag l'Amalécite, censé représenter les géants aborigènes (voir *Nb* 24, 20, et p. 449 n. 71).

45. A vrai dire, aucune version n'a vraiment changé la vocalisation de *zar'ô* : toutes ont donc compris « sa semence » ; mais il s'est produit une contamination avec les expressions bibliques courantes *bzrw' 'z, byd ḥzqh wbzrw' nṭwyh, bkwḥ gdwl wbzrw' ḥzqh* et autres variantes, ce qui explique la LXX *kai kyrieusei ethnôn pollôn* et les Targumim palestiniens *wyšlwṭ b'mmyn sgy'yn*. GRAY et MOWINCKEL eurent moins de scrupules.

b) le temps, de parfait, devient futur;

c) les deux *mym*, en 7a, sont lourds, surtout après le *mym* du v. 6bβ[46].

Ajoutons :

d) d'une comparaison longuement suivie en tous ses termes avec *k* (v. 5. 6), on passe à une image ramassée sur un seul niveau (v. 7a);

e) l'auteur du v. 6 nous avait habitués à une extrême subtilité. De manière très sémitique, il utilisait des mots presque (mais pas tout à fait) homonymes, appartenant à des champs sémantiques plus ou moins proches, en tout cas jamais complètement identiques, et jamais complètement disjoints. Il faisait jouer chaque vocable sur plusieurs autres, en amont et en aval, exploitant chaque possibilité dans ses ramifications les plus ténues. Est-il vraisemblable qu'un tel artiste ait, non seulement repris en 7a le mot *mym* du v. 6bβ, mais même, l'ait répété, fût-ce au prix d'un chiasme? Cette fois-ci, aucun jeu de mot, rien qu'une pesante absence d'imagination.

La conclusion s'impose : le v. 7a n'est pas de la même main que le v. 6. Mais *mym*, qui était l'une des pierres d'achoppement, nous offre aussi l'un des éléments de la solution : l'auteur de 7a a procédé par mots-crochets : *mym* en est un. Nous verrons qu'il en existe d'autres.

4. — *LE RACCORD; LE DOUBLE SENS*

— Avec quelques versions et nombre d'exégètes, on peut donner à *dlyw* le sens technique d'un instrument servant à puiser de l'eau. Mais il faut à tout prix garder le duel. Saadia a traduit *mn dw'lyk* : il y a là l'idée de « roue », tirée de celle de « tourner ». Ne peut-on penser à un engin comme le *dolāb* « une double corde, formant une chaîne sans fin, garnie de godets, déverse l'eau, puisée par la roue dans un réservoir »[47]? Cette solution n'a pas été envisagée, même par les

46. VON GALL explique bien que cela fait vraiment trop d'eau : les deux versets en sont délayés! Il en tire argument pour corriger le v. 7a : « Eine solche Auffassung knüpft an v. 6 an. Aber des Wassers würde so des Guten zuviel die schönen poetischen Verse würden nur verwässert. » Mais il présuppose l'unité rédactionnelle des v. 6-7a. Ne peut-on, au contraire, garder le texte, mais en conclure à l'intervention d'un nouvel auteur? Von Gall concède d'ailleurs que « Auch zeigt der Umstand, dass in v. 7 die Anrede aufgegeben wird, eine Strophe an. Und in der nächsten Strophe dreht es sich nach v. 7b.8 um etwas ganz anderes, nämlich um die Königsherrschaft Israels. »

47. A. BARTHÉLEMY, *Dictionnaire arabe-français,* Fascicule 2, Paris 1936, p. 258. Voir aussi G. DALMAN, *Arbeit und Sitte in Palästina,* Band 6, *Zeltleben, Vieh- und Milchwirtschaft, Jagd, Fischfang,* Gütersloh 1939, p. 270 et 275. Il s'agirait de seaux de cuir.

delu est le mot qui, en christo-palestinien, traduit *antlêma* en *Jn* 4, 11; voir aussi *m. Sukk.* 2, 5. Plus exactement, il n'est pas question de confondre les deux racines *dly* « puiser » et *dlb* « tourner ». Ici, la racine est bien *dly* « puiser », comme en akkadien *dālu* et en syriaque *dly.* Mais l'intuition qu'a SAADIA d'un système de puisage et d'irrigation avec roue agraire semble juste, et rendrait compte des deux seaux.

Plusieurs auteurs ont rapproché *d*ʿ*lî* hébreu de *mdl*, qui survient à Ugarit en V AB

exégètes qui respectent le duel : ils sont nombreux à imaginer un homme portant un seau d'eau sur chaque épaule, mais c'est un peu malaisé.

— La mise en évidence du changement d'auteur entre le v. 6 et le v. 7a permet de comprendre à la fois la genèse du texte et sa spécificité, son origine et son originalité : il n'est pas possible que l'auteur du v. 7a n'ait pas été influencé par les affinités (littéraires et peut-être historiques) qui existaient déjà entre *Nb* 24, 5 et *Ez* 17, 1-8.22-24 ; 19, 10-14 (histoire allégorique des rois contemporains d'Israël) ; 31, 3-18 (parabole du grand cèdre d'Égypte). Il en a même gardé plusieurs termes : *'l mym rbym* (*Ez* 17, 5.8 ; 19, 10 ; 31, 5) ; *zr'* (*Ez* 17, 5.13). Mais là où il a infléchi l'héritage qu'il recevait, c'est qu'il n'a pas gardé les *dlywtym* que proposaient pourtant *Ez* 17, 6.7.23 et 19, 11. Car si son oracle s'enracine dans la même perspective de restauration, son orientation est légèrement autre, comme nous allons le voir.

— Peut-on échapper au double sens ? C'est parfois une solution de facilité, mais le génie de la langue hébraïque l'autorise de temps à autre, et il semble difficile de l'éviter ici. L'auteur, moins fin que le précédent, en use assez lourdement, et de deux manières différentes, dans le premier et le deuxième hémistiche.

a) Le premier sens du texte, le sens obvie, est commun aux deux hémistiches : c'est celui de l'abondance luxuriante ; c'est aussi le point commun avec le v. 6.

b) Le premier hémistiche, le v. 7aα, doit être lu comme un symbole, une métaphore : le sens caché en est la figure des deux royaumes (Israël et Juda), d'où sortira la nouvelle dynastie, celle de la restauration. C'est d'ailleurs un thème de l'idéologie de la restauration que la réunification des deux royaumes (*Is* 48, 1 ; *Ez* 35, 10)[48].

(= CTA 3) D, l. 70 sous la forme *mdl-h* et IX AB (= CTA 5) V, l. 7, sous la forme *mdl-k*. *mdl* serait « le vase jaillissant » selon R. Dussaud (Le mythe de Ba'al et d'Aliyan d'après des documents nouveaux, *RHR* 111, 1935, p. 5-65, p. 42). Voir aussi *Textes Ougaritiques* Tome I, p. 170 n. r et p. 247. On notera que, dans les deux cas, Ba'al est le possesseur de *mdl*, que le premier texte (l. 72-74) évoque, immédiatement après, la production de la fertilité agricole, et que dans le second (l. 7), *mdl* est associé au nuage, au vent, et à la pluie de Ba'al.

48. En *Is* 48, 1, le parallélisme poétique classique, donc sans signification politique, *y'qb/yśr'l*, se double d'un autre parallélisme, *y'qb/yśr'l//yhwdh* qui risque bien, lui, d'avoir une portée politique. Signalons encore le thème de la descendance et celui des eaux, la première étant issue des secondes :
šm'w-z't byt-y'qb
hnqr'ym bšm yśr'l wmmy yhwdh yṣ'w.
Ez 35, 10 est une prophétie contre Séïr : Dieu promet à la montagne de Séïr le sort même qu'elle infligea aux montagnes d'Israël : elle deviendra un désert, tandis que celles-ci ruisselleront d'eau et d'abondance. Mais la menace passée de Séïr contre Israël, raison du renversement présent, avait une formulation politique précise : « Parce que tu

c) Dans le deuxième hémistiche, le v. 7aβ, le double sens repose *vraiment* sur un jeu de mots : autrement dit, il n'y a pas un sens patent et un sens latent, mais deux sens qui sont à égalité, suivant que l'on comprend les mots d'une manière ou d'une autre. A côté du sens commun technique instrumental, pacifique : «et sa semence[49] est dans des eaux abondantes» (peut-être même dans une citerne, voir *Jér* 41, 12 *'l-mym rbym 'šr bgb'wn*, ce qui irait bien avec le système d'irrigation impliqué par la roue hydraulique), il y a la valeur hostile «et son bras s'élève contre (ou domine sur) des nations nombreuses»[50]. Le sens caché dynastique du v. 7aα et le deuxième sens du v. 7aβ coïncident comme coïncidaient le sens obvie du v. 7aα et le premier sens du v. 7aβ, tous deux pacifiques. L'enchaînement se fait à merveille avec le v. 7b qui, de façon claire et univoque, possède une signification à la fois hostile et dynastique. Le v. 7a est bien, grâce à ses doubles sens, un pivot entre le v. 6 et le v.7b.

— La façon dont la Bible emploie *mym rbym* et *'mym* ou *gwym rbym* rend le double sens de *Nb* 24, 7a très plausible : en effet

a) *mym rbym* peut, nous l'avons vu, avoir l'un ou l'autre sens, éventuellement chez un même auteur : en *Is* 17, 13, c'est la signification hostile, en *Is* 23, 3, c'est la signification pacifique.

b) Quand, en plus, on voit *Ez* 31, 5.6.7 (si riche d'affinités avec *Nb* 24, 6.7a) faire alterner, dans un contexte analogue, *mym rbym* et *gwym rbym*, et, en *Ez* 32, 10.13 (tout aussi proche), juxtaposer *'mym rbym* et *mym rbym*, comment refuser à *Nb* 24, 7a son double sens?

— Deux versions ont rendu ce double sens : elles ont redistribué aux deux hémistiches, en à-plat, de façon qu'ils se succèdent, les deux sens de *zr'* qui se lisent en relief, de façon simultanée, dans le texte massorétique. Ce sont :

as dit : «*Les deux nations* et *les deux pays* seront à moi, nous en prendrons possession *(wyršnwh)*, car le Seigneur est là...»» Nous devrons nous souvenir de ce passage à l'occasion de *Nb* 24, 18aβ : *whyh yršh ś'yr 'ybyw*.

49. Cette fois, Albright pourrait avoir eu une intuition juste, hélas mal à propos. En effet, il préfère lire, au v. 6bβ, *k'hlym 'l-mym rbym* au lieu de *k'rzym 'ly-mym*. Ce faisant, il transpose en 6bβ la finale de 7aβ : *mym rbym*, mais laisse un blanc pour le v. 7a, le déclarant incompréhensible. Il est pourtant le seul à dire que *mym rbym* «is a standard Hebrew topographic expression, used for a place with pools». N'y avait-il pas tout profit à garder cette intuition, mais en l'appliquant au texte tel qu'il est?

50. Peut-on aller jusqu'à penser que *mym rbym* désignerait explicitement ici l'Assyrie? Certes, souvent, dans les prophéties antérieures, l'inondation par de grandes eaux correspond à l'invasion assyrienne (*Is* 8, 7). En *Jér* 51, 13, les *mym rbym* sont l'Euphrate et finissent par symboliser toute la richesse de Babylone que, ne l'oublions pas, l'auteur exilique avait sous les yeux (n'est-ce pas *hnhr* de *Nb* 22, 5 d'après *Dt* 23, 5...). Mais il est vrai qu'en *Ez* 31, 5; 32, 13 et *Is* 23, 3, les *mym rbym* désignent le Nil. Il ne faut donc pas trop serrer l'identification.

a) la LXX : *exeleusetai anthropôs ek tou spermatos autou (zāraʿ) kai kyrieusei (zᵉrōăʿ) ethnôn pollôn.*

b) Onqelos[51] : *ysgy mlk' dytrb' mbnwhy (zāraʿ) wyšlwṭ (zᵉrōăʿ) bʿmmyn sgy'yn* « Croîtra un roi qui sera oint *de ses fils* et il *dominera* des peuples nombreux. »

5. — *nzl* ET *zāraʿ* SONT LOIN DE PARLER CONTRE UN ESPRIT DE RESTAURATION :

nzl évoque en général l'abondance que fit jaillir Dieu du rocher (avec *mym* : *Jér* 18, 44 ; *Is* 44, 3 ; 48, 21 ; *Ps* 147, 18). C'est toujours le même principe : la figure primitive (Genèse ou eau dans le désert) est réactualisée dans les oracles de restauration.

— *zāraʿ* revient dans bien des secteurs littéraires :

a) Les promesses patriarcales[52].
b) Les *Psaumes*.
c) Le *Deutéronome* et la littérature deutéronomique.
d) La couche sacerdotale.

Mais

e) Les emplois prophétiques sont remarquables : il s'agit toujours d'oracles de restauration. On notera deux catégories intéressantes :

α) celle qui mentionne la présence parmi des nations nombreuses : *Is* 61, 9 ; 65, 9.23 ; *Jér* 33, 22.26 ; *Is* 43, 5 ; *Is* 54, 3 (avec tentes) ; 2 *S* 7, 12.

β) celle qui contient la métaphore de l'eau : *Ez* 17, 5.13 ; *Is* 44, 3.

— On remarquera enfin, détail insuffisant en soi, mais en soi significatif, que les Targumim de Jérusalem et Néofiti ont explicite-

51. Ce double sens a hanté d'autres versions, même si elles l'ont rendu avec moins de pureté et de rigueur : la Peshitta a retenu pour le v. 7aα son deuxième sens, le sens métaphorique caché, et pour le v. 7aβ son premier sens, le sens technique instrumental : « et sortira un homme de ses fils et sa semence *(zrʿh)* sera dans des eaux abondantes ». La version arabe du Targum samaritain est encore plus mêlée : « coulera l'eau de sa postérité et sa semence sera dans des eaux abondantes ». Enfin, SYMMAQUE aussi combine une compréhension instrumentale de *yzl* et une compréhension métaphorique de *dlyw : kai epoxeteusei tais paraphyasin hekastès.* Le verbe *epoxeteuô* n'est d'ailleurs pas indifférent, car il signifie « amener par un canal de dérivation ».

Le verbe *nzl* est dépourvu de piel. On comprend donc d'habitude *îzzal* comme un imparfait qal. Dans ce cas, *mym* en est le sujet comme l'ont pensé les versions : en effet, *mym* gouverne souvent un verbe masculin singulier (*Lév* 11, 34 ; *Nb* 20, 2 ; 2 *R* 3, 9 etc.). Mais, en vertu d'*Is* 45, 8 et de *Jb* 36, 28, ne pourrait-on donner à *îzzal*, sinon une forme, du moins un sens de piel, un peu comme l'a fait SYMMAQUE ? De la sorte, *mym* en deviendrait le complément : « et il déversera l'eau ». « Il » renverrait au roi. EWALD pense à Israël : « rieseln wird er (Israel) vom Wasser seiner Eimer. »

52. Entre autres, *Gen* 13, 16 et 28, 14, déjà invoqués comme références originelles pour les bénédictions de *Nb* 23, 10.

ment évoqué le retour d'exil. Citons le second, puisqu'ils sont à peu près identiques : *wyqwm mlkyhwn mn bynyhwn wprwqhwn mnhwn yhwwy yknš lhwn glwthwn mn mdynt b'ly dbbyhwn wbnwy yšlṭwn b'wmyn sgyn.* « Surgira leur roi d'entre eux, et leur libérateur sera des leurs, et il réunira pour eux ses captifs des provinces de leurs ennemis, et ses fils domineront sur des nations nombreuses. »

Nous voilà donc en présence d'un oracle de restauration, comme pour les v. 5.6a. Peut-être n'est-il, historiquement, postérieur à ces derniers que de peu, s'agissant avant tout d'une postériorité littéraire, et d'un infléchissement d'intention.

V. 7b : WYRM M'GG MLKW WTNŚ'[53] *MLKTW*

1. — *Deux jussifs*

La qualité des temps change encore. Le futur du v. 7a était un pont modulant entre les passés fictifs du v. 6 et l'avenir du souhait où nous introduisent les jussifs.

2. — *Agag, Gog, ou un autre ?*

Le *'gg* du texte massorétique était bien connu : c'est le *mlk-'mlq* de 1 *S* 15, celui que vainquit, mais épargna Saül, malgré le conseil divin. La plupart des versions, et à peu près tous les commentateurs modernes, ont gardé *'gg*. Pourtant, la LXX a : *hypsôthèsetai è Gôg basileia,* Aquila, Symmaque et Théodion ont : *hypsôthèsetai hyper Gôg basileus autou.* La Vetus Latina a *exaltabitur tanquam Gog regnum ipsius.* Le texte et les Targumim samaritains ont *mgwg* et non pas *m'gg*[54]. Gog est l'ennemi mythique venu du Nord. Il ne fait pas de doute qu'il faille garder *'gg.* Mais la correction des versions souligne une difficulté réelle : comment comprendre cette allusion à Agag?

La réponse à cette question dépend aussi du sens donné à l'expression *yrm m* : est-ce « s'élève *plus haut que* » ou « s'élève à partir de, à cause de » ?[55] L'histoire racontée en 2 *S* 15 autorise en effet les deux interprétations. Si l'on choisit le premier sens, on met l'accent sur la victoire immédiate de Saül aux dépens d'Agag. Choisit-on le deuxième, on insiste sur les conséquences à long terme, moins de cette victoire de Saül, que de sa désobéissance à l'égard de l'ordre divin de

53. *tnś'* futur hithpaël, vient pour *ttnś'*, comme *ynś'w* en *Dn* 11, 14 et *hnb'w* (*Jér* 23, 13) pour *htnb'w.*

54. Sauf la traduction arabe, qui a gardé *mn 'g'g.*

55. Comme l'a compris la Vulgate *(propter Agag)*, et comme le suggère Hümmelauer : « Posset quidem *mn* in *m'gg* etiam ita accipi, ut significet non terminum a quo : inde ab Agag exaltabitur etc. »

n'épargner personne[56]. Dés lors, *mlkw*[57], s'il faut serrer l'identification, ne désignerait pas Saül, mais David, puisqu'au fond, dans la perspective de l'historien du livre de *Samuel*, l'épisode a pour but d'introduire le déclin de Saül et l'ascension de David.

En choisissant le premier sens, « s'élève plus haut qu'Agag », on est très conforme à la grammaire[58], mais pas à l'intention première du récit de 1 *S* 15. On infléchit le sens du texte. En choisissant le deuxième sens, « s'élève à partir, à cause d'Agag », on respecte bien l'esprit de 1 *S* 15, mais on force un peu la grammaire. Comment trancher?

Il faut se rapporter à certains commentateurs du XIXe siècle[59], qu'Agag est devenu un nom générique, comme *pr'*. Parallèlement, il faut se rallier au jugement de certains exégètes modernes, selon qui *mlkw* ne désigne pas un roi précis, Saül ou David par exemple, mais le descendant de la dynastie davidique en général. De la sorte, on peut garder l'interprétation très grammaticale : « que s'élève son roi plus qu'Agag ». Agag devient ici presque aussi symbolique, mythique, que Gog, et c'est l'intuition qu'en ont eue les versions préférant Gog[60].

56. Curieusement, les Targumim de Jonathan, de Jérusalem et Néofiti ont mêlé les deux interprétations, supériorité sur Agag et privation de son royaume, et ce, de deux manières différentes : le Targum de Jonathan rapporte toute l'histoire à Saül, supériorité sur Agag et privation de son royaume; c'est le *tnś'* massorétique qu'il interprète par *ytnṭyl : wytrwmm 'l 'gg mlkyhwn wbgyn dyḥws 'lwy ytnṭyl mnyh mlkwtyh* « Et il s'élèvera sur Agag leur roi, et parce qu'il l'épargne, lui est enlevé son royaume. » Les Targumim de Jérusalem et Néofiti rapportent à un autre la supériorité sur Saül, évoquant la fatale indulgence de ce dernier, et annoncent le développement du royaume de ce Messie : *wtqyp mn š'wl dy ḥs 'l 'gg mlkhwn d'mlqyh wttrbb mlkwtyh dmlk' mšyḥ'* « Et il sera plus fort que Saül qui épargna Agag le roi des Amalécites, et se multipliera le royaume du Roi-Messie. »

57. A la différence de *Nb* 23, 21bβ, nul exégète n'a envisagé que le *mlk* pût être ici autre qu'un roi humain. Cela fait partie des articles de foi de l'hypothèse documentaire sur le Yahviste.

58. En fait, après *rm*, les deux prépositions les plus employées pour exprimer la supériorité sont *'l* et *m'l*. *mn* est beaucoup plus rare (*Dt* 1, 28 et *Ps* 61, 3 seulement). En tout cas, il ne se trouve jamais après *rm* pour signifier l'origine ou la cause.

59. KEIL ; ROSENMÜLLER. Également MANDELKERN et GESENIUS.

NAḤMANIDE pense qu'Agag « n'est pas un nom propre mais un titre honorifique signifiant « le féroce » (racine arabe *'ğğ*; en akkadien *agāgu* « être furieux, flamber de colère ». Voir *The Assyrian Dictionary* A Part I, Chicago 1964, p. 139-140) ou « le sublime » (racine arabe *'wğ* et appartenant aux rois amalécites en général *(kl mlk b'm 'mlq nqr' 'gg)*. Mais BECHAI croit qu'il s'agit du seul roi Agag mentionné dans l'Ancien Testament (1 *S* 15, 8.9.20.32.33) : *mlkw hw' š'wl whw' tpś 't 'gg mlk 'mlq*; HENGSTENBERG identifie Agag à Cyrus, et MICHAELIS à Ogygès, qui fonda une colonie phénicienne en Béotie et régna à Thèbes, la cité « ogygienne ». Ces opinions s'appuient sur le texte samaritain *mgwg* et la LXX *è gôg*, Gog servant souvent, dans les livres tardifs (*Ez* 38-39), de type pour les rois puissants et dangereux.

60. Peut-être la phrase *wyrm m'gg* évoque-t-elle *Dt* 9, 1-2 : « Écoute, Israël ! Tu vas aujourd'hui passer le Jourdain pour déposséder des nations grandes et plus puissantes que toi, avec leurs villes grandes, fortifiées, perchées dans le ciel, et un grand peuple, de haute taille *('m-gdwl wrm)*, les Anaqites. Tu le sais, tu l'as entendu dire : qui peut tenir devant les fils de Anaq *(my ytyṣb lpny bny 'nq)* ? » Cela confirme l'idée que le troisième

3. — *Une datation non ancienne, une localisation précise*

Tombe alors l'argument invoqué, depuis Wellhausen deuxième manière, par les adeptes de l'hypothèse documentaire qui attribuent presque tous ce poème et le suivant au « Yahviste » : d'après eux, la victoire sur Agag n'a en soi rien de remarquable ; Agag n'était qu'un roitelet bédouin, et la dynastie davidique accomplit dans la suite de l'histoire des exploits d'une autre envergure. Qu'elle soit ainsi montée en épingle serait l'indice d'une rédaction très contemporaine de l'événement lui-même. Cela la mettrait donc environ à l'époque de Saül[61]. Avec notre interprétation moins historique, nous nous libérons de cette hypothèque.

Bien au contraire, peut jouer à fond un élément qui embarrassait les tenants d'une datation ancienne : *mlkwt* est un mot assez tardif ; les mots classiques pour « royaume » sont *mlwkh* et *mmlkh*. La majorité des emplois de *mlkwt* se trouve dans les livres d'*Esther, Néhémie, Daniel* et *Chroniques*. Dans les *Psaumes, mlkwt* désigne la royauté divine. Les deux textes-clefs pour comprendre le nôtre sont *Jér* 49, 34 et 52, 31, où il est question de la restauration du royaume du descendant de David[62].

Une interprétation non historique de l'allusion à Agag n'interdit peut-être pas d'en tirer un indice sur l'origine géographique de l'auteur de ce verset : d'après M. Noth, ce souvenir gardé d'une victoire somme toute minime attesterait le point de vue très local de la Palestine du Sud. Pourquoi pas ?

poème est une « deutérovision » de l'élection, de l'installation en Canaan, et de la royauté qui s'ensuivra. Agag est le peuple mythique, l'ennemi qu'il fallait déloger. D'ailleurs l'annonce, en *Dt* 9, 3, de l'extermination des Anaqites : « c'est le Seigneur ton Dieu qui passe devant toi comme un feu dévorant *('klh)*... Tu les déposséderas et les feras disparaître aussitôt comme te l'a promis le Seigneur » nous rappelle que 24, 7b est suivi de « Il dévore *(y'kl)* les nations ses ennemis » (8bα). La mention des Anaqites n'est pas absente du Livre des *Nombres* non plus ; voir *Nb* 13, 32b-33 : « Le pays par lequel nous avons passé pour le reconnaître est un pays qui dévore *('klt)* ses habitants (P selon Eissfeldt), et tout le peuple que nous y avons vu est de haute stature (E selon Eissfeldt). Et nous y avons vu les géants, fils de Anaq, qui est (de la race) des géants ; et nous étions à nos yeux comme des sauterelles, et nous étions de même à leurs yeux » (L selon Eissfeldt). Il n'est pas indifférent de noter qu'Amaleq suit immédiatement Anaq, dans l'énumération des habitants primitifs de Canaan. Voir *Nb* 13, 28-29a : « Seulement, le peuple qui habite dans ce pays est fort, et les villes sont fortifiées, très grandes ; et nous y avons vu aussi les enfants de Anaq. Amaleq habite le pays du midi... »

61. C'est l'opinion, en particulier, de M. Noth.

62. Les partisans d'une datation ancienne ont, il est vrai, le recours d'invoquer 1 *S* 20, 31 et 1 *R* 2, 12, où *mlkwt* désigne aussi la royauté humaine.

4. — *Ni yrm ni tnś' ne contredisent la thèse de la restauration*

Ils forment d'ailleurs un couple consacré. Le verbe *rm* s'applique le plus souvent à Dieu (voir par exemple *Is* 6, 1) ; autrement, chez les Prophètes Isaïe ou Ézéchiel, le mot peut évoquer l'outrecuidance des rois d'Égypte ou d'Assyrie, que Dieu abat (*Is* 10, 15 ; 14, 13 ; *Ez* 17, 22 ; 31, 4.10). Enfin, dans les *Psaumes* ou les prophéties de restauration, le mot est utilisé pour le peuple élu ou le roi de ce peuple élu (1 *S* 2, 1.10 ; *Ps* 27, 6 ; 75, 11 ; 89, 17.18.20.25 ; 92, 11 ; 148, 14 ; *Is* 49, 22 ; 52, 13 ; *Ez* 17, 22)[63].

Il en va de même pour *nś'* au niphal et au hithpaël. La majorité des emplois est réservée à Dieu, qui est élevé. La seconde catégorie concerne tout royaume élevé (Babylone ou Égypte) abattu par Dieu (*Is* 2, 12.13.14 ; 57, 7 ; *Jér* 51, 9 ; *Ez* 29, 15) ; enfin la dernière évoque l'élévation par Dieu du royaume d'Israël (2 *S* 5, 12 ; *Is* 52, 13 ; 57, 15 ; *Ez* 17, 14). Il s'agit encore d'oracles de restauration.

5. — *Un nouvel infléchissement à partir d'Ézéchiel : de l'abondance à la hauteur*

L'auteur du v. 6 avait des affinités avec celui d'*Ez* 17 ; 19 et 31, mais celles-ci étaient strictement limitées au champ sémantique de la végétation et de l'abondance. Avec *dlyw, mym* et *zr'*, nous avons relevé chez l'auteur du v. 7a un infléchissement littéraire par rapport à ces mêmes péricopes, où il puisait aussi ; grâce au double sens, il gardait le thème, hérité, de l'abondance, et lui en superposait un nouveau, le thème dynastique. L'auteur du v. 7b trouve en *Ez* 17 le thème de la *hauteur* (v. 14 : *htnś'* et v. 22 : *h'rz hrmh*) ; en *Ez* 19 et 31 aussi, mais avec les mots *tgbh ; qwmtw ; gbhw ; rb ; gdlwh ; rmmthw*. C'est ce thème seul qu'il garde.

Nous avons vu que le v. 7b poursuivait, de manière univoque, l'un des deux thèmes contenus dans le v. 7a : le thème dynastique et guerrier. Pour exprimer ce thème, il fait subir à sa source, *Ez* 17, le même traitement littéraire que fait subir à celle-ci l'auteur du v. 7a : un gauchissement par rapport aux thèmes et aux expressions qu'en avait retenu l'auteur du v. 6. En voilà assez pour penser :

a) que l'auteur du v. 7b n'est pas le même que celui du v. 6.
b) qu'il est identique à celui du v. 7a.

63. Le plus souvent, ce n'est pas le peuple ni le roi qui s'élève, c'est Dieu qui l'élève.

6. — *LE TEMPS DE LA RESTAURATION*

Le jussif est le temps du souhait[64] : il convient à merveille à la restauration. Nous avons déjà observé, au v. 6, la façon dont cette dernière fait jouer les mécanismes du temps : un événement magnifique du passé sert de référence, de figure primitive, bref, de modèle, pour ceux qui miroitent à l'horizon de l'avenir. Au v. 6, la Genèse, au v. 7b, la victoire sur Agag, sont des mythes, et en ont la dynamique. Mais nous voilà déjà au v. 8a.

LE SENS DU V. 8a : 'l mwṣy'w mmṣrym ktw'pt r'm lw

1. — Indépendamment de toute considération sur l'appartenance originelle de ce verset à l'ensemble *Nb* 24, 3b-9, il présente un thème, celui de la sortie d'Égypte, qui fonctionne, dans la temporalité de ce poème, exactement de la même manière que les thèmes de la Genèse (v. 6) et de la victoire sur Agag (v. 7b); figure mythique du passé, modèle de l'avenir. De ce point ce vue, il est donc très bien intégré.

2. — *Le problème textuel : mwṣy'w ou mwṣy'm?*

En *Nb* 23, 23, le verset est presque identique, sauf *mwṣy'm*. Fait remarquable, les versions ont assez souvent respecté cette différence[65]. Pareillement, les manuscrits hébreux, sauf quatre. Faut-il faire de même et, si oui, quelle est la raison d'être de cette différence?

3. — *Le sens de chaque expression*

Dans le précédent poème, le v. 23, 22 formait un distique hymnique avec le v. 21b. Il s'agissait de chanter l'union étroite de Dieu, du peuple et du roi. Le v. 22 se comprenait ainsi : « Dieu qui les a fait sortir d'Égypte, il (Dieu) est pour lui (le roi) comme les muscles (?) du buffle. » En *Nb* 24, 8a, le suffixe de *mwṣy'w* renvoie au peuple, comme celui de *mlkw*, et sans qu'il soit besoin de changer en *-m*. En revanche, il se pourrait bien que *lw* renvoie au même objet, c'est-à-dire le peuple. Les deux versets quasi-identiques n'ont donc ni le même sens dans chaque poème, ni la même fonction.

64. S. R. DRIVER (*A Treatise on the Use of the Tenses in Hebrew*, 1892, 3e édition Oxford 1969) a justement rapproché l'emploi du jussif en *Nb* 24, 7bα, d'*Is* 27, 6; 35, 1 s et *Os* 14, 6; la pertinence de ce rapprochement tient à ce qu'il s'agit en ces trois cas d'oracles de restauration, où voisine la même thématique avec les mêmes images d'abondance végétale, de postérité et de croissance qu'en *Nb* 24, 5.6.

65. Sauf la Peshitta, les Targumim samaritains, SAADIA. Toute la tradition samaritaine a gardé le singulier, un seul codex de KENNICOTT, et trois de DE ROSSI ont le pluriel.

4. — *Quelle est l'originale, quelle est la secondaire?*

Le v. 23, 22 était inséparable du v. 21b, pour former un distique parfaitement intégré dans le poème de *Nb* 23, 18b-24. Le v. 24, 8b est certes, lui aussi, bien intégré, à la fois dans l'enchaînement grammatical (suffixes *-w* renvoyant au peuple), et dans la logique interne de l'oracle de restauration *Nb* 24, 3b-9. Pourtant, il n'y est pas indispensable et l'on sauterait sans difficulté au v. 8b. Enfin, selon les datations d'ensemble que nous avons attribuées à chacun des deux poèmes, *Nb* 23, 18b-24 est plus ancien que *Nb* 24, 3b-9. Il n'y a donc pas d'hésitation : c'est *Nb* 24, 8a qui est secondaire par rapport à *Nb* 23, 22. Cette conclusion va évidemment contre celle des partisans de l'hypothèse documentaire, qui classent *Nb* 23, 18b-24 E, et *Nb* 24, 3b-9 J, mais concorde avec notre solution.

5. — *Un autre emprunt : tnś' : les deux emprunts sont-ils dus au même auteur?*

— En *Nb* 23, 24, *ytnś'* ne s'applique pas au royaume, mais au lion. L'auteur de 24, 7b, en revanche, trouvait en *Ez* 17, 14 le type d'emploi, concernant le royaume, que lui-même garde. Il a donc deux sources, l'une qu'il respecte, l'autre qu'il infléchit, à son habitude.

— En *Nb* 24, 8b, on retrouve le même mécanisme temporel, le même recours dynamique au mythe, qu'en 24, 7b *(m'gg; mmṣrym)*.

— C'est le roi et le royaume qui intéresse l'auteur du v. 7b; ils ne sont pas explicitement mentionnés dans le v. 8a; mais celui-ci ne contient-il pas une résonance royale presque automatique, à cause du distique que *Nb* 23, 22 (son doublet) forme avec 23, 21 (explicitement royal)?

Pour toutes ces raisons, c'est l'auteur de 7b, et donc de 7a, qui a emprunté 8a à *Nb* 23, 22, en le gauchissant, à son habitude.

V. 8b : *Y'KL GWYM ṢRYW W'ṢMTYHM YGRM WḤṢYW YMḤṢ.*

La difficulté principale de ce verset est constituée par la troisième et dernière proposition : *wḥṣyw ymḥṣ.*

1° Comment la comprendre?

2° Cette section, qui rompt avec la division binaire des autres stiques, en ajoutant un troisième élément, est-elle « überflüssig », comme le pense la majorité des exégètes?

Pour essayer de répondre à ces questions, élucidons d'abord le v. 8bβ.

1. — *« Briser les os » ou « sucer la moelle » ?*

a) La plupart des versions et des exégètes a traduit *w'ṣmtyhm ygrm* par « et il brisera leurs os ». Mais quelques versions ont compris « et il sucera (la moelle de) leurs os ».

b) *grm* est un verbe dérivé du substantif *gerem* « os », nous dit Mandelkern, comme le verbe *'ṣm* l'est du substantif *'eṣem*. Il n'a que trois emplois et, au piel, outre *Nb* 24, 8b, *Ez* 23, 34, texte obscur que l'on ne peut invoquer[66].

c) Le verbe employé pour « briser les os », image assez courante, n'est jamais *grm*, mais *šbr* (*Is* 38, 13 ; *Mi* 3, 3 ; *Nb* 9, 12 ; *Ex* 12, 46)[67].

d) Les commentaires rabbiniques ont senti que *'ṣmtyhm* était un quasi-objet interne du verbe *ygrm*. Rachi mérite d'être cité : *« ygrm.* Menaḥem l'explique comme une expression signifiant 'acte de briser' *(lšwn šbyrh)* . . . mais moi je dis que ce mot a le sens d''os' *('ṣm)* : on ronge la chair avec ses dents autour *(šmgrr hbšr bšnyw msbyh)*, la moelle à l'intérieur *(whmwḥ šbpnym)* et laisse l'os entièrement dépouillé *(wm'myd h'ṣm 'l 'rmymwtw).»* Ibn Ezra eut la même intuition, mais plus confuse. Il a perçu le rapport interne existant entre le verbe et le substantif. Il ne l'explicite pas aussi admirablement que Rachi, mais les expressions auxquelles il compare la nôtre en font foi. En particulier, *Jér* 50, 17 *hr'šwn 'klw mlk 'šwr wzh h'ḥrwn 'iṣṣᵉmô nbwkdr'ṣr* que l'on traduit d'habitude : « En premier, le roi d'Assyrie l'a entamée ; ensuite Nabuchodonosor... l'a achevée *jusqu'aux os.* » Ibn Ezra dit que *'iṣṣᵉmô* est comme *ygrm*, sauf que *hpk hp'wlh* « il a changé (ou inversé) l'action ». Ensuite, Ibn Ezra cite *Is* 10, 33 pour remarquer que l'on y a *ms'p p'rh* et non *tp'r hs'yp* comme en *Dt* 24, 20 : *l' tp'r 'ḥryk*. Autrement dit :

α) Ibn Ezra signale que les verbes *'ṣm* et *grm* sont interchangeables.

β) *Jér* 50, 17 prouve que *'ṣm* est à lui seul un verbe contenant son objet interne, exprimant une action interne à son propre sens.

γ) Ibn Ezra sous-entend que *'ṣm* et *grm*, ayant le même sens, peuvent être, de façon interchangeable, verbe et substantif, pour exprimer une action interne à leur commune signification.

e) En conclusion, il semble que *'ṣmtyhm ygrm* exprime une action

66. Gesenius, de Wette, Ewald, comprennent « mordre les os », à cause d'*Ez* 23, 34.

67. L'expression « lions qui brisent les os . . . et boivent le sang » se trouve dans les hymnes de Qumrân (col. V ligne 7), avec le verbe *šbr* (voir M. Delcor, *Les Hymnes de Qumran (Hodayot)*, Paris 1962, p. 156-157).

interne à l'idée commune[68] au verbe et au substantif : c'est comme si l'on avait : *grm ygrm* ou *'ṣm y'ṣm*, soit : «et il 'émoelle' leur moelle», ou «et il désosse leurs os» ou «et il épuise leur substance». L'idée était rendue par la LXX : *kai ta pachè autôn ekmyeliei,* la Vetus Latina : *crassitudines eorum emedullabit,* Saadia *w'ẓ'mhm y'rq* «et il dépouillera leurs os», et surtout le Targum samaritain : *wgrmyhwn ygrm.*

2. — *«Ses flèches il brise» ou «de sa flèche il transperce»?*

L'expression *wḥṣyw ymḥṣ* a embarrassé versions et exégètes. Aucune solution n'est vraiment satisfaisante.

a) La première grande tendance fut de faire de *ḥṣyw* un complément de moyen du verbe *ymḥṣ :* «de sa flèche il transperce»[69]. Certes, un complément de moyen sans préposition n'est pas impossible[70]. Mais *mḥṣ* ne signifie pas «transpercer», mais «fracasser». Une variante en fut : «sa flèche transperce». De plus, le verbe *ymḥṣ* n'aurait pas de complément.
Certains ont au contraire fait de *ḥṣyw* le complément de *ymḥṣ :* «et sa flèche il brise»[71]. Mais *mḥṣ* est d'habitude employé pour les membres du corps humain, et, plus grave, à qui renverrait le suffixe *w* de troisième personne masculin singulier? Normalement, ce devrait être à l'ennemi, mais ce dernier n'est évoqué qu'au pluriel dans les expressions précédentes.

b) Plusieurs exégètes[72] de la fin du XIXe siècle ont astucieusement proposé de corriger *ḥṣyw* en *ḥlṣyw* «ses reins», s'appuyant sur la

68. Pour l'accusatif d'objet interne, voir Gesenius-Kautzsch § 117p et Joüon § 125q. Joüon signale bien que l'objet interne est un nom *identique* ou *analogue* à l'action exprimée par le verbe. Dans le cas qui nous occupe, il est analogue.

69. LXX; Vulgate; *mḥṣ* en emploi absolu se rencontre en *Dt* 32, 39. Voir encore Keil, Baentsch, Noth.

70. Gesenius-Kautzsch (§ 144 lm) signale une forme idiomatique, restreinte à la poésie, qui conviendrait assez à notre cas : deux sujets dans une phrase verbale, l'un de personne, l'autre de chose; le second désigne l'instrument, organe ou membre, avec lequel l'action est effectuée. Tous les exemples de cette sorte ont en commun le fait que le sujet prend un suffixe de la même personne que le sujet personnel. C'est en quoi il se distingue d'un *casus instrumentalis*, c'est-à-dire d'un accusatif adverbial. Exemples : *Ps* 3, 5 : *qwly 'l-yhwh 'qr* «ma voix — je crie vers le Seigneur» (pareillement, *Ps* 142, 2); *Ps* 66, 17 : *py-qr'ty* «ma bouche — j'ai crié».

71. Rosenmüller par exemple; voir *Os* 1, 5 *wšbrty 't-qšt yśr'l* «et je briserai l'arc d'Israël.» Rachi fait bien de *ḥṣyw* le complément de *ymḥṣ*, mais s'inspire de *Ps* 68, 24 (*tmḥṣ rglyk bdm* «tu trempes tes jambes dans le sang») pour comprendre «les flèches du Saint, Béni soit-Il, il trempe dans le sang de ses ennemis *(ymḥṣ bdmyw šl ṣryw)* : il les trempera et les teintera dans leur sang. Cela ne s'écarte pas de la signification 'plaie' comme *mḥṣty* (*Dt* 32, 39) car celui qui est teint de sang paraît avoir été frappé et atteint *(mḥwṣ wngw').*»

72. Dillmann; Gray; également Mowinckel; Knobel corrige en *wqmyw* «et ceux qui se dressent contre lui» d'après *Dt* 33, 11.

Peshitta *ḥṣyhwn* « leurs dos », et sur les compléments habituels de *mḥṣ* (des membres du corps).

c) Peut-être suffirait-il de penser à un autre verbe que *mḥṣ* : pourquoi *ḥṣy* « flèche » ne nous conduirait-il pas vers la racine *ḥṣṣ* ou *ḥṣh* « diviser », dont il vient ? Cela donnerait deux possibilités :

α) on ferait de *mḥṣ* le participe piel de *ḥṣṣ*, et l'on donnerait à *ḥṣy* le sens, non pas de « flèche », mais de « part » (cf *Ex* 24, 6 ; *Nb* 15, 9.10 : l'objet interne, ou même, plus exactement, l'accusatif de résultat). On aurait ainsi : « Et sa part (= son butin) il se répartit. » En *Jg* 5, 11, dans un contexte guerrier analogue, *mḥṣṣym* désigne ceux qui font le partage du butin après la victoire. N'oublions pas que l'auteur qui a emprunté à *Gen* 49, 9 *Nb* 24, 9a a modifié le premier à l'aide de *Jg* 5, 27. Ce serait la même idée que celle qui est évoquée en *Is* 9, 2 ; 33, 23 et *Ps* 68, 13 avec *ḥlq šll*. Presque tous les Targumim l'ont d'ailleurs compris ainsi, même si cela tourne à la paraphrase :

— Onqelos *w'r'hwn yḥsnwn* « et leur terre ils posséderont ».

— Jérusalem *wqrythwn yplgwn wmwtryhwn yplgwn* « et leurs cités ils diviseront et leur reste ils diviseront ».

De même Néofiti et le Targum samaritain.

On peut aussi couper *ḥṣywym ḥṣ*, mettant l'accusatif au pluriel, et le verbe au parfait qal : « ses parts il a divisé »[73].

β) Toujours avec l'objet interne, *ḥṣy* pourrait être compris au sens « medium »[74], c'est-à-dire « épine dorsale », ce qui nous ramènerait au sens « dos »[75]. Hümmelauer l'avait vu : *« et medias confringet. Syr.* vertit *dorsum,* quem sensum *ḥṣ'* in lingua syra indubie habet. Et cur non eumdem sensum habuerit vox apud Hebraeos, quin necesse sit pro *ḥṣyw* corrigere *ḥlṣyw*. . . ? . . . Sat male habet, quem leo laniavit confractis ossibus : sed si ejus insuper spinam confregerit, nulla superest defensionis et salutis spes. . . »

Au fond, en combinant cette solution et celle qui fut adoptée pour *w'ṣmtyhm ygrm,* on arriverait à une quasi-tautologie : épuisement de la substance, décrit de la manière la plus physique qui soit. Que le texte initial ait été l'allusion au partage du butin ou à la fracture de

73. Une autre manière de comprendre l'accusatif interne, c'était de garder à *ḥṣy* le sens « flèche » et de donner ce sens au verbe. C'est ce qu'a fait le Targum de Jonathan : *wgrymyyt pwr'nwtyh ygry bhwn* « et les flèches de sa vindicte il flèchera contre eux ». Par un autre biais, cela nous ramène au sens communément admis.

74. La racine arabe *ẓhr* renvoie aussi bien au sens « midi » *('al-ẓuhᵉru)* qu'au sens « dos » *('al-ẓahru)*.

75. Très exactement, on distinguera :
a) Pour « épuiser la substance » et « diviser le dos », c'est l'accusatif d'objet *affecté*.
b) Pour « se répartir les parts », c'est l'accusatif d'objet *effectué* (Joüon § 125p).

l'épine dorsale, vint un jour où il ne fut plus compris. Sous l'influence de *Nb* 24, 17bγ *wmḥṣ p'ty mw'b,* on a cru qu'il s'agissait du verbe *mḥṣ* et on l'a mal coupé[76].

— Le v. 8bγ est-il un ajout? Certes, il rompt le parallélisme binaire qui règne dans le reste du poème. Du point de vue du sens, si l'on adopte l'allusion au partage du butin, cela rompt avec l'image animale et carnassière antérieure. Mais n'oublions pas que, depuis le v. 7a, le poème tend à devenir un bric-à-brac de doubles sens et d'emprunts. Si l'on préfère l'image de l'épine dorsale fracturée, on aurait, plutôt qu'une redondance par rapport au rongement des os et à la succion de la moelle, un complément, un achèvement, comme le disait Hümmelauer. Il est donc difficile de trancher. Qu'il soit ou non l'auteur du v. 8bβ, celui du v. 8bγ a voulu continuer le jeu littéraire sur l'objet interne.

3. — *UNE UNITÉ DÉFINITIVEMENT BRISÉE*

- *y'kl gwym ṣryw* se situe à mi-chemin entre l'image et la prose. *'kl* est souvent employé avec comme sujet *ḥrb* ou *'š* pour évoquer une action militaire ou simplement destructrice contre un peuple. En *Nb* 23, 24b, ce verbe était bien en situation, à l'intérieur de la comparaison, *après* la double image léonine. Ici, il l'est mal. Qui est le sujet? De plus, c'est la double image léonine qui vient après lui, au v. 9a. Depuis le v. 7a, les choses ont l'air si confuses qu'un commentateur a pensé à une seule entité, le «peuple-roi-lion», et envisagé l'hypothèse d'un lion cornu...[77].

Rien d'étonnant à cela : nous sommes ici dans un tissu d'emprunts; inutile, donc, de chercher une cohérence qui n'a jamais existé. Cependant, par le biais du souvenir implicite de *Nb* 23, 24 et donc, de son frère, *Nb* 23, 9b *(hn-'m... bgwym),* c'est l'opposition *'m/gwym* qui surgit encore. On voit d'ailleurs la dégradation littéraire : en *Nb* 23, 9b, *'m* est explicitement opposé aux *gwym;* en *Nb* 23, 24, son frère, *'m* est explicitement comparé au lion et à la lionne. Ici, quelque

76. EWALD suggère d'abord d'ajouter le substantif *ṣr* «l'ennemi» après le verbe *ymḥṣ*, comme fait la LXX, ce qui donne «mit seinen pfeilen zerschellen den Feind»; mais s'avisant que cette leçon est une pure conjoncture il propose de considérer *wḥṣyw* comme une faute de scribe pour *wmḥṣyw*, qui correspond mieux au *ṣryw* antérieur, d'où sa traduction «verzehren wird er völker seine dränger, ihre gebeine nagend ab, und die so ihn zerschellen selbst zerschellen». Non content de ce *mḥṣ* douteux, il en veut un second.

77. HÜMMELAUER : «Relicta *nemoris* comparatione (v. 6-7a) orditur vates comparationem *regis leonis* v. 7b-9a : *et assurget fremens rex ejus*, leo ejus, rex deserti : siquidem *rex ejus* h.l. non intelligitur Saul, non *rex Israelis* a populo Israel distinctus, sed *Israel rex*, populus cogitatus ut rex, ut natio sui juris ... *Cornua bonasi sunt ei.* Commodius ... referes ad El, cujus fortitudo describatur. Si referas ad leonem, habebis leonem cornutum...»

chose mange les *gwym,* et quelque chose est ensuite comparé à un lion. La comparaison léonine n'est même pas exploitée comme elle pouvait l'être pourvu qu'elle fût placée avant le v. 8b. Cette succession discontinue est bien dans la manière de l'auteur de 7-8a.

4. — *Une parole de restauration et de réaction*

A la lumière des mots *ṣr* et *gwym,* situons le verset :

a) Par rapport à des textes prophétiques ayant la même visée restauratrice : *Jér* 30, 16 (« tous ceux qui te dévorent sont dévorés, tous tes ennemis, sans exception, vont en exil, ceux qui te saccagent sont saccagés, je livre au pillage tous ceux qui te pillent ») ; *Jér* 50 ; *Ez* 35.36.39 ; *Is* 40 (notamment 40, 15) : « Voici que les nations *(gwym)* sont comme une goutte tombant d'un seau *(dly)* » ; 54, 2 : « Élargis l'espace de la tente ; les toiles de tes demeures, qu'on les distende ! Ne ménage rien ! Allonge tes cordages et tes piquets, fais-les tenir, car à droite et à gauche tu vas déborder ; ta descendance héritera des nations qui peupleront les villes désolées » ; 61, 6 (« vous mangerez la fortune des nations. . .) ; 60, 12 ; *Jl* 2, 19 ; 4, 2 ; *Am* 9, 12 ; *Mi* 4, 11.13 ; 5, 7.

b) Par rapport à des textes dont il semble l'inverse exact, le recto du verso : les *Lamentations* : *Lam* 1, 1.3.5.7.10 ; 2, 9.17. Fait remarquable, *Lam* 1, 1 évoque le passé glorieux de Jérusalem en des termes très proches de *Nb* 23, 9b-10 *(yšbh bdd h'yr rbty 'm . . . rbty bgwym).* Ce pourrait être un relai, un maillon dans la chaîne littéraire, et la réaction agressive positive de *Nb* 24, 8b à un texte abattu, négatif comme *Lam* 1, 1 ss aurait pu être mise en branle par cette ressemblance.

c) Il faut donc justement bien distinguer notre texte, si belliqueux, revanchard même, d'autres prophéties de restauration, de portée beaucoup plus universaliste (*Is* 60-63), ou même, simplement, nationalement, pacifiques (*Am* 9, 13-15).

d) Cette dernière distinction permet peut-être de comprendre pourquoi un second auteur est venu, aux v. 7 ss, infliger au texte le gauchissement littéraire et thématique qui nous est apparu : trouvant l'idéal des v. 5-6 trop irénique et trop peu historique, il eut à cœur de corriger des visées par trop utopiques, et de dire, pesamment s'il le fallait, qu'il ne s'agissait pas seulement de cultiver son jardin.

V. 9a : kr' škb k'ry wklby' my yqymnw
mbrkyk brwk w'rryk 'rwr

1. — *La genèse du V. 9a*

Avant de reconstituer la filiation littéraire la plus vraisemblable, signalons une particularité de *kr'* : ce verbe a toujours, sauf en deux cas, le sens de « ployer devant, se soumettre[78] ». Les deux exceptions sont précisément *Gen* 49, 9b et *Nb* 24, 9a où, de façon tout à fait originale, ce verbe décrit le repos du lion vainqueur après l'effort.

a) Soient deux textes anciens, originaux, distincts. Ils n'ont de commun que le contexte guerrier, la forme épique, et le verbe *kr'*. Ils ont comme différences que l'un est une image, dépeint l'attitude du vainqueur, et donne donc au mot *kr'* le sens neutre et rare de « repos », tandis que l'autre n'est pas une image, décrit l'attitude du vaincu, et donne au mot *kr'* le sens courant de « soumission ».

— *Gen* 49, 9b : *kr' rbṣ k'ryh wklby' my yqymnw*
— *Jg* 5, 27 : *byn rglyh kr' npl škb byn rglyh kr' npl*
b'šr kr' šm npl šdwd

b) — *Nb* 23, 24a.b emprunte à *Gen* 49, 9a.b l'imagerie du lion et de la proie, mais il en transforme profondément la structure syntaxique, le déroulement logique et, finalement, le sens : l'accent n'est plus mis sur le repos et l'occupation du territoire après le combat, mais sur le combat même, en tant qu'il est mené à sa fin.
— *Nb* 23, 24b emprunte à *Jg* 5, 27 le verbe *škb,* absent de *Gen* 49, 9b, où *rbṣ* jouait un rôle analogue. La présence en *Nb* 23, 24b de *škb* ne saurait être un hasard : la forme épique, le contexte guerrier, le mot *kr'* (trois fois en *Jg* 5, 27), communs aux deux textes anciens, ne pouvaient faire dériver l'auteur de *Nb* 23, 24 que de l'un vers l'autre[79] :
hn-'m klby' yqwm wk'ry ytnś
l' yškb 'd-y'kl ṭrp wdm-ḥllym yšth.

c) *Nb* 24, 9a copie *Gen* 49, 9b sauf la substitution de *škb* à *rbṣ* qui lui vient, soit directement de *Jg* 5, 27 (n'oublions pas que *Nb* 24, 8bγ pourrait avoir un contact avec *Jg* 5, 11aα et que l'auteur a voulu lui donner un tour épique semblable), soit indirectement, par le biais de l'emprunt à *Jg* 5, 27 de *škb* par *Nb* 23, 24b antérieur, on l'a vu, à *Nb* 24, 9. Les deux solutions ne s'excluent d'ailleurs pas.

78. Au point que Mandelkern le rapproche du niphal de *kn' : nkn'* = « submisse se gerere ».
79. Deux codices hébreux de Kennicott, un de de Rossi en marge, et un samaritain portent d'ailleurs *rbṣ* au lieu de *škb*.

Cette reconstitution se distingue de la position adoptée par l'ensemble des exégètes qui, signalant l'identité *Nb* 24, 9a = *Gen* 49, 9b mais point la différence, omettent le rapprochement avec *Jg* 5, 27, supposent une antériorité de *Nb* 24, 9a par rapport à *Nb* 23, 24, et une influence littéraire du premier sur le dernier (liée aussi à l'hypothèse documentaire), et concluent que de toute façon, il n'y a là qu'un cliché : « Sed videtur haec similitudo, quae et supra XXIII, 24 aderat, ista aetate usu vulgata, in modum adagii, fuisse.[80] »

2. — *La genèse du v. 9b*

Le même phénomène s'est produit pour le v. 9b. Bien des exégètes l'ont rapproché de *Gen* 12, 3 (J) : *w'brkh mbrkyk wmqllk ''r* (bénédiction de Dieu sur Abraham). D'autres l'ont rapproché de *Gen* 27, 29 (J), bénédiction d'Isaac sur Jacob : *'rryk 'rwr wmbrkyk brwk*. Bien peu l'ont rapproché à la fois de l'un et de l'autre[81]. En fait, la genèse est un peu complexe. Pourquoi met-on toujours en relation l'un ou l'autre de ces textes avec *Nb* 24, 9b ? Ce n'est pas seulement à cause de mots et de contenus identiques, c'est aussi à cause de la forme, qui est très particulière : deux termes de sens opposé *(brk/'rr//qll)* sont répétés chacun deux fois, une fois à l'actif, une fois au passif. Cette forme est spéciale, et très rare dans la Bible. Si l'on fait abstraction du sens de la phrase, si l'on ne s'attache qu'aux mots *brk/'rr* et à cette forme binaire symétrique quadripartite passive-active, on en peut trouver un autre cas, mais on n'en peut trouver qu'un. Est-ce un hasard ? C'est *Nb* 22, 6bβγ : *'t 'šr-tbrk mbrk w'šr t'r yw'r*. Certes, le sens est tout à fait différent : dans les trois autres textes, l'opposition actif-passif exprimait un renversement de situation, deux actions successives, inverses mais conjointes, dont la seconde est la conséquence de la première : l'auteur de la bénédiction (ou de la malédiction) en devient automatiquement bénéficiaire (ou victime), le sujet se transforme en objet[82]. En *Nb* 22, 6bβγ, il ne s'agit que d'une assertion tautologique relative au pouvoir qu'a Balaam (sujet) de bénir ou de maudire : l'objet de sa bénédiction ou de sa malédiction en est effectivement l'objet, c'est-à-dire en subit l'effet. Malgré cette foncière différence de sens, on privilégiera la communauté et la spécificité à la fois des mots et de la forme et, ici encore, on suivra une filiation :

a) *Gen* 27, 29 *'rryk 'rwr wmbrkyk brwk,* de tournure impersonnelle, est le texte de départ.

80. Rosenmüller, p. 370.
81. Dillmann, Gray, Baentsch.
82. Ehrlich l'explique bien : « dich muss jeder segnen : denn wer sollte es wagen, dir zu fluchen, wenn sein Fluch nur auf ihn selbst zurückkehren würde ? »

b) *Nb* 22, 6b *'t 'šr-tbrk mbrk w'šr t'r yw'r,* s'inspire de *Gen* 27, 29, non pas pour le sens de la phrase, mais pour la forme et les mots. Pourtant, il inverse l'ordre de la malédiction et de la bénédiction, il transforme en deux propositions relatives développées ce qui n'était qu'une brève formule, et substitue aux participes qal passifs un participe pual et un participe hophal. De plus, le sens de sa phrase convient parfaitement au récit concret dont elle fait partie, elle est bien en situation. Elle est donc originale, mais non originelle. Ce style secondaire, et pourtant créateur, est tout à fait dans la manière de l'auteur du premier récit et du premier poème. La formulation personnelle peut être empruntée à *Gen* 12, 3a :

'brk ‖ *tbrk*
'rr ‖ *t'r*

c) *Nb* 24, 9b emprunte à *Gen* 27, 29 la formule exacte, sauf l'ordre des verbes, qu'il inverse à l'imitation de *Nb* 22, 6bβγ. Cette manière d'écrire est tout à fait dans le style d'« emprunteur universel » que nous avons cru déceler à partir du v. 8.

Pareille généalogie ne contredit pas le jugement de certains exégètes, bien résumé par Gray : « Perhaps a current saying in Israel : cp Gn. 27^{29} (also 12^{3}). » On peut même aller plus loin dans la généralisation : il est universellement répandu, ou, tout simplement, humain, de clore une série de bénédictions ou de malédictions par une formule qui y appose le sceau de la véracité en liant indissolublement le sort du sujet qui bénit et celui de l'objet béni, pour le meilleur et pour le pire. Mais en reconnaissant ce fait, on ne reconnaît que des façons de penser communes, hors du temps et de l'espace, ou même, moins généralement, des traditions orales. Rien de littéraire. Or, ici, nous avons affaire à un Livre constitué, écrit. Il est donc licite d'y chercher et d'y trouver des filiations littéraires entre des formules rares et qui se ressemblent.

Tel était le « comment » de la genèse. Rappelons toutefois que, par delà ces filiations précises, il y avait, en *Gen* 12 ; 13 ; 28 et 49, un esprit général de bénédictions[83] qui avait déjà influencé l'auteur du premier poème, et ne pouvait qu'attirer, vu son esprit et ses visées propres, le second auteur du troisième poème.

3. — *LES RAISONS DES EMPRUNTS*

a) *L'effet produit :* à partir du v. 8a, le poème est désolant d'hétérogénéité. N'y a-t-il pas de quoi penser que, les uns après les autres, des ajouts ont été faits par des mains différentes, le seul fil

83. Pour l'analyse de *Gen* 12 et 28, voir A. de Pury, *Promesse divine et légende cultuelle dans le cycle de Jacob,* Paris 1975.

conducteur étant la technique d'emprunt à des textes de bénédictions plus ou moins anciens?

Mais on peut inverser l'argument : cette manière de citer littéralement avec pourtant à chaque fois une infime modification (v. 8a *mwṣy'w/mwṣy'm;* v. 9a *škb/rbṣ;* v. 9b : l'ordre des mots inversé) n'est-elle pas une manière de signer? Le responsable en est un seul et même auteur.

b) L'effet cherché : avec le v. 9a et le v. 9b, l'auteur cherche d'abord à faire résonner dans l'oreille et le cœur de ses auditeurs et lecteurs les vieilles formules tirées des bénédictions patriarcales bien connues.

Mais quelle est la fonction du v. 9b dans ce poème? Les exégètes ont, dans l'ensemble, vu qu'il s'agissait d'une *Wiederkehrung,* mais ils sont divisés quant au point exact du poème où se noue la boucle. Les deux pronoms personnels *k* renvoient à Israël, et plus précisément, au v. 5, où ils sont présents à côté des vocatifs Jacob-Israël. Les commentateurs qui nouent la boucle en ce point pensent que les quatre participes désignent Balaq «sowie dass in *'rryk 'rwr* ein deutlicher Fingerzeig für Balaq, wenn er seine Versuche fortsetzt, liegt»[84]. Mais, comme le fait Holzinger, il faut plutôt voir dans le v. 9b une sorte d'envoi final comparable à celui que nous avions signalé en *Nb* 23, 10b : «So wird am Ende der ohnehin in diesem Zusammenhang sehr allgemeine Satz, v. 9[b] ein Abschluss von der Art des *Flickverses* 23, 10[b].[85]» Ce rapprochement est triplement pertinent, et nous aide à comprendre la valeur particulière du v. 9b dans ce poème.

— En 23, 10b, l'auteur lie indissolublement les sorts respectifs du sujet de la bénédiction (1re personne du sg.) et de son objet; ce faisant, il renoue avec l'exorde (v. 7b) où le locuteur = le sujet = Balaam évoquait sa mission à la 1re personne du sg.; ce faisant, il fait du v. 10b, le sommet du poème, à la fois envoi final et coup d'envoi.

— En 24, 9b, l'auteur lie indissolublement les sorts respectifs du sujet et de l'objet de la bénédiction et de la malédiction; ce faisant, il renoue avec l'exorde (v. 3b-4), où le locuteur = le voyant = Balaam, évoque ses dons à la 3e personne du sg.; ce faisant, il fait du v. 9b la «pointe» du poème et son envoi final.

C'est assez pour nous faire penser que les participes renvoient à Balaam. Citons à nouveau Gray : «Perhaps a current saying in Israel... But even if so, it is effectively introduced here as the climax

84. Dillmann, p. 159.
85. Holzinger, *Numeri,* p. 121.

of the blessing. So far from cursing, Balaam will, as he values his own welfare, bless Israel.[86]»

L'auteur des emprunts avait donc une réelle volonté d'unité littéraire, que la mosaïque des citations ne doit pas occulter.

RÉSUMÉ - CONCLUSION

I — *LA STRUCTURE LITTÉRAIRE DE NB 24, 3b-9*

Traditionnellement, les exégètes considèrent *Nb* 24, 3b-9 comme une unité littéraire. Les analyses précédentes ont permis d'y dégager trois parties : un exorde (v. 3b-4) ; l'oracle édénique (v. 5-6) ; l'oracle dynastique et guerrier (v. 7-9). Mais ces trois sections semblent n'émaner que de deux auteurs : le premier a fabriqué un exorde à l'imitation de 2 *S* 23, 1-3, et y a ajouté l'oracle édénique des v. 5-6 ; le second, par le mécanisme des mots-crochets, y a enchaîné le v. 7 et la série de citations et images des v. 8-9.

II — *LE RAPPORT AVEC LES CHAPITRES ENVIRONNANTS*

Ce poème emploie des mots et des expressions qui se trouvent littéralement en *Nb* 21 ; 22 ; 23. L'analyse littéraire a montré, d'une part que ce n'était pas un hasard, d'autre part que ces emplois de *Nb* 24, 3b-9 étaient tous secondaires.

1° Au v. 6, *knḥlym nṭyw* rappelle *Nb* 21, 15 *hnḥlym 'šr nṭh,* et fournit un sûr indice que ce verset a été composé après insertion de l'épisode de Balaam, sous forme encore incomplète, dans ce qui existait du livre des *Nombres*, à la suite du chapitre 21.

2° Au v. 4b, *npl wglwy ʿynym* rappelle fortement *Nb* 22, 31 *wygl yhwh 't-ʿyny blʿm... wyqd wystḥw l'pyw,* et donne à croire que l'exorde *Nb* 24, 3b-4 rappelle, en le résumant, l'épisode de l'Ânesse (*Nb* 22, 22-35), pour mieux réagir contre lui. Il est probable aussi que *štm hʿyn* (v. 3bβ) évoque, de manière plus large, le « mauvais œil » que Balaq demandait à Balaam de jeter sur Israël (notamment *zʿm* en *Nb* 23, 7bδ et 8b).

3° Le v. 8a *mwṣy'w mmṣrym ktwʿpt r'm lw* cite presque littéralement *Nb* 23, 22. L'emprunt ne peut s'être fait que dans ce sens, parce que *Nb* 23, 22 appartient à un distique lui-même parfaitement intégré en *Nb* 23, 18b-24, alors que *Nb* 24, 8a s'inscrit dans une série discontinue de citations venues toutes d'horizons différents[87].

86. GRAY, p. 366.

87. Dans sa première édition de *Die Composition des Hexateuchs,* WELLHAUSEN refusait à l'auteur de *Nb* 23, 21.22.24 l'épithète de « plagiaire » : « Endlich darf man den Schriftsteller, der 23, 21.22.24 geschrieben hat, nicht zum Plagiator an sich selber machen und ihm auch die Autorschaft von 24, 7-9 zutrauen » (p. 111). Là où l'on se séparera de lui, c'est quand il attribue aussi à cet auteur 24, 7-9.

4° Il faut tricher un peu et faire entrer en compte d'autres résultats de critique littéraire : la prose, à partir de *Nb* 23, 27, est secondaire et imite celle du chapitre 23. Elle n'est là que pour introduire le troisième poème. Elle a tout l'air d'être l'œuvre de l'auteur 24, 3b-6. Confirmation s'en trouve, nous l'avons vu, en 24, 1, où il est bien précisé que Balaam n'alla pas comme les autres fois à la recherche de présages *(wl'-hlk kp'm-bp'm lqr't nḥšym)*. Or, jamais auparavant il n'avait été dit qu'il y fût allé ! Ce fait vient étayer l'idée que l'allusion au *nḥš* et *qsm* de 23, en soi point hostile à Balaam, aurait été violemment « contrée » par l'épisode de l'Ânesse, dans la ligne de *Dt* 18, 9-15, et puissamment « surcontrée » par l'auteur de 23, 27-24, 6.

III - *LE RAPPORT AVEC L'HYPOTHÈSE DOCUMENTAIRE*

1° Unanimité de la critique littéraire :

Dans sa première édition de *Die Composition des Hexateuchs* (1876), Wellhausen, qui avait déjà constitué son hypothèse documentaire, attribuait les chapitres 23 et 24 respectivement à J et E. Mais, convaincu par Dillmann, qui donnait 23 à B (= E) et 24 à C (= J), essentiellement sur des critères de localisations géographiques qui s'avèrent être des ajouts, Wellhausen inversa ses attributions dans ses « Nachträge » de 1899. Depuis, l'exégèse a fait chorus jusqu'en 1979 inclus (L. Schmidt). Tous les prétextes étaient bons pour le Yahviste : le type d'« Offenbarung »[88], l'ancienneté de la formule *n'm* suivie d'un nom d'homme, l'archaïsme du mot *šdy*, le souvenir, non moins authentique, de l'époque nomadique avec les tentes, de l'époque de Saül avec Agag, l'identité rédactionnelle avec *Gen* 27, 29 et 49, 9. C'était devenu un article de foi que l'épisode de l'Ânesse et *Nb* 24, 3b-9 communiaient dans une même appartenance à J, et que tous les contacts entre le deuxième et le troisième poème de notre histoire étaient la faute du deuxième, qui avait pillé le troisième. C'est O. Eissfeldt qui exprime le mieux à la fois la conception de J et E, et l'interprétation respective des poèmes de *Nb* 24 et 23 qui ont autorisé et entériné pareille attribution : « Dass sowohl in *Ex* 19-34 als auch in *Num* 22-24 zwei Stränge vorliegen, von denen der eine Macht, Land und Kultus freudig bejaht, der andere mit einer gewissen Zurückhaltung beurteilt, kann kein Zufall sein[89]. »

2° Datations anciennes, mais fluctuantes :

Les adeptes de l'hypothèse documentaire ne sont pas d'accord

88. Pourtant, c'est le *rwḥ 'lhym* qui vient en 24, 2 !

89. O. Eissfeldt, Sinaï-Erzählung und Bileam-Sprüche, dans *Kleine Schriften* IV, Tübingen 1968, p. 30.

pour savoir si les poèmes du chapitre 24 sont indépendants de la prose, ou non. Mais c'est sur le contenu de ces poèmes qu'ils se fondent pour les dater, de toute façon. Selon Albright[90], la composition s'en placerait entre la moitié du XIIe siècle et la fin du XIIe, et la rédaction, pas plus tard que le Xe ou le début du IXe siècle. Selon S. Mowinckel[91], les deux poèmes dateraient d'avant la division du royaume, donc la mort de Salomon, donc 931. D'après M. Noth[92], ils remonteraient à l'époque de Saül. Somme toute, unanimité souple quant à la grande ancienneté de rédaction, et a fortiori de composition.

IV - *Quelques opinions plus libres*

Quelques auteurs, antérieurs au règne de l'hypothèse documentaire, ou même contemporains de celle-ci, ont émis des opinions différentes. De Wette opte pour une datation tardive, sans préciser davantage : « Die Bileam in Mund gelegten Orakel sind so offenbar fingirt, dass man zugleich die späte Zeit der Abfassung nicht unsicher erkennt[93]. » Baentsch reste dans le cadre littéraire de l'hypothèse documentaire, mais parle de « vaticinia ex eventu ». Gressmann[94] y demeure aussi mais, fait remarquable, tout en datant les poèmes de l'époque de Saül ou de David, pense que le troisième et le quatrième poèmes sont légèrement postérieurs aux deux premiers. Enfin, von Gall fait cavalier seul en datant les quatre poèmes de l'époque postexilique. Mais son opinion a trop l'air d'une thèse dirigée a priori contre les partisans de l'hypothèse documentaire et ceux d'une datation ancienne, qui les recoupent. Elle ne s'appuie sur l'analyse ni des images ni des idées, elle corrige allègrement le texte pour les besoins de la cause postexilique (par exemple Agag en Gog) et au fond, se bornant à répertorier une liste de mots qu'elle qualifie mécaniquement et arbitrairement de « junges Wort » ou « nachexilisch Gebrauch », elle n'inflige pas au texte un traitement différent du sort que lui font subir les tenants de l'hypothèse documentaire : seul change le mode de sélection a priori.

V - *Une intention de restauration. Une datation exilique*

A partir d'une analyse conjointe des idées, des thèmes et des images, on a cru déceler de nombreuses affinités entre *Nb* 24, 5-7 et les oracles de restauration d'époque exilique, notamment *Is* 40; 50; 60;

90. W. F. Albright, *The Oracles of Balaam*, p. 226.
91. S. Mowinckel, *Der Ursprung der Bil'āmsage*, p. 251.
92. M. Noth, *Numbers*, p. 191.
93. W. M. L. de Wette, *Beiträge zur Einleitung in das Alte Testament*, Zweiter Band, p. 364.
94. H. Gressmann, *Mose und seine Zeit*, p. 334.

Jér 30 ; 50 ; *Ez* 17 ; 19 ; 39, au point d'y reconnaître les mêmes visées, et de proposer pour ces trois versets une datation voisine des leurs.

— Pourtant, le v. 7a ss trahit une main différente, un gauchissement littéraire, et de nouvelles préoccupations, non plus exclusivement pacifiques, mais dynastiques et belliqueuses. Ce second auteur pratique la citation à haute dose ; actualisant les vieux textes connus par cœur des exilés, il charge les figures, devenues mythiques, de l'histoire ancienne d'Israël, d'être les modèles de l'histoire à venir ; le futur ne sera que le passé restauré. Il n'est peut-être pas indifférent à ce second auteur d'arriver à douze vers. Quant à une postériorité concrète, sensible, dans le temps et pas seulement dans l'écriture, on est à peine en droit de la supposer. Tout juste peut-on penser que, le moment du retour approchant, il était naturel que se fissent sentir des préoccupations plus immédiatement politiques et militaires.

VI - *QUE VIENT FAIRE ICI BALAAM ?*

Pourquoi ce long exorde sur Balaam avant un oracle exilique, avec lequel il n'entretient aucun rapport ?

On suggérera que l'auteur des v. 5-6 est aussi l'auteur de cet exorde, malgré la coupure flagrante entre les deux. Il a « détourné » la vieille figure et la vieille histoire de Balaam au profit d'une cause nouvelle et tout à fait étrangère à cet épisode antérieur de moins d'un siècle, la cause exilique de la restauration. Ce n'est pas un hasard pourtant s'il l'a choisie : depuis *Dt* 23, 5 *(bl'm bn-b'r mptwr 'rm nhrym)*, Balaam était « officiellement », bibliquement, devenu un devin babylonien. Quoi de plus pertinent, et de plus réconfortant, pour la communauté exilée, que de faire prononcer à ce représentant de la sagesse de l'oppresseur (au préalable surinvesti de l'autorité prophétique la plus orthodoxe et la plus yahviste), un oracle annonçant le retour au pays merveilleux ? C'est pourquoi il n'y a rien d'étonnant à ce que :

1° L'exorde aux v. 3b-4 soit à la fois secondaire, imité de celui de 2 *S* 23, 1-3, et sans lien avec la suite : l'imitation veut lui conférer l'impact même des dernières paroles de David.

2° La représentation de l'Éden futur en Terre promise ressemble tant aux rives de l'Euphrate : c'est de là que parle l'auteur, à des gens qui sont là ; c'est de là qu'est censé parler Balaam, devenu le barû babylonien. Onqelos n'avait-il pas perçu le rapport, pour traduire *nhr* (v. 6) par *prt* ? Voilà comment, de voyant local passé devin babylonien par la faute du *Deutéronome*, Balaam est enfin devenu le prophète de la fin de l'Exil et du retour en Terre Promise.

CHAPITRE IX

LE LIEN NARRATIF ENTRE LE TROISIÈME ET LE QUATRIÈME POÈME (*Nb* 24, 10-14)

Appelons-en l'auteur N4. Ce dernier veut, certes, introduire le quatrième poème (*Nb* 24, 15b-19 = P4). Mais il s'intéresse aussi beaucoup au lecteur, qu'il est trop tard pour séduire (c'était l'affaire, et ce fut la réussite de N1), mais à qui il est encore temps de plaire, en satisfaisant sa légitime curiosité sur *la fin de l'histoire*. Ce sera aussi l'occasion, non négligeable, d'achever d'édifier ce lecteur, mais par une *morale* de l'histoire, qu'avait négligée N1, finalement plus sévèrement didactique que pédagogue.

N4 s'avère plus fin prosateur que N3 : il ne supporte pas de laisser l'histoire inachevée. Il a pris goût à l'aventure racontée pour elle-même. Par ailleurs, il a observé attentivement les habitudes d'écriture de N1 et, à quelques exceptions près, bien su les reproduire. C'était nécessaire car, avec son sens de l'achèvement, de la clôture, il ne pouvait mettre un terme à l'histoire qu'en reprenant des éléments d'ouverture par une inclusion feinte, donc avec pour matériau initial le début de N1. En outre, N4 a compris, retenu, et limité, ce qu'avait N1, à la fois de plus fondamental et de plus personnel :

a) la secondarité comme caractère essentiel, comme procédé d'écriture. N1 aimait à prendre chez un auteur antérieur des pans entiers de texte original pour les « plaquer » tels quels sur le sien. N4 n'agira pas autrement, mais en prenant pour éléments de départ des fragments du texte même où il vient s'inscrire, savoir, N1 lui-même et l'épisode de l'Ânesse.

b) La répétition incluant la variation, soit pur souci d'élégance, soit pour traduire un progrès réel dans le cheminement de la pensée.

D'ailleurs, loin que *a)* et *b)* s'excluent mutuellement, N1 les avait fait jouer l'un sur l'autre (par exemple lors de son emprunt à *Ex* 10, 5 et 15, en *Nb* 22, 5 et 11). N4 le suivra sur cette pente.

Mais, dira-t-on, si N4 ressemble tant à N1, pourquoi vouloir à tout prix les distinguer encore? N4 ne serait-il pas simplement une résurgence de N1 ? L'objection est de taille. Pourtant, on peut affirmer que N4 ≠ N1, pour les raisons suivantes :

a) Il a été clairement établi que N1 prenait fin en 23, 25-26. Ce n'est pas succomber au cercle méthodologique que d'avancer cet argument. Nous avons vu *positivement* qu'il était de l'essence de N1, qu'il était inhérent, tant à son écriture qu'à sa démarche profonde, d'aboutir en 23, 25-26. Il est apparu que N1 n'avait d'autre issue que ces deux versets. Le faire resurgir en 24, 10, c'est lui ôter toute cohérence, c'est le dénaturer.

b) N4 parfois se trahit. En quelques occasions, que nous verrons, il n'a pas respecté les principes dont N1 ne se départait jamais. Ce n'est d'ailleurs pas tant sa faute personnelle (en général, il s'est montré subtil et fidèle à l'esprit et à la lettre de N1, il l'a compris et s'y est conformé de l'intérieur), que la conséquence inéluctable de la situation : N1 ayant bel et bien fini en 23, 25-26, nul ne pouvait prétendre y ajouter une suite ni une fin. N1 certes laissait l'histoire inachevée, sans issue au plan narratif, il n'en laissait pas moins une *œuvre* achevée, parfaite quant à son projet d'écriture et d'édification. Le propos de N4, poursuivre et clore, était donc scié à la base, vicié dans son principe.

c) N4 comporte des résurgences de l'épisode de l'Ânesse. Un tel phénomène est impensable chez N1, si l'on se souvient que l'épisode susdit vient se greffer sur N1, réagissant contre la présentation favorable que donnait ce dernier de Balaam.

d) N4 manifeste des goûts, des soucis de forme, qui demeuraient étrangers à l'esprit de N1 (malgré l'art extrême avec lequel ce dernier faisait jouer l'un sur l'autre le littéraire et le didactique). N4 est moins subtil, plus net : il lui faut de bons chiasmes, de grandes inclusions, de gros renversements ; il aime aussi les bons chiffres : triades, tétrades, heptades. C'est même le principe qui guide sa tactique du complément : ajouter dans une série des éléments, jusqu'à ce que soit atteint un chiffre parfait. De cela, N1 ne se souciait pas. En revanche, N4 s'est très vraisemblablement, pour tous ces procédés, inspiré de l'épisode de l'Ânesse, qui en contient beaucoup.

e) N4 = P4. Ici, il faut anticiper un peu et en même temps faire référence à des analyses antérieures. Il a été dit, en p. 389, que le souci de N4, à égalité avec le désir de finir l'histoire, était d'introduire le quatrième poème. Par ailleurs, l'analyse des poèmes établira que P3B (*Nb* 24, 7-9) est du même auteur que P4 (*Nb* 24, 15b-19). Enfin, P3B = P4 se signalera par des traits qui l'apparentent fort à N4 :

— la pratique de l'emprunt, à la fois d'un niveau rédactionnel à un autre (de 24, 15b-16 = P4 à 24, 3b-4 = P3A ; de 24, 8 = P3B à 23, 22 = P2 ; de 24, 9 = P3B à 23, 24 = P2), et d'un texte à l'autre (de 24, 9a à *Jg* 5, 27 ; de 24, 9b à *Gen* 27, 29) ; pratique d'ailleurs assez grossière. La cohérence organique du texte en pâtit : cela devient un tissu de citations. A cet égard, N1 = P1 et P2 se montrait beaucoup plus habile à maintenir l'unité d'écriture et d'esprit, mais c'est que sa pratique des emprunts à *Genèse* et *Exode* obéissait à un projet didactique cohérent, le modèle d'Abraham et la sortie d'Égypte ;

— le goût du bon chiffre : il complétera une série jusqu'à ce que soit atteint le chiffre parfait ou, du moins, une bonne symétrie.

Ces raisons accumulées font penser que N4 (= P3B) = P4. Là encore, on ne pourra jamais le prouver absolument. Mais, quand on tient pour acquis que deux morceaux poétiques sont du même auteur (P3B = 24, 7-9 et P4 = 24, 15b-19), que cet auteur possède des traits d'écriture qui l'apparentent à l'auteur N4 du passage en prose joignant les deux poèmes, qu'enfin l'un des deux buts principaux de cet auteur N4 consiste à introduire le quatrième poème, comment résister à la tentation d'identifier l'un à l'autre P3B = P4, et N4, le poète et le prosateur ?

D'autant plus que l'analyse des différents morceaux composant l'ensemble *Nb* 22-24 nous a habitués à voir l'auteur d'un récit en prose capable d'écrire *aussi* des poèmes, où se retrouvent sa pensée et son mode d'écriture, mais sur un registre plus élevé. Nous avons vu
que N1 = (P1 = P2)
que N3 = P3A ; et maintenant, nous voyons
que N4 = (P3B = P4).

Cette dernière constatation nous ramène à notre propos initial, qui était (en p. 390) de prouver que N4, malgré tous les souvenirs qu'il porte de N1, et toute la fidélité qu'il lui porte, n'est pas N1 !

Nous avons établi des identités. Achevons la démonstration par la preuve des différences :

— de même que nous avons établi que P3A ≠ (P3B = P4), nous avons établi que N3 ≠ N4. Cela tombe bien, puisque P3A = N3, et que (P3B = P4) = N4 ;

— de même que nous avons établi que P3A ≠ (P1 = P2), nous avons établi que N3 ≠ N1. Cela tombe bien, puisque P3A = N3, et que (P1 = P2) = N1 ;

— nous avons établi que (P3A = P4) ≠ (P1 = P2); par ailleurs, nous avons établi :

— que (P3B = P4) = N4,

— que (P1 = P2) = N1.

Est-il présomptueux de déduire, de cette somme de certitudes négatives et positives, la dernière, et la plus humble, de toutes les certitudes négatives, savoir, que N4 ≠ N1 ?

Après ce long préambule sur N4, lisons notre dernier auteur. 24, 10aα *wyḥr-'p blq 'l-bl'm* « et la colère de Balaq s'enflamma contre Balaam » est le complément aux deux colères de l'épisode de l'Ânesse :

— en 22, 22, la colère divine contre Balaam : *wyḥr-'p 'lhym* ;

— en 22, 27, la colère de Balaam contre l'ânesse : *wyḥr-'p bl'm*

Cette proposition n'a d'autre fonction, chez N4, que de former une belle triade des colères, faisant écho aux belles triades de l'épisode de l'Ânesse. Nul doute que ce souvenir est à l'origine de cette troisième et dernière colère. Comment ne pas le penser, d'ailleurs, quand un beau *zh šlš p'mym* trône à la fin de 24, 10b, faisant écho aux trois fameux *zh šlš rglym* de l'épisode de l'Ânesse ?

Mais cette façon qu'a N4 de clore une série, demeurée jusqu'alors ouverte, pour obtenir un bon chiffre, ne succombe pas à l'artifice, au contraire. N4 a trop le sens du lecteur, et trop bien su observer l'art et l'esprit de l'auteur qui avait ouvert la série. Ainsi, chacune des deux colères de *Nb* 22, 22-35 est immédiatement suivie d'un vif mouvement physique de celui qui éprouve la colère : « Et l'ange du Seigneur se plaça sur la route » ; « et Balaam battit l'ânesse de son bâton ». N4 a parfaitement respecté cette séquence en faisant suivre immédiatement la colère de Balaq de 24, 10aβ : « Et il frappa des mains ». Ce geste se rapproche d'ailleurs beaucoup plus de celui de Balaam à l'égard de la malheureuse bête que de celui de l'ange. Les deux gestes humains sont de dépit et d'agressivité. La seule différence tient dans l'intensité de la violence, liée à la différence dans l'objet du courroux, destinataire réel du geste : Balaam n'eût pas été un homme, ni Balaq un roi, nul doute que Balaq battait Balaam comme Balaam battit l'ânesse. N4 module donc bien. Il n'est pas servile.

N4 reste également fidèle à l'humour de l'épisode de l'Ânesse. On ne peut lire ce v. 24, 10a sans rire, comme on ne pouvait lire 22, 22-35 sans rire. Le ressort de l'humour est identique dans l'un et l'autre texte : c'est le ridicule. Le geste coléreux est comique car c'est un geste de dépit. Loin d'être une marque de puissance, il est bien plutôt un aveu d'impuissance. Comme un enfant, on se venge sur un objet du caractère absolument incontrôlable de la situation. Balaam dans l'épisode de l'Ânesse, Balaq en 24, 10aβ, pouvaient aussi bien taper du pied[1].

Ce ridicule où N4 plonge Balaq révèle que cet auteur n'a pas le goût du complément ni de l'achèvement pour la pure forme. Il ne s'agit pas d'art pour l'art. N4 est mû par un double souci :

a) achever la réhabilitation de Balaam. Pour N4, Balaam demeure encore blessé de l'Ânesse. On n'efface pas le ridicule avec des portes ouvertes enfoncées, des coups d'épée dans l'eau, et des éloges dithyrambiques comme a tenté de le faire N3 = P3A. L'épine est restée dans le pied de N4. Et c'est grave. Car tant que Balaam n'est pas *complètement* ni *vraiment* réhabilité, la morale de l'histoire demeure inefficace, impuissante. Pire : impossible ;

b) pour une saine morale de l'histoire, il faut un bon chiasme, une inclusion nette avec le début, c'est-à-dire des éléments présents chez N1, mais avec une inversion radicale de ces données initiales, soit du signe sous lequel se trouvaient les rapports des membres de la triade Balaq-Balaam-Dieu.

Pour satisfaire la première exigence, il n'y a qu'une solution : exorciser le ridicule né de l'épisode de l'Ânesse au moyen d'un nouveau ridicule, analogue, mais dirigé contre Balaq. Balaam deviendra, par la même occasion, l'analogue de ce qu'était l'ânesse[2] en 22, 22-35 : une victime innocente, presque un martyr de sa mission prophétique et de la cause d'Israël. Chez N4, Balaq sera à Balaam ce qu'en 22, 22-35 Balaam était à l'ânesse : un bourreau borné face à une victime clairvoyante et obéissant jusqu'au bout aux ordres que lui communique, non pas le bourreau, mais un troisième personnage invisible au bourreau.

C'est ici qu'éclate l'habileté de N4 : pour satisfaire sa double exigence, il va faire d'une pierre deux coups : il va utiliser l'esprit de l'Ânesse (le ridicule) mais pour inverser l'esprit de N1, c'est-à-dire, les expressions qui les traduisent chez N1. En effet, N4 ne pouvait inverser complètement les éléments de l'Ânesse : cela n'eût rien donné, puisque cet épisode comportait un personnage supplémentaire, extérieur à l'histoire principale, l'ânesse, et, en revanche, ne comportait pas l'un des deux principaux protagonistes, Balaq. Mais l'exorcisme ne pouvait être total qu'en incluant Balaq. Au fond, le Balaam de l'Ânesse demandait réparation, mais les éléments et les moyens de cette réparation n'étaient pas tous contenus dans l'Ânesse. Il fallait aller chercher chez N1 ceux qui manquaient, et cela tombait à

1. « *ḥrd' prae indignatione,* ut addidit Saadia », écrit ROSENMÜLLER qui perd un peu la nuance « bouder, bouderie, enfant boudeur » contenue dans le verbe arabe *ḥrd.*

2. L'ânesse avec une minuscule désigne l'animal, l'Ânesse avec une majuscule, l'épisode.

merveille, puisque N4 avait précisément à cœur, pour livrer de l'histoire la morale la plus percutante possible, de faire chiasme et inclusion avec le *début* de cette histoire, écrit par N1.

A l'inverse, N1 ne contenait absolument pas l'esprit de l'Ânesse, c'est-à-dire le ridicule qui rend odieux. C'est à peine si, chez N1, Balaq est antipathique et sujet à dérision. En fait, il l'est, mais en germe, en profondeur. Ni plus ni moins que Balaam, de son côté, est une figure noble mais discrète. Nous avons dû scruter, décrypter même le texte, pour y lire l'arrogance de Balaq, et voir qu'il était déjà toujours joué par Balaam qui le prenait au mot. Mais cette subtile présentation dérisoire (bien dans l'esprit de N1) n'est pas du goût de N4, qui s'accommode beaucoup mieux de la caricature tranchée, simpliste, de l'Ânesse. C'est donc à la fois par goût et par nécessité (car l'objet de l'exorcisme, c'est effectivement le Balaam ridicule de l'Ânesse), que N4 revêt à son tour l'esprit de l'Ânesse, contre Balaq, pour Balaam.

Retour à 24, 10, appliquons-y nos découvertes :

— En 24, 10aα, *wyḥr 'p blq 'l bl'm* : N4 reprend la lettre de l'Ânesse (voir 22, 22aα, 27bα), l'esprit de l'Ânesse (colère brutale). Mais il fait jouer l'esprit de N1 contre l'esprit et la lettre de l'Ânesse. En effet, on se souvient que la rivalité symétrique objective Balaq/Dieu par rapport à Balaam était l'un des ressorts essentiels de N1, tant au plan de l'action qu'à celui de l'édification : il revient ici un écho de cette symétrie, dans la mesure où

wyḥr 'p blq 'l bl'm résonne encore de

wyḥr 'p 'lhym, où la colère de Balaq contre Balaam est une réminiscence de la colère divine contre le même Balaam. Seulement, chez N1, il s'agissait d'un combat alterné : Balaq donnait un ordre, Dieu venait donner un contrordre et l'emportait finalement. L'affrontement sur la tête de Balaam recommençait à un stade plus avancé de l'histoire, à un niveau approfondi de la réflexion, toujours d'après la séquence : ordre de Balaq, contrordre de Dieu, victoire finale de Dieu. Ici, la séquence est inversée et le mécanisme différent parce que viennent s'y greffer l'esprit et la lettre de l'Ânesse : la colère de Balaq fait suite à la colère divine de cet épisode, et cette colère de Balaq fait long feu, à cause du ridicule qui s'y attache, et de l'impuissance qu'elle trahit, impuissance attestée par le geste qui l'accompagne. Ce « long feu » marque l'avant-dernier retour de la symétrie Balaq/Dieu par rapport à Balaam. Balaq est presque définitivement mis hors de combat. Quant au travail d'exorcisme, il opère de la sorte : la troisième et dernière colère, celle de Balaq contre Balaam, érige Balaam en quasi-martyr, et exorcise définitivement la première colère, celle de Dieu contre Balaam, et la deuxième colère, celle de Balaam contre l'ânesse, en sort à jamais pardonnée, effacée, puisque c'est Balaq qui est devenu à Balaam ce qu'était Balaam à l'ânesse, soit le bourreau coupable accablant la victime innocente.

— *wyspq 't-kpyw :* nous avons vu que le geste violent de frapper accompagnant la colère trahissait l'impuissance. Cela, c'est à la fois la lettre et l'esprit de l'Ânesse. Développant le comique du concret, et le renforçant, vient le comique du *visuel,* propre aussi à l'esprit et à la lettre de l'Ânesse. N1 ne se le fût jamais permis. Le verbe *spq* régissant *kpym* veut dire d'habitude « applaudir » (en signe de dérision : *Lam* 2, 15 et *Jb* 27, 23). Il existe aussi le geste de deuil « se frapper la cuisse » (*Jér* 31, 19 et *Ez* 21, 17). Rien qui corresponde, ni à notre expression ni à sa situation. Mais nous tenons à peu près pour acquis que N4 = P4. La proposition de N4 *wyspq 't-kpyw,* par-delà son sens concret, physique, très bien adapté au contexte immédiat et aux relations internes aux différents niveaux rédactionnels du texte, ne revêt-elle pas une portée symbolique, celle de la défaite finale, non plus du seul Balaq, mais de Moab en son entier ? Le geste rageur du roi de l'histoire (N4) préfigurerait les mouvements désordonnés du peuple dans l'Histoire (P4) à venir. N'oublions pas non plus que N4 fait annoncer par Balaam à Balaq le destin final de son peuple. C'est même son dernier mot, en 24, 14 : « Viens, que je t'annonce ce que ce peuple fera à ton peuple dans la suite des jours[3]. » Ce serait, de la part de N4,

3. En 24, 14, quelques versions ont inversé le texte hébreu et, au lieu de : « je t'avertirai de ce que *ce* peuple fera à *ton* peuple », compris : « je vais t'indiquer ce que *ton* peuple fera à *ce* peuple ». Ainsi la Vulgate : *dabo consilium tibi quid populus tuus populo huic faciat.* Faut-il, pour la Vulgate, souscrire à l'hypothèse de KALISCH : « perhaps by an oversight » ? Mieux vaut penser que, pour Saint JÉRÔME nourri d'enseignement rabbinique, l'occasion d'un lapsus était trop belle. D'ailleurs, la tradition juive qui, elle, en veut décidément à Balaam, renchérit dans ce sens. Mais, trait significatif, aucun des traducteurs araméens n'omet finalement de rétablir l'ordre de l'hébreu, ce qui trahit le caractère intentionnel de l'inversion. Le fait est clair avec ONQELOS : « Je vais te conseiller ce que tu dois faire ; et je t'indiquerai ce que fera ce peuple dans la suite des jours. » Après l'inversion, les autres Targumim établissent explicitement le rapport avec *Nb* 31, 16. Ainsi JONATHAN : « Va, prépare des tavernes, et mets-y des séductrices pour vendre nourriture et boisson à bas prix, et induire ce peuple à manger, boire, s'enivrer et forniquer, afin qu'ils renient leur Dieu ; puis, rapidement, ils tomberont sous ta coupe et beaucoup d'entre eux succomberont. » Et le Targum de Jérusalem : « Conduis ce peuple au péché, sinon tu n'auras aucun pouvoir sur eux. » De même Néofiti. Puis les trois concluent : « mais c'est ce peuple qui dominera sur ton peuple dans la suite des jours. »

La tradition de l'interversion et de l'allusion à 31, 16 est amplement développée en *t.b. Sanh.* 106a. L'interprétation de RACHI éclaire le mécanisme sémantique grâce auquel s'opéra cette « manipulation » du texte : *y'ṣ* peut revêtir deux sens, un sens pratique, lié à l'action, « conseiller » (*Ex* 18, 19 ; 1 *R* 1, 12 ; *Jér* 38,15), et un sens théorique indiquant une pure information, « indiquer », « aviser », le seul qui convient ici. JÉRÔME a substitué le premier au second. Les Targumim et les commentaires rabbiniques gardent les deux et les énoncent l'un après l'autre. RACHI procède de même et conserve la référence à 31, 16 : « Viens, je veux te donner un conseil. Sur ce que tu dois faire. Quel conseil ? Leur Dieu hait la luxure ... comme cela est exposé dans le chapitre *Ḥeleq* (*Sanh.* 106a). On peut prouver que c'est Balaam qui a suggéré le conseil de faire trébucher Israël par la luxure, car il est dit (*Nb* 31, 16) : 'Ne sont-ce pas elles qui, à l'instigation de Balaam, ont induit les enfants d'Israël... ?' Ce que ce peuple-ci fera au tien. C'est une phrase incomplète : je veux te donner un conseil pour le faire trébucher, et je veux te dire quel mal il fera à Moab dans l'avenir (v. 17) : 'il fracassera les tempes de Moab'. Le Targum supplée à la

une grande habileté que ce double registre et, en même temps, une marque supplémentaire de l'identité N4 = P4. Quoi qu'il en soit, et ce n'est pas le moindre talent de N4, l'expression est une création originale, parfaitement adaptée à toutes les exigences qui pèsent sur elle, mais riche encore d'un autre sens.

— 24, 10b : « Et Balaq dit à Balaam : 'Pour maudire mes ennemis je t'ai appelé, et voilà que tu les as bénis, oui, bénis, cela fait trois fois'. » Ce reproche est une répétition, presque identique, du reproche émis par Balaq en 23, 11, après le deuxième poème. Comparons-les :

23, 11 = N1	24, 10b = N4
wy'mr blq 'l-bl'm	*wy'mr blq 'l-bl'm*
mh 'śyt ly	
lqb 'yby lqḥtyk whnh brkt brk	*lqb 'yby qr'tyk whnh brkt brk*
	zh šlš p'mym

La confrontation confirme les caractéristiques reconnues chez N4. Celui-ci a compris de l'intérieur l'un des procédés fondamentaux de N1 : la variation au cœur de la répétition, soit pure élégance, soit que la progression de la situation narrative objective de l'action le demande, soit que le travail d'édification ait franchi une nouvelle étape, soit, comme il arrive plus souvent, que ces trois conditions se trouvent réunies.

— En 24, 10b, le reproche est précédé de la mention de la colère et du geste d'impuissance, nous avons vu pourquoi. En 23, 11, le reproche n'était précédé que d'une exclamation indignée : « Que m'as-tu fais là ? » La raison supplémentaire de la différence est la plus simple : la patience a des limites : une fois passe (23, 10), deux fois lassent (23, 25), trois fois cassent (24, 10). L'indignation verbale du début s'est muée en un geste coléreux. Là encore, N4 eut le sens du *complément*. Le désir que son texte *fasse suite* à celui de N1 en *faisant corps* avec lui, en restant sur sa lancée, en respectant même les potentialités de développement qu'il y croyait voir. Et ce, en puisant au réservoir de l'Ânesse (esprit et lettre) en vue de l'exorcisme.

— *qr'tyk* vient varier *lqḥtyk :* simple recherche esthétique.

— *zh šlš p'mym* n'avait évidemment pas lieu de se trouver en 23, 11, puisqu'il s'agissait de la première fois. En revanche, il était tout à fait bienvenu en 24, 10, conforme à la situation objective. En outre, c'est l'un des outils de l'exorcisme. N'oublions pas que l'Ânesse était

brièveté de l'hébreu. » Déjà Ibn Ezra conteste l'allusion à 31, 16, mais il garde l'inversion *h'm hzh / 'mk* ainsi que le rétablissement : « *lkh 'y'ṣk* : certains disent que le sens porte sur les filles de Moab, mais c'est une parole portant sur un futur lointain parce qu'il dit *b'ḥryt hymym* et à mon avis il faut comprendre 'je vais te donner un conseil (pour) que tu saches ce que tu feras (en note : pour nuire)' car le sens c'est : 'ainsi fera-t-il à ton peuple' (en note : comme 'et il fracassera les tempes de Moab' 24, 17). »

fondée sur un rythme ternaire et, en particulier, que l'expression *zh šlš rglym* y revenait *par trois fois*, dont deux *dans le reproche, formulé à Balaam avec un verbe au parfait*, d'avoir battu l'ânesse :
22, 8bβ : *hkytny zh šlš rglym* (c'est l'ânesse qui parle);
22, 32aβ : *hkyt 't-'tnk zh šlš rglym* (c'est l'ange qui parle).

Le reproche de Balaq à Balaam d'avoir béni le peuple par trois fois vient exorciser ces deux reproches à Balaam d'avoir battu l'ânesse par trois fois. Mais le principe de la variation pour le plaisir n'est pas abandonné pour autant : *p'mym* est élégamment substitué à *rglym*. Écrire une quatrième fois *zh šlš rglym* était une contradiction dans les termes, rompait l'accord parfait, voulu par l'auteur de l'Ânesse, entre la forme et le fond. Il se peut, en outre, que l'expression de N3 *kp'm-bp'm* (24, 1γ) ait fourni à N4 le substitut *p'mym* de *rglym*. Peut-être n'existait-il pas d'autre solution : l'expression *šlš p'mym* a deux types d'emplois :

a) des prescriptions rituelles annuelles (trois fois l'an) : *Ex* 23, 17; 34, 23.24; *Dt* 16, 16; 1 *R* 7, 4; 7, 5; 9, 25.
b) une série de trois actions identiques, ponctuelles, et répétées au cours d'une même narration (comme en *Nb* 24, 10) : *Jg* 16, 15[4]; 1 *S* 20, 41; 1 *R* 17, 21; 2 *R* 13, 18.19.25.

— Pourtant, N4 n'a pu appliquer jusqu'au bout la méthode de la variation chère à N1 : il a dû platement répéter le *brkt brk* de 23, 11. Or, nous avions vu que N1 ne reprenait jamais exactement, ni la formulation de son reproche après la « trahison » de Balaam dans les deux premiers « oracles », ni le verbe de ses paronomases infinitives. Que l'on compare 23, 11 et 25 d'une part, 22, 17aα.37aβ.aγ.38bγ; 23, 11 et 25 de l'autre : si N4 a dû enfreindre ce principe, c'est pour la raison déjà avancée en p. 333 à propos de N3. N1 a bel et bien fini son histoire en 23, 25-26. Outre qu'il en a exploité toutes les possibilités proprement narratives, qu'il a atteint son but didactique, il a tiré toutes les ressources de son capital linguistique : plus exactement, ces trois composantes convergeaient en une intention unique. Cette intention réalisée, N4 a beau reproduire avec le plus d'intelligence possible toutes les techniques mises en œuvre par N1 pour bâtir chacune de ces trois composantes, il ne retrouvera jamais la nécessité interne qui animait le texte de N1, et motivait son écriture. En particulier, il n'aura plus, désormais, de quoi formuler son reproche, ni inventer d'autres paronomases infinitives, avec *whnh brkt brk*. Le texte de N1 avait ses raisons que la raison de N4 connaissait sans

4. On notera *Jg* 16, 15 et 20, déjà signalés parce que la séquence y est identique à celle de 24, 1 et 10 : d'abord *kp'm-bp'm*, et ensuite le reproche de l'offensé à l'offenseur, ici Dalila à Samson *(zh šlš p'mym)*.

doute assez bien, sauf la plus importante : qu'il était conçu par N1 pour être indépassable. Il n'est pas au pouvoir de N4 de dépasser les limites que N1 a fixées à son propre texte. N4 a fort bien imité N1. Les « bavures » ne sont pas son fait, mais l'inévitable conséquence de la contradiction entre l'arrêt donné à son œuvre par N1 et le désir qu'eut N4 de poursuivre cette dernière envers et contre tout, mû qu'il était par d'autres soucis, des goûts différents, et des intérêts nouveaux.

24, 11 : « Et maintenant, va-t'en chez toi. J'avais dit[5] : ça, pour t'honorer, je t'honorerai, eh bien voilà, Dieu t'a empêché d'être honoré » est d'abord la conséquence immédiate du verset précédent : celui-ci était un reproche, celle-là est la sanction correspondante. L'identité de leurs structures respectives en fait foi :

24, 10bβγ : *lqb* . . . *qr'tyk* *whnh* *brkt brk*
24, 11b : *'mrty* *kbd 'kbdk* *whnh* *mn'k yhwh mkbd*

Les deux sentences sont bâties selon le même schéma :

1° Un verbe au parfait, à la première personne du singulier, avec pour objet ou pour destinataire le pronom suffixe de deuxième personne du singulier. Le verbe au parfait exprime l'intention première de Balaq : en 24, 10bβ, une demande de service; en 24, 11bα, la promesse de rémunération pour le service rendu. Le pronom suffixe de deuxième personne du singulier désigne Balaam destinataire, en 24, 10bβ de la requête, en 24, 11b de la promesse correspondante.

2° La locution « et voici » sert de joint entre le premier verbe au parfait et le deuxième verbe, également au parfait. Ce *whnh* remplit la même fonction dans les deux sentences : faire suivre la cause de sa conséquence.

3° Un verbe au parfait, conséquence du premier verbe au parfait à la première personne du singulier. Mais le rapport de la cause à la conséquence n'est pas le même dans l'une et l'autre sentence : c'est même l'inverse. En 24, 10bγ, le résultat s'avère le contraire de la donnée initiale : le but était de faire maudire *(lqb)*, et ce qui

5. L'ultime auteur de la péricope achève la parallèle Balaq/Pharaon ouvert au chapitre 22 par le premier : 24, 11 « Et maintenant, fuis en ton lieu. J'avais dit que je te comblerais d'honneurs; et voici, Yahvé t'a empêché d'en recevoir » est le pendant d'*Ex* 10, 28 (sans citation littérale toutefois) : « Va-t-en d'auprès de moi; garde-toi de revoir ma face! Car, au jour où tu verras ma face, tu mourras. » Il parfait d'ailleurs la symétrie entre les deux épisodes grâce au parallèle Balaam/Moïse, peu sensible au premier niveau rédactionnel qui préférait le parallèle Balaam/Abraham. Moïse en effet répond mot pour mot à Pharaon : « Comme tu l'as dit, je ne reverrai plus ta face! », de même que Balaam à Balaq en 24, 14 : « Et maintenant, voici, je m'en vais vers mon peuple; viens, je t'avertirai de ce que fera ce peuple à ton peuple dans la suite des jours. » Enfin, les deux réponses sont grosses de menaces pour le peuple du roi concerné, menace implicite en *Ex* 10, 29, explicite en *Nb* 24, 14.

s'ensuit est l'acte de bénir *(brk)*. Pourtant, nul doute que c'est bien la conséquence, du moins au plan *formel* : l'objet du verbe de la requête (*k* suffixe de deuxième personne du singulier) est devenu le sujet du verbe de l'exécution *(brkt)*. Seulement, et c'est là que tout bascule, le signe est inversé. On avait demandé *qbb*, et l'on a eu *brk*. C'est pourquoi *whnh* exprime la constatation indignée, la surprise (« et voilà, au lieu de ça ! ») devant un résultat exactement opposé au résultat escompté. En 24, 11bβ, certes, au premier coup d'œil, la conséquence est le contraire de la donnée initiale : la promesse était d'honorer le personnage désigné par le suffixe de deuxième personne du singulier *(kbd 'kbdk)*, et ce qui s'ensuit est l'empêchement d'honorer ledit personnage *(mn'k mkbd)*. On retrouve, en apparence, la même inversion de signe que dans le rapport entre la donnée initiale et la donnée finale en 24, 10bγδ : *kbd* → *mn' mkbd*. Le second *whnh* éveille la même résonance, non plus surprise il est vrai, mais surprenante : « eh bien voilà, au lieu de ça ! » Mais regarde-t-on en profondeur, on s'aperçoit que ce deuxième *whnh* sonne *aussi* comme une véritable conséquence : « Eh bien voilà, c'est bien fait, tu vois, tu ne mérites que cela ! » De quoi donc est-il la véritable conséquence, s'il ne l'est pas de la proposition initiale (24, 11bα) ?

Une négation (24, 11bβ) ne saurait être la conséquence d'une affirmation (24, 11bα). Elle ne peut l'être que d'une autre négation, ou d'un rapport négatif entre deux affirmations, ce qu'est justement 24, 10bβγ *(qbb* → *brk)*. La conséquence négative *(mn'k ... mkbd)* de la deuxième sentence est donc la conséquence de l'inversion qui s'est produite, dans la première sentence, entre la requête *(lqb)*, et le résultat *(brk)*.

Tous les traits de N4 apparaissent à cette occasion :

1° N1 est l'une des deux sources où il puise et, tant que le lui permettent les limites imposées par N1 en personne, N4 opère avec la fidélité la plus fine :

— il a repris la lettre de 22, 17 : *ky-kbd 'kbdk m'd ... wlkh-n' qbh-ly*. Mais il en a repris aussi l'esprit, car il a restauré l'ordre véritable de l'autorité, de la *Realpolitik* (la malédiction condition *sine qua non* de la rémunération) que masquait l'ordre apparent de la diplomatie en 22, 17 ;

— il s'agit là de l'ultime retour de la rivalité symétrique objective Balaq/Dieu par rapport à Balaam, qui porte à Balaq un coup fatal, et consacre sa défaite : en effet, c'est Balaq lui-même qui invoque un empêchement divin pour justifier son propre refus de rémunérer Balaam. Les deux battants du diptyque se referment l'un sur l'autre. Balaq s'abrite derrière le Seigneur. Pouvait-on rêver reconnaissance plus complète, par son rival en personne, de l’existence et de la victoire de l’Adversaire ? Balaq se dit, et ainsi, se met définitivement hors de combat.

2° N4 a le sens de la boucle, de la totalité. Il goûte fort le chiasme. Ce trait n’est pas sans rapport avec le fait que l’une de ses deux sources principales est N1, puisqu’il lui faut nécessairement faire inclusion avec le début de l’histoire, donc avec N1, ce qui implique toujours la même profonde pénétration de la pensée de N1, mais envisagée sous un angle plus visible, plus formel : — 24, 11bβ fait chiasme avec 22, 13.14.16 :

N1	22, 13b :	*m’n yhwh ltty lhlk*		(parole de Balaam aux émissaires)
	22, 14b :	*m’n bl‘m*	*hlk ‘mnw*	(paroles des émissaires à Balaq)
	22, 16bγ :	*’l-n’ tmn‘*	*mhlk ’ly*	(parole de Balaq à Balaam)
N4	24, 11bβ :	*mn‘k yhwh*	*mkbd*	(parole de Balaq à Balaam)

Au plan lexical, N4 a certainement voulu compléter une série, qu’il trouvait inachevée : *m’n* venant par deux fois, il fallait que *mn‘*, de sens proche, vînt aussi par deux fois. Mais l’intention est plus profonde : elle n’est autre que celle que nous évoquions précédemment, et grâce à laquelle N4 prolonge et respecte parfaitement l’esprit de N1 :

a) 24, 11bβ met en évidence l’ordre véritable d’importance des actions, que dissimulait l’ordre apparent des propositions en 22, 17 (1° *kbd;* 2° *hlk wqbb*). On voit bien, ici, que le triple refus de *hlk lqb* a pour résultat final le refus de *kbd.* C’est bien la preuve que le plus important n’était pas, comme le laissait entendre l’ordre de 22, 17, *kbd,* mais bien *qbb.* Très exactement, que *qbb* était la condition *sine qua non* de *kbd.* D’où la conclusion de 24, 11bβ, tout à fait dans la ligne de N1 : pas de *qbb,* pas de *kbd.*

b) 24, 11bβ opère un redressement qui corrige définitivement la distorsion signalée quand nous étudiions 22, 13-14 : en 22, 13b, Balaam dit ce qui s’est réellement passé, savoir, que l’interdiction d’aller émane du Seigneur *(yhwh).* En 22, 14b, les émissaires faussent la teneur de son propos, puisqu’ils substituent au sujet *yhwh* le sujet *bl‘m* ; tel est le point de vue païen. C’est la deuxième symétrie, rivalité symétrique Balaam/Dieu par rapport à Israël : Balaq attribuait à Balaam ce qui ne revenait qu’à Dieu et, dans la phrase suivante, ou dans la vague suivante, Balaam corrigeait l’erreur en rendant à Dieu son dû, bref, rétablissait le point de vue *religieux.* 24, 11bβ en finit avec cette rivalité Balaam/Dieu. Il la dissout définitivement puisqu'il rend au Seigneur toute la responsabilité de l'empêchement. Tel est le sens du chiasme entre 22, 13b *m'n yhwh* et 24, 11bβ : *mn'k yhwh* : le sujet *yhwh* est restauré.

Évidemment, ce chiasme ne serait pas complet si la filiation *qbb* → *kbd* (ordre véritable autoritaire) n'avait pas été substituée par N4 à l'ordre apparent diplomatique de N1 : *kbd* → *qbb* (22, 17). Ce rétablissement final ne serait pas non plus effectif s'il n'était effectué ni énoncé par Balaq en personne, comme c'est le cas en 24, 11bβ où Balaq lui-même impute à Dieu la responsabilité de son propre refus à lui, Balaq, d'honorer Balaam. Et ce, au moment même où, abandonnant définitivement l'ordre apparent diplomatique, il démasque l'ordre réel autoritaire.

Donc, grâce à ce beau chiasme voulu par N4 entre les trois versets de N1 (22, 13b.14b.16b) et le sien propre (24, 11bβ), les deux battants de la deuxième rivalité, la symétrie Balaam/Dieu, se referment l'un sur l'autre puisque la responsabilité déniée au Seigneur et faussement attribuée à Balaam est finalement restituée au Seigneur. Les corrections successives faites par Balaam tout au long de N1 ne suffisent pas à N4. Il lui faut une réparation totale, qui ne peut émaner que du représentant principal du point de vue païen, c'est-à-dire de Balaq.

N4, avec son goût du point final et de la clôture, réussit donc le tour de force de refermer définitivement, chacune sur ses deux volets respectifs, les deux symétries, fers de lance de N1, mais abandonnés par lui quand il ne les trouva plus utiles à son dessein édifiant. N4 donne ce double tour de clef à l'occasion d'un seul et même verset, 24, 11bβ. Il a soin de le faire donner, c'est-à-dire énoncer, par Balaq en personne. De cela dépendait l'efficace même de la double fermeture, Balaq étant l'auteur réel des deux symétries. 24, 11bβ montre donc la faute commise par Balaq quand il instaura ces deux fausses symétries, et consacre son échec. L'échec était effectif depuis 23, 25-26, la fin de N1 : non seulement Balaq n'avait pas atteint ce qu'il voulait, mais il avait obtenu exactement le contraire. Cependant la reconnaissance, par le vaincu, de l'existence et de la victoire de son vainqueur, la confession, parachève la défaite ; elle en est même constitutive : sans elle, cette défaite n'accède pas à la parole, donc à la conscience.

D'où l'on voit que N4 sut conjuguer son goût de la clôture narrative et du chiasme formel, et sa compréhension intime de N1. Et qu'il sut faire contribuer le premier à la seconde. 24, 11bβ contient la morale profonde de l'histoire, la leçon finale, telle que permettaient de la tirer les possibilités contenues en N1. Toute la substance s'en trouvait chez N1, mais il avait négligé d'en cueillir les fruits, la jugeant désormais inutile. Pour clore l'histoire et lui donner une morale, il suffit à N4, qui pense au lecteur en tant que lecteur, de l'exploiter complètement.

— Toujours à propos du chiasme, de la symétrie, de la totalité, et du bon chiffre, notons que N1 avait employé le mot *kbd* à trois reprises (22, 17aα et 37b), et toujours dans la bouche de Balaq. N4 le reprendra aussi trois fois en 24, 11b, toujours prononcé par Balaq. Cela fait six en tout. N1 avait choisi l'ordre : paronomase infinitive-verbe unique. N4 respectera cet ordre :

N1 : *kbd 'kbdk* *h'mnm l' 'wkl kbdk*
N4 : *kbd 'kbdk* *mn'k yhwh mkbd*

Cette confrontation souligne encore la défaite de Balaq, puisque, avec en facteur commun cette paronomase si affirmative, le roi passe de l'interrogation négative rhétorique équivalant à une affirmation arrogante sur son pouvoir d'honorer (N1) à une confession du veto divin sur ce même pouvoir (N4), ce qui revient à une abdication pure et simple.

— Faisons maintenant le décompte des paronomases infinitives :

N1	= 6	*kbd 'kbdk* *šlḥ šlḥty* *ykwl 'wkl* *brkt brk* *qb l' tqbnw* *brk l' tbrknw*
Ânesse	= 1	*hskn hsknty*
N4	= 2	*brkt brk* *kbd 'kbdk*

Le texte en son entier contient neuf paronomases infinitives. N1 en a six, mais ne s'intéresse pas aux chiffres pour eux-mêmes. Son propos est ailleurs. L'Ânesse n'en contient qu'une, chiffre insignifiant. Quant aux deux qu'ajoute N4, elles possèdent une valeur proprement numérique : sept plus deux égalent neuf. Nul doute à cet égard : nous avons déjà constaté le goût de N4 pour les chiffres parfaits et la totalisation (voir la troisième colère). Ce goût peut être un trait de son style, mais il a pu aussi lui être communiqué par son extrême sensibilité à l'Ânesse, qui atteste un goût semblable. Or n'oublions pas que l'une des motivations de N4, l'un des ressorts de son écriture, est d'exorciser l'Ânesse. Y eut-il, de la part de N4, attirance, fascination pour la méthode adoptée par son ennemi ? Un duel se déroule à armes égales, et l'on ne touche l'adversaire qu'à son point sensible. Quoi qu'il en soit, on ne niera pas l'identité du procédé.

Au risque d'encourir à nouveau l'accusation de cercle méthodologique, signalons que cette répartition et ce décompte des paronomases infinitives ne tiennent et ne prennent sens que dans le cadre de la solution de critique littéraire adoptée dans le présent travail. Ou plutôt, l'ordre de découverte fut le suivant :

a) Quatre niveaux rédactionnels (du moins, dans la prose), ont été dégagés, et leur ordre de succession établi.

b) La répartition des paronomases infinitives dans chacun de ces niveaux fut comptée.

c) Cette répartition est apparue comme riche de sens, et d'une double manière :

— elle s'expliquait grâce à des traits caractéristiques de chaque niveau et de leurs rapports réciproques, traits déjà identifiés par d'autres moyens ;

— elle venait confirmer ces particularités de chaque niveau, les rapports des uns aux autres, et leur ordre d'enchaînement. Bref, elle confortait la solution de critique littéraire.

La répartition des paronomases n'a donc pas été choisie en fonction de la solution de critique littéraire (c'était impossible, elle s'imposait), pas plus que cette dernière ne fut calquée sur la première. Mais l'une et l'autre coïncident et même, s'entraident.

Ce point de détail (détail lancinant à la lecture et capital pour l'interprétation) constitue donc un argument supplémentaire en faveur de la solution de critique littéraire. L'existence, dans cet îlot qu'est la péricope de Balaam, d'une telle concentration de paronomases infinitives est un fait. Nul n'en a tenu compte (au sens propre et au sens figuré), nul ne l'a même remarquée[6]. Par conséquent, aucune hypothèse de critique littéraire n'a pu, jusqu'à ce jour, la faire entrer en compte. Or, un trait si remarquable pose question : ayant nécessairement une signification, il doit recevoir une interprétation. Il demande à être pris en considération. Par conséquent, ce sera un discriminant :

a) il jouera en faveur de toute hypothèse qui en aura tenu compte ;

b) il servira, joint à d'autres, de critère pour tester la validité des hypothèses qui, par omission, n'en auront pas tenu compte ;

c) il jouera contre toute hypothèse qui n'en rendra pas compte, pire, qui en fera bon marché, disloquant son indéniable cohérence interne.

Dans cette troisième catégorie vient se placer au premier rang l'hypothèse documentaire, sous la grande forme classique qu'elle a reçue depuis Wellhausen deuxième manière (1899). J, selon cette théorie, comportait cinq paronomases (22, 17.30.37 ; 24, 10.11). E en

6. W. GROSS s'intéresse à la fonction de ces formes verbales prises une à une dans le texte (p. 179-185), mais ne s'interroge pas sur le *phénomène* de leur concentration.

contenait quatre (22, 38 ; 23, 11.25 [= 2]). Le chiffre de J, certes considérable, n'est pas significatif de par sa valeur numérique. E, sous le coup d'une contagion stylistique, aurait-il voulu compléter ? Mais dans ce cas, pourquoi J ne présente-t-il pas cette particularité dans l'ensemble du *Pentateuque*, et pourquoi n'a-t-il pas systématiquement cherché à compléter, pour obtenir de bons chiffres, dans l'ensemble du *Pentateuque* ?

Dans l'hypothèse de Gross, I contiendrait sept paronomases (22, 17.37.38 ; 23, 11.25 [= 2]) ; 24, 11) ; II en compterait une (24, 12) ; III, c'est-à-dire l'Ânesse, une aussi (22, 30).

De toute façon, l'ordre des cartes retenu par l'hypothèse documentaire sort bouleversé. D'une part, là où elle ne voyait que deux auteurs, on en trouve quatre principaux[7]. En particulier, l'épisode de l'Ânesse est devenu un morceau autonome, et postérieur au premier niveau rédactionnel. D'autre part, l'ordre de succession chronologique des textes correspondant aux J et E de Wellhausen seconde manière se retrouve inversé : le début de l'épisode semble le plus ancien : il va jusqu'à 23, 26 (N1 = P1 = P2), puis, par une réaction deutéronomique, est insérée l'Ânesse ; les deux derniers niveaux, 23, 27-24, 6 (P3A = N3) et 24, 7-19 (P3B = N4 = P4), postérieurs, succèdent l'un à l'autre. Chez Wellhausen seconde manière, le début de l'épisode (moins l'Ânesse réputée J, donc plus ancienne) jusqu'à 23, 25 appartenait à E, donc plus récent que la fin, 24, 2-25, attribuée à J[8].

Dans le cadre de ces deux innovations, l'inversion de l'ordre chronologique et le fait que l'Ânesse, pièce autonome, se greffe *après, sur,* et *contre* le premier niveau, le décompte et la répartition des paronomases infinitives s'inscrivent parfaitement. Nulle solution n'en rend mieux compte bien que la découverte d'une telle adéquation soit fortuite.

3° *Exorciser l'Ânesse :*

avec 24, 11bβ, Balaam est définitivement érigé en martyr de sa résistance à Balaq, de son obéissance à Dieu seul.

4° *L'humour :*

en 24, 11bβ, N4 manie l'humour. Ce ressort lui vient certes de l'Ânesse, mais aussi d'une autre source, celle-là même où N1 puisait son leitmotiv et l'idée de l'associer à de pseudo-oracles : 1 *R* 22, l'histoire du prophète Michée ben Yimla. C'est un type d'humour très particulier, à trois composantes, qui reviennent en trois temps dans l'un et l'autre texte, et selon le même ordre.

7. On ne compte pas ici la « coda », c'est-à-dire les oracles 24, 20-22a et 24, 23, mais seulement les quatre auteurs principaux, c'est-à-dire responsables à la fois de morceaux narratifs et de morceaux poétiques.

8. Le joint entre E et J, 23, 26-24, 1, était l'œuvre de R^{JE}.

a) *Le geste de dépit,*

signe d'impuissance : se venger sur l'objet de la colère ou un substitut :

Nb 24, 10aβ : « Et il frappa des mains »	1 *R* 22, 24aβ : « Et il frappa Michée sur la joue »
wyspq 't-kpyw	*wykh 't-mykyhw ʿl-hlḥy*

b) *La parole ironique*

retournant, aux dépens du prophète, une parole presque identique prononcée antérieurement par ce dernier pour justifier au nom de Dieu son attitude :

Nb 24, 10bα-11bβ : « Et dit : 'Eh bien voilà, le Seigneur a empêché de t'honorer !' »	1 *R* 22. 24b : « Et dit : 'Par où l'esprit est-il sorti de moi pour te parler ?' »
wy'mr ... whnh mnʿk yhwh mkbd	*wy'mr 'y-zh ʿbr rwḥ-yhwh m'ty ldbr 'wtk*
La parole antérieure était 22, 13b :	La parole antérieure était 1 *R* 22, 19 et 23 :
m'n yhwh ltty lhlk ʿmkm	*šmʿ dbr yhwh* et *wyhwh dbr ʿlyk rʿh*

c) *L'acte et la parole punitifs*

contre le responsable immédiat de l'échec :

Nb 24, 11a et bβ : « Et maintenant, enfuis-toi[9] chez toi ... et voilà, le Seigneur a empêché de t'honorer. »	1 *R* 22, 27aγbα : « Mettez cet individu en prison, et nourrissez-le de rations réduites de pain et d'eau. »
wʿth brḥ-lk 'l-mqwmk ... whnh mnʿk yhwh mkbd	*śymw 't-zh byt hkl' wh'kylhw lḥm lḥṣ wmym lḥṣ*

L'analogie va même plus loin :

— Dans l'un et l'autre texte, le prophète malmené réplique par une nouvelle prédiction sinistre : en *Nb* 24, 14b-19, c'est l'introduction au quatrième oracle « viens que je t'indique *(lkh 'yʿṣk)* ce que fera ce peuple à ton peuple dans la suite des jours », et ce quatrième oracle lui-même[10]. En 1 *R* 22, cette réplique se déroule en deux temps, et s'adresse à deux destinataires successifs parce que le geste vengeur et la parole ironique, d'une part, l'acte et la parole punitifs de l'autre,

9. Plusieurs exégètes rapprochent 24, 11 *wʿth brḥ-lk 'l-mqwmk* d'*Am* 7, 12 où le prêtre de Bethel Amaṣya, pareillement, dit à Amos : *ḥzh lk brḥ-lk 'l 'rṣ yhwdh* « Voyant, va-t-en : sauve-toi au pays de Juda. » Ils sont frappés de l'analogie existant entre l'épisode d'*Am* 7, 10-17 et la situation de Balaam en 24, 10-14. Signalons qu'*Am* 7, 12 « là-bas tu peux gagner ton pain et prophétiser, là-bas ! » conforte l'interprétation de *wqsmym bydm* (22, 7) par « tenant à la main les honoraires du devin ».

10. Argument en faveur de l'unité rédactionnelle N4 = P4.

n'émanaient pas d'un seul et même personnage comme en *Nb* 24, mais de deux : le soufflet et la question narquoise venaient de Ṣidqiyahû, fils de Kenaana, à qui Michée annonce en retour : « Eh bien *(hnh)* tu le verras le jour *(bywm hhw')* où tu iras de chambre en chambre pour te cacher » (1 *R* 22, 25b). L'ordre d'emprisonnement est donné par le roi, à qui Michée renvoie le contenu de son oracle antérieur : « Si vraiment tu reviens sain et sauf *('m-šwb tšwb bšlwm)*, c'est que le Seigneur n'a point parlé par moi » *(l'-dbr yhwh by)* » (v. 28).

— Dans l'un et l'autre texte, c'est pour justifier l'attitude vengeresse *du moment* qu'est citée et retournée contre le prophète la parole que lui-même avait antérieurement prononcée pour justifier au nom de Dieu sa propre attitude de résistance ou de refus. Mais, en 24, 11bβ, cette parole de 22, 13b retournée comme un gant est invoquée pour expliquer l'acte et la parole punitifs « et maintenant, enfuis-toi chez toi » (24, 11aα), tandis qu'en 1 *R* 22, 24b, la parole de 1 *R* 22, 19a et 23 est tournée en dérision pour expliquer le geste vengeur de 1 *R* 22, 24aβ « et il frappa Michée sur la joue ».

On le voit, grossit-on la lentille d'approche pour raffiner, et mieux repérer les ressemblances, la perspective s'inverse, la vision change d'un coup, et voilà les différences, minimes certes, mais évidentes. La raison en est simple : si N4 a puisé chez N1 l'idée d'une nouvelle réminiscence de 1 *R* 22 (cette séquence en trois temps), il n'en a pas pris le matériau brut (situation, qualité du geste, de la parole, de l'acte) en 1 *R* 22, mais bien chez N1 lui-même. D'où, par-delà d'indéniables analogies, de réelles différences de détail. Au fond, le rapport de N4 à 1 *R* 22 n'est qu'indirect, transitif, et formel. Il n'opère que par l'intermédiaire de N1, chez qui N4 a trouvé l'idée d'un nouvel emprunt à 1 *R* 22 (la forme de cette séquence ternaire). Le rapport de N4 à N1 est de deux ordres, mais toujours direct :

— de l'ordre de la *forme* : idée d'un nouvel écho de 1 *R* 22;

— de l'ordre du *contenu* : toute la matière première que N4 coule dans le moule hérité de 1 *R* 22 lui vient tout droit de N1.

Mais alors, d'où vient à N4 le comique propre au geste concret, visuel, de frapper? Il paraissait d'abord dériver directement de l'Ânesse, à cause de la motivation qui certainement guide N4 : exorciser l'Ânesse. Pourtant, le geste vengeur dérisoire est le premier des trois moments empruntés par N4 à 1 *R* 22. Comment comprendre et combiner cette double influence?

Voici peut-être le chaînon manquant : n'oublions pas qu'en 1 *R* 22, 24aβ, le verbe employé pour le geste de dérision n'est pas *spq* mais *nkh (wykh 't-mykyhw 'l-hlḥy)*, soit le verbe *cinq fois* utilisé dans l'épisode de l'Ânesse pour décrire le geste vengeur et punitif de Balaam contre sa monture. Le processus pourrait se reconstituer comme suit :

a) N1 prend à 1 *R* 22 l'idée d'un prophète « résistant » à un roi, au nom de son obéissance à Dieu, le leitmotiv, et l'idée de l'associer à des oracles contraires aux consignes de prédiction.

b) L'Ânesse (œuvre de commande du *Deutéronome*, destinée à tourner Balaam en dérision, à transformer le bon et fidèle prophète en vilain devin) trouve en 1 *R* 22 la qualité même du geste vengeur : *nkh*. En aucune autre histoire de prophète et d'animal ne se retrouve ce geste. Par ailleurs, Balaam ne se conduit-il pas envers la bête comme Ṣidqiyahû envers Michée ? Autrement dit, grâce à l'inversion du positif en négatif, Balaam, le mauvais voyant, n'est-il pas à l'ânesse clairvoyante ce que Ṣidqiyahû, le mauvais prophète, est à Michée, le bon et fidèle prophète, soit un bourreau brutal et borné ? Et réciproquement : l'ânesse n'est-elle pas exactement à son maître ce qu'est Michée à Ṣidqiyahû, soit une victime innocente et avertie ? Certes, on ne prouvera jamais que la présence simultanée de *nkh* dans les deux passages n'est pas pure coïncidence, mais la somme des autres réminiscences permet d'en douter.

c) N4 entretient avec N1 et 1 *R* 22 les rapports décrits plus hauts. Mais, à cause de *b)*, sa relation à l'Ânesse est un peu plus complexe qu'elle n'apparaissait. Elle aussi est de deux ordres :
— c'est d'abord une relation directe : N4 réagit immédiatement à, et contre l'Ânesse, qu'il a à cœur d'exorciser ;
— c'est ensuite une relation indirecte, par le biais de 1 *R* 22, 24aβ : la réaction de N4 à, et contre, l'Ânesse, est ravivée par le verbe *nkh* qu'il retrouve en 1 *R* 22, 24aβ dont venait, sans doute, le verbe de l'Ânesse.

Parallèlement, d'ailleurs, l'idée chez N4 d'un nouvel emprunt à 1 *R* 22 (la séquence en trois temps), dans la ligne des premiers emprunts de N1, a fort bien pu se trouver renforcée par la constatation de cette autre réminiscence de 1 *R* 22, le geste vengeur et dérisoire *nkh*, premier moment de la séquence, mais cette fois chez l'Ânesse[11].

11. Et si l'influence s'était exercée dans le sens inverse, de *Nb* 22-24 à 1 *R* 22? L'objection est de taille, et la construction s'effondrerait. Mais il ne semble pas. Parmi les études traitant de l'épisode de Michée ben Yimla (dont les plus récentes sont, de E. Würthwein, Zur Komposition von I *Reg* 22 1-38, dans *Das ferne und nahe Wort, Festschrift Leonhard Rost zu Vollendung seines 70. Lebensjahres am 30. November 1966 gewidmet* (BZAW 105), Berlin 1967, p. 245-254, et de S. J. De Vries, *Prophet against Prophet. The role of the Micaiah Narrative (I Kings 22) in the Development of Early Prophetic Tradition,* Grand Rapids Michigan 1978), nulle ne dit mot des affinités existant entre les deux péricopes, et il y faudrait une étude dépassant le cadre de celle-ci. Néanmoins, il ne paraît pas présomptueux d'affirmer :
1° qu'un même esprit, combiné avec un même type d'écriture, se dégage de 1 *R* 22, d'une part, de N1 et N4, de l'autre.

Avec ce dernier rapprochement, nous en avons fini avec 24, 11. Et même, avec deux des principaux desseins de N4 :

— exorciser l'Ânesse;

— finir l'histoire commencée par N1, la clore en lui donnant (grâce à l'Ânesse exorcisée) la morale qui lui manquait, mais avec la matière trouvée chez N1, et selon les lignes dessinées par N1.

Plus exactement, jusqu'à 24, 11 inclus, il y avait encore assez à compléter fidèlement chez N1, et à exorciser en l'Ânesse, pour permettre aux goûts et desseins propres à N4 de converger avec la nécessité interne de l'histoire telle que le lecteur la suit depuis 22, 2, pour conférer une raison d'être aux chiasmes et inclusions, sur la lancée de N1, dans le mouvement imprimé par lui, pour les rendre effectifs et efficaces. Avec 24, 11, le dernier tour de clef est donné.

Les v. 12-13 vont prendre un autre tour, et pourtant, au premier abord, ils semblent seulement continuer l'inclusion effectuée en 24, 11.

1° 24, 12 évoque délibérément 22, 18, et le cite mot pour mot : 24, 12 : « Et Balaam dit à Balaq : 'N'ai-je pas aussi dit aux messagers que tu m'as envoyés : 'Balaq me donnerait-il plein sa maison d'argent et d'or que je ne pourrais enfreindre la parole du Seigneur en faisant du bien ou du mal de moi-même'. » Voyons 22, 18 : « Et Balaam répondit et dit aux serviteurs de Balaq : 'Balaq me donnerait-il plein sa maison d'argent et d'or que je ne pourrais enfreindre la parole du Seigneur mon Dieu [12] en faisant quoi que ce soit'. » Quant à 24, 13b, ce n'est que le leitmotiv : « Ce que dira le Seigneur, c'est cela que je dirai. »

2° Mais, du point de vue du *contenu*, cette poursuite de l'inclusion apporte-t-elle quelque élément complémentaire à l'histoire et à la leçon? Non. Tout cela n'est plus que redite. Plus rien n'avance, n'est approfondi ni élucidé parce que plus rien ne peut ni ne doit encore l'être. Tout a été dit par N1, puis complété et achevé par N4.

3° Dans ces conditions, pourquoi N4 tient-il à ces dernières répétitions, à cette ultime inclusion, si elles ne servent à rien? N4 doit ce

2° que l'on imagine plus volontiers un texte défavorable à Israël inversé et corrigé pour produire un texte favorable à Israël, que le processus contraire.

3° que si l'analogie musicale est permise, le rapport du sextuple leitmotiv de *Nb* 22-24 à l'unique phrase « ne dire que ce que Dieu dit » de 1 *R* 22, 14 ressemble fort à celui que suppose, entre deux morceaux de musique écrits par deux auteurs différents, le titre « Variations sur un thème de ».

12. Alors qu'en 22, 18 (phrase modèle de 24, 13), Balaam disait *'br 't-py yhwh 'lhy*, en 24, 13 il dit seulement *'br 't-py yhwh*. Il ne faut rien déduire de cette variation. Toutefois, plusieurs manuscrits hébreux (variantes de De Rossi), prompts à harmoniser, ajoutent *'lhy*; de même font la Vulgate et Onqelos. Mais Rachi saisit l'occasion : « Ici, il n'a pas ajouté 'mon Dieu' à 'Yahvé' comme la première fois parce qu'il savait qu'il s'était mal conduit *(nb'š)* envers le Saint, Béni soit-il, et qu'il était rejeté *(nṭrd)*. »

dernier effet, moins réussi convenons-en, à son goût insatiable pour la clôture, la rondeur, et les bons chiffres. Écrire encore *Nb* 24, 12-13 le satisfaisait de multiples manières :

a) le v. 13b portait le nombre des occurrences du leitmotiv à *sept* ;

b) 24, 10-11 étant un reproche de Balaq, 24, 12-13 l'apologie de Balaam comportant une variable, l'argumentation du moment, et, en troisième et dernier lieu, le leitmotiv conclusif, l'ensemble de 24, 10-13 reproduisait le schéma des quatre « vagues » antérieures de N1 (22, 17-18.20.37-38 ; 23, 11-12 ; 25-26). N4 a voulu alors l'histoire avec sa « vague » à lui, la cinquième, la seule inauthentique et superflue ;

c) de même que 24, 11bα faisait inclusion avec 22, 17aα, et 24, 11bγ avec 22, 13b, 24, 12-13a fait inclusion avec 22, 18 et 24, 13b avec 22, 20b. N4 veut faire toutes les inclusions possibles, pour bien fermer son histoire ;

d) le *hl'* « n'est-ce pas ? » de Balaam en 24, 12bα est le troisième et dernier du récit : il fait suite, écho, aux deux *hl'* arrogants (interrogations oratoires, équivalant à des affirmations renforcées) de Balaq en 22, 37. C'était d'ailleurs bien dans la manière de N1, que de scander ainsi son propre texte de réminiscences internes.

En 24, 13, N4 substitue au *l'śwt qṭnh 'w gdwlh* de 22, 18 (= N1) *l'śwt ṭwbh 'w r'h*. Il n'est pas sûr que cette modification soit significative. Toutefois, on se demandera si *ṭwbh 'w r'h* ne revêt pas un sens autre que purement moral. D'après M. Weinfeld[13], l'expression *wdbrt 'lyhm dbrym ṭwbym* ne signifie pas simplement « say to them kind words which are plaisant to their ear », mais « refers to concrete royal acts formulated in written agreements of the *zakūtu* or *andurā rum* type known also from the Neo-Assyrian Period ». Pareillement, *wydbr ṭbwt* en 2 *R* 25, 28 se comprendra « as a formal act establishing a grant », et pas seulement « speaking kindly ». De façon analogue, Balaam dirait à Balaq en 24, 13 : « Je ne pourrai transgresser la parole du Seigneur pour nouer ou dénouer une alliance de mon propre chef. Ce que dira le Seigneur, c'est cela que je dirai. » A l'objection selon laquelle le verbe régissant est *'śh*, et non *dbr* comme dans les exemples invoqués par Weinfeld, on répondra qu'en *Nb* 22-24 ces deux verbes sont parfaitement interchangeables (voir leur alternance dans le leitmotiv).

D'ailleurs, l'affirmation *'šr-ydbr yhwh 'tw 'dbr* suit immédiatement *l'śwt ṭwbh 'w r'h* en 24, 13. Ce serait le dernier maillon de la chaîne

13. M. WEINFELD, The Counsel of the « Elders » to Rehoboam and its implications, *Maarav* 3/1, 1982, p. 27-53, p. 42-53.

sémantique « serment, alliance » entamée en 23, 2-4 avec *šb'h*, et poursuivie en 23, 18 avec *'dy* (même niveau rédactionnel = N1). Cette chaîne connaîtrait une certaine continuité par-delà la dénivellation rédactionnelle puisque c'est N4 qui la clôt. Mais n'oublions pas que N4 imite N1. Il n'est d'ailleurs pas impossible que N4 ait tiré de 1 *R* 22 l'idée de substituer à *qṭnh 'w gdwlh* (22, 18) *ṭwbh 'w r'h* (24, 13). En effet, le chapitre du Livre des *Rois* contient les deux expressions :

— 1 *R* 22, 31 : « n'attaquez ni petit ni grand (= quiconque) sinon le roi d'Israël. »	*l' tlḥmw 't-qṭn w't-gdwl ky 'm-'t-mlk yśr'l lbdw*
— 1 *R* 22, 8 :	*l'-ytnb' 'ly ṭwb ky 'm-r'*

« il ne prophétise pas du bien à mon égard, mais du mal. »

L'analogie de construction *l'... ky 'm* rend d'autant plus vraisemblable l'origine de la modification en 24, 13.

e) Dernière preuve que, là où le contenu ne s'impose pas, la forme reste vide, et que la somme des deux laisse une impression de « remplissage » : le leitmotiv final, le septième, *'šr ydbr yhwh 'tw 'dbr,* n'observe aucune des trois conditions formelles, gages d'authenticité :

α) Sa formulation n'est pas absolument restrictive : il manque l'antécédent *'t, hdbr,* ou *kl,* du relatif *'šr,* corrélatif obligé du pronom accusatif *'tw,* pour que la restriction soit juste ce qu'il faut. En *Nb* 22, 35 (clôture de l'Anesse), l'expression en était redondante; ici, elle est déficiente. Ces deux occurrences du leitmotiv sont les deux « faux ».

β) La proposition relative et la proposition principale contiennent le même verbe : *dbr*. Seul cas semblable : *Nb* 22, 35 (faux).

γ) Comme le leitmotiv n'a plus ici aucune raison (quant au *contenu*) de revenir, sinon l'envie qui tenait N4 d'écrire une cinquième « vague » complète et de porter à sept le nombre des occurrences, sa *forme* n'est pas adaptée au contexte immédiat. Il n'existe d'ailleurs plus de contexte, la situation étant toute artificielle. La forme ne trouve donc plus rien qui la justifie. Elle n'est que plate. C'était le cas en 22, 35.

Si N1 n'avait pas fermé toutes les issues de son histoire, il en est une qu'il avait bel et bien murée : le leitmotiv. Nous le savions, depuis 23, 26, sa récurrence finale. A vouloir à toute force la rouvrir, N4 n'a fait qu'une fausse porte[14] (ou sortie, pour introduire le quatrième oracle).

Nb 24, 14 innove : «et maintenant, voilà, je m'en vais vers mon peuple. Viens donc que je t'indique ce que fera ce peuple à ton peuple dans la suite des jours[15].»

14. La phrase conclusive 24, 25, *wyqm bl'm wylk wyšb lmqmw wgm-blq hlk ldrkw* «Et Balaam se leva, et s'en alla, et s'en retourna en son lieu; et Balaq aussi alla son chemin» est stéréotypée. Des conclusions fort semblables se lisent en *Gen* 18, 33b *w'brhm šb lmqmw*, 32, 1 *wyškm lbn bbqr ... wylk wyšb lbn lmqmw*, 1 *S* 26, 25b *wylk dwd ldrkw wš'wl šb lmqwmw*, 2 *S* 19, 40 *wyšb lmqmw*. 1 *S* 26, 25 est même presque identique à *Nb* 24, 25 (deux personnages avec deux expressions différentes pour décrire, l'une, la continuation, l'autre, le retour), à l'inversion près.

Van Hoonacker (*Quelques observations critiques sur les récits concernant Bileam*, p. 67-68) note le caractère abrupt de 24, 25 survenant juste après le dernier oracle. Il en tire argument pour affirmer que le chapitre 25 (l'affaire de Baal-Peor) suivait immédiatement les v. 10-14 qui auraient été déplacés en arrière pour séparer le troisième oracle du quatrième. Sans aller jusque là, on pensera comme lui que 24, 25 tombe vraiment de façon trop brutale après 24, 24. Il vient mieux après 23, 26, réponse sans appel. On ne saura jamais si le v. 25 concluait déjà la première histoire qui s'arrêtait en 23, 26 après la quatrième occurrence du leitmotiv, ou si c'est le tout dernier auteur qui met ainsi le point final à l'épisode. La première solution est la plus vraisemblable car on conçoit mal que le premier écrivain ait pu laisser ouverte son histoire. Il y a tout lieu de penser que les auteurs suivants ont inséré leurs additions successives entre 23, 26 et 24, 25.

15. L'expression *b'ḥryt hymym* a suscité gloses et mises au point successives. La LXX traduit *ep' eschatou tôn hèmerôn;* la Vulgate, *extremo tempore:* les Targumim, *bswp ywmy'*. Ici, elle ne signifie pas «à la fin des temps» mais simplement «à l'avenir, plus tard, par la suite». J. Carmignac *(La notion d'eschatologie dans la Bible et à Qumran)* est formel : «En *Nb* 24, 14, il s'agit des rivalités futures entre Moab et Israël, mais non de la fin du monde.» Il reprend à son compte le jugement de R. Pautrel : «la tournure *be'aḥarit hayyamim*... ne signifie pas de soi : à la fin des temps, mais : dans la suite des temps, ou : à la longue. Cette traduction, par un futur différé, se justifie par le sens de la racine *'aḥar*, et par l'usage (*Gen* 49, 1 ; *Num*. 24, 14) ... Ces deux tournures (la précédente et *be'aḥarit haššanim*) ne désignent donc pas, de soi, ni la fin, ni le dernier âge du monde, mais leur imprécision permet de les employer pour une ère idéale ou messianique» (*Supplément au Dictionnaire da la Bible,* article «Jugement» col. 1324-1325). Il ne faut pas confondre *qṣ* et *'ḥryt*, observe Carmignac, qui conclut : «l'examen des textes oblige à reconnaître que cette formule ne s'applique jamais à la fin du monde et que sa traduction grecque, où figure *eschatos*, ne s'y applique pas davantage.» J. R. Wilch, *(Time and Event)* partage cet avis et analyse finement le sens de l'expression : «The future situation may be denoted with particular emphasis through *be'acharīyth hayyamīym...*, literally, 'at the end of the days'. Although often translated 'in the latter days', ... the phrase actually points to an occasion in the future which takes place at the end of a certain but indefinitely defined length of time ... Balaam is obviously referring to a future event involving Moab and Israel, and not to the ultimate end of all time. The 'end' is precisely what it says : 'the end of the days', that is, according to the indefinite character of *yamīym*, 'the end of some days'. The formula is thus used to put emphasis upon the fact of an event that is sure to come after a period of time.»

L'expression *b'ḥryt hymym* se rencontre encore en *Gen* 49, 1, dans une phrase et un contexte assez analogues à ceux de *Nb* 24, 14 *'gydh lkm 't-'šr yqr' 'tkm b'ḥryt hymym* «Que je vous annonce ce qui vous arrivera dans la suite des jours». Il vaut la peine de noter que Staerk (Der Gebrauch der Wendung *b'ḥryt hymym* im at. Kanon, *ZAW* 11, 1891, p. 247-253), pourtant adepte de l'hypothèse JE, tient les deux occurrences de cette formule en *Genèse* et *Nombres* pour des additions postexiliques; il avoue ne jamais la

1° Certes, on retrouve les traits déjà observés chez N4 :

a) goût du bon chiffre : le mot capital *'m* revient trois fois dans le verset, avec trois déterminations différentes, et pour désigner trois réalités différentes : *'my, h'm hzh* (au centre), *'mk* ;

b) dernier remords de n'avoir pas assez retourné, exorcisé l'Ânesse ? Le *hnny hwlk* du martyr redresserait définitivement le *ky-hwlk hw'* coupable qui s'attirait les foudres divines en 22, 22 ;

c) Balaam prend toujours Balaq au mot, en sorte que l'effet s'en retourne toujours contre ce dernier, pour la gloire de Dieu, et surtout le triomphe d'Israël. N1 avait su faire jouer ce ressort (notamment en 22, 38) pour donner du piquant au dialogue, faire rebondir l'intérêt dramatique, et avancer la leçon. Avec « Voilà, je m'en vais vers mon peuple (sous-entendu, « puisque tu le veux »), mais viens que je t'indique ce que fera ce peuple à ton peuple (sous-entendu, « ce que tu ne veux certainement pas ») », N4 reprend le procédé ;

d) dernière inclusion, la plus englobante : *'šr y'śh h'm hzh l'mk* boucle avec le premier verset de tout l'épisode : *'t kl-'šr-'śh yśr'l l'mry*. Seulement, ironie du texte, en 24, 14, Balaq ne voit plus, spontanément, le traitement infligé par Israël à un autre peuple, mais Balaam lui montre, de force, le traitement infligé par Israël à son propre peuple[16].

2° Mais 24, 14 s'explique au premier chef par la nécessité d'introduire le quatrième et ultime « oracle ». Au fond, 24, 14 se comprend par l'identité N4 = P4. Pourtant, même alors, on voit repoindre un

trouver chez les Prophètes les plus anciens ni dans le *Pentateuque* ni dans le reste de la littérature préexilique. En revanche elle se rencontre dans les interpolations postexiliques que sont *Is* 2, 2 ; *Mi* 4, 1 ; *Os* 3, 5 ; *Dt* 4, 30 : *Jér* 23, 20 ; *Dt* 31, 29, et en *Jér* 48, 37 ; 49, 39 ; de même enfin *Dan* 10, 14. Staerk y voit un produit de l'Exil, mais parce qu'il lui donne un sens messianique qu'infirment les conclusions de Carmignac et de Wilch.

16. Au v. 11, Balaq dit à Balaam *w'th brḥ-lk 'l mqwmk* ; lorsque Balaam annonce son départ au v. 14, il répond visiblement mot pour mot au renvoi du roi, et pourtant il dit *w'th hnny hwlk l'my*. La LXX et la Peshitta traduisent comme s'il y avait *lmqwmy*, influencées par le v. 11 et aussi par le v. 25 *lmqmw*. La variation de *mqwm* par *'m* semble intentionnelle surtout si l'on pense à *Gen* 30, 25 où, dans une parole analogue, à la première personne, Jacob demande à Laban de le laisser rentrer chez lui : *šlḥny w'lkh 'l-mqwmy wl'rṣy*. Ce fait conduit Ehrlich à s'interroger sur la raison de la substitution de *'my*, non pas à *mqwmy*, mais à *'rṣy* : « *l'my* au lieu de *l'rṣy*, pour faire contraste avec *h'm hzh* et *l'mk*. Le voyant veut dire ainsi : 'Quand je serai de retour chez mon peuple, ni Israël ni ton peuple ne me concerneront plus ; mais avant que ne disparaisse mon intérêt, je vais t'aviser de ce qui, à l'avenir, arrivera entre les deux derniers'. » Sauf le fait qu'il n'est pas question ici de *'rṣy*, et que l'alternance joue entre *mqwmk* et *'my*, Ehrlich a raison quant au fond :

la phrase *hnny hwlk* *l'my*
lkh 'y'ṣk 'šr y'śh h'm hzh
l'mk souligne l'opposition entre les trois peuples.

trait propre à la « face » narratrice de cet auteur *bifrons* : le goût de la symétrie et de la clôture. N1 avait écrit deux poèmes complémentaires, P1 et P2. Il en faut autant, et de la même qualité, à N4 = P4 : P3B (24, 7b-9), oracle « revanchard » à dimension générale et indéterminée, demande à être complété par P4, dont nous reconnaîtrons la tonalité particulière et nominale. Preuve de plus que P3B = N4 = P4.

Vue sous cet angle, la vacuité de forme et de contenu accusée par les v. 12-13 s'explique encore mieux : ils n'avaient d'autre raison d'être que de lier les v. 10-11 (produits d'une authentique nécessité interne à N4, mais héritée de N1), à 24, 14, de nouveau nécessaire, mais pour la « face » P4 plus encore que pour la « face » N4 de notre dernier auteur. Sans ces « liants », le passage du v. 11 au v. 14 était un peu abrupt.

L'identité N4 = P4 rendra d'ailleurs compte du fait que l'épisode ne s'achève pas avec le récit en prose : le côté « faiseur d'oracles » de notre écrivain s'en trouvait lésé. Mais l'achèvement constitué par les v. 10-14 en contente la « face » narrateur ; l'oracle final *Nb* 24, 15b-19 en satisfait la « face » poète.

CHAPITRE X

LE QUATRIÈME ORACLE : *NB* 24, 15B-24

Ce quatrième et dernier poème est assez obscur à la fois dans les détails et dans le déroulement général. Il comporte d'abord un « en-tête » (v. 15b-16) strictement identique à celui du troisième poème (v. 3b-4), à la différence que le v. 16aβ vient compléter le v. 16aα avec *wyd' d't 'lywn,* quand le v. 4aβ restait bancal avec un seul hémistiche *n'm šm' 'mry-'l.* Se pose la question de savoir qui est l'auteur de cet « en-tête » : si c'est celui du troisième poème jusqu'au v. 6 inclus qui se copie lui-même pour introduire un nouvel « oracle », ou si c'est celui des v. 7-9 qui, fidèle à son habitude, emprunte au précédent l'exorde nécessaire à son dernier poème.

Cette dernière solution pourrait être la bonne. L'analyse de la prose de 24, 10-14 qui est complètement imitative, et elle aussi du même auteur (que l'on appellera P3B = P4) invite à aller dans ce sens. La démonstration sera parachevée avec l'analyse de *Nb* 24, 17-19.

Il est quasi impossible de rendre compte de l'absence du v. 4aβ, ou de la présence du v. 16bβ. Toutes les versions en témoignent[1]. Corruption d'un texte antérieurement bien balancé, ou addition postérieure pour rééquilibrer un texte bancal ? La première hypothèse est la plus vraisemblable, encore qu'il ne faille pas majorer chez un auteur le souci initial de symétrie : le modèle de P3A, les dernières paroles de David en 2 *S* 23, 1-7, comportait des versets à symétrie binaire, mais aussi des versets asymétriques, à un seul membre, ou à trois (v. 4, 5 et 7). *Nb* 24, 3b-4 propose du parfait voyant une définition appartenant à un champ sémantique bien homogène : celui

1. Sauf le texte samaritain qui, gêné par le v. 4aα bancal de l'hébreu, l'a supprimé, passant ainsi directement du v. 3bβ au v. 4bα.

des perceptions physiques, et ce, de façon exclusive. On verrait bien le v. 4 se composer de trois membres, le second introduit par un pronom relatif :

n'm šm' 'mry-'l *'šr mḥzh šdy yḥzh* *npl wglwy 'ynym*

ou encore, et peut-être mieux, le v. 4abα symétrique binaire, n'énoncer que les attributs physiques (ouïe et vue), et le v. 4bβ, nettement différent, rester unique pour évoquer l'issue finale de l'épisode de l'Ânesse. Dans ce champ sémantique homogène, le v. 16aβ introduit un élément hétérogène : l'idée abstraite de connaissance, séparant l'ouïe (v. 16aα) de la vue (v. 16bα). Il ne serait pas impossible que l'auteur de P3B = P4 en fût responsable : ce serait bien dans sa manière, qui consiste à recopier servilement, en changeant toutefois un détail, et sans se soucier de la cohérence préalable de ce qu'il emprunte. Ce serait lui qui, par la même occasion, pour rééquilibrer le v. 16b, aurait supprimé le pronom relatif *'šr*.

Certes, il serait risqué de fonder sur le seul *d't 'lywn* une datation tardive du poème[2]. *'lywn*[3] se rencontre en *Gen* 14, 18.19.20.22[4]; 2 *S* 22, 14 (Dtr ?) = *Ps* 18, 14; *Is* 14, 14; *Lam* 3, 35.38, et une série de Psaumes[5].

d't n'apparaît pas en des textes assurés d'être anciens, sauf en *Gen* 2, 9.17. Les autres passages du *Pentateuque* où il survient (31, 3 et 35, 31) sont P. Autrement, on le trouve chez les Prophètes plutôt

2. Que l'auteur de l'addition du v. 16aβ soit P3A ou P3B = P4, cela ne change rien pour la datation, ou seulement une cinquantaine d'années (l'écart entre l'Exil et le retour d'Exil).

3. Voir R. Lack, Miscellanea Biblica. Les origines de *Elyôn*, le Très-Haut, dans la tradition cultuelle d'Israël, *CBQ* 24, 1962, p. 44-64. L'auteur tire du fait que dans les inscriptions sud-sémitiques *'ly* (et quelquefois *'l*) est appliqué à El la conclusion que cette épithète refléterait un état primitif et lui serait connaturelle. Il pense, par ailleurs, que l'« Elioun philonien a de grandes chances d'être Baal *(Baalšamem)* auquel Philon, selon l'usage de son temps, applique l'épithète *hypsistos* » (p. 56). Et à son avis, dans la stèle de Sfiré, « la forme adjectivale *Elyôn* a des chances de désigner sous ce vocable de 'très-haut' le dieu Baalšamem qui est désormais le chef effectif du Panthéon de Byblos et de la Syrie-Phénicie entière » (p. 57). *Elyôn* ne serait que l'épithète du grand dieu du moment, dans un lieu donné. Appartenant en propre à El, Dieu sémite très ancien, elle se serait déplacée sur son remplaçant (Baal à Ugarit, *Baalšamem* en Syrie-Phénicie et peut-être à Sudjin). Lack signale que dans la littérature biblique *Elyôn* n'existe pratiquement qu'uni aux deux traditions jointes Šadday (en *Ps* 91, 1) et Ṣûr. Il récuse finalement la thèse de H. S. Nyberg, G. Widengreen, A. R. Johnson, H. Schmid et de H. J. Kraus, selon laquelle *Elyôn* est un emprunt aux traditions cultuelles de Jérusalem.

4. La date de *Gen* 14, 18-22 (P selon Eissfeldt) est controversée. W. Schatz (*Genesis 14. Eine Untersuchung* (Europäische Hochschulschriften Reihe XXIII Bd 2), Frankfurt 1972) qui voit en *Gen* 14 un mélange de styles, le style de la « Grundlage » correspondant à la fois à J et à P, conclut que « nicht zuletzt passt zu P die Nennung des El Eljon ».

5. *Ps* 7, 18; 9, 3; 21, 8; 46, 5; 47, 3; 57, 3; 77, 1; 78, 17.35.36; 82, 6; 83, 19; 87, 5; 89, 28; 91, 1.9; 92, 2; 97, 9; 107, 11.

exiliques ou postexiliques[6], dans les *Psaumes*[7], ou dans les *Proverbes*, à foison. Il est d'ailleurs très rarement déterminé par le nom divin, et quand il l'est, le génitif est objectif : il s'agit de «connaître le Seigneur» (ce qui va de pair avec la «crainte du Seigneur» : *Is* 11, 2; 33, 6; *Prv* 1, 7), alors qu'en *Nb* 24, 16aβ tous les noms divins déterminants sont des génitifs subjectifs : «la connaissance qui vient de Dieu». C'est une exception remarquable, même au sein du discours prophétique (voir *Is* 1, 3; *Os* 4, 1; 6, 6). De cette connaissance dont Dieu est le sujet, et non l'objet, on ne voit guère qu'un autre exemple : *Ps* 139, 6, particulièrement intéressant parce qu'il la couple avec la hauteur inaccessible : *pl'yh d't mmny nśgbh l'-'wkl lh.* «Mystérieuse connaissance qui me dépasse, si haute que je ne puis l'atteindre!» On notera encore deux occurrences significatives, car proches, d'une certaine manière, de *Nb* 24, 16aβ, et sans doute non antérieures à l'Exil. Ce sont *Jb* 13, 2 : *kd'tkm yd'ty gm-'ny*[8] «Ce que vous savez, je le sais aussi» et *Is* 44, 25 :

mpr 'twt bdym wqsmym yhwll
mšyb ḥkmym 'ḥwr wd'tm yśkl

«Je neutralise les signes des augures, les devins, je les fais divaguer, je renverse les sages en arrière et leur science, je la fais délirer.»

Tenons donc pour acquis que l'auteur de P3B, désireux de faire un quatrième oracle, a emprunté à P3A son en-tête. P3A était exilique, P3B aussi, légèrement postérieur, ou même postexilique. Les analyses ultérieures devraient permettre de préciser si son point de vue est encore celui de l'Exil ou déjà celui du retour d'Exil. Il sera désormais appelé P4, puisqu'il est aussi l'auteur du début du quatrième poème, ce que nous allons voir immédiatement.

Le quatrième poème forme-t-il une unité littéraire?

La question s'était à peine posée pour les trois premiers. Mais elle se pose d'emblée pour celui-ci, et indépendamment du fait que les auteurs, attribuant souvent les v. 15b-19 au Yahviste, les situent entre le XIIIe siècle et le IXe siècle. On a senti, dès les Pères de l'Église, que cet ensemble contenait plusieurs unités littéraires distinctes. La critique est unanime, à travers les siècles, pour reconnaître une césure entre le v. 19 et le v. 20, et presque autant pour en voir une entre le v. 22 et le v. 23. L'unité des v. 17 à 19 est parfois défendue, parfois attaquée. Le problème se complique du fait que l'ordre actuel des versets 17bγδ, 18 et 19 est souvent contesté.

6. Plus exactement : le Deutéro ou le Trito-Isaïe : *Is* 33, 6; 40, 14; 44, 19.25; 47, 10; 53, 11; 58, 2; seule exception : *Is* 11, 2.
7. *Ps* 19, 3; 94, 10; 119, 66.
8. Seul autre cas de paronomase.

Les remarques des auteurs adeptes de l'hypothèse documentaire nous seront précieuses, même si d'entrée de jeu la datation supposée diffère.

Le v. 17a et le « Jour du Seigneur » : pourquoi : « pas maintenant » ?

'r'nw wl' 'th 'šwrnw wl' qrwb[9]

Les exégètes n'ont pas manqué de rapprocher ce verset de *Nb* 23, 9a :
ky-mr'š ṣrym 'r'nw wmgb'wt 'šwrnw
Ou bien ils n'en tiraient aucune conséquence, ou bien, liés par l'hypothèse documentaire, ils faisaient dépendre *Nb* 23, 9a (classé E) de *Nb* 24, 17a (classé J).

Avant de trancher, interrogeons les emplois bibliques de *qrwb* et *'th*. *qrwb* est spécialisé dans un sens remarquable : « le Jour du Seigneur est proche »[10]. Il ne s'en trouve d'ailleurs aucune occurrence dans le *Pentateuque* ni chez les Prophètes préexiliques. Tout est concentré chez les Prophètes exiliques et postexiliques. Le Jour du Seigneur est toujours un jour de vengeance, un jour terrible, soit contre Israël (*Dt* 32, 25 ; *Ez* 7, 7 ; *So* 1, 7.14 ; *Jl* 1, 15 ; 2, 1), soit contre une nation (*Is* 13, 6.22 ; *Ez* 30, 3 ; *Jl* 4, 14 ; *Ab* 15). Sauf *Is* 56, 1, ce n'est jamais un jour de bénédiction, un jour positif. Autre fait notable : si ce Jour du Seigneur imminent est négatif, la formulation de sa proximité est toujours positive, à une exception près (*Ez* 11, 3) : on parle toujours du Jour du Seigneur pour dire qu'il est proche. Ici, c'est le contraire : la formulation est négative.

Mais, dira-t-on, s'agit-il bien du Jour du Seigneur ? Le mot n'y est pas, et l'on repère tant d'écarts par rapport au cliché habituel ! Aucun doute : c'est bien de cela qu'il s'agit. Rapprochons, entre autres, notre texte de *Jér* 48, 16 : « La ruine de Moab est imminente, le malheur va fondre sur lui » et d'*Abdias* 15 : « Oui, proche est le jour du Seigneur, jour menaçant toutes les nations » (extension d'une menace d'abord

9. La LXX lit un hiphil *'ar'ennû* (cf. *Ps* 50, 23 et *Mi* 7, 15) au lieu d'un qal *'er'ennû*, et rend *'šrnw* par *makarizô*, comprenant le verbe comme un piel de *'šr* (voir *Gen* 30, 13 : *Prv* 31, 28 etc.) ; ce qui donne *deixô autô(i), kai ouchi nyn ; makarizô, kai ouk eggizei*. Le souvenir de *Mi* 7, 14.15 a peut-être influencé cette interprétation : « Fais paître ton peuple sous ta houlette *(bšbṭk)*, le troupeau, ton héritage, qui demeure solitaire (*škny lbdd* cf. *Nb* 23, 9b) . . . au milieu des vergers. Qu'il pâture en Bashân et Galaad, comme aux jours d'autrefois, comme aux jours où tu sortis du pays d'Égypte *(kmy ṣ'tk m'rṣ mṣrym)*, je lui ferai voir *('ar'ennû)* des merveilles. » Ici, toutefois, bien qu'il s'agisse de yiqtol, la traduction par le futur (LXX *deixô* ; Aquila *opsomai* ; Vulgate *videbo*) donne peu de sens. Il faut traduire par des présents.

10. Voir E. Jenni, « Kommen » im theologischen Sprachgebrauch des Alten Testaments, dans *Wort, Gebot, Glaube. Beiträge zur Theologie des AT, Festschrift W. Eichrodt* (ATANT 59), Zürich 1970, p. 251-261, p. 261 : « das Verbum *qrb* in der zeitlichen Bedeutung 'herannahen, bevorstehen' und das Adjektiv *qārōb* in der Bedeutung 'unmittelbar bevorstehend' nicht auf Jahwe, sondern nur auf den 'Tag Jahwes' u.ä. bezogen werden. »

dirigée contre Édom). *Nb* 24, 17a fait partie du même ensemble littéraire, thématique, et théologique. Les différences signalées plus haut nous permettront en temps voulu de voir la spécificité de ce verset.

'th donne confirmation de cette intuition : chez les Prophètes (en général exiliques ou postexiliques, sauf Osée et Michée), il est presque toujours lié à l'annonce d'un malheur menaçant Israël ou ses ennemis. Si l'oracle est favorable à Israël, c'est souvent médiatement, par le biais du malheur de ses ennemis[11]. La connexion avec le Jour du Seigneur est beaucoup moins souvent explicite que pour *qrwb* (seulement une fois ou deux, par exemple *Mi* 7, 4b *ywm mṣpyk pqdtk b'h 'th thyh mbwktm*), mais elle est incontestable. Le malheur est annoncé contre Israël (*Is* 33, 10) ou contre une nation (*Ez* 26, 18). A l'inverse de *qrwb, 'th* peut annoncer un jour vraiment positif pour Israël (*Mi* 5, 3; *Is* 37, 26; *Ez* 39, 25). *Nb* 24, 17a s'inscrit doublement dans cette ligne : les v. 17a, 18b et 19 parlent d'un bonheur pour Israël, alors que les v. 17b et 18a le transcrivent en malheur pour Moab et Édom. Mais l'emploi négatif de *'th (wl' 'th),* comme pour *qrwb,* vient s'inscrire contre l'habitude constante de la formulation positive. Gardons à l'esprit le souvenir de cette double anomalie, par rapport à la Bible et par rapport à la constitution normale de l'espoir humain : pourquoi «pas maintenant»?

A quel objet renvoient les suffixes lourds -ennû*?*

Les auteurs ne sont pas d'accord sur ce point : les uns pensent que ce sont des neutres désignant la vision en général, les autres, que ce sont des masculins s'appliquant à Israël-Jacob; l'une et l'autre solution avaient d'ailleurs été envisagées pour *Nb* 23, 9a. Le plus simple est de penser qu'ils concernent *kwkb* et *šbṭ*, les deux objets précis qui suivent immédiatement.

kwkb *et* šbṭ : *le signe ou la réalité?*

drk kwkb my'qb wqm šbṭ myśr'l.

La question qui embarrasse tous les commentateurs, c'est de savoir si *kwkb* et *šbṭ,* de toute évidence, des signes, doivent n'être compris que comme tels, ou doivent être compris comme ce qu'il représentent; et, si tel est le cas, que représentent-ils?

Bien souvent, les interprètes modernes ont vu dans *kwkb* et dans *šbṭ* le symbole de la royauté. Certains considéraient ces deux termes comme exactement synonymes, d'autres pensaient que le premier

11. Voir E. Jenni, Zur Verwendung von 'attā «jetzt» im Alten Testament, *TZBas* 28, 1972, p. 5-12, p. 12 n. 36.

désignait un individu, et le second l'institution. Pour décider quel roi c'est, tout dépend de la datation choisie pour cet oracle. Comme la datation proposée est le plus souvent ancienne, on pense à David, le seul qui combine les victoires sur Moab (on rapprochera ce verset de 2 *S* 8, 2 bien qu'à vrai dire 1 *S* 14, 47 relate déjà une victoire de Saül sur les Moabites ; on invoque en outre 2 *S* 21, 17 qui nomme David *nr yśr'l*) et sur Édom, moins souvent à Salomon, et assez souvent à Omri. Cela pour la solution « historique »[12]. Mais nombre d'exégètes ont pensé simplement au roi messianique à venir, non historique. Enfin, quelques-uns ont envisagé, non pas un roi historique isolé, ni non plus le Messie pris à part, mais la chaîne des rois historiques se parachevant dans le roi messianique[13].

12. J. Fürst (*Geschichte der biblischen Literatur und des jüdisch-hellenistischen Schriftthums,* Leipzig 1870, réédition Hildesheim New York 1973, p. 230) pense qu'il s'agit d'Osias, mais Moab ne fait pas partie des conquêtes de ce roi (voir 1 *R* 15, 1-7 et 2 *Chr* 26, 3-15).

13. « The basic elements in the Hebrew text of *Numbers* 24 : 7 and 17 motivated messianic interpretation were metaphoric language, ambiguous references, indefinite subjects, military context, and proper names » (M. F. Collins, *Messianic Interpretation of the Balaam Oracles*, Yale University PH-D, Ann Arbor London 1980, p. 169).

A cause d'*Ap* 22, 16 et de *Mt* 2, 1-10, les Pères de l'Église étaient naturellement portés à y voir le Christ. Ainsi Justin (*Dialogue avec Tryphon,* CVI § 4 = PG 4, col. 450), Irénée (*Contre les Hérésies,* Livre III chapitre 9 § 2 = PG 5, col. 789) Théodoret de Cyr (*Quaestiones in Numeros* = PG 80, col. 394). On notera qu'à la LXX *anthrôpos* « homme » Justin et Irénée préfèrent *hègoumenos* « chef ».

Selon Franz Delitzsch (*Messianische Weissagungen in geschichtlicher Folge,* Leipzig 1890, p. 46-49), c'est bien en tant qu'il se réfère à David, roi temporel contemporain de l'oracle, que 24, 17 revêt un sens messianique, mais il possède une dimension d'avenir puisque *Jér* 48-49 en reprend le contenu et les termes, et que le Nouveau Testament le renouvellera en lui donnant un sens spirituel. D'après E. Sellin (*Die israelitisch-jüdische Heilandserwartung,* Lichterfelde-Berlin 1909, p. 10-12), il s'agit d'une prophétie messianique antérieure à l'époque de David, puisque aucun roi n'y est mentionné, et qu'elle est fort obscure. H. Gressmann (*Der Messias,* Göttingen 1929, p. 224) y voit un *vaticinium ex eventu* s'appliquant à David comme Messie.

D'autres distinguent nettement David et le Messie : il s'agirait d'abord de David, ou d'une personnification idéale de sa maison, et ensuite, de façon plus large, du Messie. Et Moab serait le type de tous les adversaires du Royaume de Dieu (Saint Augustin, Hengstenberg, Reinke). La distinction peut aller jusqu'à l'exclusion : Michaelis observe que ce qui est glorieux pour David (détruire Moab et peut-être tous les enfants des hommes) ne l'est pas du tout pour le Messie, qui apparaît alors comme une mauvaise étoile, au lieu d'être le sauveur de l'humanité. Maïmonide (*Hilkhoth Melakhim umilḥ'amotéhem,* chapitre 11), applique chacun des trois premiers hémistiches du v. 17 et le premier hémistiche du v. 18a à David, et chacun des trois derniers du v. 17 ainsi que le second hémistiche de 18a au Messie futur *(hmšyḥ h'ḥrwn)*, un descendant de David.

Kalisch note que les v. 17-19 ne furent vraisemblablement pas considérés comme messianiques par les auteurs des additions ultérieures (v. 20-24), précisément parce qu'une telle interprétation eût rendu superflues ces additions. Pareillement, Ibn Ezra déduit de la place qu'occupe cette prophétie dans l'oracle, qu'elle ne peut annoncer le Messie qui, attendu pour la fin des temps, eût alors figuré en conclusion, après l'oracle sur l'anéantissement d'Assur. Et pourtant, il écrit *z't hnbw'h 'l dwd* ; et Rachi distingue aussi, bien que différemment : de 24, 17 il écrit *zh dwd*, mais de 19 *(wyrd my'qb)* « il y aura encore un autre souverain de Jacob ... cela concerne le Roi-Messie *(w'l mlk hmšyḥ)* dont il est dit : 'Que sa domination s'étende d'une mer à l'autre (*Ps* 72, 8)'. »

Excepté les Targumim palestiniens, qui ont carrément substitué *mlk'* à *kwkb,* toutes les versions anciennes ont gardé l'étoile. En revanche, *šbṭ* a d'emblée donné lieu à diverses transpositions : seuls la Vulgate *(virga),* Saadia *(qḍyb),* les Targumim samaritains, et Symmaque *(skèptron)* ont conservé l'image concrète. L'interprétation la plus clairement messianique est celle des Targumim palestiniens avec *mšyḥ ytrb'* pour *wqm šbṭ*[14]. Mais la Peshitta y tend avec *ryš'* « tête, prince » ; quant à la LXX, elle laisse l'impression d'une lecture préchrétienne : *kai anastèsetai anthrôpos.*

La Bible n'aide guère à décider ce qu'il faut entendre exactement sous *kwkb.* Le mot n'est employé au singulier qu'une autre fois, en un passage obscur d'*Am* 5, 26 : *wnś'tm 't skwt mlkkm w't kywn ṣlmykm kwkb 'lhykm 'šr 'śytm lkm* « Mais vous avez porté Sikkouth, votre roi, et Kiyyoun, vos images, l'étoile de vos dieux, que vous vous êtes faits. » On le voit, *kwkb* est ici un signe matériel, une image, mais il dénote en même temps des dieux-rois, ou des rois-dieux.

Un autre passage, prophétique lui aussi, nous garantit que dans l'Orient ancien, et tout ensemble dans la Bible, il est impossible de dissocier l'étoile du roi : il s'agit d'*Is* 14, 12. Le rapprochement avec notre texte s'impose d'autant plus que celui-ci trahit bien d'autres

Il existe donc une tendance qui, précisément parce qu'elle ne voit dans l'étoile-sceptre de 24, 17 qu'un chef politique et militaire, ne classe pas ce passage dans la série des textes bibliques messianiques. Ainsi E. König (*Die messianische Weissagungen,* Stuttgart 1925, p. 116), J. Klausner (*The Messianic Idea in Israel,* New York 1955, p. 31), S. Mowinckel (*He that cometh,* Oslo 1951, Oxford 1856, p. 12), G. von Rad (*Theologie des Alten Testaments* Band II, *Die Theologie der prophetischen überlieferungen Israels,* München 1960, p. 27), J. Coppens (Les Oracles de Biléam : leur origine littéraire et leur portée prophétique, dans *Mélanges Eugène Tisserant* Vol. I, *Écriture Sainte-Ancien Orient* (Studi e Testi 231), Citta del Vaticano 1964, p, 80), M. Rehm (*Der Königliche Messias im Licht der Immanuel-Weissagungen des Buches Jesaja,* Stuttgart 1968, p. 29). Enfin, ni J. Coppens (*Le messianisme et sa relève prophétique. Les anticipations vétérotestamentaires. Leur accomplissement en Jésus* (Bibliotheca Ephemeridum Theologicarum Lovaniensum XXXVIII), Gembloux 1974), ni H. Cazelles (*Le Messie de la Bible. Christologie de l'Ancien Testament,* Collection « Jésus et Jésus-Christ » 7, Paris 1978) ne citent notre texte.

Ces résultats négatifs, joints à la complexité du problème messianique en tant que tel, invitent à borner ici l'enquête. L'interprétation messianique de *Nb* 24, 17-19 requiert à elle seule une étude. Voir à cet égard, de S. Cipriani, Il senso messianico degli oracoli di Balaam (*Num.* 23-24), *Atti della XVIII settimana biblica biblica : Il Messianismo,* Brescia 1966, p. 57-83, et de M. F. Collins, *Messianic Interpretation of the Balaam Oracles.* Cet ouvrage se veut « une analyse linguistique comparative et descriptive de l'interprétation messianique de *Nb* 24, 7 et 17 telle qu'elle s'exprime dans les versions et les Targumim » (p. 166). Et, en dernière date, de M. Pérez Fernández, *Tradiciones mesianicas en el Targum palestinense* : Estudios exegeticos, Valencia-Jerusalén, 1981, p. 213-231.

14. Et même, pour les Targumim de Jérusalem et Néofiti, *pryq* « rédempteur ».

souvenirs littéraires[15] de l'antique *mashâl* sur *le roi de Babylone*, comme par un fait exprès : « Comment es-tu tombé du ciel, Astre brillant, Fils de l'Aurore *(hyll bn-šḥr)* ? » Le v. 13 porte d'ailleurs mention des étoiles : « Toi qui disais : 'je monterai dans les cieux, je hausserai mon trône au-dessus des étoiles de Dieu' *(kwkby-'l)*[16]. » D'ailleurs, la lamentation d'Ézéchiel sur Pharaon est fidèle aux représentations égyptiennes. Voir *Ez* 32, 7 : « Lorsque la lumière sera éteinte, je couvrirai les cieux, et j'obscurcirai leurs étoiles, je couvrirai le soleil d'une nuée et la lune ne laissera pas luire sa lumière. » On ne saurait oublier le titre de Bar-Kokhba donné par Rabbi Aqiba au Pseudo-Messie de l'époque d'Hadrien[17]. En *Ap* 22, 16, Jésus dit : « Je

15. Les mêmes expressions sont employées pour évoquer la figure du roi de Babylone et la, ou les, figure(s) royale(s) de P3B = P4, mais en exprimant un mouvement inverse : chez le premier, la chute, chez le second, l'ascension :

Is 14, 5 :	*šbṭ mšlym*	*Nb* 24, 17 :	*wqm šbṭ*
6 :	*rōdeh . . . gwym*	19 :	*wyrd my'qb*
8 :	*'rzy lbnwn*	6bβ (P3A) :	*k'rzym*
	m'z škbt	9a :	*kr' škb k'ry*
14 :	*'dmh l'lywn*	16aβ (P4) :	*wyd' d't 'lywn*
18 :	*škbw bkbwd*	9a :	*kr' škb k'ry*
21 :	*bl yqmw wyršw 'rṣ*	17 :	*wqm šbṭ*
		18 :	*whyh 'dwm yršh whyh yršh ...*

16. Songeons aux titres que se décerne Tiglat-Phalasar I : « Le grand prêtre, à qui, sur l'ordre de Shamash, fut remis un sceptre brillant *(ḫaṭṭu ellitu (u))* . . . le berger légitime *(rê'i-ia ki-e-nu)* . . . le jour éblouissant *(u-mu ni-pir-du-u)* dont la splendeur submerge les quartiers (du monde) *(ša me-lam-mu-šu kibrâti u-saḫ-ḫa-pu)* ; la flamme puissante *(nab-lu šur-ru-ḫu)* comme un coup de tempête, passa son courroux contre un pays hostile » (Inscription du cylindre de Tiglat-Phalasar I, col. I, l. 31-32.40-43, d'après *Annals of the Kings of Assyria*, p. 32-33). Dans ses Annales, on s'adresse à Thoutmès III en ces termes : « Ils voient ta majesté comme l'étoile Sesht » (voir J. B. Pritchard, *Ancient Near Eastern Texts relating to the Old Testament*, Princeton 1950, p. 374). Enfin, comme le signale H. P. Müller (Die aramäische Inschrift von Deir 'Allā und die älteren Bileamsprüche, *ZAW* 94, 1982, p. 214-243, p. 239 n. 168), l'adresse *a-na ka-ka-bi-ia* « à mon étoile » de la part d'une dame (fille de Zimri-Lim) à son roi (Zimri-Lim) est bien attestée à Mari. Voir *Archives royales de Mari*, Correspondance féminine transcrite et traduite par G. Dossin, Paris 1978, lettres 31 l. 1 ; 32 l. 22 ; 33 l. 1 ; 43 l. 1 ; 36 l. 1 ; 37 l. 1 etc. Voir, enfin, Ba'al et la génisse (IV AB = CTA 10) col. I l. 3-5,

« [. . . . .] que n'ont pas connu les fils d'El *(bn il)*
[. . . . .] l'assemblée des astres *(kkbm)*
[. . . . .] la cour céleste.

Le symbolisme royal et messianique de l'étoile (*Nb* 24, 17) tire peut-être de là son origine, puisque le roi est un 'fils de Dieu' (*Ps* 2, 7) » *(Textes ougaritiques* Tome I, *Mythes et légendes*, p. 281 n.c).

17. Rabbi Aqiba salue Bar Kochba *(br kwkb')*, le chef de la révolte juive sous Hadrien (132-135), en lui disant « Tu es le roi Messie », et en citant 24, 17 *drk kwkb my'qb*. Mais Rabbi Juda, plus âgé, à peine moins prestigieux bien que disposant d'une moindre audience, s'opposa fermement à cette reconnaissance d'un chef comme Messie. Comme le signale G. Vermès *(Scripture and Tradition in Judaism*, p. 165, n. 4), le véritable nom du chef de la seconde Révolte Juive était Simeon ben Koseba, d'après les lettres de Murabba't (voir J. T. Milik, Une lettre de Siméon Bar Kokheba, *RB* 60, 1953, p. 276-294). Rabbi Aqiba joua sur la ressemblance Kosba/Kokhba, mais, après l'échec de la révolte, on substitua au titre « Bar Kokhba » « fils de l'étoile » le sobriquet « Bar

suis le rejeton et la postérité de David, l'étoile brillante du matin» *(ho astèr ho lampros ho prôinos)*. Enfin, Gray signale que *kwkb* est souvent employé, en arabe, pour désigner le prince *(syd 'lqwm)* [18].

Tenons donc pour acquis qu'en *Nb* 24, 17a, *kwkb* ne peut pas ne pas dénoter une idée royale.

Quant au sceptre *šbṭ*, c'est d'abord le symbole du pouvoir royal (*Gen* 49, 10; *Is* 14, 5; *Am* 1, 5.8 *twmk šbṭ*; *Ps* 45, 7 *šbṭ mlkwt*) avant d'être la houlette du pasteur (*Lév* 27, 32; *Ps* 23, 4) ou la verge du châtiment (*Is* 10, 5; 11, 4; *Jb* 9, 34; Vulgate *virga*, Saadia *qḍyb*), ou seulement de façon indirecte, en tant qu'il punit les ennemis rebelles (*Ps* 2, 9).

Pourtant, il ne semble pas possible d'éviter de penser aussi au signe concret, à la réalité astronomique. Déjà, certains auteurs anciens l'avaient envisagé. Les Pères avaient établi le rapprochement avec *Mt* 2, 2 : *magoi apo anatolôn paregenonto eis hierosolyma legontes : pou estin ho techtheis basileus tôn Ioudaiôn, eidomen gar autou ton astera en tè(i) anatolè(i)*. C'était évidemment dans une perspective homilétique. Plusieurs exégètes modernes ont fait de même, et dans l'interprétation messianique traditionnelle, à cause de la mention du *basileus tôn Ioudaiôn*.

Mais, d'un point de vue strictement littéraire, le texte est à double sens, et il faut tenir les deux bouts de la chaîne en lui restituant sa double dimension, à la fois concrète astronomique et métaphorique royale. A ce niveau de la rédaction, Balaam est un devin babylonien. On sait combien les mages chaldéens cultivaient l'astrologie. Depuis Ehrlich, on a souvent invoqué l'expression de *t.b. Ber*. 58b : *kwkb dšbyṭ* qui, d'après Rachi, signifie «comète, étoile filante», mais pour repousser aussitôt ce sens, mû qu'on était par la nécessité d'une interprétation univoque et messianique. Ibn Ezra avait compris, lui, qu'il était réellement question de comètes *(q'm'ṭ'n)*, ou de planètes inconnues, dont il s'agissait de déchiffrer la trajectoire. Il ne

Koziba» «fils du mensonge» *br kwzyb'*, le seul qui lui soit resté dans les écrits juifs (voir *t.b. Sanh*. 93b; *t.j. Ta'an*. IV, 5; *Lam. Rab*. II.2, § 4 : *'l tqry kwkb 'l' kwzb* «ne lis pas 'étoile' mais 'mensonge'»).

18. Voir E. W. Lane, *An Arabic-English Lexicon*, Book I Part 7, London 1885, p. 2623. Ce terme peut désigner «The chief, lord, or prince, and horse-man, or cavalier of a people; a man with his arms; an armed man.»

Selon E. Burrows *(The Oracles of Jacob and Balaam)*, le motif du roi étoile (24, 17), c'est-à-dire du Lion, est appliqué avec la même nuance d'attente qu'en *Gen* 49. Mais passe-t-on si aisément de l'étoile au Lion? Il qualifie les trois derniers poèmes de «tribal oracles»; le choix, pour leur application à Israël, des tribus de Joseph (le Taureau), Juda (le Lion) et Ruben (le Verseau) serait pertinent, car ces trois tribus sont représentatives de tout Israël (Éphraïm, Juda et la Transjordanie). Les trois oracles seraient aussi représentatifs du point de vue zodiacal, le Taureau, pour commencer, indiquant le printemps, le Lion et le Verseau, l'été et l'hiver. Cette construction est pour le moins artificielle.

manquait pas, d'ailleurs, de reconnaître que c'étaient des destinées de rois. Ou encore, comme l'a suggéré R. Largement[19], il faut peut-être aller jusqu'à rapprocher la formulation du v. 17a de celle de certains codes divinatoires babyloniens, c'est-à-dire lire sous la coordination simple des deux propositions un système conditionnel : « Si un astre sort de Jacob, un sceptre s'élèvera d'Israël. » Sans être certain, ce n'est pas du tout exclu à ce niveau rédactionnel, comme ce l'était au niveau des deux premiers poèmes et des sacrifices, où faire de Balaam un devin babylonien eût été fausser complètement sa figure primitive de voyant local transjordanien. Pourquoi ne pas penser qu'en Exil l'auteur de P4 put être influencé par les représentations et les expressions des mages chaldéens ?

Dépouillée de son intention homilétique, la référence à *Mt* 2, 2 s'avère donc très bonne, car elle unit, tout en les distinguant, les deux sens de l'étoile-sceptre *(basileus, autou ton astera)*, elle leur associe l'idée de voir *(eidomen)*, la mention des mages *(magoi)*, et celle de l'Orient *(apo anatolôn ; en tè(i) anatolè(i))*[20].

Cette pratique du double sens, à la fois astrologique, et métaphorique royal, a bien l'air d'être la signature de P3B[21]. Nous l'avions déjà noté en *Nb* 24, 7b. Quant à l'origine locale, et à la datation, il faut ici encore présupposer l'Exil babylonien, ce que ne sauraient démentir les textes invoqués d'*Ézéchiel* et de *Zacharie*. Voilà donc confirmation du fait que P3B = P4, qui a « emprunté » à

19. R. Largement, Les oracles de Bile'am et la mantique suméro-akkadienne, *Travaux de l'Institut Catholique* 10, Paris 1964, p. 37-50. Ce que l'on contestera, c'est le rapprochement systématique de chaque verset de chaque poème de 22-24 avec des formules de la mantique babylonienne. Mais, une fois au stade « babylonien-exilique », cela devient très pertinent.

Faut-il aller jusqu'à rapprocher l'astre errant des Ḫapiru « clans semi-nomades, pasteurs et guerriers », qui attaquaient les villes *au cours du deuxième millénaire,* c'est beaucoup plus douteux. R. Largement cite en effet un nombre impressionnant de formules oraculaires du type : « Si un astre errant paraît au début d'araḫsamna, il y aura les Ḫapiru », et un autre groupe de formules du type : « Si un astre errant se tient au sud, assaut de l'Élam et de Guti », « Si un astre errant se tient au nord... », etc. La conjonction de ces deux séries de formules permet une conclusion intéressante : « La position d'Israël par rapport aux armées de Moab a permis au devin de déterminer le point cardinal qui lui correspondait au ciel. Il est facile de comprendre comment les Israélites ont substitué le nom de Jacob à cette région céleste : Si un astre errant se tient au-dessus du camp des Hébreux, le sceptre leur appartiendra et ils détruiront leurs ennemis. » L'importance de la *position* se retrouve d'ailleurs en *Mt* 2, 2.

20. Peut-être la LXX de *Nb* 23, 7, qui traduisait *mhrry-qdm* par *ap' anatolôn,* sentait-elle, dès ce moment du texte, la dimension babylonienne de la figure de Balaam.

21. Cela donne à Procope de Gaza, subtil décidément pour ces questions de « signification », l'occasion de classer les différents niveaux de sens 1° Il y a le signe étoile et le signifié : l'avenir. 2° En particulier, il y a l'étoile du Serviteur, la plus récente et la plus brillante. 3° Il y a les deux sens de l'Écriture, le sens patent et le sens latent (spirituel). 4° On retrouve ces deux sens pour l'Étoile, qui signifie à la fois Dieu et son Serviteur.

P3A son en-tête (*Nb* 24, 15b-16) et inventé, peut-être le v. 16aβ, certainement le v. 17a.

Cette solution résout quelques autres difficultés : Comment traduire *drk*? Il y a en effet deux sens principaux :
a) s'avancer, fouler aux pieds, piétiner;
b) bander un arc.

Les deux sens conviennent à *drk kwkb*. Si l'on choisit « le roi », on retient le premier, parfaitement adapté au contexte guerrier qui suit immédiatement, corroboré d'ailleurs par *Lam* 1, 15 (« le Seigneur a foulé au pressoir la jeune fille, la Belle Judée »), et par *Jg* 5, 21 (« Marche, mon âme, avec hardiesse »). Si l'on garde « l'étoile », il faut préférer le second sens. Rachi l'a senti, qui commente *drk kwkb* « comme : 'il a bandé son arc' (*Lam* 2, 4), car une étoile passe comme une flèche ». Rachi propose même un équivalent en vieux français : *wbl'z dysṭynt* « en langue étrangère 'destent', du verbe 'des-tenir' », jugeant qu'on ne peut dire « bander, faire partir une étoile ». « Destenir », veut dire, pour un arc, « relâcher, débander ». Peut-être faut-il d'ailleurs, dans cette hypothèse, voir en *kwkb* le complément d'objet du verbe *drk*, dont le sujet reste indéterminé, à moins que ce ne soit Dieu lui-même, comme en *Lam* 2, 4 et 3, 12. Ou encore, comme en *Za* 9, 13 : « Je bande mon arc, c'est Juda. » Les références aux *Lamentations* confirment l'hypothèse, déjà avancée à propos de *Nb* 24, 7-9, qu'il s'agirait ici d'une « contre-Lamentation ». Le rapprochement avec *Za* 9, 13 peut d'ailleurs confirmer la date exilique[22].

22. Devant la multiplicité des sens tirés de *drk*, nul besoin de corriger, avec WELLHAUSEN, en un *zrḥ* qui corresponde au *anatelei* de la LXX. L'argument phonétique « es ist durch Hörirrtum entstanden, da *zain* wie *resh* und *kaf* wie *ḥeth* ausgeprochenen wird » ne convainc pas. *anatelei* est une *lectio facilior*, étant le terme réservé au lever d'un astre. De plus il évoque le lieu d'où par excellence surgissent les astres, l'Orient, *hè anatolè, hai anatolai* (voir LXX de 23, 7). La LXX a de plus cédé à la tentation du parallélisme synonymique avec le v. 17bδ où *wqm* est traduit par *kai anastèsetai*.

D'après H. WINKLER (*Altorientalische Forschungen*, Dritte Reihe. Band II, Heft 1, Leipzig 1902, p. 213-214), il s'agit d'une autre racine *drk* (dont viendrait *Marduk* mis pour *Madruk*!). Comme en *Jb* 26, 12-14; 40, 19 et *Prv* 8, 22, *drk* renverrait au mythe babylonien de la création, et Yahvé apparaîtrait dans le rôle de Marduk. ALBRIGHT rapproche *drk* de l'ougaritique *darkatu* « domination », parallèle à *mulku* (III AB, A = CTA 2, l. 10 et I AB = CTA 6, col. VI l. 5-6). De même M. J. DAHOOD (Ugaritic *DRKT* and Biblical *DEREK*, *TS* XV, 4, 1954, p. 627-631) qui signale en outre l'akkadien *durgu* « fortress, stronghold ». ALBRIGHT (The North-Canaanite Poems of Al 'êlyôn, Ba'al and the Gracious Golds », *JPOS* 14, 1934, p. 101-140, p. 130, n. 153) pense que le nom de la déesse syrienne *Derketô* serait issu de la même racine. Cette hypothèse est reprise par Ch. VIROLLEAUD à propos de RS 24. 252 l. 6-8, où figure la séquence :

b'lt mlk
b'lt drk
b'lt šmm rmm

(*Ugaritica* V p. 551). Le sens « ? Stärke, Macht », en relation avec le parallèle ougaritique *drkt/mlk* est proposé par W. BAUMGARTNER (*Hebräisches und aramäisches Lexicon zum alten Testament*, Dritte Auflage, Leiden 1967, Lieferung I, s.v. *derek* 7). Enfin, comme l'observe H. P. MÜLLER (*Die aramäische Inschrift von Deir 'Allā und die älteren Bileamspruche*, p. 241), c'est peut-être le sens qu'il faut lire en *Am* 8, 14.

Le v. 17bαβ, ainsi compris, aiderait à expliquer 18b-19a : *wyśr'l 'śh ḥyl wyrd my'qb. yrd* est l'imparfait qal apocopé troisième personne du singulier du verbe *rdh* «calcare, calcando confringere, subigere, in potestatem suam redigere, regnare». Dans l'état actuel du texte, il semble n'avoir pas de sujet, ou plutôt, son sujet reste indéterminé = «il». Par ailleurs, vu l'allusion à *'yr* qui suit au v. 19b *wh'byd śryd m'yr*, plusieurs auteurs ont trouvé que cet hémistiche concernait Moab, et l'ont donc transposé après 17bγδ, où il est question de Moab. Restait donc un v. 19a ; *wyrd my'qb*, senti comme étant trop court pour clore l'unité littéraire. Ou bien on a jugé bon de l'allonger en y transposant *'ybyw*, trouvé excédentaire à la fin de 18aβ[23]. Ou bien on a interverti l'ordre de 18b et 19a, ce qui donne : *wyrd my'qb wyśr'l 'śh ḥyl*[24], et rétabli l'ordre habituel Jacob/Israël, ici bouleversé pour la première et dernière fois des quatre poèmes.

Les versions anciennes ont respecté scrupuleusement l'ordre de ce texte obscur. Mais 1 *QM* 11, 7 intervertissait déjà les v. 18 et 19[25].

23. Proposition faite par Baentsch.

24. Albright. D'une manière générale, les auteurs pensent que les versets 18 et 19 «ne sont pas dans l'ordre».

25. Le témoignage de Qumrân ne semble pas devoir induire à modifier l'ordre du texte massorétique, bien au contraire. En effet, le *Rouleau de la Guerre* supprime la mention d'Édom et de Séïr au v. 18, et leur substitue le général *'wyb*. Comparons :

1 QM 11, 7	Texte massorétique
wyrd my'qb wh'byd śryd [m]'yr	*whyh 'dwm yršh whyh yršh ś'yr 'ybyw*
whyh 'wyb yršh wyśr'l 'śh ḥyl	*wyśr'l 'śh ḥyl wyrd my'qb*
	wh'byd śryd m'yr

D'après Van der Woude, le changement de *'dwm* en *'wyb* est un exemple d'interprétation actualisante. Carmignac explique la réduction des deux formules à une seule par un saut visuel du même au même. Jongeling pense que c'est le second membre qui a été supprimé.

L'important semble de voir que *'dwm* (et son quasi-synonyme *ś'yr*) n'a plus été senti comme capital dans l'oracle, en tant qu'*Édom* précisément ! On lui a donc substitué ce que l'on croyait qu'il représentait, «l'ennemi» en général, ou ce par quoi on le comprenait désormais ; on n'a donc plus gardé que l'apposition *'ybyw*, et la simplification des deux termes tautologiques en un seul était à attendre. Mais nous verrons qu'Édom est la «pointe» de l'oracle, et ce qui permet d'en saisir le sens profond. Dès lors que ce sens profond est perdu, rien d'étonnant à ce que l'organisation d'ensemble du poème, un peu obscure il est vrai, n'ait plus du tout été comprise, et qu'on ait trouvé plus clair d'inverser les v. 18 et 19 en concluant par une notation générale une interprétation strictement militaire de *'śh ḥyl.*

Pour *'śh ḥyl* Jongeling signale avec justesse que l'orthographe de Qumrân présuppose un parfait qal ; l'orthographe correspondant à la vocalisation massorétique *'ōśeh* (participe) eût été plutôt *'wśh.* Cette remarque n'est pas sans intérêt, car autant le participe implique l'idée de durée concomitante et favorise donc le sens de «développement, croissance» : «et pendant ce temps-là, Israël se développe», autant le parfait est lié à l'idée d'une action ponctuelle, qui s'accommode beaucoup mieux du sens purement guerrier «et Israël a fait des prouesses» et convient à l'orientation prise par le texte de Qumrân, mais pas par la Bible. Les commentateurs les plus récents des *Nombres* ont parfois signalé l'existence de la citation de *Nb* dans le *Rouleau de la Guerre*, mais

Cependant, quelques-uns ont remarqué que 18b-19a formait inclusion avec 17bαβ : dans l'un et l'autre, il est question de Jacob et Israël, et de pouvoir en général. Cela semble un début de solution : intervertir 18 et 19 détruirait l'effet cherché par l'auteur, qui a voulu encadrer la description de l'écrasement des victimes, Moab et Édom (malédiction) par celle de la domination du vainqueur Jacob-Israël (bénédiction). Ce n'est pas un hasard si *rdh* possède exactement le même sens que le premier sens de *drk*. Mandelkern signale que l'origine de sa

omis qu'un plus court fragment de notre oracle apparaît aussi dans le *Document de Damas* et dans les *Testimonia*.

Du point de vue textuel, la conjonction de ces trois témoins nous conforte dans notre choix en faveur de *qrqr* contre *qdqd*. Ils sont en effet unanimes. VAN DER PLOEG et DELCOR lisent pourtant *qdqd*. VAN DER WOUDE, bien que convaincu que le texte porte *qrqr* («Aus 1 QM XI, 6 ergibt sich jedoch deutlich dass mann in der Sekte, nur die Lesart *qrqr* gekannt hat»), propose pourtant de corriger. JONGELING n'en est pas convaincu, et arguë précisément des *différences* entre *Jér* 48, 45 et *Nb* 24, 17bγδ et non des *ressemblances* (voir nos analyses sur le style de P3B = P4). A son avis, *qrqr* s'explique comme forme dénominative de *qyr* «mur» et signifierait «bouleverser» (attesté en hébreu postbiblique). Toujours du point de vue textuel, on notera que le *Rouleau de la Guerre* et les *Testimonia* donnent pour TM *bny št, bny syt*, ce qui attesterait l'existence d'une semi-voyelle intermédiaire (comme Peshitta et Saadia).

Quant à l'interprétation, le *Document de Damas* voit dans le *kwkb* et le *šbṭ* deux personnages différents, le premier étant celui qui étudie la Loi, et le deuxième, le prince vainqueur universel. Pour *wyrd*, DELCOR, VAN DER PLOEG, GASTER, DEL MEDICO, VAN DER WOUDE lisent «et il descendra». BARDTKE, DUPONT-SOMMER, CARMIGNAC, HABERMANN se fient à la vocalisation massorétique et le dérivent de *rdh*. Ils y voient donc un imparfait apocopé : «et il régnera». Enfin, alors que VAN DER WOUDE pense que *m'yr* fait allusion à Jérusalem, JONGELING refuse toute tentative d'identification.
Voici ces trois textes :

— *Document de Damas* (VII, 18-21) :
whkwkb hw' dwrš htwrh
hb' dmśq k'šr ktwb drk kwkb my'qb wqm šbṭ
myśr'l hšbṭ hw' nśy' kl h'dh wb'mdw
wqrqr 't kl bny št 'lh mlṭw bqṣ hpqwdh hr'šwn

— *Testimonia* (4 Q Test 9-13) :
wyś' mšlw wy'mr n'wm bl'm bn b'wr wn'm hgbr
šehutam h'yn n'wm šwm' 'mry 'l wyd' d't 'lywn 'šr
mḥzh šdy yḥzh nwpl wglw 'yn 'r'nw wlw' 'th'
'šwrnw wlw' qrwb drk kwkb my'qb wyqwm šbṭ myśr'l wmḥṣ
p'ty mw'b wqrqr 't kwl bny šyt

— *Rouleau de la Guerre* (XI 6-7) :
drk kwkb my'qwb qm šbṭ myśr'l wmḥṣ p'ty mw'b wqrqr kwl bny šyt
wyrd my'qb wh'byd śryd[m] 'yr whyh 'wyb yršh wyśr'l 'śh ḥyl

Remarque : les *Testimonia*, en substituant *šehutam* à *šᵉtum*, n'ont-ils pas voulu harmoniser avec 2 *S* 23, 1bβ *n'm hgbr huqam 'l*? Ajoutons que le *Testament de Juda* (XXIV) cite la LXX de 24, 17 : *anatelei astron ex Iakôb, kai anastèsetai anthrôpos ex Israèl* (voir M. DE JONGE, *The Testaments of the twelve patriarchs,* Leiden 1978, p. 76-77). Sur les citations de *Nb* 24, 17-19 à Qumrân, voir J. M. ALLEGRO, Further Messianic References in Qumran Literature, *JBL* 75, 1956, p. 174-187, p. 183-184; également A. DUPONT-SOMMER, *Les écrits esséniens découverts près de la Mer Morte,* Paris 1959, p. 331-332, et J. DE WAARD, *A Comparative Study of the Old Testament Text in the Dead Sea Scrolls and in the New Testament,* Leiden 1966, p. 71.

signification est proche de *drykh* et *kbyšh*, et qu'en araméen il veut dire *ḥryšh* « labourer » (*drk* voulait dire, entre autres, « fouler aux pieds de la vigne »). Ce mot est d'emploi tardif (*Lév* 26, 17.43.46.53; *Gen* 1, 26.28; *Is* 41, 2; *Ez* 34, 4; *Né* 9, 28; 2 *Chr* 8, 10), et certaines occurrences sont remarquables, car elles confirment la communauté d'écriture et d'intention avec 17bαβ (*Is* 14, 6; *Jg* 5, 13 : les textes plus anciens, viviers où l'on puise), la datation exilique, le statut de « contre-Lamentation », et la communauté d'écriture et d'intention avec *Nb* 24, 7-9 (*Lam* 1, 13 et surtout *Ez* 29, 15, prophétie contre l'Égypte : *mn-hmmlkwt thyh šplh wl' ttnś' 'wd 'l hgwym whm'ṭtym lblty rdwt bgwym* « Il sera plus bas que les royaumes, et il ne s'élèvera plus au-dessus des nations, et je les diminuerai, en sorte qu'ils ne dominent plus sur les nations »).

Mais alors, surgit une autre question, déjà soulevée par Rachi : s'agit-il au v. 19a d'un dominateur, lui aussi issu de Jacob, mais autre que lui ? Les versets 17bα et 19a désignent-ils deux souverains distincts et successifs ?

Il faut voir dans l'étoile du v. 17bα un roi individuel, certes, mais qui reste non historique et indéterminé. Si nous sommes bien à l'époque exilique, ou juste après, il n'y a plus de roi, et il est impossible d'en envisager un précis à venir. Partant, celui du v. 19a n'est pas plus déterminé. La figure reste trop floue pour qu'il soit même pertinent de poser la question du même et de l'autre : nous n'avons affaire qu'à un phénomène littéraire d'inclusion.

Pourtant, plusieurs exégètes ont eu le sentiment que, du v. 17 au v. 19, la vision, d'abord très vague, allait se précisant. C'est juste, et l'on perçoit chez l'auteur une volonté poétique, au service de laquelle est mis le procédé du double sens :

1° v. 17bαβ :

a) fiction d'une vision astrologique (le signifiant);

b) réalité symbolisée : un roi dominateur agressif (le signifié).

De l'idée agressive présente en *b)* (et même en *a)* avec l'arc sous-jacent), on passe naturellement à l'agression concrète et historique.

2° *a)* v. 17bγδ : fracasser le crâne de Moab;

b) 18a : conquérir Édom.

Les hauts faits achevés, retour à la vision générale des vainqueurs, mais cette fois univoque.

3° v. 18b-19a : Israël et Jacob triomphants (le signifié).

Notons le même passage de l'équivoque à l'univoque, avec transition par le deuxième sens, métaphorique, qu'entre *Nb* 24, 7a et 7b. En un mot, l'écriture correspond à la fiction de la situation : Balaam est un mage babylonien qui regarde les étoiles. Il faut que le ton reste mystérieux du début jusqu'à la fin de la vision. C'est pourquoi, même à la fin, elle demeurera vague et indéterminée, sans sujet *(wyrd*[26], *wh'byd)* ni article *(m'yr)* définis. C'est la loi du genre. Pourtant on sent, du v. 17 au v. 19, une progression qui suit exactement le décryptage du signe : d'abord un ton extasié (v. 17a), une étoile lointaine et floue (v. 17baβ), déjà en train d'être décryptée grâce au langage équivoque (v. 17aβ) ; puis l'objet devient net, ce sont des visions concrètes de batailles et de victoires (v. 17bγδ-18a) ; et l'on revient enfin aux vainqueurs (v. 18b-19) : le signe a disparu du champ visuel, le signifié occupe toute la scène mais reste encore vague, toujours mystérieux.

Redonner leur valeur à Jacob-Israël

Il y a tout lieu de penser que le couple Jacob-Israël, souvent rhétorique dans la poésie biblique, c'est-à-dire vidé de contenu, et qui l'était effectivement dans les trois poèmes précédents, retrouve une signification historique au niveau où nous sommes. Cette signification serait :

1° Réunification des deux royaumes.

2° Légère primauté de Jacob = Juda : c'est de Juda que le roi dominera.

Voici les indices qui autorisent le 1° :

a) la communauté rédactionnelle avec 24, 7 = P3B : P3B, à l'encontre de P1, P2, et P3A, ne mentionnait pas le couple Jacob-Israël, mais nous avions reconnu qu'au v. 7a, les deux seaux d'où coulait également l'eau pouvaient symboliser les deux royaumes. En P4 = P3B, le couple reparaît. Pourquoi ne se chargerait-il pas de l'impact idéologique contenu dans la métaphore du v. 7a ?

b) Les affinités avec d'autres textes prophétiques exiliques : *Is* 48, 1 : « Écoutez ceci, maison de Jacob, vous qui vous appelez du nom d'Israël, vous qui êtes issus des sources de Juda » ;

26. Quelques auteurs ont voulu traduire *wyrd* par « et il descend ». La vocalisation massorétique *w^eyērd^e* ne laisse pas place à l'équivoque : c'est bien l'imparfait apocopé de *rdh* « et qu'il règne » (jussif). Mais il n'est pas exclu, vu le goût de notre auteur pour le jeu de mots et le double entendre, qu'il ait voulu éveiller le souvenir de *yērēd* « il descend », et ce pour deux raisons :

a) en *Ps* 72, 6 et 8, Psaume royal, les deux vocables se succèdent aux v. 6 et 8, dans un but d'assonance évident.

b) wyrd « il descend » (de Jacob) ferait écho à *wqm* v. 17bδ, « il monte » (d'Israël) comme son pendant et son contraire.

D'un côté le signe ascendant, de l'autre le signe descendant. Avec cette réminiscence latente, le cadre dynastique n'en tient que mieux. Le sujet de *wyrd* est indéfini, à moins que l'on ne sous-entende une proposition relative « lui *(qui vient)* de Jacob dominera », sur le modèle de *Mi* 5, 1 *(mmk ly yṣ')*. Mais l'oracle sur Édom étant lié à l'oracle sur Moab, ce dominateur ne peut être que l'étoile ou le sceptre qui frappe Moab. Ibn Ezra pense que 19a concerne David, mais 19b, Joab, à cause de 1 *R* 11, 15.

Ez 35, 10 : « Parce que tu as dit : 'Les deux pays seront à moi, nous en prendrons possession' », et par contraste *Ez* 37, 22 : « Je ferai d'eux une nation unique, dans le pays, dans les montagnes d'Israël ; un roi unique sera leur roi à tous : ils ne formeront plus deux nations et ne seront plus divisés en deux royaumes » ; *Za* 9, 13 : « Je bande mon arc, c'est Juda ; je l'arme d'une flèche, c'est Éphraïm. »

c) Les réminiscences, très nombreuses, de *Gen* 49 et de *Jg* 5 : dans ces deux poèmes, l'un de bénédiction, l'autre moins élogieux, le nom de chaque tribu vaut pour lui-même : il ne s'agit même que de cela : ce sont des catalogues de tribus.

d) On pourrait tirer un indice littéraire du fait que P4 renoue, par-delà la rhétorique prophétique classique, avec une poétique profonde des noms : voir l'inversion, en 18b-19a, du couple traditionnel Jacob-Israël :

v. 17aαβ : Jacob-Israël,
v. 18b-19a : Israël-Jacob.

Cet écart par rapport à la norme trahirait une revivification de la forme par un contenu nouveau. Le contenu est d'ailleurs totalement neuf, même par rapport à *Gen* 49 et *Jg* 5, puisqu'il ne s'agit plus des tribus, mais des deux royaumes.

Voici les indices qui autorisent le 2° :

a) wyśr'l 'śh ḥyl. Avec Driver, il faut voir dans cette proposition une clause circonstancielle liée à ce qui précède (comme dans l'épisode de l'Ânesse, en *Nb* 22, 22b *whw' rkb 'l-'tnw*), et traduire : « et pendant ce temps-là, Israël prospère ». Ici, il faut justifier le sens donné à *'śh ḥyl.* La Bible offre deux grandes possibilités : ou bien « agir avec vaillance », c'est-à-dire un sens guerrier, militaire, l'idée ponctuelle de « réaliser des exploits ». C'est la plus fréquente, et elle est directement liée à celle de « force » contenue dans *ḥyl.* A priori, ce serait la plus tentante. Elle est indiscutable dans plusieurs textes où il est question de combats contre les divers peuples mentionnés en *Nb* 24, 17-22 (1 *S* 14, 48 ; *Ps* 60, 14 = 108, 14 ; 118, 15.16). Elle a partie liée avec l'expression *bny ḥyl* employée pour qualifier Israël en *Dt* 3, 18. Elle a séduit plusieurs exégètes modernes, mais bien peu de versions[27].

Il semble plus judicieux de comprendre l'expression d'après l'autre possibilité, plus rare il est vrai : l'idée de « prospérer », de « prendre des forces ». Elle n'est pas nécessairement non-militaire[28], mais l'accent porte ailleurs, sur l'idée de processus, de

27. Seulement la LXX et la Vulgate, qui d'ailleurs traduisent maladroitement : *epoièsen en ischyi ; fortiter aget.*

28. Confirmerait ce sens total, plein, de *ḥyl*, le fait qu'en *Ab* 11, 13 le mot revêt bien

croissance. On la trouve en *Dt* 8, 17 où, après une description de la prospérité paisible promise en terre de Canaan, Moïse rappelle au peuple que c'est à Dieu qu'il doit la force d'arriver à cette prospérité[29]. On la trouve aussi en *Ez* 28, 4, pour caractériser la fortune que s'est faite le prince de Tyr ; *ḥyl* y est parallèle à *zhb wksp*, et *'śyt* à *hrbyt* et *ygbh*. Toutes les versions sémitiques, sans exception, ont privilégié l'idée d'état (et non d'action), de développement, de gain, de croissance[30]. Cela s'accorde avec la temporalité propre au participe[31]. Si certains auteurs modernes l'ont senti, peu l'ont clairement exprimé, essayant de ne pas trancher entre les deux solutions, au prix d'une traduction finalement indécise et qui reste obscure.

Argument supplémentaire ; si l'on garde l'ordre du texte, comment, après l'énoncé des exploits militaires successifs (v. 17bγδ-18a), dire encore qu'Israël fait des exploits ? Cela est parfaitement redondant et n'a plus aucun impact.

Ce n'est pas un hasard si le sceptre s'élève de Jacob (v. 17bδ), et si donc les verbes d'agression qui suivent, sans sujet déterminé, renvoient, au premier chef, à Jacob. Il y aurait bien division et distinction des actions : pendant que Jacob frappe (ses voisins immédiats), Israël prospère. Ce n'est pas un hasard non plus si c'est de Jacob que *yrd* (au v. 19a), et si c'est Jacob qui *h'byd.* Ce serait fausser le sens que d'intervertir les v. 18b et 19a, et trahir la primauté de Jacob que de traduire *'śh ḥyl* par « faire des exploits ».

b) Les affinités avec les textes exiliques : *Ez* 37, 19 : « Je vais prendre le morceau de bois de Joseph — qui est dans la main d'Éphraïm — et des tribus d'Israël qui lui sont associées : je les placerai entre lui, c'est-à-dire contre le morceau de bois de Juda » ; v. 24 : « Mon serviteur David régnera sur eux, berger unique pour eux tous... » ; *Am* 9, 11.12 : « Ce jour-là, je relèverai la hutte croulante de David . . . de sorte qu'ils posséderont le reste d'Édom et de toutes les nations... » ; *Za* 9, 13 : « Je bande mon arc, c'est Juda ; je l'arme d'une flèche, c'est Éphraïm. »

c) Les réminiscences de *Gen* 49, 9 (en 24, 19a) et 10 (en 24, 17bδ) : c'est tout de même à Juda que reviennent le sceptre de commandement et l'obéissance de tous les peuples.

ce sens et que, nous le verrons, cet oracle constitue certainement l'arrière-plan de *Nb* 24, 17-19, avec notamment la réciproque de l'attitude prêtée à Édom.

29. N'oublions pas que la Restauration joue sur des représentations fondamentalement « deutéro » : deuxième Exode, deuxième entrée en Canaan, deuxième Genèse.

30. Peshitta *tqn' ḥyl'* « acquerra des forces » ; Onqelos *yṣlḥ bnksyn* « prospérera en biens » ; la version arabe samaritaine *yksb 'ys'r* « gagne de l'aisance » ; Saadia *yzd'd 'yd'* « croîtra en force ».

31. Joüon § 121c.

V. 17b : wmḥṣ p'ty mw'b wqrqr kl-bny št
18a : whyh 'dwm yršh whyh yršh ś'yr 'ybyw

Le premier hémistiche concerne à coup sûr Moab, le troisième à coup sûr Édom. Après avoir vu comment se délimitait littérairement le cadre réservé aux agresseurs triomphants Jacob-Israël, nous voici à l'intérieur, consacré aux vaincus.

1 - *«FRACASSER LES DEUX TEMPES», «FRAPPER LES DEUX CHEFS», OU «DÉTRUIRE LES DEUX VERSANTS»?*

p'ty est le duel à l'état construit de *p'h*, qui signifie «tempe, côté». Nombre de versions, avant tout les non sémitiques, ont traduit «il frappera les chefs». Cette compréhension erronée s'explique soit par l'assimilation des tempes à la tête soit, plus vraisemblablement, par le passage de l'idée de côté à celle de coin, puis d'angle et de pierre angulaire[32]. Ici encore, il ne faut pas hésiter à entendre un double sens, à la fois physique (Moab est figuré comme un homme dont on fracasse les deux tempes) et géographique (les deux versants du plateau de Moab). Nous savons désormais que c'est un procédé cher à P3B = P4, ainsi d'ailleurs qu'une insistance certaine sur l'aspect physique de l'ennemi, et des coups qui lui sont infligés (en s'arrêtant à la description, comme en 24, 8b, ou en poursuivant jusqu'à la métaphore, comme en 24, 17bγ). Plusieurs versions, surtout sémitiques, ont gardé l'idée de «côté», sans trancher, laissant au lecteur ou à l'auditeur le soin de rétablir le double entendre, et respectant en cela l'ambiguïté patente voulue par l'auteur : Symmaque a *klimata*; Saadia et l'arabe samaritain *ǧh'd*; les Targumim samaritains araméens, *pth* et *pty*[33].

32. LXX *archègous*; Vulgate *duces*; ONQELOS et PSEUDO-JONATHAN *rrbry* «princes»; Jérusalem et Néofiti *tqyp'* «les forts»; Peshitta *gnbr'* «les géants». Mais il pourrait s'agir aussi d'une confusion avec *pḥty mw'b* de *pḥt* «gouverneur», équivalent du plus fréquent *pḥh* (voir *pḥt-mw'b* en *Esd* 2, 6; 8, 4; *Né* 3, 11).

DE GEER, influencé par *Lév* 19, 27; *Jér* 9, 25 et 25, 23, comprend «la chevelure et la barbe», ce qui explique peut-être, par une troisième «entrée», la genèse des versions citées ci-dessus.

33. Comme souvent dans l'Ancien Testament, Moab est ici traité à la fois comme un nom de pays et un nom de personne. C'est déjà le cas dans l'inscription de Mesha. Voir l'argumentation de J. BLAU (Short Philological Notes on the Inscription of Meša', *Maarav* 2/2, 1979-80, p. 143-157), selon qui la particule *'t*, en moabite, gouverne le cas régime direct lorsqu'il s'agit d'une personne (p. 152). Dans la stèle de Mesha, *m'b* «Moab» survient six fois, deux fois comme objet direct introduit par *'t* (l. 5 *w'nw 't m'b* «et il a opprimé Moab» et 6 *''nw 't m'b* «j'opprimerai Moab» à rapprocher, par ailleurs, de *Nb* 24, 24 *w'nw 'šwr w'nw 'br*).

La traduction proposée par E. RENAN de 24, 17bγ : «il broie les cantons de Moab» (*Histoire du peuple d'Israël*, Tome 6, Paris 1899, p. 342) rend bien le double sens, anatomique et topographique, de *p'ty mw'b*.

Les emplois bibliques de *p'h* confirment à la fois l'existence de ces deux sens, anatomique et topographique, et la spécificité de notre auteur, qui joue sur l'un et l'autre. On notera au passage que les occurrences se trouvent principalement dans le Code sacerdotal et chez les prophètes exiliques Jérémie et Ézéchiel. Le sens topographique est le plus courant, particulièrement fréquent chez *Ézéchiel* : il s'agit du « côté » d'un territoire[34]. Le sens anatomique se rencontre exclusivement chez *Jérémie* : c'est un appellatif réservé aux tribus arabes, désignées par un de leurs traits distinctifs, les « Tempes-rasées ». On le trouve dans les oracles contre les nations (*Jér* 9, 25 ; 25, 23 ; 49, 32) et surtout, en *Jér* 48, 45, dans un grand oracle sur Moab : *wt'kl p't mw'b wqdqd bny š'wn*. Ici, sans anticiper sur l'analyse de 17bδ, il faut poser le problème des rapports qu'entretiennent les deux versets. Tous les auteurs ont souligné leur quasi-identité. Datant notre oracle au plus tôt de l'époque davidique ou salomonienne, ils tenaient pour acquis que Jérémie le citait. Avec notre proposition de datation exilique ou légèrement postexilique, cela devient douteux. A ce qu'il paraît, l'inverse s'est produit. Certes, la datation de l'oracle de Jérémie ne saurait nous aider, car elle est trop imprécise : tout ce que l'on peut dire, c'est qu'elle se situe également autour de l'Exil. Mais il y aurait de cet emprunt des indices littéraires, liés à ce que nous avons repéré comme des « tics » stylistiques de P3 B = P4 : la copie littérale, avec d'infimes modifications. Guidé par la réminiscence, en *Jér* 48, 45, de l'oracle de malédiction contre Moab de *Nb* 21, 28 — le feu jaillissant de Ḥeshbôn, et la flamme, du palais de Siḥôn — (car, nous le savons, l'insertion de l'épisode de Balaam dans le livre des *Nombres* correspond en gros à l'époque du *Deutéronome*), notre auteur a changé *p't mw'b* (simple pluriel) en *p'ty mw'b* (duel), conformément d'ailleurs à son goût pour l'emploi équivoque de mots a priori techniques, et au duel (voir *dlyw* au v. 7aα)[35].

Nous allons voir une confirmation littéraire de l'emprunt et, un peu plus bas, les raisons historiques et idéologiques qui l'ont motivé.

34. Kalisch suggère que *p'ty mw'b* « les deux tempes » signifie « every part of the land » ou bien « he shall humble it thoroughly and completely », à l'analogie de *Né* 9, 22 *wtḥlqm lp'h* « tu les as distribués en toutes directions ».

Albright signale un parallèle ougaritique pour le sens topographique : *pi'âtu madbari* « les frontières du désert » (I K = CTA 14, col. III, 1.105). On se demande, d'ailleurs, si *p't-mw'b* n'est pas devenu un toponyme. A moins qu'un toponyme initial n'ait conduit les poètes à fabriquer une formule à double entendre, qui resta attachée spécialement à Moab, dans les oracles de menaces.

35. Il a d'ailleurs probablement déplacé le *t'kl* de *Jér* 48, 45 en *Nb* 24, 8bα : *y'kl gwym*.

2 - *«Le crâne» ou «faire effondrer»?*

Le v. 17bδ propose *qrqr*, verbe rare et obscur. C'est sans doute le pilpel de *qwr* «creuser» (apparenté à *nqr* voir 2 *R* 19, 24 d'où *mqwr* «source») ou «saper» ou «détruire»[36]; certains l'ont pris pour un dérivé de *qyr* «mur», d'autres, pour un pilpel de *qrh* II «construire», d'autres enfin pour un pilpel de *qrr* II «détruire, renverser, arracher». Mais ce dernier verbe est fabriqué pour les deux seules occurrences du pilpel, *Nb* 24, 17 et *Is* 22, 5 : *bgy' ḥzywn mʿqarqar qyr* «dans le ravin de la vision s'écroule une muraille» (?) qui n'est pas moins obscur. Disons d'emblée, avant de le démontrer, que ce verbe semble devoir être gardé, à cause précisément du rapprochement avec *Is* 22, 5[37]. Pourtant, tout invitait à corriger en *qdqd*, tentation à laquelle ont succombé quelques versions et nombre d'exégètes[38] :

— l'analogie frappante avec *Jér* 48, 45 : *wqdqd bny š'wn*;

— le phénomène, courant, de la confusion graphique avec daleth et resh;

— le fait que *qdqd* appartient à la phraséologie anatomique employée pour décrire l'anéantissement de l'ennemi représenté comme une proie.

On le rencontre d'ailleurs souvent dans des textes ayant des affinités, à un niveau ou à un autre, avec les bénédictions-malédictions des trois autres poèmes de *Nb* 23-24; ce sont les bénédictions de Jacob : *Gen* 49, 26; *Dt* 33, 16.20; ajoutons *Dt* 28, 35. Par ailleurs, il est vrai que *p'h* et *qdqd* sont naturellement associés (*Is* 3, 17), ou encore, *r'š* et *qdqd* (*Ps* 68, 22) dans un contexte de nations proches du nôtre : *wymḥṣ r'š 'ybyw qdqd śʿr*. Malgré tous ces arguments, il semble que P4 a d'abord voulu exprimer l'idée, confuse il est vrai, du fracas d'une cité

36. Buxtorf, pour *qrqr*, cite *Gen Rab.* 74 in fine *hyw mqrqryn bw hlylh* «destruebant in ea tota nocte» et, à propos de la même racine, *qrqwr' dqyr* «destructio parietis», de *Zohar* sur *Genèse*, col. 483. Certains ont contesté qu'un verbe dérivé d'un substantif pût avoir un sens privatif par rapport à celui de ce substantif, ce qui serait le cas si *qrqr* venait de *qyr*. Castel le rattache à l'idée de «domination». C'était d'ailleurs l'interprétation d'Onqelos *yšlwṭ*. Rien n'est décisif. Le verbe consiste en une onomatopée; à partir de là, les choix se portent au gré de l'imagination.

37. K. Seybold (Das Herrscherbild des Bileamorakels *Num.* 24, 15-19, *TZ* 1973, p. 1-19) tient notre passage pour un *vaticinium ex eventu* renvoyant à David. Il y voit l'influence de la figuration monumentale du Pharaon triomphant. David y apparaîtrait comme «die typische Gestalt eines israelitischen Pharao» (p. 18). Sa démonstration s'appuie, entre autres, sur l'étude de H. Schäfer, Das Niederschlagen der Feinde. Zur Geschichte eines ägyptischen Sinnbildes, dans *Wiener Zeitschrift für die Kunde des Morgenlandes*, 54. Band. *Festschrift Heinrich Junker zum 80. Geburtstag*, Wien 1957, p. 166-176.

38. Exclusivement la tradition samaritaine; texte et Targum samaritains : *wqdqd* = version arabe *ǧmǧ'm*; Targum samaritain (Walton) : *rwm*. Parmi les exégètes, Vater, Ewald, Oort, Dillmann, Delitzsch, Ehrlich, Gray, Albright.

assiégée dont l'ennemi détruit les murailles. Il y a à cela des raisons historiques et idéologiques, dont certains indices littéraires nous livreront confirmation. La raison réelle et profonde de cet oracle contre Moab et Édom, c'est la rancœur (à l'égard de Moab) et la rancune (contre Édom) au souvenir du siège et de la prise de Jérusalem en 587. La rancune contre Édom, plusieurs poèmes exiliques ou postexiliques l'attestent, en des termes bien proches du nôtre[39]. Israël, en exil ou juste de retour, mais encore asservi, reproche à Édom d'avoir profité de la défaite de 587 pour se développer à ses dépens, et lui promet un sort analogue. Il n'est pas certain que Moab encourut la même accusation. Bien que de nombreux poèmes exiliques ou postexiliques s'en prennent aussi à Moab, il n'est pas sûr que ces malédictions ne soient pas simplement à mettre au compte des oracles traditionnels contre les nations, dans le cadre de l'antique inimitié existant entre les deux peuples voisins. Pour ce qui est de *Nb* 24, 17bγδ, on ne peut en dire davantage au plan historique. Peut-être l'amertume « revancharde » du peuple vaincu et meurtri s'est-elle inscrite naturellement, pour l'histoire, dans la continuité de cette vieille animosité et, pour la littérature biblique, dans la suite de ce récit et de ces poèmes qui avaient déjà trait aux rapports d'Israël et de Moab. Et l'avertissement de *Nb* 24, 14b, appartenant au tissu rédactionnel attribué aussi à P4 : « Viens, je vais t'indiquer ce que ce peuple fera à ton peuple », pourrait bien ne servir qu'à faire le joint entre la tradition ancienne déjà hostile, et cette nouvelle malédiction, produit d'une situation historique jamais vue. Ce serait un bon exemple d'actualisation d'un *topos* idéologique et littéraire.

Mais peut-être la menace contre Moab tout entière n'est-elle, dans ce dernier poème, qu'un prétexte, « crochet » pour mieux diriger la « pointe » véritable contre le voisin, Édom, accusé, comme en de nombreux autres poèmes bibliques, de traîtrise lors des désastres de 597 et 587.

Pour en revenir à *qrqr*, il doit y avoir chez P4 une réminiscence du poème d'*Is* 22, 1-14, qui évoque le siège de Jérusalem en 701 par Sennachérib. Elle a pu être suscitée, entre autres, par la mention de *'yr* et de *qryh* en *Is* 22, 2[40]. Nous savons que Moab est souvent caractérisé par sa citadelle, *'yr mw'b* en *Nb* 22, 36bα, et *qryt ḥṣwt* en *Nb* 22, 39b. L'évocation du siège de Jérusalem par Sennachérib en 701 était tout à fait appropriée pour évoquer celui de 587 par Nabuchodonosor. L'obscurité de l'oracle isaïen, loin de constituer un obstacle, convenait parfaitement au ton mystérieux, exigé par la vision du mage chaldéen.

39. *Jér* 49, 7-22 (encore que la raison précise n'en soit pas donnée) ; *Ez* 25, 12-14, et surtout *Ez* 35 et *Ab* 1-21.

40. Les analyses suivantes nous en montreront d'autres. Signalons au passage *Is* 22, 5a *bgy' ḥzywn* « dans la vallée de la vision » *(mqrqr qyr)*.

Du point de vue littéraire, nous retrouvons encore un trait de notre auteur, qui aime à combiner deux sources, une majeure — ici *Jérémie* — et une mineure — ici *Isaïe* — (voir les analyses du chapitre précédent sur *Nb* 24, 9a et b). Toutefois, nul doute que le souvenir de *qdqd* reste latent : vu son type d'emploi biblique, et la proximité de *p'ty*, on ne peut y échapper. Ce serait encore pour P4 une autre manière de pratiquer le double sens, toujours sémitique d'ailleurs : un jeu entre le texte patent, explicite, univoque, *qrqr*, et le souvenir, latent, d'un autre texte, *qdqd*, en soi plus pertinent, et aussi plus courant, donc plus attendu. C'est d'ailleurs ce que reflète le tableau des différentes versions : la plupart, fait remarquable, ont préféré un verbe, avec d'ailleurs des fluctuations quant à son sens exact[41]. Elles respectaient le vocable patent. Quelques-unes ont franchement corrigé conformément à l'expression latente (voir p. 434 n. 38).

3 - *Les fils de Seth*

kl-bny-št n'est pas allé non plus sans poser quelques problèmes. Si l'on prend le texte massorétique, il s'agit du troisième fils d'Adam, mentionné en *Gen* 4 et 5. Il ne peut convenir ici, d'une part parce qu'Israël lui-même en fait partie, d'autre part parce que, même en excluant Israël, il désignerait encore tout le reste de l'humanité (comme l'a d'ailleurs cru Onqelos), ce qui est beaucoup trop général pour notre oracle si bien ajusté[42]. Devant cette impossibilité, on a

41. La LXX traduit par *pronomeusei*, Symmaque par *ereunèsei*, la Vulgate par *vastabit*, la Peshitta par *wnš'bd* « et il soumettra ».

42. Prendre *št* pour le nom propre de Seth, le fils d'Adam, et comprendre *kl bny št* « tous les enfants des hommes » comme font Onqelos *(kl bny 'nš')*, Rachi *(kl h'wmwt)*, Ibn Ezra *(bny 'dm)*, Abrabanel, Lüther, etc. ne convient guère : 1° Pourquoi les hommes seraient-ils représentés comme les descendants de Seth et non d'Adam ou de Noé ? 2° Peut-on imaginer que le puissant roi veuille détruire l'humanité entière ? D'autant plus qu'à ce compte les Israélites n'échapperaient pas au massacre général car eux aussi font partie des fils de Seth. C'est pour atténuer la difficulté que le Targum de Jérusalem traduit *št* par « est » *(mdynḥ')* et Onqelos *wqrqr* par « il dominera » *wyšlwṭ*.

Steudel traduit *kl-bny št* « der Zinnsigen alle », « alle Söhne des Zinnses, der Abgabe, Zinnspflichtige ». Il pense que *št* vient du verbe *nšh* ou *nš'* « prêter, emprunter » ; ce serait une forme apocopée de *nšwt* ou *nš't*, comme *tt* l'est pour *ntnt*. Le voyant désignerait Moab et tous ses vassaux et corvéables, et donc, ses « Dienstpflichtige Krieger ». A. H. Sayce (Balaam's Prophecy (*Numbers* XXIV. 17-24) and the God Sheth, *Hebraica* IV, 1887, p. 1-6) pense que « tous les fils de Sheth » remplace un original « les seigneurs des hauts-lieux de l'Arnon ». Par conséquent, « les fils de Sheth », ne seraient autres que les Moabites, qui pratiquaient leur culte sur ces hauts-lieux. L'expression serait parallèle à Ben-'Ammi « un Ammonite » (*Gen* 19, 38) et, de même que 'Ammi était le nom du dieu d'Ammon, Sheth serait le nom primitif du dieu moabite Baal-Peor adoré sur les hauts-lieux d'où Balaam voyait les fils d'Israël. A son avis, deux fragments d'anses portant des inscriptions phéniciennes, et trouvés à l'angle sud-est du Ḥaram à Jérusalem en fournissent une preuve épigraphique : l'une porte la dédicace *lmlk ṣp* « belonging to Melech-Tsiph », l'autre, *lmlk št*, « belonging to Melech-Sheth », ce qui attesterait que Sheth, non seulement était une divinité, mais qu'il était adoré par des

proposé diverses corrections. Elles doivent être mesurées à l'aune suivante : l'expression retenue est-elle une autre manière de décrire Moab? En effet, le parallélisme *ś'yr/'dwm*, au v. 18a, interdit l'introduction, au v. 17bδ, d'un autre peuple que Moab.

Quelques exégètes, entraînés par *Jér* 48, 45 *(wqdqd bny š'wn)*, ont corrigé en *š'wn*. Mais l'ensemble n'a pas cédé à cette tentation, sentie comme une harmonisation. Deux solutions sont assez séduisantes, et quasi équivalentes, eu égard à la manière de notre auteur. Beaucoup ont corrigé en *š't* « interitus », qui appartient à la même racine que *š'wn* et est employé en *Lam* 3, 47 pour évoquer le désastre de 587. Cela irait à merveille si l'on se rappelle que P3B = P4 est historiquement, idéologiquement, et littérairement, une « contre-Lamentation », et que, par ailleurs, notre auteur aime à changer légèrement un mot du modèle qu'il copie. Dans le même ordre d'idées, il faudrait rapprocher de *šw'h*, qui appartient toujours à la même racine *š'h* signifiant à la fois « strepitus » et « vastatio », et a de bons emplois : *Is* 47, 11 (le sac de Babylone), *So* 1, 15 (le Jour du Seigneur contre les villes fortes); *Ez* 38, 9 (prophétie contre Gog). Cette idée du fracas et du tumulte liés à la destruction d'une ville corroborerait tout à fait celle qu'évoque *qrqr*. En outre, deux versions sémitiques (la Peshitta et Saadia avec, respectivement, *šyt* et *šyṯ*), gardent trace de la semi-voyelle, aleph quiescent, disparue de l'hébreu massorétique.

Wellhausen et certains auteurs ont proposé *ś't* « hauteur, morgue ». L'idée est bonne, car la « hauteur » est une épithète de nature pour Moab en *Is* 16, 6; 25, 11; *Jér* 48, 29; *So* 2, 8.10[43]. Mais passe-t-on si facilement du *Šin* au *Śin*? Tout compte fait, la première solution semble encore la plus satisfaisante[44].

gens qui laissèrent leur poterie dans la vallée de Hinnōm. Selon Sayce, *št* signifie « the phallus » (il invoque 2 *S* 10, 4; *Is* 20, 4). Wobersin (*Die Echtheit der Bile'amsprüche Num. 22-24*, p. 27-28), rejetant le rapprochement avec 2 *S* 10, 4 et *Is* 20, 4, lui objecte la lecture que propose Friedrich Delitzsch des inscriptions : « Dem Könige des überflüsses *(ṣp)*, dem Könige des Bodensatzes *(št)* ».

43. Également Vater, Ewald. A vrai dire, l'argument est plutôt un contre-argument, car si cette « hauteur » caractéristique de Moab est abondamment évoquée avec des termes appartenant aux racines *g'h, gbh, gdl* et *rwm*, elle ne l'est jamais avec *ś't*! Voir, en particulier, le texte témoin *Jér* 48, 29.

44. Mentionnons encore trois hypothèses, dont une seule est sérieuse :

a) celle d'Hoffmann, que les exégètes ne mentionnent pas sans ironie : les *bny-št* seraient les fils de Lot « le buveur » (*šth* « boire ») soit, Ammonites et Moabites.

b) Michaelis, dans ses *Anmerkungen* caresse l'idée que Scheth (selon sa transcription) est écrit pour Charesheth. C'est le nom de la moderne Kerak (Carach) qu'ailleurs, assure-t-il, les scribes confondent avec le nom Sheth; il aimerait traduire « tous les fils de Charesheth » c'est-à-dire, « tous les habitants de la ville de Kérak », mais garde cela comme une conjecture.

c) *št* viendrait de la racine *šyt* « ponere, statuere, collocare ». C'est d'ailleurs l'opinion de Gesenius *(Thesaurus)*. A partir de là, Michaelis comprend « die vesten Mauren bauen », *bny* étant pris pour le participe, à l'état consécutif, de la racine *bnh*

Reste à savoir si *bny-št* ne pourrait, comme on l'a périodiquement suggéré depuis un siècle[45], recouvrir un *bene-Sutu*[46], attesté dans les textes mésopotamiens et ceux d'El-Amarna, où cet appellatif désigne certaines populations nomades. Mais cette généralité sans localisation, incompatible avec Moab, exclut une telle identification.

V. 18a : whyh 'dwm yršh whyh yršh ś'yr 'ybyw

1° *Le sens de ś'yr et la fonction de 'ybyw*

Sous un aspect très simple, ce verset a donné lieu à diverses interprétations. On se demande d'abord si *ś'yr* n'est qu'une autre façon d'appeler Édom. Quelques auteurs l'ont contesté, mais il ne fait pas de doute que *ś'yr*, conformément à ses emplois bibliques, désigne traditionnellement la région et la montagne où habite la nation Édom[47] (voir *Gen* 36 et, particulièrement significatifs, les oracles contre Édom d'*Ez* 25, 12-14 et contre Séir d'*Ez* 35). N'y a-t-il là qu'un beau chiasme[48] ?

« construire ». D'autres encore proposent « hommes de pouvoir », *št* étant rapproché de *štwt* « fondations, colonnes ». On se laisserait volontiers tenter par la racine *šyt*, à condition toutefois de traduire *filios obsidionis*, suivant le sens que revêt le verbe en *Ps* 3, 7 et surtout *Is* 22, 7b (encore) : « les attelages prennent position *(št štw)* aux portes ». Cela rappellerait encore le souvenir du siège de Jérusalem. La prédiction menacerait tous ceux qui s'associèrent à l'assaut lancé contre la ville.

45. Le premier fut A. H. Sayce : « Who was Balaam ? » (*Expository Time* 15, 1903/04, p. 405-406). Albright est favorable à cette solution (The Oracles of Balaam, p. 220 n. 89).

46. Sur les Sutû, voir M. Heltzer, *The Suteans,* Istituto Universitario Orientale (Series Minor XIII), Naples 1981. Le terme Sutû est bien attesté dans les textes mésopotamiens, au moins à compter du xixe siècle. Les textes d'exécration égyptiens les mentionnent sous la forme *Śwtw*, attestant leur présence dans la Syrie-Palestine des xxe-xviiie siècles. Voir R. Giveon, *Les Bédouins Shosou des documents égyptiens,* Leiden 1971, p. 5. Le terme serait attesté à Ugarit en I D (= CTA 19), l. 214-215, 218-219 et III D (= CTA 18) l. 6, 11, 27. B. Margalit (*Studia Ugaritica* II, Paragraph XV, Ytpn, S(u)t(u) Nomad, dans *UF* 8, 1976, p. 181-188, p. 182-183) traduit *mhr št* par « Š/Sutu-warrior » et (p. 186) *ib-št* par « the Sutians' enemies ». D'après Heltzer, les tribus sutéennes, appartenant à la branche amorite, furent dispersées, au cours des xxe-xviiie siècles, du sud de la Palestine (et de la Transjordanie) jusqu'à Ugarit, la région de Mari et les steppes syriennes, la Babylonie septentrionale et méridionale. La statue d'Idrimi mentionne que ce dernier, chassé par une révolution, s'engagea sur les pistes du désert où erraient les nomades Sutû, en direction de Canaan. Vers 1050, puis vers 850, les nomades araméens, et, spécialement, les Sutéens, saccagent les villes de Babylonie et infestent l'Assyrie (voir P. Garelli et V. Nikiprowetzky, *Le Proche-Orient asiatique. Les empires mésopotamiens. Israël,* Paris 1974, p. 59, 83-84, 218, 229).

Cela nous éloigne beaucoup trop des voisins immédiats de la Palestine, tous circonscrits avec précision en P4, et situés à l'est-sud-est de la Palestine.

47. Le texte samaritain traduit *ś'yr* par *'św*, et la LXX, par *ēsau*. Hengstenberg et de Wette pensent qu'Édom désigne le peuple et Séïr le pays, mais Knobel, invoquant *Gen* 36, 20, que Séïr désigne les Horites.

48. Il faut pourtant distinguer, d'une part entre les événements historiques et la représentation littéraire, d'autre part, entre les étapes successives de la représentation littéraire, elles-mêmes consécutives aux étapes successives de l'histoire. Ainsi, d'après

On a hésité sur la fonction de *'ybyw* : s'agit-il d'une apposition à *ś'yr* : « Et Séir (= ses ennemis) sera terre de conquête » ? Est-ce un génitif de *yršh* : « Et Séir sera la terre de conquête de ses ennemis » ? Ou encore (ce qui revient au même), un datif du verbe *hyh* : « Et Séir sera terre de conquête pour ses ennemis » ?

La troisième solution fait difficulté, à cause de l'absence de la préposition *l*. La seconde aussi, à cause de l'intercalation bizarre de *ś'yr* entre le déterminé et son déterminant. De plus (objection valant contre l'une et l'autre), il n'est pas sûr que le conquérant vainqueur serait alors Israël. Or, nous le verrons, il est sûr qu'à ce niveau rédactionnel de P4, le conquérant vainqueur *est* Israël. Il faut donc préférer la première solution[49]. A ces raisons négatives s'ajoute un argument positif, déjà avancé par Dillmann et plusieurs autres exégètes[50] : en 24, 18aβ, le mouvement de la phrase répète exactement celui de 24, 8bα :
whyh yršh ś'yr 'ybyw
y'kl gwym ṣryw

De même que *ṣryw* (« ses ennemis ») était apposé à *gwym* (les nations en général), *'ybyw* (« ses ennemis ») est apposé à *ś'yr* (une nation particulière). Nous tenons là un trait d'écriture de notre auteur (P4 = P3B), et en même temps l'indice exact de l'orientation propre à chacun des deux poèmes (le premier, général, le second, nominal), et la

J. Bartlett (The Land of Seir and the Brotherhood of Edom, *JTS* XX, 1, 1969, p. 1-20), les plus anciennes références à Séïr (références égyptiennes) indiquent que Séïr était plus proche de l'Égypte que n'était Édom, bien que l'Ancien Testament ne semble pas distinguer. *Dt* 33, 2 paraît cependant placer Séïr à l'ouest de la 'Araba. C'est d'ailleurs là que le situe F.-M. Abel. Et N. Glueck a montré que l'ouest de la 'Araba n'était occupé que par les Bédouins, alors qu'à l'est (= Édom) se voyaient les traces de villes et de royaumes.

Si Séïr est situé à l'ouest de la 'Araba et au sud de Beer-Sheva, et qu'Ésaü appartienne à la terre de Séïr, comment Ésaü devint-il le père d'Édom, et Édom le frère d'Israël ? L'histoire montre qu'Édom eut tendance à s'infiltrer à l'ouest de la 'Araba. Alt, Ginsberg, Noth, Rudolph, Albright, signalent qu'Édom profita de 597 et 587 pour s'implanter à l'ouest. Mais dès Sennachérib (701) le sud judéen était divisé entre Philistins et Édomites. Ce fait expliquerait la différence d'attitude entre Israël et Juda à l'égard d'Édom : dans la tradition judéenne, Séïr, proche d'Édom, devint partie d'Édom et Ésaü, l'ancêtre des enfants de Séïr, devint le père d'Édom. La vision méridionale d'Édom n'insiste pas sur la fraternité édomite avec autant d'emphase que la tradition septentrionale parce qu'Édom fut toujours un ennemi pour Juda. Toujours selon Bartlett, il est normal que l'identification Séïr = Édom ne se soit pas produite avant l'ultime édition du *Pentateuque* et les écrits de *Jérémie, Abdias, Malachie* : les Édomites ne conquirent que graduellement les terres ayant appartenu à Ésaü = Séïr.
Cette thèse confirmerait :
1° l'origine judéenne de 24, 17-18 ;
2° sa date exilique ou légèrement postexilique.

49. Il est vain d'envisager une transposition de *'ybyw* au v. 19a, comme complément de *yrd*.

50. Entre autres, Keil.

raison de la nécessité qu'il y eût l'un et l'autre, le second après le premier.

2° *L'héritage devient terre de conquête*[51]

On est frappé par la redondance du v. 18a, et l'insistance sur le fait, évident, qu'il s'agit là des «ennemis». Ne sont-ce là que procédés poétiques rhétoriques formels?

On est frappé aussi, en menant une enquête sur *yrš̌h*, du fait que *Nb* 24, 18a est diamétralement opposé aux préceptes énoncés en *Dt* 2, 4-5.8 sur la traversée pacifique d'Édom. On ne saurait rêver plus nette contradiction. Elle est accrue par les souvenirs littéraires de l'un à l'autre texte : «Donne au peuple cet ordre : Vous allez passer sur le territoire de *vos frères*, les *fils d'Ésaü* qui habitent *en Séir*. Ils auront peur de vous, mais prenez bien garde : ne vous engagez pas contre eux, je ne vous donnerai rien dans leur pays, pas même de quoi poser la plante du pied, car c'est à Ésaü que j'ai donné en *possession (ky-yᵉrūšāh l'św ntty)* la montagne de Séir... Puis, en partant de chez *nos frères*, les *fils d'Ésaü* qui habitent en Séir, nous sommes passés par la route de la Araba...»

Dt 2, 12 aussi mérite d'être cité, car le destin des Édomites y est présenté comme strictement parallèle, dans la faveur divine, à celui des Israélites : «De même en Séir avaient habité autrefois les Horites : les

51. D'après J. R. Bartlett (The Brotherhood of Edom, *JSOT* 1977/4, p. 2-27), le *terminus a quo* historique pour l'identification Ésaü = Édom serait la conquête d'Édom par David. C'est à la suite de la révolte édomite contre Juda que l'idée se serait développée au point que l'on pût voir Amos reprocher à Édom sa conduite indigne d'un frère. *Nb* 20, 14-21 projetterait cette infidélité fraternelle sur l'époque du désert. Le Deutéronomiste, en revanche, réagirait contre cette présentation défavorable. Mais la participation édomite aux événements de 587-586 entraîna de nouvelles critiques, plus vives encore, de la part d'Abdias et Malachie. Notre texte s'inscrirait dans la ligne de cette réaction contre la réaction deutéronomiste.

Selon Y. Hoffman, toutefois (Edom as a symbol of Evil in the Bible, dans *Bible and Jewish History, Studies in Bible and Jewish History dedicated to the Memory of J. Liver*, Tel-Aviv 1971, p. 76-79), les livres historiques ne mentionnant aucune participation édomite au siège de 587, Édom n'y joua sans doute aucun rôle, en tout cas, aucun rôle important. Mais Hoffman doute que les événements auxquels font allusion *Abdias* et *Lam* 4 se rapportent à 587. Il s'agirait plutôt de l'expédition punitive lancée par Babylone en 582 pour mater la révolte de Juda, Ammon et Moab. Or la liste de Josèphe (A.J. X, § 182) ne mentionne pas Édom parmi les peuples réprimés par Nabuchodonosor. Édom, fidèle à Babel, loin de s'associer à la révolte de ses voisins, aurait fait partie des troupes d'appoint enrôlées pour réprimer Juda, Ammon et Moab.

La conclusion finale de J. R. Bartlett (Edom and the Fall of Jerusalen, *PEQ* 14, 1982, p. 13-23) est qu'Édom «has been falsely maligned». L'expérience reflétée par les accusations prophétiques contre la conduite d'Édom en 597 et 587 remonte à une époque antérieure (conquête davidique d'Édom et lutte d'Édom pour reconquérir sa liberté). Cette conclusion n'infirme en rien la présente analyse, car :

1° quels qu'aient été les faits, les textes accusant Édom de traîtrise à l'occasion de la chute de Jérusalem sont là;

2° c'est dans une tradition *littéraire* qu'à son tour s'inscrit notre texte.

fils d'Ésaü les avaient *dépossédés (yyršwm)* et exterminés de devant eux, et ils ont habité à leur place, comme l'a fait Israël pour le pays *qui est en sa possession (k'šr 'śh yśr'l l'rṣ yᵉrūšātô)*, celui que le Seigneur lui a donné *('šr ntn yhwh lhm).*» On résiste mal au sentiment que *Nb* 24, 18a vient s'inscrire exprès contre le texte deutéronomique[52]. Le frère n'est plus le frère, mais l'ennemi. Pourquoi un tel revirement? Vu la situation historique supposée (l'Exil ou l'immédiat retour d'Exil), la solution la plus vraisemblable est, encore une fois, l'accusation, lancée contre Édom, de trahison lors de la chute de Jérusalem en 597 et 587. Le pillage d'Israël par Édom en cette terrible occasion est dénoncé par plusieurs poèmes de cette époque[53]. Citons *Abdias* 10-13 : «C'est à cause des violences exercées contre ton frère Jacob que te couvre la honte, que tu es exterminé à jamais. Le jour où tu restais planté là en face, le jour où des étrangers le vidaient de sa force, où des barbares pénétraient dans ses portes et jetaient le sort sur Jérusalem, toi aussi tu étais comme l'un d'eux. Ne te délecte pas du jour de ton frère, du jour de son désastre. Ne te réjouis pas aux dépens des fils de Juda, au jour de leur perdition. Ne fais pas ta grande bouche au jour de la détresse. Ne pénètre pas dans la ville de mon peuple, au jour de sa ruine. Ne te

52. L'attitude deutéronomique à l'égard d'Édom se retrouve dans la *Michna* (*Yebam.* 8, 3).

53. Voir n. 39, p. 435. Également *Ps* 137, 7.

B. C. Cresson (The Condemnation of Edom in Postexilic Judaism, dans *The Use of the Old Testament in the New and Other Essays, Studies in Honor of William Franklin Stinespring,* Durham N.C. 1972, p. 125-148), passant en revue les textes où s'exprime la haine contre Édom, conclut que celle-ci a deux causes historiques :
1° une participation d'Édom au siège de Jérusalem (même si le fait n'est pas prouvé);
2° la présence iduméenne dans le sud de la Palestine dès le ve siècle. Cette présence serait due à l'invasion d'Édom par les Nabatéens.

Ez 35 atteste que la théologie de la damnation d'Édom fit partie intégrante de la pensée judaïque dès le vie siècle et après. Ce sentiment antiédomite avait des racines étroitement nationalistes; Cresson remarque qu'il est unique dans l'Ancien Orient parce qu'il est lié au sentiment de l'*élection* (voir H. H. Rowley, *The Biblical Doctrine of Election,* London 1959, p. 16-19). Aux époques exilique et postexilique, la destruction d'Édom fut un élément de l'espoir de restauration. C'est l'école nationaliste et particulariste qui engendra la théologie de la condamnation d'Édom. Notre passage n'est donc pas si isolé qu'il paraît.

J. M. Myers (Edom and Judah in the Sixth-Fifth Centuries B.C., dans *Near Eastern Studies in Honour of William Foxwell Albright,* London 1971, p. 377-392) montre que les oracles de condamnation contre Édom sont étroitement liés à des oracles de salut sur Juda : ainsi *Ez* 35-36; *Ab* 8.17; *Jl* 4, 19-20. N'est-ce pas le rapport qu'entretiennent les v. 18-19 de *Nb* 24 avec le v. 17abαβ? Myers n'étudie pas notre texte, mais considère que tous les autres oracles antiédomites datent de peu après la catastrophe de 587. Son interprétation d'*Is* 11, 14 (Israël réunifié = Jacob et Éphraïm récupérera la terre de ses ancêtres, notamment Édom et Moab) vient conforter la solution proposée ici pour *Nb* 24, 17-19.

délecte pas, surtout pas toi, de son malheur, au jour de sa ruine. Ne porte pas la main sur ce qui fait sa force, au jour de sa ruine[54]. »

Citons aussi *Lam* 1, 2 : « Pour elle pas de consolateur parmi tous ses amants. Tous ses compagnons la trahissent : ils deviennent ses ennemis *(hyw lh l'ybym)* » et 4, 21.22 : « Sois joyeuse et exultante, Belle Édom qui habites au pays de 'Ûṣ ! A toi aussi passera la coupe : tu t'enivreras et tu te mettras nue ! C'en est fini de ta perversité, Belle Sion : il ne te déportera plus ; il passe en revue ta perversité, Belle Édom : il a fait un rapport sur tes fautes ! »

On remarquera que, si l'intention de *Nb* 24, 18a coïncide avec celle des poèmes exiliques, la formulation littéraire en est très différente : elle se rapproche beaucoup plus de celle des préceptes deutéronomiques. C'est que *Nb* 24, 18a a toutes les raisons de se situer d'*abord* par rapport au *Deutéronome*. N'oublions pas que l'influence deutéronomique s'est exercée sur l'épisode de Balaam, au point d'en infléchir même la composition littéraire : c'est *Dt* 18, 9-15 qui a noirci la figure de Balaam, et l'Ânesse n'est qu'un suppôt du *Deutéronome*. Les deux en-têtes des poèmes de *Nb* 24 revalorisent la figure du voyant, mais c'est une contre-réaction à la réaction deutéronomique. Il est donc naturel que la malédiction de *Nb* 24, 18a soit déterminée, *littérairement* aussi, par son rapport à *Dt* 2, 4-12.

On constate un jeu sur le sens de *yršh* : en *Dt* 2, ce mot veut dire « héritage », c'est-à-dire : « ce que l'on a reçu en possession », « ce qui a été donné par un donateur » ; en *Nb* 24, 18a, il veut dire « terre de conquête ». L'un et l'autre sens sont contenus dans la racine *yrš*. Mais le passage de l'un à l'autre résume la dépendance de *Nb* 24, 18a à l'égard de *Dt* 2, 4-12, et son écart par rapport à lui : Édom, le frère félon, sera dépossédé de ce qu'il avait reçu en héritage *(y^e^rušāh)*, et cette terre d'héritage deviendra terre de conquête *(y^e^rēšāh)* pour un autre[55].

Le parallélisme entre Édom et Israël établi par *Dt* 2, 12, parallélisme positif, favorable, revient en *Lam* 4, 21-22 : « A toi aussi passera la coupe... C'en est fini de ta perversité, Belle Sion : il ne déportera plus, il passe en revue ta perversité, Belle Édom : il fait un rapport sur tes fautes ! », mais inversé, négatif, défavorable.

La raison de cette inversion, nous la trouvons énoncée en

54. C'est bien de « Talionstilistik » qu'il s'agit en 24, 18, selon le mot forgé par N. LOHFINK pour qualifier *Ab* 17 (Textkritisches zu jrš im alten Testament, dans *Mélanges Dominique Barthélemy* (OBO 38), Fribourg Göttingen 1981, p. 273-288, p. 285). D'ailleurs la racine *yrš* apparaît souvent en des textes invoquant cette loi éternelle de la conquête et de la reconquête, de la possession ; voir la stèle de Mesha, l. 7-8 : *wyrš 'mry 't k[l 'r]ṣ mhdb'* « Et Omri s'empara de tou[te la ter]re de Mahdaba ».

55. Ce glissement suffirait à rendre compte du changement de vocalisation et à interdire de le corriger.

Ab 10-14[56] : « C'est à cause des violences exercées contre ton frère Jacob que te couvre la honte, que tu es exterminé à jamais... Ne te délecte pas, surtout pas toi, de son malheur, au jour de sa ruine... » Édom a rompu le pacte de la fraternité, pourtant pieusement respecté par Jacob.

Tels sont donc les chaînons manquants entre *Dt* 2 et *Nb* 24, 18a. Mais notre texte y apporte un élément supplémentaire : l'auteur de l'extermination d'Édom sort de l'indéterminé : ce sera Jacob lui-même, son frère trahi, qui exercera sa vengeance et prendra sa revanche. Par rapport à la fraternité et à la trahison, la boucle est bouclée. Mais, par rapport aux autres poèmes exiliques et à la réalité historique, il s'agit peut-être d'un élément franchement déviant : comment penser en effet que Jacob, asservi qu'il était, pût jamais infliger à son frère Édom le sort que lui-même avait subi, et dont il accusait ce dernier d'avoir honteusement profité ? Non, il n'y a là que rêves « revanchards », détachés de toute réalité, caractéristiques de l'esprit de P3B = P4, et le distinguant fortement des autres poèmes exiliques et postexiliques.

3° *La ville*[57]

Le v. 19b *wh'byd śryd m'yr*, d'apparence limpide, a pourtant intrigué les exégètes. De quelle « ville » s'agit-il ? Corollaire : ce verset est-il bien en place ?

A cause de Moab, beaucoup[58] ont pensé qu'il s'agissait de la citadelle moabite, appelée *'yr mw'b* en *Nb* 22, 36, *'r mw'b* dans la brève malédiction de 21, 28 et en *Is* 15, 1, et *'r* en *Nb* 21, 15, *Dt* 2, 9.18.29. Ils ont donc proposé de transposer ce verset à la suite de 17bδ. Mais on notera que *'yr* seul ne désigne jamais la capitale de Moab.

Par ailleurs, *'yr* fait évidemment écho à *ś'yr*. Ne s'agirait-il pas de la chute de Boçra[59] ? Mais pourquoi la capitale d'Édom, davantage que celle de Moab ?

On le voit, à chercher une identification précise, on erre. Est-ce alors un collectif, comme le suggèrent certaines versions et quelques exégètes[60] ? Mais *'yr* au singulier n'a jamais le sens « les villes ». *'yr* est souvent employé en contexte de destruction d'une grande ville (*Is* 17, 1

56. Et, très allusivement, dans la LXX de *Lam* 4, 21 : « Sois joyeuse et exultante, Belle Édom qui habite au pays de 'ûṣ », qui traduit *ywšbt b'rṣ 'wṣ* par *hè katoikousa epi gès*, ce qui n'évoque plus la terre d'Édom, mais bien la terre d'Israël, prétendument pillée ou annexée par Édom.

57. Michaelis traduit *m'yr* par « vengeur », littéralement « celui qui suscite ou éveille ».

58. Entre autres, Hümmelauer, Dillmann, Albright.

59. Voir *Jér* 49, 13 ; *Is* 34, 6 ; en *Jér* 49, 16 et *Ab* 3, la capitale d'Édom est Sèla.

60. Saadia. Onqelos a *mqryt 'mmy'* « la cité des peuples ». Pour le Targum de Jonathan, c'est Constantinople, la cité pécheresse, et Césarée, la plus fière des cités païennes. Quant aux exégètes, citons Gray, Dillmann, Smith, Rosenmüller, entre autres.

hnh dmśq mwsr m'yr, pour Damas ; *Is* 25, 2 *ky śmt m'yr lgl* « tu as fait de la ville un tas de pierres », *'rmwn zrym m'yr* « la forteresse des barbares a cessé d'être une ville », sans doute pour Babylone). Le plus simple est donc de penser que le ton reste volontairement mystérieux pour évoquer, dans un flou recherché, la destruction d'une citadelle importante[61]. C'est l'effondrement de *la* ville de l'ennemi, peut-être Moab, peut-être Édom, le texte autorise l'un et l'autre rapprochement. Ce vague demeure conforme à l'esprit du mage chaldéen, mais a aussi un autre effet : évoquer, en écho et confusément, le souvenir encore frais de la ruine de Jérusalem en 587. Car *'yr* désigne souvent la Ville par excellence, la Ville Sainte, soit dans un contexte de joie (*Is* 48, 2 ; *Ps* 72, 16 ; 101, 8), soit dans un contexte de ruine et de malheur (*Is* 32, 13b-14).

Il ne faut donc pas aller jusqu'à identifier *'yr* à Sion, comme le font certains commentateurs[62]. Mais il faut entrer dans le jeu de l'auteur qui veut, en évoquant explicitement la destruction d'une vague citadelle ennemie, par Jacob, éveiller le souvenir implicite de la destruction récente de la Ville de Jacob dont, selon les textes, profita honteusement l'ennemi en question. Ceci explique cela, qui est bien dans la manière de P4.

On retrouve alors le texte mystérieux d'*Is* 22, 2-14 qui, sans nommer Jérusalem, évoque pourtant le siège de Sennachérib en 701, et dont P4 porte des réminiscences. « Qu'as-tu donc à monter tout entière sur les toits, ville tumultueuse et pleine de tapage *(tš'wt ml'h 'yr hwmyh* cf. *bny št)*... N'insistez pas pour me consoler de la dévastation de la fille de mon peuple. Car c'est un jour d'effarement, d'effondrement, et d'affolement, de par le Seigneur Dieu, le Tout-Puissant. Dans le ravin de la vision, s'écroule une muraille *(bgy' ḥzywn mqrqr qr)*. » Et c'est bien en se plaçant dans le contexte de la pénétration dans Jérusalem envahie en 587 qu'*Abdias* 13 adresse ses reproches à Édom : « Ne pénètre pas dans la ville de mon peuple, au jour de sa ruine. »

61. La *'yr* mystérieuse dont il est ici question ne semble pas pouvoir être assimilée à un simple *douar*. D'après J. THOMAS (Article Amalec 3, Dictionnaire de la Bible, Tome I, 1re partie, Paris 1926, col. 428), 'Ir Amaleq dont parle 1 *R* 15, 5 ne serait qu'un simple campement de nomades. Tel était peut-être 'Ir Amaleq mais tout donne à penser que la *'yr* de *Nb* 24, 19b figure une citadelle perchée sur un éperon rocheux, protégée d'épaisses murailles, comme en témoignent les nombreuses ruines de Transjordanie (entre autres Buseira = Boçrâ), modèle repris d'ailleurs par les Croisés (voir Kérak). En outre, pour que le parallélisme latent avec Jérusalem soit pertinent, il ne saurait en être autrement.

62. Par exemple, GRAY. DILLMANN présente mieux l'alternative ; ROSENMÜLLER pense « ex quaque urbe » ; EWALD, en traduisant « de Jacob domine (Yahvé) et détruit ceux qui réchappent de la ville (de Sion) » en référence à *Ps* 110, 2, sent l'allusion à Jérusalem contenue dans *'yr*. N'affirme-t-il pas, d'ailleurs, que les relations Édom-Juda constituent la pointe de l'oracle (*The History of Israel*, Volume I, 4e édition London 1883, p. 111, et *Die Weissagungen Bileam's*, p. 36) ?

4° *« Anéantir le reste »*[63].

Cette expression est un cliché[64] dont on trouve de nombreux emplois prophétiques, en contexte d'oracles de malheur, pour annoncer l'anéantissement complet, d'une ville ou d'un peuple (il n'y aura pas de survivants), ou pour l'évoquer (il n'y eut pas de survivants). Il s'agit toujours d'un désastre guerrier. L'idée est très fréquente chez les prophètes exiliques et postexiliques, en contexte de Jour du Seigneur. Les victimes peuvent être soit Israël, soit ses ennemis[65].

A l'intérieur de ce grand ensemble, demeure un îlot (il y a des survivants) dont *Jos* 10, 20 est un bon exemple : « Or quand Josué et les fils d'Israël eurent achevé de leur infliger cette grande défaite jusqu'à leur extermination, des réchappés échappèrent et entrèrent dans les villes fortes *whśrydym śrdw mhm wyb'w 'l-'ry hmbṣr.* » Ici, il semble impossible d'éviter un nouveau rapprochement avec *Abdias*, v. 14 : « Ne reste pas planté dans la brèche pour exterminer les survivants. Ne livre pas ses rescapés *(śrydyw)* au jour de la détresse. » Nous tiendrions la raison de l'anéantissement annoncé en *Nb* 24, 19b. V. 18 : « Les gens de Jacob deviennent un feu, et ceux de Joseph une flamme. Mais les gens d'Ésaü deviennent du chaume. Ceux-là les embrasent et les consument : aucun survivant *(śryd)* ne reste à Ésaü. »

Le v. 18 serait, pour la forme et le contenu, l'inverse exact du v. 14 et sa rétroversion, et pour la logique faute-châtiment, sa conséquence rigoureuse. Aux trois points de vue, forme, contenu et logique, il est l'équivalent parfait de *Nb* 24, 19b.

On le voit, cette accumulation de rapprochements avec des textes concernant exclusivement Édom, et le fait que rien n'atteste, de la part de Moab, en 587, une conduite comparable à celle d'Edom, tendent à prouver que la « pointe » véritable de P4 est orientée contre le dernier, et que Moab ne sert ici que de « crochet », point choquant d'ailleurs si

63. D'après Kalisch, *śryd*, ayant perdu son sens étymologique « qui est réchappé » (*Jos* 10, 20 ; ar. *šrd*, comme *plyṭ*), a presque toujours le sens de « reste » (*Nb* 21, 35 ; *Dt* 3, 3 ; *Jg* 5, 13 ; *Jb* 20, 21). Aussi préfère-t-il rattacher *m'yr* à *h'byd*, suivant la Massore qui donne à *śryd* un accent disjonctif, d'où sa traduction « to destroy away from » ou « out of the city », au rebours de la Vulgate : *« et perdat reliquias civitatis »*. La LXX ne permet pas de trancher : *kai apolei sô(i)zomenon ek poleôs.*

64. A vrai dire, l'expression de *Nb* 24, 19b elle-même est unique. Ce qui ne l'est pas, c'est l'arrière-plan du sens et du « Sitz im Leben ». Mais l'expression consacrée est plutôt *'d-blty hš'yr śryd* « sans laisser de survivant ». D'après K. Seybold (*Das Herrscherbild des Bileamorakels Num. 24, 15-19* p. 12), l'expression « ne pas laisser de survivants » pourrait être un « Kriegsbann » ancien remontant à l'époque de la Conquête.

65. Opposer *Nb* 21, 35 (Israël ne laisse pas un survivant aux Amorites) et *Lam* 2, 22 (il n'est pas laissé à Juda un rescapé).

l'on songe à la quantité d'autres oracles antimoabites tout aussi peu situés dans l'histoire[66].

POURQUOI «PAS MAINTENANT»?

L'unité littéraire de *Nb* 24, 15b-19 définie et analysée, nous disposons peut-être d'éléments expliquant l'étrange «pas maintenant».

1° Écart par rapport à la présentation habituelle du «Jour du Seigneur» : nous l'avons vu, il est de l'essence même du «Jour du Seigneur» d'être imminent. L'écart de *Nb* 24, 17a est remarquable, en particulier si on le compare à un texte duquel il a été maintes fois rapproché dans ce chapitre : *Abdias. Ab* 15 : «Oui, proche *(qrwb)* est le Jour du Seigneur, jour menaçant toutes les nations. Comme tu as fait, on te fait; tes actes te retombent sur la tête.» La seule différence, dans cette série de ressemblances, c'est le «pas maintenant». De même, la conjonction du «voir» et du «maintenant» est censée avoir lieu au positif. Cf. *Za* 9, 8 : «car à présent je le vois de mes propres yeux» *(ky 'th r'yty b'yny)*. Comparons-y le négatif *'r'nw wl' 'th.*

2° Cette présentation aberrante ne s'explique pas par une volonté prophétique de redresser ou d'éduquer[67] : *Jér* 27, 16 s'en prend aux

66. *Is* 15 et 16; *Jér* 48; *Am* 2, 1-3; *So* 2. 8-11; *Ez* 25, 8-11; *Is* 25, 10b-11.
Les récits bibliques de conflit entre Israël et Moab y associent souvent des récits analogues concernant Édom : Édom inquiétait beaucoup plus Israël que ne faisait Moab. Voir 1 *S* 14, 47; 2 *S* 8, 12-14; 1 *Chr* 18, 11; *Ps* 40, 10; 63, 7; 108, 10; *Is* 11, 14; *Jér* 9, 26; 25, 21; *Ez* 25, 8; *Dan* 11, 41. On trouve encore ces deux peuples associés dans le «Cylindre de Taylor», col. II, l. 53-54 et dans l'inscription d'Asarhaddon, col. V l. 14; voir aussi les Annales d'Assurbanipal col. VII l. 119-121 (pour ces différents textes, voir J. B. PRITCHARD, *Ancient Near Eastern Texts relating to the Old Testament,* p. 287, 291 et 298). *Nb* 24, 17-18 s'inscrit dans cette tradition, en l'actualisant : il fallait y parler de Moab pour maintenir la continuité avec l'épisode de Balaam qui traite exclusivement des rapports d'Israël et de Moab; d'où 24, 14 : «Je vais t'indiquer ce que fera ce peuple à ton peuple.» Mais cet avertissement n'est qu'une «phrase-crochet», exigée pour introduire le bref oracle nominal contre Moab (le premier, et le seul, de tout l'épisode) de 24, 17bγδ, qui lui-même sert seulement de prétexte à l'oracle essentiel, la menace contre Édom.

67. *Is* 48, 7 insiste au contraire sur le fait que sa parole a exactement le statut inverse de celle de notre mage; «Maintenant je te fais entendre des nouveautés mises en réserve, que tu ne connaissais pas. C'est maintenant qu'elles sont créées, et non pas depuis longtemps, au début de ce jour, et tu ne les as jamais entendues pour éviter que tu dises : 'Vu! Je les connaissais!'.» Mais c'est pour mieux éduquer.
Ez 11, 3 est le seul texte où l'expression *l' bqrwb* soit employée, et vraisemblablement dans une situation historique objective très proche de celle qui nous intéresse : l'Exil. Mais le texte est obscur : «Fils d'homme, voilà les hommes qui projettent des crimes et qui trament le mal dans cette ville. Ils disent : 'On n'est *pas près* de construire des maisons : la ville est une marmite et nous sommes la viande'.» Faut-il voir là l'expression de l'angoisse ressentie par les habitants de Jérusalem entre les deux sièges

prophètes qui annoncent un prompt retour d'exil. « N'écoutez pas les paroles des prophètes qui vous prophétisent que les ustensiles de la Maison du Seigneur vont être rapportés de Babylone tout de suite, sans tarder *('th mhrh)*. C'est faux ce qu'ils vous prophétisent. » Ici, l'intention est clairement antidémagogique.

3° Notre texte ne s'explique que par lui-même :

a) La nécessité impliquée par la fiction littéraire du mage chaldéen. Il faut « faire » mystérieux et ménager l'effet du passage du vague lointain à un flou un peu plus proche. C'est bien le Jour du Seigneur, mais présenté explicitement comme *vision*, ce qui est absolument spécifique à notre texte[68].

b) Nb 24, 15b-19 n'est pas antidémagogique comme *Jér* 27, 16. Nous avons vu que c'était au contraire une utopie « revancharde », détachée de toute aperception réaliste de la situation. Il n'échappe pourtant pas à l'auteur que l'irréalisable ne sera pris au sérieux, ou même espéré, que s'il se présente comme « n'étant pas pour maintenant ». Autrement, il apparaîtrait vite comme ce qu'il est : un mirage. Voilà comment ce « pas maintenant » qui, *a priori*, pourrait paraître antidémagogique et tout à fait démobilisateur est en fait profondément démagogique et mobilisateur.

c) La fiction littéraire et la réalité historique se rejoignent dans la dépendance littéraire de 24, 17a envers 23, 9a : *ky mr'š ṣrym 'r'nw wmgb'wt 'šwrnw.*

C'était aussi une fiction : celle de la vision physique présente concrète immédiate. Mais elle s'exprimait au positif, sans doute parce qu'elle coïncidait avec la réalité historique : Israël n'était pas asservi. D'ailleurs, l'idéal ci-devant représenté (« être à part des nations ») était

(598 et 587) devant l'imminence du danger babylonien ? De toute façon, la perspective est autre que celle de *Nb* 24, 17a, et ne l'éclaire en rien.

Les propos de E. J. BICKERMAN sur le flou de l'espérance utopique en *Za* 1-6 éclairent l'esprit de 24, 7-9 et 17 : « Certes, on attend toujours l'action salvatrice de Dieu, mais elle n'est devenue qu'un objet d'espérance encore irréalisable. On ne dit pas quand les 'forgerons' abattront les cornes qui ont dispersé Israël (*Za* 2, 1), et une muraille de feu autour de Jérusalem (*Za* 2, 9) n'est pas pour demain. Oui, Dieu brandira la main, un jour, contre les nations (*Za* 2, 13), mais on ne voit cet avenir que dans la perspective eschatologique... Et quand Zacharie se risque à parler du rejeton légitime de David (*Za* 3, 8 ; 6, 12), soit qu'il pense au Messie selon l'interprétation ancienne, soit qu'il parle de Zorobabel, selon les exégètes modernes, ce Serviteur de Dieu reste le 'Germe' innommé de Jérémie (*Jér* 23, 5)... En février 520, les révolutionnaires sont devenus des rêveurs résignés d'un songe utopique. Car désormais la solidité de l'empire de Darius ne pouvait plus faire de doute. Ce n'est que deux siècles plus tard qu'un quatrième empire, 'dur comme le fer' (*Dan* 2, 40) renversera la puissance des Achéménides » (En marge de l'Écriture, *RB* 88, 1981, p. 19-41, p. 27).

68. Sauf *Is* 22, 5b : *bgy' ḥzywn.*

beaucoup moins ambitieux et donc, beaucoup plus réalisable que la figure conquérante et victorieuse donnée en *Nb* 24, 17-19.

Il y a tout lieu de penser que l'ordre des choses est le suivant :

— à réalité désastreuse il faut surcompensation par le rêve (*Nb* 24, 17-19);

— littérairement, ce rêve s'inspire de la représentation harmonieuse de *Nb* 23, 9a, adaptée à la réalité historique;

— pourtant, il faut adapter le rêve utopique à la réalité désastreuse, crainte que l'écart ne soit trop grand, et que la représentation n'apparaisse comme ce qu'elle est : de la mégalomanie. On niera donc, non la vision elle-même, mais la proximité de sa réalisation.

Les v. 20-22 constituent un ensemble littéraire[69], comme il apparaîtra plus bas :

wyr' 't-'mlq wyś' mšlw wy'mr
r'šyt gwym 'mlq w'ḥrytw 'dy 'bd
wyr' 't-hqny wyś' mšlw wy'mr
'ytn mwšbk wśym bsl' qnk
ky 'm-yhyh lb'r qyn 'd-mh 'šwr tšbk

L'introduction rappelle certes celle des quatre précédents, mais elle en diffère en ce que la vision porte désormais à chaque fois sur un peuple précis, à qui la prédiction s'adresse. Par ailleurs, elle est réitérée pour introduire de courtes sentences, alors qu'auparavant elle ouvrait de longs poèmes. Enfin, les v. 15b-19, étudiés ci-dessus, sont apparus comme formant eux aussi un tout achevé.

1° Amaleq prémice des nations

Quel que soit le sens donné à *r'šyt,* cet attribut semble ne pas convenir à Amaleq : tous les exégètes en sont d'accord. *r'šyt* veut dire « prémices » ou « premier-né ». Il contient donc l'idée de primeur dans dans le temps et, par la suite, de primauté par la valeur. L'expression *r'šyt hgwym* ne se retrouve qu'en *Am* 6, 1, pour désigner... Israël[70]! Dans les poèmes de bénédiction (*Dt* 33, 31 ; *Gen* 49, 3, et aussi *Jér* 2, 3), *r'šyt* s'applique à une tribu d'Israël; en *Jér* 49, 35, c'est le meilleur

69. Les deux introductions aux oracles sur Amaleq et les Qénites, *wyr' 't-'mlq wyś' mšlw wy'mr* et *wyr' 't-hqyny wyś' mšlw wy'mr* veulent évidemment répondre à l'introduction du troisième oracle sur Israël en 24, 2 et 3b : *wyr' 't-yśr'l . . . wyś' mšlw wy'mr.*

Origène ne consacre son *Homélie* xviii « la quatrième des prophéties » qu'aux v. 15b-19 inclus. Il en ouvre une dix-neuvième pour « la cinquième et dernière vision de Balaam », c'est-à-dire les v. 20-24. Hümmelauer appelle les v. 20-24 « Balaam oracula tria minora ».

70. Il n'est pas impossible que *Nb* 24, 20 cite *Am* 6, 1, pour en détourner ironiquement le sens. En *Am* 6, 6, les onguents les plus raffinés sont *r'šyt hšmnym* et en 1 *S* 15, 21, *r'šyt hḥrm* désigne « le meilleur de ce que frappait l'interdit ».

de la force d'Élam; en *Dan* 11, 41, sont mentionnés Édom, Moab, et les prémices des fils d'Ammon.

r'šyt gwym signifie-t-il qu'Amaleq est la plus ancienne des nations? Certes Amaleq figure parmi les tribus habitant, depuis la plus haute antiquité, au sud-est de Juda, dans la région de Qadesh (*Gen* 14, 7), mais *Gen* 10 n'en fait pas mention; certes *Gen* 36, 12 et 15 signalent qu'Amaleq est fils d'Élifaz, fils aîné d'Ésaü, frère aîné de Jacob, mais cela suffit-il? Certes les écrits arabes mentionnent les Amalécites comme un peuple fort ancien d'authentiques Arabes, plus ancien, non seulement que les Ismaélites, mais aussi, que les Yoqtanites, et constituant la population primitive, non seulement des contrées sémitiques, mais de pays «barbares»[71]. Mais Nöldecke[72] a établi que ces récits arabes étaient pures fabulations. *r'šyt gwym* voudrait-il dire, comme on l'a souvent suggéré, qu'Amaleq fut la première nation à attaquer Israël[73]? Certes, d'après *Ex* 17, 8-16, c'est bien le cas. Il s'en est suivi une malédiction divine et mosaïque sur ce peuple, rappelée en *Dt* 25, 17-19, et qui ne s'est jamais démentie puisqu'à chaque fois qu'Amaleq combat contre Israël, il est écrasé[74]. Mais pourquoi le mentionner encore ici, alors que, selon toute vraisemblance, Amaleq fut définitivement mis hors de combat et éliminé de la scène guerrière lors des guerres de David, rapportées en 2 *S* 8, 12 et 1 *Chr* 4, 43?

Une autre solution, très souvent proposée, repose sur l'observation, déjà ancienne, du fait qu'il y a un «evidens lusus inter *r'šyt* et *'ḥryt*»[75]. La raison d'être de *r'šyt* ne serait donc que verbale, pour former contraste avec *'ḥrytw* que beaucoup s'accordent à considérer comme destiné à évoquer le *'ḥryt* d'Israël en *Nb* 23, 10b. Il faut jouer de toutes ces raisons. Un fait est certain : Amaleq figure l'archétype de l'ennemi d'Israël. D'ailleurs, 1 *S* 30, 26 le nomme *'wyby yhwh* «ennemis de Yahvé».

Ce n'est pas un hasard si, contrairement aux préceptes donnés en

71. B. D'Herbelot de Molainville, *Bibliothèque Orientale ou Dictionnaire Universel, contenant généralement tout ce qui concerne la connaissance des peuples de l'Orient*, 1re édition Paris 1967, 2e édition 1776, article Amlak et Amlik, p. 102-103.

72. Th. Nöldecke, *Ueber die Amalekiter und einige andere Nachbarvölker der Israeliter*, Berlin 1864, p. 29-42.

73. Ainsi l'ont compris Onqelos *ryš qrby' dyśr'l*, les Targumim de Jonathan, Jérusalem et Rachi *hw' qdm 't klm lhlḥm byśr'l* «il les a tous précédés dans la guerre contre Israël» (voir 24, 8 *gwym ṣryw*).

74. Le Targum samaritain (Barberini) est conforme au texte biblique : *ryšwn dgw'yh* «première des nations». Mais celui de la Polyglotte de Walton porte *qdm'wt gw'yh*, que Kalisch comprend «commencement des rugissements», d'après *g'yh* «rugissement, cri d'agonie», sur la racine *g'y, g'h* «éclater, gronder». Pourtant, le waw n'indique-t-il pas la racine *gw'* «échouer, tomber, diminuer», d'où «commencement de la décadence, début de l'échec», qui commenterait à merveille le contenu de 24, 20b *r'šyt ... 'ḥryt ... 'bd :* c'est «le commencement de la fin»?

75. Rosenmüller.

Dt 2 et 3 d'épargner Édom, Moab, et les Ammonites, *Dt* 25, 19 prescrit à Israël d'effacer sa mémoire de dessous le ciel. *r'šyt gwym* exprime donc l'idée de prototype (dans le temps) et d'archétype (dans la représentation) de l'ennemi. C'est l'amont. *w'ḥrytw 'dy 'bd*[76] « et sa postérité est vouée à disparaître » en exprime la conséquence, réitérée dans la Bible dès qu'il est question d'Amaleq, soit sous forme de malédiction (*Ex* 17 ; *Dt* 25), soit sous forme de réalisation historique (1 *S* 15 ; 2 *S* 8 ; 1 *Chr* 4) : c'est l'aval. Tout le destin biblique d'Amaleq et sa représentation se trouvent ainsi résumés en un verset. Par quelque extrémité qu'on le prenne, Amaleq est un type, presque un mythe[77].

Mais, outre cette fonction d'archétype que nous avons dû dégager parce qu'elle n'est jamais aussi explicite dans la Bible (notre auteur « force » la tradition biblique), le choix précis d'Amaleq pour figurer l'ennemi héréditaire est déterminé par des raisons littéraires inhérentes au « raccord » de ce poème à l'ensemble de *Nb* 22-24. Ce sont :

a) en *Nb* 24, 7bα la mention d'Agag[78] compris de façon erronée

76. La majorité des versions n'a pas lu, pour *'dy 'ōbēd,* la séquence préposition + substantif, mais conjonction + verbe. Ainsi, le texte et le Targum samaritains, la Peshitta, suivant quelques codices hébreux, corrigent en *'d y'bd*; la Peshitta comprend même *ḥrth t'bdy l'lmyn* « sa postérité périra à jamais » ; la LXX suppose la même leçon *kai to sperma autou apoleitai*; mais Onqelos s'accorde à la Peshitta : *wswpyh l'lm' yybd* « et ses extrémités périront à jamais ».

Pourtant, Saadia, avec *'ly 'b'dh* « pour la fin, pour la perte » et le Targum samaritain arabe *'ly 'lhl'k,* ont bien gardé la séquence massorétique.

Kalisch propose de traduire *'dy 'bd* « as far as those who perish », en prenant *'bd* pour un collectif, comme en *Jb* 29, 13 ; 31, 19 ; *Prv* 31, 6 ; mais la deuxième solution qu'il admet « his end will reach destruction » ou encore, « his end is destruction » semble préférable. La préposition *'d* est utilisée dans le même contexte en 1 *S* 15, 18 où, parlant des Amalécites, Samuel dit à Saül « tu les combattras *'d-klwtm 'wtm* jusqu'à extermination ». Le même type d'emploi s'en retrouve en *Ag* 2, 19 ; *Jb* 25, 5 ; *Ps* 90, 3. D'ailleurs, la préposition *'dy*, bien attestée, est fréquente en *Job*. Voir aussi *Ps* 104, 23 ; 147, 6.

'ōbēd, on l'a dit, est un *hapax*. Mais *'bdwn* et *'dbn* (en *Esther* et *Job*) ont le même sens. Il s'agirait d'un qâtil, forme du participe actif qal. La seule objection, c'est que *'ōbēd* n'a pas le sens exact de participe substantivé qu'ont *'ōyēb* « ennemi », *'ōhēb* « ami », *qōrē'* « perdrix (qui crie) » (voir Joüon § 88Fb). A moins de comprendre « ce qui fait périr » ? Le texte massorétique faisant plus sens que la correction proposée, il n'y a pas lieu de le corriger.

77. Ce pourrait bien être la toute dernière mention biblique d'Amaleq, postérieure même à 1 *Chr* 4, 43. Véritable *vaticinium ex eventu.* Rupert de Deutz exprime avec justesse le statut de notre texte par rapport à la tradition biblique sur Amaleq : « Parabola brevis, sed longa vindicta in Amalec prolata ».

78. Surtout si, comme on l'a suggéré à propos de 24, 7bα *(wyrm m'gg mlkw)*, *'gg* évoque les géants (voir les *bny 'nq*) censés avoir habité Canaan avant la Conquête. Amaleq serait, dans la mythologie, à la fois le premier (occupant) et immense. D'ailleurs, signale d'Herbelot, « Les Musulmans donnent le nom d'Amalecah, ou Amalécites, aux géants qui habitaient la Palestine en terre de Chanaan, lorsque les Israélites en prirent possession, et ils les confondent entièrement avec les Philistins » (*op. cit.* p. 103).

comme le roi d'Amaleq de 1 *S* 15, Amaleq apparaissant alors comme la référence, le type par excellence de l'ennemi principal, mais finalement vaincu ;

b) ce choix put être également influencé par l'évocation, immédiatement au-dessus, d'Édom et de Séïr. Souvenons-nous que, d'après *Gen* 36, Amaleq est le fils d'Élifaz, fils aîné d'Ésaü, qui est Édom et réside dans la montagne de Séïr.

Littérairement encore, lequel, de *r'šyt* ou de *'ḥryt*, a engendré l'autre, pour produire le jeu de mots ? Il est difficile de trancher. Indépendamment de *Nb* 23, 10bβ *w'ḥryty kmhw*, notre auteur voulait exprimer l'idée d'archétype, de paradigme. De plus, il désirait évoquer l'idée de malédiction attachée à la postérité qui caractérise Amaleq. Il trouvait, déjà là, *Nb* 23, 10bβ. La tentation était grande de rapprocher par un même vocable, pour mieux les opposer, la destinée promise à chacun des deux peuples (bénédiction/malédiction). Le mot *r'šyt* (mais non l'idée de « type ») fut donc sans doute appelé par le désir de jouer avec *'ḥryt*, mais rien n'est bien réussi : *r'šyt gwym* n'est pas clair (*gwym* provient d'ailleurs peut-être de *Nb* 23, 9aβ *wbgwym l' ytḥšb*), et le jeu de mots avec *'ḥryt* demeure bancal et purement sonore, comme l'avait bien vu Rosenmüller : « Non opponitur principium Amalec extremis Amalec sed principium gentium extremis Amalec. »

Quant à la raison profonde de cet avertissement lancé à l'ennemi mythique, nous ne la verrons qu'après avoir étudié la sentence consacrée aux Qénites.

2° *Caïn : deux catastrophes ou une seule ?*

Le v. 22a est assez obscur, alors que le v. 21a est facile à comprendre littéralement : *ky 'm-yhyh lb'r qyn 'd-mh 'šwr tšbk*. Il est entendu que la demeure de Caïn est éternelle, et son nid posé dans la pierre. La suite annonce un désastre, paradoxal eu égard à cette solidité inébranlable[79].

Les deux locutions *ky 'm* et *'d-mh* ont beaucoup fait errer. En résumé, il y eut deux grandes options :

a) voir dans *ky 'm* le début d'une subordonnée conditionnelle : « car si » et dans *'d-mh* une question introduisant la principale : « jusques à quand ? », et l'on obtient : « Car si Caïn est voué au feu, jusques à quand Assur te déportera-t-il ? » Cela ne donne pas grand sens[80] ;

79. Le v. 22b *'d-mh 'šwr tšbk* s'adresse toujours à Caïn, moyennant un anallage car 22a parle de lui à la troisième personne ; cette rupture ne doit pas gêner au point de conduire à penser, avec Hengstenberg, que 22b concerne Israël.

80. La LXX *kai ean genètai tô(i) Beôr nossia panourgias* « et si advient à Beor un nid de ruse » repose sur la leçon *w'm yhyh lb'r* (avec *ḥolem*) *qn 'rmh 'šwr...* autrement

b) voir dans *ky 'm* une formule introduisant un serment : « Assurément, en vérité », et dans *'d-mh* une conjonction temporelle : « jusqu'à ce que », ce qui donne : « Assurément Caïn est voué au feu, jusqu'à ce qu'Assur te déporte[81]. » Cela fait déjà davantage sens.

Mais regarde-t-on les emplois de *b'r*, on est arrêté. *b'r*, ici un infinitif piel, désigne la destruction par le feu et, de façon plus générale, la destruction totale, l'anéantissement consécutif à un désastre militaire. C'est un cliché prophétique, commun à toutes les époques de la prophétie, du premier Isaïe à Malachie, et souvent une expression concrète de la colère de Dieu contre Israël ou contre l'une des nations.

Le plus important est le trait suivant : *b'r* marque toujours la fin. Dans le mécanisme biblique bien connu de la surenchère des malheurs, *b'r* vient toujours après, mais rien ne vient après *b'r*. En particulier, s'il y a « un reste » : *b'r* vient le réduire à néant. Voir *Is* 6, 13 : « Et s'il subsiste encore un dixième, à son tour il sera livré au feu *(wšbh whyth lb'r)*. » *b'r*, c'est vraiment la fin. Dans ces conditions, on voit mal que Caïn puisse être voué au feu *et ensuite* déporté. On pourrait lire *Nb* 24, 22 d'après le modèle d'*Is* 22, 14 : *'m-ykpr h'wn hzh lkm 'd-tmtwn.* « Assurément, cette faute ne vous sera pas pardonnée, que vous ne mouriez[82]. » Cela donne : « Assurément, Caïn ne sera pas

dit : « même si Beor choisit sa demeure avec astuce, il sera déporté par les Assyriens », ce qui peut annoncer la ruine de la maison de Balaam lui-même. Mais la Vulgate et *si fueris electus de stirpe Cin, quamdiu poteris permanere?* suppose la leçon *wthyh lbḥwr qyn,* c'est-à-dire « même si tu te conduis (tu te montres) comme un groupe d'élite (le meilleur) de Caïn, tu n'en réchapperas pas ».

81. *ky 'm* reçut encore d'autres interprétations : beaucoup lui donnent le sens adversatif « excepté que » comme en *Gen* 32, 27 et 42, 15 ou « mais, cependant » : bien que les Qénites fixent leurs demeures sur le roc, ils n'échapperont pourtant pas à la destruction. Voir *Gen* 28, 17 ; *Lév* 21, 2 ; *Nb* 26, 65 (« sauf ») ; *Jb* 42, 8 (« seulement »). Et d'après J. MUILENBURG (The Linguistic and Rhetorical Usages of the particle *ky* in the Old Testament, *HUCA* 32, 1961, p. 135-160, p. 142), *ky 'm* en 24, 22 marque un contraste (« emphatic and climatic ») avec l'affirmation précédente, et signifie « nevertheless ». Mais KEIL et GEIGER, entre autres, comprennent « car assurément Caïn ne sera pas détruit » en donnant à *'m* le sens négatif qu'il a dans les serments (*Nb* 14, 23 par exemple).

Tous les exégètes modernes donnent à *ky 'm* la valeur d'une formule assévérative positive, et non d'un « si » conditionnel. Pour le v. 22b, ils se partagent entre : « Jusques à quand ? Assur te déportera », ce qu'autorisent les parallèles de *Ps* 4, 3 ; 74, 9, etc. (mais la construction paraît abrupte en l'occurrence) « Combien de temps Assur les tiendra-t-il captifs ? » et « jusqu'à ce qu'Assur les déporte ».

82. Certes, les deux formules ne sont pas parfaitement identiques : *Isaïe* a *'m* et *'d, Nombres* a *ky 'm* et *'d-mh.* D'après JOÜON, *'m* est la négation de l'imprécation (§ 165d). L'affirmation serait *'m l',* ou *ky* « certainement ». Certes, *ky-'m* a le sens positif « assurément » après serment en 2 *R* 5, 20 et *Jér* 51, 14, sans serment en 1 *R* 20, 6 et *Mi* 6, 8 (§ 173c), mais *ky* ne pourrait-il être dissocié de *'m,* ce qui donnerait : « Assurément, Caïn ne sera pas livré... », au lieu de « Assurément, Caïn sera livré... ». D'ailleurs, le

voué au feu avant qu'Assur ne te déporte. » Le mouvement de la pensée est le même : il n'y a pas deux événements distincts et successifs, mais une formulation logique double du même événement, de façon à faire porter l'accent sur la deuxième, énoncée au positif, et pointe finale. On remarquera que les deux couples de verbes évoquent des actions négatives (« effacer, mourir, aller au feu, déporter »). La phrase ne nie pas que Caïn sera voué au feu : elle insiste sur le fait qu'il sera déporté (cela au plan logique). Au plan de la réalité, l'événement aura deux faces : pendant que leur nid brûlera, les Qénites seront déportés par Assur.

3° *La métaphore du nid*

L'image du nid est aussi un cliché biblique. On la trouve soit au sens propre (*Dt* 32, 11 ; *Jb* 39, 27) soit, chez les prophètes exiliques ou postexiliques, au sens figuré (*Jér* 49, 16 ; *Abdias* 14 ; *Hab* 2, 9). Elle est d'ailleurs formée d'une constellation de termes qui se retrouvent en *Nb* 24, 21b (*śwm*[83] et *sl'*, « poser » et « la roche »)[84].

maqqef atteste un lien étroit entre *'m* et *yhyh*, et non entre *ky* et *'m*. Ehrlich déjà proposait de séparer *ky* et *'m*. En outre, on se demandera si *'d-mh* n'équivaut pas à *'d-'šr* « jusqu'à ce que » (en 23, 3 *wdbr mh* vient pour *wdbr 'šr*). Ou bien, à l'inverse, donner à *'d-mh* le sens du *'d šl'* michnique, « avant que ne » (*m. Ber*. 3, 2), *ky 'm* recevant une valeur assévérative négative.

Certains Targumim semblent avoir compris le sens proposé ici : ainsi le Targum de Jonathan *ky 'm 'rwm 'yn ytgzr lmhwy lbzt'... 'd kdy yyty snḥryb* « Car assurément il n'est pas destiné à la destruction jusqu'à ce que vienne Sennachérib. » De même la Peshitta : un seul événement condensé en deux phrases. De même, selon toute vraisemblance, Néofiti et le Targum samaritain. Nul doute que la quasi-totalité des versions a choisi la solution *ky 'm* = « car si », et *'d-mh* = « jusques à quand ? ». Mais nul doute non plus que cette lecture est influencée par *Ab* 4 et 5 qui a, lui, des subordonnées conditionnelles suivies de principales interrogatives et ce, dans le contexte apparemment identique du nid !

Ab 4 : *'m-tgbyh knšr w'm-byn kwkbym śym qnk mšm 'wrydk n'm-yhwh*
Ab 5 : *'m-gnbym b'w-lk 'm-šwddy lylh 'yk ndmyth hlw' ygnbw dym*
'm-bṣrym b'w lk hlw' yš'yrw 'llwt

« Quand tu t'élancerais comme le vautour et que tu placerais ton nid entre les étoiles, de là je te précipiterais ! Si des voleurs viennent chez toi, des pillards de nuit, comment resterais-tu tranquille ? Ne dérobent-ils pas tout ce qu'ils peuvent ? Si des vendangeurs viennent chez toi, laissent-ils autre chose que des restes à grappiller ? »

Mais, au niveau de Caïn, l'analogie avec *Abdias* est fausse et faussée, à la fois dans le détail de la phrase et dans l'esprit général. Voir les analyses ultérieures et l'excursus. Les versions s'y sont trompées, comme les exégètes.

83. *śym* fut diversement identifié : d'après Kalisch, c'est un impératif qal, à traduire « place (ton nid sur le roc, cependant...) ». D'autres le prennent pour un infinitif ayant valeur de verbe fini. Il semble préférable d'y voir un participe passif qal irrégulier (Joüon § 81b), *śym* au lieu de *śwm* (comme en 2 *S* 13, 32 où de nombreux manuscrits portent, pour *śwmh*, *śymh*, et surtout, en *Ab* 4). La LXX *kai ean thèis* et la Vulgate *sed si posueris* ne permettent pas de trancher.

84. *śwm* : *Hab* 2, 9 ; *Ab* 4 ; *sl'* : *Jér* 48, 28 ; 49, 16 ; *Ab* 3.

Les monarques assyriens emploient aussi l'image du nid pour évoquer la retraite montagneuse de l'ennemi qu'ils ont délogé. Voir les *Annales d'Assur-nasir-pal*, col. I l. 49-51 : « Le pic de la montagne se dressait comme la pointe d'une dague de fer, et nul

En dépit de ces affinités, notre texte s'écarte doublement des précédents :

a) au nid s'attache d'habitude une épithète de nature : il est haut[85], le peuple auquel il sert de métaphore se croit protégé de tout danger parce qu'il se croit inaccessible. Excepté *Nb* 24, 21b, on ne voit pas d'exception à cette règle : les termes employés dérivent immanquablement des racines *gbh, gbʿ* et *rwm.* Dans notre texte, il n'est pas question de hauteur, mais d'éternité *('ytn)*[86], et de la solidité qu'elle implique. Pour un nid, c'est paradoxal !

n'y atteignait. Comme le nid *(kîma ḳi-ni)* d'un vautour à l'intérieur de la montagne était posée leur forteresse, dans laquelle aucun des rois mes pères n'avait pénétré. En trois jours le guerrier vainquit la montagne ; son cœur fort se hâtait au combat ; il fit l'ascension sur ses pieds, il jeta la montagne en bas, il détruisit leur nid *(ḳin-na-šu-nu)* ».

De même l. 64-66, où l'on retrouve le nid, le roc, et le feu, de *Nb* 24, 21b-22a : « Deux cent soixante de leurs combattants je passai par l'épée, et je coupai leurs têtes, et je les empilai en tas. Le reste d'entre eux comme un oiseau construisit un nid sur les rochers de la montagne *(ḳin-ni ana kapi ša šadê(e))*. Leur butin et leurs biens j'abattis du haut de la montagne, et les villes qui étaient au milieu des puissantes collines je dévastai, je détruisis, je brûlai par le feu » (d'après *Annals of the Kings of Assyria,* Volume I, p. 270-271 et 276-277). L'image se retrouve dans l'inscription de Sennachérib sur la plaque des taureaux de Kouyunjik, l. 38. Mais les passages les plus proches du nôtre se trouvent dans les Annales de Sennachérib, car ils contiennnent la même allitération entre le mot « nid » et le nom du peuple assiégé : « Kua et Kana *(ḳu-u-a Ḳana)*, dont les demeures comme les nids de l'aigle roi des oiseaux, étaient établies sur le sommet de Nippur (*ša kîma ḳin-ni našri a-ša-rid iṣṣurê ṣi-ir zuḳ-ti Ni-pur* » (*The Oriental Institute Prism Inscription* col. III l. 77-78) ; également, avec la même allitération, *The Rock Inscriptions of the Jûdi Dagh,* l. 15-16. D'après D. D. LUCKENBILL, *The Annals of Sennacherib,* Volume II, Chicago 1924, p. 36 et 64).

85. *slʿ* aussi, voir *Is* 22, 16, où il n'est pas question de nid pourtant : « Que possèdes-tu ici ? Quels parents y as-tu pour te creuser ici un sépulcre, creuser ton tombeau en hauteur *(mrwm)*, te tailler une demeure *(mškn)* dans le roc *(bslʿ)* ? »

Sauf la hauteur et l'absence du nid, cette fois-ci, le champ sémantique est le même que pour Caïn : solidité, éternité de la demeure. On voit bien, par soustraction, qu'en *Nb* 24, 21, l'image du nid n'est pas première ni nécessaire, mais secondaire, « plaquée » pour le jeu de mots avec Caïn. Ce qui prime, c'est la figure de Caïn.

Par ailleurs, le mouvement de la pensée est exactement le même, entre *Is* 22, 16 et 17, que celui que suppose notre interprétation de *ky 'm :*

1° Tu te crois installé à jamais dans ta demeure.

2° Eh bien, tu vas en être débouté.

Il n'est pas jusqu'au destin promis qui n'ait avec celui de Caïn quelque affinité : « Eh bien, le Seigneur va te secouer, beau sire, il va t'empaqueter, t'envoyer rouler comme une boule vers un pays aux vastes étendues. C'est là-bas que tu mourras... »

86. *'ytn* est un mot rare. On en peut repérer deux types d'emplois :

a) Dans les textes relativement anciens, le qualificatif « permanent, éternel » s'applique aux éléments naturels (*Dt* 21, 4 ; *Am* 5, 24 ; *Mi* 6, 2 ; *Ps* 74, 15).

b) Chez les auteurs plus récents (surtout prophètes exiliques et postexiliques), ce sont les hommes ou les institutions qui sont présentés comme établis, sûrs, ou se vantant de l'être (*Jér* 5, 15 ; 49, 19 ; 50, 44 ; *Jb* 12, 19). Ajoutons *Gen* 49, 24.

Il est certain que c'est le champ sémantique *a)* qui sert de référence et de modèle implicites au champ sémantique *b)*. Nous retrouvons le même mouvement à l'intérieur de notre texte : c'est parce que le *mwšb* (artificiel) est sis dans le *slʿ* (naturel) qu'il est *'ytn.*

b) quand cette métaphore s'applique à un peuple précis, c'est toujours à Édom (*Jér* 49, 16 et *Abdias*). Le fait est normal, à cause de la nature géographique d'Édom, et du jeu de mots sur *sl'*, la capitale édomite, mais aussi le lieu par excellence où sont posés les nids.

De ces observations, il résulte que, malgré ce que l'on pourrait croire vu l'allitération *qyn/qn*, la métaphore du nid ne convient pas à Caïn. On l'a en quelque sorte «plaquée» sur lui, mais elle ne lui va pas. Comme nous le verrons plus bas, elle n'est qu'un «crochet» littéraire avec l'oracle contre Édom de *Nb* 24, 18a. Ce qui intéressait l'auteur, c'était d'introduire à tout prix Caïn et les Qénites.

4° *Pourquoi Caïn et les Qénites?*

Cette question n'a cessé de tourmenter les traducteurs et les interprètes. Au contraire d'Amaleq, les Qénites se caractérisent par leurs bonnes relations avec Juda (voir 1 *S* 15, 6). On s'est évertué à trouver en quelle occasion les Qénites avaient pu devenir les ennemis des Judéens[87], ou à voir si sous ce nom de peuple ne se cachait pas en réalité une autre nation[88]. De même Caïn : pourquoi cette annonce de

87. Josèphe (A.J. Livre I § 60-66) signale que Caïn se serait livré à toutes sortes de crimes. Les Pères de l'Église y ont vu le type du persécuteur des Justes. Voir, par exemple, Saint Augustin, *De Civitate Dei*, XV, 15.

Si *Gen* 15, 19-21 inclut les Qénites parmi les tribus dont Dieu promet les territoires à Israël, cela n'implique pas que *toutes* ces tribus étaient hostiles à Israël. Il n'y a pas lieu non plus de penser que les Qénites faisaient partie des Cananéens qui, d'après *Nb* 14, 25.43.45, combattirent les Israélites aux côtés des Amalécites, d'autant plus que les Qénites vivant au milieu des Amalécites nourrissaient des sentiments amicaux envers les Israélites (voir Nöldeke, *Ueber die Amalekiter*, p. 19-23; A. Kuenen, *The Religion of Israel to the Fall of the Jewish State*, Vol. I London Edinburg, 1882, p. 179-182).

88. Les Targumim d'Onqelos, de Jonathan, de Jérusalem et Néofiti, ont substitué à *hqyny šlm'h* «les Salméens». D'après *t.j. Šeb* VI, 36b, il est dit à Israël : «Tes ancêtres ont conquis un pays de sept peuples, et vous posséderez un jour les territoires de dix peuples. Les trois peuples nouveaux (à ajouter aux sept) sont les Qénites, les Qénizéens, et les Qadmonéens (*Gen* 15, 18); selon R. Juda, on entend par ces trois noms : les Arabes, les Salmioï et les Nabatéens. Selon R. Simon, ce sont les trois provinces d'Asie Mineure, d'Apamée, et de la Damascène... Selon Rabbi, ce seront les Iduméens, les Moabites, et les premiers fils d'Ammon...»

On le voit, les rabbins errent quant à l'identification des Qénites. D'après Neubauer (*La Géographie du Talmud*, p. 429), les *šlm'y* désigneraient les Salmani ou Salmioï, peuplade arabe voisine de la Mésopotamie (voir aussi Pline, *Histoire Naturelle* Livre VI § 30, et Pauly, *Realencyclopedie, ad verbum*). On notera que les Targumim ont confondu ce qui, dans le Talmud, est conjoint, mais distinct : les Qénites (les Arabes selon Rabbi Juda), et les Qénizites (les Salméens selon Rabbi Juda).

D'après Wellhausen, les Qénites n'existant plus comme tels à l'époque où fut écrit *Nb* 24, 21.22, leur mention ne saurait désigner que les Nabatéens! C'est le troisième des peuples évoqués par le Talmud : d'après Rabbi Juda, les Qadmonéens seraient les Nabhatiya. De toute façon, l'identification de la Nabatène au pays des anciens Qénites ne va pas de soi. Ces hypothèses restent vagues et contradictoires. Mais en *Nb* 24, 21, il s'agit de la valeur symbolique du mot Qénite, et celle-ci ne saurait se découvrir qu'à partir de la tradition biblique antérieure.

malheur contre lui, alors que *Gen* 4, 15.16 précise que la protection divine s'étendra à jamais sur lui? Serait-ce parce qu'il symbolise la cupidité et la corruption, liées au grand élan pour le développement de la vie matérielle et citadine qui le caractérise (*Gen* 4, 17-22)?

Cette recherche forcenée d'une face négative des Qénites trahit la tradition biblique, et inverse les données du problème que nous offre le texte. La réponse était déjà esquissée chez certains Pères de l'Église avec les formules : « invicem »[89] et « completum »[90] : c'est précisément parce que les Qénites sont le *type* du peuple ami de Juda, que l'auteur les a retenus, de même qu'il avait choisi Amaleq parce qu'il était le *type* du peuple ennemi de Juda. C'est à dessein qu'il les a rapprochés en deux brèves sentences de malheur ouvertes par une formule identique. Le choix de ces deux peuples opposés dans leur rapport à Juda résume bien le point de vue de ce nouvel auteur : nul n'échappera à l'anéantissement. On ne peut donc qualifier *Nb* 24, 20-22 de « malédictions » ni de « condamnation ». Le point de vue est celui de la *constatation* pure et simple de la ruine généralisée. On n'y sent aucune nuance de souhait. Par ailleurs, l'auteur de la destruction n'est évidemment plus Jacob-Israël. Celui qui parle ne se présente plus que comme spectateur. Il ne rêve même plus d'être acteur. Sans doute est-il lui-même depuis longtemps sous la coupe du vainqueur qu'il évoque. Tous y passeront, s'ils n'y sont déjà : « invicem et completum ».

Quant à Caïn proprement dit, outre qu'il est assez naturel de le présenter comme l'ancêtre des Qénites, l'auteur ne se plairait-il pas à évoquer discrètement la légende qui voit en lui à la fois le forgeron et le bâtisseur de cités (voir *Ez* 27, 13 et *Gen* 4, 17 ss)[91]? Cela aurait un double intérêt : permettre un jeu avec *b'r*, et parfaire le « completum » en l'opposant à Amaleq, peuple nomade par excellence. On en trouverait indice dans l'emploi de *mwšb*, qui évoque une demeure stable, et surtout de *'ytn*, qui implique résistance et solidité. Ce serait aussi l'explication du choix de cet adjectif paradoxal pour le nid, et déviant par rapport à la représentation biblique du nid attachée à la hauteur.

89. Procope de Gaza, *Commentarii in Numeros*, PG 87, col. 871-872. Ne possédant pas l'original grec, nous en citons la traduction latine.

90. Bruno d'Asti, *Expositio in Numeros*, PL 164, col. 490.

91. C'est l'opinion d'Albright, qui traduit :

« Thy abode, O smith, is perennial,
And thy nest is set in the cliffs,
And yet they shall become fuel... »

Si la traduction force le texte, l'intuition sur *qyn* « le forgeron » et les Qénites « metal-workers » n'en paraît pas moins juste. Voir encore, du même auteur, *The Archaeology of Palestine and the Bible*, New York London 1932, p. 206 n. 7 et *Archaeology and the Religion of Israel*, Baltimore 1946, p. 98 et 109.

5° *Quelques finesses littéraires*

a) De même que *'ḥrytw* faisait écho à *'ḥryty* de *Nb* 23, 10b, *mwšbk* évoque le *mškntyk* admiratif de 24, 5b : c'est le même auteur qui veut opposer littérairement la gloire d'Israël et le sort des nations (même si, et parce que, tous en sont désormais au même point).

b) *sl'* n'est certes pas le *sl'* d'Édom ; mais la Bible atteste un autre *sl'*, en *Jg* 1, 36, près de la montée des Aqrabbim. Or, d'après *Nb* 34, 4 et *Jos* 15, 3, ce lieu serait dans la zone frontière entre le territoire de Juda et le Negev, où sont censés habiter les Qénites.

c) *tšbk* fait un écho ironique et sinistre à *mwšbk.*

d) Un excursus permettra d'apprécier les ressemblances, et aussi les différences, entre l'oracle d'*Abdias* contre Édom, et *Nb* 24, 21b-22. Mais il ne fait désormais pas de doute que celui-ci dépend de celui-là. En effet, sans les affinités qui existaient déjà entre *Nb* 24, 18-19 et *Abdias*, *Nb* 24, 21b-22 n'aurait jamais revêtu la forme qu'il revêt, qui lui va comme un vêtement mal taillé. Cela nous amène au point suivant.

6° *Quelques indices de datation*

a) *Nb* 24, 21b-22 est postérieur à *Abdias.*

b) Il est postérieur à toutes les autres représentations bibliques du nid « élevé », puisque déviant par rapport à elles. Il vient donc après *Dt* 32, 11 ; *Jér* 49, 16 ; *Jb* 39, 27 ; *Hab* 2, 9 et *Ab* 4.

c) Il pourrait bien être postérieur à 1 *Chr* 4, 43, qui est le premier et dernier texte à mentionner la destruction finale réalisée d'Amaleq en des termes aussi radicaux : « Ils battirent le reste des rescapés d'Amaleq et habitèrent là jusqu'à ce jour. » Ce serait le pendant poétique, *vaticinium ex eventu*, du récit historique du Chroniste, l'autre bout de la chaîne, symétrique du récit et de la malédiction d'*Ex* 17, 8-16.

d) *'bd* est un *dislegomenon* de *Nb* 24, 20 et 24. Avec le même sens actif de *« interitus, exitium »*, il existe deux mots d'emploi tardif : en *Est* 8, 6 *('bdn)* et en *Jb* 31, 12 *('bdwn).*

e) Vu la date de départ (au moins postérieure au retour d'Exil), *'šwr* pourrait désigner la Perse plutôt que l'Assyrie (voir p. 463-464). Ce qui pose problème, ce n'est pas l'identification, mais le fait que l'on n'a pas connaissance d'une déportation, par la Perse, des peuples qénite ou nabatéen, leurs éventuels descendants. Peut-être, à tout prendre, s'agit-il simplement d'une formule de menace stéréotypée, sans fondement précis dans l'histoire.

7° *L'origine locale des deux sentences*

Pour figurer l'anéantissement « invicem et completum » du Proche-Orient aux alentours de 400-350, Amalécites et Qénites, si paradigmatiques soient-ils, impliquent un point de vue bien étroit. Par ailleurs, la mention de l'un et l'autre présuppose un lien étroit, soit négatif, soit positif, avec Juda. L'auteur de ces deux sentences a donc toutes chances d'être judéen.

Les v. 23-24, versets finaux, forment un tout :

wyś' mšlw wy'mr
'wy my yḥyh mśmw 'l wṣym myd ktym
w'nw 'šwr w'nw 'br wgm-hw' 'dy 'bd

1° *Ils appartiennent à un autre niveau rédactionnel que les v. 20-22*

L'introduction ne mentionne plus la vision précise d'un peuple déterminé, mais se borne à reprendre la formule, désormais stéréotypée, *wyś' mšlw wy'mr*. Nous verrons plus bas comment l'auteur a réutilisé, mais en les modifiant profondément, des éléments qu'il trouvait aux v. 20-22. Autant d'arguments pour accréditer l'idée d'une main différente.

2° *Une lamentation de portée universelle*

Le cri *'wy* est l'ouverture normale pour une parole de lamentation. Dans la Bible, on la retrouve du *Pentateuque* (*Nb* 21, 29 sur Moab) aux *Proverbes* (*Prv* 23, 29) en passant par les livres historiques (1 *S* 4, 7.8), mais elle reste évidemment l'apanage de la littérature prophétique, d'Isaïe à Ézéchiel, et l'on ne s'attend pas moins à la retrouver en *Lam* 5, 16.

Notre cas se distingue de tous les autres, en ce qu'il est le seul[92] où l'interjection ne soit pas suivie de la préposition *l* et d'un pronom personnel suffixé, ou d'un substantif indiquant qui l'on plaint. Du point de vue sémantique, ce n'est pas indifférent. D'habitude, le locuteur s'apitoie, soit sur sa propre personne ou son groupe *('wy ly, 'wy lnw)*, soit sur son interlocuteur ou son groupe *('wy lk, 'wy lkm)*, soit sur d'autres *('wy lhm)*. Cela veut dire qu'il n'est même plus besoin de désigner l'objet de la lamentation, tant ce dernier est devenu universel. Il inclut, et le locuteur, et le monde entier. D'ailleurs, l'interrogation rhétorique qui suit vient le confirmer : « Qui réchapperait ? », c'est-à-dire : « personne ne saurait réchapper ».

92. Sauf *Ez* 24, 6.9, mais le vocatif y remplace *l* + pronom personnel : *'wy 'yr hdmym*.

Du point de vue de l'histoire de la langue, nous tenons peut-être, justement, parallèlement à l'universalisation de l'objet, l'ultime attestation de l'emploi biblique de *'wy*, postérieure à Ézéchiel et aux *Lamentations*.

3° *« Survivre à » ou « grâce à » ?*

my yḥyh mśmw 'l n'est pas vraiment obscur. On en perçoit bien le sens général, esquissé plus haut[93]. Mais les avis divergent quand on aborde le détail.

L'unanimité existe, ou peu s'en faut[94], quant à la fonction de *'l* : conformément à la règle énoncée par Gesenius-Kautzsch (§ 115b), *'l* est un génitif faisant fonction de sujet réel de l'infinitif *śwm* (voir *Dt* 1, 27 ; *Gen* 19, 26 ; 1 *R* 10, 9 ; *Is* 13, 19 ; 47, 9 ; *Os* 3, 1 ; *Am* 4, 11).

93. La LXX *kai exeleusetai*, le texte samaritain *ywṣy'm* et le Targum *'pqyn* présupposent une lecture différente, comportant la racine *yṣ'*, reprise par Michaelis (« Von der Seite herkommen ») et Vater. Un codex et le texte samaritain de Barberini portent même *mwṣy'm*, influencés par *Nb* 23, 22a *'l mwṣy'm*. Excepté la Peshitta, qui omet les navires et donc se rallie à la même lecture unique que la LXX et le samaritain, toutes les autres versions attestent une *lectio conflata*, mêlant la racine *ṣy* « navire » et la racine *yṣ'* « sortir » : Onqelos dit : « et des navires viendront *(wsy'n yṣṭrḥn)* de la part des Kittéens », mais la Peshitta : « et des légions sortiront *(wlgywn' npqwn)* de la terre des Kittéens ». La Vulgate comprend *venient in trieribus de Italia*, le Targum de Jonathan « et des vaisseaux et des armées *(wṣym wṣyṣym)* viendront avec des instruments de guerre et ils sortiront avec des troupes nombreuses *(wyqpwn b'klwsyn sgy'n)* de Lambarnia *(mn lmbrny')* et de la terre d'Italie et ils se joindront aux légions qui sortiront de Constantinople *(lgywnyn dypqwn mn qwsṭnṭyny)*. »

94. La difficulté inhérente à *Nb* 24, 23b-24a : *'wy my yḥyh mśmw 'l wṣym myd ktym* fait que l'on eut souvent tendance à ramener la fin du verset de l'inconnu vers le connu, à couper différemment, et à corriger. Signalons, pour mémoire, deux autres propositions (improbables) :

a) corriger *śmw* en *šmh* « desolari, vastari ». Rosenmüller est le premier à le faire ;

b) D. H. Müller (*Die Propheten in ihrer ursprüngliche Forme*. I. Band : *Prolegomena und Epilegomena*, Wien 1896, p. 215-216), corrige en *mšm'l*. Il pense au royaume de Sham'al, situé au nord-est du golfe d'Antioche (*sm'l* dans l'inscription de Zinjirli). A.H. Sayce (*The early History of the Hebrews*, London 1897, p. 231, n. 2) critique cette hypothèse, car Samalla n'était que le nom assyrien du district, les habitants de la Syrie septentrionale l'appelant Ya'di et Gurgum. Gray aussi conteste cette interprétation, mais Albright l'adopte, arguant du fait que *sim'al* « gauche » signifiait « nord » en Syrie aux alentours de 1700. Cela ne force pas l'adhésion.

La LXX ajoute, avant 23a, *kai idôn ton Og*, ce qui mène A. Geiger (*Urschrift und Übersetzungen der Bibel in ihrer Abhängigkeit von der innern Entwicklung des Judenthums*, Breslau 1857, p. 367), à supposer que le texte original était *wyr' 't 'gg wyś' mšlw wy'mr 'wy my yḥyh mīšᵉmûel* « wehe, wer bleibt leben vor Samuel ! » Bien que de nombreux manuscrits hébreux portent *msmw'l* en un seul mot, aucune version ancienne n'atteste le nom propre, car toutes portent deux mots.

I. Salzer (traduction de *Sanhédrin*, Paris 1973, p. 529 n. 369) traduit « hélas, qui pourra vivre quand ce n'est pas Dieu qui l'a mis en place » ; il pense que la traduction de la LXX et d'Onqelos « qui pourra vivre quand Il (Dieu) fera toutes ces choses qui suivent » suppose que le dernier mot El ne signifie pas Dieu, mais est pris pour l'abrégé de Eleh, « ces choses ».

Mais quelle est la valeur de *w* suffixé à *śwm*? Est-ce l'équivalent d'un pronom démonstratif *zh* ou *'lh*, auquel cas il faudrait traduire : «Qui survivrait quand Dieu a établi cela[95]?» Ou est-ce un véritable pronom personnel renvoyant au *my* sujet, et il faudrait alors traduire : «Qui survivrait quand Dieu l'a établi?» (sous-entendu : ainsi, quand Dieu a pris une décision à son endroit)[96]?

L'emploi de l'infinitif *śwm* construit avec préposition est rare dans la Bible, et bien circonscrit[97]. Fait remarquable, à cet infinitif est toujours suffixé un pronom personnel. Fait aussi remarquable, le sujet de cet infinitif est presque toujours Dieu[98]. Plusieurs fois (*Is* 44, 7; *Ez* 15, 7; *Jb* 38, 9), la phrase s'inscrit en contexte de réponse à une contestation de la suprématie divine, et deux fois (*Is* 44, 7 et *Jb* 38, 9) précédée ou suivie d'interrogations oratoires comparables à celle de *Nb* 24, 23b. De plus, c'est toujours l'évocation, ou de la création du monde, ou du décret de Dieu lancé contre une nation. *Nb* 24, 23b appartient indiscutablement à ce cercle d'expressions.

Mais il en diffère aussi beaucoup : c'est le seul texte où le pronom personnel suffixé à l'infinitif n'en désigne pas le sujet (Dieu), mais l'objet. Donc, c'est le seul texte où *'l* soit exprimé, mais comme génitif de l'infinitif. Enfin, c'est le seul texte où l'objet du verbe *śm* ne se présente que sous la forme d'un pronom suffixe, au lieu d'être exprimé en clair, sous la forme d'un substantif. Les autres occurrences échappent à l'ambiguïté de la nôtre : *Is* 44, 7 «Depuis que j'ai établi la multitude qui remonte à la nuit des temps» *(mśmy 'm-'wlm)* et *Prv* 8, 29 «Quand il assigna son décret à la mer» *(bśmw lym ḥqw)*. On le voit, entre les deux solutions évoquées ci-dessus, il est vraiment permis d'hésiter. Peut-être inclinerait-on en faveur de la seconde (le suffixe renvoyant au sujet *my*), parce qu'un suffixe masculin conviendrait mal pour désigner un objet neutre, habituellement désigné par le féminin singulier, et *a fortiori des* objets neutres : or, nous verrons que le v. 24 ne décrit pas un événement unique, mais une série d'événements successifs.

Il y aurait encore une troisième hypothèse, tirée du fait que *ḥyh* n'est jamais suivi de *mn*, et donc, ne veut jamais dire «survivre à». Il faudrait alors donner à *mn* un sens temporel, «depuis que», comme en *Is* 44, 7; *Lév* 9, 22, ce qui ne change guère, ou mieux, un sens nettement causal, «grâce au fait que», comme en *Ps* 73, 20 et

95. LXX; Vulgate; Peshitta; Onqelos et la majorité des exégètes modernes. Onqelos introduit une idée étrangère : «Malheur aux pécheurs qui vivront...».

96. Moins fréquent : Targum samaritain; parmi les modernes, Gray. Le Targum de Jonathan propose une interprétation apocalyptique : «Malheur à qui survivra au moment où sera révélée la parole de Dieu.»

97. *Is* 10, 6; 27, 9; 44, 7; *Ez* 15, 7; *Jb* 38, 9; *Prv* 8, 29.

98. Sauf *Is* 27, 9.

Dan 11, 23 « grâce aux accords faits avec lui *(mn-hthbrwt 'lyw)*, il usera de tromperies ». Le sens de *Nb* 24, 23b s'en trouverait complètement transformé : « Qui survivrait grâce au fait que Dieu l'a établi (en sécurité) ? » Autrement dit : personne ne peut invoquer, contre l'anéantissement, une assise immuable que lui aurait assurée Dieu.

Si cette proposition paraît hasardée, elle s'appuie cependant sur :

— de fréquents emplois de *ḥyh* en des expressions signifiant « vivre en sécurité, à l'ombre de, grâce à »[99];

— la certitude, fondée sur d'autres observations à venir, que le dernier auteur a voulu jouer avec le *śm bsl'* de 21b qui, lui, implique à coup sûr le sens de « sécurité immuable », et fonctionne dans un raisonnement identique à celui que l'on suppose ici : se croire installé en sécurité à jamais, et en réalité n'y être pas[100].

4° *Les navires de Kittim*

Le v. 24, traduit mot à mot, est incompréhensible. Mais l'identification précise et historique de chaque mot a posé problème, au point de conduire les exégètes aux hypothèses, et même aux corrections les plus variées[101].

« Et des navires (venant) de Kittim » : quelle réalité géographique et historique recouvre Kittim ? La question se complique du fait que *Dan* 11, 30 offre une expression presque identique : *wb'w bw ṣyym ktym* où, à coup sûr, les navires de Kittim désignent la flotte romaine, conduite en 168 par le légat Popilius Laenas chargé par le Sénat de transmettre à Antiochus IV l'ordre de déposer les armes et d'évacuer l'Égypte et Chypre. Faut-il, pour ce dernier « oracle » de *Nb* 24, 15b-

99. Voir *Hab* 2, 4; *Ps* 89, 48; *Lam* 4, 20.

100. Pour séduisante que soit cette troisième voie, avouons :

— que la locution elle-même est un peu courte; on attendrait un complément de lieu ou de manière;

— qu'elle n'est adoptée par aucune version ni aucun commentateur.

En *t. b. Sanh.* 106a, Rabbi SIMON comprend « Hélas pour celui qui prétend vivre en se servant du nom de Dieu *('wy lmy šmw bšm 'l)* ». D'après I. SALZER, cela veut dire : « malheur à celui qui prétend vivre à la place de Dieu, c'est-à-dire en se faisant passer pour Dieu. » I. SALZER ajoute que dans les éditions anciennes du Talmud cette ligne était censurée, sans doute parce que l'interprétation de Rabbi SIMON semblait une allusion au dogme chrétien de la Résurrection : le participe *meḥayeh* suivi de *'aṣmo* peut à la rigueur signifier « qui se fait revivre soi-même ». Le texte est cité dans *Pirqê de Rabbi ELIÉZER*, chapitre XXX, à propos d'Ismaël : « Balaam dit : 'Des soixante-dix langues que le Saint ... créa dans Son monde, Il ne mit Son nom dans aucune, sauf dans Israël; et depuis que le Saint ... a rendu le nom d'Ismaël semblable au nom d'Israël, hélas pour celui qui vivra dans Ses jours *('wy my yḥyh bymyw)*, comme il est dit : *'wy my yḥyh mšwmw 'l.* »

101. Outre les propositions signalées p. 459 n. 94, signalons CHEYNES qui, à la suite d'un rapprochement fait par IBN EZRA avec *Is* 34, 14, vocalise *ṣyym* « chacals », ce qui, combiné avec Šamal, évoque une invasion du Sud de la Palestine (Ashur = Shur) par les chacals, c'est-à-dire les hordes sauvages venues du Nord; HOMMEL aussi adopte cette solution.

24, descendre aussi bas dans l'histoire? On a parfois proposé de voir dans ces vaisseaux de Kittim la flotte d'Alexandre venue en 332 conquérir la Palestine[102]. Enfin, en désespoir de cause, plusieurs auteurs se sont refusés à identifier l'événement et les lieux avec précision : la seule certitude, c'était que les navires de Kittim représentaient quelque puissant envahisseur venu de l'Ouest, et désormais victorieux des puissances orientales symbolisées par Assur et Éber. Bien souvent, d'ailleurs, on a aligné les trois solutions, en avouant l'impossibilité de choisir l'une d'elles. Il est certain qu'il n'y en a pas d'autre. Quelque indice nous permet-il de sortir de l'incertitude?

La Bible aide sans aider : en *Gen* 10, 4, Kittim est, avec Élisha, Tarsis et Rodanim, l'un des fils de Yavân; en *Is* 23, 1 et 12, c'est l'île de Chypre; en *Jér* 2, 10 et *Ez* 27, 6, *'yy ktym* évoquent sans doute les populations riveraines de la Méditerranée Orientale. En 1 *Mac* 1, 1 et 8, 5, ce sont les sujets de Philippe de Macédoine.

Il est certain que Kittim fut vite senti comme indiquant la direction de l'Occident, et des puissances maritimes de la Méditerranée Orientale[103]. Notre texte, de par son statut poétique, ne veut pas être trop précis : il ne veut qu'indiquer une direction, et évoquer une invasion d'un type correspondant à cette direction, c'est-à-dire une flotte. Il veut opposer nettement, tout en gardant un langage très général, deux directions : la seconde est représentée par Assur, le type même de la grande puissance orientale.

Si toutefois un événement historique précis se cachait sous ces représentations générales, on pourrait songer à l'invasion de la flotte macédonienne en 332. Voici les arguments en faveur de cette suggestion[104] :

102. Les auteurs se sont en général bien gardés de trancher, laissant ouvertes les diverses hypothèses. GRAY n'exclut pas, dans le cas d'une datation au VIIe ou au VIIIe siècle, que les navires de Kittim transportent des marins chypriotes.

103. D'après JOSÈPHE (A.J. Livre I, § 128), le nom de la cité Kition ou Citium à Chypre est un souvenir de la présence des Kittim dans cette île. L'auteur ajoute que le nom ancien de Chypre était Kethima, de Kethimos, troisième fils de Yavan, qui s'y établit, et dont les descendants l'héritèrent sous le nom de Kittim. JOSÈPHE dit enfin que c'est à cause de la possession par Kethimos de l'île de Kethima ou Chypre, que « toutes les îles et la plus grande partie des côtes maritimes sont nommées Kethim par les Hébreux ». Sur les Kittim dans la littérature qumranienne, on lira R. NOTH, « Kittim » War or « Sectaries » Liturgy, *Biblica* 39, 1958, p. 84-93.

104. Il est vrai qu'Alexandre n'est pas arrivé directement par la côte de Tyr et Sidon. Voir JOSÈPHE, A.J. Livre XI, § 305 et 317-320. Le Macédonien traversa l'Hellespont, défit les généraux de Darius au Granique, envahit la Lydie, l'Ionie, la Carie, et la Pamphylie. Darius vint à sa rencontre et se fit battre à Issos, en Cilicie. Ce n'est qu'ensuite qu'il prit Damas, Sidon, et Tyr, puis assiégea Gaza. Le récit de JOSÈPHE montre bien comment les maîtres de la Palestine se succédèrent. Par ailleurs, décrivant l'écrasement des Macédoniens par les Romains (G.J. Livre II, § 360-361), JOSÈPHE illustre exactement l'esprit et la lettre de notre texte. Et c'est bien d'Occident, par mer, qu'est venue l'invasion.

a) Au v. 24b, *wgm hw'* veut dire : « et lui à son tour ». *wgm* suivi d'un pronom personnel implique toujours l'idée du « tour à tour, invicem ». Par ailleurs, l'expression apparaît souvent dans un contexte de crime et de châtiment : le pécheur est puni, la victime devient bourreau et le bourreau victime, renversement total, réciprocité, juste retour des choses. Pour identifier ce *hw'*, on pourrait suivre l'intuition d'Origène qui suggère de comprendre : « et lui aussitôt, à son tour il est voué à disparaître »[105]. Il s'agirait donc d'Alexandre. Le v. 24b évoquerait sa mort subite en 331 et, corrélativement, la dissolution de son empire (on en sait les avatars, avec les Diadoques). On notera que l'expression *'dy-'bd* n'évoque pas une défaite, mais une disparition : or ni Alexandre ni son empire ne furent vaincus par un autre, comme le furent Darius et son empire.

b) Au v. 24aβ, à quel sujet renvoient les deux verbes *w'nw*? Sont-ce les navires de Kittim, c'est-à-dire, par métonymie, l'armée qu'ils transportent? Oui et non. Mieux vaut traduire par « on », comme en tous les emplois de *'nh* II au piel troisième personne du pluriel (*Gen* 15, 13 ; *Ez* 22, 10 ; *Ps* 105, 18 ; *Lam* 5, 11). Bien sûr, ce « on » renvoie à l'armée des vaisseaux de Kittim, mais il respecte l'indétermination voulue par l'auteur. De plus, il permettrait de bien distinguer le sujet de *'nw*, « on » indéterminé, du pronom sujet *hw'* concerné par *'dy 'bd* : Alexandre en personne. Et de les distinguer dans le temps[106].

c) Toujours en 24aβ, quelles réalités recouvrent les noms propres *'šwr* et *'br*? Vu l'époque retenue pour les événements évoqués en 24, 24, *'swr* ne saurait désigner l'Assyrie, engloutie depuis 550 par l'empire perse. Mais *Esd* 6, 22 atteste que *'šwr* continua d'être employé pour désigner la Perse en tant qu'elle avait recouvert l'ancien territoire de l'Assyrie. Quant à *'br*, cette dénomination a beaucoup intrigué. S'agit-il des Hébreux, c'est-à-dire des Israélites? Mais pourquoi les mentionner en cette occasion? S'agit-il d'une tribu particulière?

105. Origène, *Homélies sur les Nombres* xix, 4. On ne gardera d'Origène que la temporalité grammaticale, et non la totalité de l'interprétation. En effet, selon lui, *wgm-hw'* désigne Assur : « les Assyriens eux-mêmes maltraiteront donc les Hébreux, c'est-à-dire le peuple du Seigneur, comme ils sont maltraités par eux ; mais eux, les Assyriens, quand ils auront fait cela, et quand ils auront dépensé toutes leurs forces à maltraiter les Hébreux, périront eux-mêmes aussitôt après. Dans les mots : « et ils maltraiteront les Hébreux et ils périront eux-mêmes également », il ne faut pas entendre que les Assyriens périront comme les Hébreux, mais comme ils auront fait cela, c'est-à-dire dès qu'ils l'auront fait, ils périront aussitôt [car le grec emploie 'également' au sens de : aussitôt] (glose de Rufin). »

106. Le terme est assez souvent employé pour évoquer un renversement de situation : ils ont opprimé, ils seront opprimés (2 *R* 17, 20 ; *Ps* 94, 5 ; *Is* 60, 14 ; *So* 3, 19, et voir n. 33 pour la stèle de Mesha).

S'agit-il d'un ensemble plus vaste que celui des Israélites ? S'agit-il de la région au-delà de l'Euphrate, en dehors du territoire de l'Assyrie[107] ? Le plus juste est de penser à une locution devenue officielle et courante dans le langage administratif de l'Empire perse : *'br-hnhr* « la Transeuphratène » pour désigner « l'autre côté de l'Euphrate », du point de vue, non de la Palestine, mais *de la Perse*. Ainsi, paradoxalement, *'br-hnhr* indiquerait les régions *à l'ouest de l'Euphrate*, et non *à l'est*. C'est bien attesté en 1 *R* 5, 4 ; *Esd* 2, 7.9 ; 4, 10 ; 6, 6 ; 8, 36. L'expression, généralisée sous l'empire perse, put continuer d'être employée même après la chute de cet empire, et même par les habitants de la Palestine, pour qui c'était pourtant « ce côté-là » de l'Euphrate[108]. Ainsi, avec *'šwr* et *'br*, l'auteur couvrait les deux côtés de l'Euphrate, autrement dit, évoquait l'asservissement de toutes les régions et de tous les royaumes du Proche-Orient par la puissance maritime macédonienne venue de l'ouest.

5° *Datation*

Ces conclusions admises, la datation des événements pourrait être la suivante : la conquête de l'Asie mineure, de la Syrie et de la Perse par Alexandre se situerait environ entre 336 et 331, et celle de la Palestine en 332. La mort d'Alexandre survient, on le sait, en 323.

6° *L'auteur*

a) *L'esprit :* visiblement son point de vue est celui d'un sage ; objectivement, les événements évoqués le concernent autant qu'ils concernent les objets de son discours, qui en sont aussi les destinataires ; mais justement (voir le 1°), son discours ne s'en ressent pas ; lui-même ne s'y implique pas. Il se montre aussi universaliste qu'apparaît universel l'anéantissement évoqué.

Il est bien possible que, dans l'ordre du temps, il n'écrive pas *longtemps* après l'auteur de l'unité précédente (les v. 20-22). D'ailleurs, d'une certaine manière, leur perspective est la même : en 24, 20-22 « invicem et completum », en 24, 23-24 « completum (les deux rives de l'Euphrate) et invicem (Alexandre à son tour) ». Mais

107. Pour Dillmann, par exemple, ce sont tous les habitants de la Transeuphratène, en dehors de l'Assyrie ; Hümmelauer observe avec raison que Éber ne saurait désigner les Hébreux, car le mot serait plutôt *'brym*. Baentsch pense à la terminologie officielle de l'époque perse, et Wellhausen envisage la possibilité que Éber et Assur soient les deux moitiés d'un même ensemble.

108. A Angers, on appelle « Doutre » le quartier situé « d'outre-Maine » (la Maine étant la rivière), par rapport à la Cité. Tous l'appellent ainsi, même ceux qui y habitent, et pour qui cependant c'est la Cité qui en réalité est « d'outre ».

quelle différence ! Là, le point de vue était étroitement judéen, ici, il s'élargit aux dimensions du monde alors connu.

Mais c'est aussi un historien. Les événements évoqués risquent d'être assez précis. Chaque mot est pesé, pour permettre à la fois d'identifier les faits, et d'en apprécier exactement le poids, la leçon qu'ils donnent, ce qu'ils représentent. Et, pour les brosser avec un sens aussi aigu de leur enchaînement, de leurs particularités, et de leurs rapports, il pourrait bien n'écrire pas très longtemps après le dernier d'entre eux, c'est-à-dire pas très longtemps après 323.

b) *L'écriture :* elle vient à coup sûr après celle des v. 20-22, à laquelle elle se rattache par certains mots-crochets. La reprise des mêmes termes permet de déceler et de mesurer l'écart, l'infléchissement de la seconde par rapport à la première :

— *wyś' mšlw wy'mr :* nous l'avons vu, aux v. 20 et 21a, ces deux formules sont précédées de la vision d'un peuple précis ; en 23a, nullement : universalisation ;

— *'dy 'bd* désigne, en 20bβ, l'anéantissement, par défaite, d'un petit peuple par un autre plus puissant ; en 24b, c'est la disparition naturelle d'un homme et la dissolution de son empire qui s'ensuit ;

— *yhyh l* en 22a, la perte assurée ;

— *yḥyh* en 23b, la survie mise en doute ;

— *śym bsl'* en 21b et *mśmw 'l* en 23b : de toute façon, on perçoit un jeu d'échos. Si les deux premières solutions proposées au 3° sont retenues, il y a opposition entre la position éphémère du nid et la décision immuable de Dieu. Si la troisième est préférée, il y a parallélisme entre la position éphémère du nid et l'absence d'établissement solide par Dieu ;

— la tentation généalogique : on a dit plus haut que les événements évoqués en 24, 23-24 avaient des chances d'être précis : leur formulation n'en demeure pas moins vague, d'où les difficultés rencontrées pour les identifier. L'effet est cherché par l'auteur, qui veut conférer à sa parole, par son ton mystérieux et le flou des formes, le même impact que la force donnée aux visions du mage chaldéen (v. 17-19). Mais il y a plus : il cède à l'archaïsme généalogique[109], dont il puise l'idée chez P4 (les *bny-št*, mal compris), et chez l'auteur suivant, responsable des deux sentences sur Amaleq et Caïn. Il force cette idée et la systématise, avec Kittim (voir *Gen* 10, 4), Assur (*Gen* 10, 22) et Éber[110] (*Gen* 10, 21).

109. Wellhausen, dans son *Nachtrag* de 1899, estime que les dernières paroles contiennent des noms artificiellement archaïques.

110. Cette tentation généalogique pourrait rendre compte du fait que les textes historiques mentionnés p. 463-464 n'emploient jamais, pour désigner la Transeuphratène, que l'expression *'br-hnhr*, alors que *Nb* 24, 24 a seulement *'br*. Notre auteur,

Le but est d'ordre poétique : simplifier, universaliser, donner plus d'ampleur, de hauteur et de profondeur. Mais, ce faisant, il achève de brouiller les cartes, la réalité cachée sous les mots pris aux généalogies de *Gen* 10 étant tout autre que celle qui d'ordinaire est mise sous ces généalogies. C'est vraisemblablement celle des événements concrets et tragiques des années 350-320 avant J.-C.

Résumé - Conclusion

I - *Composition du quatrième poème Nb 24, 15b-24*

Les analyses précédentes ont permis de dégager trois niveaux rédactionnels :
— les v. 15b-19, concernant Moab et Édom;
— les v. 20-22, traitant d'Amaleq et de Caïn;
— les v. 23-24, consacrés à Kittim, Assur et Éber.

II - *Caractéristiques du premier niveau (P4 = P3B)*

L'auteur en est le même que celui du deuxième niveau de P3, appelé P3B, auteur de *Nb* 24, 7b-9. Il en possède les « tics » d'écriture; il a « emprunté » à P3A son en-tête; il renforce la fiction du mage chaldéen, qui lui permet, comme à son habitude, de jouer sur deux registres, ici le signifiant et le signifié, à partir de la réalité du signe qu'est l'étoile.

La différence d'écriture entre P3A et P3B = P4 risque de coïncider avec un léger décalage dans le temps : P3A daterait de l'Exil et aurait été écrit en Exil, P3B = P4 daterait de l'immédiat retour d'Exil, où semblent resurgir des préoccupations de revanche.

Le fait qu'il y a un autre poème P4 distinct et différent de P3B, bien que du même auteur, s'expliquerait par le sentiment de la nécessité, après des menaces d'ordre général (P3B), de malédictions dirigées contre des nations particulières (P4); et aussi, le souci de symétrie avec P1 et P2, sentis comme émanant d'un même auteur.

La « pointe » est tournée d'abord contre Édom, accusé d'avoir trahi son frère Jacob lors des chutes de Jérusalem en 597 et 587.

voulant feindre le langage généalogique de *Gen* 10, tout en respectant la terminologie administrative de son époque, n'aurait gardé que *'br*, ce qui se conçoit encore mieux en poésie. Et cela répondrait à l'objection d'Ibn Ezra, selon qui *'br* sans *hnhr* ne désigne jamais la Transeuphratène. Ibn Ezra a raison. L'invention littéraire de notre auteur est l'exception qui confirme la règle.

L'esprit relève de l'utopie « revancharde », d'autant plus mégalomane et irréaliste qu'elle se voit plus contredite par la réalité historique.

III - *Caractéristiques du deuxième niveau (v. 20-22)*

L'idée générale est : « invicem et completum ». Nous sommes à une époque de disparition successive et généralisée des royaumes. Il est difficile de situer avec plus de précision sur le plan historique. Assur désigne déjà la Perse. Toute illusion de revanche, même de mauvaise foi, a disparu. Il ne s'agit plus de malédiction, ni même de condamnation, mais d'une simple constatation.

Le point de vue est étroitement judéen, puisque ce sont Amaleq et Caïn, modestes tribus caractérisées par leurs relations spéciales avec Juda, qui sont choisis pour figurer l'anéantissement auquel nul peuple n'échappe.

Littérairement, le souvenir d'*Abdias*, très pertinent à propos d'Édom en *Nb* 24, 18a, est réutilisé mais gauchi pour évoquer les Qénites en *Nb* 24, 21b.22.

IV - *Caractéristiques du troisième et dernier niveau (v. 23-24)*

L'idée générale est : « completum et invicem »[111]. Le point de vue, universaliste, est à la fois d'un sage et d'un historien.

Les événements visés pourraient être la conquête de la Syrie-Palestine et de la Perse par les armées macédoniennes venues de l'ouest, entre 336 et 332, et la mort d'Alexandre en 323, l'auteur écrivant peu après.

Littérairement, il se « raccroche » au niveau précédent grâce à des mots qu'il réutilise en en infléchissant la valeur. C'est assez normal, puisque son idée générale est globalement la même, mais non la réalité qu'il évoque. Il voile cette réalité précise d'un langage très vague, puisé dans les généalogies de *Gen* 10, et « plaqué » ici.

Il a peut-être voulu rendre au mieux le sentiment du « completum » en élevant la somme des poèmes-visions de Balaam au chiffre sept. En effet, avec v. 23a, la formule *wyś' mšlw wy'mr,* et donc, le nombre d'« oracles » formellement annoncés en *Nb* 23-24 (*Nb* 23, 7a.18a ; 24, 3b.15b.20aβ.21aβ.23a) s'élèvent à sept, chiffre de l'accomplissement.

111. J. Mauchline *(The Balaam-Balak Songs and Saga)* rapproche très justement les v. 23-24 de *Ben Sira* 10, 8 : « La royauté passe d'un peuple à l'autre à cause des injustices, des violences et de la cupidité. » Mais le Siracide pense sans doute à la Palestine des IIIe-IIe siècles, époque des luttes entre Lagides et Séleucides. Si la citation convient à notre oracle, elle ne désigne pas nécessairement la même situation historique.

V - *Le rapport avec la prose*

P3B = P4 est aussi l'auteur du lien rédactionnel *Nb* 24, 10-15a entre le dernier niveau du troisième poème et le premier niveau du quatrième. Nous l'avons déjà prouvé ailleurs, mais soulignons encore, comme trait caractéristique, le style imitatif avec de légères variantes. Ce que P3B = P4 pratique à l'égard de divers autres poèmes, les v. 10-15a le font exactement à l'égard de toute la prose de *Nb* 22-23. Cela a toute chance d'être une signature.

De plus, *Nb* 24, 14a « Viens, je vais t'indiquer ce que fera ce peuple à ton peuple » est visiblement là pour introduire P4 et, dans P4, le v. 17bγδ qui concerne Moab. Nous l'avons vu, P4 est d'abord orienté contre Édom. Moab n'est qu'un prétexte, « crochet » avec l'histoire précédente de Balaq. Mais ce « crochet » n'est-il pas commun, justement, à P4 et à l'auteur de *Nb* 24, 14b ? Ces deux auteurs ne font donc sans doute qu'un.

VI - *Confrontation avec les autres opinions*

Les trois ensembles dégagés dans les analyses précédentes coïncident avec les conclusions avancées par la majorité des exégètes. Ce sont les datations qui diffèrent.

L'écartement le plus grand est proposé par Albright : du XIIIe ou du XIIe siècle au IVe ou au IIe siècle. Le plus étroit revient à von Gall : de l'après-Exil au Ier siècle. Peu d'auteurs se sont risqués à indiquer des dates précises, pour le début de l'oracle (v. 15b-19). Ils se contentaient de suggérer, sans trancher, les époques de David, Salomon, ou Omri. Leur indécision venait peut-être du carcan où les tenait l'hypothèse documentaire.

Les analyses contenues dans les chapitres précédents furent menées délibérément en dehors de cette hypothèse, ce qui a conduit, sans qu'on l'ait cherché, à inverser radicalement les résultats de cette hypothèse : les deux premiers poèmes (qualifiés généralement d'« élohistes ») se sont avérés plus anciens que les deux suivants (classés le plus souvent comme « yahvistes »). L'épisode de Balaam (*Nb* 22-24) est apparu comme tournant autour de deux pivots, et les reflétant : un pivot idéologique et religieux, le *Deutéronome*, et un pivot historique, l'Exil[112].

Ces analyses osent proposer des dates précises : pour l'ensemble des trois chapitres, cela irait des années 660 ≈ 640, pour le premier

112. D'après J. Mauchline *(The Balaam-Balak Songs and Saga)*, si 24, 5-9 date du Xe siècle, le quatrième poème ne remonterait, en revanche, qu'à l'époque de l'Exil. Il le rapproche de *So* 2, 8-11, et *Ez* 25, 8-14.

récit et les deux premiers poèmes, légèrement prédeutéronomiques, à environ 320, pour la coda du dernier poème. Soit une période d'à peu près trois siècles et demi. Pour le dernier poème proprement dit, des années 530 (immédiat retour d'Exil) aux années 320, soit un peu plus de deux siècles. Ces deux laps de temps apparaissent comme plus étroits que tous ceux qui furent envisagés antérieurement.

Excursus I

Ce tableau veut montrer, dans la colonne de gauche, combien *Nb* 24, 18-19, concernant Édom, et même 17, offre d'affinités historiques, thématiques, et littéraires *exactes* avec *Abdias*; et, dans la colonne de droite, qu'il existe en *Nb* 24, 20-22, concernant Caïn, et un peu Amaleq, des souvenirs réels de ce même oracle d'*Abdias*, mais surtout *transformés, gauchis*.

Abdias et *Nb* 24, 17-19

— « Vision » *ḥzwn Ab* la cf. *Nb* 16bβ *mḥzh . . . yḥzh.*

— Dieu sujet et origine de l'audition *Ab* 1b *šmw'h šm'nw m't yhwh* cf. *Nb* 24, 16a *n'm šm' 'mry 'l.*

— Expulsion du territoire *Ab* 7 cf. *Nb 24, 18a.*

— « la montagne d'Ésaü » *Ab* 8 et 9 cf. *Nb* 24, 18aα : Séir.

— « à cause des violences exercées contre ton frère » *Ab* 10 cf. le souvenir en *Nb* 24, 18a de *Dt* 2.

— « le jour où des étrangers le vidaient de sa force *(ḥyl)* » *Ab* 11 cf. *Nb* 24, 19b *wyśr'l 'śh ḥyl* « et pendant ce temps Israël prend force ».

— « pénétrer dans ses portes et jeter le sort sur Jérusalem » *Ab* 11 cf. *Nb* 24, 19b *('yr)* et le souvenir en *Nb* 24, 17 *(qrqr)* d'*Is* 22, 5.

— *Ab* 12-15 pénétration dans la ville. Et surtout « le jour de ton frère ; les fils de Juda ; au jour de leur perdition *('bdm) ;* surtout pas toi ; ne porte pas la main sur ce qui fait sa force *(ḥyl)*, ne livre pas ses rescapés *(śrydyw)* » cf. *Nb* 24, 19b *wh'byd śryd m'yr* ; « proche *(qrwb)* est le jour du Seigneur » cf. *Nb* 24, 17 *(l' qrwb)* ; « comme tu as fait, on te fait » cf. la « Talionstilistik » sous-jacente à *Nb* 24, 18-19.

— *Ab* 8 *h'bdty* cf. *Nb* 24, 19 *wh'byd.*

— *Ab* 17a « Les gens de Jacob spolient *(yršw)* ceux qui les ont spoliés » *(mwršyhm)* cf. *Nb* 24, 18a par le biais de *Dt* 2.

— *Ab* 18aαβγ même structure que *Nb* 24, 18 : *whyh byt-y'qb 'š wbyt ywsp lhbh wbyt 'św lqš* cf. *whyh 'dwm yršh whyh yršh ś'yr.*

— *Ab* 18b pas de survivant *(śryd)* à Ésaü cf. *Nb* 24, 19b *wh'byd śryd.*

— *Ab* 20 les exilés de Jérusalem occupent *(yršw)* les villes du Négev cf. *Nb* 24, 18.

Abdias et *Nb* 24, 20-22

— *Ab* 2 « je te rapetisserai au milieu des nations » *(gwym)* cf. *Nb* 24, 20b *r'šyt gwym,* etc.

— *Ab* 3 « toi qui demeures dans les creux du rocher *(sl')* et qui habites sur les hauteurs » cf. *Nb* 24, 21b *'ytn mwšbk wśym bsl' qnk.*

— *Ab* 4 « Quand *('m)* tu t'élancerais... et que tu placerais ton nid *(w'm śym qnk)* » cf. *Nb* 24, 22 *ky 'm yhyh lb'r qyn.*

— *Ab* 8 *h'bdty* cf. *Nb* 24bβ *'dy 'bd.*

— *Ab* 10 « tu es exterminé à jamais » cf. *'dy 'bd.*

— *Ab* 11 « le jour où ils transportaient » *(šbwt)* cf. *Nb* 24, 22b *'d-mh 'šwr tšbk.*

— *Ab* 12 *bywm 'bdm* cf. *Nb* 24, 20 et 24 *'dy 'bd.*

— *Ab* 14 « exterminer ses survivants » *'t plyṭyw* cf. 1 *Chr* 4, 43 à propos du sort final d'Amaleq *'t š'ryt hplṭh l'mlq.*

— *Ab* 15 « jour menaçant toutes les nations » *'l-kl hgwym.*

— *Ab* 18 le feu qui consume cf. *Nb* 24, 22 *lb'r.*

Remarques : L'interprétation de ces faits a été proposée au cours du chapitre. En somme, les contacts entre *Nb* 24, 17-19 et *Abdias* sont de véritables affinités, car l'idée d'ensemble est la même : reprocher à Édom sa traîtrise envers son frère Juda lors de la chute de Jérusalem en 597 ou 587, et lui annoncer un sort identique ; le tout est situé dans l'esprit du « Jour du Seigneur » mais, paradoxalement, alors que *ywm yhwh* paraît en *Ab* 15, et que *ywm* scande l'ensemble de cette prophétie comme un refrain sinistre, il est absent de *Nb* 24, 15-19. Pourtant, tous les éléments s'y trouvent.

Toutefois, *Abdias* trahit au moins deux niveaux rédactionnels : jusqu'au v. 15 inclus, l'auteur de la revanche reste absent, indéterminé. En tout cas, il est sûr que ce n'est pas Jacob, que la victime ne devient pas bourreau. En revanche, à partir du v. 17, il est dit que ce sont les gens de Jacob qui anéantissent Ésaü. Cela semble être un niveau postérieur. Or, c'est ce dernier point de vue qui caractérise *Nb* 24, 17-19. Donc, paradoxalement, la perspective rétrécie, strictement « revancharde », apparaît comme postérieure à celle qui s'en remet à Dieu.

Et justement, la mention du « Jour du Seigneur » disparaît à partir du moment où apparaît la perspective « revancharde » (*Ab* 16 ss et *Nb* 24, 17-19). Peut-être sont-elles incompatibles : la première, théologique ou théocentrique, et l'autre, anthropologique ou anthropocentrique.

C'est pourquoi, bien que le ton et la phraséologie (la lettre) du « Jour du Seigneur » affleurent en *Nb* 24, 17-19, le mot lui-même ne peut apparaître, car l'esprit n'y est pas. Et c'est précisément parce que ce n'est qu'un faux « Jour du Seigneur », qu'il peut n'être pas proche.

Quant à l'auteur des deux sentences sur Caïn et, moins, sur Amaleq, nous avons vu comment, attiré par la tentation du jeu de mots sur « nid », il a, lui aussi, revêtu un peu du discours d'*Abdias*, mais en infléchissant le sens des expressions et leurs valeurs traditionnelles dans la Bible. Ce qui l'intéressait, c'était Caïn (et Amaleq), pour exprimer le « completum ». Sa perspective était tout autre que celle d'*Abdias* et de P4.

Les commentateurs n'ont pas manqué, au fil des analyses, de signaler des rapprochements ponctuels entre *Nb* 24, 21 et *Abdias*. Mais, vu leur hypothèse de datation respective des deux textes, ils ne savaient comment les interpréter. Par ailleurs, ils n'en avaient pas mesuré l'ampleur, ni en extension, ni en compréhension. Avec une datation exilique, ou légèrement postexilique, de *Nb* 24, 15b-19, et la solution de la rancune déterminée, précise (même si elle reste injustifiée historiquement), contre la conduite édomite en 597 et 587, tout s'explique.

EXCURSUS II

Mise au point sur kl-bny-št

Voici toutes les données du problème. Nous verrons ensuite ce que nous pouvons tenir pour certain.

On ne sait ce que recouvre l'expression *kl-bny-št*, sauf qu'il ne s'y agit pas du Seth père d'Hénoch de *Gen* 4, 26.

1° Si la structure du v. 17bγδ est identique à celle du v. 18a, *kl-bny-št* n'est qu'une autre façon de désigner Moab (car Séïr ≈ Édom) :

a) comme qualificatif, *š't* « vacarme, destruction »; *ś't* « orgueil » ; « assaut » ;

b) comme dénominatif : Sutu serait un nom tribal de la nation Moab.

2° Mais il n'est pas sûr que les deux versets aient même structure : donc, *kl-bny-št* peut désigner une réalité autre que Moab. Dans ce cas, on peut reprendre les deux hypothèses *a)* et *b)* énoncées ci-dessus. Mais quelle est la valeur de *kl*?

a) il peut qualifier *l'action* du verbe : « il détruit tous/les fils de Seth » (extermination totale);

b) il peut qualifier *l'objet* du verbe : « il détruit/tous les fils de Seth » (« tous les fils de Seth » est alors l'ensemble résultant d'une soustraction entre un ensemble plus grand, et l'ensemble constitué par Moab).

3° L'attitude de Moab lors des deux sièges de Jérusalem : la Bible ne nous en dit rien; en revanche, de nombreux oracles contre Moab ne se situent pas dans un cadre plus précis que celui des « oracles contre les nations ».

4° Certains proposent que les fils de Seth soient les fils d'Ammon. Quelques oracles (beaucoup moins que pour Édom) font allusion à l'attitude d'Ammon lors des deux sièges : elle aurait été comparable à celle d'Édom. Dès lors, Moab serait englobé (mais sans raison historique) dans le même mouvement d'accusation. Il est sûr qu'Édom, Moab et Ammon, forment la triade traditionnelle des voisins à la fois proches et ennemis d'Israël. Il est sûr qu'en *Dt* 2, c'est eux qu'il est prescrit d'épargner.

5° Vu la précision de toutes les prédictions lancées par P4, *kl-bny-št* peut difficilement être trop vague.

6° Il faut compter avec le style de l'auteur :

— habitude de la citation, avec légère variation (souvent par une autre citation mineure);

— goût du double sens (de multiples manières).

Essai de réponse

1° Sutu comme nom de peuple a vraiment une extension trop vague pour recouvrir exactement, soit Moab, soit un peuple voisin.

2° Les quelques oracles bibliques dirigés contre Ammon ne mentionnent pas exactement, comme c'est le cas pour Édom, une présence en Juda, mais une occupation de Gad, dont on ne sait exactement si elle s'est produite en 721 ou en 587. De toute façon, 2 *R* 24, 2 est clair : « Le Seigneur envoya contre Yohaqîm des bandes de Chaldéens, des bandes d'Araméens, des bandes de Moabites et des bandes des fils d'Ammon ; il les envoya contre Juda pour les anéantir... » *Jér* 49, 1-5 est clair, et le v. 2, troublant, par rapport à *Nb* 24, 18a : *wyrš yśr'l 't-yršyw* cf. *whyh 'dwm yršh whyh yršh ś'yr*. Mais *Ez* 25, 1-6 contre Ammon, comme *Ez* 25, 8-11, contre Moab, ne mentionne que les railleries des deux nations contre Juda dévasté, et non une participation active, comme c'est le cas pour Édom en *Ez* 25, 12-14. *Am* 1, 13-15 n'évoque des sévices que contre Galaad, et *So* 2, 8-9, que des railleries et un agrandissement indéterminé.

Donc, ni Moab ni Ammon ne sont clairement accusés, dans les oracles, d'action directe contre Juda en 597 et 587. En revanche, c'est clair, et de façon réitérée, pour Édom.

3° Nous en revenons à notre analyse antérieure de *Nb* 24, 17bγδ-18a :

a) il n'y a pas de fils d'Ammon cachés sous les *kl-bny-št* ; car ils auraient été nommés, les Sutu ne les recouvrant pas, et, de toute façon, il n'y a pas de raison profonde pour qu'ils entrent dans le poème ;

b) en revanche, il y a une raison pour que Moab soit là : c'est le « peuple-crochet » avec l'épisode de Balaam, et, de façon secondaire, il a participé à des raids contre Juda en 587 ;

c) la véritable cible reste Édom, avec le souvenir d'*Abdias* et, de façon plus directe, d'*Is* 22, 1-14.

4° Voilà pourquoi il semble qu'il faille comprendre v. 17bγδ : « Il fracasse les tempes de Moab (crochet) et démolit tous ceux qui assiègent (une ville : $\sqrt{}$*šyt*) et font du vacarme en la détruisant ($\sqrt{}$*š't*) » (c'est autre chose que Moab, à la fois général et précis, par le souvenir du siège) (et en particulier : restriction, l'auteur ajuste son tir :) v. 18a « Édom sera terre de conquête et terre de conquête sera Séïr, ses ennemis. »

Donc, à la limite, *kl-bny-št*, loin de définir Moab, définit un ensemble différent, dont Édom sera une spécialisation, et le paradigme. C'est bien le style de l'auteur :

— citation majeure de *Jér* 48, 45 : *wt'kl p't mw'b wqdqd bny š'wn* ;

— légères variations grâce à des citations mineures (ici *Is* 22) ;

— pratique du double sens *š't* et *šyt* ;

— infléchissement profond du sens, grâce à ces procédés et au fait que les deux hémistiches ne désignent plus le même objet ;

— actualisation.

CHAPITRE XI

SITUATION DE *Nb* 22-24 DANS LE LIVRE DES NOMBRES

Ce chapitre final veut n'être qu'une esquisse, préalable à une plus ample recherche, pour répondre aux trois questions suivantes : dans quelle mesure *Nb* 22-24, isolé, apparaît comme une insertion secondaire, dans quelle mesure il conserve des liens avec le reste du livre, à quel niveau se situent ces liens. L'enquête ne porte que sur les chapitres 10 à 32, qui relatent la marche des Israélites vers Canaan, à travers Sinaï et Transjordanie. Les chapitres 1 à 9 et 34 à 36, traitant de questions institutionnelles, fausseraient quelque peu les résultats, même si certains des chapitres retenus pour l'enquête (15; 17-19; 25-31) figurent traditionnellement dans la même strate sacerdotale que ceux qui en sont exclus. C'est le *contenu* qui a présidé au choix.

Exposé des faits

I - *Les différences*

A - *L'objet*

Confrontation d'Israël et de Moab; tentative de Balaq pour vaincre Israël non par les armes, mais par les malédictions. Cela ne se trouve pas avant *Nb* 22-24, et ne se retrouve ensuite qu'en 25 et 31, mais il s'agit, en 25, d'une autre tradition, et en 31, d'un rappel de 22-24, mêlé à la tradition de 25.

B - *Le point de vue (le sujet)*

Le point de vue est unique : point de vue intérieur à la conscience *gwy*. Moïse est presque toujours le sujet et l'objet principal des autres chapitres ainsi, par voie de conséquence, que les activités et pensées d'Israël. Jamais en *Nb* 22-24. *Nb* 22-24 est donc absolument isolé sur ce plan (et dans la Bible aussi, d'ailleurs).

C - *Les thèmes*

— Les citations de *Genèse* et *Exode* : il ne s'en voit qu'en *Nb* 22-24.
— La sortie d'Égypte : le thème est toujours utilisé pour exprimer la colère du peuple regrettant sa sécurité en Égypte. En 22-24, pour dire la force du peuple et le fait que *Dieu est avec lui.*
— L'allégeance à Dieu : le leitmotiv : ne faire et ne dire que ce que Dieu dit et fait faire. Absent du reste des *Nombres.*
— La divination : il n'en est pas question en dehors de *Nb* 22-24.
— Les sacrifices : on trouve de très nombreuses prescriptions rituelles dans le reste du Livre, mais nul récit court et simple de sacrifice avant oracle comme en 22-24.

D - *Les expressions et les mots*

— *mškn* revient souvent dans le Livre, où il désigne la demeure (de la charte : *mškn h'dt*). En *Nb* 24, *mškntyk* sont les tentes des Israélites.
— *kbwd* revient souvent, mais c'est la gloire de Dieu ($\neq$ *Nb* 22 où c'est la gloire promise à Balaam).
— *nḥš* signifie « serpent » en *Nb* 21, et non « présage » comme en 23 et 24.
— Le mot pour « tribu » est *mṭh* dans le reste du Livre ; en 24, 2, *šbṭ*.
— Le mot pour « bâton » est également *mṭh*, et non *mql* comme en 22, 22-35.
— *'hl* est toujours, dans le reste du Livre, employé au singulier, et signifie « la tente » (de la rencontre : *'hl mw'd*) ; en 24, 5, il survient au pluriel, et parallèle à *mškntyk*.

II - *LES RESSEMBLANCES, OU SIMPLEMENT LES POINTS DE CONTACT*

A - *Les thèmes*

— La conception du prophète : en 12, 6-8 les prophètes diffèrent de Moïse en ce qu'ils ne communiquent avec Dieu que par *mr'h* et *ḥlwm*. En 20, 12, Moïse ne fait pas exactement ce qu'a prescrit Dieu.

Chez N1, Dieu vient à Balaam et lui parle. Chez N4, Balaam reçoit l'esprit de Dieu, ainsi que toute parole, science et vision venant de Dieu. Chez N1, N3 et N4, il ne fait et ne dit que ce que Dieu lui dit et fait faire.

— La colère de Dieu : *wyḥr 'p*. Ce thème revient dans le reste du Livre : 11, 33; 12, 9. Mais c'est la colère de Dieu contre le peuple; dans l'épisode de l'Ânesse (22, 22), elle s'en prend à Balaam.

— Le rapport avec les *gwym* : Amaleq est mentionné en 13, 31; 14, 25, dans le cadre d'expéditions de reconnaissance (≠ 24, 20); Édom (24, 18) est mentionné en 20, 14, à propos de l'envoi, par Israël, d'une mission pacifique pour obtenir le passage qu'il se voit refuser; les Amorites (*Nb* 22, 2) sont mentionnés en 21 : scénario identique. Moab et les Amorites sont mentionnés en 21, 14-16 et 21, 27-30 comme en 22-24 : contexte hostile, et même, agressif; Madian survient en 25 (les femmes) et 31 (les cinq rois); en 22, 5 et 7, il s'agit des *zqny mdyn*.

— La sortie d'Égypte : en 20, 16, même utilisation du thème qu'en 22-24.

B - *Les mots et les expressions*

— *qhl* est très fréquent dans le reste du Livre; une fois en 22, 4 (dans une image étrange).

— *kbd* est très fréquent dans le reste du Livre; trois fois en 22, 17; 24, 11 (appliqué à Balaam).

— «Dieu avec» en *Nb* 14, 43 *(wl'-yhyh yhwh ʿmkm)*, et 23, 21bα *(yhwh ʿmw)*.

— «de mon plein gré» en 16, 28 *(ky l' mlby)* et 24, 13 *(mlby)*.

— *pʿmym* en 20, 11; *šlš pʿmym* en 24, 10.

— *mym rbym* en 20, 11; cf. 24, 7aβ.

— *ml'kym* en 20, 14 cf. 22-35 et 24, 12.

— *ʿyr qṣh gbwl* en 20, 16 cf. 22, 36; 23, 13 et 24, 19.

— *wm'n 'dwm ntn 't yśr'l ʿbr* en 20, 21 cf. *m'n yhwh ltty lhlk* en 22, 13 et *m'n blʿm hlk* en 22, 14.

— *wyṭ yśr'l* en 20, 21 cf. épisode de l'Ânesse en 22, 23.26.33.

— *nḥlym, nṭh* en 21, 15 *Sefer Milḥama* cf. 24, 6 *knḥlym nṭyw*.

— toute la terminologie géographique de la frontière nord de Moab en 21, 14 : *'t-nḥlym 'rnwn* cf. *'šr ʿl-gbwl 'rnwn* en 22, 36 (également 21, 15 : *'šr nṭh lšbt ʿr lgbwl mw'b*); 21, 19 *bśdh mw'b r'š hpsgh wnšqp ʿl-pny hyšymn* cf. 23, 28 *r'š hpʿwr hnšqp ʿl-pny hyšymn*.

— 21, 22 *l' nṭh bśdh wbkrmm* cf. 22, 23 l'Ânesse *wtṭ h'twn mn-hdrk wtlk bśdh* et aussi 22, 24 *bmšʿwl hkrmym*;

— 21, 23 *wylḥm byśr'l* cf. 22, 11 *lhlḥm bw*;

— 21, 24 *yrš* cf. 24, 18 (cf. aussi 21, 32 et 35).

— la formule du déplacement *wysʿw*, fréquente à partir de *Nb* 20, et surtout en 33, est présente en 22, 1.

— *hrg bḥrb* en 31, 8 et 19 (les cinq rois de Madian et Balaam tués) cf. Ânesse en 22, 29 et 33.

— *ḥṭ'* en 21, 17 cf. 22, 34.

— *gdr* au singulier en 22, 24 *(gdr mzh wgdr mzh)*, au pluriel en 32, 16.24 et 36.

— *ʿṣwm* en 14, 12 et 32, 1 cf. 22, 6.

— Paronomases infinitives : huit en 22-24 (soit, sur trois chapitres)[1]; trois en 11 ; une en 12; deux en 13; une en 15; une en 16; une en 18; *aucune en 20 ni 21*; deux en 26; une en 27; trois en 30 + neuf non infinitives; une en 31.

— *wyšmʿ . . . ky b'* en 21, 1 cf. 22, 36 : dans les deux cas, un roi de Transjordanie menacé apprend la venue de l'étranger.

— *trwʿh* en 31, 6 cf. 23, 21b.

— *'ybyw* en 32, 1 cf. 24, 18 et 10b.

— *yṣ' lqr't* en 31, 13 cf. 22, 31 (l'Ânesse).

— *ʿrbt mw'b 'šr ʿl-yrdn yrḥw* en 31, 12; 32, 19; 34, 15 cf. 22, 1.

— *ksp wzhb* en 31, 22 cf. 22, 18 et 24, 13.

Interprétation des faits

I - *Tradition*

La tradition sur l'histoire de Balaq, roi de Moab, est originellement *étrangère* à celle de la Conquête. Il n'y a pas de combat contre Moab dans la tradition primitive sur la Conquête telle que nous la

1. 11, 4 : *ht'ww t'wh* pas inf.
13 : *hrgny n' hrg*
34 : *wyk . . . mkh rbh* pas inf.
12, 14 : *yrq yrq*
13, 30 : *ʿlh nʿlh*
ykwl nwkl
15, 35 : *mwt ywmt*
16, 30 : *bry' ybr'* pas inf.
17, 5 : *hqṭyr qṭrt* pas inf.
18, 15 : *pdh tpdh*
26, 65 : *mwt ymtw*
27, 7 : *ntn ttn*
30, 3 : *ydr ndr*
hšbʿ šbʿh } pas inf.
'sr 'sr
4 : *tdr ndr*
'srh 'sr } pas inf.
8 : *'srh 'sr-'srh*
13 : *hpr ypr*
15 : *hḥrš yḥrš*
16 : *hpr ypr*
31, 2 : *nqm nqmt bny yśr'l* pas inf.

livrent les *Nombres* (preuve supplémentaire : il n'en est point fait état dans les allusions ultérieures à la Conquête comme il est fait état, par exemple, de la lutte contre Siḥon et les Amorites). Le point de vue étranger est unique : on constate une extranéité foncière de cette tradition par rapport à celle de la Conquête. On pourrait parler d'un *document* étranger. Sans doute bien moins ancien que les traditions sur la Conquête, mais originellement étranger.

II - *Rédaction(s) et insertion*

1° Une première rédaction de l'histoire (le premier niveau rédactionnel, soit 22, 2-23, 26, sans l'épisode de l'Ânesse) ne doit rien au reste du Livre des *Nombres*. Elle put être conçue en dehors. Elle se caractérise par une conception religieuse du prophète *et* du peuple élu. Allégeance totale du prophète à Dieu *et* présence de Dieu avec le peuple, *parce que* le peuple est religieusement soumis à Dieu. Par transitivité : allégeance du prophète au peuple. Mais le fondement reste l'allégeance du prophète et du peuple à Dieu. Le thème de la sortie d'Égypte est présent, les *qsmym* du v. 7 aussi. La figure du devin est simplement belle et noble. Celle du peuple, victorieuse, mais pas hostile à des peuples précis.

C'est pour l'esprit, l'intention, que cette histoire n'a rien à voir avec le reste du Livre des *Nombres*. Pourtant, même sa toute première rédaction pourrait avoir partie liée avec son insertion *à la suite des chapitres 20 et 21* (20, 14 ss et 21, la conquête de la Transjordanie). Voir la comparaison des mots et expressions : on observe une trop grande concentration d'expressions communes avec ces deux chapitres. Ici, il ne s'agit pas de copie « plaquée », ni non plus de souvenirs, « digérés », de textes littéraires proches par le temps et la théologie, mais d'un même contexte de va-et-vient, d'entrevues préalables à des combats. Cette première rédaction eut lieu en même temps que l'insertion à la suite de 20, 14 ss et 21. Sans doute même fut-elle faite *en vue de cette insertion*[2]. Mais l'auteur,

2. Ces remarques convergent avec les analyses de C.J. LABUSCHAGNE (The Pattern of the Divine Speech Formulas in the Pentateuch, the key to its literary structure, *VT* 32, 1982, p. 268-296). L'auteur démontre que les deux groupes de sept formules de parole divine en *Nb* 21, 31-24, 25 ont pour fonction de combiner la conquête israélite du territoire transjordanien avec l'histoire de Balaam (p. 272). Il observe aussi que dans cet épisode, comme dans le reste du Tétrateuque, la septuple occurrence d'un mot ou d'une phrase-clef, non seulement crée une emphase, mais aussi accentue l'unité de la section où elle survient. C'est la cas de *wyś' mšlw wy'mr* et de *wy'mr* avec Balaam sujet, de *dbr* et *'mr* avec Dieu sujet (p. 273-274). LABUSCHAGNE signale enfin que, dans l'épisode de Balaam, comme dans les autres sections narratives du *Tétrateuque*, le groupe de sept formules de parole divine est précédé d'une introduction (p. 275). Celle de *Nb* 22-24 est en 21, 31-33, et commence avec « the structure phrase » *wyšb yśr'l b* comme en 20, 1 ; 21, 25 et 25, 1 (p. 278).

La démonstration de LABUSCHAGNE vient, non pas contredire, mais bien contre-

ayant des préoccupations autres que celles des auteurs de 20 et 21, n'est pas le même.

2° La phase suivante ne saurait être que l'épisode de l'Ânesse (22, 22-35). Celui-ci ridiculise le devin. Cette soudaine inversion de sa figure peut avoir plusieurs causes :

a) de violents débats dans les milieux de prophètes et de scribes, concernant la nature et la fonction du prophète (cf. *Dt* 18, 13-22) ;

b) la connaissance, par ces milieux, des *mšlym* du devin Balaam attestés par les inscriptions de Deir ʿAlla (peut-être même, de ces inscriptions ou de témoins analogues). Certains passages offensent la pudeur. De plus, il y est fortement question d'influence du devin sur les animaux. Quelle aubaine ! Un artiste doué écrit le petit conte et l'insère. Ridicule sur toute la ligne, mais en référence au contenu des inscriptions (le fait de ne rien voir et de n'exercer aucune autorité sur l'Ânesse, au contraire). Cet artiste subit l'influence des chapitres immédiatement précédents[3], 20 et 21 ; voir la liste : *ml'k ; wbkrm ; bśdh ; nṭh ; yṣ' lqr't*. Avec habileté, il cite littéralement *Gen* 22, *Ex* 3 et *Jos* 5, tout cela dans un but parodique.

Un chaînon branlant : l'histoire des rois de Madian et de Balaam tués en *Nb* 31, 8.16. On y trouve *hrg bḥrb*. La figure de Balaam (cf. *Nb* 25) apparaît comme pitoyable et liée à la débauche avec les femmes de Madian. *hrg bḥrb* se lit deux fois dans l'épisode de l'Ânesse : terme utilisé pour menacer et tourner en dérision. Qui le doit à qui ? Contre l'opinion habituelle, suggérons que l'artiste auteur de l'Ânesse l'a emprunté à *Nb* 31. C'est supposer que *Nb* 31 appartient déjà au Livre des *Nombres* et, *a fortiori*, est antérieur à l'Ânesse. Ce n'est pas sûr. C'est bien tentant pourtant. Comme origine *littéraire* de l'Ânesse, cela le mettrait au même plan que Deir ʿAlla et les chapitres 20 et 21. Comme témoin sur le *Sitz im Leben* réel responsable d'une telle inversion de la figure du devin, il faudrait encore le placer au même niveau que Deir ʿAlla.

balancer les observations de S. TENGSTRÖM (qui d'ailleurs invoque GROSS) et selon qui, l'épisode de Balaam ne remplissant aucune fonction nécessaire dans l'assemblage littéraire, et étant de caractère fort différent, tout parle pour que cette péricope n'ait pas appartenu au stade primitif de l'*Hexateuque* (*Die Hexateucherzählung. Eine Literaturgeschichtliche Studie* [Old Testament Series 7], Uppsala 1976, p. 148 ; également, p. 18 et p. 100, n. 38). Il faut tenir les deux bouts de la chaîne. L'une et l'autre thèse sont justes : simplement, l'histoire de Balaam, bien qu'issue de traditions étrangères, fut d'emblée conçue *littérairement* pour être insérée dans le *Pentateuque* (ou l'*Hexateuque*).

3. Sans oublier la colère de Dieu, qui revient si souvent dans les *Nombres*. Ce serait donc un argument pour penser que le livre, au moins depuis le chapitre 11, est déjà constitué.

3° La phase suivante est une réaction contre l'Ânesse. Il s'agit du récit liant P2 à P3 à partir de 23, 27, et de P3A (soit, l'en-tête 24, 3b-4 + 5-6). But essentiel : redorer le blason du devin. A ce niveau, on ne voit pas de lien précis avec le reste du Livre qui est donc, semble-t-il, déjà constitué. Toutefois, l'en-tête de 24, 3b-4 pourrait s'être inspiré de *Nb* 12, 6-8, qui définit les *nby'ym* (réduits aux rêves et visions) par opposition à Moïse à qui Dieu parle bouche à bouche, et clairement, une petite pièce poétique en appelant une autre qui l'évoque. Et encore, en 21, 15, autre petite pièce poétique, le *Sefer Milḥama : hnḥlym 'šr nṭh lšbt 'r* cf. 24, 6 *knḥlym nṭyw*. Ces fragments poétiques de *Nb* 12 et 21 sont sans doute plus anciens. L'auteur de P3A, assez artiste aussi, s'est librement inspiré, au moins du *Sefer Milḥama*, pour concevoir un cantique louant les beautés d'Israël. On ne distingue pas de rapport de contenu entre les deux. Le plus sec et descriptif, purement géographique, semble le plus ancien. De même *mym rbym*, si on le garde au plan de la critique textuelle, pourrait être un emploi poétique (24, 7aβ) de 20, 11.

4° La dernière phase est celle d'un auteur qui imite beaucoup, avec un triple souci :

a) constituer un ensemble littéraire bien défini, clos;

b) insister par tous les moyens sur la force militaire victorieuse d'Israël;

c) profiter de la forme littéraire «oracle» pour lancer des menaces *nominales* contre les nations.

Son activité imitative s'exerce presque exclusivement à partir de la péricope elle-même, en l'état où il la trouve et la prend. Cependant, en 24, 12 il peut avoir substitué *ml'kym* à *śrym* sous l'influence de 20, 14 (sans exclure celle de l'épisode de l'Ânesse : *ml'k yhwh*). Sous l'influence de *Nb* 16, 8, il complète sa reprise de 23, 18 en 24, 13, grâce à l'expression *mlby* (ce qui lui permet un rapprochement entre la fidélité de Moïse et celle de Balaam).

Une grande partie des *récits* du Livre des *Nombres* (à partir de *Nb* 10) est donc constituée quand survient le dernier auteur, qui donne à l'ensemble sa forme définitive. Ce même auteur a voulu écrire un quatrième «oracle», pour la symétrie, et pour faire proférer des menaces nominales contre les nations. Il a soin de «faire archaïque», d'où 24, 17a *('r'nw wl' 'th 'šwrnw wl' qrwb)* qui réagit contre 23, 9a *(ky-mr'š ṣrym 'r'nw wmgb'wt 'šwrnw)*. Au contraire, il peut s'agir de conflits très contemporains de la rédaction de P4, ou bien de menaces «en l'air» périodiquement lancées contre les voisins (cousins ennemis). De toute façon, rien ne prouve que le matériau brut des menaces proférées en P4 soit aussi récent que la rédaction finale. On y sent un peu le même ton qu'en 21, 27-30 (oracle contre Moab). Peut-être existait-il un réservoir ancien de courtes imprécations contre les peuples voisins, où l'on puisait[4].

Avec cette hypothèse, la paronomase infinitive demeure-t-elle un trait de style propre à l'auteur? Il n'en reste que six pour le premier niveau. Les suivants imitent ou parodient. C'est encore une bonne concentration. Il ne s'en trouve pas d'aussi forte dans le reste du Livre (voir le relevé). S'agit-il d'un phénomène expressif propre à, et requis par, l'histoire racontée, ou d'un trait stylistique propre à un auteur, indépendamment de la nature de cette histoire? Dans le premier cas, tenons-nous-en là. Dans le deuxième, il sera instructif de chercher, dans une étude à venir, quels textes s'apparentent au nôtre.

Remarque : excepté 24, 20-24, tardive coda, la succession des quatre niveaux et la constitution de cet ensemble au sein du Livre des *Nombres* s'opèrent sur un laps de temps assez bref (un siècle).

4. Sur les remarques de GOLDZIHER à ce propos, voir chapitre VI, p. 306-307.

CONCLUSION

Le portrait de Balaam sort de cette étude à la fois éclairé et altéré. Éclairé parce que nous en voyons bien les faces différentes selon les différents niveaux rédactionnels. Chez le premier auteur (22, 2-21.36-23, 1-26), il ne lui manque du prophète israélite exemplaire que le nom. Chez le second (22, 22-35, l'épisode de l'Ânesse), c'est une brute aveugle et ridicule. Chez le troisième et le quatrième (23, 27-24, 6 et 7-20), il égale Moïse, ou même le surpasse. Mais tout cela ne nous dit rien sur son personnage réel : ce n'est que littérature.

Le vrai Balaam se trouve de l'autre côté du Jourdain, attesté par les inscriptions de Deir ʿAlla : c'est un devin ammonite, qui rendait et interprétait des oracles ; à cause de ses pouvoirs magiques, non seulement il était considéré comme l'intermédiaire entre les hommes et les dieux, mais on lui prêtait une réelle influence sur ces derniers, notamment quand il fallait préserver le pays de leurs mauvais desseins et rétablir la fertilité.

Le premier niveau de la péricope, légèrement prédeutéronomique, pourrait remonter aux alentours de 650-640 ; le second, consécutif à la réforme deutéronomique, serait contemporain de *Jérémie* ; le troisième serait d'époque exilique, et le quatrième, légèrement postexilique. Quant aux inscriptions, les épigraphistes les situent entre le milieu du VIIIe siècle et 700 $\pm$ 25 ans. Mais cela ne nous permet pas de nous prononcer sur l'époque où vécut le véritable Balaam[1]. Paradoxalement, plus l'interprétation et la datation des textes se précisent, plus

1. Il semble difficile, sur ce point, d'être aussi affirmatif que M. DELCOR quand il écrit : « Le texte de Deir ʿAlla permet de situer dans le temps la personne de Balaʿam, c'est-à-dire vers le milieu du VIIIe siècle avant J.-C. » (*Le texte de Deir ʿAlla et les oracles bibliques de Balaʿam*, p. 73). Voir, en contraste, l'opinion de H. P. MÜLLER : « La tradition transjordanienne, éventuellement ammonite, vraisemblablement aussi le texte araméen de Deir ʿAlla ou un modèle de ce texte — écrit dans une autre langue ? — doivent être plus anciens que la présente inscription ... *Nb* 22-24 présuppose une plus longue histoire de la tradition externe et interne à Israël » (Die aramäische Inschrift von Deir ʿAllā und die älteren Bileamspruche, *ZAW* 94, 1982, p. 214-244, p. 242 n. 184).

l'historicité du Balaam authentique recule dans l'ombre. Il a existé, on sait où, mais nul ne saurait dire quand : la tradition put rester orale pendant des siècles avant d'être fixée par écrit.

Dans l'espace, de part et d'autre du Jourdain, horizontalement, et dans le temps, verticalement, les traditions sur Balaam sont enchevêtrées[2]. Toutes sont déjà passées par le filtre littéraire quand elles nous parviennent, mais à des degrés et des niveaux différents.

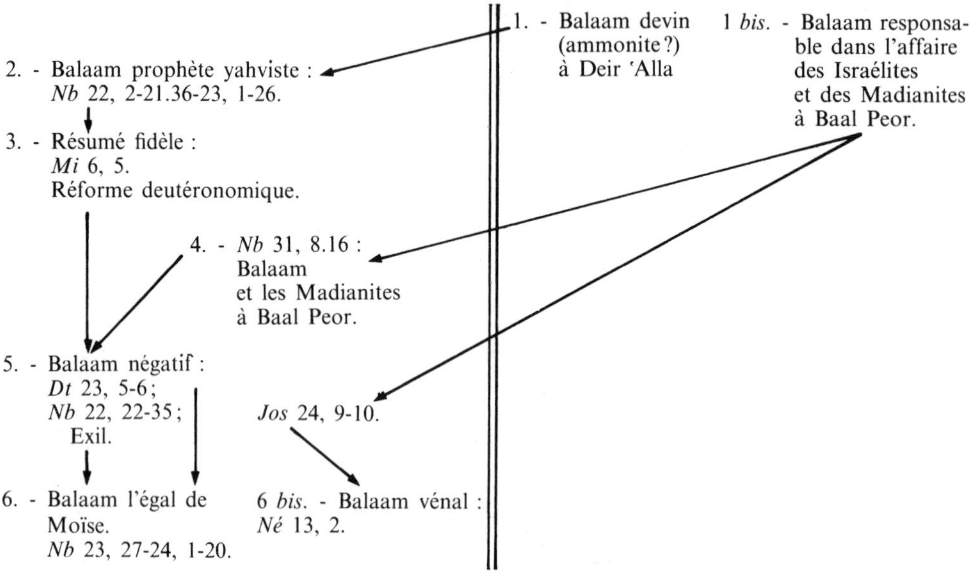

On proposera la reconstitution suivante :

1° Édition, entre 750 et 700 environ, et à partir de traditions antérieures, d'un texte araméen sur Balaam à Deir ʿAlla.

2° Vers 650, première histoire biblique de Balaam. Son but est de propagande nationaliste anti-prophétique. Connaissant le texte araméen d'Outre-Jourdain, elle le transpose de ce côté, et fait de Balaam un exemple de fidélité yahviste.

3° *Mi* 6, 5 le résume. Vers l'époque de Josias, édition du *Deutéronome* et réforme deutéronomique. De façon parallèle, peut-être avant, peut-être après, connaissance en Israël de la tradition (sans doute authentique) transjordanienne sur l'affaire des Israélites et des Madianites à Baal Peor, où Balaam joua un rôle.

4° Édition de *Nb* 31, 8.16 sur cette affaire et la mort de Balaam.

2. H. Donner le dit très bien : « Es wäre dann davon auszugehen, dass die Texte, die die verschiedenen Bileambilder enthalten, literarisch voneinander abhängig sind, d.h. die einen aus den anderen entwickelt, und zwar durch Redaktoren, die selber Exegeten waren » (*Balaam pseudopropheta*, p. 120).

5° Conséquence, et de la réaction deutéronomique, et de *Nb* 31, 8.16 : rédaction de *Dt* 23, 5-6, de l'épisode de l'Ânesse, et *Jos* 24, 9-10. Chute de Jérusalem ; Exil.

6° Pendant l'Exil et juste après, rédaction d'une troisième et d'une quatrième strate pour fouetter le nationalisme abattu. A cet effet, la figure de Balaam, ravalée par l'Ânesse, est surhaussée. Le modèle littéraire des exordes des deux derniers poèmes est à la fois 2 *S* 23, 1-2 et le début du texte araméen de Deir ʿAlla, l'un et l'autre décalqués.

6 *bis* La tradition négative sur Balaam, issue de la réaction deutéronomique et de la tradition sur l'affaire de Baal Peor, se poursuit parallèlement : *Né* 13, 2[3].

L'introduction demandait de ne pas majorer la contribution du présent travail à l'actuelle mise en question de l'hypothèse documentaire : la position de *Nb* 22-24, sous des apparences solides, y était trop faible ; par ailleurs, le dédain des assaillants de l'hypothèse pour une proie d'abord si facile invitait à la prudence. Au terme de cette étude, nous mesurons le bien-fondé de l'avertissement.

A plusieurs reprises, il est apparu que les auteurs successifs de *Nb* 22-24 citaient d'autres textes bibliques. Deux points ne faisaient aucun doute :

1° C'étaient des citations littérales et littéraires, de texte à texte, et non l'effet d'une communauté de traditions et de tournures plus ou moins orales, plus ou moins fixées par écrit ; et même, ce n'étaient pas des formules stéréotypées, communes à plusieurs textes, qui faisaient l'objet d'une citation (comme on l'a d'abord cru pour les métaphores de la multiplication), mais *un* texte individuel, avec son traitement particulier du stéréotype.

2° Corollaire : c'était *Nb* 22-24 qui commettait les emprunts, et non l'inverse. L'analyse comparée montrait en effet qu'en *Nb* 22-24 ces passages avaient l'air de pièces rapportées, mal intégrées dans l'ensemble, tandis qu'ils formaient un tout harmonieux avec le reste de l'autre texte. De plus, il suffisait d'un regard rétrospectif et récapitulatif sur la somme de ces citations pour voir qu'il s'agissait, chez les auteurs successifs de notre péricope, d'un véritable « tic » d'écriture : on ne trouvait pas un niveau rédactionnel qui n'en fût truffé. L'exemple de ses prédécesseurs aidant, chaque écrivain avait usé et abusé du procédé.

3. Cet essai de reconstitution se rapproche passablement des deux possibilités proposées par H. DONNER (*Balaam pseudopropheta,* p. 112-113), sauf que le terme « négatif » qu'il applique à la tradition primitive sur Balaam (« Der positive Bileam ging überlieferungsgeschichtlich aus dem negativen hervor ») semble impropre. On préférerait le qualificatif « neutre ». Le négatif ne vient qu'après le positif, et contre lui.

Pareille technique d'écriture concorde à merveille avec l'existence en Israël, dès l'époque royale, d'écoles où les textes bibliques étaient à la fois objet d'étude et moyen d'étude (matériau pour l'apprentissage de la lecture, de l'écriture, de la grammaire, de la pensée, comme l'*Iliade et l'Odyssée* en Grèce)[4]. De telles institutions et un tel statut donné aux textes bibliques supposent la fixation par écrit, à date assez haute, d'au moins certains d'entre eux.

En l'occurrence, ces textes-références seraient *Gen* 13, 16-17 ; 21 ; 22 ; 28 ; 49 ; *Ex* 1 ; 3, 1-5 ; 10 ; *Jos* 5, 13 et, en dehors de l'Hexateuque, 1 *R* 22 et *Am* 7, 10-17, sans compter quelques Psaumes. *Gen* 13, 16-17 ; 21 ; 22 ; 28 ; 49 ; *Ex* 1 ; 10 seraient donc nécessairement antérieurs à notre premier auteur (légèrement prédeutéronomique) qui les cite littéralement. *Ex* 3, 1-5 et *Jos* 5, 13 seraient au plus tard contemporains du *Deutéronome* puisque l'épisode de l'Ânesse (consécutif à la réaction deutéronomique) les cite. Nos auteurs les auraient connus et appris à l'école.

Mais ces conclusions, inférées à la fois des précédentes analyses littéraires et de leur convergence avec l'histoire générale de la culture en Israël, sont absolument incompatibles avec les résultats de la critique portée aujourd'hui contre la théorie documentaire classique. D'après eux en effet, aucun des textes réputés « anciens », c'est-à-dire yahviste ou élohiste, n'est antérieur à l'Exil[5]. C'est le creuset où tout s'écrit et se fixe. De tels résultats, s'ils se vérifient, frappent les nôtres de nullité : il s'agit d'une alternative.

4. F. Chamoux (*La civilisation hellénistique* [Collection les grandes civilisations], Paris 1981, p. 366) souligne la différence entre les grands « classiques » et l'énorme production théatrale des poètes hellénistiques, tombée dans l'oubli : « . . . leurs œuvres n'ont pas été reçues par la postérité au nombre de celles qu'on étudiait dans les écoles, ce qui les a fait disparaître au bénéfice de quelques pièces d'Eschyle, de Sophocle, d'Euripide et d'Aristophane qui servaient, avec Homère et Hésiode, de nourriture spirituelle aux jeunes Grecs. »

5. R. Rendtorff (The « Yahwist » as Theologian ? The Dilemma of Pentateuchal Criticism, *JSOT* 77/3, p. 2-10, p. 9) fait exception à cette mode en ce qu'il ne prend pas position sur la date de création des textes, mais seulement sur celle de leur assemblage. « The fact that the Exodus from Egypt is not represented as a return to the land of the patriarchs, leads to only one conclusion — namely, that to two accounts were conceived and theologically edited independently of one another and also that they were not brought into relation to one another theologically before the phase of the final, priestly redaction. »

J. A. Emerton (The origin of the promises to the Patriarchs in the older sources of the book of Genesis, *VT* 32, 1982, p. 4-32) s'en prend à la théorie de Rendtorff sur le développement des promesses patriarcales. Il conclut que celles-ci furent ajoutées peu de temps avant le *Deutéronome*, car ce dernier semble dépendre d'elles. Leur addition refléterait un renouveau dans la foi nationale et religieuse, mouvement étroitement lié à celui qui produisit la littérature deutéronomique. Par conséquent, si les promesses d'un fils en *Gen* 12, 7 et 28, 13.15 sont originales, les autres auraient été ajoutées à JE au VIIe ou au VIe siècle, sans doute sous le règne de Josias. Cette conclusion nous embarrasse quelque peu, car c'était la date proposée pour notre premier niveau, riche d'emprunts, précisément, aux dites promesses ! Une date aussi basse pour toutes les promesses, ou presque, continue à nous sembler douteuse.

Pourtant, à lire ces critiques au demeurant stimulantes, on ne peut se défendre du sentiment qu'elles émanent d'a priori systématiques contre toute datation un peu ancienne; le goût pour la datation exilique et postexilique des ci-devant textes archaïques ressemble trop à de la provocation, respire trop la revanche pour n'être pas suspect. Et l'on risque à nouveau, au nom d'une théorie qui n'est que la première inversée, de passer à côté des textes concrets. On risque aussi de méconnaître gravement la réalité culturelle historique d'Israël : comment imaginer que tout se soit formé et fixé à l'époque exilique et après, sans un long processus antérieur ou, s'il existe, que trace n'en soit pas restée au cours des siècles préexiliques? Les croisades sont nécessaires, mais le temps des croisades est passé du moins pour cette question. L'esprit des pionniers est courageux, mais s'ils ne se libèrent de l'idéologie qui les y conduisit, ils mènent bientôt un combat d'arrière-garde. Donc, jusqu'à ce que soient démontrés le caractère et la datation exiliques et postexiliques de tous les passages bibliques cités par les deux premiers niveaux rédactionnels de *Nb* 22-24 (soit, 22, 2-23, 1-26), ainsi que de ces deux niveaux eux-mêmes, on maintiendra le caractère et la datation prédeutéronomiques du premier, légèrement postdeutéronomique du second, mais pas encore exilique.

Certes, ni le Yahviste ni l'Élohiste, absents de *Nb* 22-24 où les y voyaient nombre d'exégètes, ne sortent de cette étude confortés. La contribution de ces chapitres à l'actuelle critique de l'hypothèse documentaire n'est donc pas tout à fait nulle. Mais comme la position du Yahviste et de l'Élohiste en *Nb* 22-24 était déjà faible en soi, ces analyses n'apportent pas beaucoup au procès qui se tient aujourd'hui. Leur donner trop d'importance viendrait même affaiblir le propos des témoins à charge. En revanche, certains résultats du présent travail viennent battre en brèche certaines conclusions du débat actuel, savoir, la datation exilique et postexilique de tous les textes réputés «anciens» du *Pentateuque*. Mais l'assaut vient de biais : il ne s'agit pas directement de *Nb* 22-24, mais des citations bibliques incluses dans la péricope et de son rattachement au reste du Livre des *Nombres*[6]. Cette situation particulière dans le débat critique, ni tout à fait en dehors ni tout à fait dedans, convient à la place de *Nb* 22-24, à part dans le *Pentateuque*.

6. Voir chapitre 11ᵉ. La solution de rechange au difficile problème du *Trétrateuque* ou *Pentateuque* (pour la justesse du terme, voir H. CAZELLES, Positions actuelles sur le Pentateuque, dans *De Mari à Qumrân. L'Ancien Testament. Son milieu. Ses écrits. Ses relectures juives. Hommage à Mgr J.* COPPENS (Bibliotheca Ephemeridum Theologicarum Lovaniensum XXIV), Vol I, Gembloux Paris 1969, p. 34-57, p. 45-48 et p. 51-52, n. 131) s'esquisse peut-être dans la conclusion de C. J. LABUSCHAGNE (The Pattern of the Divine Speech Formulas in the Pentateuch, *VT* 32, 1982, p. 280) : «This highly artificial literary superstructure of the divine speech formulas proves beyond any doubt that the Tetrateuch is basically a written, not an oral, creation, i.e. a literary composition showing a skilful combination of recensions of older material and new literary creations.»

BIBLIOGRAPHIE

Les abréviations courantes sont conformes à celles qu'indique le fascicule de *Biblica* 1982 : *Instructions for Contributors.*

ABEL F.-M, *Géographie de la Palestine,* Tome I, *Géographie physique et historique,* Paris 1933, 3e édition 1967. Tome II, *Géographie politique. Les villes,* Paris 1938, 3e édition 1967.

ABEL E. L., The Nature of the Patriarchal God 'El Shadday, *Numen* 20, 1973, p. 49-59.

ADDIS W. E., *The Documents of the Hexateuch Translated and arranged in Chronogical order with Introduction and Notes.* Part I, *The Oldest Book of Hebrew History,* London 1892.

AGGOULA B., Remarques sur les inscriptions hatréennes III, *Syria* 52, 1975, p. 181-206.

AINSWORTH W. F., *Researches in Assyria, Babylonia and Chaldaea, forming part of the Euphrates expedition,* Volume I, London 1838.

ALBRIGHT W. F., The Home of Balaam, *JAOS* 35, 1917, p. 386-390.

— *The Archaeology of Palestine and the Bible,* New York, London 1932.

— The North-Canaanite Poems of Al 'êlyôn, Ba'al and the Gracious Gods, *JPOS* 14, 1934, p. 101-140.

— The Names Shaddai and Abram, *JBL* 54, 1935, p. 180-193.

— The Oracles of Balaam, *JBL* 63, 1944, p. 207-233.

— *Archaeology and the Religion of Israël,* Baltimore 1946. Some Important Recent Discoveries : Alphabetic Origins and the Idrimi Statue, *BASOR* 118, 1950, p. 11-20.

— *Yahwe and the Gods of Canaan,* London 1968.

— Article Balaam, dans *Encyclopaedia Judaica,* Volume 4, Jérusalem, 1971, col. 121-123.

ALLEGRO J. M., The Meaning of the Phrase *šetūm hā'ayin* in Num. XXIV 3, 15, *VT* 3, 1953, p. 78-79.

— Further Messianic References in Qumran Literature, *JBL* 75, p. 182-187.

ALONSO-SCHÖKEL L., Nota estilistica sobre la particula hinnēh, *Biblica* 37, 1956, p. 74-80.

The Assyrian Dictionary of the Oriental Institute of the University of Chicago, Chicago, 1956-1980.

AUGUSTIN, *De Civitate Dei.* Libri I-X (Corpus Christianorum. Series Latina XLVII) Turnholti 1955. Libri XI-XXII (Corpus Christianorum. Series Latina XXXVIII), Turnholti 1955.

— *Enarrationes in Psalmos LI-C* (Corpus Christianorum, Series Latina XXXIX), Turnholti 1956.

BACHER., Ye šūrūn, *ZAW* 5, 1885, p. 161-163.

BAENTSCH B., *Exodus, Leviticus, Numeri* (HK), Göttingen 1903.

BAGATTI B., Article Phasga, dans *Supplément au Dictionnaire de la Bible,* Tome 7, Paris 1966.

BAILEY L., Israelite 'El Šadday and Amorite Bel Šadê, *JBL* 57, 1968, p. 434-438.

BARBERINI, *Tora in Hebrew, Aramaic, Arabic,* Ms. Vaticanus Barberini 13° sc. + B.M. Or. 7562, Jérusalem 1967.

BARDTKE H., Der gegenwärtige Stand der Erforschung der in Palästina neu gefundenen hebräïschen Handschriften. 29. Die Kriegsrolle von Qumrān übersetzt, *ThLZ* 1955, col. 401-420.

BARTH J., *Die Nominalbildung in den semitischen Sprachen,* Leipzig 1894.

BARTHÉLEMY A., *Dictionnaire Arabe-Français. Dialectes de Syrie : Alep, Damas, Liban, Jérusalem,* Paris 1935-1969.

BARTLETT J. R., The land of Seir and the brotherhood of Edom, *JTS* XX/1, 1969, p. 1-20.

— Sihon and Og, kings of the Amorites, *VT* 20, 1970, p. 257-277.

— The Brotherhood of Edom, *JSOT,* 1977/4, p. 2-27.

— The Conquest of Sihon's Kingdom : A Literary Reexamination, *JBL* 97/3, 1978, p. 347-351.

— Edom and the Fall of Jerusalem, *PEQ* 114/1, 1982, p. 13-14.

BATTISTA A., BAGATTI P., *La Caverna dei Tesori, testo arabo con traduzione italiana e commento* (Studium Biblicum Franciscanum Collectio Minor N. 26) Jerusalem 1979.

BAUER H., LEANDER P., *Historische Grammatik der hebräischen Sprache des Alten Testaments.* Bd. I : *Einleitung. Schriftlehre. Laut- und Formenlehre.*

— Mit einem Beitrag (§ 6-9) von Paul Kahle und einem Anhang : Verbalparadigmen, Halle 1922. Réimpression Hildesheim 1965.

BAUMGARTEN M., *Theologischer Commentar zum Pentateuch,* Zweite Hälfte : *Gesetzgebung* (Theologischer Commentar zum Alten Testament. Erster Theil : *Allgemeine Einleitung; Pentateuch*), Kiel 1844.

BAUMGARTNER W., *Hebräisches und aramäisches Lexicon zum alten Testament,* Dritte Auflage, Leiden 1967.

BENDAVID A., *Biblical Hebrew and Mishnaic Hebrew,* Volume I, Tel-Aviv 1967. Volume 2 : *Grammar and Style,* 1971 (en hébreu).

BEN HAYYIM Z., *The Literary and Oral Tradition of Hebrew and Aramaic among the Samaritans,* Jerusalem 1961 (en hébreu).

BENZELIUS H., *Dissertatio philologica de Bileamo divino propheta,* quam ad diem 31. Maji An. MDCCXXVII ibidem defendit Olavs u. Staff : *Syntagma dissertationum in Academia Lundensi habitarum* Tomus II, Frankfurt, Leipzig 1745, p. 37-45.

BERTHOLET A., Article Bileam, dans *RGG* Bd. I, Tübingen 1909, col. 1248-1249.

— Article Bileamssprüche, dans *RRG* Bd. I, Tübingen 1909, col. 1249-1251.

BEWER J. A., The Literary Problem of the Balaam Story in Numbers, Chapters 22-24, *The American Journal of Theology* 9, 1905, p. 238-262.

BEZOLD C., Die Schatzhöhle aus dem syrischen Texte dreier unedirter Handschriften in's deutsche übersetzt, Leipzig 1883; nach dem syrischen Texte der Handschriften zu Berlin, London und Rom herausgegeben, Leipzig 1888.

BIALE D., The God with breasts : El Shaddai in the Bible, *History of Religions* 21, n° 3, 1982, p. 240-256.

BICKERMAN E. J., En marge de l'écriture, *RB* 88, 1981, p. 19-41.

BINNS E. L., *The Book of Numbers with introduction and notes* (Westminster Commentaries), London 1927.

BLAU J., Zum angeblichen Gebrauch von *'t* vor dem Nominativ, *VT* 4, 1954, p. 7-19.

— Gibt es ein emphatisches *'et* im Bibelhebraeisch?, *VT* 6, 1956, p. 211-212.

— Short Philological Notes on the Inscription of Meša', *Maarav* 2/2, 1980, p. 143-157.

BLOCH J., MUNK E., SALZER I., GUGENHEIM E., *Le Pentateuque en cinq volumes avec Targoum Onqelos suivis des Haphtaroth. Accompagné du commentaire de Rachi,* traduit en français. Tome I. — *La Genèse,* Paris 1957, 4e édition 1979. Tome IV. — *Les Nombres,* Paris 1968, 2e édition 1974.

BOCHART S., *Hierozoicon sive bipartitum opus de Animalibus S. Scripturae.* Cujus pars prior libris IV. *De Animalibus in Genere et de Quadrupedibus, Viviparis et Oviparis,* Francofurti ad Moenum 1675, 2ᵉ édition Lipsiae 1794.

BOEHMER J., *Der alttestamentliche Unterbau des Reiches Gottes,* Leipzig 1902.

BOTTERWECK G. J., CLEMENTS R. E., article *gôy, TWAT* Bd. I, Stuttgart-Berlin-Köln-Mainz 1973, col. 965-973.

BOUCHÉ-LECLERC A., *Histoire de la divination dans l'Antiquité,* Paris 1879.

BRICHTO H. C., *The Problem of « Curse » in the Hebrew Bible* (JBL Monograph Series 13), Philadelphia 1963.

BROCKELMANN C., *Grundriss der vergleichenden Grammatik der semitischen Sprachen.* Bd. I : *Laut- und Formenlehre,* Berlin 1908, réimpression Hildesheim 1961. Bd. II : *Syntax,* Berlin 1913, réimpression Hildesheim 1966.

— *Lexicon syriacon,* Halle 1928, réimpression Hildesheim 1966.

BRONGERS H. A., Bemerkungen zum Gebrauch des adverbialen wᵉᶜattāh im alten Testament, *VT* 15, 1965, p. 289-299.

BROOKE A. E., Mc LEAN N., and THACKERAY R. ST. J., *The Old Testament in Greek,* Vol. I, *The Octateuch,* Part 3, *Numbers and Deuteronomy,* Cambridge 1911.

BROWN F., DRIVER S. R., BRIGGS C. A., *A Hebrew and English Lexicon of the Old Testament,* Oxford 1907, 10ᵉ édition 1977.

BRUNO D'ASTI, *Expositio in Numeros,* PL 164, 463-508.

BUHL D. F., Dichtkunst bei den Israeliten, dans *Realenzyclopaedie für protestant Theologie und Kirche,* 1898, p. 626-638.

— Wilhem Gesenius' hebräisches und aramäisches Handwörterbuch *über das Alte Testament,* Leipzig 1915.

BURROWS E., *The Oracles of Jacob and Balaam* (The Bellarmine Series 3), London 1938.

CAQUOT A., Nouvelles inscriptions araméennes de Hatra (IV), *Syria* 32, 1955, p. 261-272.

— Les songes et leur interprétation selon Canaan et Israël, dans *Les Songes et leur interprétation* (Sources orientales II), Paris 1959, p. 101-124.

— La divination dans l'Ancien Israël, dans *La divination,* études recueillies par A. Caquot et M. Leibovici, Tome premier, Paris 1968, p. 83-113.

— L'angélologie biblique, I. L'Ancien Testament, dans *Les anges, Histoire des dogmes,* Tome II : Dieu Trinité. La création. Le péché. Fascicule 2b, Paris 1971, p. 11-52. Traduit de l'allemand *Die Engel,* Freiburg-im-Breisgau 1968.

— L'histoire de David dans les livres de Samuel, *Annuaire du Collège de France,* 74ᵉ-79ᵉ année, Paris 1974-75 / 1979-80.

— Le Deutéro-Zacharie, *Annuaire du Collège de France,* 80ᵉ-81ᵉ année, Paris 1980-1981.

— Depuis les dieux de l'Ancien Orient jusqu'aux anges de la Bible et du judaïsme ancien, dans *Colloque sur l'ange,* 26, 27, 28 juin 1981, Pont-à-Mousson 1981, p. 11-26.

— Brève explication de la prophétie de Natan (2 *S* 7, 1-17), dans *Mélanges bibliques et orientaux en l'honneur de M. Henri Cazelles* (AOAT 212), Neukirchen-Vluyn 1981, p. 51-69.

CAQUOT A., SZNYCER M., et HERDNER A., *Textes Ougaritiques,* Tome I. *Mythes et légendes.* Introduction, traduction, commentaire, Paris 1974.

CAQUOT A., et LEMAIRE A., Les textes araméens de Deir 'Alla, *Syria* 54, 1977, p. 189-208.

CAHEN P. S., *La Bible. Traduction nouvelle,* avec l'hébreu en regard, accompagné des points voyelles et des accents toniques *(ngynwt)* avec des notes philologiques, géographiques et littéraires, et les principales variantes de la version des septante et du texte samaritain. *Pentateuque.* Tome quatrième. *Les Nombres. spr bmdbr.* A Paris, 1833.

CARMIGNAC J., *La règle de la Guerre des Fils de lumière contre les Fils de ténèbres :* Paris 1958.

— La notion d'eschatologie dans la Bible et à Qumrân, *Revue de Qumrân* 7/25, 1969, p. 17-31.

CARPENTER J. E., *The Composition of the Hexateuch,* London 1902.

CASSUTO U., *A Commentary on the Book of Exodus,* Jérusalem 1951. Translated from the Hebrew by I. Abrahams, 1967.

CAZELLES H., *Études sur le Code de l'Alliance,* Paris 1946.

— *Les Nombres* (La Sainte Bible), Paris 1952.

— Article Pentateuque, dans *Supplément au Dictionnaire de la Bible,* Tome 7, Paris 1966, col. 708-858.

— Positions actuelles sur le Pentateuque, dans *De Mari à Qumrân.* Vol. I, *L'Ancien Testament. Son milieu. Ses écrits. Ses relectures juives. Hommage à M*gr *J. Coppens* (Bibliotheca Ephemeridum Theologicarum Lovaniensum XXIV), Vol. I, Paris Gembloux 1969, p. 34-57.

— *Introduction à la Bible.* Tome II, *Introduction critique à l'Ancien Testament,* Paris 1973.

— *Le Messie de la Bible,* Christologie de l'Ancien Testament (Collection « Jésus et Jésus-Christ » 7), Paris 1978.

CELSII OLAVI *Hierobotanicon, sive de plantis Sacrae Scripturae,* Upsaliae 1745.

CHAMOUX F., *La civilisation hellénistique* (Collection Les grandes civilisations), Paris 1981.

CIPRIANI S., Il senso messianico degli oracoli di Balaam (*Num* 23-24), dans *Atti della XVIII settimana biblica : Il Messianismo,* Brescia 1966, p. 57-68.

CLAMER A., *Les Nombres* (La Sainte Bible, Tome 2), Paris 1940.

CLERMONT-GANNEAU Ch., Gomorrhe, Ségor et les filles de Lot. Lettre à M. F. de Saulcy, *Revue Archéologique* 33, 1877, p. 193-198.

CODY A., When is the chosen people called a gôy? *VT* 14, 1964, p. 1-6.

COLLINS M. F., *Messianic Interpretations of the Balaam Oracles,* Yale University 1978, Ann Arbor London 1980.

COOPER A., Divine Names and Epithets in the Ugaritic Texts, with Introduction and selected Comments by M. H. POPE, dans *Ras Shamra Parallels,* Vol. III (AnOr 51), Roma 1981, p. 333-469.

COPPENS J., Les oracles de Biléam : leur origine littéraire et leur portée prophétique, dans *Mélanges Eugène Tisserant.* Vol. I : *Écriture Sainte - Ancien Orient* (Studi e Testi 231), Città del Vaticano 1964, p. 67-80.

— *Le messianisme et sa relève prophétique.* Les anticipations vétéro-testamentaires. Leur accomplissement en Jésus (Bibliotheca Ephemeridum Theologicarum Lovaniensum XXXVIII), Gembloux 1974.

CORNELIUS A LAPIDE, *Commentarii in Sacram Scripturam.* Tomus I, Pars II, *pentateuchum complectens,* cité d'après l'édition de Melita 1843.

CORNILL C. H., *Einleitung in die kanonischen Bücher des Alten Testaments,* Tübingen 1908.

CORPUS INSCRIPTIONUM SEMITICARUM, *Pars Secunda inscriptiones aramaicas continens,* Tomus I, Parisiis 1889.

COX S., Balaam's Ass, *Exp* 8, p. 397-409.

— Balaam : An Exposition and a Study. A man of two minds, he is unstable in all his ways, *Exp* (Second Series) 5, 1885, p. 1-21, 120-144, 199-210, 245-258, 341-352, 401-425.

CRAIGIE P. C., Psalm XXIX in the Hebrew Poetic Tradition, *VT* 22, 1972, p. 143-151.

CRESSON B. C., The Condemnation of Edom in Postexilic Judaism, dans *The Use of the Old Testament in the New and Other Essays, Studies in Honor of William Franklin Stinespring,* Durham N.C. 1972, p. 125-148.

CROSS F. M., Yahweh and the God of the Patriarchs, *HTR* 55, 1962, p. 244-250. Epigraphic Notes on the Ammān Citadel Inscription, *BASOR* 193, 1969, p. 13-18.

— *Canaanite Myth and Hebrew Epic,* Cambridge MA 1973.

DAHOOD M., Note : Ugaritic *DRKT* and Biblical *DEREK, TS* XV, 4, 1954, p. 627-631.
— Hebrew-Ugaritic Lexicography IX, *Biblica* 52, 1971, p. 337-356.
— Ugaritic-Hebrew Parallel Pairs, dans *Ras Shamra Parallels*. Vol. I (AnOr 49), Roma 1972, p. 71-382. Vol. II (AnOr 50), Roma 1975, p. 3-39.
DAICHES S., Balaam - a Babylonian bārū, *Assyriologische und archaelogische Studien*, dans *Festschrift H.V. Hilprecht*, Leipzig 1909, p. 60-70.
DALMAN G., *Arbeit und Sitte in Palästina*, Band VI, *Zeltleben, Vieh- und Milchwirtschaft, Jagd, Fischfang*, Gütersloh 1939.
DAUBE D., *The Exodus Pattern in the Bible* (All Souls Studies 2), London 1963.
DAVIES G. I., *The Way of the Wilderness*, a Geographical Study of the Wilderness Itineraries in the Old Testament, Cambridge 1979.
DELCOR M., La guerre des fils de lumière contre les fils des ténèbres ou le « Manuel du parfait combattant », *NRT* 77, 1955, p. 372-399.
— *Les Hymnes de Qumran (Hodayot)*. Texte hébreu - Introduction. Traduction - Commentaire, Paris 1962.
— Article Pentecôte, dans *Supplément au Dictionnaire de la Bible*, Tome 7, Paris 1966, col. 858-879.
— Le texte de Deir 'Alla et les oracles bibliques de Bala'am, dans *Congress Volume Vienna* 1980, Leiden 1981, p. 52-73.
— Bala'am Pâtôrâh, « interprète de songes au pays d'Ammon », d'après *Num* 22, 5. Les témoignages épigraphiques parallèles, *Sem*. 32, 1982, p. 89-91.
DELITZSCH Franz, *Zur Geschichte der jüdischen Poesie vom Abschluss der Heiligen alten Bundes bis auf die neueste Zeit*, Leipzig 1836. *Messianische Weissagungen in geschichtlicher Folge*, Leipzig 1890.
DELITZSCH Friedrich, *Wo lag das Paradies?* Eine biblisch-assyriologische Studie. Mit zahlreichen assyriologischen Beiträgen zur biblischen Länder- und Völkerkunde und einer Karte Babyloniens, Leipzig 1881.
— *Assyrische Handwörterbuch*, Leipzig 1896.
— *Assyrische Lesestücke*, Leipzig 1900.
— *Die Lese- und Schreibfehler im Alten Testament nebst den dem Schrifttexte einverleibten Handnoten klassifiert*, Berlin Leipzig 1920.
DHORME P., L'emploi métaphorique des noms de parties du corps en hébreu et en akkadien, *RB* 31, 1922, p. 215-233.
— *L'emploi métaphorique des noms de parties du corps en hébreu et en akkadien*, Paris 1923.
— *Le livre de Job*, Paris 1926.
DHORME E., *Les religions de Babylone et d'Assyrie*, Paris 1945.
DIETRICH W., *Israel und Kanaan*, Vom Ringen zweier Gesellschaftssysteme (Stuttgarter Bibelstudien 94), Stuttgart 1979.
DIEZ MACHO A., *Neophyti l. Targum Palestinense Ms de la Biblioteca Vaticana*, Tomo IV : *Numeros*. Edición principe, introdución y versión castellana. Traducciones cotejadas de la versión castellana. Francesa : R. LE DÉAUT. Inglesa : M. MC NAMARA. Lugares paralelos a Numeros de Pseudojonatan y Neophyti 1 : E. B. LEVINE, Madrid 1974.
DILLMANN A., *Lexicon linguae aethiopicae*, Giessen 1864, réédition New York 1955.
— *Die Bücher Numeri, Deuteronomium und Josua* (KeH), Leipzig 1866.
DONNER H., Neue Quellen zur Geschichte des Staates Moab in der zweiten Hälfte des 8. Jahrh. v. Chr., dans *Mitteilungen des Instituts für Orient Forschung*. 5, 1957, p. 155-184.
— Balaam pseudopropheta, Beiträge zur Alttestamentlichen Theologie, dans *Festschrift für Walter Zimmerli zum 70. Geburtstag*, Göttingen 1977, p. 112-123.
DONNER H., RÖLLIG W., *Kanaanäische und aramäische Inschriften*, Band I, Wiesbaden 1962.
DOSSIN G., *Archives royales de Mari, Correspondance féminine* transcrite et traduite par G. DOSSIN, Paris 1978.

DRIVER G. R., *Semitic writing from pictograph to alphabet* (The Schweich lectures of the British Academy 1944) Oxford 1948, Newly Revised Edition 1976.
DRIVER S. R., *An Introduction to the Literature of the Old Testament*, Edinburgh 1891, réimpression London 1950.
— *A Treatise on the Use of the Tenses in Hebrew*, Oxford 1892, 3e édition 1969.
DUHM B., *Die Psalmen* (KHAT 14), Fribourg 1899.
DUMBRELL W. J., Midian — A Land or a League? *VT* 25, 1975, p. 323-337.
DUMÉZIL G., *Mythes et Dieux des Germains*, essai d'interprétation comparative, Paris 1939.
— *Mythe et Épopée*. Tome III, *Histoires Romaines*, Paris 1973.
DUPONT-SOMMER A., Règlement de la Guerre des fils de la Lumière : traduction et notes, *RHR* 148, 1955, p. 25-43, 141-181.
— *Les inscriptions araméennes de Sfiré (stèles I et II)*, avec la collaboration de M. l'abbé Jean Starcky. Extrait des mémoires présentés par divers savants à l'Académie des Inscriptions et Belles-Lettres, Tome XV, Paris 1958.
— *Les écrits esséniens découverts près de la mer Morte*, Paris 1959.
DUSSAUD R., *Les origines cananéennes du sacrifice israélite*, Paris 1921.
— Le mythe de Ba'al et d'Aliyan d'après des documents nouveaux, *RHR* 111, 1935, p. 5-65.
— Compte rendu de la Bible du Centenaire, 3e livraison du tome I, Nombres-Deutéronome, Paris 1936, *RHR* 117, 1938, p. 235-237.
— *Les découvertes de Ras Shamra et l'Ancien Testament*, Paris 1937.

EHRLICH A. B., *Randglossen zur hebräischen Bibel*. Textkritisches, Sprachliches und Sachliches. Bd II : *Levitikus, Numeri, Deuteronomium*, Leipzig 1909.
EISSFELDT O., *Der Mashal im Alten Testament*. Eine wortgeschichtliche Untersuchung nebst einer literargeschichtlichen Untersuchung der *mšl* genannten Gattungen «Volkssprichwort» und «Spottlied» (BZAW 24), Giessen 1913.
— *Hexateuch-Synopse*, Leipzig 1922.
— Die Komposition der Bileam-Erzählung. Eine Nachprufung von Rudolph's Beitrag zur Hexateuchkritik, *ZAW* 57, 1939, p. 212-241. Repris dans *Kleine Schriften* Zweiter Band, Tübingen 1963, p. 199-226.
— Sinaï-Erzählung und Bileam-Sprüche, *HUCA* 32, 1961, p. 179-190. Repris dans *Kleine Schriften* Vierter Band, Tübingen 1968, p. 21-31.
— Protektorat der Midianiter über ihre Nachbarn im letzten Viertel des 2. Jahrtausends v. Chr., *JBL* 87, 1968, p. 383-393.
ELLIGER K., Der Sinn des hebräischen Wortes *šepî*. Zugleich ein Beitrag zum Verständnis der alten Versionen, *ZAW* 83, 1971, p. 317-329.
ELLIGER K. et RUDOLPH W., ediderunt *Biblia Hebraica Stuttgartensia*, Editio funditus renovata, Stuttgart 1967, réimpression 1977.
EMERTON J. A., The origin of the promises to the Patriarchs in the older sources of the book of Genesis, *VT* 82, 1982, p. 14-32.
EUSEBIUS, *Das Onomastikon der biblischer Ortsnamen*, herausgegeben von E. Klostermann, Leipzig 1904, réimpression Hildesheim 1966.
EWALD H., Die Weissagungen Bileam's, *Jahrbücher der Biblischen Wissenschaft* 8, 1856, imprimé en 1857, p. 1-41.
— Ueber die redensart *holak šepî Num* 23, 3; als nachtrag zu St. XLIII Bd. VIII, *Jahrbücher der Biblischen Wissenschaft* 10, 1859/60, p. 46-49.
— Besprechung von H. Oort, Disputatio de pericope *Num*. XXII, 2-XXIV historiam Bileami continente, Leyden 1860, *Jahrbücher der Biblischen Wissenschaft* 11, 1860/61, p. 148-294.
— *The History of Israel*, Volume I, Londres 1883, 4e édition de *Geschichte des Volkes Israel*, Göttingen 1866.

FAHD T., Une pratique cléromantique à la Ka'ba préislamique, *Sem*. 8, 1958, p. 55-79.
— *La divination arabe*. Études religieuses, scociologiques et folkloriques sur le milieu natif de l'Islam, Leiden 1966.

FÉVRIER J. G., *Histoire de l'Écriture,* Paris 1948.
FIELD F., *Origenis hexaplorum quae supersunt*; sive veterum interpretum Graecorum in totum Vetus Interpretum fragmenta, Tomus I, *Prolegomena, Genesis-Esther,* Oxford 1875.
FITZMYER J. A., recension de J. Hoftijzer et G. van der Kooij, Aramaics Texts from Deir 'Alla, *CQB* 40, 1978, p. 93-95.
FOHRER G., Prophetie und Magie, dans *Studien zur alttestamentlichen Prophetie,* 1949-1965 (BZAW 99), Berlin 1967, p. 242-264.
FRANKENBERG W., *Das Verständnis der Oden Salomos* (BZAW 21), Giessen 1921.
FREEDMANN D. N., Early Israelite Poetry and Historical Reconstruction, dans *Symposia celebrating the seventy-fifth Anniversary of the American Schools of Oriental Research* (1900-1975), Cambridge MA 1979, p. 86-96.
— *Pottery, Poetry, and Prophecy.* Studies in Early Hebrew Poetry, Winona Lake 1980.
FÜRST J., *Geschichte der biblischen Literatur und des jüdisch-hellenistischen Schriftums,* Leipzig 1870, réimpression Hildesheim - New York 1973.

GADD C. J., KRAMER S. N., *Ur Excavations Texts* VI, *Literary and Religious Texts,* Second Part, London 1966.
GALL A., FREIHERR von, Zusammensetzung und Herkunft der Bileam-Perikope in *Num.* 22-24, dans *Festgruss für Bernhard Stade,* Giessen 1900, p. 2-47.
— *Der hebräische Pentateuch der Samaritaner.* 4. Teil : *Numeri,* Giessen 1916.
GARBINI G., L'iscrizione di Balaam Bar-Beor, *Henoch* I, 1979, p. 166-188.
GARCIA-TRETO F. O., Genesis 31, 44 and «Gilead», *ZAW* 79, 1967, p. 13-17.
GARELLI P. et NIKIPROWETZKY V., *Le Proche-Orient asiatique. Les empires mésopotamiens. Israël,* Paris 1974.
GASTER Th. H., *The Dead Sea Scriptures in English Translation.* With Introduction and Notes, New York 1956.
— Two Textual Emendations. Numbers 24.8. *Expos. Times* 78, 1966-1967, p. 267.
GAZOV-GINZBERG A. M., 'Ar Pays de Moab (recherche étymologique), *Palestinskii Sbornik* 4 (67), 1959, p. 12-16.
GEIGER A., Urschrift und Übersetzungen der Bibel in ihrer Abhängigkeit von der Innern Entwicklung des Judentums, Breslau 1857.
GESENIUS G. W., *Thesaurus philologicus criticus linguae hebraeae et chaldaeae Veteris Testamenti,* I-III, Lipsiae 1829-1853.
GESENIUS' *Hebrew Grammar* as edited enlarged by the late E. KAUTZSCH, Second English edition, revised in accordance with the Twenty-Eighth German edition (1909), by A. E. COWLEY, Oxford 1910, reprint 1980.
GEUS C. H. J., de, *The Tribes of Israel.* An investigation into some of the presuppositions of Martin Noth's amphictyony hypothesis, Assen/Amsterdam 1976.
GEVIRTZ S., *Patterns in the Early Poetry of Israel* (Studies of Ancient Oriental Civilization 32), Chicago 1963.
GIBSON J. C. L., *Textbook of Syrian Semitic Inscriptions,* Vol. 2, *Aramaic Inscriptions,* Oxford 1975.
GINSBURGER M., *Das Fragmententhargum* (Thargum jerushalmi zum Pentateuch), Berlin 1899.
— *Pseudo-Jonathan ben Usiël zum Pentateuch.* Nach der Londoner Handschrift (Brit. Mus. add 27031), Berlin 1903.
GINZBERG L., *The Legends of the Jews.* III *Bible Times and Characters from the Exodus to the Death of Moses,* Philadelphia 1911, reprint 1954; VI *Notes to Volumes III and IV from Moses in the Wilderness to Esther,* Philadelphia 1928, reprint 1959.
GIVEON R., *Les Bédouins Shosou des documents égyptiens,* Leiden 1971.
GOETZE A., The theophorous elements of the Anatolian proper names from Cappadocia, *Language* 29, 1953, p. 263-277.
GOLDZIHER I., *Ueber die Vorgeschichte der Hiğâ'-Poesie :* Abhandlungen zur arabischen Philologie. Erster Theil, Leiden 1896, p. 1-105.

GORDIS R., The Heptad as an Element of Biblical and Rabbinic Style, *JBL* 62, 1943, p. 17-26.

GOUDERS K., «Siehe, ich lege meine Worte in deinen Mund». Die Berufung des Propheten Jeremia (*Jer* 1, 4-10), *Bibel und Leben* 12, 1971, p. 162-186.

GRAY G. B., *A Critical and Exegetical Commentary on Numbers* (ICC), Edinburgh 1903.

— *The Forms of Hebew Poetry,* Oxford 1915, réédition New York 1972.

GREENFIELD J. C., recension de J. Hoftijzer et G. van der Kooij, dans *JSS* 25, 1980, p. 248-252.

GREENSTONE J. H., *Numbers with Commentary* (Holy Scriptures), Philadelphia 1939.

GRESSMANN H., *Die älteste Geschichtsschreibung und Prophetie Israels (von Samuel bis Amos und Hosea)* übersetzt, erklärt und mit Einleitungen versehen (SAT. Zweite Abteilung : *Prophetismus und Gesetzgebung des Alten Testaments im Zusammenhang der Geschichte Israels.* Bd. I), Göttingen 1910.

— *Mose und seine Zeit. Ein Kommentar zu den Mose-Sagen* (FRLANT NF 1), Göttingen 1913.

— *Der Messias* (FRLANT NF 26) Göttingen 1929.

GRIMM K. J., *Euphemistic Liturgical Appendixes in OT,* Baltimore 1900.

GROSS W., Die Herausführungsformel. Zum Verhältnis von Formel und Syntax, *ZAW* 86, 1974, p. 425-453.

— *Bileam.* Literar- und Formkritische Untersuchung der Prosa in *Num* 22-24 (Studien zum alten und neuen Testament XXXVIII), München 1974.

GRÜNBAUM M., Ueber Kedem, Kâdim, Thêman, u.s.w., *ZDMG* 21, 1867, p. 592-617.

GUILLAUME A., *Prophecy and Divination among the Hebrews and Other Semites* (The Hampton Lectures 1938), London 1938, traduction Paris 1950.

— A Note on Numbers XXIII 10, *VT* 12, 1962, p. 335-337.

HABERMANN A. M., *Megillot midbar Yehuda,* Jerusalem 1959.

HALDAR A., *Who were the Amorites?* (Monographs of the Ancient Near East 1), Leiden 1971.

HARTMANN B., Gold und Silber im Alten Testament, *Schweizerische Theologische Umschau* 6, 1958, p. 29-33.

HAUPT P., *The Book of Proverbs* (The Sacred Books of the Old Testament 15), Leipzig 1901.

— Die Etymologie von Aram, *ZDMG* 61, 1907, p. 194-195.

— Midian und Sinai, *ZDMG* 63, 1909, p. 506-530.

HEAWOOD P. J., *'rmwn* and *'rm, JTS* 13, 1912, p. 66-73.

HEHN J., *Siebenzahl und Sabbat bei den babyloniern und im alten Testament.* Eine Religionsgeschichtliche Studie (Leipziger semitische Studien Band II, Heft 5), Leipzig 1907, réédité en 1968.

HEIMPEL W., *Tierbilder in der sumerischen Literatur,* Roma 1968.

HEINISCH F., Das Buch Numeri (HS), Bonn 1936.

HELTZER M., *The Suteans,* Istituto Universitario Orientale (Series Minor XIII), Naples 1981.

HENGSTENBERG E. W., *Die wichtigsten und schwierigsten Abschnitte des Pentateuchs.* Erster Theil : *Die Geschichte Bileams und seine Weissagungen,* Berlin 1842.

HENKE O., Zur Lage von Beth Peor, *ZDPV* 75, 1959, p. 155-163.

HERBELOT DE MOLAINVILLE B., d', *Bibliothèque Orientale ou Dictionnaire Universel contenant généralement tout ce qui regarde la connaissance des Peuples de l'Orient,* Paris 1767, 2e édition 1776.

HERMANN W., Götterspeise und Göttertrank im Ugarit und Israel, *ZAW* 72, 1960, p. 205-216.

HOFFMANN A. G., Article Bileam, *Allgemeine Encyclopädie der Wissenschaften und Künste.* Herausgegeben von J. S. Ersch und J. G. Grüber. Zehnter Theil, Leipzig 1823, p. 184-185.

HOFFMANN Y., Edom as a Symbol of Evil in the Bible, dans *Bible and Jewish Studies in Bible and Jewish History dedicated to the Memory of Jacob Liver,* Tel-Aviv 1971, p. 76-89.

HOFTIJZER J., Remarks concerning the Use of the particle *'t* in Classical Hebrew, *OTS* 14, 1965, p. 1-99.

— The Prophet Balaam in a 6th Century Aramaic Inscription, *BA* 39, 1976, p. 11-17.

HOFTIJZER J. and KOOIJ G. van der, *Aramaic Texts from Deir 'Alla* (Documenta et Monumenta Orientis Antiqui 19), Leiden 1976.

HOLZINGER H., *Numeri* (KHC), Tübingen - Leipzig 1903.

HOMMEL F., *Vier neue arabische Landschaftsnamen im A.T.*. (Aufsätze und Abhandlungen III, 1), München 1901, p. 273-343.

HOONACKER A. Van, Quelques observations critiques sur les récits concernant Bileam (*Nombres* XXII-XXIV et XXXI. 8, 16; coll. *Jos* XIII. 22), *Muséon* 7, 1888, p. 61-76.

HOUBIGANTIUS C. F., *Notae criticae in universos Veteris Testamenti libros cum hebraice, tum aramaice scriptos,* Frankfurt 1777.

HUMBERT P., *La « Terou'a ».* Analyse d'un rite biblique. Recueil de travaux publié par la faculté des Lettres (vingt-troisième fascicule), Neuchâtel 1946.

— L'emploi du verbe *pā'al* et ses dérivés substantifs en hébreu biblique, *ZAW* 65, 1953, p. 35-44.

— La formule hébraïque en hinneni suivi d'un participe, dans *Opuscules d'un hébraïsant,* Neuchâtel 1958, p. 54-59.

— Dieu fait sortir. Hiphil de yāṣā' avec Dieu comme sujet, *TZBas* 18, 1962, p. 357-361.

— Dieu fait sortir. Note complémentaire, *TZBas* 18, 1962, p. 433-436.

HUMMELAUER F. DE, *Commentarius in Numeros* (CSS), Paris 1899.

IRÉNÉE, *Contre les hérésies,* Livre III, PG 7, col. 842-971 = Sources Chrétiennes n°s 210-211, Paris 1974.

ISHIDA T., The Structure of the lists of the Pre-Israelite Nations, *Biblica* 60, 1979, p. 461-490.

ISRAEL F., The Language of the Ammonites, *OLP* 10, 1979, p. 144-159.

JASTROW M., *A Dictionary of the Targumim, the Talmud Babli and Yerushalmi, and the Midrashic Literature,* Philadelphia 1903, réimpression New York 1950.

JAUSSEN et SAVIGNAC RR. PP., *Mission archéologique en Arabie,* Tome I, *De Jérusalem au Hedjaz Médain-Saleh,* Paris 1909.

JENNI E., « Kommen » im theologischen Sprachgebrauch des Alten Testaments, dans *Wort, Gebot, Glaube. Beiträge zur Theologie des AT, Festschrift W. Eichrodt* (ATANT 59), Zürich 1970, p. 251-261.

— Zur Verwendung von 'attā « jetzt » im Alten Testament, *TZBas* 28, 1972, p. 5-12.

JEPSEN A., *Nabi.* Soziologische Studien zur alttestamentlichen Literatur und Religionsgeschichte, München 1934.

JOHNSON A. R., māšāl, dans *Wisdom in Israel and in the Ancient Near East* (SVT 3), 1955, p. 163-169.

JONGE M. de, *The Testaments of the twelve patriarchs,* Leiden 1978.

JONGELING Dr B., *Le Rouleau de la Guerre des manuscrits de Qumrân* (Studia Semitica Neerlandica) Assen 1962.

JOSEPHUS with an English translation by H. St. J. Thackeray.

— IV-IX *Jewish Antiquities,* Cambridge Massachusetts 1957-1965.

— II *The Jewish War,* Books I-III, Cambridge Massachusetts 1956.

JOÜON P., Le sens du mot *špy, Journal of the Asiatic Society* 7, 1906, p. 137-142.

— Notes de critique textuelle (AT). *Nombres* 22.7, *Mélanges de l'Université Saint-Joseph* 5, 1911-1912, p. 462-463.

— Note de critique textuelle (Suite) (Ancien Testament), *Mélanges de l'Université Saint-Joseph* 5, 2, 1912, p. 447-488.

— *Grammaire de l'hébreu biblique,* Rome 1923, édition photomécanique corrigée, 1965.
JÜLICHER A., *Die Gleichnisreden Jesu,* Tübingen 1899.
JUSTIN, *Dialogue avec Tryphon,* PG 6, col. 471-799 ; également Texte grec, traduction française, introduction, notes et index par G. Archambault, Paris 1909.

KALISCH M. M., *Bible Studies.* Part I. *The Prophecies of Balaam (*Numbers *XXII. to XXIV.) or the Hebrew and the Heathen,* London 1877.
KAPELRUD A. S., Baal and the Devourers, *Ugaritica* VI, 1969, p. 319-332.
KARPP H., Article Bileam, *Real-Lexicon für Antike und Christentum,* Bd. II, Stuttgart 1954, col. 362-373.
KAUFMANN S. A., Review Article : Aramaic Texts from Deir ʿAllā, *BASOR* 239, 1980, p. 71-74.
KEIL C. F., *Biblischer Commentar über die Bücher Mose's.* Bd. II : *Leviticus. Numeri und Deuteronomium* (Biblischer Commentar über das Alte Testament. Teil I), Leipzig 1862.
KENNICOTT B., *Vetus Testamentum Hebraicum, cum variis lectionibus.* Tomus I, Oxonii 1776.
KENYON K. M., *Amorites and Canaanites* (The Schweich Lectures 1963), London 1966.
D. KIMḤI's *Hebrew Grammar* (présentée par) N. Chomsky, New York 1952.
KITTEL R., *Geschichte der Hebräer.* l. Halbband : *Quellenkunde und Geschichte der Zeit bis zum Tode Josuas,* Gotha 1886.
KNAUF E. A., El Šaddai, *Biblische Notizen* 16, 1981, p. 20-26.
KNOBEL A., *Die Bücher Numeri. Deuteronomium und Josua* (KeH), Leipzig 1861.
KOCH K., Šaddaj, *VT* 26, 1976, p. 309-316.
KOEHLER L., BAUMGARTNER W., *Lexicon in Veteris Testamenti libros,* Leiden 1953, 2e édition 1958.
KRAELING E. G. H., *Aram and Israel or the Aramaeans in Syria and Mesopotamia,* (Columbia University Oriental Studies 13), New York 1918.
KRUGER H., *Les oracles de Balaam.* Thèse de Théologie Montauban 1873, Bordeaux 1873.
KUENEN A., *The Religion of Israel to the Fall of the Jewish State,* Vol. I, London-Edinburgh 1882.
— Bijdragen tot de Critiek van Pentateuch en Josua, X. Bileam, *Theologisch Tijdschrift* (Leiden) 18, 1884, p. 497-540.
KUHL C., Die «Wiederaufnahme» — ein literarkritisches Prinzip?, *ZAW* 64, 1952, p. 1-11.
KUHN K. G., Article Balaam, *TWNT* Bd. I, Stuttgart 1933, p. 521-523.
KURTZ J. H., *Geschichte des Alten Bundes,* Zweiter Band, Berlin 1858.

LABUSCHAGNE C. J., The emphasizing particle gam and its connotations, *Studia et Semitica,* dans *Festschrift T. C. Vriezen,* Wageningen 1966, p. 193-203.
— The pattern of the divine speech formulas in the Pentateuch. The Key to its literary structure, *VT* 32, 1982, p. 268-296.
LAGARDE P., *Onomastica Sacra,* Studio et sumptibus —, Gottingae 1887.
LANE E., *An Arabic-English Lexicon,* London - Edinburgh 1863-93, reprint Beirut 1968.
LANGLAMET F., Les récits de l'institution de la royauté (2 *Sam.* vii-xii), *RB* 77, 1970, p. 161-200.
LARGEMENT R., Les oracles de Bileʿam et la mantique Suméro-Akkadienne, *Travaux de l'Institut Catholique* 10, 1964, p. 37-50.
LE DÉAUT R., *Targum du Pentateuque.* Traduction des deux recensions palestiniennes complètes. Tome I, *Genèse,* Paris 1978. Tome III, *Nombres,* Paris 1979.
LEMAIRE A., *Les écoles et la formation de la Bible dans l'Ancien Israël* (OBO 39), Fribourg et Göttingen 1981.

LEVINE B. A., The Deir 'Alla Plaster Inscriptions, *JAOS* 101.2, 1981, p. 195-205, recension de J. Hoftijzer et G. van der Kooij, *Aramaic Texts from Deir 'Alla,* Leiden 1976.

LEWYSOHN L., *Die Zoologie des Talmuds. Eine umfassende Darstellung der rabbinischen Zoologie unter steter Vergleichung der Forschungen älterer und neuerer Schriftsteller,* Frankfurt 1858.

LICHTENSTEIN M., Dream - Theophany and the E Document, *Journal of the Ancient Near Eastern Society of Columbia University* 1, 1969, p. 49-54.

LINDBLOM J., Theophanies in Holy Places in Hebrew Religion, *HUCA* 32, 1961, p. 91-106.

LIPIŃSKY E., *La royauté de Yahvé dans la poésie et le culte de l'Ancien Israël* (Verhandelingen van de Koninklijke Academie voor wetenschappen, letteren en schone kunsten van België. Klasse der letteren. Jaargang 27. Nr. 55), Brüssel 1965.

— Trois hébraïsmes oubliés ou méconnus, *Rivista degli studi orientali* 44, 1969, p. 83-101.

— *b'ḥryt hymym* dans les textes préexiliques, *VT* 20, 1970, p. 445-450.

LIVER J., The Figure of Balaam in Biblical Tradition, *Eretz Israel* 3. 1954, p. 97-100, repris dans *Studies in Bible and Judean Desert Scrolls,* Jerusalem 1971, p. 56-64 (en hébreu).

LIVERANI M., The Amorites, dans D. J. WISEMAN, *People of Old Testament Times,* Oxford 1973, p. 100-113.

LOEWENSTAMM S. E., The Death of the Upright and the World to Come, *JJS* 16, 1965, p. 183-186.

LÖHR M., Bileam, *Num* 22, 2-24, 25, *Archiv für Orientforschung* 4, 1927, p. 85-89.

LOHFINK N., Textkritisches zu jrš im alten Testament, dans *Mélanges Dominique Barthélemy* (OBO 38), Fribourg-Göttingen 1981, p. 273-288.

LOWTH M., *De la poésie sacrée des Hébreux,* Lyon 1816.

LUCKENBILL D. D., *The Annals of Sennacherib* (The University of Chicago Oriental Institutes Publications Volume II), Chicago 1924.

— *Ancient Records of Assyria and Babylonia.* Volume I. *Historical Records of Assyria from the earliest times to Sargon,* Chicago 1926.

LUST J., Balaam, an Ammonite, *Ephemerides Theologicae Lovanienses* 54, 1978, p. 60-61.

MACDONALD J., The particle *'t* in classical Hebrew, *VT* 14, 1964, p. 264-275.

MACKENSEN R. S., The present Literary Form of the Balaam Story, dans *The Macdonald Presentation Volume,* Princeton 1933, p. 275-292.

MAIMONIDE M., *Mischneh Torah.* Édition ponctuée avec un commentaire populaire. Ponctuation par M. D. Rabinowicz. Tome 17, *Sēfer Shoftîm.* Commentaire par S. T. Rubinstein, Jérusalem 1962.

MARCUS D., Some Antiphrastic Euphemisms for Blind Person in Akkadian and Other Semitic Languages, *JAOS* 100.3, 1980, p. 307-310.

MARGALIOT M., The Connection of the Balaam Narrative with the Pentateuch, dans *Proceedings of the Sixth World Congress of Jewish Studies* held at the Hebrew University of Jerusalem 13-19 August 1973, Volume I, Jerusalem 1977, p. 279-290.

MARGALIT B., Studia Ugaritica II, Paragraph XV, Yṭpn, S(u) t(u) - Nomad, dans *UF* 8, 1976, p. 181-188.

MARMADJI A.-S., *Textes géographiques arabes sur la Palestine,* Paris 1951.

MAUCHLINE J., The Balaam-Balak Songs and Saga, *Studia semitica et orientalia,* dans *Festschrift W. B. Stevenson,* 2, 1945, p. 73-94.

MAYER-LAMBERT., De l'emploi des suffixes pronominaux avec noun ou sans noun au futur et à l'impératif, *Revue des Études Juives* 46, 1903, p. 178-183.

McCARTER P. Kyle, Jr., The Balaam Texts from Deir 'Alla : The first Combination, *BASOR* 239, 1981, p. 49-60.

MCKANE W., ŠPY(Y)M with Special References to the Book of Jeremiah, dans *Mélanges bibliques et orientaux en l'honneur de M. Henri Cazelles* (AOAT 212), Neukirchen-Vluyn 1981, p. 319-336.

MEDICO H. E. Del, *L'Énigme des Manuscrits de la Mer Morte*. Étude sur la date, la provenance et le contenu des manuscrits découverts dans la grotte I de Qumrân, suivie de la traduction commentée des principaux textes, Paris 1957.

MEYER E., Kritik der Berichte über die Eroberung Palaestinas (*Num*. 20, 14 bis *Jud*. 2, 5), *ZAW* 1, 1881, p. 117-146.

— *Die Israeliten und ihre Nachbarstämme,* Halle 1906.

MICHAELIS J. D., *Das vierte Buch Mose* (deutsche Uebersetzung des Alten Testaments, mit Anmerkungen für Ungelehrte. Des vierten Theils erste Hälfte), Göttingen 1787.

MIQRA'OT GEDOLOT, Tome II : *Wayiqr'ā; Bemidbar; Devarîm;* Tel-Aviv 1959.

MORAG Sh., « Layers of antiquity » — Some linguistic observations on the Oracles of Balaam, *Tarbiz* 50 (Livre du Jubilé), 1980-1981, p. 1-24 (en hébreu).

MOWINCKEL S., *Psalmenstudien V : Segen und Fluch in Israels Kult und Psalmdichtung,* Kristiana 1935.

— Der Ursprung der Bil'āmsage, *ZAW* 48, 1930, p. 233-271.

— *He that cometh.* Traduit par G. W. Anderson, Oslo 1951, Oxford 1959.

— *Erwägungen zur Pentateuch Quellenfrage,* Trondheim 1964.

MUILENBURG J., The Linguistic and Rhetorical Usages of the Particle ky in the Old Testament, *HUCA* 32, 1961, p. 135-160.

MÜLLER D. H., *Die Propheten in ihrer ursprüngliche Form.* I. Band : *Prolegomena und Epilegomena,* Wien 1896.

MÜLLER H. P., Einige alttestamentliche Probleme zur aramäischen Inschrift von Dēr 'Alla, *ZDPV* 94, 1978, p. 56-57.

— Der neu gefundene Bileam-Text aus Deir 'Alla, XX. Deutscher Orientalistentag 1977 in Erlangen, *ZDMG Suppl.* 4, 1980, p. 128-130.

— Der aramäische Inschrift von Deir 'Allā und die älteren Bileamspruche, *ZAW* 94, 1982, p. 214-244.

MUSIL A., *Arabia Petraea,* Vienne 1907.

MYERS J., Edom and Judah in the Sixth-Fifth Centuries B.C., dans *Near Eastern Studies in Honour of William Foxwell Albright,* London 1971, p. 377-392.

NAVEH J., The date of the Deir 'Alla Inscription in Aramaic Script, *IEJ* 17, 1967, p. 256-258.

— Recension de J. Hoftijzer et G. van der Kooij, *Aramaic Texts from Deir 'Allā* dans *IEJ* 29, 1979, p. 133-136.

NEUBAUER A., *La géographie du Talmud,* Amsterdam 1868, réédition 1965.

— *The Book of Hebrew Roots* by Abu 'l-Walîd Marwân Ibn Janâḥ, called Rabbî Jônâḥ, Amsterdam Reprint 1968 of the Edition Oxford 1875.

NÖLDECKE T., *Ueber die Amalekiter und einige andere Nachbarvölker der Israeliter,* Berlin 1864.

NORTH R., « Kittim » War or « Sectories » Liturgy, *Biblica* 39, 1958, p. 84-93.

NOTH M., *Die israelitischen Personennamen im Rahmen der gemeinsemitischen Namengebung* (BWANT 3), Stuttgart 1928, réimpression Hildesheim 1966.

— *Num.* 21 als Glied der « Hexateuch »-Erzählung, *ZAW* 58, 1940/41, p. 161-197.

— Israelitische Stämme zwischen Ammon und Moab, *ZAW* 60, 1944, p. 11-57.

— *Überlieferungsgeschichte des Pentateuch,* Stuttgart 1948, Darmstadt 1966.

— Das Geschichtsverständnis der alttestamentlichen Apokalyptik, dans *Gesammelte Studien zum alten Testament* (Theologische Bücherei Bd. 6) München 1956, p. 248-273.

— *Numbers.* A Commentary, London 1968, traduction de *Das vierte Buch Mose. Numeri* (ATD), Göttingen 1966.

O'CALLAGHAN R., *Aram Naharaim.* A Contribution to the History of Upper Mesopotamia in the Second Millenium B.C. (AnOr 26), Rome 1948.

OORT H., *Disputatio de pericope Num. XXII : 2-XXIV, historiam Bileami continente,* Lugduni-Batavorum 1860.
ORIGÈNE, *Selecta in Numeros* PG 12, col. 575-584.
— *Homélies sur les Nombres,* Introduction et traduction d'A. Méhat, Sources chrétiennes 29, Paris 1951.
OUELLETTE J., More on 'El Šadday and Bel Šade, *JBL* 88, 1969, p. 470-471.

PATERSON J. A., *The Book of Numbers.* Critical Edition of the Hebrew Text Printed in Colors Exhibiting the Composite Structure of the Book (SBOT), Leipzig 1901.
PAYNE SMITH R., *Thesaurus syriacus,* Tomus I, Oxonii 1879, Tomus II, 1901.
PEREZ FERNANDEZ M., *Tradiciones mesianicas en el Targum palestinense* : Estudios exegeticos, Valencia-Jerusalén 1981.
PFEIFFER R. H., Edomitic Wisdom, *ZAW* 44, 1926, p. 13-25.
PHILON d'ALEXANDRIE, *Les œuvres de Philon d'Alexandrie* publiées sous le patronage de l'Université de Lyon. Tome 8, *Quod Deus sit immutabilis,* Paris 1963. Tome 22, *De Vita Mosis* I-II, Paris 1967.
PIRQE ABOTH, *Sayings of the Jewish Fathers comprising Pirqe Aboth* in Hebrew and English with notes and excursuses, New York 1897, reprint 1969.
PIRQE DE RABBI ELIEZER, Varsovie 1885.
PIRQE DE RABBI ELIEZER *(The chapters of Rabbi Eliezer the Great) according to the text of the manuscript belonging to Abraham Epstein of Vienna,* translated and annotated by G. Friedlander, New York 1965.
PLINY, *Natural History* with an English Translation in ten Volumes, The Loeb Classical Library, London Cambridge Massachusetts, 1938-1962.
PLOEG O. P. van der, La Règle de la guerre, traduction et notes, *VT* 5, 1955, p. 373-420.
— *Le Rouleau de la Guerre,* Leiden 1959.
PREUSS H. D., « Ich will mit dir sein... », *ZAW* 80, 1968, p. 139-173.
PRITCHARD J. B., *Ancient Near Eastern Texts relating to the Old Testament,* Princeton 1950, Second Edition corrected and enlarged, 1955.
PROCKSCH O., *Das Nordhebräische Sagenbuch. Die Elohimquelle.* Übersetzt und untersucht, Leipzig 1906.
PROCOPE DE GAZA, *Commentarii in Numeros,* PG 87, col. 794-894.
PUECH É., recension de J. Hoftijzer and G. van der Kooij, *Aramaic Texts from Deir 'Alla, RB* 85, 1978, p. 114-117.
PURY A. de, *Promesse divine et légende cultuelle dans le cycle de Jacob.* Genèse 28 et les traditions patriarcales, Paris 1975.

RABAN MAUR, *Enarrationes in Librum Numerorum,* PL 108, col. 587-840.
RABIN CH., Etymological Notes, *Tarbiz* 33, 1964-66, p. 109-117.
RAD G. von, Die Bileamperikope, *Deutsches Pfarrerblatt* 40, 1936, p. 52-53.
— *Das formgeschichtliche Problem des Hexateuch* (BWANT 4). Folge Heft 6, Stuttgart 1938, repris dans *Gesammelte Studien zum Alten Testament* (Theologische Bücherei Band 8), München 1958, p. 9-86.
— « Gerechtigkeit » und « Leben » in der Kultsprache der Psalmen, dans *Festschrift für Alfred Bertholet,* Tübingen 1950, p. 418-437, repris dans *Gesammelte Studien zum Alten Testament,* p. 225-247.
— *Studies in Deuteronomy* (Studies in Biblical Theology n° 9), London 1953.
— *Das 5. Buch Deuteronomium* (ATD 8), Göttingen 1964, troisième édition 1978.
— Du texte au sermon (13) : *Nombres* 22/36, 41 ; 23/7-12 ; 24/1-7, dans *Études théologiques et religieuses* 46, 1971, p. 217-230. Première partie traduite de G. von Rad, *Moses* (World Christian Books n° 2, Second Series), London 1960, p. 70-79.
— 4. Mose 22-24, dans *Predigten,* München 1972, p. 161-167.
RECKENDORF H., *Über Paronomasie in den semitischen Sprachen.* Ein Beitrag zur Allgemeinen Sprachwissenschaft, Giessen 1909.

REHM M., *Der Königliche Messias im Licht der Immanuel-Weissagungen des Buches Jesaja* (Eichstätter Studien NF 1), Kevelaer 1968.

REINKE L., *Die Weissagung Bileams, 4.* Mos *24, 15-19,* Beiträge zur Erklärung des alten Testaments. Bd. 4, Münster 1855, p. 177-287.

RENAN E., *Histoire générale et système comparé des langues sémitiques.* 1re partie : *Histoire générale des langues sémitiques,* Paris 1855. 5e édition, revue et augmentée, 1978.

— *Histoire du peuple d'Israël,* Tome I, Paris 1887 ; Tome VI, 1889.

RENAUD B., *La formation du Livre de Michée.* Tradition et actualisation, Paris 1977.

RENDTORFF R., Botenformel und Botenspruch, *ZAW* 74, 1962, p. 165-177, repris dans *Gesammelte Studien zum Alten Testament* 57, München 1975, p. 243-245.

— El, Ba'al und Jahwe. Erwägungen zum Verhältnis von kanaanäischer und israelitischer Religion, *ZAW* 78, 1966, p. 277-292.

— *Studien zur Geschichte des Opfers im Alten Israel* (WMANT 24), Neukirchen-Vluyn 1967.

— *Das überlieferungsgeschichtliche Problem des Pentateuch* (BZAW 147), Berlin - New York 1977.

— The « Yahwist » as Theologian ? The Dilemma of Pentateuchal Criticism, *JSOT* 77/3, p. 2-10.

REUSS E., *L'histoire sainte et la loi* (Pentateuque et Josué) Tome second, Paris 1879.

RICHTER W., *Traditionsgeschichtliche Untersuchungen zum Richterbuch* (BBB 18), Bonn 1966.

RINALDI G., Balaam al suo paese, *BeO* 20, 1978, p. 51-59.

RITTER C., *Die Erdkunde oder allgemeine vergleichende Geographie,* Tome XI, Paris 1854.

ROBERT U., *Biblia Sacra juxta latinam vulgatam versionem ad codicum fidem.* III. *Libros Numerorum et Deuteronomii ex interpretatione Sancti Hieronymi,* Romae 1936.

ROBERTSON SMITH W., On the Forms of Divination and Magic enumerated in *Deut.* XVIII, 10.11. Part I, *The Journal of Philology* 13, 1885, p. 273-287. Part II, *The Journal of Philology* 14, 1885, p. 113-128.

ROFÉ A., *« The Book of Balaam »* (Numbers *22 : 2-24 : 25*). A Study in Methods of Criticism and the History of Biblical Literature and Religion, with an Appendix : Balaam in the Deir 'Alla Inscription, Jérusalem 1979 (en hébreu).

ROSE M., *Deuteronomist und Jahwist.* Untersuchungen zu den Berührungspunkten beider Literaturwerke (AThANT 67), Zürich 1981.

ROSENMULLER E. F. C., *Scholia in Vetus Testamentum.* Pars secunda *Leviticum, Numeros et Deuteronomium continens.* Leipzig 1824.

ROSSI J. B. de, *Variae lectiones Veteris Testamenti* Vol. II : *Numeri, Deuteronomium, Josue, Judices, Libri I Samuelis ac Rerum,* Parmae 1785.

ROST L., *Die Vorstufen von Kirche und Synagoge im alten Testament* (BWANT 24), Stuttgart 1938.

— Erwägungen zum israelitischen Brandopfer, dans *Von Ugarit nach Qumran* (BZAW 77), 1958, p. 177-183.

— Fragen um Bileam, dans *Festschrift für W. Zimmerli zum 70. Geburtstag,* Göttingen 1977, p. 377-387.

ROWLEY H. H., *The Biblical Doctrine of Election,* London 1950.

RUDOLPH W., Zum Text des Buches Numeri, *ZAW* 52, 1934, p. 113-120.

— *Der « Elohist » von Exodus bis Josua* (BZAW 68), Berlin 1938.

RUPERT de DEUTZ, *De Trinitate et operibus ejus in VT ; in Numeros commentarium,* PL 167, col. 837-918.

SABATIER P., *Bibliorum Sacrorum latinae versiones antiquae, seu Vetus Italica et Caeterae quaecunque in Codicibus Mss. et antiquorum libris reperiri potuerunt : Quae cum Vulgata Latina, et cum Textu Graeco comparantur,* Remis 1743, reprint Turnhout 1976.

SACHSSE E., Die Etymologie und älteste Aussprache des Namens *yiśraē'ēl*, *ZAW* 34, 1914, p. 1-15.
SALZER I., *traduction de Sanhédrin* : tome 4 (La guemara. Le Talmud de Babylone, par les membres du Rabbinat Français), Paris 1973.
SAYCE A. H., Balaam's Prophecy (*Numbers* XXIV. 17-24) and the God Sheth, *Hebraica* IV, 1887, p. 1-6.
— *The early History of the Hebrews*, London 1897.
— Who was Balaam?, *ExpTim* 15, 1903/04, p. 405-406.
SAYDON P. P., Meanings and Uses of the Particle *'t*, *VT* 14, 1964, p. 192-210.
SCHÄFER H., Das Niederschlagen der Feinde. Zur Geschichte eines ägyptischen Sinnbildes, dans *Wiener Zeitschrift für die Kunde des Morgenlandes*, 54. Band, *Festschrift Heinrich Junker zum 80. Geburtstag*, Wien 1957, p. 166-176.
SCHARBERT J., «Flüchen» und «Segnen» im AT, *Biblica* 39, 1958, p. 1-26.
Article *'rr, 'arar, m^e'ērâ, TWAT* Bd. I, Lieferung 4, Stuttgart 1971, col. 437-451.
SCHATZ W., *Genesis 14*. Eine Untersuchung (Europäische Hochschulschriften Reihe XXIII Bd. 2), Frankfurt 1972.
SCHMID H. H., *Der sogenannte Jahwist. Beobachtungen und Fragen zur Pentateuchforschung*, Zürich 1976.
SCHMIDT L., Die alttestamentliche Bileamüberlieferungen, *BZ* 23, 1979, p. 236-261.
SCHMITT H.-C., Redaktion des Pentateuch im Geiste der Prophetie. Beobachtungen zur Bedeutung der «Glaubens»-Thematik innerhalb der Theologie des Pentateuch, *VT* 32, 1982, p. 170-189.
SCHOTTROFF W., *Der altisraelitische Fluchspruch* (WMANT 30), Neukirchen-Vluyn 1969.
SCHRADER E., *Die Keilinschriften und das Alte Testament*, Giessen 1872, 2e édition 1883.
— *Keilinschrifte Bibliothek*. Sammlung von assyrischen und babylonischen Texten in Umschrift und Übersetzung. Band I, Berlin 1889.
SEELIGMANN I. L., Aetiological Elements in Biblical Historiography, *Zion* 26, 1961, p. 141-169.
— Hebräische Erzählung und biblische Geschichtsschreibung, *TZBas* 18, 1962, p. 305-325.
SEGAL M. H., *A Grammar of Mishnaic Hebrew*, Oxford 1927, 5e édition 1980.
— *The Pentateuch, its Composition and its Authorship and Other Biblical Studies*, Jerusalem 1967.
SELLIN E., *Die israelitisch-jüdische Heilandserwartung*, Lichterfelde-Berlin 1909.
SETERS J., Van, The terms «Amorite» and «Hittite» in the Old Testament, *VT* 22, 1972, p. 64-81.
— The Conquest of Sihon's Kingdom : A literary Examination, *JBL* 91, 1972, p. 182-197.
— *Abraham in History and Tradition*, New Haven and London, 1975.
SEUX M.-J., Les titres royaux «Šar kiššati» et «Šar kibrāt arba'i», *RA* 59, 1965, p. 1-18.
— *Épithètes royales akkadiennes et sumériennes*, Paris 1967.
SEYBOLD Kl., Das Herrscherbild des Bileamorakels, *TZ* 29, 1973, p. 1-19.
SIMONS J., *The Geographical and Topographical Texts of the Old Testament*, Leiden 1959.
SINGER K. H., *Die Metalle Gold, Silber, Bronze, Kupfer und Eisen im Alten Testament und ihre Symbolik* (Forschung zu Bibel Band 43), Würzburg 1980.
SIPHRE D'BE RAB, *Fasciculus primus : Siphre ad Numeros adjecto Siphre Zutta*, cum variis lectionibus et adnotationibus edidit H. S. Horowitz, Jerusalem 1966.
SLOTKI J. J., *Numbers in Two Volumes Translated*. Vol. II (*Midrash Rabbah* translated into English with Notes, Glossary and Indices). London 1939, reprint 1961.
SMEND R., *Die Erzählung des Hexateuch auf ihre Quellen untersucht*, Berlin 1912.
SMITH G. A., *The Historical Geography of the Holy Land*, London 1894.
SMITH S., *The Statue of Idri-mi* (Occasional Publications of the British Institute of Archaeology in Ankara n° 1), London 1949.

SNAITH N. H., The Meaning of the Hebrew *'k, VT* 14, 1964, p. 221-225.
— *Leviticus and Numbers* (Century Bible), London 1967.
SPERBER J., *Zu Gen.* 30, 27b, *OLZ* 16, 1913, col. 389-390.
— *The Bible in Aramaic.* I : *The Pentateuch According to Targum Onkelos,* Leiden 1959.
STAERK W., Der Gebrauch der Wendung *b'ḥryt hymym* im at. Kanon, *ZAW* 11, 1891, p. 247-253.
STARCKY J., Nouvelle épitaphe nabatéenne donnant le nom sémitique de Pétra, *RB* 72, 1965, p. 95-97.
STARCKY J. et SAVIGNAC R., Une inscription nabatéenne provenant du Djôf, *RB* 64, 1957, p. 196-217.
STARCKY J., et STRUGNELL J., Pétra : deux nouvelles inscriptions nabatéennes, *RB* 73, 1966, p. 236-244.
STEUDEL J. C. F., Die Geschichte Bileams und seine Orakel (*Num.* 22-24), auf's neue exegetisch beleuchtet und ihrer gehörigen Stelle wiedergegeben (mit namentlicher Rücksicht auf Gramberg), *Tübinger Zeitschrift für Theologie,* 1831, p. 66-99.
STEUERNAGEL C., Der jehovistische Bericht über den Bundesschluss am Sinai, *TSK* 72, 1899, p. 319-350.
— *Die Einwanderung der israelitischen Stämme in Kanaan,* Berlin 1901.
— *Lehrbuch der Einleitung in das Alte Testament,* Tübingen 1912.
STRABON W., *Glossa ordinaria in Librum Numerorum,* PL 113, col. 379-446.
STRACK H. L., *Die Bücher Genesis, Exodus, Leviticus und Numeri* (Kurzgefasster Kommentar zu den heiligen Schriften Alten und Neuen Testaments sowie zu den Apokryphen, München 1894.

TADMOR H., The Southern border of Aram, *IEP* 12, 1962, p. 114-122.
TAL A., *The Samaritan Targum of the Pentateuch.* A Critical Edition. Part II, *Leviticus, Numeri, Deuteronomium,* Tel-Aviv 1981 (en hébreu).
TANA' DE-BEY-'ELIYAHŪ, édité par Friedmann, Wien 1902.
TANNA DEBE ELIYYAHU. *The Lore of the School of Elijah,* translated from the Hebrew by William G. Braude and Israel J. Kapstein, Philadelphia 1981.
TANḤUMA, *Midrash Tanḥuma,* Warsaw 1875.
TANḤUMA, *Midrash Tanḥuma. Ein agadischer Commentar zum Pentateuch von Rabbi Tanchuma Ben Rabbi Abba.* Herausgegeben von Salomon Buber, Wilna 1885.
TARRAGON J.-M. de, *Le culte à Ugarit d'après les textes de la pratique en cunéiformes alphabétiques* (Cahiers de la Revue Biblique 19), Paris 1980.
TENGSTRÖM S., *Die Hexateucherzählung. Eine Literaturgeschichtliche Studie,* Uppsala 1976.
THOMPSON J. A., Expansions of the *'d* root, *JSS* 10, 1965.
THOMPSON R. C., *The Assyrian Herbal,* London 1924.
TORCZYNER H., *Zu nḥšty Gen* 30, 27, *OLZ* 20, 1917, p. 10-12.
TOSATO A., The Literary Structure of the first two poems of Balaam, *VT* 29, 1979, p. 98-107.

UBACH B., *Els Nombres. La Biblia.* Versio dels textos originals i comentari pels monjos de Monserrat. III *Els Nombres El Deuteronomi,* Monserrat 1928.
ULLENDORFF E., The contribution of South Semitics to Hebrew lexicography, *VT* 6, 1956, p. 190-198.

VAJDA G., Article Bala'am, dans *Encyclopédie de l'Islam,* Nouvelle édition, Tome I, A-B, Leyde Paris 1960, p. 1014.
VATER J. S., *Commentar über den Pentateuch.* Dritter Theil, Halle 1805.
VATTIONI F., *Ecclesiastico.* Testo ebraico con apparato critico e versioni greca, latina e siriaca (Pubbl. del Seminario di Semistica. Testi, 1.), Napoli 1968.
VAULX J. de, *Les Nombres,* Paris 1972.
VAUTHIER E., *La vision juive sur Bil''am à travers la littérature rabbinique.* Mémoire de maîtrise, hébreu, Paris-III 1981.

VAUX R. de, *Histoire ancienne d'Israël. Des origines à l'installation en Canaan,* Paris 1971.
— L'itinéraire des Israélites de Cadès aux plaines de Moab (*Hommages à André Dupont-Sommer,* Paris 1971), p. 331-342.
VERMÈS G., *Scripture and Tradition in Judaism. Haggadic Studies* (Studia Post-Biblica 6), Leiden 1961.
VETTER D., *Seherspruch und Segensschilderung. Ausdrucksabsichten und sprachliche Verwirklichungen in den Bileam-Sprüchen von Numeri 23 und 24,* Stuttgart 1974.
VIROLLEAUD Ch., Les nouveaux textes mythologiques et liturgiques de Ras Shamra (XXIVe campagne, 1961), dans *Ugaritica* V, Paris 1968, p. 545-606.
VOLLMER J., article *p'l* machen, tun, dans *THAT* Band II, München 1976, col. 461-465.
VOLZ P., Besprechung von A. von Gall, *Zusammensetzung und Herkunft der Bileam Perikope in* Num. *22-24,* Giessen 1900, *TLZ* 26, 1901, col. 383-385.

WAARD J. DE, *A Comparative Study of the Old Testament Text in the Dead Sea Scrolls and in the New Testament,* Leiden 1966.
WALLIS BUDGE E.A., and KING L.W., *Annals of the Kings of Assyria. The cuneiform texts with translations, transliterations, etc., from the original documents in the British Museum,* Volume I, London 1902.
WALTON B., *Biblia sacra polyglotta,* Tomus Primus sive *Pentateuchus Moysis.* Tomus Quartus, Londini 1653, réimpression Graz 1963-64.
WEIPPERT M., Erwägungen zur Etymologie des Gottesnamens 'Ēl Šaddaj, *ZDMG* 111, 1961, p. 42-62.
— The Israelite «Conquest» and the Evidence from Transjordan, dans F.M. Cross, *Symposia celebrating the seventy-fifth Anniversary of the Founding of the American Schools of Oriental Research* (1900-1975) (ASOR 1979), p. 15-34.
WEIPPERT H. und M., Die «Bileam»-Inschrift von Tell Dēr 'Allā, *ZDPV* 98, 1982, p. 76-103.
WEINFELD M., *Deuteronomy and the Deuteronomic School,* Oxford 1972.
— The Counsel of the «Elders» to Rehoboam and its implications, *Maarav* 3/1, 1982, p. 27-53.
WELLHAUSEN J., Die Composition des Hexateuchs. II Die Erzählung der übrigen Bücher des Hexateuchs, *JDTh* 21, 1876, p. 531-602.
— *Prolegomena zur Geschichte Israels,* Berlin Leipzig 1882, Sechste Ausgabe 1927.
— *Reste arabischen Heidentums gesammelte und erläutert,* Berlin 1887, réimpression 1961.
— *Israelitische und Jüdische Geschichte,* Berlin 1894, 8e édition Berlin-Leipzig 1921.
— *Die Composition des Hexateuchs und der historischen Bücher des Alten Testaments,* Berlin 1899, réimpression 1963.
WESTERMANN C., article *kbd* «Schwer sein», *THAT* Band I, München 1971, col. 794-812.
WENHAM G. J., *Numbers.* An Introduction and Commentary (The Tyndale Old Testament Commentaries 4), Leicester Downers Grove 1981.
WETTE W. M. de, *Beiträge zur Einleitung in das Alte Testament.* Zweiter Band : *Kritik der Israelitischen Geschichte.* Erster Theil : *Kritik der Mosaischen Geschichte,* Halle 1807, réimpression Hildesheim 1971.
WEVERS J. W., *Septuaginta. Vetus Testamentum Graecum,* auctoritate Academiae Scientiarum Gottingensis editum III, 1 : *Numeri,* Göttingen 1982.
WHARTON J.A., The Command to bless. An Exposition of *Numbers* 22 : 41 - 23 : 25, *Int.* 13, 1959, p. 38-48.
WHITAKER R. E., *A Concordance of the Ugaritic Literature,* Cambridge MA 1972.
WIJNGAARDS J., *hwṣy'* and *h'lh,* a twofold approach to the Exodus, *VT* 15, 1965, p. 91-102.
WIKLANDER B., article *z'm,* dans *TWAT,* Band II, Stuttgart 1977, col. 621-626.

WILCH J. R., *Time and Event. An Exegetical Study of the Use of 'ēth in the Old Testament in Comparison to Other Temporal Expressions in Clarification of the Concept of Time,* Leiden 1969.

WINKLER H., *Altorientalische Forschungen,* Dritte Reihe. Band II, Heft 1, Leipzig 1902.

WINNETT F. V., Re-examining the Foundations, *JBL* 84, 1965, p. 1-19.

WOBERSIN F., *Die Echtheit der Bile'amsprüche* Num. *22-24* (Inaugural-Dissertation zur Erlangung der Licentiatwürde der Hochwürdigen Theolog. Fakultät der Universität Rostock), Gütersloh 1898.

WORDEN T., The Literary Influence of the Ugaritic Fertility Myth on the Old Testament, *VT* 3, 1953, p. 273-297.

WOUDE A. S. van der, *Die messianische Vorstellungen der Gemeinde von Qumran* (Studia Semitica Neerlandica 3), Assen 1957.

WÜRTHWEIN E., Zur Komposition von I *Reg* 22 1-38, dans *Das ferne und nahe Wort* (Festschrift Leonhard Rost zu Vollendung seines 70. Lebensjahres am 30. November 1966 gewidmet, BZAW 105), Berlin 1967, p. 245-254.

YAHUDA A. S., The Name of Balaam's Homeland, *JBL* 64, 1945, p. 547-551.

YAURE L., Elymas-Nehelamite-Pethor, *JBL* 79, 1960, p. 297-314.

ZOBEL H., article *bdd,* dans *TWAT* Band I, Stuttgart 1970, col. 511-518.

ZORELL F., Gibt es im Hebräischen ein «kî recitativum»? *Biblica* 14, 1933, p. 465-469.

ZYL A. H. van, *The Moabites,* Leiden 1960.

COMPLÉMENT BIBLIOGRAPHIQUE

Les délais et les nécessités de l'édition nous ont empêchée d'inclure dans notre bibliographie les ouvrages et les articles suivants, parvenus trop tard à notre connaissance, et par conséquent d'en tenir réellement compte dans nos conclusions ; le lecteur nous en excusera :

COATS G.W., The Way of Obedience. Traditio-Historical and Hermeneutical Reflections on the Balaam Story, *Semeia* 24, 1982, p. 53-79.

HACKETT J.A., *The Balaam Text from Deir 'Allā* (Harvard Semitic Monographs 31), Scholars Press 1984.

SODEN W. von, Zu den semitischen und akkadischen Kardinalzahlen und ihrer Konstruktion, *ZA* 73, 1983, p. 82-91.

WEINFELD M., The Balaam Oracle in the Deir 'Alla Inscription, *Schnaton* 5-6, 1982, p. 141-147 (en hébreu).

INDEX SÉLECTIF DES RÉFÉRENCES BIBLIQUES

RACINES ET EXPRESSIONS

INDEX DES AUTEURS CITÉS

TABLE DES MATIÈRES

IMPRIMERIE A. BONTEMPS
LIMOGES (France)
Dépôt légal : Décembre 1985

BS 1265.2 .R68 1985
468425

Rouillard, Hedwige.

La pericope de Balaam
(Nombres 22-24)